Psychologie der Sprichwörter

Dieter Frey
Hrsg.

Psychologie der Sprichwörter

Weiß die Wissenschaft mehr als Oma?

Herausgeber
Dieter Frey
Ludwig-Maximilians-Universität
München
Deutschland

Die Darstellung von manchen Formeln und Strukturelementen war in einigen elektronischen Ausgaben nicht korrekt, dies ist nun korrigiert. Wir bitten damit verbundene Unannehmlichkeiten zu entschuldigen und danken den Lesern für Hinweise.

ISBN 978-3-662-50380-5   ISBN 978-3-662-50381-2   (ebook)
DOI 10.1007/978-3-662-50381-2

Die Deutsche Nationalbibliothek verzeichnet diese Publikation in der Deutschen Nationalbibliografie; detaillierte bibliografische Daten sind im Internet über http://dnb.d-nb.de abrufbar.

Springer
© Springer-Verlag Berlin Heidelberg 2017
Das Werk einschließlich aller seiner Teile ist urheberrechtlich geschützt. Jede Verwertung, die nicht ausdrücklich vom Urheberrechtsgesetz zugelassen ist, bedarf der vorherigen Zustimmung des Verlags. Das gilt insbesondere für Vervielfältigungen, Bearbeitungen, Übersetzungen, Mikroverfilmungen und die Einspeicherung und Verarbeitung in elektronischen Systemen.
Die Wiedergabe von Gebrauchsnamen, Handelsnamen, Warenbezeichnungen usw. in diesem Werk berechtigt auch ohne besondere Kennzeichnung nicht zu der Annahme, dass solche Namen im Sinne der Warenzeichen- und Markenschutz-Gesetzgebung als frei zu betrachten wären und daher von jedermann benutzt werden dürften.
Der Verlag, die Autoren und die Herausgeber gehen davon aus, dass die Angaben und Informationen in diesem Werk zum Zeitpunkt der Veröffentlichung vollständig und korrekt sind. Weder der Verlag, noch die Autoren oder die Herausgeber übernehmen, ausdrücklich oder implizit, Gewähr für den Inhalt des Werkes, etwaige Fehler oder Äußerungen.

Umschlaggestaltung: deblik Berlin
Einbandabbildung: © olly / Fotolia

Gedruckt auf säurefreiem und chlorfrei gebleichtem Papier

Springer ist Teil von Springer Nature
Die eingetragene Gesellschaft ist Springer-Verlag GmbH Berlin Heidelberg

Dieses Buch widme ich meinen drei Kindern Lena, Johanna und Josef, mit denen ich viel über Sprichwörter und Gegensprichwörter diskutiert habe. Wir haben es uns oft zum Spiel gemacht, für bestimmte persönlich erlebte Episoden ein Sprichwort zu finden.

Vorwort

Jeder, der die Chance hat, mit Großeltern aufzuwachsen, hat letztlich immer auch die Erfahrung gemacht, dass sie für alles, was auch immer passiert, ein Sprichwort bereithalten und damit zudem fast immer recht haben! „Gegensätze ziehen sich an", „Gleich und Gleich gesellt sich gern" – zwei berühmte Sprichwörter, die jedoch gegensätzlich sind. Und da ihr Fundus an Sprichwörtern besonders groß ist, können sie immer ein passendes auswählen.

Häufig gebrauchte Sprichwörter werden somit an die Enkel übermittelt, sodass sie sich über Jahrhunderte von Generation zu Generation fortpflanzten. Sprichwörter sind fast überall relevant: im Erziehungsverhalten, im Führungsverhalten, in der Bildung von positiven und negativen Stereotypen und Vorurteilen. Sie können darüber hinaus eine selbsterfüllende Prophezeiung sein: Man verhält sich entsprechend dem Sprichwort, an das man im Moment am stärksten glaubt.

Sprichwörter können prospektiv oder retrospektiv verwendet werden. „Jeder ist seines eigenen Glückes Schmied" kann prospektiv eine Aufforderung sein im Sinne von „Handle, sei aktiv, nimm Dein Schicksal in die eigene Hand". Retrospektiv dient es als Rechtfertigung, denn wer seines eigenen Glückes Schmied ist, hat es wirklich selbst zu verantworten, dass er so erfolgreich war. War jemand nicht erfolgreich, kann man es natürlich genauso mit einem Sprichwort rechtfertigen und sagen: „Jeder hat das, was er verdient".

Faszinierend wird es, wenn man sich eingehender mit Sprichwörtern auseinandersetzt: Stimmen Sprichwörter überhaupt? Warum stimmen sie? Und unter welchen Bedingungen stimmen Sprichwörter? Weiß die Wissenschaft mehr als meine Großmutter? Das ist die Herausforderung, die sich in diesem Buch stellt.

Diese Arbeit wurde von 30 Masterstudenten des Masters Wirtschafts- und Sozialpsychologie an der LMU in einem Vertiefungsseminar bearbeitet. Die Studierenden für den Master wurden aus über 400 Studierenden ausgewählt. Sie haben sich intensiv mit diesen Sprichwörtern beschäftigt und dabei insbesondere reflektiert: Wann haben die Großeltern recht und wann nicht?

Die Studenten haben die Herausforderung so bravourös gemeistert, dass sich der Springer-Verlag gerne bereit erklärt hat, die Beiträge zu publizieren, denn es ist sowohl für den Laien interessant, sich mit Psychologie einmal aus einer ganz anderen Perspektive zu beschäftigen, als auch für Fachleute, da die gesamten Mosaiksteinchen der Psychologie angesprochen und integriert werden. Im Gegensatz zu klassischen Lehrbüchern ist das aktuelle Werk weder abstrakt noch trocken, sondern stellt das psychologische Wissen anhand bestehender Volksweisheiten und Sprichwörter lebendig dar. Wir haben bewusst keine strenge Vereinheitlichung der Beiträge gewählt, sondern der Vielfalt, die sich auch in den unterschiedlichen (internationalen) Sprichwörtern, thematischen Bezügen und kulturellen Einflüssen widerspiegelt, den Vorzug gegeben.

Wie sind wir vorgegangen? Die Texte wurden in dem Vertiefungsseminar erarbeitet und diskutiert. Dabei haben sich die Studierenden gegenseitig bzw. im Austausch mit dem Herausgeber Feedback zu den Texten gegeben, bis dann die Endfassung vorlag.

Ich danke dem Springer-Verlag, insbesondere Herrn Coch (Planung), Frau Danziger (Projektmanagement), Frau Stefanie Teichert (Lektorat) sowie Alexandra Kessler und Julia Weschenfelder (studentische Testleserinnen des Verlags) für ihre Unterstützung.

Ebenso danke ich Michaela Bölt, Albrecht Schnabel, Martin Fladerer und Julia Albrecht für die Begleitung.

Meine Kinder Lena, Johanna und Josef haben mich während der ganzen Zeit in der Formulierung der Grundidee sowie in der Umsetzung gut beraten und aktiv unterstützt. Ihnen gebührt mein herzlicher Dank.

Dieter Frey
München, im August 2016

Über den Herausgeber

Kurzdarstellung

Dieter Frey ist Professor für Sozialpsychologie an der Ludwig-Maximilians-Universität München. Seine Forschungsinteressen liegen sowohl im Bereich der Grundlagenforschung (beispielsweise Dissonanztheorie, Kontrolltheorie oder die Theorie der gelernten Sorglosigkeit) als auch im Bereich der angewandten Forschung (beispielsweise Entstehung und Veränderung von Werten, Entstehung von Innovationen, Grundlagen und Faktoren professioneller Führung, Zivilcourage). Auch interessiert ihn die konkrete Umsetzung von Forschungsergebnissen in die Praxis.

Ausführlicher Biografietext

Dieter Frey, studierte Sozialwissenschaften an der Universität Mannheim und der Universität Hamburg. Nach seiner Promotion und Habilitation in Mannheim, die unter anderem durch ein VW-Stipendium und ein DFG-Stipendium gefördert wurden, war er von 1978 bis 1993 Professor für Sozial- und Organisationspsychologie an der Universität Kiel. Dazwischen war er von 1988 bis 1990 Theodor-Heuss-Professor an der Graduate Faculty der New School for Social Research in New York. Seit 1993 ist Dieter Frey Professor für Sozialpsychologie an der Ludwig-Maximilians-Universität München. Zuvor hatte er Rufe nach Bochum, Bielefeld, Zürich, Hamburg und Heidelberg erhalten.

Er ist Leiter des LMU Centers for Leadership and People Management und Mitglied in der Bayerischen Akademie der Wissenschaften. Von 2003 bis 2013 war er Akademischer Leiter der Bayerischen EliteAkademie. Über mehrere Jahre war er Gutachter der Deutschen Forschungsgemeinschaft. 1998 wurde er zum Deutschen Psychologie Preisträger („Psychologe des Jahres") ernannt. 2011 hat die Zeitschrift *Personalmagazin* ihn zum „Praktischen Ethiker" und einem der führenden Köpfe im Personalbereich in Deutschland ausgezeichnet. Für seine Arbeiten, die für eine humanere Welt beitragen, wurde er 2016 von der Magrit Egner Stiftung Zürich ausgezeichnet.

Seine Forschungsgebiete liegen sowohl in der Grundlagenforschung (z. B. psychologische Theorien wie Dissonanztheorie, Kontrolltheorie, Theorie der gelernten Sorglosigkeit) als auch in der angewandten Forschung (z. B. Entstehung und Veränderung von Werten, Entstehung von Innovationen, Grundlagen und Faktoren professioneller Führung, Zivilcourage). Schließlich beschäftigt er sich auch mit der Anwendung von Forschung auf soziale und kommerzielle Organisationen.

Inhaltsverzeichnis

1	**Einleitung: Bedeutung und Relevanz von Sprichwörtern – Warum nutzen wir Sprichwörter?**	1
	Dieter Frey	
2	**Sprichwörter und Psychologie - eine Annäherung**	3
	Julia Albrecht und DieterFrey	
2.1	Einleitung	3
2.2	Deutsche und internationale Sprichwörter	3
2.2.1	Konzeptionelle Klärung des Begriffs „Sprichwort"	3
2.2.2	Sprachliche Erscheinungsformen von Sprichwörtern	4
2.2.3	Psychologische Funktionen hinter Sprichwörtern	5
2.2.4	Psychologische Funktionen von Sprichwörtern aus dem Blickwinkel sozialpsychologischer Theorien	5
2.2.5	Sprichwörter als Spiegel der Kultur	6
2.2.6	Ursprünge deutscher Sprichwörter	7
2.2.7	Universalität von Sprichwörtern – eines passt immer?	8
2.3	Volksmund und Psychologie	8
2.3.1	Berührpunkte zwischen Sprichwörtern und Psychologie	8
2.3.2	Bisherige psychologische Forschung mit Bezug zu Sprichwörtern	10
2.4	Das aktuelle Projekt: Sprichwörter aus psychologischem Blickwinkel	11
2.5	Impulse für Forschung und Praxis	12
	Literaturverzeichnis	13

I Freundschaft und Familie

3	**Sag mir, wer dein Freund ist, und ich sag dir, wer du bist**	17
	Svetlana Dominova	
3.1	Einleitung	17
3.2	Streben nach Zugehörigkeit	17
3.2.1	Herkunft und Interpretation	17
3.2.2	Wissenschaftliche Analyse	18
3.2.3	Implikationen	19
3.3	Gegentendenz: Streben nach Individualität	20
3.3.1	Wissenschaftliche Analyse	21
3.3.2	Implikationen für die Praxis	22
3.4	Fazit	22
	Literaturverzeichnis	23
4	**Gleich und Gleich gesellt sich gern**	25
	Clara Mihr	
4.1	Einleitung	25
4.2	Similarity-Attraction-Effekt	25
4.2.1	Erklärungsansätze	25

4.2.2	Tatsächliche vs. wahrgenommene Ähnlichkeit	26
4.3	**Komplementarität: Gegensätze ziehen sich an**	27
4.3.1	Tribut an die Evolution	27
4.3.2	Optimale Distinktheit: das Salz in der Suppe	27
4.3.3	Komplementaritätsansatz	27
4.3.4	Extreme, nach außen wahrnehmbare Unterschiede	28
4.4	**Weitere Einflüsse**	28
4.4.1	Zeitkomponente: Anfängliche Verliebtheit vs. langfristige Beziehung	28
4.4.2	Kultur	29
4.5	**Fazit**	29
	Literaturverzeichnis	30

5	**Jeder ist sich selbst der Nächste – Eine Hand wäscht die andere**	**33**
	Manuel Stabenow	
5.1	**Einleitung**	33
5.2	**Handeln im Eigeninteresse**	33
5.2.1	Wissenschaftliche Theorien	33
5.2.2	Empirische Überprüfung	34
5.3	**Kooperatives Handeln**	36
5.3.1	Wissenschaftliche Theorien	36
5.3.2	Empirische Überprüfung	36
5.4	**Fazit**	37
	Literaturverzeichnis	38

6	**Der Apfel fällt nicht weit vom Stamm**	**39**
	Luisa von Albrecht	
6.1	**Einleitung**	39
6.2	**Anlage- und Umwelteinflüsse auf die menschliche Entwicklung**	40
6.2.1	Methoden zur Erfassung	41
6.2.2	Anlage-Umwelt-Kontroverse	41
6.2.3	Erblichkeit von Intelligenz und ausgewählten Persönlichkeitseigenschaften	42
6.3	**Präsenz des Sprichworts in unserem Alltag**	44
6.3.1	Ist es sozial erwünscht, dass der Apfel nicht weit vom Stamm fällt?	44
6.3.2	Ist Bildung durch das Elternhaus determiniert?	45
6.4	**Fazit**	45
	Literaturverzeichnis	46

II Geld

7	**Geld regiert die Welt**	**51**
	Laura Stina Maciejczyk	
7.1	**Einleitung**	51
7.1.1	Bedeutung und Gebrauch des Sprichworts	51
7.1.2	Weitere Sprichwörter zum Thema Geld	52
7.2	**Theorie und Empirie**	52
7.2.1	Sind die Mächtigen reich oder die Reichen mächtig?	52
7.2.2	Wieso streben wir nach Reichtum?	53

7.3	**Gültigkeit des Sprichworts**	55
7.3.1	Geld regiert die Welt	55
7.3.2	... aber Geld ist nicht das Wichtigste im Leben	55
7.4	**Fazit**	56
	Literaturverzeichnis	57
8	**Geld allein macht nicht glücklich**	**59**
	Lisa Andrea Straßer	
8.1	**Einleitung: Wandel der Gesellschaft**	59
8.2	**Wissenschaftliche Befunde**	59
8.2.1	Easterlin-Paradoxon	59
8.2.2	Geldsegen und Geldverlust	60
8.2.3	Gesundheit, Liebe und Glück	61
8.3	**Exkurs: „Geld macht einsam" und „Geld verdirbt den Charakter"**	62
8.3.1	Investieren von (Arbeits-)Zeit	62
8.3.2	Auswirkungen auf das Sozialverhalten	62
8.3.3	Set-Point-Theorie des Glücks	63
8.3.4	Bedeutung des sozialen Vergleichs	63
8.4	**Implikationen für die Praxis**	64
8.4.1	Individuelle Ebene	64
8.4.2	Politik	64
8.4.3	Wirtschaft	64
8.5	**Fazit**	65
	Literaturverzeichnis	65

III   Lebensgestaltung und Lebensbewältigung

9	**Wo die Liebe hinfällt, da bleibt sie liegen**	**69**
	Wiebke Erk	
9.1	**Einleitung**	69
9.2	**Konzeption von Liebe**	69
9.3	**Entstehung von Liebe und Partnerschaft**	70
9.3.1	Evolutionsbiologischer Ansatz	70
9.3.2	Sozialpsychologischer Ansatz	70
9.4	**Beständigkeit von Liebe und Partnerschaft**	72
9.4.1	Evolutionsbiologischer Ansatz	72
9.4.2	Sozialpsychologischer Ansatz	72
9.4.3	Ehe und Scheidung	75
9.4.4	Erfolgsfaktoren für eine glückliche Partnerschaft	76
9.5	**Fazit**	77
	Literaturverzeichnis	77
10	**Vertrauen ist gut, Kontrolle ist besser**	**81**
	Svetlana Jung	
10.1	**Einleitung**	81
10.2	**Herkunft und Interpretation**	81
10.3	**Herleitung eines Gegensprichworts**	81

10.4	Psychologische Theorien	82
10.4.1	Theorien der Sozialpsychologie	82
10.4.2	Theorien der Organisationspsychologie	83
10.5	Psychologische Erkenntnisse	84
10.6	Implikationen für die Praxis und Forschung	85
10.7	Fazit	85
	Literaturverzeichnis	86

11	**Lügen haben kurze Beine – Ehrlich währt am längsten**	**89**
	Verena Speth	
11.1	Einleitung	89
11.2	Kategorisierung und Motive von Lügen	89
11.2.1	Geltungslüge	90
11.2.2	Prosoziale Lüge	90
11.2.3	Antisoziale Lüge	91
11.2.4	Selbstlüge	92
11.3	Gültigkeit des Sprichworts	92
11.3.1	Auswirkungen von Lügen	94
11.3.2	Diskussion der beiden Sprichwörter	94
11.4	Lügendetektion	95
11.5	Fazit	96
	Literaturverzeichnis	96

IV Zeit

12	**Zeit ist Geld – Eile mit Weile**	**101**
	Julia Albrecht	
12.1	Einleitung	101
12.2	Zeit aus gesellschaftlicher Perspektive	101
12.3	Theorie und Empirie zur Be- und Entschleunigung	102
12.3.1	Urteilen und Entscheiden	102
12.3.2	Soziale Interaktion und Gesprächsführung	103
12.3.3	Leistung und Kreativität	104
12.4	Auswirkungen erhöhten Zeitdrucks	105
12.4.1	Time Urgency	105
12.4.2	Subjektives Stresserleben	106
12.5	Diskussion: Weile in der Eile	106
12.6	Fazit	107
	Literaturverzeichnis	108

13	**Wenn wir nicht wahrhaft im gegenwärtigen Augenblick sind, verpassen wir alles**	**109**
	Tamaris Böttcher	
13.1	Einleitung	109
13.2	Herkunft und Bedeutung	109
13.3	Wissenschaftliche Betrachtung	109
13.3.1	Theorie	110

13.3.2	Empirie	110
13.3.3	Diskussion	111
13.4	**Zukünftige Forschung**	112
13.5	**Implikationen für die Praxis**	113
13.5.1	Arbeit und Wirtschaft	114
13.5.2	Erziehung	114
13.6	**Fazit**	115
	Literaturverzeichnis	115

14 Was du heute kannst besorgen, das verschiebe nicht auf morgen ... 117
Thomas Andreas Diller

14.1	**Einleitung**	117
14.2	**Dysfunktionaler Aufschub/Prokrastination**	118
14.2.1	Auswirkungen	118
14.2.2	Theorien und Hintergründe	118
14.3	**Funktionaler Aufschub**	119
14.3.1	Strategischer Aufschub	119
14.3.2	Chronotypenforschung	120
14.3.3	Stress und Burn-out	121
14.3.4	Implikationen für die Praxis	121
14.4	**Fazit**	122
	Literaturverzeichnis	123

15 Wer rastet, der rostet ... 125
Thomas Haimerl

15.1	**Einleitung**	125
15.2	**Bedeutung und Herkunft**	125
15.3	**Gegensprichwort: Eile mit Weile**	125
15.4	**Einbettung in psychologische Theorien**	125
15.4.1	Kano-Modell	126
15.4.2	Destruktive Führung	127
15.5	**Diskussion**	128
15.6	**Fazit**	129
	Literaturverzeichnis	130

V Zufriedenheit und Glück

16 Jeder ist seines Glückes Schmied ... 133
Lara Christoforakos

16.1	**Einleitung**	133
16.2	**Bedeutung und Relevanz**	133
16.3	**Psychologische Theorien**	134
16.3.1	Selbstwirksamkeit	134
16.3.2	High-Performance-Zyklus	134
16.3.3	Gelernte Hilflosigkeit	134

16.3.4	Veränderbare und unveränderbare Welten	135
16.4	**Empirische Befunde**	135
16.4.1	Glück durch persönliche Variablen	135
16.4.2	Glück durch Verhalten	136
16.5	**Diskussion**	136
16.5.1	Gültigkeit des Sprichworts	136
16.5.2	Streben nach Glück	137
16.6	**Implikationen für die Praxis**	138
16.6.1	Erziehung	138
16.6.2	Wirtschaft	138
16.7	**Fazit**	139
	Literaturverzeichnis	139

17	**Das Glück kommt zu denen, die lachen**	141
	Manuela Christine Kronseder	
17.1	**Einleitung: Glück als höchstes Gut**	141
17.1.1	Selbstverwirklichung als Weg zum Glück	141
17.1.2	Begriffsklärung und wissenschaftliche Forschungsbereiche	141
17.2	**Bedeutung und Interpretation des Sprichworts**	142
17.2.1	Subjektives Wohlbefinden	142
17.2.2	Grundeinstellung und Verhalten	143
17.3	**Gegensprichwörter**	144
17.4	**Psychologische Theorien und empirische Befunde**	144
17.4.1	Neuronale Plastizität	145
17.4.2	Sozial-kognitive Theorie der Selbstwirksamkeit von Bandura	145
17.4.3	Theorie des sozialen Vergleichs	146
17.5	**Exkurs: Glück – Anlage oder Umwelt?**	147
17.6	**Empirische Befunde und Implikationen für die Praxis**	147
17.6.1	Auswirkungen von Glück	148
17.6.2	Implikationen für den Alltag	148
17.7	**Fazit**	150
	Literaturverzeichnis	150

18	**Lieber den Spatz in der Hand als die Taube auf dem Dach**	153
	Mona Maertins	
18.1	**Einleitung**	153
18.1.1	Herkunft und Bedeutung	153
18.1.2	Gegensprichwörter	154
18.2	**Grundlegende Theorien zu Entscheidungen**	154
18.2.1	Zeit und Wert	154
18.2.2	Wahrscheinlichkeit und Wert	156
18.2.3	Gewinn/Verlust und Wert	156
18.3	**Einfluss der Persönlichkeit**	158
18.4	**Situative Faktoren**	159
18.5	**Fazit**	159
	Literaturverzeichnis	160

VI   Gruppen: Leistung, Erfolg, Team und Kommunikation

19   Vier Augen sehen mehr als zwei 165
Fiona A. Kunz
19.1   Einleitung 165
19.2   Anwendungsbereiche in der Praxis 165
19.3   Empirische Überprüfung der Praxisbeispiele 166
19.4   Theoretische Perspektive 166
19.4.1   Kognitionspsychologie 166
19.4.2   Sozialpsychologie 167
19.5   Bedingungen für die Anwendung des Vier-Augen-Prinzips 168
19.5.1   Aufgabencharakteristika 168
19.5.2   Teamzusammensetzung 169
19.5.3   Kultur und Führung 169
19.5.4   Interaktion und Kommunikation 170
19.6   Implikationen und Forschungsausblick 170
19.7   Fazit 171
         Literaturverzeichnis 171

20   Viele Köche verderben den Brei 173
Tabea Mehrbrodt
20.1   Einleitung 173
20.2   Arbeitsgruppe – die Gruppe der Köche 173
20.2.1   Gruppengröße 174
20.2.2   Gruppenzusammensetzung 174
20.3   Aufgabentyp – das Gericht 174
20.3.1   Soziale Erleichterung und Hemmung 174
20.3.2   Klassifikation von Aufgabentypen 175
20.4   Führungskräfte – der Chefkoch 176
20.4.1   Selbstkontrolle und geteilte Führung in der Gruppe 176
20.4.2   Führungsstile 176
20.5   Umweltfaktoren – die Küche 177
20.6   Diskussion – das Misslingen bzw. Gelingen des Gerichts 177
20.6.1   Prozessverluste 177
20.6.2   Prozessgewinne 178
20.6.3   Tatsächliche Gruppenleistung 178
20.7   Fazit 178
         Literaturverzeichnis 178

21   Erst wägen, dann wagen – Hör auf deinen Bauch 181
Annemarie Müssig
21.1   Einleitung 181
21.2   Entscheidungen und Entscheidungsfindung 181
21.2.1   Kognitiver Verarbeitungsprozess 182
21.2.2   Automatisierung reflektiver Prozesse 183
21.3   Kognitive Verzerrungen: Warum wir besser den Kopf einschalten 183
21.3.1   Erwartungs-Nutzen-Theorie 183
21.3.2   Neue Erwartungstheorie (Prospect Theory) 184

21.3.3	Kognitive Heuristiken	185
21.3.4	Hypothesentheorie der sozialen Wahrnehmung	185
21.3.5	Theorie der kognitiven Dissonanz	186
21.3.6	Theorie der kognizierten Kontrolle	186
21.4	**Erfahrungswerte: Wann wir unserem Bauch vertrauen können**	186
21.4.1	Begrenzte Rationalität (Bounded Rationality)	187
21.4.2	Satisficing vs. Optimizing	187
21.4.3	Komplexe Entscheidungssituationen	187
21.5	**Fazit**	188
	Literaturverzeichnis	188
22	**Eine Kette ist nur so stark wie ihr schwächstes Glied**	191
	Marcel Obermeier	
22.1	**Einleitung**	191
22.2	**Gültigkeit des Sprichworts**	191
22.2.1	Soziales Faulenzen	191
22.2.2	Trittbrettfahren und Trotteleffekt	192
22.2.3	Herdenverhalten und Hidden Profile	192
22.2.4	Das 2-6-2-Prinzip	193
22.3	**Gegensprichwort: Verbunden werden auch die Schwachen mächtig**	193
22.3.1	Psychologischer Nutzen von Gruppen	194
22.3.2	Köhler-Effekt und soziale Erleichterung	194
22.3.3	Die Kehrseite der Medaille – Stanford-Prison und Gruppendenken	195
22.4	**Fazit**	195
	Literaturverzeichnis	196

VII Entwicklung und Lernen

23	**Was Hänschen nicht lernt, lernt Hans nimmermehr**	199
	Jana Geelink	
23.1	**Einleitung**	199
23.2	**Kritische Phasen in der Entwicklung**	199
23.3	**Lernfähigkeit und Alter**	201
23.3.1	Intelligenz als Einflussfaktor auf Lernfortschritte	201
23.3.2	Informationsverarbeitung, Gedächtnis und selbstwirksame Kognitionen als Einflussfaktoren auf Lernfortschritte	202
23.3.3	Lernfähigkeit älterer Personen im Vergleich zu jüngeren	202
23.3.4	Kompensationsmöglichkeiten älterer Menschen	203
23.3.5	Konstanzen und Instabilitäten im Lebenslauf	204
23.4	**Diskussion und Implikationen für die Praxis**	205
23.5	**Fazit**	206
	Literaturverzeichnis	206
24	**Was man gern macht, macht man gut**	209
	Stefanie Kosel	
24.1	**Einleitung**	209

24.2	**Leistungsfähigkeit und -bereitschaft**	209
24.2.1	Etwas gern tun = gute Leistung	210
24.2.2	Etwas gern tun ≠ gute Leistung	211
24.2.3	Etwas ungern tun = gute Leistung	212
24.3	**Exkurs: Schwierigkeits- und Zeitempfinden**	213
24.3.1	Schwierigkeit – Was man gern tut, geht leicht von der Hand	213
24.3.2	Zeit – Was man gern tut, ist schnell getan	214
24.4	**Diskussion**	214
24.4.1	Mehrwert der Psychologie	214
24.4.2	Implikationen für die Praxis	215
24.5	**Fazit**	215
	Literaturverzeichnis	216
25	**Eine Reise von tausend Meilen beginnt mit dem ersten Schritt**	**217**
	Felix Schwindl	
25.1	**Einleitung**	217
25.1.1	Herkunft und kultureller Stellenwert	217
25.1.2	Interpretation des Sprichworts	217
25.2	**Befunde aus der Psychologie und mögliche Erklärungsansätze**	218
25.2.1	Theorie des regulatorischen Fokus	218
25.2.2	Core Self-Evaluations	218
25.2.3	Lernen am Modell	219
25.2.4	Construal Level Theory	219
25.3	**Implikationen für die Praxis**	220
25.4	**Fazit**	220
	Literaturverzeichnis	221
26	**Wer schön ist, ist auch gut**	**223**
	Miriam Weber	
26.1	**Einleitung: Schönheit und Attraktivität**	223
26.2	**Empirische Befunde: Ist schön auch gut?**	223
26.2.1	Kindliche Entwicklung	224
26.2.2	Gesundheit und Partnerschaft	224
26.2.3	Gleichgeschlechtliche Interaktionen	225
26.2.4	Akademischer und beruflicher Kontext	225
26.3	**Diskussion**	226
26.4	**Implikationen für die Praxis**	226
26.5	**Fazit**	227
	Literaturverzeichnis	227
27	**Nur unter Druck entstehen Diamanten – In der Ruhe liegt die Kraft**	**229**
	David Schnell	
27.1	**Einleitung**	229
27.2	**Leistung im Arbeitskontext**	229
27.2.1	Leistungssteigerung: Nur unter Druck entstehen Diamanten	229
27.2.2	Achtsamkeit: In der Ruhe liegt die Kraft	230
27.2.3	Synthese	231
27.3	**Randbedingungen für Leistungserbringung**	232
27.3.1	Persönlichkeitsfaktor Selbstwirksamkeit	232

27.3.2	Soziale Faktoren	232
27.3.3	Psychologische Distanz	233
27.4	**Fazit**	234
	Literaturverzeichnis	234

VIII Kommunikation

28 Reden ist Silber, Schweigen ist Gold ... 239
Stefanie Benedikter

28.1	**Einleitung**	239
28.2	**Wissenschaftliche Betrachtung**	239
28.2.1	Persönlichkeit: Introversion vs. Extraversion	240
28.2.2	Verhalten: Zurückhaltung vs. aktive Kommunikation/Proaktivität	242
28.3	**Implikationen für die Praxis**	243
28.3.1	Erziehung	243
28.3.2	Arbeitsplatz	244
28.4	**Fazit**	245
	Literaturverzeichnis	245

29 Kindermund tut Wahrheit kund ... 247
Sebastian Müller

29.1	**Einleitung: Zeugenaussagen von Kindern vor Gericht**	247
29.1.1	Stellenwert von Augenzeugenberichten	247
29.1.2	Kinder als Opfer von Straftaten	247
29.2	**Glaubwürdigkeit**	248
29.2.1	Interpretation durch das Gericht	248
29.2.2	Fähigkeit zur Lüge	248
29.2.3	Einfluss durch Erwachsene	248
29.3	**Gedächtnisprozesse**	249
29.3.1	Entwicklung des Gedächtnisses	249
29.3.2	Verzerrende Einflüsse auf das Gedächtnis	251
29.4	**Diskussion**	252
29.5	**Fazit**	253
	Literaturverzeichnis	253

30 Geteiltes Leid ist halbes Leid ... 255
Juliane Schünke

30.1	**Einleitung**	255
30.2	**Aufrechterhalten der inneren Balance**	255
30.3	**Leid mit nahestehenden Menschen teilen**	256
30.3.1	Emotionen unterdrücken oder neu bewerten	256
30.3.2	Emotionen vertrauter Menschen wahrnehmen	257
30.4	**Leid mit fremden Menschen teilen**	258
30.4.1	Unterdrücken von Emotionen in einer Interaktion	258
30.4.2	Folgen des Unterdrückens von Emotionen	258
30.4.3	Exkurs: Psychotherapie	259
30.5	**Diskussion**	259

30.6	Fazit	259
	Literaturverzeichnis	260

IX Abschließende Bemerkungen

31 Bewusst kommunizieren: Zum Einfluss von Sprichwörtern auf das Erleben und Verhalten 263
Martin Fladerer und Dieter Frey

31.1	Einleitung	263
31.2	Sender-Empfänger-Modelle der Kommunikation	263
31.2.1	Anatomie einer Botschaft	264
31.2.2	Glaubwürdigkeit des Senders	265
31.2.3	Weitere Einflussfaktoren	265
31.3	Bewusste Kommunikation	266
31.3.1	Situationsreflexion	266
31.3.2	Selbstklärung	266
31.3.3	Strukturierte Kommunikation	266
31.4	Fazit	267
	Literaturverzeichnis	267

32 Ausgewählte Lebensweisheiten als Handlungsanweisungen für ein positives Leben 269
Christina Franze und Dieter Frey

32.1	Einleitung	269
32.2	Interpretation und Diskussion ausgewählter Lebensweisheiten	269
32.2.1	Du verhörst dich, weil du mich verhörst und nicht hörst: Hypothesentheorie der sozialen Wahrnehmung	269
32.2.2	Zwei hören die gleiche Sinfonie, doch das gleiche nie: Hypothesentheorie der sozialen Wahrnehmung	270
32.2.3	Niemand außer dir kann dich glücklich oder unglücklich machen: Attributionstheorie, Theorie der gelernten Hilflosigkeit und der kognizierten Kontrolle	271
32.2.4	Wenn du gut hinhörst, wird immer irgendwo ein Vogel singen: transaktionales Stressmodell und die Rolle von Ressourcen	272
32.2.5	Jeder ist seines Glückes Schmied: Konzept der Selbstwirksamkeit	273
32.3	Fazit	274
	Literaturverzeichnis	274

33 Großmütterliche Weisheit vs. wissenschaftliche Weisheit: Die Wahrheit ist ein Plural 275
Dieter Frey und Julia Albrecht

33.1	Was war die Kernidee des aktuellen Projekts?	275
33.2	Was lernen wir aus dem Projekt? Wie können wir Sprichwörter verwenden?	275
33.3	Welchen Nutzen hat der psychologische Blick auf Sprichwörter?	276

	Serviceteil	279
	Stichwortverzeichnis	280

Autorenverzeichnis

Albrecht, Julia
München
E-Mail: albrecht_julia@gmx.de

von Albrecht, Luisa
Berlin
E-Mail: luisavonalbrecht@outlook.com

Benedikter, Stefanie
München
E-Mail: stefanieben@web.de

Böttcher, Tamaris
Olching
E-Mail: tamaris.boettcher@gmail.com

Christoforakos, Lara
München
E-Mail: lara.christoforakou@gmail.com

Diller, Thomas
Taufkirchen
E-Mail: thomas.diller@gmx.de

Dominova, Svetlana
Augsburg
E-Mail: dominova.svetlana@gmail.com

Erk, Wiebke
München
E-Mail: wiebke.erk89@gmail.com

Fladerer, Martin, M.Sc.
LMU Center for Leadership and People Management
Geschwister-Scholl-Platz 1
80539 München
E-Mail: martin.fladerer@psy.lmu.de

Franze, Christine
Unterhaching
E-Mail: christina.franze@gmx.de

Frey, Dieter, Prof. Dr.
Lehrstuhlinhaber Sozialpsychologie
LMU – Department Psychologie
Leopoldstr. 13
80802 München
E-Mail: dieter.frey@psy.lmu.de

Geelink, Jana
Ingolstadt
E-Mail: jana-geelink@web.de

Haimerl, Thomas
Biberach
E-Mail: t.haimerl@gmx.de

Jung, Svetlana
München
E-Mail: sv.jung@yahoo.de

Kosel, Stefanie
München
E-Mail: stefie.kosel@hotmail.de

Kronseder, Ela
München
E-Mail: mkronseder@yahoo.de

Kunz, Fiona A.
München
E-Mail: fiona.kunz@gmx.de

Maciejczyk, Laura Stina
München
E-Mail: stina_mac@web.de

Maertins, Mona
München
E-Mail: mona_maertins@web.de

Mehrbrodt, Tabea
Tel Aviv-Yafo
E-Mail: tabea.mehrbrodt@gmx.net

Mihr, Clara
München
E-Mail: clara.mihr@web.de

Müller, Sebastian
München
E-Mail: sebastian_mueller_@outlook.de

Müssig, Annemarie
München
E-Mail: annemarie.muessig@googlemail.com

Obermeier, Marcel
Holzkirchen
E-Mail: marcel.obermeier@campus.lmu.de

Schnell, David
München
E-Mail: david-schnell@posteo.de

Schünke, Juliane
Berlin
E-Mail: julischuenke@gmail.com

Schwindl, Felix
München
E-Mail: felix.schwindl@gmx.de

Speth, Verena
Weißensberg
E-Mail: verena.speth@t-online.de

Stabenow, Manuel
München
manuelstabenow@hotmail.com

Straßer, Lisa Andrea
München
E-Mail: lisa_andrea_strasser@yahoo.de

Weber, Miriam
München
E-Mail: miriamcharlotte.weber@web.de

Einleitung: Bedeutung und Relevanz von Sprichwörtern – Warum nutzen wir Sprichwörter?

Dieter Frey

© Springer-Verlag Berlin Heidelberg 2017
D. Frey (Hrsg.), *Psychologie der Sprichwörter*,
DOI 10.1007/978-3-662-50381-2_1

Jeder Mensch kennt etwa 100 Sprichwörter. Er wird sie im Sinne der Unterstützung immer dann aktivieren, wenn eine Episode – also eine Erfahrung oder ein Erlebnis – ein Sprichwort bestätigt, weniger dann, wenn sie es nicht bestätigt.

- **Warum benutzen wir Sprichwörter?**

Letztlich besteht eine universelle Sehnsucht des Menschen, die auftretenden Episoden positiver oder negativer Art im Nachhinein zu erklären. Man nennt dies den „I-knew-it-all-along"-Effekt („Ich wusste es schon immer"). Das heißt, bei vielen Ereignissen, die auftreten, neigen Menschen im Nachhinein zur Behauptung, dass sie diese Ereignisse genau so vorhergesagt haben oder hätten. Je mehr man dies kann, umso mehr hat man das Gefühl, die Umgebung strukturieren und kontrollieren zu können. Dies unterstützt gleichzeitig den Selbstwert und das eigene Kompetenzgefühl: Man weiß, man ist ein kompetenter Urteiler und lebt in einer (relativ) vorhersehbaren Welt.

Der „I-knew-it-all-along"-Effekt kann nicht nur motivational im Sinne des Selbstwertschutzes und des Kompetenzmotivs erklärt werden, sondern ebenfalls kognitiv bedeutsam sein: Man erinnert sich eher an die Episoden, die ein Sprichwort unterstützen, als an die, die es widerlegen. Die Forschung zeigt, dass im Gedächtnis jeweils diejenigen Sprichwörter aktiviert werden, die das Ereignis, das bereits aufgetreten ist, bestätigen. Weil einem dieses Sprichwort schneller einfällt, unterliegen wir häufig der Illusion, es ohnehin (überwiegend) schon im Voraus gewusst zu haben.

Aus der Forschung zu diesem Effekt ist allerdings bekannt, dass es einen großen Unterschied ausmacht, etwas im Nachhinein zu wissen oder im Voraus vorherzusagen. Die Ergebnisse sind hier eindeutig: Keineswegs können Menschen Ereignisse im Voraus so gut vorhersagen, wie sie im Nachhinein glauben, es vorhergesagt zu haben.

Es gibt fast keinen Bereich, zu dem es kein Sprichwort gibt. In der Tat existieren 250.000 Sprichwörter, die meistens eher allgemein gehalten sind. Das führt dazu, dass man gleichzeitig viele Gegenbelege finden kann. Deshalb können Sprichwörter selten als Universallösung herangezogen werden. Die Realität ist viel komplexer, als die Sprichwörter suggerieren. Trotzdem ist die Reflexion sinnvoll, wann Sprichwörter zutreffen und wann nicht und warum sie zutreffen und warum nicht.

Sprichwörter haben oft ihre Richtigkeit, aber ebenso oft auch nicht. Das Buch gibt Hinweise, wann sie keine Richtigkeit haben. Sprichwörter und Lebensweisheiten dienen Menschen als Heuristiken, um sich schnell eine Meinung zu bilden und Entscheidungen ohne größere kognitive Leistung zu treffen. Insofern könnte man Sprichwörter als kognitives Schema betrachten, als mentale Wissensstrukturen, die Informationen über Objekte in abstrakter Form enthalten und vorgefertigte Denk- und Handlungsstrategien für entsprechende Situationen zur Verfügung stellen.

Im Kern geht es darum: Wo kommt das Sprichwort her? Wie hat es sich entwickelt? Was ist der theologische, philosophische und/oder kulturelle Hintergrund? Welche empirischen Beweise gibt es in der Forschung für ein bestimmtes Sprichwort?

Zu fast allen Lebenslagen gibt es mehrere Sprichwörter, die einem das Leben durch Weisheiten vereinfachen sollen. Im entsprechenden Kontext geben sie uns Orientierung und helfen uns, die richtige Entscheidung zu treffen und die Welt zu interpretieren. Häufig sind die Sprichwörter widersprüchlich, was oft übersehen oder bewusst übergangen wird, weil es gerade nicht passt. Das heißt, die Wahrnehmung, Interpretation und das Abrufen von Sprichwörtern ist durchaus selektiv und abhängig davon, ob es zur jeweiligen Gegebenheit passt oder nicht.

Sprichwörter und Psychologie - eine Annäherung

Julia Albrecht und Dieter Frey

© Springer-Verlag Berlin Heidelberg 2017
D. Frey (Hrsg.), *Psychologie der Sprichwörter*,
DOI 10.1007/978-3-662-50381-2_2

2.1 Einleitung

> Schriften, Schulen und Universitäten thun vieles und manchmal mit nicht kleinem Geräusch. Aber es geht, ungesehen und ungeachtet, viel Weisheit und Klugheit im Lande umher, von Mund zu Mund. (Johann Michael Sailer, 1751–1832, katholischer Theologe, Bischof von Regensburg)

Sprichwörter, Lebensweisheiten und Redewendungen finden sich in jeder Kultur und Sprache und bestehen teilweise seit mehr als 2000 Jahren. Sie werden über Generationen weitergegeben und gehen dem Sprecher als sprachliche Formeln in Fleisch und Blut über. Schon in unserer Kindheit begegnen wir den Weisheiten unserer Großmutter, mit denen sie uns richtiges Verhalten und Entscheiden vermitteln will: „Wer einmal lügt, dem glaubt man nicht, auch wenn er dann die Wahrheit spricht", „Wer anderen eine Grube gräbt, fällt selbst hinein", „Der Ton macht die Musik". Diese großelterlichen Weisheiten entsprechen im Grunde tradierten Verhaltensempfehlungen, die uns sozial anerkanntes und richtiges Verhalten lehren, vor Folgen „schlechten" Verhaltens warnen und uns damit Werte und Normen vermitteln sollen. Im Laufe des Lebens erlernt der durchschnittliche Deutsche zwischen 300 und 500 Sprichwörter (Essig 2010). Diesen Sprichwörtern wird im Allgemeinen ein hoher Wahrheitsgehalt zugeschrieben – so lautet beispielsweise ein türkisches Sprichwort „Wer das Sprichwort nicht beachtet, heult am Ende".

Doch ist es sinnvoll, das Sprichwort immer zu beachten, es als Ratgeber zu verstehen, als allgemeingültig zu interpretieren? Gilt manchmal nicht auch das Sprichwort „Ratschläge sind auch Schläge", sodass wir Omas Weisheit ignorieren sollten? Diese Frage bildet das Fundament für ein Projekt, in dem Sprichwörter verschiedener Themen mit psychologischen Theorien und psychologischer Empirie verglichen werden. Dieser Vergleich ermöglicht eine Antwort auf die Frage, ob die Psychologie, die empirische – auf Erfahrung basierende – Wissenschaft, mehr Wissen beherbergt als das Sprichwort als althergebrachte, komprimierte Lebenserfahrung, als „Omas Weisheit". Ist die Aussage des Feuilletonisten Otto Weiss berechtigt, der sagte: „Ich wollte, die Völker hätten nur halb so viel Verstand wie ihre Sprichwörter"? Gibt es empirische Evidenz für die Aussagen und Handlungsempfehlungen, die Sprichwörter liefern? Klaffen Sprichwort und psychologische Erkenntnisse auseinander? Sollte man sich auf psychologische Evidenz verlassen oder reicht die großelterliche Weisheit?

Um die Ratschläge und Aussagen deutscher Sprichwörter in diesem Vergleich besser zu verstehen, lohnt sich vorab ein Blick in deren Geschichte, kulturellen Hintergrund, Anwendung und Funktion.

2.2 Deutsche und internationale Sprichwörter

2.2.1 Konzeptionelle Klärung des Begriffs „Sprichwort"

Ein Sprichwort kann als scheinbar allgemeingültiger Satz beschrieben werden, der sowohl individuelle als auch kulturelle Erfahrung komprimiert. So besagt ein persisches Sprichwort „Sprichwörter sind die Töchter der Erfahrung". Umurova (2005, S. 24) definiert das Sprichwort als einen „traditionellen, wiederholbaren, leicht einprägsamen, allgemein bekannten, anerkannten und volkstümlichen sowie festgeprägten Satz, der eine Lebensregel oder Weisheit prägnant und kurz zum Ausdruck bringt und dessen sich zu gegebener Zeit jeder bedienen kann, weil er als Medium allgemeiner, aus dem praktischen Alltag gewonnener lebensnaher Erfahrung etwas formuliert, worin viele übereinstimmen". Ein Sprichwort ist damit eine Lebensweisheit in festem und prägnantem sprachlichem Korsett. Während „Sprichwort" und „Lebensweisheit" daher synonym verwendet werden können, ist eine Abgrenzung zu anderen Begriffen notwendig:

- Eine **Redewendung** besteht in einer sinnbildlichen, festen Wortverbindung („Maulaffen feilhalten"), die jedoch im Gegensatz zum Sprichwort keine Botschaft oder Weisheit enthält und die entgegen der festen Form des Sprichworts sprachlich an den Rest des Satzes angepasst werden muss.
- Eine **Sentenz** ist dagegen ein autor- oder textgebundener Spruch, der als semantisch und syntaktisch eigenständiger „Ein-Satz-Text" eine scheinbar allgemeingültige Weisheit geschliffen formuliert (Hallik 2007). Sentenzen entstammen damit einem literarischen Kontext – „Die Axt im Haus erspart den Zimmermann" geht z. B. auf Schillers *Wilhelm Tell* zurück. Teilweise wird das „Sprichwort" aus dem Volksmund, das eigentlich keinen bekannten Autor hat, synonym zur Sentenz verwendet.

2.2.2 Sprachliche Erscheinungsformen von Sprichwörtern

Der für das Sprichwort typische prägnante Satz kann syntaktisch und sprachlich unterschiedlich formuliert sein:
- Möglich ist eine Formulierung als **Feststellung oder Beobachtung** wie im Falle von „Neue Besen kehren gut" oder „Morgen, morgen, nur nicht heute, sagen alle faulen Leute". Als Aussagesatz im Indikativ können Sprichwörter neutral und wertungsfrei erscheinen.
- Ebenso kann ein Sprichwort eine **Wertung** und damit ein **Urteil** enthalten: „Lieber den Spatz in der Hand als die Taube auf dem Dach", „Lieber ein Ende mit Schrecken als ein Schrecken ohne Ende" oder „Vertrauen ist gut, Kontrolle ist besser". Durch einen wertenden Vergleich geben diese großmütterlichen Weisheiten eine direkte Handlungsempfehlung.
- Möglich ist auch die Form der **Warnung**: „Wer nicht hören will, muss fühlen" oder „Hochmut kommt vor dem Fall" sind im Modus einen neutralen Aussagesatzes formuliert, wirken jedoch durch das Aufzeigen von Konsequenzen gleichzeitig warnend.
- Manche Sprichwörter bedienen sich des Imperativs oder enthalten eine direkte **Aufforderung** oder **Vorschrift** wie „Verliebe dich oft, verlobe dich selten, heirate nie" oder „Erst denken, dann handeln".

Diese Funktionen haben Sprichwörter nicht per se, sondern sie bilden diese erst im kommunikativen Gebrauch aus. Obwohl sich die meisten Sprichwörter in die Gewänder von Erfahrungs- und Aussagesätzen kleiden und selten ein direkter Imperativ ausgesprochen wird, zeichnen sich die meisten Sprichwörter durch einen explizit oder implizit auffordernden Charakter aus. Sie ermuntern uns, nachzudenken, sie geben Empfehlungen zur Handlung und Entscheidung und warnen uns vor möglichen Konsequenzen. Damit enthalten sie normative Komponenten und können als Orientierungshilfe oder sogar als Verhaltensimperativ interpretiert werden.

In ihrer Formulierung sind Lebensweisheiten sehr verständlich und einprägsam. Sie bedienen sich einer einfachen, für den Volksmund verständlichen und damit leicht erinnerbaren Sprache, deren Einprägsamkeit durch eine bildhafte, konkrete Sprache und Metaphern („Der frühe Vogel fängt den Wurm") unterstützt wird. Alle Sprichwörter stehen im Präsens („Den Letzten beißen die Hunde"), was auch zur Aktualität eines Sprichworts beiträgt. Weitere häufig verwendete sprachlich-stilistische Mittel wie der Reim („Jammern füllt keine Kammern"), die Alliteration („Aller Anfang ist schwer"), der Parallelismus („Wer nicht wagt, der nicht gewinnt"), die Überkreuzstellung bzw. der Chiasmus („Was Hänschen nicht lernt, lernt Hans nimmermehr") oder

Dopplungen („Auge um Auge, Zahn um Zahn") dienen ebenfalls der erleichterten Einprägsamkeit des sprachlichen Bildes eines Sprichworts. „Buchen sollst du suchen, Eichen sollst du weichen" vereint mit Reim, Parallelismus und Metapher gleich mehrere Stilmittel. Häufig ist zudem eine Personifikation von abstrakten Begriffen wie in „Gut Ding will Weile haben", „Die Zeit heilt alle Wunden" oder „Lügen haben kurze Beine", was wiederum zur bildhaften Sprache und Einprägsamkeit des Sprachbildes beiträgt.

2.2.3 Psychologische Funktionen hinter Sprichwörtern

Unabhängig ihrer sprachlichen Gestaltung, ihrer Syntax und Wortwahl, haben Sprichwörter unterschiedliche psychologische Funktionen. Diese Funktionen können als das Ziel verstanden werden, mit dem uns Großeltern ein Sprichwort mit auf den Weg geben. Die häufigsten Funktionen von Sprichwörtern sind Orientierung und Rat, die aus der Interpretation des Sprichworts als komprimierte Lebenserfahrung resultieren.

- Insbesondere wertende Sprichwörter können eine **Entscheidungshilfe** sein („Besser etwas als gar nichts", „Lieber ein Ende mit Schrecken als ein Schrecken ohne Ende"), die in schwierigen Situationen Orientierung bietet.
- Manche Lebensweisheiten, die im neutralen Gewand eines Aussagesatzes stecken, dienen als **Denkanstoß** zur Reflexion oder zum erneuten Überdenken („Gottes Mühlen mahlen langsam", „Der Teufel steckt im Detail"), ohne konkrete Ratschläge, Handlungen oder Denkrichtungen aufzuzeigen.
- Großelterliche Weisheiten können aber auch einfach nur (vermeintliche) **Ratschläge gesunden Lebens** beinhalten wie „Käse schließt den Magen" oder „Bier auf Wein, das lass sein; Wein auf Bier, das rat ich dir".

Gleichzeitig erfüllen Sprichwörter auch Funktionen, die im täglichen Umgang mit anderen Menschen relevant sind. Die Großmutter kennt Weisheiten, mit denen sie uns den Umgang mit Emotionen, mit Unsicherheit oder Komplexität erleichtern will:

- Lebensweisheiten können dazu dienen, den Empfänger zu **beruhigen** („Es ist noch kein Meister vom Himmel gefallen") oder zu **trösten** („Lehrjahre sind keine Herrenjahre"). Sprichwörter dienen damit auch der Emotionsarbeit.
- Dabei können Sprichwörter auch **fokussieren** („Lieber den Spatz in der Hand als die Taube auf dem Dach") und den Empfänger **erden** („Hochmut kommt vor dem Fall").
- Dabei kann uns eine Weisheit gleichzeitig **beflügeln** („Wo ein Wille ist, ist auch ein Weg") und uns bei Misserfolg oder Traurigkeit **aufheitern** („Auch ein blindes Huhn findet mal ein Korn").

2.2.4 Psychologische Funktionen von Sprichwörtern aus dem Blickwinkel sozialpsychologischer Theorien

Diese Funktionen, die Sprichwörter erfüllen können, lassen sich mithilfe verschiedener sozialpsychologischer Theorien erklären. Diese Theorien können einerseits beschreiben, welche Bedürfnisse Menschen haben und warum sie diese haben, und andererseits aufzeigen, was Menschen hilft, mit schwierigen Situationen leichter umzugehen. Daher sollen im Folgenden drei sozialpsychologische Theorien exemplarisch erläutert werden, die die Wirkung und damit auch den „Nutzen" vieler Sprichwörter erklären können.

Theorie der Selbstwerterhöhung

Die beschriebenen Funktionen der Aufheiterung, Beflügelung und des Trosts durch Sprichwörter stabilisieren und erhöhen den Selbstwert und entsprechen nach der psychologischen Theorie der Selbstwerterhöhung dem menschlichen Bedürfnis eines positiven Selbstbildes (Tesser 1988). Lebensweisheiten wie „Aus Fehlern lernt man", „Pech im Spiel, Glück in der Liebe" oder „Andere Mütter haben auch schöne Töchter" erfüllen genau diese Funktion, indem sie Trost spenden und unseren Selbstwert auch bei Misserfolg und Enttäuschung durch den gezielten Blick nach vorne stabilisieren.

Theorie der kognizierten Kontrolle/Autonomie

Viele Sprichwörter liefern schlichtweg „Erklärungen" für bestimmte Situationen. Laut der Theorie der kognizierten Kontrolle/Autonomie suchen Menschen Erklärbarkeit, Vorhersehbarkeit und Beeinflussbarkeit (Frey u. Greif 1987). „Kein Rauch ohne Flamme" kann beispielsweise als Anstoß zu weiterem Nachforschen und -denken und damit als Reflexionsimpuls dienen oder auch als Erklärung für eine bestimmte Situation verwendet werden. Die nicht zugedrehte Zahnpastatube kann der Zündstoff eines lautstarken, „rauchenden" Streits sein, hinter dem eine „Flamme" unterschwelliger, nicht angesprochener Konflikte brodelt. „Kein Rauch ohne Flamme" kann erklären, dass hinter dem augenscheinlichen Streit etwas Tieferes liegen muss. Es zeigt also ein nicht für jeden deutliches Ursache-Wirkungs-Verhältnis auf. Sprichwörter vermögen damit, die Komplexität von Sachverhalten zu reduzieren und Erklärbarkeit zu schaffen. Diese Erklärbarkeit ist ein Kernelement der Theorie kognizierter (wahrgenommener) Kontrolle (Frey u. Greif 1987). Vorgänge und Ereignisse erklären zu können, ist ein fundamentales menschliches Bedürfnis, das mit Sprichwörtern zumindest in gewissem Ausmaß und auf eher kommentierende Weise befriedigt werden kann.

Impftheorie

Weiterhin können Sprichwörter im Sinne der sozialpsychologischen Impftheorie eine Art „impfende" Funktion einnehmen. Die Impftheorie besagt, dass es hilft, Menschen mit widrigen oder suboptimalen Bedingungen der Umgebung zu konfrontieren und mit ihnen zu erarbeiten, wie man trotz der widrigen Bedingungen ein sinnerfülltes Leben führen kann. Personen, die geimpft sind, können in der Folge leichter mit solchen suboptimalen Bedingungen umgehen. Unabhängig von konkreten Erfahrungen warnt der Sinnspruch „Lehrjahre sind keine Herrenjahre" vor mageren Zeiten während einer Ausbildung und kann gleichzeitig Trost spenden. Durch das Nachdenken über dieses Sprichwort kann z. B. ein Auszubildender, der sich in seinen „Lehrjahren" befindet, Durststrecken während der Ausbildungszeit besser antizipieren. Die frühzeitige Verdeutlichung eines kritischen Aspekts („keine Herrenjahre") kann damit gegen demotivierende Effekte schlechter Bezahlung oder Hilfsarbeiten „impfen". So kann der Einfluss, die Enttäuschung oder der Ärger über spätere negative Erlebnisse während der „Lehrjahre" reduziert werden. Diese Warnung vor Unangenehmem führt also nach der Impftheorie zur besseren Bewältigung und Akzeptanz aversiver Zustände (McGuire 1964).

Ein Grund für die Beliebtheit und das lange Überleben zahlreicher Sprichwörter könnte daher in der Vielseitigkeit ihrer Anwendungssituationen und den in diesen Situationen erwünschten, auch psychologischen Zwecken und Funktionen (z. B. Aufheiterung, Selbstwerterhöhung oder Warnung) liegen.

2.2.5 Sprichwörter als Spiegel der Kultur

Unabhängig der konkreten Funktion repräsentieren Sprichwörter komprimierte individuelle, aber auch kulturelle Erfahrungen. Sie existieren in jeder Kultur – teilweise auch in modifizierter Form über Kulturen hinweg. So entspricht das deutsche Sprichwort „Man soll den Tag nicht vor dem Abend loben" dem englischen „Don't count the chicken before they are hatched" und „In der Ruhe liegt die Kraft" dem englischen „Haste makes waste". In den inhaltlich kongruenten Sprichwörtern „Das ist nicht mein Bier" und „It's not my cup of tea" (Großbritannien) werden kulturell typische Getränke zum Symbol für Verantwortlichkeit. „Kleider machen Leute" und „Clothes make the man" stimmen fast wörtlich überein.

Dennoch gibt es auch kulturspezifische – beispielsweise typisch deutsche – Sprichwörter. So finden sich für die deutschen Sprichwörter „Was der Bauer nicht kennt, das frisst er nicht" und „Ordnung ist das halbe Leben" keine Entsprechungen im romanischen oder angloamerikanischen Raum. Die GLOBE-Kulturvergleichsstudien (Global Leadership and Organizational Behavior Effectiveness) zeigten für Deutschland im Vergleich mit 60 anderen Ländern eine besonders starke Ausprägung auf der Dimension **Unsicherheitsvermeidung** (Brodbeck u. Frese 2007; Chhokar et al. 2013). Die beiden genannten Sprichwörter spiegeln diese Tendenz wider, denn das „was der Bauer nicht kennt", entspricht Fremdem und Unbekanntem, das er meidet. Sicherheit und Ordnung werden durch Regeln, Normen und Bürokratie hergestellt – denn „Ordnung ist das halbe Leben". Sprichwörter können damit nicht nur Werte und Normen vermitteln, sondern sind gleichermaßen ein Spiegel der kulturell tradierten, tief verankerten Werte und Normen.

Vermeintliche kulturelle Praktiken und Stereotype finden sich auch im Tonus von Sprichwörtern, Redewendungen und Formulierungen wieder. So ist das Thema **Humor** im Deutschen – analog des kulturellen Stereotyps humorloser Germanen – negativ dominiert: „Zum Lachen in den Keller gehen", „Wer zuletzt lacht, lacht am besten", „Scherz beiseite", „Spaß muss sein", „totlachen", „Schluss mit lustig", „Wer lacht, hat noch Reserven". Dagegen steht nur ein rein positives Sprichwort zu Humor und Freude: „Lachen ist die beste Medizin".

Sprichwörter weisen damit einen engen Kulturbezug auf, können kulturelle Praktiken und Werte implizieren und tradieren. Manche Sprichwörter können im Laufe der Zeit auch an kultureller Aktualität verlieren und damit ihre erkenntnisstiftende Funktion einbüßen. Das früher sehr gängige Sprichwort „Müßiggang verzehrt den Leib wie Rost das Eisen" ist zwar sehr verständlich und metaphorisch nachvollziehbar, heute jedoch kaum mehr bekannt. In der heutigen „Freizeitkultur" ist die negative Beurteilung des Müßiggangs vielleicht nicht mehr aktuell (Földes 2004). Andere Sprichwörter mit ähnlichem Inhalt wie „Müßiggang ist aller Laster Anfang" sind zwar eher unpopulär, aber dennoch noch im aktuellen Sprachgebrauch. Damit wird deutlich, dass ein Sprichwort nicht nur ein Sprachbild ist, sondern vielmehr ein **sprachliches Sinnbild einer Kultur** (Földes 2004). Der Sinn eines Sprichworts kann mit seiner kulturellen Aktualität also verblassen und das Sprichwort kann seine Funktion als kulturelle Metapher verlieren.

Woher die heute noch gebräuchlichen Sprichwörter stammen und wie sie Eingang in den deutschen Sprachschatz und die deutsche Kultur gefunden haben, wird im Folgenden beleuchtet.

2.2.6 Ursprünge deutscher Sprichwörter

Ein großer Teil deutscher Sprichwörter hat seinen Ursprung in der Bibel (2008): „Wer [anderen] eine Grube gräbt, fällt selbst hinein; und wer einen Stein [auf andere] wälzt, auf den wird er zurückkommen" (Spr 26,27), „Hochmut kommt vor dem Fall" (Spr 16,18) sowie „Auge um Auge, Zahn um Zahn" (2 Mose 21,24). Sprichwörter mit biblischer Herkunft dienen häufig der Vermittlung von Moral und Werten. In den deutschen Sprachgebrauch gingen diese Sprichwörter jedoch erst nach Luthers Übersetzung ins Deutsche ein.

Das 15. und 16. Jahrhundert gelten nach Röhrich und Mieder (1977) als Blütezeit des Sprichworts. In dieser Zeit entstanden im gesamten deutschsprachigen Raum zahlreiche Sprichwortsammlungen. Bis zum 17. Jahrhundert wurden Sprichwörter häufig zu didaktischen und erzieherischen Zwecken verwendet, da damit die Lebenserfahrung vieler Generationen auf volksnahe Weise dargestellt werden konnte. Der Aphoristiker Peter Sirius bezeichnete Sprichwörter als „Konversationslexikon der Lebenserfahrung", beispielsweise dienten sie in Klöstern zur Moralvermittlung (Umurova 2005). Auch Martin Luther selbst erkannte früh die Schlagkraft eines volkstümlichen Sprichworts und erstellte eine Liste deutscher Sprichwörter für den didaktischen Eigengebrauch, da er mit Sprichwörtern das „gemeine Volk" erreichen und verstanden werden wollte (Luther 1996; Umurova 2005).

Während Sprichwörter im 16. Jahrhundert auf dem Gipfel ihrer Beliebtheit standen, verloren sie in der Zeit der Aufklärung und der klassischen Literaturperiode deutlich an Bedeutung. Von Gebildeten wurden Sprichwörter teilweise gemieden, da sie als Zeichen von „Unbildung" und „banausischer Sinnesart" verstanden wurden (Umurova 2005, S. 29; Seiler 1922). Lessing, Schiller und Goethe zeigten in dieser bildungsbetonten Zeit dennoch Interesse am Volksmund. So lässt Goethe den Mephistopheles in seinem Werk *Faust* ein damals gängiges Sprichwort zitieren: „Ein Sprichwort sagt: Ein eigner Herd, ein braves Weib sind Gold und Perlen wert" (Szene: Garten).

Eine mit biblischen Sprichwörtern vergleichbare Historie weisen Sprichwörter lateinischen Ursprungs auf wie „Not macht erfinderisch", was auf „Labor ingenium miseris dat" (wörtlich: „Not gibt den Unglücklichen Einfälle") aus *Marcus Manilius Astronomica* zurückgeht (Fels 1990).

Auch Sätze aus der Literatur wie „Die Axt im Haus erspart den Zimmermann" aus Schillers *Wilhelm Tell* können aufgrund ihrer Popularität und häufigen Wiederholung Eingang in den Sprichwortschatz finden. Ähnliches ist bei Aussagen öffentlicher Personen möglich, die sich aus ihrem ursprünglichen Kontext lösen und zum Sprichwort entwickeln, wie die relativ aktuelle Feststellung Gorbatschows anlässlich des 60. Geburtstags der DDR 1989: „Wer zu spät kommt, den bestraft das Leben".

2.2.7 Universalität von Sprichwörtern – eines passt immer?

Gorbatschows Aussage hat daraufhin ein Eigenleben entwickelt und sich losgelöst vom ursprünglichen Kontext zu einem Sinnspruch auf höherer Abstraktionsebene, zu einem „geflügelten Wort" entwickelt. Dies gilt aus sprachwissenschaftlicher Sicht als Kennzeichen von Sprichwörtern und hat zur Folge, dass die meisten Sinnsprüche trotz eines sehr konkreten sprachlichen Bildes oder eines historischen Hintergrunds auf eigene Bedürfnisse oder aktuelle Ereignisse adaptiert werden können.

Diese **Loslösung vom ursprünglichen Kontext** betrifft nicht nur den zeitgeschichtlichen Hintergrund der Entstehung eines Sprichworts, sondern auch die Visualisierung des Inhalts. So denkt beim Sprichwort „Eine Schwalbe macht noch keinen Sommer" kaum jemand an Vögel oder Sonnenschein. Das Sprachbild wird als Metapher statt als Beobachtung begriffen – als Handlungsempfehlung, als Denkanstoß oder als Warnung, keine voreiligen Schlüsse zu ziehen. Sein Sinn und seine Bedeutung liegen außerhalb des sprachlichen Korsetts. Das Verständnis dieser Metaphern erfordert demnach eine Interpretation, eine Loslösung von der konkreten Aussage.

Diese ist nach Erkenntnissen psychologischer Forschung nur Menschen mit psychischer Gesundheit möglich – Patienten mit Störungen aus dem schizophrenen Formenkreis favorisieren eine wörtliche Interpretation von Sprichwörtern und neigen damit zu einer „konkretistischen" Sicht (Brüne u. Bodenstein 2005), ohne die eigentliche sprichwörtliche Botschaft zu verstehen. Die **Notwendigkeit einer Interpretation** schafft damit auch einen Spielraum, eine Möglichkeit zur interindividuell oder situationsspezifisch unterschiedlichen Deutung und Anwendung. Jedes Sprichwort kann für die eigene Position und Lage verändert werden und somit immer ein Quäntchen Wahrheit enthalten. So besagt auch ein russisches Sprichwort: „Das Sprichwort unterliegt nicht dem Urteil der Gerichtshöfe."

Trotz des Anspruchs der Allgemeingültigkeit gibt es auch für konträre Situationen immer passende und demnach **konträre Sprichwörter**: Heiratet eine Ärztin einen Arzt, kommentiert die Großmutter dieses Ereignis mit „Gleich und Gleich gesellt sich gern" – heiratet die Ärztin einen Klempner, heißt es dagegen, „Gegensätze ziehen sich an". Scheitert eine Gruppe, lässt sich das mit „Jede Kette ist nur so stark wie ihr schwächstes Glied" kommentieren. Hat eine Gruppe – möglicherweise unerwartet – Erfolg, passt dagegen das Sprichwort „Verbunden werden auch die Schwachen mächtig". Der Volksmund kann Wahrheit transportieren, doch diese Wahrheiten sind unter bestimmten Bedingungen nicht generalisierbar auf alle ähnlichen Situationen oder Personen.

Eine zentrale Differenzierung bezieht sich demnach auf die **Wahrheit** im Gegensatz zur **Gültigkeit eines Sprichworts**. Jedes Sprichwort ist für einen bestimmten Kontext, eine bestimmte Situation oder Person wahr, aber nicht allgemein, universell, generalisiert gültig. Der Gebrauch eines Sprichworts gleicht damit dem Tanz auf der Rasierklinge – der Frage, wie weit sich der Gültigkeitsbereich eines einzelnen Sprichworts erstreckt, wo seine Grenzen liegen, wo das Konträre gilt. Insofern bedarf es permanenter Reflexion, in welchem Kontext und welcher Situation Sprichwörter Laienurteile und damit tradierte Weisheiten bestätigen und in welchen Situationen Sprichwörter „falsch" sind und mit ihren impliziten Handlungsempfehlungen Menschen vielleicht sogar in die Irre führen können.

2.3 Volksmund und Psychologie

2.3.1 Berührpunkte zwischen Sprichwörtern und Psychologie

Welche Sprichwörter gelten nun angesichts dieser Widersprüchlichkeit und Mehrdeutigkeit mancher Sprichwörter? Sind Sprichwörter immer wahr, oder gilt das Sprichwort „Ausnahmen bestätigen die Regel"? Welchen Mehrwert hat die Psychologie gegenüber diesen Sprichwörtern, die sich zu einfachen Sätzen mit dem Anspruch der Allgemeingültigkeit entwickelt haben, die in der deutschen Kultur verankert sind?

Psychologie ist die Wissenschaft des menschlichen Erlebens und Verhaltens und befasst sich mit diesem Erleben und Verhalten in Abhängigkeit der Person und Umwelt. Sie untersucht, inwieweit Erleben und Verhalten abhängig ist von der Person – ihrer genetischen Veranlagung, ihrer frühen und späteren Erfahrungen –, aber auch, inwieweit diese Person von der Umwelt geprägt wird.

Psychologie ist eine Erfahrungswissenschaft, in der Theorien gebildet, überprüft und durch das gewonnene Wissen versucht wird, verschiedene psychologische Phänomene zu beschreiben, zu erklären und vorherzusagen. Was macht Menschen beruflich erfolgreich? Wie entstehen Konflikte? Wie kann man persönliches Glück erreichen? Diese psychologischen Fragestellungen sind auch Gegenstand von Sprichwörtern. Die Psychologie hat in ihrer Forschung und Theoriebildung demnach zahlreiche thematische Berührpunkte mit Sprichwörtern.

Die in den folgenden Abschnitten angerissenen Themen, mit denen sich sowohl die Psychologie als auch der Volksmund befassen, werden in den weiteren Kapiteln dieses Buches anhand ausgewählter Sprichwörter differenziert beleuchtet.

Soziale Wahrnehmung und Interaktion

Ein großer Teil der volkstümlichen Weisheiten betrifft die zwischenmenschliche Interaktion – ein zentrales Thema der Sozialpsychologie.

Gruppenprozesse werden mit „Viele Köche verderben den Brei", „Allein ist besser als mit Schlechten im Verein", „Pack schlägt sich, Pack verträgt sich" oder „Verbunden werden auch die Schwachen mächtig" thematisiert. Diese Sprichwörter können Menschen als Entscheidungshilfe dabei dienen, ob Projekte allein oder gemeinsam durchgeführt werden, mit wessen Beteiligung der größte Erfolg erzielt werden kann und mit welcher Partei die Zusammenarbeit wohl harmonisch läuft.

Sozialpsychologische Forschung hat sich intensiv mit Gruppen befasst und in Phänomenen wie Voreingenommenheitseffekten oder sozialem Faulenzen Bedingungen und Prozesse identifiziert, anhand derer die Produktivität, Kreativität, der Zusammenhalt und die Einstellung zur Gruppe erklärt, beschrieben und vorhergesagt werden können. Auch soziales Urteilen und Sympathie ist ein zentrales Thema sozialpsychologischer Forschung, zu dem es beispielsweise mit „Gleich und Gleich gesellt sich gern" und „Gegensätze ziehen sich an" widersprüchliche Sprichwörter gibt.

Kommunikation

Neben der Interaktion ist die Kommunikation sowohl ein Thema von Sprichwörtern („Reden ist Silber, Schweigen ist Gold", „ein Mann ein Wort") als auch von psychologischer Forschung und Theoriebildung – beispielsweise in Form der fünf Axiome zwischenmenschlicher Kommunikation, die der Soziologe und Psychotherapeut Paul Watzlawick formulierte (Watzlawick et al. 1974).

Geht es um das Sprichwort „Zwei hören die gleiche Sinfonie, doch das gleiche nie" kann genauso ein Blick in das Vier-Ohren-Modell der Kommunikation von Schulz von Thun (1981) hilfreich sein, dem zufolge eine Aussage auf der Sachebene, der Ebene der Selbstoffenbarung, auf Beziehungsebene oder als Appell interpretiert werden kann. So lassen sich unterschiedliche Interpretationen der Kommunikationspartner erklären.

Entwicklung und Lernen

Persönliche Entwicklung und Lernen finden sich als Themen in Sprichwörtern wie „Aus Fehlern lernt man", „Was Hänschen nicht lernt, lernt Hans nimmermehr", „Man lernt nie aus", „der Mensch wächst an seinen Aufgaben" und „Es ist noch kein Meister vom Himmel gefallen" wieder.

Erkenntnisse zur Gültigkeit dieser Sinnsprüche liefert insbesondere die Entwicklungspsychologie, die sich mit zeitlich stabilen, aufeinander aufbauenden Veränderungen menschlichen Erlebens und Lernprozessen befasst. Zur Betrachtung der Gültigkeit der genannten Sprichwörter können verschiedene Lerntheorien wie das Lernen am Modell (Bandura et al. 1963) oder Modelle der Konditionierung herangezogen werden. Genauso kann sich ein Blick in die Forschung zu lebenslangem Lernen lohnen.

Persönlichkeit und Intelligenz

Persönlichkeitspsychologie und Volksmund berühren sich vor allem im Hinblick auf Persönlichkeitseigenschaften. Beispielsweise existieren Sprichwörter zu Eigenschaften wie Extraversion/Introversion („Stille Wasser sind tief"), zu erfolgsrelevanten Charaktereigenschaften („Bescheidenheit ist eine Zier, doch weiter kommt man ohne ihr") oder zur Vererbung von Persönlichkeit („Der Apfel fällt nicht weit vom Stamm").

Intelligenz ist ein weiteres Konstrukt der differenziellen Psychologie, die sich mit Unterschieden zwischen einzelnen Personen befasst. Auch zum Thema Intelligenz finden sich einige Sprichwörter, deren Gültigkeit mithilfe von Forschung aus dem Bereich der differenziellen Psychologie hinterfragt werden kann: „Ein Narr fragt mehr, als zehn Weise beantworten können", „Die Dummen sind so sicher und die Gescheiten so voller Zweifel".

Leistung und Erfolg

Hier wird bereits ein weiteres Kernthema von Sprichwörtern angesprochen – (beruflicher) Erfolg. Passende Sprichwörter sind „Genie ist Fleiß", „Können setzt Fleiß voraus, Erfolg Ausdauer" oder auch „Schuster, bleib' bei deinen Leisten". Beruflicher Erfolg und Leistung („Erst die Arbeit, dann das Vergnügen", „Nach getaner Arbeit ist gut ruhen", „Arbeit macht das Leben süß, [Faulheit stärkt die Glieder]") sind Forschungsgegenstände der Arbeits- und Organisationspsychologie, die sich mit der Analyse, Bewertung und Gestaltung menschlicher Arbeit und der Wechselwirkung zwischen Organisation und Individuum befasst.

Auch die organisationspsychologisch komplexen Themen Führung und Verantwortung beschäftigen den Volksmund: „Ein guter Feldherr ist so gut wie eine halbe Armee", „Bei ruhigem Wetter kann jeder leicht Steuermann sein", „Wie der Herr, so's Gscherr", „Der Fisch stinkt vom Kopfe" oder auch „Ein guter Hirte schert seine Schafe, aber er zieht ihnen nicht das Fell über die Ohren". Zur Klärung der Gültigkeit dieser Weisheiten lohnt sich ein Blick in aktuelle Führungsforschung.

Zufriedenheit und Glück

Ähnlich komplex ist auch das in deutschen Sprichwörtern häufige Thema der Selbst- versus Fremdbestimmung, hinter dem die Frage nach Zufall, Determinismus und Beeinflussbarkeit liegt. Oft steht diese Frage dabei in Zusammenhang mit dem Lebensglück: „Ein wenig Hilfe will das Glück schon haben", „Fleiß ist des Glückes rechte Hand, Sparsamkeit die linke", „Glücklich ist, wer vergisst, was nicht mehr zu ändern ist", „Jeder ist seines Glückes Schmied", „Es kommt, wie es kommt". Die Erforschung des Lebensglücks kann keiner konkreten psychologischen Richtung zugeordnet werden, jedoch von positiver Psychologie, Attributionstheorien, Arbeitszufriedenheitsforschung oder dem Konzept der Selbstwirksamkeit (Bandura 1977) profitieren.

2.3.2 Bisherige psychologische Forschung mit Bezug zu Sprichwörtern

Interaktion, Kommunikation, Lernen, Beurteilung anderer, Erfolg, Arbeit, Verantwortung, Lebensglück und daraus resultierende Themen wie richtiges Entscheiden und richtige Handlungsplanung beschäftigen einen jeden Menschen im Laufe seines Lebens. Gleichzeitig sind diese Themen – wie beschrieben – Gegenstände psychologischer Forschung. Diese Forschung bietet das Potenzial zu tatsächlichem Erkenntnisgewinn über den Sinn oder Unsinn unserer Sprichwörter.

Ansätze und Werke, die die Gültigkeit verschiedener Sprichwörter prüfen, gibt es bereits. Diese sind in ihrer Herangehensweise jedoch interdisziplinär und ziehen statt psychologischer Theorie und Empirie beispielsweise Expertenbefragungen heran, um die **Gültigkeit** von Sprichwörtern zu beurteilen (beispielsweise Schmidt 2012). Die Weisheiten des Volksmunds und die Erkenntnisse der Psychologie wurden bisher also nie in direkten Zusammenhang gebracht, nie systematisch verglichen.

Neben sprachwissenschaftlicher Forschung zu formalen Eigenschaften von Sprichwörtern, deren semantischen Kontext oder Beziehungen einzelner syntaktischer Komponenten dominiert Forschung zur **Rolle** von Sprichwörtern in sozialer Interaktion und Kommunikation (Briggs 1985; Umurova 2005). Bisherige sozialwissenschaftliche und psychologische Forschung fokussierte sich auf das **Verständnis** von Sprichwörtern – im Hinblick auf Kulturunterschiede (Weber et al. 1998) oder verständnisrelevante kognitive Fähigkeiten wie abstraktes Denken (Gibbs u. Beitel 1995; Kemper 1981).

Ein interessanter Forschungsansatz liegt in der Beziehung von **Wertewandel** und Sprichwörtern. Durch eine Gegenüberstellung von aktuellen Sprichwörtern und Sprichwörtern aus dem 19. Jahrhundert wurde die veränderte Wahrnehmung und Einstellung zum Thema „Zeit" untersucht (Hinz 2000). Als Basis für die Analyse „alter" Sprichwörter diente die 250.000 Sprichwörter umfassende Sammlung des Germanisten und Pädagogen Karl Friedrich Wilhelm Wander (1803–1879), die bis heute die größte existierende Sammlung deutschsprachiger Sprichwörter ist. Diese „alten Sprichwörter" wurden mit „aktuellen" Sprichwörtern verglichen, die heute noch Teil des täglichen Sprachgebrauchs sind. Der Vergleich „alter" und „aktueller" Sprichwörter zeigte, dass die Zeit früher vorwiegend als etwas „über mich Herrschendes" erlebt wurde, dem man in Ohnmacht ausgesetzt ist („Zeit und Stunde warten nicht"). In heutigen Sprichwörtern wird die Aufforderung zur Anpassung an die Zeit seltener genannt. Als Tugend im Umgang mit Zeit galten im 19. Jahrhundert sofortiges Erledigen von Aufgaben sowie die Identifizierung des „rechten Augenblicks" („Wer nicht kommt zur rechten Zeit, muß nehmen, was noch übrig bleibt"). Zudem enthielten die Sprichwörter früher im Vergleich zu heute mehr Empfehlungen zu Geduld und Langsamkeit als zu Schnelligkeit („Nimm dir Zeit und nicht das Leben"). Dennoch dominieren auch in aktuellen Sprichwörtern Aufforderungen zu Langsamkeit und Bedächtigkeit („Eile mit Weile"; „Kommt Zeit, kommt Rat"; „Gutes braucht seine Zeit"). Empfehlungen für und gegen eine Berücksichtigung der Zukunft waren ungefähr gleich häufig festzustellen („Lebe, als solltest du morgen sterben, und arbeite, als solltest du morgen leben"). Auffällig an aktuellen Sprichwörtern ist der verstärkte Wettbewerbscharakter („Lieber tot als zweiter", „Zieh schneller als dein Gegner").

„Die Zeit weilt, eilt, teilt und heilt" – am Thema Zeit zeigt sich ein weiteres Mal die Vielfalt deutscher Sprichwörter, die unterschiedlichen Richtungen und auch widersprüchlichen Aussagen: „Was du heute kannst besorgen, das verschiebe nicht auf morgen" oder auch „Zeit ist Geld" betreffen Zeitmanagement und Zeit als Wert; „Kommt Zeit, kommt Rat" und „Eile mit Weile" beziehen sich dagegen auf die Tugend der Geduld. Pünktlichkeit, Timing und das Finden des rechten Augenblicks werden in „Wer nicht kommt zur rechten Zeit, muß nehmen, was noch übrig bleibt" thematisiert. Tiefsinnige, nahezu philosophische Gedanken und der Bezug zu Endlichkeit, Vergänglichkeit und Transzendenz kommen im heutzutage sehr populärem „Carpe diem", in „Was bald wird, vergeht auch bald wieder" oder – etwas banaler – in „Alles hat seine Zeit, nur die alten Weiber nicht" zum Ausdruck.

2.4 Das aktuelle Projekt: Sprichwörter aus psychologischem Blickwinkel

Zu nahezu allen relevanten Alltagsthemen gibt es also eine Reihe unterschiedlicher Sprichwörter. Der Wahrheitsgehalt oder Gültigkeitsbereich dieser Sprichwörter ist bis heute kein relevantes Thema der Psychologie. Häufig werden Sprichwörter schlichtweg illustratorisch in der Herleitung von Hypothesen herangezogen, um ihre Plausibilität zu untermauern, weniger um das Sprichwort selbst als Hypothese zu prüfen. Eine weitere Beschränkung der Sprichwortforschung liegt in der Dominanz englischer Sprichwörter, da Englisch die internationale Wissenschaftssprache ist.

Der Psychologe Frank Detje ging 1996 einen ersten Schritt in Richtung einer Gegenüberstellung von psychologischen Theorien und deutschem Sprichwortschatz. In seiner Arbeit beleuchtete er anhand einer Theorie der Handlungsorganisation und einer darauf aufbauenden Taxonomie der Handlungsfehler 3.400 Sprichwörter aus psychologischer Perspektive. Detje (1996) sieht Sprichwörter dabei als differenzierte Anleitungen zum richtigen Handeln.

In der Sozialpsychologie finden sich noch am ehesten Ansätze, die sich direkt oder vermehrt indirekt auf Sprichwörter beziehen. Rogers (1990) stellte einen Überblick zu Studien und Befunden zusammen, die bestimmten englischen Sprichwörtern zugeordnet werden können – meist ohne sich direkt darauf zu beziehen. Hier wird bereits deutlich, dass zum Thema eines Sprichworts (z. B. Lernen im Alter) extensive Forschung existiert, deren Untersuchungsergebnisse jedoch nicht zwangsläufig eine Falsifikation oder Verifikation eines spezifischen Sprichworts („Was Hänschen nicht lernt, lernt Hans nimmermehr") bedeuten. Vielmehr identifizieren diese

Studien implizit Bedingungen und Kontextfaktoren, unter denen das Sprichwort Gültigkeit finden könnte.

Nur wenige Sprichwörter können nach Rogers (1990) als (indirekt) widerlegt oder bestätigt betrachtet werden. So zeigte Sigelman (1981) beispielsweise, dass für „Ignorance is bliss" bzw. das deutsche Pendant „Selig sind die geistig Armen" keine Befunde existieren – Intelligenz steht in keinem Zusammenhang mit Lebensglück oder -zufriedenheit. Das Sprichwort „Der erste Eindruck zählt" wird dagegen von empirischer Evidenz untermauert. So zeigt eine Studie beispielsweise, dass bereits aus sehr kurzen Videoausschnitten einer anderen Person (ohne Ton) vorhersagbar ist, wie diese von anderen beurteilt wird, und dass dieser erste Eindruck relativ stabil ist (Ambady u. Rosenthal 1993; Funder u. Colvin 1988).

Bei der Suche nach Verifikation oder Falsifikation eines Sprichworts landet man jedoch meist in der Grauzone dazwischen: So beschrieben Bruce et al. (1982) Lernerfolg als Zusammenspiel von Bedeutsamkeit der Aufgabe und dem Alter einer Person. Demnach gibt es differenzierte Befunde zum Thema „Lernen im Alter", die sowohl „You can't teach an old dog new tricks"/„Man lernt nie aus" als auch „Was Hänschen nicht lernt, lernt Hans nimmermehr" bestätigen bzw. widerlegen.

Die Herausforderungen an die Psychologie im Umgang mit Sprichwörtern lassen sich damit auf die folgenden beiden Punkte zusammenfassen:
1. Gibt es zu jedem Sprichwort psychologisches Wissen oder gar psychologische Theorien? Lohnt es sich, über Sprichwörter zu forschen, zu denen noch keine Befunde existieren?
2. Bietet die Psychologie für konträre Sprichwörter Erkenntnisse über die Bedingungen, die die Gültigkeit eines Sprichworts bestimmen – ist sie damit der „Laienpsychologie" überlegen?

2.5 Impulse für Forschung und Praxis

Der Kontext und damit die Anwendungssituation eines Sprichworts bestimmt seine Gültigkeit – abhängig von der Art der Situation mit all ihren differenzierten Rahmenbedingungen trifft das eine oder andere Sprichwort zu. An dieser Stelle wird die Schwierigkeit deutlich, Sprichwörter zu Forschungshypothesen zu erheben, da häufig ein konträres Sprichwort existiert, das die Gegenhypothese darstellt.

Ziel des aktuellen Projekts ist es demnach nicht, Wahrheit und Gültigkeit absolut und generalisiert zu betrachten, sondern für Sprichwortcluster oder antithetische Sprichwortpaare mithilfe psychologischer Theorie und Empirie jene Bedingungen und Einflussfaktoren herauszuarbeiten, unter denen Sprichwörter gültig und uns damit tatsächlich nützlich sein können. Diese **Gültigkeitsbereiche**, diese „Wahrheiten" verschiedenster Sprichwörtern differenziert herauszuarbeiten, ist dabei das wesentliche Ziel.

» Vor lauter Bäumen den Wald nicht sehen. Vor lauter Gräsern die Wiese nicht sehen. Vor lauter Tropfen den Regen nicht sehen. Vor lauter Haaren die Glatze nicht sehen. Vor lauter Gesetzen das Recht nicht sehen. Vor lauter Wörtern die Sprache nicht sehen. Vor lauter Sprichwörtern die Wahrheit nicht sehen. (Rainer Kohlmayer, Professor für Interkulturelle Germanistik)

Darüber hinaus gibt es weitere Ansatzpunkte für die psychologische Erforschung von Sprichwörtern. Interessant ist beispielsweise der Zusammenhang zwischen der Orientierung an einem Sprichwort und der Bewahrheitung des Sprichworts in der Konsequenz. Sprichwörter sind letztlich immer auch Vorstellungen in den Köpfen der Menschen, die im weitesten Sinne Verhalten steuern und Urteile beeinflussen. So könnte das Sprichwort „Jede Kette ist nur so stark wie ihr schwächstes Glied" als Überzeugung verinnerlicht werden, dass eine bestimmte Gruppe aufgrund eines einzelnen Schwächeren keine Chance auf Erfolg hat. Dies könnte im Rahmen einer selbsterfüllenden Prophezeiung zu tatsächlichem Scheitern führen (Merton 1948).

Interpretiert man ein Sprichwort als kulturell verankerte, komprimierte Erfahrung und damit als eine Aussage, der eine Vielzahl an Menschen zustimmt, lässt sich eine Analogie zum Majoritätseinfluss, also zur Beeinflussung durch Mehrheiten ziehen (Asch 1956; Tajfel 1982).

Interessant wäre die Untersuchung, inwiefern das Aufzeigen von Hinweisreizen (Priming) oder die Erhöhung der Salienz von Sprichwörtern menschliches Entscheidungsverhalten und Einstellungen beeinflussen können. Mögliche verstärkende Mechanismen (Moderatoren) wären in diesem Zusammenhang sozialer Druck und persönliche Unsicherheit – sowohl als Zustand („state") als auch Veranlagung („trait").

Ein weiterer Forschungsimpuls betrifft die Determinanten der Einstellung gegenüber Sprichwörtern. Hängen Einstellung zu Sprichwörtern und Orientierung an Sprichwörtern in Bezug auf Handlung und Entscheidung zusammen? Nimmt die Zustimmung zu Sprichwörtern mit dem Alter zu – möglicherweise, weil sich diese mehrmals bewahrheitet haben – oder glauben ältere Menschen schlichtweg stärker an althergebrachte Sprichwörter? Wie variiert diese Zustimmung in Abhängigkeit von sozialer Schicht und Status, Geschlecht, Persönlichkeit, Bildungshintergrund, kultureller Identifikation und Emotion?

Die Verbindung von Sprichwörtern und Psychologie bietet somit Potenzial für gewinnbringende Erkenntnisse verschiedener psychologischer Forschungsrichtungen, aber auch für ein besseres und tieferes Verständnis von Sprichwörtern, ihren Auswirkungen, Korrelaten und Funktionen. Diese Verbindung ist ein weitgehend unbetretenes Terrain, auf das mit dem aktuellen Projekt ein erster Schritt gesetzt wurde.

> Das Sprichwort ist eines Menschen Witz und aller Menschen Weisheit. (Lord John Russell, englischer liberaler Staatsmann)

Literaturverzeichnis

Ambady, N., & Rosenthal, R. (1993). Half a minute: Predicting teacher evaluations from thin slices of nonverbal behavior and physical attractiveness. *Journal of Personality and Social Psychology* 64(3), 431.

Asch, S. E. (1956). Studies of independence and conformity: I. A minority of one against a unanimous majority. *Psychological Monographs: General and Applied* 70(9), 1–70.

Bandura, A. (1977). Self-efficacy: toward a unifying theory of behavioral change. *Psychological Review* 84(2), 191.

Bandura, A., Ross, D., & Ross, S. A. (1963). Imitation of film-mediated aggressive models. *Journal of Abnormal and Social Psychology* 66, 3–11.

Briggs, C. L. (1985). The pragmatics of proverb performances in New Mexican Spanish. *American Anthropologist* 87(4), 793–810.

Brodbeck, F. C., & Frese, M. (2007). Societal culture and leadership in Germany. In J. S. Chhokar, F. C. Brodbeck, & R. J. House (Eds.), *Culture and leadership cross the world: The GLOBE Book of In-Depth Studies of 25 Societies* (pp. 147–214). Mahwah, NJ: Lawrence Erlbaum Associates.

Bruce, P. R., Coyne, A. C., & Botwinick, J. (1982). Adult age differences in metamemory. *Journal of Gerontology* 37(3), 354–357.

Brüne, M., & Bodenstein, L. (2005). Proverb comprehension reconsidered – "theory of mind" and the pragmatic use of language in schizophrenia. *Schizophrenia Research* 75(2), 233–239.

Chhokar, J. S., Brodbeck, F. C., & House, R. J. (2013). *Culture and leadership across the world: The GLOBE book of in-depth studies of 25 societies*. London: Routledge.

Detje, F. (1996). *Sprichwörter und Handeln*. Frankfurt: Lang.

Die Bibel (2008). Elberfelder Bibel. Einheitsübersetzung. Witten: Brockhaus.

Essig, R.-B. (2010). *Essigs Essenzen: das Sprichwortorakel für alle Lebenslagen*. Freiburg: Kreuz.

Fels, W. (1990). *Marcus Manilius Astronomica*. Stuttgart: Reclam.

Földes, C. (2004). *Res humanae proverbiorum et sententiarum: ad honorem Wolfgangi Mieder*. Tübingen: Narr.

Frey, D., & Greif, S. (1987). *Sozialpsychologie*. München: Psychologie Verlags Union.

Funder, D. C., & Colvin, C. R. (1988). Friends and strangers: acquaintanceship, agreement, and the accuracy of personality judgment. *Journal of Personality and Social Psychology* 55(1), 149–167.

Gibbs, R. W., & Beitel, D. (1995). What proverb understanding reveals about how people think. *Psychological Bulletin* 118(1), 133–154.

von Goethe, J. W. (1971). *Faust: Eine Tragödie*. Stuttgart: Reclam.

Hallik, S. (2007). *Sententia und proverbium*. Köln Weimar: Böhlau.

Hinz, A. (2000). *Psychologie der Zeit*. Münster: Waxmann.

Kemper, S. (1981). Comprehension and the interpretation of proverbs. *Journal of Psycholinguistic Research* 10(2), 179–198.

Kohlmayer, R. (2000). Vorsicht! Bissiger Mund! *Die Schnake – Zeitschrift für Sprachkritik, Satire, Literatur* 15/16.

Luther, M. (1996). *Luthers Sprichwörtersammlung*. Leipzig: Reprint Verlag.

Merton, R. K. (1948). The self-fulfilling prophecy. *The Antioch Review*, 193–210.

McGuire, W. J. (1964). Some Contemporary approaches. *Advances in Experimental Social Psychology* 1, 191–229.

Rogers, T. B. (1990). Proverbs as psychological theories … or is it the other way around? *Canadian Psychology* 31(3), 195–208.

Röhrich, L., & Mieder, W. (1977). *Sprichwort*. Stuttgart: Metzler.

Sailer, J. M. (1810). *Die Weisheit auf der Gasse, oder Sinn und Geist deutscher Sprichwörter*. Nördlingen: Greno.

Schiller, F. (2006). *Wilhelm Tell* (2. Aufl.). Stuttgart: Reclam.

Schmidt, W. (2012). *Morgenstund ist ungesund. Unsere Sprichwörter auf dem Prüfstand*. Reinbek bei Hamburg: Rowohlt.

Schulz von Thun, F. (1981) *Miteinander reden: Störungen und Klärungen. Psychologie der zwischenmenschlichen Kommunikation*. Reinbek bei Hamburg: Rowohlt.

Seiler, F. (1922). *Deutsche Sprichwörterkunde*. München: Beck.

Sigelman, L. (1981). Is ignorance bliss? A reconsideration of the folk wisdom. *Human Relations* 34(11), 965–974.

Tajfel, H. (1982). Social psychology of intergroup relations. *Annual Review of Psychology* 33(1), 1–39.

Tesser, A. (1988). Toward a self-evaluation maintenance model of social behavior. *Advances in Experimental Social Psychology* 21, 181–227.

Umurova, G. (2005). *Was der Volksmund in einem Sprichwort verpackt …: Moderne Aspekte des Sprichwortgebrauchs anhand von Beispielen aus dem Internet* (Bd. 24). Bern: Peter Lang.

Watzlawick, P., Beavin, J. H., & Jackson, D. D. (1974). *Menschliche Kommunikation: Formen, Störungen, Paradoxien*. Bern: Huber.

Weber, E. U., Hsee, C. K., & Sokolowska, J. (1998). What folklore tells us about risk and risk taking: Cross-cultural comparisons of American, German, and Chinese proverbs. *Organizational Behavior and Human Decision Processes* 75(2), 170–186.

Freundschaft und Familie

Kapitel 3   Sag mir, wer dein Freund ist, und ich sag dir, wer du bist – 17
Svetlana Dominova

Kapitel 4   Gleich und Gleich gesellt sich gern – 25
Clara Mihr

Kapitel 5   Jeder ist sich selbst der Nächste – Eine Hand wäscht die andere – 33
Manuel Stabenow

Kapitel 6   Der Apfel fällt nicht weit vom Stamm – 39
Luisa von Albrecht

Sag mir, wer dein Freund ist, und ich sag dir, wer du bist

Svetlana Dominova

© Springer-Verlag Berlin Heidelberg 2017
D. Frey (Hrsg.), *Psychologie der Sprichwörter*,
DOI 10.1007/978-3-662-50381-2_3

3.1 Einleitung

Freunde, Arbeitskollegen oder Mitglieder eines Vereins – wir sind fast nie allein und neigen dazu, uns mit Menschen zu umgeben, die wir sympathisch finden. Gruppenzugehörigkeit ist uns sehr wichtig und wir genießen es, ein Teil von etwas Größerem zu sein. Zugehörigkeit zu einer Gruppe bedeutet, dass man Gemeinsamkeit mit den anderen Mitgliedern aufweist. Sie zeigt Ähnlichkeit unserer Interessen, Einstellungen und Lebensstile.

Aber kann man einen Menschen tatsächlich anhand seines sozialen Umfelds beurteilen? Stimmt es tatsächlich, dass wir unser Verhalten an unseren Freunden, Kollegen und unserer sozialen Umgebung ausrichten? Oft hören wir „Sag mir, wer dein Freund ist, und ich sage dir wer du bist", was darauf hindeutet, dass unsere Freunde einen starken Einfluss auf unser Handeln haben können. Andererseits leben wir in einer Zeit, die von Individualismus geprägt ist, und die Idee, dass wir genauso wie unser soziales Umfeld sind, könnte von vielen als Beleidigung empfunden werden. Wir legen viel Wert auf Exklusivität und lieben es, durch unser Aussehen und Verhalten aufzufallen. Dazu würde besser ein Zitat von Forbes „Ohne Ausnahme jeder möchte eine Ausnahme sein" passen.

Was stimmt also? Möchten wir unserem sozialen Umfeld ähneln, oder wollen wir anders sein? Streben wir nach Zugehörigkeit oder eher nach Einzigartigkeit? Um das herauszufinden, werfen wir einen Blick in die psychologische Forschung, die Aufschluss darüber gibt, wann und warum diese polaren Bedürfnisse auftreten und welche psychologischen Mechanismen dahinter stehen.

3.2 Streben nach Zugehörigkeit

Eines der ältesten Sprichwörter, die das Verhältnis zwischen Mensch und Gesellschaft beschreiben, ist „Sag mir, wer dein Freund ist, und ich sage dir, wer du bist". Unter „Freund" ist dabei die unmittelbare soziale Umgebung zu verstehen. In diesem Fall lässt sich diese Lebensweisheit daher folgendermaßen auffassen: Jeder gleicht sich den Personen, mit denen er sich umgibt, an. Diese Personen bilden die soziale Gruppe, der man angehört und deren Normen man mit der eigenen Meinung widerspiegelt.

3.2.1 Herkunft und Interpretation

Das Sprichwort fand erstmals Erwähnung bei griechischen Dramatikern und wurde später von Miguel de Cervantes Saavedra berühmt gemacht, als er es in seinem Werk *Der sinnreiche Junker Don Quijote von der Mancha* (2. Buch, Kap. 10) verwendete. Auch einer der größten deutschen Dichter Johann Wolfgang von Goethe machte sich zu diesem Thema Gedanken und schrieb in *Wilhelm Meisters Wanderjahre* (2. Buch, Kap. 11): „Sage mir, mit wem du umgehst, so sage ich dir, wer du bist". Interessanterweise ist diese Lebensweisheit in mehreren Kulturen zu finden. So gibt es ein analoges Sprichwort mit gleicher Bedeutung in der deutschen, englischen, russischen und rumänischen Sprache, es handelt sich also um eine kulturübergreifende Lebensweisheit.

Die Hauptidee dieses Sprichworts besteht darin, dass wir unser Handeln, unsere Einstellung und Meinung oft an unseren Freunden oder Bezugsgruppen ausrichten. Deswegen werden wir häufig als ein

Spiegel unserer Umgebung angesehen. Allerdings liefert das Sprichwort keine Erkenntnisse über die Hintergründe und Mechanismen des Phänomens, das es beschreibt. Zudem ist unklar, warum und unter welchen Umständen das Phänomen auftritt und ob es für alle Menschen gleichermaßen gilt. Um diese Fragen beantworten zu können, betrachten wir Erkenntnisse aus der Sozialpsychologie.

3.2.2 Wissenschaftliche Analyse

In Bezug auf Sozialpsychologie kann unter „Freund" jede **soziale Gruppe** verstanden werden. Was sind soziale Gruppen und warum sind sie so wichtig für uns?

Man kann eine soziale Gruppe eng (Familie oder Fanclub eines Fußballteams) oder global (Nation oder Religion) betrachten. Jede Gruppe, zu der wir gehören, gibt uns eine konkrete Identität oder eine Rolle. Als Mitglied einer Umweltschutzorganisation positioniert man sich z. B. als Kämpfer gegen schädliche Veränderungen der Biosphäre und verbreitet Ideen eines nachhaltigen Umgangs mit der Natur. Unser Selbstbild setzt sich aus diesen Rollen zusammen wie aus Puzzleteilen. Wenn diese Rollen sehr wichtig für uns sind und intensiv erlebt werden, verinnerlichen wir sie als Teil unserer Selbstwahrnehmung. Daher werden bei der Selbstbeschreibung beispielsweise Eigenschaften wie die eigene ethnische Herkunft, die politische Zugehörigkeit oder die Mitgliedschaft in einem Fanklub erwähnt.

Betrachten wir im Folgenden anhand eines Beispiels wie und warum die Zugehörigkeit zu einem Fußballfanclub sich auf unser Verhalten auswirken kann.

Psychologische Theorien

Unterschiedliche psychologische Theorien erklären, warum es den Menschen wichtig ist, die Normen und Regeln der Gruppe zu teilen, und das Verhalten ihrer Bezugsgruppen widerzuspiegeln.

Laut der **Selbstkategorisierungstheorie** (Turner et al. 1987) hat jeder Mensch drei Ebenen des Selbstkonzepts:

1. „Ich" als Mensch.
2. Das soziale Selbstkonzept oder „Ich als Mitglied bestimmter Gruppen": Die eigene Gruppe wird von anderen Gruppen abgegrenzt (z. B. indem man einen anderen Fußballverein abwertet: „FC Bayern" ist besser als „Borussia Dortmund" oder andersherum).
3. Das individuelle Selbstkonzept oder „Ich im Vergleich zu den anderen Mitgliedern bestimmter Gruppen" (z. B. Annahme, dass man selbst ein treuer Fan ist als andere Mitglieder des Fanclubs).

Normalerweise betrachtet man sich als Individuum. Allerdings verlieren individuelle Unterschiede zwischen den Mitgliedern einer Bezugsgruppe in Situationen, in denen die Mitgliedschaft zur Gruppe wichtiger ist, an Bedeutung. Beim Jubeln im Stadion beispielsweise spielt es keine Rolle, welche Berufe die Fans ausüben oder ob sie Single oder verheiratet sind. Von Bedeutung ist nur, mit welcher Mannschaft sie mitfiebern, ob sie zu „uns" oder zu den „Anderen" gehören. Das führt zur Akzentuierung von Ähnlichkeiten zwischen Mitgliedern der eigenen Gruppe und Distinktion, d. h. Abgrenzung von der anderen Gruppe. Wird diese gemeinsame Identität als besonders intensiv wahrgenommen, kann es zu Depersonalisierung kommen, dem Verlust des Persönlichkeitsgefühls. Dies wiederum führt dazu, dass man sich nicht mehr als individuelle Person verhält, sondern zu Gruppenverhalten tendiert. Man richtet sich nach der Gruppe und handelt sehr stereotyp. Dies ist bei der Stadionwelle (La-Olá-Welle) oder bei Hooligan-Krawallen zu beobachten. In diesem Fall ist es logisch, dass die Meinung über eine Person anhand der Personen, mit denen sie sich umgibt, gebildet wird. So bekommt ein Fußballfan aus England sehr wahrscheinlich schnell das Etikett Hooligan, weil man den stereotypischen englischen Hooligan vor Augen hat, dessen Verhalten von Randale und gewalttätigen Übergriffen gekennzeichnet ist. Dies gilt auch für andere Subkulturen.

Tajfel und Turner (1986) postulieren in der **Theorie der sozialen Identität**, dass man nach einer positiven Selbsteinschätzung strebt und die soziale Identität ein eminenter Teil davon ist. Eine bessere soziale Identität bedeutet also einen höheren Selbstwert. Man favorisiert die Eigengruppe und diskriminiert Fremde, um den Kontrast deutlicher zu machen. Wenn man die eigene Gruppe als positiv einschätzt, versucht man seine Mitgliedschaft zu akzentuieren, indem man Normen, Regeln und Werte der Gruppe noch strenger beachtet. Für die Fans von erfolgreichen Fußballmannschaften dreht sich daher manchmal das ganze Leben nur um den Sport und ihr Lieblingsteam. Sie zeigen ihre Zugehörigkeit anhand diverser Symbole und sind häufig einer Meinung darüber, wer ein guter Spieler ist und wer ausgewechselt werden muss. Ein Fan versucht mit aller Kraft, zu einer Zelle des Mannschaftsorganismus zu gehören, um ein Teil des Prestiges mitzuerleben.

Aber sogar bei Niederlagen bleiben die Fans treu. Das lässt sich dadurch erklären, dass man für die „eigene" Mannschaft grundsätzlich eine Vorliebe hat und die anderen Mannschaften dadurch dauerhaft diskriminiert. Bei einem negativen Ereignis wechselt man einfach die Vergleichsdimension: „Zwar haben wir weniger Tore geschossen, aber unser Team hat fairer gespielt!", oder die Vergleichsgruppe: „Na ja, Augsburg hat gegen Bayern verloren, ist aber immer noch höher als Dortmund platziert!"

Eine Erklärung, warum Menschen in Bezugsgruppen gleich handeln und ähnliche Meinungen haben, liefert das Konzept des sozialen Drucks oder **Konformismus**. Dabei spielen normativer und informativer Druck von sozialen Gruppen eine entscheidende Rolle. Der normative Druck basiert darauf, wie wichtig einer Person die Zugehörigkeit zur Gruppe ist, und wird durch die Angst, ein Außenseiter zu sein, aktiviert. Der informative Einfluss bewirkt eine Anpassung des eigenen Verhaltens oder Urteils an das der Gruppe, weil die anderen Gruppenmitglieder als Experten wahrgenommen werden. So wird die persönliche Unsicherheit durch die Übernahme der Gruppenmeinung bewältigt. Im Allgemeinen wird uns beigebracht, dass ein zu individualisiertes Handeln zu Isolation und Einsamkeit führen kann und soziale Abgrenzung und Zurückweisung zur Folge hat. Deswegen versucht man oft, der Gruppe zu beweisen, dass man ihre Erwartungen erfüllt. Im Extremfall, wenn die Gruppenzugehörigkeit eine sehr starke Bedeutung hat und man sich in hohem Maße mit der Gruppe identifiziert oder wenn starker sozialer Druck vorliegt, kann es sogar zu blinder Konformität kommen.

Ein anderes Phänomen, das dazu führt, dass wir unseren „Freunden" gleichen, ist das sog. **Groupthink** (Janis 1972). Bei der Suche nach Lösungen für ein Problem oder in Diskussionen gleichen die Teilnehmer ihre Ideen der vorherrschenden Gruppenmeinung an und verschweigen Meinungsdifferenzen, um Konflikte zu vermeiden. Man strebt nach Konsens, Gleichsinn und Harmonie in der Gruppe, favorisiert einzelne Vorschläge und zeigt dadurch ein hohes Niveau an Konformität. Dies passiert, um die positive Stimmung in der Gruppe zu schützen. Das ist noch ein Grund, warum ein Eindruck von der ganzen Gruppe die Einstellung zu den einzelnen Mitgliedern prägen kann.

Empirische Befunde

Die Tendenz, das eigene Verhalten dem der Bezugsgruppe anzupassen, wurde in mehreren empirischen Studien nachgewiesen. In den Experimenten von Sherif (1935) wurde herausgefunden, dass Menschen während sozialer Interaktion dazu tendieren, **Gruppennormen** zu entwickeln und zu übernehmen. Erstaunliche Ergebnisse ergaben hierzu die Experimente von Asch (1951, 1956): Bis zu 75 % der Versuchspersonen lieferten bewusst deutlich falsche Antworten, wenn alle anderen Gruppenmitglieder diese konsequent als die richtige Lösung angaben. Dieser Effekt fiel umso stärker aus, je größer die Gruppe war.

Auch im Arbeitskontext wurden Effekte einer starken Verbindung zur Bezugsgruppe untersucht. Laut einer Studie von Riketta (2005) hat eine starke **Identifikation** mit dem Unternehmen einen positiven Einfluss auf das Engagement, korreliert mit Arbeitszufriedenheit und verringert die Kündigungsabsichten von Mitarbeitern.

3.2.3 Implikationen

Das Sprichwort „Sag mir, wer dein Freund ist, und ich sage dir, wer du bist" macht uns darauf aufmerksam, dass die Zugehörigkeit zu einer Gruppe unser Verhalten beeinflusst. Das Streben nach Zugehörigkeit kann dabei sowohl positive als auch negative Konsequenzen haben. Kenntnisse und Verständnis über Kohäsionsvorgänge ermöglichen eine bessere Gestaltung der Gruppenarbeit.

Die Anpassung an Gruppennormen und die Bereitschaft sich nach dem Kollektiv zu richten, ist eine Voraussetzung für ein **produktives Arbeitsklima**. Die Identifikation mit der Gruppe führt zur Steigerung von Engagement und Motivation der Gruppenmitglieder. Die Ziele, Normen und Werte der Bezugsgruppe werden als eigene wahrgenommen, was die Leistung von jedem Mitglied und dadurch die Gesamtleistung der Gruppe erhöht. Gruppenkohäsion nicht nur für eine Fußballmannschaft von Vorteil, sondern auch für Arbeitsteams generell. Deswegen sollte der Gruppenkohäsion bei Teambildungsmaßnahmen viel Aufmerksamkeit gewidmet werden.

Andererseits zeigen die erwähnten Experimente auch, dass Menschen bei der Übernahme von Normen einer Gruppe manchmal nicht in der Lage sind, ihre eigene Meinung auszusprechen. Grund dafür ist die **Angst**, von der Gruppe weniger respektiert oder bestraft zu werden. Eine Folge dieses Phänomens könnte z. B. sein, dass viele Politiker bei der Verabschiedung eines Gesetzes konform abstimmen und ihre Stimme für etwas abgeben, das sie eigentlich für falsch halten, nur, weil die anderen Mitglieder ihrer Partei diese Meinung vertreten.

Um die negative Aspekte durch den Gruppeneinfluss und Groupthink zu vermeiden, ist es sinnvoll, Projekte in kleine Untergruppen zu organisieren und darauf zu achten, dass jedes Mitglied die Gelegenheit hat, seine eigene Meinung vorzustellen. Eine effektive Strategie, um dies umzusetzen, ist die anonyme statt offene Abstimmung. Diese Erkenntnisse sind nützlich und von Interesse für die Gestaltung von Gruppen im Sport-, Arbeits- und Bildungsbereich.

Zusammenfassend lässt sich festhalten, dass wir tatsächlich sehr oft so handeln, wie unsere Freunde es tun. In gewisser Weise versuchen Menschen das für ihre Bezugsgruppe typische Verhalten widerzuspiegeln oder einer prototypischen Gruppe beizutreten, um das Gefühl der Zugehörigkeit zu steigern bzw. ihr Selbstbild positiver zu erleben und darzustellen. Indem wir die Meinung unserer „Freunde" und Bezugsgruppen unterstützen, drücken wir Flexibilität, Offenheit und Sensibilität gegenüber anderen Gruppenmitgliedern aus. Wie sehr wir unsere eigene Meinung an die Gruppenmeinung anpassen, hängt proportional mit der Wichtigkeit und Stärke der Identifikation mit der Gruppe zusammen und wird zudem durch die Stärke des Strebens nach positiver sozialer Identität bestimmt. Dies ist besonders in kollektivistischen Kulturen und in Situationen, die von großer Unsicherheit geprägt sind, von Bedeutung. Bei einer zu starken **Gruppenidentität** oder einem zu ausgeprägten Streben nach Gruppenmitgliedschaft und Konsens kommt es vor, dass Personen ihr eigenes Urteil aufgeben, ihre Meinung und Überzeugung zurückstellen und nur noch als Gruppenmitglied – und nicht mehr als souveräne, unabhängige Person – handeln. Und daher bleibt die Lebensweisheit „Zeig mir deine Freunde und ich sage dir, wer du bist" aktuell.

3.3 Gegentendenz: Streben nach Individualität

Wir haben bisher die Lebensweisheit „Sag mir, wer dein Freund ist, und ich sage dir, wer du bist" analysiert. Sie beschreibt die Suche der Menschen nach sozialer Identität oder die Tendenz ihr Verhalten nach ihrem sozialen Umfeld zu richten.

Und dennoch treffen wir immer wieder Menschen, die nach **Exklusivität** und Anderssein streben und sich ständig gegen die Gesellschaft stellen, um ihre eigene Individualität zu beweisen. Neben dem Bedürfnis nach Zugehörigkeit zu einer Gruppe gibt es nämlich ein weiteres gänzlich gegensätzliches Bedürfnis, und zwar das Streben nach Exklusivität, d. h. das Bemühen, nicht „wie alle anderen" zu sein. Diejenigen, die sich der Gesellschaft entgegensetzen, werden allerdings oft dafür ausgestoßen und als „schwarzes Schaf" bezeichnet. Trotzdem mag man das Gefühl, ein „bunter Hund" zu sein, also das Gefühl der Einzigartigkeit.

Hier sprechen wir über eine Gegentendenz und sollten nun nach einem Gegensprichwort suchen. Einer der größten Individualisten, Malcolm Forbes, hat das Bedürfnis, sich von anderen zu unterscheiden, und das Streben nach privater Identität sehr bildlich in einem Zitat geschildert: „Ohne Ausnahme jeder möchte eine Ausnahme sein":

> There is no exception to the rule that everybody likes to be an exception to the rule. (Forbes, zitiert in Dickson 2013, S. 116)

3.3 · Gegentendenz: Streben nach Individualität

3.3.1 Wissenschaftliche Analyse

Die Aussage von Forbes passt gut zu den Ergebnissen der Experimente von Snyder und Fromkin (1980). Sie postulieren, dass Studenten, wenn ihnen rückgemeldet wird, sie würden ihren Kommilitonen bezüglich des Lebensstils oder anderen wichtige Aspekten wie Aussehen und Hobbys ähneln, traurig und unzufrieden werden und später nonkonformes Verhalten innerhalb der akzeptierten gesellschaftlichen Normen zeigen. Als Folge änderten die Studenten bei Diskussionen ihre Aussagen, falls ihr Beitrag schon von anderen Anwesenden erwähnt wurde. Wenn uns also bewusst wird, dass wir „keine Ausnahme" sind, und wenn wir an unserer Individualität zweifeln, suchen wir nach alternativen Verhaltensweisen, ändern unsere Aussagen und Meinungen und kämpfen für unsere Individualität und Einzigartigkeit.

Dies lässt sich auch in alltäglichen Situationen beobachten. Die Tendenz, sich von der Umgebung abzuheben und „eine Ausnahme zu sein", wird beispielsweise bei **Konsumentscheidungen** und beim Kaufverhalten sichtbar. Ariely und Levav (2000) stellten u. a. fest, dass Personen es vermeiden, bei einem gemeinsamen Essen im Restaurant die gleichen Gerichte und Getränke zu bestellen. Sie ändern sogar die Wahl ihres bevorzugten Gerichts, falls es schon von anderen bestellt wurde.

„Eine Ausnahme sein" bedeutet außerdem, einzigartige, seltene Dinge zu besitzen. Das Wort „selten" weist auf etwas Besonderes und Außergewöhnliches hin. Deswegen erscheinen uns beim Einkaufen diejenigen Produkte attraktiver, die uns das Gefühl verleihen, einzigartig zu sein. Aus diesem Grund sind wir versessen auf Seltenheiten, Antiquitäten und handgemachte Sachen und lassen lieber die Finger von offensichtlicher Stangen- oder Fließbandware. Wie sagt man so schön: Was kann schrecklicher für eine Frau sein, als eine andere Frau im gleichen Kleid zu sehen?

Mehrere Experimente und Studien legen nahe, dass Konsumenten Produkte vorziehen, die seltener erhältlich und schwieriger zu beschaffen sind, und die es ihnen ermöglichen, sich selbst als einzigartig darzustellen (Brock 1968; Lynn 1991; Szybillo 1975). Ein aktueller Trend, der auf das Bedürfnis nach **Einzigartigkeit** von Individualisten abzielt, ist kundenindividuelle Massenproduktion. Dabei können Kunden Designmerkmale oder die Passform von Produkten selbst bestimmen. Es ist interessant, dass diese Möglichkeit der Differenzierung des Produkts zu höherer Kundenzufriedenheit führt als funktionale und ästhetische Anpassung (Franke u. Schreier 2008). Damit stützen die empirischen Befunde die Aussage von Forbes.

Natürlich grenzen wir uns nicht nur durch erworbene Produkte von anderen ab. Ein iPhone oder ein schönes Kleid sind nicht genug für das Gefühl der Einzigartigkeit. Eigenschaften, die beim Vergleich mit den Menschen in unserer Umgebung herausstechen (Aussehen, Interessen, Herkunft und sogar Religion), sind die Bausteine unseres „wahren Ich". Vermutlich ist deswegen Einzigartigkeit eines unserer grundlegenden Bedürfnisse und der Grund dafür, dass wir bunt und anders aussehen möchten. Wir suchen nach Kriterien, die uns von der Masse unterscheiden, um uns zu definieren und zu verstehen, wer wir sind, um die Tonalität unseres „Ich" zu realisieren. Wir sehnen uns nach einem klaren Selbstbild, nach einer konsistenten und kohärenten Definition unseres Selbst, um einen positiven Selbstwert zu erhalten (Campbell 1990).

Forschung von McGuire und Kollegen (McGuire u. Padawer-Singer 1976, McGuire et al. 1978) zeigt, dass Kinder, wenn man sie bittet, von sich selbst zu erzählen, vorwiegend **saliente Merkmale** nennen, die bei anderen nicht vorkamen. Kinder mit Merkmalen wie auffälligem Aussehen (rotes oder blondes Haar, blaue Augen, Übergewicht) oder Migrationshintergrund, die sie von der Mehrheit ihrer Kameraden unterschieden, nutzten diese Eigenschaften als Beschreibung ihrer Identität. Die eigene Ethnie wurde allerdings nur bei Angehörigen ethnischer Minderheiten für die Identifikation des eigenen Selbst verwendet.

Ein Fluch der Gegenwart ist, dass Exklusivität und Individualisierung zum Trend geworden sind. Ein eindrucksvolles Beispiel dafür ist die Hipster-Subkultur. Ziel dieser Bewegung ist es eigentlich, sich gegen den Mainstream zu stellen, und zwar in Bezug auf ihr Handeln, ihre Ideologie, ihre Interessen und ihr Aussehen. Da aber zu viele „anders sein wollen", und die Merkmale eines Hipsters sehr prägnant sind und daher leicht kopiert werden können, nennen sich heutzutage viele Leute Hipster und sehen trotz ihres Strebens nach Differenzierung gleich aus: Hornbrille, selbstentworfene Tattoos, Kopfhörer und iPhone, gleiche Musikinteressen usw. (Schiermer 2014).

3.3.2 Implikationen für die Praxis

Die vorgestellten psychologischen Befunde liefern Informationen darüber, wie sehr das Streben nach **Individualisierung** unser Kaufverhalten beeinflusst. So können Hersteller und Verkäufer uns zum Kauf bewegen, indem sie uns von der Seltenheit der Produkte überzeugen. Diese Strategie heißt „künstliche Herstellung von Produktknappheit" und ihr Erfolg und ihre Effizienz sind nicht zu unterschätzen. Zu Beginn des Facebook-Zeitalters konnte man beispielsweise nur nach einer Einladung und den Nachweis der Zugehörigkeit zu einer Universität einen Account erstellen. Jeder wollte „ein Auserwählter" sein und zum engen Kreis der Mitglieder des ersten sozialen Netzwerks werden. Dank dieser Strategie ist Facebook sehr schnell zu einem globalen Phänomen geworden.

Das Streben nach Einzigartigkeit beeinflusst aber nicht nur unsere Konsumentscheidungen. Die psychologischen Erkenntnisse veranschaulichen, dass die Wahrnehmung der eigenen Einzigartigkeit für unser Selbstbild sehr wichtig ist.

Es wird deutlich, dass der Wunsch, „eine Ausnahme zu sein", also das Streben nach **Einzigartigkeit**, ein grundlegendes Bedürfnis des Menschen ist und die Funktion hat, ein klares Bild von sich selbst zu erschaffen. Unsere Einzigartigkeit ist ein relatives Konstrukt, das nur im Vergleich mit anderen verwirklicht werden kann. Aus diesem Grund handeln wir oft gegen unsere ursprünglichen Absichten, um uns von anderen zu unterscheiden. Um einzigartig zu sein, sollten wir aber einfach unseren eigenen Weg finden, auf unser Herz hören und uns selbst treu bleiben, statt zu versuchen eine Ausnahme zu sein.

Wahre Einzigartigkeit wird nur durch einen **authentischen Lebensstil** erreicht. Wir sind vor allem dann authentisch, wenn unser Handeln unser wahres Ich reflektiert, wenn wir selbst entscheiden, was und wie wir etwas tun, sagen und erleben. Merkmale von Authentizität sind Verständnis und Akzeptanz von sich selbst, Offenheit für Neues und Kreativität, Vertrauen in die eigene Erfahrung beim Handeln und Freiheit (Kernis u. Goldman 2006). Man darf und sollte, wie Friedrich der Große einst meinte, nach „eigener Fasson selig werden" (Büchmann 1977), d. h., selbstbestimmt leben, ohne sich von anderen beeinflussen zu lassen, und eigene Vorstellungen zu Prioritäten haben.

3.4 Fazit

Bisher wurde unsere Aufmerksamkeit den Sprichwörtern gewidmet, die sich mit zwei gegensätzlichen Bedürfnissen von Menschen beschäftigen: Zugehörigkeit und Distinktheit. Dabei wurde festgestellt, dass man nach beiden Bedürfnissen strebt und sich sowohl bei starker Differenzierung und Entfremdung als auch bei zu starker Ähnlichkeit mit der sozialen Umgebung unwohl fühlt. Aber wie findet man die Balance zwischen diesen beiden Extremen?

Laut Brewer (1991) und ihrer Theorie der **optimalen Distinktheit** strebt man tatsächlich nach einem Gleichgewicht zwischen diesen beiden grundlegenden Bedürfnissen. Um dies zu erreichen, vermeidet man einerseits Situationen oder Handlungen, bei denen man zu individualistisch erscheint, und andererseits Situationen und Handlungen, bei denen man zu abhängig von der Gesellschaft wirkt.

Ein Beispiel dafür wäre ein neuer Job. Eine neue Arbeit bedeutet ein neues Arbeitskollektiv, und dadurch steht man vor einem Dilemma: Adaptation oder Opposition. Natürlich ist es vernünftig, sich mit den Kollegen anzufreunden, nach Gewohnheiten im Betrieb zu fragen und das eigene Verhalten dem der Kollegen teilweise anzugleichen. Das bedeutet: keine bunten Shorts, falls sie gegen die Kleiderordnung verstoßen, und kein Anzug, wenn alle anderen Jeans tragen. Man akzeptiert die Regeln und Normen dieser neuen Gruppe, lässt aber trotzdem Platz für Individualität.

Im Laufe des Lebens variieren die Bedürfnisse der Menschen. Manchmal überwiegt das Bedürfnis nach sozialer Identität. Das passiert vor allem, wenn die Meinung der Gruppe oder unserer Freunde uns sehr wichtig ist, wenn wir die anderen Mitglieder als Experten betrachten, wenn sie sich über die Richtigkeit ihres Handelns einig sind oder wenn die

Gruppe uns sehr stark beeinflusst. In solchen Situationen sind wir motiviert, uns den anderen anzupassen. In diesem Fall wird das Stichwort „Sag mir, wer dein Freund ist, und ich sage dir, wer du bist" relevant. Manchmal legen wir aber viel mehr Wert auf unsere private Identität. Das Streben nach Einzigartigkeit ist dann ausgeprägter, wenn der Druck der Umgebung stärker wird oder wenn unsere Ähnlichkeit mit den anderen zu auffällig ist. Dann suchen wir nach Unterschieden und tendieren zu nonkonformem Verhalten. In diesem Fall könnte man sagen „Ohne Ausnahme jeder möchte eine Ausnahme sein".

Eine kohärente Gesellschaft ist unvorstellbar, wenn alle Individualisten sind; ein hohes Niveau von Konformität blockiert aber die Entwicklung. Deshalb ist ein Gleichgewicht zwischen diesen beiden Konstrukten die einzige Lösung, der **„goldene Mittelweg"**. Man darf und sollte nach Zugehörigkeit streben und sich mit der Bezugsgruppe identifizieren, aber gleichzeitig nicht zu einer meinungslosen Marionette werden. Man darf und sollte nach Exklusivität streben, dabei aber authentisch bleiben. Gleichzeitig sollte man begreifen, dass Individualität nicht anderes bedeutet, als man selbst zu sein.

Literaturverzeichnis

Ariely, D., & Levav, J. (2000). Sequential choice in group settings: Taking the road less travelled and less enjoyed. *Journal of Consumer Research* 27, 279–290.

Asch, S. E. (1951). Effects of group pressure upon the modification and distortion of judgment. In H. Guetzkow (Eds.) *Groups, leadership and men* (pp. 177–190). Pittsburgh, PA: Carnegie Press.

Asch, S. E. (1956). Studies of independence and conformity: A minority of one against a unanimous majority. *Psychological Monographs* 70(9), 1–70.

Brewer, M. B. (1991). The social self: on being the same and different at the same time. *Personality & Social Psychology Bulletin* 17(5), 475–482.

Brock, T. C. (1968). Implications of commodity theory for value change. In A. G. Greenwald, T. Brock, & T. Ostrom (Eds.), *Psychological foundation of attitudes* (pp. 243–275). New York: Academic Press.

Büchmann, G. (1977). *Geflügelte Worte*. München: Komet.

Campbell, J. D. (1990). Self-esteem and clarity of the self-concept. *Journal of Personality and Social Psychology* 59(3), 538–549.

de Cervantes Saavedra, M. (2000). *Der sinnreiche Junker Don Quijote von der Mancha – Zweites Buch*. Düsseldorf: Winkler.

Dickson, P. (2013). *The official rules: 5,427 laws, principles, and axioms to help you cope with crises, deadlines, bad luck, rude behaviour, red tape, and attacks by inanimate objects.* New York: Dover Publications.

Franke, N., & Schreier, M. (2008). Product uniqueness as a driver of customer utility in mass customization. *Marketing Letters* 19(2), 93–107.

Goethe, von J. W. (1982). *Wilhelm Meisters Wanderjahre*. Frankfurt am Main: Insel.

Janis, I. L. (1972). *Victims of groupthink: a psychological study of foreign-policy decisions and fiascoes*. Boston: Houghton Mifflin.

Kernis, M. H., & Goldman, B. M. (2006). A multicomponent conceptualization of authenticity: Theory and research. *Advances in Experimental Social Psychology* 38, 283–357.

Lynn, M. (1991). The effects of scarcity on perceived value: Investigations of commodity theory. *Psychology & Marketing* 8(1), 43–57.

McGuire, W. J., & Padawer-Singer, A. (1976). Trait salience in the spontaneous self-concept. *Journal of Personality and Social Psychology* 33(6), 743–754.

McGuire, W. J., McGuire, C., Child, P., & Fujioka, T. (1978). Salience of ethnicity in the spontaneous self-concept as a function of one's ethnic distinctiveness in the social environment. *Journal of Personality and Social Psychology* 36(5), 511–520.

Riketta, M. (2005). Organizational identification: A meta-analysis. *Journal of Vocational Behavior* 66, 358-384.

Sherif, M. (1935). A study of some social factors in perception. *Archives of Psychology* 27(187), 1–60.

Schiermer, B. (2014). Late-modern hipsters: New tendencies in popular culture. *Acta Sociologica* 57(2), 167–181.

Snyder, C. R., & Fromkin, H. L. (1980). *Uniqueness: The human pursuit of difference*. New York: Plenum Press.

Szybillo, G. J. (1975). A situational influence on the relationship of a consumer attribute to new product-attractiveness. *Journal of Applied Psychology*, 60, 652–655.

Tajfel, H., & Turner, J. C. (1986). The social identity theory of intergroup behaviour. In S. Worchel & W. G. Austin (Eds.), *Psychology of Intergroup Relations* (pp. 7–24). Chicago, IL: Nelson-Hall.

Turner, J. C., Hogg, M. A., Oakes, P. J., Reicher, S. D., & Wetherell, M. S. (1987). *Rediscovering the social group: A self-categorization theory*. Oxford: Blackwell.

Gleich und Gleich gesellt sich gern

Clara Mihr

© Springer-Verlag Berlin Heidelberg 2017
D. Frey (Hrsg.), *Psychologie der Sprichwörter*,
DOI 10.1007/978-3-662-50381-2_4

4.1 Einleitung

Wenn es um partnerschaftliche Beziehungen geht, scheiden sich im Volksmund die Geister. Sowohl „Gleich und Gleich gesellt sich gern" als auch „Gegensätze ziehen sich an" sind im Alltag gern genutzte Sprichwörter, und sicherlich kann jeder von uns ein Paradebeispiel für eine Beziehung, die zu dem einen oder dem anderen Sprichwort passt, aus seinem persönlichen sozialen Umfeld präsentieren. Anscheinend haben also beide Sprichwörter – obgleich gänzlich gegensätzlich – im alltäglichen Gebrauch ihre Daseinsberechtigung.

Was jedoch sagt wissenschaftliche psychologische Forschung dazu? Was ist dran, an solchen Volksweisheiten, und wie kommt es, dass sie nebeneinander bestehen, obwohl sie einander auf den ersten Blick ausschließen. Gilt womöglich – wie so oft im Leben – auch hier, die Devise „Ja, aber"? Dem wollen wir im Folgenden auf den Grund gehen. Dazu betrachten wir zunächst psychologische Theorien und Erklärungsansätze, auf denen die Sprichwörter jeweils basieren. Wo ergänzen sich die Sprichwörter möglicherweise oder wo liegen Überschneidungen vor? Schließlich stellen wir uns die Frage, welche Kontexteinflüsse und Begleitumstände eine Rolle spielen? Macht es beispielsweise einen Unterschied, welche spezifische Persönlichkeitseigenschaft wir betrachten? Ist bei der einen womöglich eher Ähnlichkeit und bei der anderen eher Gegensätzlichkeit von Vorteil? Ist es relevant, ob wir hinsichtlich einer Beziehung über deren Dauer, deren Bestand oder über anfängliche Verliebtheit sprechen? Bestehen womöglich kulturelle Unterschiede?

4.2 Similarity-Attraction-Effekt

„Gleich und Gleich gesellt sich gern" – zu diesem Schluss kommt eine Vielzahl wissenschaftlicher Untersuchungen im Labor (z. B. Byrne u. Nelson 1964) und im Feld (z. B. Amos 1971). Personen, die sich hinsichtlich Intelligenz, Ausbildung, Werten, Glaube, Ethnie, sozioökonomischem Statuts und physischer Attraktivität ähneln, fühlen sich eher zueinander hingezogen und berichten von größerer Zufriedenheit in einer Beziehung (Buss 1985; Tan u. Singh 1995). Dieses Phänomen wird Similarity-Attraction-Effekt genannt und konnte für Persönlichkeitseigenschaften (Banikiotes u. Neimeyer 1981), Einstellungen (Byrne et al. 1971), physische Attraktivität (Peterson u. Miller 1980) und Hobbys gezeigt werden (Werner u. Parmelee 1979).

4.2.1 Erklärungsansätze

Eine denkbar simple Erklärung für den Similarity-Attraction-Effekt ist **Verfügbarkeit**. Menschen mit ähnlichen Lebensumständen und Bildungshintergründen, derselben Religion, gleichen Werten und Gewohnheiten oder ähnlichen Freizeitaktivitäten verkehren in ähnlichen sozialen Umfeldern und lernen sich daher schneller und häufiger kennen. Die Auswahl an potenziellen Kandidaten für eine Partnerschaft ist also automatisch eher auf Personen begrenzt, die uns ähnlich sind. Die resultierende **soziale Homogamie**, d. h., die Wahl eines Partners, der möglichst gleiche Bedingungen (Abstammung, Alter, Bildungsniveau, sozialer Status, finanzielle

Lage, Hobbys, politische Neigung, Religion) in eine Partnerschaft einbringt, beschreibt einen eher passiven, indirekten Effekt auf Ähnlichkeiten in Partnerschaften (Watson et al. 2004).

Darüber hinaus können der Wahl eines ähnlichen Partners auch ganz eigennützige Motive zugrunde liegen. Nach der **Selbstverifizierungstheorie** von Swann u. Read (1981) streben wir Menschen danach, ein konsistentes, zusammenhängendes Bild von uns selbst zu erhalten, indem wir unser Selbstkonzept, d. h. die Annahmen, die wir über uns selbst haben, von anderen bestätigt bekommen. Durch Interaktion mit Personen, die uns ähnlich sind, unser Verhalten ergänzen und unsere Einstellungen und Werte gutheißen, erfahren wir Selbstbestätigung und ein Gefühl der Sicherheit (Markey u. Markey 2007). Dabei streben wir laut der **Selbsterhöhungstheorie** jedoch nicht nur nach möglichst akkuratem, sondern auch nach möglichst positivem Feedback (Sedikides u. Strube 1995). Bei Personen, die uns ähnlich sind, also unsere Ansichten und Verhaltenstendenzen teilen, ist die Wahrscheinlichkeit, positives Feedback zu bekommen, größer, weshalb wir uns gerne mit ihnen umgeben (Swann et al. 1994). Darüber hinaus gibt es Befunde, die zeigen, dass wir uns nicht nur zu Menschen hingezogen fühlen, die uns im Hinblick auf unser tatsächliches Selbst ähnlich sind, sondern auch zu denjenigen, die so sind, wie wir gerne wären, d. h., die Ähnlichkeit mit unserem **idealen Selbst** haben (LaPrelle et al. 1990; Klohnen u. Luo 2003).

Des Weiteren ermöglicht uns das Wissen über Vorlieben oder Abneigungen von Personen, die ähnliche Einstellungen wie wir selbst haben, deren Reaktionen besser zu verstehen und vorherzusagen und unser Verhalten ihnen gegenüber anzupassen. Der Umgang mit ähnlichen Personen gibt uns folglich nicht nur Aufschluss über uns selbst, sondern vereinfacht auch die **Verhaltensvorhersage** (Berscheid u. Walster 1969; Byrne 1971).

4.2.2 Tatsächliche vs. wahrgenommene Ähnlichkeit

„Gleich und gleich gesellt sich gern" galt lange Zeit als eine Art Dogma der Psychologie, wenn es um zwischenmenschliche Beziehungen ging. Allerdings zeigen bereits sehr frühe Untersuchungen wie die von Condon und Crano (1988), dass vielmehr die wahrgenommene Ähnlichkeit als die tatsächliche für den Effekt verantwortlich ist.

Damit es zwischen zwei Menschen „funkt", ist nicht die reale Ähnlichkeit zwischen ihnen entscheidend, sondern lediglich der Eindruck, dass sie sich ähneln. In Wirklichkeit können die Personen ganz verschieden sein. Wenn sie aber das Gefühl haben, sich in vielen Aspekten ähnlich zu sein, führt das zu größerer Sympathie. Setzt man hingegen zwei Menschen zusammen, die sich tatsächlich ähnlich sind, im Sinne von geteilten Eigenschaften, ist nicht zwangsläufig mit gegenseitiger Anziehung zu rechnen. Allein die wahrgenommene Ähnlichkeit erhöht also die Wahrscheinlichkeit, dass wir eine andere Person mögen (Tidwell et al. 2013).

Über die Kausalitätsrichtung dieses Effekts gibt es verschiedene Annahmen. Es ist plausibel, dass wahrgenommene Ähnlichkeit zu Anziehung führt; ebenso besteht die Möglichkeit, dass Anziehung dazu führt, Ähnlichkeiten eine größere Bedeutung beizumessen (Morry 2005). Insbesondere in der Kennenlernphase spielt die gezielte Suche nach Ähnlichkeiten eine große Rolle. Gemeinsamkeiten und ähnliche Interessen bieten eine Gesprächsgrundlage, und wenn die Unterhaltung interessant ist und die Chemie zwischen den Gesprächspartnern stimmt, wird der Tatsache, dass beispielsweise beide denselben Fußballverein mögen, womöglich eine viel größere Bedeutung zugesprochen, als wenn sie einander unsympathisch wären und das Gespräch langweilig. Abhängig davon, wie unser Bauchgefühl gegenüber einem Menschen ist, den wir neu kennenlernen, bewerten wir Informationen über Ähnlichkeiten oder Gegensätze unterschiedlich stark. Je sympathischer uns jemand nach der ersten Begegnung ist, desto mehr Ähnlichkeiten fallen uns auf und desto stärker werden sie gewichtet. Die wahrgenommene Ähnlichkeit ist also nicht unbedingt Voraussetzung, sondern vielmehr Resultat der Anziehung (Murray et al. 2002). Plakativ könnte man sagen, wir verlieben uns nicht, weil wir uns ähnlich sind, sondern glauben, dass wir uns ähnlich sind, weil wir uns verliebt haben. Dieser Effekt scheint nicht nur in der Kennenlernphase zu gelten, sondern auch in bestehenden Beziehungen. In einer sehr frühen Untersuchung mit verheirateten Paaren konnten Buunk und Bosman (1986) zeigen, dass es für gegenseitige Anziehung lediglich ausschlaggebend ist, wenn Individuen **glauben**, ihre Partner seien ihnen ähnlich – unabhängig davon, ob eine reale Ähnlichkeit besteht oder nicht. Auch auf die Zufriedenheit in der Beziehung haben tatsächliche Ähnlichkeiten kaum einen Einfluss (Dyrenforth et al. 2010; Shiota u. Levenson 2007).

4.3 Komplementarität: Gegensätze ziehen sich an

4.3.1 Tribut an die Evolution

Ganz banale Evidenz für das Sprichwort „Gegensätze ziehen sich an" liefert die Tatsache, dass Liebesbeziehungen mehrheitlich heterosexuell sind. Wir suchen also insofern nach Gegensätzen, als wir uns in der Regel zum anderen Geschlecht hingezogen fühlen. Evolutionär betrachtet und im Hinblick auf Reproduktion ist diese natürliche Anziehung essenziell, um die Erhaltung unserer Art zu garantieren.

Doch nicht nur in Bezug auf das Geschlecht spielen Gegensätze bei der Fortpflanzung und damit auch bei der Partnerwahl eine Rolle. Offenbar sind wir in dieser Hinsicht viel stärker von unseren Genen und Trieben gesteuert, als wir vielleicht glauben möchten. Die Natur hat uns so geschaffen, dass wir bemüht sind, unser eigenes Erbgut mit einem möglichst unterschiedlichen anderen Erbgut zu vermischen, um eine größtmögliche Vielfalt zu erreichen. Folglich wählen wir beispielsweise Sexualpartner, deren Immunsystem sich stark von unserem eigenen unterscheidet. Zentral ist dabei der sog. Haupthistokompatibilitätskomplex oder Hauptgewebeverträglichkeitskomplex. Diese Gruppe von Genen legt das individuelle Immunsystem fest und bestimmt über das Erkennen körpereigener und fremder Zellen und die Gewebeverträglichkeit bei Transplantationen. Einen im Hinblick auf diese Gengruppe geeigneten Partner erkennen wir beispielsweise anhand eines anziehenden oder abstoßenden Körpergeruchs. Das heißt, wenn sich das Immunsystem eines potenziellen Partners stark von unserem eigenen unterscheidet, finden wir seinen Körpergeruch besonders anziehend. Bei einem sehr ähnlichen Immunsystem hingegen stößt uns der Körpergeruch eher ab (Wedekind et al. 1995).

Dieses unbewusste Streben nach genetischem Gegensatz ist ein Relikt der Evolution und soll gesunden Nachwuchs garantieren, da die Verbindung verschiedener Immunsysteme die Stärkung der körpereigenen Abwehr der Nachkommen fördert.

4.3.2 Optimale Distinktheit: das Salz in der Suppe

Auch wenn sich die sozialpsychologische Forschung insgesamt einig darüber ist, dass bei der Partnerwahl generell das Ähnlichkeitsprinzip überwiegt, kommt hinsichtlich bestimmter Persönlichkeitseigenschaften auch das Ergänzungsprinzip zum Tragen. Gegensätze stellen sozusagen das Salz in der Suppe aus Übereinstimmungen dar. Um die Suppe nicht zu versalzen, dürfen dabei die Gegensätze jedoch nicht überwiegen. Laut der **Theorie der optimalen Distinktheit** streben wir nach einer ausgewogenen Balance zwischen dem Bedürfnis nach Zugehörigkeit, die durch Ähnlichkeit bestimmt ist, und dem Bedürfnis nach Abgrenzung bzw. Einzigartigkeit (Brewer 1991, 2003). Dabei ist es auch besonders wichtig, zwischen unterschiedlichen Persönlichkeitseigenschaften zu differenzieren, da bei einigen Ähnlichkeit, bei anderen Komplementarität von Vorteil ist, wie wir im Folgenden sehen werden.

4.3.3 Komplementaritätsansatz

Der Komplementaritätsansatz besagt, dass Individuen sich besonders zu potenziellen Partnern hingezogen fühlen, die sie und ihre persönlichen Eigenschaften ergänzen. Einen Grund dafür sehen De Raad und Doddema-Winsemius (1992) beispielsweise darin, dass ein gegensätzlicher Partner mit größerer Wahrscheinlichkeit unseren Bedürfnissen gerecht wird. So mag sich beispielsweise eine ängstliche, unsichere junge Frau eher zu selbstbewussten, älteren Männern hingezogen fühlen, die sie beschützen können (Eagly u. Wood 1999).

Markey und Markey (2007) fanden, dass Menschen in ihrer Beziehung zufriedener sind, wenn sie sich hinsichtlich der Charaktereigenschaft **Dominanz** unterscheiden, d. h., wenn sie sich insofern ergänzen, als sich eine Person eher dominant und die andere eher submissiv verhält. Starke Ähnlichkeit ist hier eher von Nachteil. Der Grund dafür liegt auf der Hand: Eine Beziehung zwischen zwei dominanten Dickköpfen ist anfälliger für Konflikte, während eine Partnerschaft zwischen zwei sehr unterwürfigen Personen möglicherweise zu Frustration führt, da keiner der beiden je die Initiative ergreift und beide ihren Ärger lieber in sich hineinfressen, als den Mund aufzumachen. Jedoch zeigte sich auch hier wieder, dass tatsächliche und wahrgenommene Unterschiede nicht unbedingt übereinstimmen müssen, um diesen Effekt zu finden. Personen, die sich in Bezug auf Dominanz tatsächlich unterscheiden, geben trotzdem an, ihren Partner ähnlich zu sich selbst wahrzunehmen. Offenbar basiert das Urteil des Partners über die Ähnlichkeit bezüglich einer Eigenschaft vielmehr darauf, wie zufrieden er mit der Beziehung ist. So kann es sein, dass eine Ähnlichkeit wahrgenommen wird, obwohl faktisch ein Gegensatz besteht, womöglich insbesondere dann, wenn die Eigenschaften komplementär gut funktionieren wie im Fall von Dominanz (Dryer u. Horowitz 1997).

Auch für einige der klassischen **Big-Five-Persönlichkeitsdimensionen** gilt das Sprichwort „Gegensätze ziehen sich an". Während es für die Dimensionen Gewissenhaftigkeit, Offenheit für Neues und Verträglichkeit von Vorteil ist, dem Partner ähnlich zu sein, finden sich bei den Faktoren Neurotizismus und Extraversion geringere Übereinstimmungen in Partnerschaften. Betrachtet man Verhaltensweisen, die mit den genannten Persönlichkeitsdimensionen assoziiert sind, erscheinen diese Befunde intuitiv logisch. Wenn eine sehr gewissenhafte, d. h. ordentliche, Sauberkeit liebende und verantwortungsbewusste Person und eine sehr wenig gewissenhafte Person aufeinandertreffen, können die unaufgeräumte Küche oder die herumliegenden Sportsocken schnell zu Konflikten führen. Auf den Dimensionen Neurotizismus und Extraversion hingegen werden Gegensätze besser verkraftet und sind für eine gut funktionierende Beziehung sogar erwünscht oder notwendig. Man kann sich einerseits gut vorstellen, dass eine Beziehung zwischen zwei labilen Neurotikern tendenziell weniger stabil ist, und andererseits, dass beim Aufeinandertreffen von zwei extravertierten Entertainern womöglich häufiger die Fetzen fliegen und beide Schwierigkeiten haben, zu Wort zu kommen. Daher wünschen sich Individuen, die emotional sehr instabil oder neurotisch sind, vermutlich eher einen starken Partner an ihrer Seite, und eine sehr extravertierte Person mit einem großen Mitteilungsbedürfnis fühlt sich vielleicht eher zu ruhigen Personen hingezogen, die gut zuhören können (Rammstedt u. Schupp 2008).

4.3.4 Extreme, nach außen wahrnehmbare Unterschiede

Statt wie „Topf auf Deckel", wie „Feuer und Wasser" – manche Paare könnten auf den ersten Blick unterschiedlicher nicht sein: Sie ist 20 cm größer als er und 20 kg schwerer; er 15 Jahre jünger als sie; sie ist schwarz, er weiß; er kommt aus der Türkei, sie aus Deutschland. Partnerschaften zwischen Personen, die in den Augen der Öffentlichkeit nicht zusammenpassen und nicht der gesellschaftlichen Norm entsprechen, müssen einiges aushalten können. Doch genauso wie unter Druck Diamanten entstehen, kann auch das Gefühl, im gesellschaftlichen Abseits zu stehen, Paare noch näher zusammenbringen. Extreme Unterschiede zwischen zwei Partnern, beispielsweise in Bezug auf Alter, Einkommen oder Attraktivität, sind häufig Ziele sozialer Vorurteile, und zwar sowohl von Personen aus den eigenen sozialen Netzwerken als auch von der Gesellschaft insgesamt. Dies muss aber nicht immer einen Belastungsfaktor darstellen. Lehmiller und Agnew (2007) fanden beispielsweise heraus, dass sich Individuen in einer Beziehung fernab vom Mainstream viel stärker mit ihrem Partner verbunden fühlen als konventionelle Paare. Die Abgrenzung durch die Gesellschaft fördert womöglich die Einstellung „Wir gegen den Rest der Welt" und schweißt dadurch unkonventionelle Liebespaare noch enger zusammen.

4.4 Weitere Einflüsse

4.4.1 Zeitkomponente: Anfängliche Verliebtheit vs. langfristige Beziehung

Wir kennen sie alle, die rosarote Brille, die Verliebten zu Beginn einer Beziehung den Blick vernebelt. Der Partner scheint makellos, und den schlechten

Eigenschaften wird keine Beachtung geschenkt oder sie werden schöngeredet (Barelds et al. 2011). In dieser Phase zu Beginn einer Partnerschaft stören uns auch offensichtliche Gegensätze nicht, vielmehr werden sie als interessant und aufregend empfunden. Felmlee (1995) nennt diesen Reiz des Fremden **„fatal attraction"**, verhängnisvolle Anziehung. Die Anziehung ist insofern verhängnisvoll, als sie auf lange Sicht nicht von Bestand ist. Von „fatal attraction" spricht man dann, wenn eine Eigenschaft, die vom Partner im Laufe der Zeit als unattraktiv empfunden wird, lediglich eine übertriebene Ausprägung derselben Eigenschaft ist, die zu Anfang besonders attraktiv war. Somit können genau die Eigenschaften, die dafür sorgen, dass sich zwei Menschen ineinander verlieben, später der Grund für eine Trennung sein. Eine Frau, die sich wegen seines „Sinns für Humor" in einen Mann verliebt hat, wird vielleicht später beklagen, er könne nie „ernst sein".

Der Reiz des Fremden ist offenbar nicht von allzu langer Dauer. Zu diesem Schluss kommt auch eine Untersuchung von Barelds und Dijkstra (2007), die zeigt, dass sich Personen, die sich die Zeit nehmen, ihren potenziellen Partner erst richtig kennenzulernen – im Gegensatz zu denen, die sich Hals über Kopf verlieben und in eine Beziehung stürzen – eher auf einen Partner einlassen, der ihnen ähnlich ist.

4.4.2 Kultur

Auch kulturelle Prägungen haben möglicherweise einen Einfluss darauf, ob uns eher Gegensätze anziehen oder wir uns lieber zu unseresgleichen gesellen. Heine et al. (2009) fanden heraus, dass der Similarity-Attraction-Effekt in Japan deutlich schwächer ausfällt als im westlich geprägten Nordamerika. Einen Grund dafür sehen die Forscher in einem Zusammenhang mit dem Selbstwertgefühl, das sie aufgrund der erhobenen Daten bei Nordamerikanern stärker ausgeprägt sehen als bei Japanern. Individuen, die ein sehr positives Bild von sich selbst haben, scheinen Personen, die ihnen ähnlich sind, eher zu mögen als solche mit einem weniger positiven Selbstwert. Diese Tendenz, sich zu Individuen hingezogen zu fühlen, die einem ähneln, ist – überspitzt formuliert – die ultimative Form von **Egotismus**, d. h., die übertrieben Neigung, sich selbst in den Vordergrund zu stellen. Diese Haltung scheint in individualistischen Kulturen wie in Nordamerika stärker verbreitet zu sein als in kollektivistischen wie in Japan.

Die Ergebnisse, die für den Zusammenhang zwischen Selbstwert und Similarity-Attraction-Effekt gefunden wurden, sind allerdings nicht ganz eindeutig, sodass es weiterer Forschung in diesem Bereich bedarf. Eine andere Erklärung für kulturelle Unterschiede bezüglich der Stärke des Similarity-Attraction-Effekt könnte die größere **Beziehungsmobilität** in Nordamerika sein. Beziehungsmobilität meint das Gefühl, über viele Möglichkeiten zu verfügen, neue Beziehungen aufzubauen (Schug et al. 2009). In „offenen Beziehungsmärkten" westlicher Länder haben die Menschen viele Gelegenheiten, neue Beziehungen einzugehen und achten dabei vermehrt auf bestimmte Eigenschaften, die sie an anderen anziehend finden, wie beispielsweise Ähnlichkeit zu sich selbst. In eher „geschlossenen Beziehungsmärkten" wie in Japan hingegen sind die Möglichkeiten, außerhalb der dauerhaften Ingroup eine neue Beziehung aufzubauen, begrenzt, weswegen Individuen womöglich weniger Wert auf bestimmte Eigenschaften legen, die sie anziehend finden (Adams 2005).

4.5 Fazit

So komplex, vielfältig und facettenreich wie die Liebe selbst scheinen auch die Sprichwörter zu sein, die der Volksmund sich ausgedacht hat, um eine gewisse Regelhaftigkeit in das Chaos zu bringen. Es kommt offenbar auch nicht von ungefähr, dass dabei seit jeher zwei gegensätzliche Sprichwörter in Gebrauch sind. Psychologische Forschung der letzten Jahrzehnte macht deutlich, dass beide Sprichwörter ihre Daseinsberechtigung haben. „Gleich und Gleich gesellt sich gern" gilt ebenso wie „Gegensätze ziehen sich an". Entscheidend ist wohl letzten Endes – wie mit nahezu allem im Leben – eine gute Balance. Gemeinsamkeiten bieten eine solide Basis für eine langfristige Beziehung, wobei besonders gleiche Wertvorstellungen (Berscheid u. Walster 1969) und ähnliche kommunikative Fähigkeiten wichtig sind (Burleson et al. 1994).

Unterschiede können sowohl am Anfang einer Beziehung aufregend sein als auch langfristig die Spannung erhalten, indem sie eine gewisse Distanz schaffen und eine Reibungsfläche bieten, die für viele Paare wichtig ist. Was den Charakter angeht, sind Ähnlichkeiten vorteilhaft, aber nicht zwingend notwendig. Anscheinend ist es ohnehin wichtiger, wie wir unseren Partner wahrnehmen und über ihn denken, als wie er tatsächlich ist. Denn obgleich sich bestimmte Regelmäßigkeiten für zwischenmenschliche Anziehung und den Erfolg oder das Scheitern von Partnerschaften finden lassen, ist am Ende doch jeder Mensch und jede Beziehung einzigartig und wird von so vielen Faktoren beeinflusst, dass der Vergleich von Ähnlichkeiten und Gegensätzen regelrecht plump erscheint. Solange uns nämlich Bauch und Herz sagen, dass es passt, zieht auch der Kopf nach und schert sich wenig darum, ob das nun daran liegt, dass der Partner uns ähnlich ist oder uns durch seine Gegensätzlichkeit ergänzt.

Literaturverzeichnis

Adams, G. (2005). The cultural grounding of personal relationship: Enemyship in West African worlds. *Journal of Personality and Social Psychology* 88, 948–968.

Amos, J. R. (1971). Similarity, interpersonal attraction and uniformity in sensitivity training groups (Doctoral dissertation, West Virginia University, 1971). *Dissertation Abstracts International* 31(12-A), 6336.

Banikiotes, P. G., & Neimeyer, G. J. (1981). Construct importance and rating similarity as determinants of interpersonal attraction. *British Journal of Social Psychology* 20, 259–263.

Barelds, D. P. H., & Dijkstra, P. (2007). Love at first sight or friends first? Ties among partner personality trait similarity, relationship onset, relationship quality, and love. *Journal of Social and Personal Relationships* 24, 479–496.

Barelds, D. P. H., Dijkstra, P., Koudenburg, N., & Swami, V. (2011). An assessment of positive illusions of the physical attractiveness of romantic partners. *Journal of Personality and Social Psychology* 28(5), 706–719.

Berscheid, E., & Walster, E. H. (1969). Rewards others provide: similarity. In E. Berscheid, & E. H. Walster (Eds.), *Interpersonal attraction* (pp. 69–91). Reading, MA: Addison-Wesley.

Brewer, M. B. (1991). The social self: On being the same and different at the same time. *Personality and Social Psychology Bulletin* 17, 475–482.

Brewer, M. B. (2003). Optimal distinctiveness, social identity, and the self. In M. Leary and J. Tangney (Eds.), *Handbook of self and identity*. (pp 480–491). New York, NY: The Guilford Press.

Burleson, B. R., Kunkel, A. W., & Birch, J. D. (1994). Thoughts about talk in romantic relationships: Similarity makes for attraction (and happiness, too). *Communication Quarterly* 42, 259–273.

Buss, D. M. (1995). Evolutionary psychology: A new paradigm for psychological science. *Psychological Inquiry* 6, 1–30.

Buunk, B. P., & Bosman, J. (1986). Attitude similarity and attraction in marital relationships. *Journal of Social Psychology*, 126, 133–134.

Byrne, D. (1971). *The attraction paradigm*. New York: Academic Press.

Byrne, D., & Nelson, D. (1964). Attraction as a function of attitude similarity-dissimilarity: The effect of topic importance. *Psychonomic Science*, 1, 93–94.

Byrne, D., Baskett, G. D., & Hodges, L. (1971). Behavioral indicators of interpersonal attraction. *Journal of Applied Social Psychology*, 1, 137–149.

Condon, J. W., & Crano, W. D. (1988). Inferred evaluation and the relation between attitude similarity and interpersonal attraction. *Journal of Personality and Social Psychology*, 54, 789–797.

De Raad, B., & Doddema-Winsemius, M. (1992). Factors in the assortment of human mates: Differential preferences in Germany and the Netherlands. *Personality and Individual Differences*, 13, 103–114.

Dryer, D. C., & Horowitz, L. M. (1997). When do opposites attract? Interpersonal complementarity versus similarity. *Journal of Personality and Social Psychology* 72, 592–603.

Dyrenforth, P. S., Kashy, D. A., Donnellan, M. B., & Lucas, R. E. (2010). Predicting relationship and life satisfaction from personality in nationally representative samples from three countries: The relative importance of actor, partner, and similarity effects. *Journal of Personality and Social Psychology* 99, 690–702.

Eagly, A. H., & Wood, W. (1999). The origins of sex differences in human behavior: Evolved dispositions versus social roles. *American Psychologist* 54, 408–423.

Felmlee, D. H. (1995). Fatal attractions: affection and disaffection in intimate relationships. *Journal of Social and Personal Relationships* 12, 295–311.

Heine, S. J., Foster, J. B., & Spina, R. (2009). Do birds of a feather universally flock together? Cultural variation in the similarity-attraction effect. *Asian Journal of Social Psychology* 12, 247–258.

Klohnen, E. C., & Luo, S. (2003). Interpersonal attraction and personality: What is attractive: Self similarity, ideal similarity, complementarity, or attachment security? *Journal of Personality and Social Psychology* 85, 706–722.

LaPrelle, J., Hoyle, R. H., Insko, C. A., & Bernthal, P. (1990). Interpersonal attraction and descriptions of the traits of others: Ideal similarity, self-similarity, and liking. *Journal of Research in Personality* 24, 216–240.

Lehmiller, J. J., & Agnew, C. R. (2006). Marginalized relationships: The impact of social disapproval on romantic relationship commitment. *Personality and Social Psychology Bulletin* 32, 40–51.

Markey, P. M., & Markey, C. N. (2007). Romantic ideals, romantic obtainment, and relationship experiences: The complementarity of interpersonal traits among romantic partners. *Journal of social and Personal Relationships* 24(4), 517–533.

Literaturverzeichnis

Morry, M. (2005). Relationship satisfaction as a predictor of similarity ratings: A test of the attraction-similarity hypothesis. *Journal of Social and Personal Relationships* 22, 561–584.

Murray, S. L., Holmes, J. G., Bellavia, G., Griffin, D. W., & Dolderman, D. (2002). Kindred spirits? The benefits of egocentrism in close relationships. *Journal of Personality and Social Psychology* 82, 563–581.

Peterson, J. L., & Miller, C. (1980). Physical attractiveness and marriage adjustment in older American couples. *Journal of Psychology* 105, 247–252.

Rammstedt, B., & Schupp, J. (2008). Only the congruent survives – Personality similarities in couples. *Personality and Individual Differences* 45, 533–535.

Schug, J., Yuki, M., Horikawa, H., & Takemura, K. (2009). Similarity attraction and actually selecting similar others: How cross-societal differences in relational mobility affect interpersonal similarity in Japan and the United States. *Asian Journal of Social Psychology* 12, 95–103.

Sedikides, C., & Strube, M. J. (1995). The Multiply Motivated Self, *Personality and Social Psychology Bulletin* 21(12), 1330–1335.

Shiota, M. N., & Levenson, R. W. (2007). Birds of a feather don't always fly farthest: Similarity in big five personality predicts more negative marital satisfaction trajectories in long-term marriages. *Psychology and Aging* 22, 666–675.

Swann, W. B., Jr., & Read, S. J. (1981). Self-verification processes: How we sustain our self-conceptions. *Journal of Experimental Social Psychology* 17, 351–372.

Swann, W. B., Jr., De La Ronde, C., & Hixon, J. G. (1994). Authenticity and positivity strivings in marriage and courtship. *Journal of Personality and Social Psychology* 66, 857–869.

Tan, D. T., & Singh, R. (1995). Attitudes and attraction: A developmental study of the similarity attraction and dissimilarity repulsion hypotheses. *Personality and Social Psychology Bulletin* 21, 975–986.

Tidwell, N. D., Eastwick, P. W., & Finkel, E. J. (2013). Perceived, not actual, similarity predicts initial attraction in a live romantic context: Evidence from the speed-dating paradigm. *Personal Relationships* 20, 199–215.

Watson, D., Klohnen, E. C., Casillas, A., Nus, S. E., Haig, J., & Berry, D. S. (2004). Match makers and deal breakers: Analyses of assortative mating in newlywed couples. *Journal of Personality* 72(5), 1029–1068.

Wedekind, C., Seebeck, T., Bettens, F., & Paepke, A. J. (1995). MHC-dependent mate preferences in humans. *Proceedings of the Royal Society of London Series B* 260: 245–249.

Werner, C., & Parmelee, P. (1979). Similarity of activity preferences among friends: Those who play together stay together. *Social Psychology Quarterly* 42, 62–66.

Jeder ist sich selbst der Nächste – Eine Hand wäscht die andere

Manuel Stabenow

© Springer-Verlag Berlin Heidelberg 2017
D. Frey (Hrsg.), *Psychologie der Sprichwörter*,
DOI 10.1007/978-3-662-50381-2_5

5.1 Einleitung

Wir leben in einer hochkomplex organisierten und kapitalistischen Gesellschaftsform mit großer individueller Selbstverantwortung und Wahlfreiheit. Das Gebot der eigenen Leistungsmaximierung besitzt fast normativen Charakter. Ständig müssen wir neu entscheiden, wie wir uns in dem Spannungsfeld eigener und fremder Interessen verhalten wollen. Soll ich meinen Kollegen ausbooten, um selbst an den begehrten neuen Job zu kommen, obwohl er eigentlich an der Reihe wäre? Wie kann ich die Unterstützung der Kollegin erhalten, damit ich mein Projekt erfolgreich abschließen kann? Soll ich in der WG das Geschirr von allen abwaschen, obwohl ich dazu keine Lust habe? Schnapp ich dem anderen Autofahrer den Parkplatz weg?

Zur Beantwortung sowohl dieser alltäglichen als auch schwerwiegenderer Fragen könnten uns z. B. die Sprichwörter „Jeder ist sich selbst der Nächste" und „Eine Hand wäscht die andere" nützen. Beide befassen sich aus unterschiedlichen Blickwinkeln mit dem elementaren Komplex von „Geben und Nehmen", der das Zusammenleben aller sozialen Gemeinschaften bestimmt (Adloff u. Mau 2005). Während das erste Sprichwort den Eigennutzen als dominierendes und universelles Motiv formuliert, weist uns das zweite auf die Notwendigkeit des Kooperierens hin. Auf den ersten Blick scheint hier also ein Widerspruch zu bestehen. Da wir aber in den Sprichwörtern nichts über die Bedingungen erfahren, unter denen sie jeweils Geltung haben könnten, lohnt es sich, einen Blick auf ihre originäre Herkunft und Bedeutung zu werfen und zu prüfen, ob sich aus dem wissenschaftlichen Bereich Hinweise für ihre Gültigkeit finden lassen.

5.2 Handeln im Eigeninteresse

Das Sprichwort „Jeder ist sich selbst der Nächste" stammt aus der Komödie Andria von Publius Terentius Afer (deutsch: Terenz; ca. 190–160 v. Chr.). Als freigelassener Sklave aus Nordafrika schrieb er bis in die Moderne wirkende, humanistisch geprägte Komödien für die römische Oberschicht. In dem Stück wirft ein Freund dem anderen Rücksichtslosigkeit vor, weil dieser die Frau, die er liebt, anscheinend zu heiraten beabsichtigt. Zur Verteidigung seines Handelns fällt der Satz: „Proximus sum egomet mihi" (Seidel 2011).

Das Sprichwort lässt sich in diesem Kontext so verstehen, dass Menschen bei bestehendem Eigeninteresse bereit sind, anderen Schaden bzw. Leid zuzufügen. Es zeigt den Menschen als Egoisten, der seine eigenen Bedürfnisse und Interessen ohne Rücksicht auf die Belange seiner Mitmenschen durchzusetzen gewillt ist.

5.2.1 Wissenschaftliche Theorien

Ein früher Vertreter dieser Auffassung ist der Philosoph und Staatstheoretiker, Thomas Hobbes (1588–1679). Er gilt als der Begründer der modernen Wissenschaft vom Politischen. Für ihn gibt es aus der Natur des Menschen heraus keinen universell verbindlichen moralischen Standard, sondern es herrscht das **Primat des eigenen Interesses** als universelles Gesetz. Als Konsequenz – zur Verhinderung einer dadurch allgegenwärtigen Gefahr eines rücksichtslosen Kampfes eines „Jeden gegen Jeden" – forderte er eine uneingeschränkte staatliche Gewalt zur Durchsetzung der notwendigen Rechte und Pflichten (Zeitverlag Gerd Bucerius 2006).

Im 19. Jahrhundert entsteht unter Bezugnahme auf Darwins Evolutionstheorie der sog. **Sozialdarwinismus**. Darwin versucht das selbstbezogene Handeln evolutionsbiologisch zu erklären und zu rechtfertigen. Der tägliche Kampf ums Überleben führt ihm zufolge unweigerlich zu einem Konkurrenzkampf zwischen den Menschen, wobei nur der Tüchtigste und Stärkste (Egoistischste) überlebt (Reusch 2000).

Das Konzept eines rein auf den eigenen Nutzen konzentrierten Handelns wird ab dem 20. Jahrhundert vor allem in ökonomischen Theorien radikal vertreten. Zur Erklärung menschlichen Verhaltens im wirtschaftlichen Bereich postulieren Theorien wie die der rationalen Erwartungen (Lucas u. Prescott 1971) und die Spieltheorie (Holler u. Illing 2000) ein rein rational gesteuertes und eigennütziges Entscheidungsverhalten. Der **Homo oeconomicus** ist geboren. Dem Homo oeconomicus wird unterstellt, dass er stets rationale und eigennützige Entscheidungen trifft, die dadurch gekennzeichnet sind, dass er im Hinblick auf erwartete Folgen handelt und bestrebt ist, seinen Nutzen zu maximieren (Kirchgässner 1991). Er wägt ausschließlich zwischen den erwarteten Kosten und dem Nutzen verschiedener Alternativen ab und entscheidet sich dann für die Alternative mit dem größten Nutzen. Nach Falk (2003) bildet die Idee des Menschen als eigennützigem Nutzenmaximierer den verhaltenstheoretischen Kern nahezu aller ökonomischen Verhaltensmodelle.

Die Ökonomen formulierten damit ein Menschenbild, das in der Folge auf alle Bereiche menschlichen Handelns übertragen wurde (Frey u. Benz 2001). Der Reiz des ökonomischen Verhaltensmodells besteht dabei darin, dass es einheitlich und allgemeingültig ist und klare Vorhersagen erlaubt (Frey u. Benz 2001). Und damit kommen wir zu unserem Sprichwort zurück, das in seiner Formulierung ja ebenfalls Allgemeingültigkeit beansprucht. In der Tat lässt sich die Behauptung „Jeder ist sich selbst der Nächste" im Modell des Homo oeconomicus vollständig wiederfinden.

Aber lassen sich die eingangs formulierten Fragen damit sicher und verlässlich beantworten und erklärt das klassische ökonomische Verhaltensmodell sicher und verlässlich menschliches Handeln?

Werde ich also tatsächlich dem anderen Autofahrer den Parkplatz wegschnappen, das Geschirr stehenlassen und meinen Kollegen ausbooten, und muss ich davon ausgehen, dass meine Mitmenschen ebenfalls so handeln würden? Der unbefangene Laie würde wohl spontan antworten: „Es kommt darauf an."

5.2.2 Empirische Überprüfung

Die Überprüfung der Vorhersagekraft des Homo-oeconomicus-Modells fand vor allem im Rahmen der empirischen Entscheidungstheorie statt (Wessler 2012). Es wurde geprüft, ob Menschen tatsächlich bevorzugt nichtkooperative Strategien verfolgen. Das bekannteste Experiment ist sicher das im Rahmen der Spieltheorie entwickelte sog. **Gefangenendilemma**, das auf viele Bereiche ökonomischer und politischer Phänomene anwendbar ist (Varian 2011). Die Erkenntnisse, die daraus gewonnen wurden, fanden weit über den wirtschaftlichen Bereich und das reine Marktverhalten hinaus Beachtung (Frey u. Benz 2001).

Die ursprüngliche Version geht auf den Psychologen Tucker zurück, der 1950 in einem Vortrag über Spieltheorie das folgende soziale Dilemma zur Veranschaulichung formulierte:

> » Es ist gelungen, zwei Verbrecher zu fassen, die eines schweren Vergehens verdächtig sind, das ihnen aber nicht in vollem Umfang nachgewiesen werden kann: Man ist hier auf ein Geständnis angewiesen. Es ist aber möglich, die beiden für eine geringere Straftat zu verurteilen, was zwei Jahre Gefängnis bedeuten würde. Nun bietet die Staatsanwaltschaft den beiden folgende Regelung an: Sagt einer von ihnen als Kronzeuge aus, so kommt er frei, während der andere die volle Strafe von sechs Jahren erhält. Belasten sich beide Gefangenen gegenseitig, so bekommen beide jeweils vier Jahre. (Wessler 2012, S. 33)

Für den Einzelnen ist es am sichersten zu gestehen, beidseitiges leugnen aber verspricht das beste Gesamtergebnis. Seitdem spricht man von einem einmaligen Gefangenendilemma – unabhängig von der Situation –, wenn folgende Rahmenbedingungen vorliegen: Zwei

5.2 · Handeln im Eigeninteresse

Akteure, zwei Handlungsalternativen, symmetrische Auszahlungsmöglichkeiten, keine mögliche Absprache, wechselseitige Interdependenzen.

Ein typisches Beispiel aus der Wirtschaft für ein einmaliges Gefangenendilemma liefert Wessler (2012):

> Auf einem von zwei Unternehmen beherrschten Markt betrachten wir nur zwei Marketingstrategien: Entweder es wird in Werbung investiert oder nicht. Die Gewinne (etwa in Tausender-Geldeinheiten gemessen) sind gleich, sofern beide werben oder beide nicht werben. Im ersten Fall entstehen Werbekosten und die Gewinne sind niedriger. Wirbt hingegen nur ein Unternehmen, so hat dieses einen enormen Vorsprung vor dem anderen. (Wessler (2012, S. 32)

Die Unternehmen müssen sich also zwischen den beiden Strategien Kooperation und Nichtkooperation entscheiden. Es wird jedem intuitiv sofort bewusst sein, dass die einzig sichere Wahl darin besteht, sich für die Investition zu entscheiden. Es werden also beide Unternehmen Werbung schalten, obwohl dadurch sogar ein Nachteil für sie entsteht. Zwar könnten beide Unternehmen ihren Gewinn noch maximieren, dafür wäre aber ein beidseitiger Strategiewechsel notwendig. Sie müssten kooperieren und sich gemeinsam entscheiden, nicht zu werben – ein Risiko, auf das sich aber keiner einlassen würde. Die Unternehmen sollten sich also egoistisch verhalten. Sie werden also tatsächlich nach der Lebensweisheit „Jeder ist sich selbst der Nächste" handeln. Szenarien, wie sie im Gefangenendilemma beschrieben werden, lassen sich auch im Alltag zur Genüge finden.

Auch die Frage, ob ich das Geschirr meiner Mitbewohner abwasche oder liegen lasse, kann die Form eines Gefangenendilemmas annehmen. Kommt diese Situation nur einmal vor, wird man sich mit Sicherheit egoistisch verhalten (Kanazawa u. Fontaine 2013). Aber leider wird natürlich auch in den nächsten Tagen wieder schmutziges Geschirr anfallen. Soll ich mich in diesem wiederholenden Gefangenendilemma weiterhin egoistisch verhalten?

In der Theorie bleibt die einzige stabile Lösung weiterhin, dass sich beide Parteien egoistisch verhalten, wie es auch das Menschenbild des Homo oeconomicus annimmt. Weitere experimentelle Untersuchungen des Gefangenendilemmas konnten jedoch zeigen, dass die **Kooperation** zwischen den Parteien zunimmt, wenn sich die Situation mehrmals wiederholt (Andreoni u. Miller 1993; Bruttel u. Kamecke 2012). Wir würden also das Geschirr abwaschen. Aber warum kooperieren wir?

Wenn wir uns in sich wiederholenden Situationen weiterhin egoistisch Verhalten, ist das für uns nicht von Vorteil. Es würde sich dauerhaft sogar negativ auf unseren eigenen Nutzen auswirken. Eine Kooperation liegt also in unserem eigenen Interesse. Damit wir eine gewisse Sicherheit haben, dass unser Partner ebenfalls kooperieren wird, gibt es Strategien, mit denen wir die Situation aktiv beeinflussen können. Eine Verhaltensstrategie, die sich dabei als die erfolgreichste herausgestellt hat, ist einfach, aber genial: **„Tit for Tat"** („Wie du mir, so ich dir"). Es wird dabei folgendermaßen vorgegangen: Beim ersten Zusammentreffen zeigt man kooperatives Verhalten und antwortet dann auf Kooperation mit Kooperation und auf nichtkooperatives Verhalten ebenfalls mit nichtkooperativem Verhalten (Axelrod 1984).

Entscheidend für den Erfolg von „Tit for Tat" ist, dass sie eine freundliche Strategie ist. Sie beginnt mit Kooperation, wehrt sich aber sofort gegen Nichtkooperation. Kehrt der Gegner wieder zurück zur Kooperation wird diese sofort positiv erwidert. „Tit for Tat" ist damit der Beweis, dass sich Kooperation lohnen kann. Diese Erkenntnis hat u. a. großen Einfluss auf die Mitarbeiterführung in Unternehmen genommen. Das klassische „management by exception" ist mittlerweile abgelöst von modernen Führungsstilen, welche die Interaktion von Führungskraft und Mitarbeiter in den Mittelpunkt stellen. Handlungsleitende Koordinaten sind dabei **Vertrauen** und **Kooperationswille** (Braun et al. 2013).

„Jeder ist sich selbst der Nächste" bzw. das Modell des Homo oeconomicus greifen also zu kurz. Wie funktioniert es dann? Das Sprichwort „Eine Hand wäscht die andere" zeigt ein anderes Menschenbild, das mit den Erkenntnissen der experimentellen Wirtschaftsforschung eher übereinstimmt (Adloff u. Mau 2005). Welche Motive und welche theoretischen Konzepte hinter diesem Sprichwort stehen, soll im Folgenden behandelt werden.

5.3 Kooperatives Handeln

Das Sprichwort „manus manum lavat" geht zurück auf den römischen Vertreter der stoischen Philosophie und Staatsmann Seneca (4 v. Chr. bis 66 n. Chr.), der u. a. auch ranghoher Berater von Kaiser Nero war (Seidel 2011). In unserem Sprachraum fand es seine Verbreitung durch folgenden Vierzeiler von Johann Wolfgang von Goethe:

> Mann mit zugeknöpften Taschen,/ dir tut keiner was zulieb':/ Hand wird nur von Hand gewaschen;/ Wenn du nehmen willst, so gib! (Scholze-Stubenrecht 2008, S. 353)

Das Sprichwort reflektiert das Angewiesensein auf den anderen Menschen. Als konzeptuelle Metapher formuliert, vermittelt es in erster Linie die Alltagserfahrung, dass wir bestimmte Dinge nicht ohne Hilfe tun können – die Hand kann sich nicht alleine waschen (Kispál 2004).

In dem Vers von Goethe wird dabei die Notwendigkeit des Gebens betont. Das Geben einer wie auch immer gearteten Leistung erscheint als die zwingende Voraussetzung, selbst etwas erhalten zu können. So könnte meine Entscheidung, den Abwasch meines Mitbewohners eben doch zu übernehmen, an die Erwartung geknüpft sein, dass dieser dafür hoffentlich mein Leergut wegbringt. Meinen Kollegen für die neue Stelle zu empfehlen, anstatt ihn auszubooten, könnte durch die Vorstellung, ihn mir zu verpflichten, motiviert sein.

5.3.1 Wissenschaftliche Theorien

Wie die Tit-for-Tat-Strategien gezeigt haben, kann kooperatives Verhalten äußerst erfolgreich sein. Die Entscheidung für Kooperation im Sinne eines „Gibst du mir, so gebe ich dir" setzt dabei voraus, dass die Handelnden erkennen, dass sie sich in einem sozialen Austauschverhältnis befinden. Dabei ist die Annahme der Austauschtheorien, u. a. der von Homans (1958), soziale Interaktionen als Austauschprozesse zu betrachten, eine logische Konsequenz aus der vorhergehenden Annahme, dass Menschen danach streben, Nutzen aus ihren Kontakten zu ziehen. Dies ist verständlich vor dem Hintergrund, dass sich viele unserer Ziele nicht im Alleingang, sondern nur in sozialer Kooperation erreichen lassen.

Das Besondere an diesen allgegenwärtigen **sozialen Austauschprozessen** besteht nach Blau (1968) in folgenden Merkmalen:
- Der Austausch findet freiwillig statt.
- Es gibt eine belohnende, verstärkende Antwort des anderen.
- Die anfallenden Verpflichtungen sind nicht exakt im Vorfeld zu spezifizieren (im Unterschied zur rein wirtschaftlichen Transaktion).
- Ich erweise einen Gefallen bei unspezifischer Gegenleistung und gehe davon aus, dass eine angemessene Gegenleistung erfolgen wird.

Diese Beschreibung ist eigentlich passgenau mit unserem Sprichwort „Eine Hand wäscht die andere". Dabei gilt auch in der Austauschtheorie weiterhin die Annahme, dass das Erbringen einer Leistung (Gefallen) für einen anderen nicht uneigennützig ist, man sich also einen **Vorteil** erhofft. „Eine Hand wäscht die andere" stünde damit nicht im Widerspruch mit der universellen Regel „Jeder ist sich selbst der Nächste".

Wenn wir in Beziehungen wechselseitig nach der Regel „Eine Hand wäscht die andere" handeln, ist nach Gouldner (1960) ein uraltes Prinzip wirksam, das so wichtig sei, wie das Inzesttabu: die **Reziprozitätsnorm**. Sie besagt, dass Menschen dazu neigen, Gutes mit Gutem und Schlechtes mit Schlechtem zu vergelten. Ausgedrückt in weiteren Sprichwörtern bzw. Rechtsformeln: „Wie du mir, so ich dir", „do ut des" (Ich gebe, damit du gibst) und „quid pro quo" (dieses für das). Dabei beurteilen wir, unseren Gegenüber mit Blick auf die Vergangenheit und die Zukunft, in der Rolle des jeweiligen Gläubigers oder Schuldners. Gouldner (1960) spricht hier von einer Gedächtnisbank, bei der wir unseren aktuellen Kontostand abrufen, der uns darüber informiert, ob wir einem Gläubiger helfen müssen oder uns von einem Schuldner helfen lassen können (Gouldner 1984). Der **Homo reciprocans** betritt die Bühne.

5.3.2 Empirische Überprüfung

Wie sich Menschen in Austauschbeziehungen tatsächlich verhalten, wurde in Experimenten der verhaltensorientierten Spieltheorie untersucht.

Eines der bekanntesten Experimente zur Reziprozitätsnorm ist das sog. **Ultimatumspiel** (Güth et al. 1982). Das Verhandlungsspiel belegt eindrucksvoll, dass das Prinzip der Reziprozität unsere Entscheidungen beeinflusst.

In diesem Spiel verhandeln zwei Spieler über die Aufteilung eines Geldbetrags. Dabei kann der Empfänger den ihm angebotenen Geldbetrag nur annehmen oder ablehnen, die Aufteilung aber nicht beeinflussen. Der Geber macht zu Beginn einen Aufteilungsvorschlag. Wenn der Empfänger das Angebot akzeptiert, endet das Spiel mit der vorgeschlagenen Aufteilung. Akzeptiert der Empfänger den Vorschlag aber nicht, erhalten beide kein Geld. Unter der Annahme, dass sowohl der Geber als auch der Empfänger rational und nutzenorientiert handeln, müsste der Empfänger jeden Geldbetrag annehmen. Dementsprechend sollte der Geber dem Empfänger den kleinsten Betrag anbieten und den Rest für sich behalten (Güth et al. 1982).

Entgegen des Homo-oeconomicus-Modells tendieren die Geber aber nicht dazu, ihren eigenen Anteil zu maximieren, sondern bieten dem Empfänger im Durchschnitt zwischen 40–50 % der Gesamtsumme an. Gleichzeitig werden Angebote von weniger als 30 % in den meisten Fällen zurückgewiesen (Fehr u. Schmidt 1999). Die Ergebnisse des Ultimatumspiels wurden unter Hinzuziehung der neuen Variablen Bedürfnis nach **Ausgleich** und **Gerechtigkeit** erklärt. Dabei geht Montada (1998) so weit, dem Eigennutz die Gerechtigkeit als eigenständiges Motiv entgegenzustellen, das ebenfalls entscheidend unser (Austausch-)Verhalten mitbestimmt.

Eine Erweiterung des Ultimatumspiels stellt das **Geschenkaustauschspiel** dar. Bei diesem Spiel verhandeln zwei Spieler ebenfalls über einen Geldbetrag. Der Geber bietet dem Empfänger einen bestimmten Betrag an Geld, z. B. in Form von einem Gehalt, an. Wenn der Empfänger das Angebot akzeptiert, muss er im Gegenzug ebenfalls eine Leistung erbringen. Ganz im Sinne von „Eine Hand wäscht die andere" konnten Fehr et al. (1993) zeigen, dass das Verhalten vom Geber, welches vom Empfänger als fair und großzügig empfunden wird, einen positiven Effekt auf die Austauschbeziehung hat. Ein großzügiges Gehalt wird durch den Empfänger mit einer entsprechenden Gegenleistung erwidert (Fehr u. Schmidt 2000).

Wechselseitiges Geben wird durch das Bedürfnis nach (Schulden-)Ausgleich und Gerechtigkeit quasi zur Verpflichtung. Auch dem Sprichwort „Eine Hand wäscht die andere" lässt sich dieses Bedürfnis nach **fairem Ausgleich** zugrunde legen.

5.4 Fazit

Im Laufe unserer individuellen Entwicklung eignen wir uns komplexe Verhaltensmuster an, auch um in den vielfältigen sozialen Interaktionen erfolgreich handeln zu können. In unserer Entscheidungsfindung müssen wir uns jeweils mit dem Zusammenspiel unserer persönlichen „egoistischen" Interessen und der Notwendigkeit bzw. dem Wunsch nach Kooperation auseinandersetzen. Dabei spielen **Reziprozität** und **Fairness** eine wichtige Rolle (Dopfer 2003). Sie finden sich bereits in dem alten Grundsatz der praktischen Ethik wieder, formuliert in den Sprichwörtern „Was du nicht willst, was man dir tu, das füg auch keinem anderen zu" bzw. „Behandle andere so, wie du behandelt werden willst" (Höffe 2008).

Der Blick auf die eigenen Bedürfnisse lässt sich dann als ein **positiver Egoismus** verstehen: „Wenn jeder an sich selbst denkt, ist an alle gedacht". Eigene Bedürfnisse und Interessen zu verfolgen, steht dabei keineswegs im Widerspruch zu kooperativem Verhalten, wenn dabei die Einhaltung der ethischen Regeln berücksichtigt wird. Schließlich ist ein großer Teil menschlicher Grundbedürfnisse (z. B. Sicherheit und soziale Beziehungen) ohnehin von dem Verhalten anderer Menschen abhängig (Blau 1968). Nehmen, ohne zu geben, aber auch geben, ohne zu nehmen, ist so in der langfristigen Perspektive letztlich überhaupt nicht praktizierbar oder wie es Joachim Ringelnatz (1883–1934) auf den Punkt bringt:

> Was ist denn Leben? Ein ewiges Zusichnehmen und Vonsichgeben. (Ringelnatz 2008)

Trotzdem sollte man genau prüfen, unter welchen Rahmenbedingungen man sich in einem sozialen oder auch wirtschaftlichen Austausch befindet, um abschätzen zu können, ob das Gegenüber eher eine egoistische Nutzenmaximierung oder einen fairen reziproken Austausch anstrebt. Art und Dauer der Beziehung, dominierende Persönlichkeitseigenschaften und externe Zwänge sollten immer berücksichtigt werden. Für das eigene Handeln empfiehlt sich abschließend ein weiser Spruch des geistlichen Oberhauptes der Tibeter:

> » Kluge Egoisten denken an andere, helfen anderen so gut sie können – mit dem Ergebnis, dass sie selbst davon profitieren. (Dalai Lama)

Literaturverzeichnis

Adloff, F., & Mau, S. (Hrsg.). (2005). *Vom Geben und Nehmen: Zur Soziologie der Reziprozität*. New York, NY: Campus.
Andreoni, J., & Miller, J. H. (1993). Rational cooperation in the finitely repeated prisoner's dilemma: Experimental evidence. *The Economic Journal* 103, 570–585.
Axelrod, R. (1984) *The evolution of cooperation*. New York, NY: Basic Books.
Blau, P. (1968). Social exchange. In D. L., Sills. (Ed.), *International encyclopedia of the social sciences* (pp. 452–457). New York, NY: Macmillan.
Braun, S., Peus, C., Weisweiler, S., & Frey, D. (2013). Transformational leadership, job satisfaction, and team performance: A multilevel mediation model of trust. *The Leadership Quarterly* 24(1), 270–283.
Bruttel, L., & Kamecke, U. (2012). Infinity in the lab. How do people play repeated games? *Theory and Decision* 72(2), 205–219.
Dopfer, K. (2003). Die Rückkehr des verlorenen Menschen. In E. Fehr, & G. Schwarz (Hrsg.), *Psychologische Grundlagen der Ökonomie* (S. 99–106). Zürich, Switzerland: NZZ.
Falk, A. (2003). Fairness contra Eigennutzen. In E. Fehr, & G. Schwarz (Hrsg.), *Psychologische Grundlagen der Ökonomie* (S. 55–60). Zürich, Switzerland: NZZ.
Fehr, E., & Schmidt, K. M. (1999). A theory of fairness, competition, and cooperation. *The Quarterly Journal of Economics* 114, 817–868.
Fehr, E., & Schmidt, K. M. (2000).Theories of fairness and reciprocity: evidence and economic applications. Working Paper No. 75. Zürich: Institute for Empirical Research in Economics, University of Zürich. http://www.econ.uzh.ch/static/wp_iew/iewwp075.pdf. Zugegriffen: 19. März 2016.
Fehr, E., Kirchsteiger, G., & Riedl, A. (1993). Does fairness prevent market clearing? An experimental investigation. *The Quarterly Journal of Economics* 108, 437–459.
Frey, B. S., & Benz, M. (2001). Ökonomie und Psychologie: eine Übersicht. Working Paper No. 92. Zürich: Institute for Empirical Research in Economics, University of Zürich. http://dx.doi.org/10.3929/ethz-a-004374213. Zugegriffen: 19. März 2016.
Gouldner, A. W. (1960). The norm of reciprocity: A preliminary statement. *American Sociological Review* 25, 161–178.
Gouldner, A. W. (1984). Etwas gegen nichts. Reziprozität und Asymmetrie. In F. Adloff, & S. Mau. (Hrsg.), *Vom Geben und Nehmen. Zur Soziologie der Reziprozität*. (S. 73–91). New York, NY: Campus.
Güth, W., Schmittberger, R., & Schwarze, B. (1982). An experimental analysis of ultimatum bargaining. *Journal of Economic Behavior & Organization* 3(4), 367–388.
Höffe, O. (Hrsg.). (2008). *Lexikon der Ethik*. München: C.H. Beck.
Holler, M. J., & Illing, G. (2006). *Einführung in die Spieltheorie*. Berlin: Springer.
Homans, G. C. (1958). Social behavior as exchange. *American Journal of Sociology* 63, 597–606.
Kanazawa, S., & Fontaine, L. (2013). Intelligent people defect more in a one-shot prisoner's dilemma game. *Journal of Neuroscience, Psychology, and Economics* 6(3), 201.
Kirchgässner, G. (1991). *Homo Oeconomicus: Das ökonomische Modell individuellen Verhaltens und seine Anwendung in Wirtschafts- und Sozialwissenschaften*. Tübingen: Mohr.
Lucas, R. E. Jr., & Prescott, E. C. (1971). Investment under uncertainty. *Econometrica: Journal of the Econometric Society* 39, 659–681.
Kispál, T. (2004). Leben ist eine Reise mit dem rollenden Stein und dem Moos. In C. Földes (Hrsg.), *Res humanae proverbiorum et sententiarum: ad honorem Wolfgangi Mieder* (S. 129–140). Tübingen: Gunter Narr.
Montada, L. (1998). Gerechtigkeitsmotiv und Eigeninteresse. *Zeitschrift für Erziehungswissenschaft* 3, 413–430.
Reusch, T. (2000). *Die Ethik des Sozialdarwinismus*. Frankfurt am Main: Lang.
Ringelnatz, J. (2008). *Ringelnatz für Boshafte*. Berlin: Insel.
Scholze-Stubenrecht, W. (Hrsg.). (2008). *Duden: Zitate und Aussprüche: Herkunft und aktueller Gebrauch* (2. Aufl.). Berlin: Bibliographisches Institut GmbH.
Seidel, W. (2011). *Wie kam der Sturm ins Wasserglas?: Zitate, die zu Redewendungen wurden*. München: dtv.
Varian, H. R. (2011). *Grundzüge der Mikroökonomik*. München: Oldenbourg.
Wessler, M. (2012). *Entscheidungstheorie: von der klassischen Spieltheorie zur Anwendung kooperativer Konzepte*. Berlin, Heidelberg: Springer.
Zeitverlag GerdBucerius. (Hrsg.). (2006). *Welt und Kulturgeschichte. Epochen, Fakten, Hintergründe in 20 Bänden*. Hamburg: Zeitverlag Gerd Bucerius GmbH & Co. KG.

Der Apfel fällt nicht weit vom Stamm

Luisa von Albrecht

© Springer-Verlag Berlin Heidelberg 2017
D. Frey (Hrsg.), *Psychologie der Sprichwörter*,
DOI 10.1007/978-3-662-50381-2_6

6.1 Einleitung

Wie kommt es, dass wir die sind, die wir sind? Sind es unsere Gene, die uns zu dem machen, was wir sind, oder werden unsere Fähigkeiten, Merkmale und Verhaltensweisen durch unsere Umwelt bestimmt?

Die Kontroverse, ob wir eher durch unsere Anlagen oder durch unsere Umwelt determiniert sind, ist eine der großen Menschheitsfragen, die sich von der Antike bis in die Neuzeit erstreckt und in diversen Disziplinen diskutiert wird. Bis heute stellen sich u. a. Biologen, Philosophen, Psychologen, Pädagogen und Soziologen die Frage, ob menschliches Verhalten anlage- oder/und umweltbedingt ist. Daraus resultiert die Frage, ob unsere Entwicklung ein Reifungs- oder/und Lernprozess ist. Die frühesten Anzeichen einer solchen Differenzierung finden sich bereits im 5. Jahrhundert v. Chr. bei dem Sophisten Protagoras, der zwischen „physis", der Natur, und „nomos", dem vom Menschen Geschaffenen, unterscheidet. Schon damals konkurrierten nativistische und empiristische Theorien über den Ursprung menschlichen Wissens (Flammer 2009; Krettenauer 2014).

Einer der frühesten Befürworter der **Anlagetheorie** ist Platon (427–348/347 v. Chr.). Als Vorreiter des Nativismus postuliert er, dass den Menschen **Ideen über die Wirklichkeit** angeboren sind und sie durch diese die Welt erfassen können. Durch die Idee des Tieres beispielsweise ist es den Menschen möglich, Vögel und Hunde als solche zu erkennen (Hildebrandt 1955). Platons Tradition folgte u. a. der Rationalist Immanuel Kant (1724–1804). Dieser war der Anschauung, dass es möglich sei, aus angeborenen Grundsätzen ein wahres Bild der Welt zu entwickeln, ohne auf Erfahrung angewiesen zu sein (Störig 1961). Heute findet man Vertreter der Anlagetheorie besonders in der Sprachforschung. Noam Chomsky (*07.12.1928) geht von angeborenen grammatikalischen Prinzipien aus, die uns das Erlernen einer Sprache ermöglichen (Kany u. Schöler 2014). Befunde hierfür liefert eine Studie von Eimas aus dem Jahr 1985, in der er zeigen konnte, dass Neugeborene in einem Alter bis zu einem halben Jahr Phoneme aus nahezu allen Sprachen unterscheiden können, was auf eine angeborene Fähigkeit rückschließen lässt.

Vertreter des Empirismus wie Aristoteles (384–322 v. Chr.) hingegen postulieren, dass Wissen erst aus „Erfahrung" entsteht. Wieder aufgegriffen wurde dieser Ansatz u. a. von John Locke (1632–1704) und Jean Jacques Rousseau (1712–1778), die annahmen, dass das Bewusstsein des Menschen bei der Geburt wie eine „Tabula rasa" – eine leere Tafel – sei, die erst durch Wahrnehmungen und Erfahrungen aus der Umwelt gefüllt werden müsste (Sodian 2014; Störig 1961). Auch die Behavioristen, mit John Broadus Watson (1878–1958) als Vorreiter und Gründer der Strömung, postulieren die einschlägigen Auswirkungen der Umwelt und des Lernens auf die Persönlichkeitsbildung und das Verhalten von Menschen (Watson 1913). Unterstützend beschreibt auch Pierre Bourdieu, einer der wichtigsten Soziologen des letzten Jahrhunderts, dass der „Habitus" – die soziale Persönlichkeitsstruktur des Menschen – nicht angeboren wäre, sondern durch die Sozialisation und die Milieuzugehörigkeit geformt würde (Bourdieu 1984).

Neben der wissenschaftlichen Relevanz ist die Anlage-Umwelt-Kontroverse auch ein sehr aktuelles und stark politisch motiviertes Thema. Denn die Erkenntnisse, ob Gene oder Lernerfahrungen für unser Sein entscheidend sind, haben besonders für Bildungseinrichtungen eine große Bedeutung

(Flammer 2009). Wären wir hauptsächlich durch unsere Gene determiniert, könnten mit Bildung, Trainings und Fortbildungsprogrammen keine großen Veränderungen bezüglich der Fertigkeiten und Intelligenz beim Einzelnen erzielt werden. Hat aber die Umwelt, d. h. die Sozialisierung und Bildung u. a. durch Eltern, Kindergärten, Schulen und Universitäten, den entscheidenden Einfluss auf unsere Entwicklung, bestärkt dies den Sinn dieser Einrichtungen. Zudem ermöglicht es, in einer Gesellschaft Chancengleichheit zu etablieren, indem bestimmte Defizite durch bildungspolitische und pädagogische Maßnahmen kompensiert werden.

Auch in Laienwissenschaften und der Kunst findet sich die Anlage-Umwelt-Thematik wieder. Beispielsweise existieren einige Sprichwörter und Redewendungen, die in Bezug zu dieser Kontroverse zu bringen sind. Das wohl bekannteste dieser Sprichwörter ist „Der Apfel fällt nicht weit vom Stamm". Im Folgenden soll näher auf dieses Sprichwort eingegangen werden.

6.2 Anlage- und Umwelteinflüsse auf die menschliche Entwicklung

„Der Apfel fällt nicht weit vom Stamm" ist ein gängiges Sprichwort der deutschen Sprache. Fragt man Menschen unterschiedlicher Bildung und Altersgruppen nach seiner Bedeutung, zeigt sich, dass hierüber ein genereller Konsens besteht: Der Apfel steht metaphorisch für ein Kind, der Stamm repräsentiert die Familie bzw. Eltern. „Nicht weit fallen" beschreibt die Nähe und Verbindung zwischen beiden. Somit bedeutet das Sprichwort, dass Kinder Ähnlichkeiten mit ihren Eltern aufweisen. Diese Ähnlichkeiten können Charakterzüge, Aussehen, Verhaltensweisen, Vorlieben, Ansichten, Werte oder auch Interessen betreffen.

- **Anlage**

Unter dem Begriff Anlage versteht man die **genetischen Erbinformationen**, die in den Chromosomen enthalten sind und von beiden Elternteilen zu je 50 % an die Kinder weitergegeben werden. Die Genstruktur eines Menschen ist von dem Zeitpunkt der Verschmelzung von Eizelle und Samen der Eltern gegeben und bleibt im Laufe des Lebens weitestgehend unverändert (geringe Änderungen durch Mutation oder schädliche Einflüsse von außen sind möglich). Allerdings kann sich die Aktivität und folglich Beschaffenheit der Gene zu unterschiedlichen Zeitpunkten bemerkbar machen und beeinflusst somit die Entwicklung des Menschen auch in höherem Alter noch (Asendorpf 1998). Die Affinität zum Erlernen von Sprachen kann sich beispielsweise erst zeigen, wenn das Kind zu sprechen beginnt bzw. eine Fremdsprache erlernt. Dennoch kann die Erklärung dafür, dass es dem einen leicht und dem anderen schwerfällt, in den Genen liegen. Die Ausprägung der Anlage kann – neben dem Einfluss der elterlichen Gene – aber auch durch Schädigungen des Erbguts vor, während oder nach der Geburt bedingt sein. Zusammenfassend werden unter der Anlage des Menschen all jene Faktoren verstanden, die die weitere Entwicklung der Person – ohne externe Einflüsse – fördern oder hemmen (Flammer 2009; Grimm 2007).

- **Umwelt**

Der Begriff Umwelt beschreibt alle nicht vererbten Einflüsse, also insbesondere die materielle und soziale Umgebung eines Menschen. Unter der **materiellen Umgebung** versteht man die Qualität des Wohnraums und der Wohngegend, den sozioökonomischen Status der Familie, chemisch-physikalische Einflüsse sowie die Verfügbarkeit von Ressourcen. Die **soziale Umgebung** setzt sich aus allen menschlichen Einwirkungen zusammen wie dem Elternhaus (Eltern und Geschwister), Freunden, Kindergarten- und Schulkameraden sowie dem Verhältnis zu diesen. Auch wenn Kinder in ein und derselben Familie aufwachsen, sind sie doch zum Teil unterschiedlichen Umwelteinflüssen ausgesetzt. Aus diesem Grund wird in der Umweltforschung zwischen von Geschwistern geteilten und nicht geteilten Einflüssen differenziert. Zu den nicht geteilten Einflüssen zählen u. a. der Schwangerschaftsverlauf, Geburtsumstände, Unfälle, Krankheiten, die Beziehung zu den Eltern sowie die sozialen Kontakte des Kindes. Geteilte Einflüsse sind das Familienklima, der Erziehungsstil der Eltern, Verwandte und Bekannte der Familie sowie die soziale Schicht (Kuhl 2010). Diesbezüglich ist zu beachten, dass objektive Einflüsse sehr stark von subjektiv erlebten Einflüssen abweichen können. Somit werden objektiv geteilte und gleiche Umwelten zum

Teil subjektiv als sehr unterschiedlich wahrgenommen (Klauer 2001; Krettenauer 2014).

Um die Richtigkeit der Aussage „Der Apfel fällt nicht weit vom Stamm" zu bewerten, geht es zunächst darum, den Einfluss der Gene kombiniert mit dem Umwelteinfluss, der durch die Eltern/Familie entsteht, zu betrachten, da beide Aspekte die Aussage unterstützen. Der Einfluss aller weiteren Umweltfaktoren wird diesen gegenübergestellt, da er eher gegenläufige Aussagen unterstützt.

6.2.1 Methoden zur Erfassung

Aus ethischen Gründen können quantitative Genetikversuche an Menschen nicht durchgeführt werden. Allerdings erlauben es einige besondere Konstellationen, die gewünschten Daten dennoch zu erheben.

Zur Erforschung der Erblichkeit bestimmter Eigenschaften werden seit den 1920er-Jahren **Verwandtschafts- oder Zwillingsstudien** herangezogen. Die Übereinstimmung der Gene variiert zwischen den Menschen. Beispielsweise teilen eineiige Zwillinge zu 100 % dieselbe Genstruktur, wobei Eltern und ihre Kinder sowie zweieiige Zwillinge und Geschwister diese nur zu durchschnittlich 50 % gemein haben. Während sich bei eineiigen Zwillingen Entwicklungsunterschiede aufgrund der identischen Genstruktur nur auf Umwelterfahrungen zurückführen lassen, können diese Unterschiede bei anderen Geschwisterpaaren sowohl auf Anlage- als auch auf Umweltfaktoren beruhen. Aus diesem Grund müssten vererbte Eigenschaften bei eineiigen Zwillingen einen höheren Übereinstimmungswert aufweisen als bei zweieiigen Zwillingen, Geschwistern oder Eltern-Kind-Paaren. Anhand der Übereinstimmung bestimmter Eigenschaften, kann man erfassen, inwieweit diese vererbbar sind oder nicht (Schick 2012).

Eine weitere Möglichkeit, Rückschlüsse auf den Ursprung bestimmter Eigenschaften zu ziehen, sind **Adoptionsstudien**. Bei diesen werden vorzugsweise eineiige Zwillinge untersucht, die möglichst bald nach der Geburt getrennt und in verschiedenen Familien aufgezogen wurden. Hierbei geht man davon aus, dass Gemeinsamkeiten bestimmter Merkmale mit den leiblichen Eltern oder Geschwistern auf identische Gene zurückgeführt werden können, da sie in verschiedenen Umwelten aufgewachsen sind und somit unterschiedlichen externen Einflüssen ausgesetzt waren. Ist allerdings die Übereinstimmung mit der Adoptivfamilie höher, kann man davon ausgehen, dass die Sozialisation und Umwelt einen entscheidenderen Einfluss auf das Merkmal hatten als die Gene (Lohaus et al. 2010).

Eines der bekanntesten Adoptions- und zugleich Zwillingsphänomene ist das der „Jim Twins", die nach ihrer Geburt getrennt wurden und sich erst mit 39 Jahren wieder trafen. Trotz komplett unterschiedlicher Umwelten hatten beide zweimal Frauen mit denselben Namen geheiratet, waren beide Kettenraucher sowie Nägelkauer und übten denselben Beruf aus. Durch diese Befunde wurde die sog. **Minnesota-Studie** von Bouchard (1990) motiviert, in der in etwa 10 Jahren über 100 getrennt aufgewachsene Zwillings- oder Drillingspaare untersucht wurden. In dieser Studie konnten hohe Erblichkeitswerte für diverse Merkmalsausprägungen gefunden werden, die in ▶ Abschn. 6.2.3 näher ausgeführt werden.

Zudem wird die Anlage-Umwelt-Frage in **Deprivationsstudien** untersucht, die in der Regel an Tieren durchgeführt werden. In solchen Studien werden den untersuchten Objekten normale Lernerfahrungen und Anregungen vorenthalten. Wird die Entwicklung dadurch eingeschränkt, kann man davon ausgehen, dass bei dieser Merkmalsentwicklung die Umwelt eine große Rolle spielt. Im gegensätzlichen Fall ist mit einem starken Einfluss der Gene zu rechnen. In solchen Studien an Frosch- und Salamanderlarven konnte festgestellt werden, dass Schwimmbewegungen bei diesen Spezies anlage- und nicht umweltbedingt sind (Tücke 1999). In Einzelfällen, in denen Kinder einem extremen Mangel an äußeren Anregungen und Reizen ausgesetzt waren, konnten hingegen eingeschränkte Fähigkeiten besonders im sprachlichen und sozialen Bereich festgestellt werden. Dies deutet darauf hin, dass das Erlernen dieser Fähigkeiten von Umwelteinflüssen abhängig ist und sie ohne Umweltaktivierung nicht oder nur rudimentär entwickelt werden können (Flammer 2009; Lohaus et al. 2010).

6.2.2 Anlage-Umwelt-Kontroverse

Seit Anfang des 20. Jahrhunderts besteht die allgemeine Auffassung, dass sowohl die Gene als auch die Umwelt in die Entwicklung des Menschen einfließen.

Somit wurde die dichotome Sichtweise durch die Konvergenztheorie von Stern abgelöst. Laut Stern ist „seelische Entwicklung […] das Ergebnis einer Konvergenz innerer Angelegenheiten mit äußeren Entwicklungsbedingungen […]" (Stern 1967, S. 26). Wie und zu welchen Anteilen die Gene und die Umwelt wirken, ist allerdings weiterhin ein intensiv diskutiertes und untersuchtes Thema (Lohaus et al. 2010). Hierzu gibt es diverse Modelle, von denen im Folgenden zwei kurz vorgestellt werden sollen.

Modelle additiver Verknüpfung

Modelle der additiven Verknüpfung wie das **Prinzip der Kanalisierung** von Waddington (1966) beschreiben das Zusammenspiel von Anlage und Umwelt dahingehend, dass mehrere mögliche Entwicklungsverläufe genetisch vorgegeben sind. Welcher dieser Verläufe aber gewählt wird, entscheiden zusätzliche Umweltfaktoren. Dies lässt sich durch den Verlauf einer Kugelbahn visualisieren, bei der es mehrere mögliche Wege gibt, die Kugel aber trotz gleicher Wahrscheinlichkeit aller Pfade nur einem folgen kann (Krettenauer 2014).

Nach der Perspektive der dynamischen Systeme verhält es sich bei der Kindesentwicklung ähnlich. Innerhalb aller Möglichkeiten, die Kinder bezüglich ihrer Reaktionen offenstehen, werden bestimmte ausgewählt. Obwohl faktisch für alle dieselbe Wahrscheinlichkeit besteht, bilden sich doch durch das Zusammenspiel aller möglichen Faktoren einige **Verhaltenstendenzen** heraus, die mit relativer Stabilität bei Problemlösungen angewandt werden. Ein Beispiel hierfür wäre, dass Kinder bei einer Addition (z. B. 3+6) intuitiv von der größeren Zahl nach oben zählen (6+1+1+1) und nicht von der kleineren (3+1+1+1+1+1+1), obwohl die Wahrscheinlichkeit, eine der beiden Möglichkeiten zu wählen jeweils bei 50 % liegt (Alibali u. Sidney 2015).

Modelle multiplikativer Verknüpfung

Zudem gibt es Modelle multiplikativer Verknüpfung. Eines ist das **Konzept des Reaktionsspielraums**. Es besagt, dass die Anlagen ein bestimmtes Spektrum an Variationsmöglichkeiten für ein Merkmal vorgeben, dieses aber durch Umwelteinflüsse variiert.

Ein Beispiel hierfür ist das erblich sehr stark determinierte Merkmal der **Körpergröße**. Die Genetik gibt eine Unter- und Obergrenze vor, sodass wir nicht unendlich groß werden oder winzig klein bleiben können. Durch Umweltfaktoren wie Lebensbedingungen, Ernährung und Gesundheit wird aber letztendlich bestimmt, welche exakte Größe wir innerhalb des Rahmens annehmen. Diese erblich vorgegebenen Reaktionsspielräume können von Person zu Person unterschiedlich ausfallen (Krettenauer 2014).

Ein weiteres Beispiel einer multiplikativen Verknüpfung konnte durch Adoptionsstudien von Cadoret (1983) gezeigt werden. Sie untersuchten adoptierte Kinder mit einem genetisch bedingten Risiko für **kriminelles Verhalten**. Es zeigte sich, dass sich die Ausprägung nur bei den Kindern überdurchschnittlich entwickelte, die zudem in ungünstigen sozialen Verhältnissen aufwuchsen. Bei genetisch belasteten Kindern, die in positiven sozialen Verhältnissen aufwuchsen, allerdings nicht.

In einer anderen Studie konnte Weinberg (1989) zeigen, dass je nach Umwelteinfluss der **Intelligenzquotient** eines Menschen um 20–25 Punkte (Reaktionsspielraum) um den genetisch prädisponierten Wert schwanken kann.

Es können allerdings keine allgemeinen Aussagen darüber getroffen werden, in welchem Maße Unterschiede zwischen Menschen auf genetische oder umweltspezifische Faktoren zurückzuführen sind, da diese Unterschiede je nach Merkmal und Einstellung des Menschen unterschiedlich groß sein können (Flammer 2009; Kuhl 2010). Außerdem ist anzumerken, dass sich die Relevanz von Anlage und Umwelt im Laufe des Lebens verändert, was darin begründet liegt, dass bestimmte Gene nur zu bestimmten Zeiten aktiv sind. Beispielsweise konnte Asendorpf (1998) bezüglich der menschlichen Intelligenz feststellen, dass mit zunehmendem Alter der Einfluss der Gene wieder stärker wird.

6.2.3 Erblichkeit von Intelligenz und ausgewählten Persönlichkeitseigenschaften

Im Folgenden wird auf das Ausmaß der genetischen Einflüsse einiger Persönlichkeitseigenschaften eingegangen.

Intelligenz

Zusätzlich zu den bisher genannten Befunden lässt sich bezüglich der **allgemeinen Intelligenz** bei Menschen sagen, dass die Erblichkeitsschätzungen generell recht hoch ausfallen. Es werden Werte genannt, die meist einen genetischen Anteil von über 50 % der interindividuellen Intelligenzunterschiede beschreiben (Stern u. Neubauer 2013). Demnach ist die Übereinstimmung zwischen eineiigen Zwillingen höher als zwischen zweieiigen Zwillingen und die Übereinstimmung von Adoptivkindern zu ihren leiblichen Eltern höher als die zu ihren Adoptiveltern (Plomin et al. 1994, 1999). Der Einfluss der Umwelt spiegelt sich in der Tatsache wider, dass nicht einmal eineiige Zwillinge bezüglich ihrer Intelligenz identisch sind. Außerdem zeigen gemeinsam aufgewachsene Geschwister eine höhere Übereinstimmung bezüglich ihrer Intelligenz als getrennt aufgewachsene (Siegler et al. 2008).

Für einen starken Einfluss der Anlagen bei der Entwicklung der Intelligenz sprechen auch die Ergebnisse einer Studie von Scarr und Weinberg (1983), in der Adoptivkinder untersucht wurden, die aus sozial benachteiligten Familien und von Eltern mit einem niedrigen Intelligenzquotienten stammten, aber in einer Adoptivfamilie mit gebildeten Eltern aufwuchsen. Hier zeigte sich, dass die Intelligenzquotienten der Kinder eher mit denen der leiblichen als mit denen der Adoptiveltern übereinstimmen.

Durch Adoptionsstudien konnte zudem gezeigt werden, dass die **Übereinstimmung des Intelligenzquotienten** zwischen Kindern und biologischen Eltern im Laufe der Entwicklung von ca. 40 % in der Kindheit bis etwa 60 % im Erwachsenenalter zunimmt, die Übereinstimmung mit den Adoptiveltern allerdings abnimmt (Brody 1992; Honzik et al. 1948). Dieses Phänomen lässt sich dadurch erklären, dass sich Kinder in höherem Alter, nachdem sie das Adoptivelternhaus verlassen haben, welches möglicherweise eine für sie ungünstige Umwelt geboten hat, eigenständig ihre Umwelten suchen können und somit eine für sich passende auswählen, die ihren Anlagen entspricht. Wachsen Kinder allerdings bei ihren leiblichen Eltern auf, sind die dort gebotenen Umwelten in der Regel passend zu den Anlagen, da diese auch in hohem Maße denen der Eltern entsprechen (Lohaus et al. 2010).

Weitere Persönlichkeitseigenschaften

Bei der Untersuchung von genetischen Einflüssen auf Persönlichkeitsunterschiede werden neben der Intelligenz meistens die fünf Basisdimensionen der Persönlichkeit untersucht, die sog. **Big Five**: Extraversion, Neurotizismus, Verträglichkeit, Gewissenhaftigkeit und Offenheit für Neues (Kuhl 2010). In Zwillingsstudien konnte gezeigt werden, dass auch hier ein bedeutender Anlageeinfluss besteht. Dieser zeigt sich darin, dass die Gemeinsamkeiten zwischen eineiigen Zwillingen deutlich höher ausfallen als die zweieiiger. Auch hier lagen die Anteile, die auf die Anlage zurückzuführen sind, im Schnitt bei 50 % mit einer besonders hohen Ausprägung auf dem Faktor Gewissenhaftigkeit (Borkenau et al. 2001; Plomin et al. 1999; Riemann et al. 1997).

Bezüglich des Ursprungs anderer für die Gesellschaft bedeutsamer Eigenschaften wie **Gerechtigkeit**, **Dankbarkeit** und **prosoziales Verhalten** gibt es wenige empirische Untersuchungen. Allerdings konnte in einer Studie gezeigt werden, dass gesellschaftlich relevante Einstellungen wie Sozialkompetenz und positive (bzw. negative) Emotionalität einen Erblichkeitswert um 50 % aufweisen (Tellegen et al. 1988). Trotz einer starken Prägung durch unsere Anlagen ist es aber möglich, diese Eigenschaften durch eine entsprechende Umwelt zu fördern (bzw. abzumildern).

In der Regel wird prosoziales Verhalten, positive Emotionalität und Gerechtigkeit von anderen honoriert und belohnt und dadurch wiederum verstärkt. Da wir durch sowohl durch Verstärkung eigener Handlungen als auch Beobachtung verstärkten Verhaltens anderer Leute lernen können, ist es wichtig, dass Kinder schon früh damit in Berührung kommen (Siegler et al. 2008). Auf die Relevanz des Umwelteinflusses bezüglich sozialen Verhaltens wurde bereits in ▶ Abschn. 6.2.1 hingewiesen. Nicht immer ist der gute Einfluss durch die Eltern gewährleistet, daher müssen Lehrinstitutionen diese Aspekte in ihren Lehrplan eingliedern, sodass bei jedem Kind zumindest eine Basis für soziales Verhalten geschaffen werden kann.

Bezüglich unseres Sprichworts kann man sagen, dass Intelligenz und auch einige unserer Persönlichkeitseigenschaften trotz Umwelteinflüssen stark determiniert durch unsere Anlagen und die frühe Prägung sind, die in der Regel durch die eigenen Eltern geschieht. Zudem ist an dieser Stelle zu betonen, dass die hier angegeben Prozentzahlen nicht auf das Individuum zu beziehen sind, sondern auf den Durchschnitt in der Gesamtbevölkerung. Somit kann es sein, dass bei einigen Menschen die Anlage bezüglich einer bestimmten Eigenschaft eine entscheidendere Rolle spielt als bei anderen, bei denen die Umwelteinflüsse bedeutender sind (Lohaus et al. 2010).

6.3 Präsenz des Sprichworts in unserem Alltag

6.3.1 Ist es sozial erwünscht, dass der Apfel nicht weit vom Stamm fällt?

In seinem Buch *Weit vom Stamm* stellt Andrew Solomon (2013) die These auf, dass es das besondere Bedürfnis von Eltern sei, dass ihre Kinder so werden wie sie. Schon durch den Begriff der **Reproduktion** würde ihnen suggeriert, dass sie durch diesen Vorgang Abbilder ihres Selbst erschaffen könnten. Doch, auch wenn Eltern ihr Erbgut zu 50 % an die Kinder weitergeben, können diese ganz anders als die eigenen Eltern sein. Dies muss nicht unbedingt eine starke Andersartigkeit wie Behinderungen oder eine unterschiedliche sexuelle Ausrichtung sein, sondern kann sich auch in anderem Aussehen, anderen Geschmäckern, Typen oder Eigenschaften abbilden.

Doch wie gehen Eltern damit um, wenn ihre Kinder anders sind? Werden die Kinder dahingehend gefördert, sich so zu entwickeln, wie es für sie am besten ist oder werden sie in die Fußstapfen der Eltern gezwungen? Diesbezüglich lässt sich natürlich keine allgemeingültige Antwort geben. Aber es lässt sich wohl sagen, dass wir heutzutage in Deutschland – im Gegensatz zu anderen Ländern – in einer ziemlich liberalen Gesellschaft leben, die **Andersartigkeiten** generell toleriert. Es ist dennoch zu betonen, dass zum einen nicht alle unsere Mitbürger im selben Ausmaß tolerant sind und Diskriminierung von Menschen anderen Geschlechts, anderer Religion, anderer sexueller Ausrichtung, anderen Alters oder Menschen mit Behinderungen nach wie vor an der Tagesordnung sind (Berk 2011; Finkelstein et al. 1995; Plant et al. 2011). Zum anderen ist es auch in Deutschland noch gar nicht lange her, dass die generelle Toleranz gegenüber Andersartigkeit sehr gering bis nicht vorhanden war. Dies zeigte sich nicht nur im von Rassismus beherrschten Gedankengut des Nationalsozialismus, sondern auch in kleinerem Ausmaß. Noch in der Generation unserer Großeltern wurden viele Kinder durch strikte Erziehung und Drill zu Idealen erzogen, die nicht dem tatsächlichen Wesen jedes Einzelnen entsprachen. Jungen sollten sportlich, mutig, rational, zielstrebig und bestimmt sein, wohingegen Mädchen eher Tugenden wie Sittlichkeit, Ruhe und das Ausführen von Tätigkeiten innerhalb des Hauses zugesprochen wurden (Kruse 2012). Zudem wurde Homosexualität von der breiten Masse noch in den 1950er-Jahren als Krankheit und Perversion betrachtet (Gammerl 2010). Doch woran liegt das? Sollten wir Andersartigkeit nicht auch bei unseren Kindern als Chance und Ressource sehen, als eine Möglichkeit unseren Horizont zu erweitern und selbst daran zu wachsen? Im Arbeitskontext ist bereits die Meinung vertreten, dass diverse Teams in vielerlei Hinsicht effektiver und besser arbeiten als sehr homogene Teams (Horwitz u. Horwitz 2007). Wieso also nicht in der Familie?

Selbstverständlich kann man eine Familie nicht direkt mit einem Arbeitsteam vergleichen, dennoch können unterschiedliche Meinungen und Fähigkeiten auch im Familienkreis von Nutzen sein. Durch eine Andersorientierung der Kinder können sich den Eltern gänzlich neue Erfahrungsgebiete eröffnen und ihr Horizont wird erweitert. Aber genau diese Erfahrungen bringen durch ihre Neuartigkeit auch **Unsicherheit** mit sich, da man sich außerhalb seiner gewöhnlichen Umgebung und Komfortzone bewegt. In besonderen Fällen kann diese Unsicherheit sogar in **Angst** übergehen und genau diese beiden Aspekte konnten als Gründe identifiziert werden, warum man sich Unbekanntem fernhält (Kaas u. Manger 2012). Bei Eltern ist diese Angst natürlich besonders stark ausgeprägt, wenn es um ihre Kinder geht, denn es gibt nichts Natürlicheres, als sein Kind beschützen zu wollen (Bauer 2012; Solomon 2013). Eltern wollen das Beste für ihre Kinder und haben in der Regel auch eine genaue Idee davon, wie dies aussieht. Doch ist das tatsächlich auch immer das Beste für das Kind?

Häufig ja. Aber es gibt dennoch Fälle, in denen Eltern über ihren eigenen Horizont blicken müssen. Ich selbst habe eine solche Situation erlebt. Bei dem

Übertritt unserer Grundschulklasse in eine höhere Schule wurde einigen Kindern nicht die Empfehlung für das Gymnasium ausgesprochen. Dies führte zu einer Beschwerdewelle. Eltern zweier Kinder konnten durch das Ausüben von Druck durchsetzen, dass die Übertrittzeugnisse dahingehend angepasst wurden, dass den Kindern der Zugang zum Gymnasium ermöglicht wurde. Eines der Kinder musste bereits nach der 5. Klasse das Schuljahr wiederholen und beide sind nach der 7. Klasse vom Gymnasium abgegangen, um auf eine Realschule zu wechseln. Für beide war der Wechsel richtig. Ihre Leistungen haben sich verbessert und auch die Freude an der Schule und dem Lernen selbst wurde gesteigert. Ein weiterer solcher Fall kann eintreten, wenn Kinder Einschränkungen irgendeiner Art haben (z. B. körperliche oder geistige). Eltern wollen das Kind in jeder Hinsicht unterstützen und ihm alles ermöglichen, aber manchmal bleibt dadurch die **Entwicklung der Selbstständigkeit** auf der Strecke. Dies zeigt sich dann im späteren Leben, wenn sich die nun erwachsenen Kinder nicht souverän in ihrer Umwelt bewegen können.

Obwohl eine große Ähnlichkeit zu ihren Kindern für Eltern häufig sehr wichtig ist, sollte diese dennoch nicht erzwungen und den Kindern der Freiraum für ihre eigene Entwicklung und Orientierung gegeben werden. Falls dies sehr schwerfällt, könnten z. B. Eltern nach Festingers Theorie der kognitiven Dissonanz (1957) Strategien mentaler Umstrukturierung anwenden, um besser mit der Situation umgehen zu können. Hierbei kann man beispielsweise neue positive Gedanken zu den bedrückenden hinzufügen, indem man bewusst auf Ähnlichkeiten und nicht nur die Unähnlichkeiten achtet (Irle et al. 2012) – in jeder Eltern-Kind-Beziehung werden sich nämlich auch diese finden lassen.

6.3.2 Ist Bildung durch das Elternhaus determiniert?

Bildung ist eines der höchsten Güter unserer Gesellschaft und eine gute Möglichkeit, Gerechtigkeit, Fairness und gleiche Chancen zu schaffen (BMBF 2015). Laut des Chancenspiegels 2014 der Bertelsmann Stiftung sind im deutschen Schulsystem durchaus positive Tendenzen hin zu **Chancengleichheit** und **Gerechtigkeit** zu verzeichnen. Unter anderem haben mehr Schüler Zugang zu ganztägigem Lernen, mehr erreichen einen höheren Bildungsabschluss und weniger brechen die Schule ohne Abschluss ab (im Vergleich zu den Vorjahren). Allerdings gibt es weiterhin Defizite, sodass es immer noch einigen Kindern nicht möglich ist, Regelschulen zu besuchen. Förderschulen sind zwar auf die Bedürfnisse der einzelnen Kinder ausgerichtet, bieten aber in der Regel keine Möglichkeit, einen höheren Schulabschluss zu erhalten, was wiederum den folgenden Bildungsweg einschränkt. Um Chancengleichheit herzustellen, muss an dieser Stelle interveniert werden, damit mehr Kindern – unabhängig ihrer Herkunft – der Zugang zu höherer Bildung ermöglicht wird. Derzeitig stammen in Deutschland knapp 70 % der Studierenden aus einem Elternhaus mit mindestens einem akademischen Elternteil, nur 2 % haben Eltern mit niedrigerem Bildungsgrad (mittlere Reife oder Hauptschulabschluss; Gwosc et al. 2011).

Ein Grund für diese Diskrepanz sind häufig die Eltern (Koch 2012). Viele Kinder, deren Eltern einen niedrigen Bildungshintergrund haben, kommen gar nicht auf die Idee, zu studieren, da die Unterstützung des Elternhauses fehlt und zumeist das soziale Umfeld dem des eigenen Elternhauses entspricht. Aus demselben Grund ziehen auch nur wenige Kinder akademischer Familien einen Ausbildungsberuf in Betracht. Schon durch die Schulwahl, die in der Regel von den Eltern durchgeführt wird, wird ein Grundstein für die weitere Entwicklung gelegt. Dass **Eltern als Vorbilder** für ihre Kinder in der **Berufswahl** fungieren, zeigt auch eine Studie der Universität Jena. Durch frühe Prägung durch das Elternhaus ist die Wahrscheinlichkeit bei Unternehmerkindern, sich selbstständig zu machen, zweimal höher als bei Kindern von Nichtunternehmern (Lorenz 2010). Ein weiterer Grund könnte auch sein, dass dies der einfachste Weg ist, der aus mangelnder Auseinandersetzung mit allen bestehenden Möglichkeiten gewählt wird.

6.4 Fazit

Eine generelle Aussage, ob das Sprichwort „Der Apfel fällt nicht weit vom Stamm" stimmt, lässt sich nicht treffen. Neben all den divergenten empirischen Befunden und Theorien sei an dieser Stelle noch einmal angemerkt, dass jeder Mensch einzigartig ist und auch jedes Merkmal einzeln betrachtet werden muss. Aus diesem Grund ist eine Generalisierung nicht möglich.

Meist entsprechen die Erbanlagen der im Elternhaus erlebten Umwelt. In positiven Fällen kann sie verstärkend wirken, in negativen Fällen aber auch in einer Abwärtsspirale münden. Hier ist es Aufgabe der Gesellschaft, zu intervenieren und die externen Umwelten entsprechend anregend zu gestalten, dass solche Teufelskreise aufgehoben werden können. Denn die externen Umwelten sind in diesem Falle die von außen veränderbaren Welten. Eine Veränderung durch Förderung bewirkt nicht nur beim Einzelnen eine Verbesserung der Lebensqualität, sondern dient auch als Multiplikator in unserer Gesellschaft, indem die geförderten Personen anders mit ihren Mitmenschen interagieren.

Neben der Förderung Benachteiligter ist es wichtig, in der gesamten Bevölkerung eine Grundhaltung für Toleranz zu schaffen. Denn Andersartigkeiten und Pluralität sind essenziell für eine Gesellschaft. Heterogenität ist eine Qualität und Chance sowie Ressource. Ebenso steht es auch für Familien. Durch die Akzeptanz von Andersartigkeit der Kinder verliert diese ihre Bedrohlichkeit, die Vorzüge können gesehen werden und auch der vermeintlich „weit vom Stamm gefallene Apfel" kann somit gedanklich wieder näher an den Stamm rücken.

Literaturverzeichnis

Alibali, M. W., & Sidney, R. G. (2015). The role of intraindividual variability in learning and cognitive development. In M. Diehl, K. Hooker, & M. J. Sliwinski (Eds.), *Handbook of intraindividual variability across the life span* (pp. 84–102). New York: Routledge.

Asendorpf, J. (1998) Entwicklungsgenetik. In H. Keller (Hrsg.), *Lehrbuch der Entwicklungspsychologie* (S. 97–118). Bern: Huber.

Bauer, P. (2012). *Leider wollen Eltern immer nur das Beste für ihr Kind*. In T. Schilling (Hrsg.), *Fluter. Thema Bildung. Was weiß ich denn*. Mörenfelden-Walldorf: Westdeutsche Verlags- und Druckerei GmbH.

Berk, L. (2011). *Entwicklungspsychologie* (5. Aufl.). München: Pearson

Bertelsmann Stiftung. (2014). Chancenspiegel 2014: Zur Chancengerechtigkeit und Leistungsfähigkeit der deutschen Schulsysteme. http://www.chancen-spiegel.de/. Zugegriffen: 19. März 2016.

Bouchard, T. J. Jr., Lykken, D. T., McGue, M. Segal, N. L., & Tellegen, A. (1990). Sources of human psychological differences: The Minnesota Study of Twins Reared Apart. *Science, New Series* 205(4978), 223–228.

Bourdieu, P. (1984). *Die feinen Unterschiede. Kritik der gesellschaftlichen Urteilskraft*. Frankfurt am Main: Suhrkamp.

Borkenau, P., Riemann, R. Angleiter, A., & Spinath, F. M. (2001). Genetic and environmental influences on observed personality: Evidence from the German Observational Study of Adult Twins. *Journal of Personality and Social Psychology* 80, 655–668.

Brody, N. (1992). *Intelligence* (2nd ed.). San Diego, CA: Academic Press.

Bundesministerium für Bildung und Forschung (BMBF). (2015). Bildung und Forschung in Zahlen 2015. Bonn, Berlin: BMBF. https://www.bmbf.de/pub/Bildung_und_Forschung_in_Zahlen_2015.pdf. Zugegriffen: 08. April 2016.

Cadoret, R. J., Cain, C. A., & Crowe, R. R. (1983). Evidence for gene-environment interaction in the development of adolescent antisocial behavior. *Behavior Genetics* 13, 301–310.

Eimas, P. D. (1985). The perception of speech in early infancy. *Scientific American* 252(1), 34–40.

Irle M., Möntmann V, & Festinger L. (Hrsg.) (2012). *Theorie der kognitiven Dissonanz* (2. Aufl.). Göttingen: Hogrefe.

Finkelstein, L., Burke, M.J., & Raju, N. (1995). Age discrimination in simulated employment contexts: An integrative analysis. *Journal of Applied Psychology* 80, 652–663.

Flammer, A. (2009). *Entwicklungstheorien. Psychologische Theorien der menschlichen Entwicklung* (4. Aufl.). Bern: Huber.

Gammerl, B. (2010). Dossier: Homosexualität. Eine Regenbogengeschichte. Bundeszentrale für politische Bildung. Artikel vom 17. Mai 2010. http://www.bpb.de/gesellschaft/gender/homosexualitaet/38831/eine-regenbogen-geschichte. Zugegriffen: 19. März 2016.

Grimm, T. (2007). Grundlagen der Humangenetik. In L. Kaufmann, H-C. Nuerk, K. Konrad, & K. Willmes (Hrsg.), *Kognitive Entwicklungsneuropsychologie* (S. 100–118). Göttingen: Hogrefe.

Gwosc, C., Netz, N., Orr, D., Middendorff, E., & Isserstedt, E. (2011). Soziale und wirtschaftliche Bedingungen des Studiums. Deutschland im europäischen Vergleich. Eurostudent-Report 2011. www.dzhw.eu/pdf/23/Eurostudent_deutsch_web.pdf. Zugegriffen: 19. März 2016.

Hildebrandt, K. (1955). *Platon. Der Staat*. Stuttgart: Alfred Kröner.

Honzik, M. P., McFarlane, J. W., & Allen, L. (1948). The stability of mental test performance between two and eighteen years. *Journal of Experimental Education* 17, 309–329.

Horwitz, S. K., & Horwitz, I. B. (2007). The effects of team diversity on team outcomes: A meta-analytic review of team demography. *Journal of Management* 33(6), 987–1015.

Kaas, L., & Manger, C. (2012). Ethnic discrimination in Germany's labour market: A field experiment. *German Economic Review, Verein für Sozialpolitik* 13(1), 1–20.

Kany, W., & Schöler, H. (2014). Theorien zum Spracherwerb. In L. Ahnert (Hrsg.), *Theorien der Entwicklungspsychologie* (S. 122–147). Berlin, Heidelberg: Springer.

Klauer, K. J. (2001). Anlage und Umwelt. In D. H. Rost (Hrsg.), *Handwörterbuch Pädagogische Psychologie* (2. Aufl., S. 1–6). Weinheim: Psychologie Verlags Union.

Literaturverzeichnis

Koch, T. (2012). Der Apfel fällt nicht weit vom Stamm. *schekker – das Jugendmagazin*. http://www.schekker.de/content/der-apfel-f%C3%A4llt-nicht-weit-vom-stamm. Zugegriffen: 09. März 2015.

Krettenauer, T. (2014). Der Entwicklungsbegriff in der Psychologie. In L. Ahnert (Hrsg.), *Theorien der Entwicklungspsychologie* (S. 122–147). Berlin, Heidelberg: Springer.

Kruse, W. (2012). Bürgerliche Kultur und ihre Reformbewegungen. Bundeszentrale für politische Bildung. Artikel vom 27. September 2012. http://www.bpb.de/geschichte/deutsche-geschichte/kaiserreich/139652/buergerliche-kultur-und-ihre-reformbewegungen. Zugegriffen: 19. März 2016.

Kuhl, J. (2010). *Lehrbuch der Persönlichkeitspsychologie. Motivation, Emotion und Selbststeuerung*. Göttingen: Hogrefe.

Lohaus, A., Vierhaus, M., & Maass, A. (2010). *Entwicklungspsychologie des Kindes- und Jugendalters*. Berlin, Heidelberg: Springer.

Lorenz, D. (2010). Der Apfel fällt nicht weit vom Stamm. *Deutsche HandwerksZeitung*. Artikel vom 10. September 2010. http://www.deutsche-handwerks-zeitung.de/der-apfel-faellt-nicht-weit-vom-stamm/150/3100/83156. Zugegriffen: 19. März 2016.

Plant, E. A., Goplen, J., & Kunstman, J. W. (2011). Selective responses to threat: The roles of race and gender in decisions to shoot. *Personality and Social Psychology Bulletin* 37, 1274–1281.

Plomin, R., Pedersen, N. L., Lichtenstein, P., & McClearn G. E. (1994). Variability and stability in cognitive ability are largely genetic later in life. *Behavior Genetics* 24(3), 207–215.

Plomin, R., Owen, M.J., & McGuffin, P. (1999). The genetic basis of complex human behaviors. In A. Slater, & D. Muir (Eds.), *The Blackwell Reader in developmental psychology* (pp. 79–96). Malden, MA: Blackwell.

Riemann, R., Angleitner, A., & Strelau, J. (1997). Genetic and environmental influences on personality: A study of twins reared together using the self- and peer report NEO-FFI scales. *Journal of Personality* 65, 449–476.

Scarr, S., & Weinberg, R. A. (1983). The Minnesota Adoption Studies: Genetic differences and malleability. *Child Development* 54(2), 260–267.

Schick, H. (2012). *Entwicklungspsychologie der Kindheit und Jugend. Ein Lehrbuch für die Lehrerausbildung und schulische Praxis*. Stuttgart: Kohlhammer.

Siegler, R., DeLoache, J., & Eisenberg, N. (2008). *Entwicklungspsychologie im Kindes- und Jugendalter*. Heidelberg: Spektrum Akademischer Verlag.

Sodian, B. (2014). Entwicklung begrifflichen Wissens: Kernwissenstheorien. In L. Ahnert (Hrsg.), *Theorien der Entwicklungspsychologie* (S. 122–147). Berlin, Heidelberg: Springer.

Solomon, A. (2013). *Weit vom Stamm. Wenn Kinder ganz anders als ihre Eltern sind*. Frankfurt am Main: Fischer.

Stern, W. (1937). *Psychologie der frühen Kindheit bis zum sechsten Lebensjahr* (9. Aufl.). Heidelberg: Quelle & Meier.

Stern, E., & Neubauer, A. (2013). *Intelligenz. Große Unterschiede und ihre Folgen*. München: DVA.

Störig, H. J. (1961). *Kleine Weltgeschichte der Philosophie*. Stuttgart: Kohlhammer.

Tellegen, A., Lykken, D. T., Bouchard, T. J. Jr., Wilcox, K. J., Segal, N. J., & Rich, S. (1988). Personality similarity in twins reared apart and together. *Journal of Personality and Social Psychology* 54(6), 1031–1039.

Tücke, M. (1999). *Entwicklungspsychologie des Kindes- und Jugendalters für (zukünftige) Lehrer*. Münster: LIT Verlag.

Waddington, C. (1966). *Principles of development and differentiation*. New York: Macmillan.

Watson, J. B. (1913). Psychology as the behaviorist views it. *Psychological Review* 20(2), 158–177.

Weinberg, R. A. (1989). Intelligence and IQ: Landmark issues and great debates. *American Psychologist* 44, 98–104.

Geld

Kapitel 7 **Geld regiert die Welt – 51**
Laura Stina Maciejczyk

Kapitel 8 **Geld allein macht nicht glücklich – 59**
Lisa Andrea Straßer

Geld regiert die Welt

Laura Stina Maciejczyk

© Springer-Verlag Berlin Heidelberg 2017
D. Frey (Hrsg.), *Psychologie der Sprichwörter*,
DOI 10.1007/978-3-662-50381-2_7

7.1 Einleitung

Bevor wir uns der Analyse des Sprichworts widmen, welches sich maßgeblich um das Thema Geld dreht, sollten wir uns zuerst einmal verdeutlichen, wieso Geld überhaupt eine wichtige Rolle in unserer heutigen Gesellschaft spielt.

Ursprünglich wurde Geld als Tausch- und Zahlungsmittel erfunden und besaß einen rein ökonomischen Nutzen. Als Wertbewahrungsmittel löste es leicht verderbliche Güter als Erwerbsmittel für andere Güter und Dienstleistungen ab (Crowther 1940). Im Laufe der Zeit hat sich dieser Nutzenwert immer mehr erweitert, wie die folgenden Ausführungen zeigen. Geld steht für Erfolg, Sicherheit, Lebensqualität und Selbstständigkeit. Es hat mit Ehre und Bestätigung zu tun, was dadurch gezeigt wird, dass wir Geld aus manchen Geldquellen nicht annehmen würden (Zelizer 1997). Je nachdem wie viel Geld man besitzt, besaß, gerne hätte oder andere haben, kann es Gefühle wie Neid und Stolz in uns hervorrufen. Seit jeher wird aus finanziellen Gründen verraten und gemordet, begehrt und geheiratet. Unser persönlicher Reichtum kann bedeutsamen Einfluss auf unseren Selbstwert haben (Zhang 2009). Aktuelle Forschungsergebnisse deuten sogar darauf hin, dass Geld die Effekte existenzieller Ängste wie der Todesangst abschwächen kann (Zaleskiewicz et al. 2013). Der Nutzen von Geld hat sich über die Jahre hinweg also vom rein ökonomischen hin zu einem psychosozialen erweitert. Wie weit diese Bedeutung allerdings wirklich geht, lässt sich weniger anhand klassischer Definitionen als in zahlreichen vom Volksmund geprägten Sprichwörtern erahnen.

Eines dieser Sprichwörter, das die Bedeutsamkeit von Geld in der heutigen Welt beschreibt, lautet „Geld regiert die Welt".

7.1.1 Bedeutung und Gebrauch des Sprichworts

Bei dem Sprichwort „Geld regiert die Welt" handelt es sich im semantischen Sinne um eine Personifikation, da dem Geld als Objekt die menschliche Eigenschaft des Regierens zugesprochen wird. Des Weiteren hat man es mit einer Übertreibung zu tun, da in der Realität nichts und niemand offiziell die Welt regiert. Im übertragenen Sinne sagt das Sprichwort also aus, dass derjenige, der viel Geld hat, auch über viel Macht verfügt. **Macht** und **Reichtum** scheinen eng miteinander verbunden. Die Stilmittel betonen zusätzlich die große und exklusive Rolle des Geldes. Die Macht scheint nicht nur allumfassend, sondern auch unabhängig von anderen Aspekten wie den Eigenschaften der Personen einzig an deren Vermögen gekoppelt zu sein. Mit anderen Worten könnte man sagen: Geld ist alles. Allerdings wird kein kausaler Zusammenhang deutlich gemacht. Es bleibt unklar, ob Reichtum zu großer Macht oder aber Macht zu Reichtum führt.

Einige Beispiele, bei denen das Sprichwort in der Öffentlichkeit gebraucht wurde: Fußballfans aus Dortmund postulierten „Geld regiert die Welt, aber hier regiert der BVB" bei einer Begegnung mit dem Gegner Hoffenheim, der erst seit finanzieller Unterstützung eines Unternehmers Erstligist wurde (Müller 2009). Die ARD zeigte eine kritische Dokumentation über Hedgefonds im Bankensektor, die als Titel das Sprichwort trägt (Achtnich u. Michel 2014). Die Sängerin Liza Minnelli besingt in einem Lied mit dem Refrain „Money makes the world go 'round" („Geld regiert die Welt"), welche Möglichkeiten Reiche durch ihr Vermögen haben, während Unvermögende aufgrund ihrer Geldnöte großen Problemen gegenüberstehen.

Den Beispielen zufolge drückt das Sprichwort eine eher **negative Beurteilung** über die große Rolle von Geld aus. Es ist kein Beispiel zu finden, bei dem durch Gebrauch des Sprichworts eine Befürwortung dieser Bedeutsamkeit ausgedrückt wird.

Die hohe Trefferquote, die das Sprichwort in Suchmaschinen erhält, weist außerdem darauf hin, dass es sich um ein sehr verbreitetes Sprichwort handelt, welches häufige Verwendung im Alltag findet.

7.1.2 Weitere Sprichwörter zum Thema Geld

Besonders im englischsprachigen Raum existieren neben „Money makes the world go 'round" und „Money talks" viele weitere Sprichwörter, die dasselbe oder etwas Ähnliches aussagen: „He who has the gold makes the rules" („Wer das Geld hat, bestimmt die Regeln"), „Money will make the mare go" („Geld wird die Stute zum Laufen bringen"), „A golden key can open any door" („Ein goldener Schlüssel kann alle Türen öffnen"). In vielen weiteren Sprachen finden sich inhaltlich vergleichbare Sprichwörter, sogar im Lateinischen heißt es „Nervus rerum" („Das Wesentliche der Sache ist das Geld").

Während für viele andere Sprichwörter häufig auch **Gegensprichwörter** zu finden sind, gibt es für „Geld regiert die Welt" kein Sprichwort, das der Aussage ernsthaft widerspricht. Einige hingegen, die versuchen, die Bedeutsamkeit von Geld abzuwerten, sind immer auch mit einem sich selbst entkräftenden Zusatz versehen: „Geld ist nicht alles, aber ohne Geld ist alles nichts", „Gesundheit (Liebe) kann man nicht kaufen, Medikamente (Sex) aber schon", „Geld ist nicht alles, das stimmt – aber für Geld kann man alles kaufen, und das stimmt auch", „Geld ist nicht alles, aber viel Geld ist schon etwas". Selbst auf Postkarten und T-Shirts finden sich Sprüche wie „Geld ist nicht alles. Es gibt auch noch Kreditkarten (alternativ: Gold und Diamanten)". Indem sie versuchen, auf humorvolle Weise das Sprichwort zu widerlegen, untermauern sie indes eher dessen Richtigkeit. Die Aussage all dieser Sprichwörter, Zitate und Sprüche ist dieselbe: Geld spielt eine unbestreitbar große Rolle in der Gesellschaft, die nicht kleinzureden ist.

Ein anderes Sprichwort, das nicht die Rolle von Geld in der Gesellschaft an sich, sondern die **Sinnhaftigkeit** dieser Tatsache anzweifelt, ist „Geld allein macht nicht glücklich" (▶ Kap. 8). Unterstützung hierfür ist in der Forschung zu finden. Am bekanntesten ist wohl das Easterlin-Paradoxon, das eine Auswertung über den Zusammenhang zwischen Reichtum und Glück darstellt. Es sagt aus, dass, wenn grundlegende Bedürfnisse gestillt sind, mehr Reichtum nicht zu mehr Glück führt (Easterlin 2001). Dies bedeutet, wenn Glück ein höheres Ziel als Macht darstellt, erweist sich „Geld regiert die Welt" zwar nicht als falsch, aber als weniger bedeutsam und Reichtum dadurch nicht unbedingt als erstrebenswert.

Unbestritten bleibt hingegen die Hauptaussage unseres Sprichworts „Geld regiert die Welt". Um herauszufinden, ob Geld tatsächlich alles ist und welcher Zusammenhang zwischen Geld und Macht besteht, werden im Folgenden Studien und Theorien zum Thema analysiert. Am Ende soll dadurch eine Aussage möglich sein, ob das Sprichwort mit wissenschaftlichen Erkenntnissen vereinbar ist und unter welchen Umständen es gilt.

7.2 Theorie und Empirie

7.2.1 Sind die Mächtigen reich oder die Reichen mächtig?

Wie bereits kurz angerissen, besagt „Geld regiert die Welt" nicht, wie Reichtum und Macht genau verknüpft sind, d. h., die Kausalität des Zusammenhangs bleibt uneindeutig. Führt Reichtum dazu, dass man mächtig wird, oder werden mächtige Menschen eher reich? Hierzu gibt es interessanterweise einige Forschungsergebnisse bezüglich des Studiums, die für einen wechselseitigen Zusammenhang zwischen Reichtum und Macht sprechen.

So wurde herausgefunden, dass Studenten, die mehr **finanzielle Unterstützung** von den Eltern erhielten, zum einen bessere Noten erzielen, zum anderen mehr Praktika absolvieren konnten, da sie weniger Nebenjobs ausführen mussten. Dadurch hatten Sie nach dem Studium mehr Chancen auf gut bezahlte Arbeitsstellen und höhere Positionen (Humphrey 2006). Dies bedeutet, dass ein wohlhabende Herkunft gleichzeitig zu eigenem Reichtum und zu machtvollen Positionen im Arbeitsleben führen kann.

Eine weitere Untersuchung zeigte, dass Schulabsolventen, die befürchten, sich aufgrund eines Studiums **verschulden** zu müssen, häufiger eine Entscheidung gegen das Studieren fällen (Callender u. Jackson 2005). Auch hier zeigt sich, dass diejenigen, die in eine wohlhabende Familie geboren werden, bessere Chancen auf einen schnelleren und steileren Karriereweg haben, der wiederum „machtvolle" Arbeitspositionen und eine gute finanzielle Versorgung nach sich zieht.

Außerdem zeigen Untersuchungen immer wieder, welche große Rolle **persönliche Kontakte** beim Finden einer neuen Arbeitsstelle spielen. Darauf spielt auch das bereits erwähnte Sprichwort „A golden key can open any door" an. Wer selbst schon viele Kontakte nach oben hat – und das sind zumeist die „Mächtigen" – kommt mit größerer Wahrscheinlichkeit an höhere, besser bezahlte Jobs, also an eigene Macht und Reichtum (Granovetter 1995). Fazit all dieser Studien ist demnach, dass in einem wechselseitigen Zusammenhang Reichtum zu Macht und Macht wiederum zu Reichtum führt.

Dass Macht und Reichtum tatsächlich selten unabhängig voneinander zu finden sind, wird deutlich, wenn man einmal näher betrachtet, wer auf der Welt Macht hat und wer reich ist. Unter den aktuell 10 mächtigsten Menschen der Welt befinden sich Staatsoberhäupter, Firmengründer und -inhaber (Forbes 2015b). Von Putin bis hin zu den Erfindern von Google findet man durchaus auch wohlhabende Menschen. Wer hier übrigens Papst Franziskus (Platz 4) ausnehmen möchte, sollte bedenken, dass der Vatikan über dreistellige Milliardenbeträge verfügt (Frerk 2010). Zu den derzeit 10 reichsten Menschen der Welt zählen wiederum Firmengründer und -inhaber sowie deren Erben – also auch hier wieder Menschen mit einer gewissen Macht (Forbes 2015a).

Im Folgenden soll erläutert werden, welche Gründe – neben Macht – für das Streben nach Reichtum sprechen.

7.2.2 Wieso streben wir nach Reichtum?

Selbstwert

Eines der zentralen Bedürfnisse des Menschen ist das Erlangen eines positiven und stabilen Selbstbildes. Um zu wissen, wer und wie wir selbst sind, benötigen wir Informationen über uns. Die **Theorie des sozialen Vergleichs** (Festinger 1954) besagt, dass wir diese beispielsweise durch den Vergleich mit anderen gewinnen können. Wenn wir bei einem Vergleich besser abschneiden als das Gegenüber, können wir dadurch unser Selbstwertgefühl schützen oder sogar verbessern. Dabei greifen wir gerne auf **quantitative Variablen** zurück, da diese im Gegensatz zu qualitativen Variablen einfacher und genauer zu messen sind. So fällt es uns schwerer, eine Aussage darüber zu treffen, ob wir beliebter oder attraktiver als eine Vergleichsperson sind (qualitativ), als darüber, ob wir vermögender als die Vergleichsperson sind (quantitativ). Dazu müssen wir nicht einmal das genaue Einkommen der Person kennen, sondern können hinreichend aussagekräftige Informationen aus Beruf, Kleidung, Freizeitgestaltung, Statussymbolen etc. erlangen. Da uns unser Selbstwert sehr wichtig ist und wir uns – mehr oder weniger bewusst – häufig vergleichen, ist es nicht verwunderlich, dass Reichtum für viele Menschen ein erstrebenswertes Ziel darstellt.

Besonders Personen, die sehr unsicher sind, fühlen sich mit Geld mächtiger und anderen überlegen (Locke et al. 1996). Der Begründer der Individualpsychologie, Alfred Adler, würde wohl sogar so weit gehen, dass das Streben nach Reichtum und Macht einzig der Kompensation von erworbenen **Minderwertigkeitsgefühlen** dient. Das kann beispielsweise bedeuten, dass, wenn man als Kind durch soziale Ablehnung einen Angriff auf den Selbstwert erfährt, ein Gefühl der Minderwertigkeit entsteht. Dieses würde man im Erwachsenenalter dann durch die Anhäufung von Geld oder machtvolle Positionen zu überwinden versuchen, um den verloren gegangenen Selbstwert wiederherzustellen.

Wichtig ist dabei allerdings nie der absolute, sondern der **relative Reichtum** im Vergleich zu anderen: Nicht hohe Gehälter an sich, sondern nur Gehälter, die höher als jene von Vergleichspersonen wie Kollegen, Nachbarn oder Freunden sind, steigern die Lebenszufriedenheit (Boyce et al. 2013).

Wieso allerdings vergleichen wir so gerne unser Vermögen und nicht andere ebenso gut messbare Variablen? Der Grund ist, dass Reichtum zumeist automatisch mit anderen positiv belegten Eigenschaften wie Macht in Verbindung gebracht wird. Lemrová et al. (2014) konnten in einer Studie zeigen, dass für materialistisch geprägte Personen Reichtum sogar gleichbedeutend mit Macht ist. Das heißt, indem diese ihren Reichtum vergleichen, erhalten sie gleichzeitig Angaben zu ihrer Machtposition im Vergleich zu anderen, was wiederum zur Festigung des Selbstwertes beiträgt.

Sicherheit

Ein weiteres grundlegendes Bedürfnis des Menschen ist Kontrollierbarkeit beziehungsweise Sicherheit. Hierzu zählen die Selbstbestimmung, die Aufrechterhaltung des Status quo, die Vermeidung von Risiko sowie Verlässlichkeit (Bierhoff u. Rohmann 2012). Wie aber können wir unser Bedürfnis nach Sicherheit befriedigen, wenn wir in einer nur unzureichend kontrollierbaren Umwelt leben?

Eine Möglichkeit besteht darin, sich ein finanzielles Polster für die **existenzielle Sicherung** anzulegen. Während man wichtige Beziehungen zu Freunden, dem Partner und Verwandten verlieren kann, dient das gefüllte Bankkonto möglicherweise als stabilere Konstante. Auch die Kündigung des Arbeitsplatzes, der Wohnungsbrand oder der Totalschaden am Wagen lassen sich mit einem prallen Sparbuch in der Hand schneller verkraften.

Zudem leben wir heutzutage in einer hedonistischen Gesellschaft, die dem kurzfristigen Spaßerleben nicht abgeneigt ist und durch modernen, schnellen Konsum geprägt ist. Durch die sich immer schneller entwickelnde Technik steigt die Anzahl der Angebote auf dem Markt exponentiell an. Wer kann heute schon sagen, was er morgen gerne hätte? Ein gewisser Reichtum ermöglicht es uns, neue Bedürfnisse schnell zu befriedigen, ohne abwarten zu müssen, bis das benötigte Geld erarbeitet oder erspart wurde.

Berücksichtigt man einmal die **Bedürfnispyramide von Maslow** (1954), so würde man Reichtum wohl ohne Umschweife auf der 2. Stufe der Sicherheit einordnen. Betrachtet man dann allerdings noch die anderen Stufen, wird offensichtlich, dass uns Geld zur Erreichung sehr vieler der aufgezählten Bedürfnisse dienen kann:

- Selbst die untersten, **primären Bedürfnisse** wie Nahrung, Sexualität und Schlaf lassen sich teilweise mit Geld erwerben.
- Aber auch bei den sozialen Bedürfnissen der 3. Stufe lässt sich mit Geld zumindest nachhelfen: Die **Zugehörigkeit zu einer Gruppe** (Beispiel Golfklub) oder bestimmte **Freundschaften** lassen sich zumindest partiell mit Reichtum erwerben.
- Wenn wir über das höchste Bedürfnis, die **Selbstverwirklichung**, nachdenken, lassen sich ebenfalls Beispiele finden, wie diese durch Geld einfacher erreicht werden kann. Wer sich selbst verwirklichen möchte, indem er Künstler wird oder sein Leben wohltätigen Zwecken widmet, erreicht dies durchaus einfacher und schneller mit einem finanziellen Polster als mittellos.
- Zudem sollten wir der 4. Stufe, der **sozialen Anerkennung und Wertschätzung**, besondere Aufmerksamkeit schenken. Hier geht es neben Anerkennung und Selbstachtung auch um Geltungsbedürfnisse wie Macht und Einfluss. Wieder wird deutlich, dass Geld auch auf dieser Stufe unterstützend wirken kann, z. B. dann, wenn der Neureiche durch seine Statussymbole Anerkennung erhält und der Lobbyist aufgrund seines finanziellen Hintergrunds Einfluss auf politische Entscheidungen nehmen kann.

Die Maslowsche Bedürfnispyramide zeigt uns also nicht nur erneut die Verknüpfung zwischen Reichtum und Macht auf, sondern ordnet beides teilweise den grundlegenden und wichtigen Bedürfnissen des Menschen zu.

Status

Eine weitere wichtige Rolle für Menschen spielt der Status. Diesem kommt zwar keine so herausragende Bedeutung zu wie in früheren Zeiten, als außerhalb des eigenen Standes nicht geheiratet werden durfte und Bildungs- bzw. Berufsmöglichkeiten stark begrenzt waren. Dennoch spielt der Status auch heute noch für viele Menschen eine große Rolle und wird mit Statussymbolen entweder verdeutlicht oder aufgewertet (Hradil 1987). **Statussymbole** sind meist kostspielig zu erwerben. Neben klassischen Gegenständen wie dem teuren Auto oder der luxuriösen Armbanduhr können ebenso Hobbys (Golf), Reisen (Kreuzfahrt) oder der Lebensstil (häufige

Restaurantbesuche) Ausdruck des Status sein. Dabei will ein einmal erworbener Status zumindest beibehalten, besser aber ausgebaut werden. Dafür ist immer mehr Geld vonnöten, das durch das Streben nach immer größerem Reichtum erlangt wird.

Religion

Zu guter Letzt kann auch die Religion einen Einfluss auf das Streben nach Reichtum haben. So beschreibt Max Weber (1988) in seiner „Protestantismusthese" die calvinistische Bewegung als einen Grund für die industrielle Revolution sowie den modernen Kapitalismus. Die **calvinistische Arbeitsethik** ist geprägt von der Ansicht, dass Zeitvergeudung eine der größten Sünden des Menschen sei. Anhänger des Calvinismus führen demnach ein möglichst tugendhaftes, d. h. arbeitsreiches Leben, um die Gewissheit zu erhalten, zu den von Gott Auserwählten zu gehören. Deshalb steht die **Nützlichkeit menschlichen Handelns**, also auch der Sinn der menschlichen Existenz, in direktem Zusammenhang mit dem wirtschaftlichen Erfolg der Gesellschaft. Allerdings ist im Calvinismus auch der Luxus als zeitvergeudende Sünde verpönt. Reichtum kann also nur als „Nebenprodukt" der gottesfürchtigen Lebensweise gesehen werden, niemals aber als deren primäres Ziel.

Die Ansichten zu Arbeit und Reichtum finden sich auch in anderen Religionen. *Die Bibel* predigt **Fleiß**, aber ein **bescheidenes Leben**, denn „Wer sich auf seinen Reichtum verlässt, der wird untergehen" (Sprüche 11,28; Luther 1984). Bekannt ist auch die Vertreibung der Geldwechsler und Kaufleute aus dem Tempel durch Jesus mit den Worten „Macht das Haus meines Vaters nicht zu einem Kaufhause!" (Joh 2,16; Luther 1984), die die Unvereinbarkeit zwischen Religion und dem Streben nach Reichtum verdeutlichen. Ähnliche Textstellen sind ebenfalls im *Koran* zu finden, wo es heißt „Jene, die Gold und Silber anhäufen und es nicht aufwenden auf Allahs Weg – ihnen verheiße schmerzliche Strafe" (Koran 9:34–35). All diesen Religionen ist gemein, dass sie sowohl Strebsamkeit und Fleiß bei der Arbeit, gleichzeitig aber ein bescheidenes Leben ohne großen Luxus für die richtige Wahl halten. Überflüssiger Reichtum wird durch Umverteilung wie Spenden an Arme oder an die religiöse Institution vermieden.

7.3 Gültigkeit des Sprichworts

7.3.1 Geld regiert die Welt …

Wie wir aus dem Weltgeschehen und mehreren wissenschaftlichen Studien ablesen können, besitzt Geld einen unbestreitbar großen Stellenwert in vielen Bereichen. Es ist für Selbstwert, Sicherheit und Status unabdingbar und selbst Verknüpfungen mit der Religion lassen sich finden. Für das Individuum hängt die Bedeutsamkeit von Reichtum mit all seinen grundlegenden und höheren Bedürfnissen zusammen. Auch auf staatlicher Ebene gehen nahezu alle politischen und wirtschaftlichen Entscheidungen, von der Präsidentschaftswahl über Firmenexpansionen bis hin zu Kriegseinsätzen, mit finanzieller Überlegung bzw. Überlegenheit einher. Der Zusammenhang zwischen Macht und Reichtum ist so groß, dass es schwerfällt, Beispiele zu finden, bei denen ausschließlich das eine oder das andere vorhanden ist.

7.3.2 … aber Geld ist nicht das Wichtigste im Leben

Obwohl Geld in allen Bereichen der Gesellschaft eine große Rolle spielt, ist Geld anscheinend aber auch nicht alles. Wie bereits erläutert, kommen Menschen aus finanziell begünstigten Familien einfacher an machtvolle Positionen. Allerdings gibt es neben den bekannten Aspekten wie guten Noten, Intelligenz und Ehrgeiz noch viele weitere externe Faktoren, die bewiesenermaßen Einfluss auf die Karriereentwicklung haben. So erhalten Männer durchschnittlich bessere Empfehlungsschreiben und haben höhere Chancen auf Beförderungen als Frauen (Smith 2012) und Menschen mit ausländisch klingendem Namen werden seltener zu Bewerbungsgesprächen eingeladen (Kaas u. Manger 2012). Reichtum ist also neben **Geschlecht** und **Ethnizität** nur einer von vielen weiteren Faktoren, die eine Rolle beim Erreichen hoher, machtvoller Positionen im Beruf spielen können.

Viele anerkannte Philosophen, Soziologen und Psychologen kritisieren zudem das Streben des Menschen nach Reichtum, Luxus und allgemeinem Überfluss. Als berühmter Vertreter ist Erich Fromm zu nennen, der in seinem Werk *Haben oder Sein* (1976) das ewige menschliche Streben nach dem Haben anprangert und als Lösung eine **Hinwendung zum Sein** propagiert. Er sieht die gesunde Gesellschaft als eine solche, in der die Menschen nur das produzieren und konsumieren, was sie tatsächlich benötigen, und solidarisch miteinander sind, anstatt sich gegenseitig zu übertreffen. Damit würde menschliches Leid verringert und das Wohlergehen stünde an erster Stelle. Hier können wir also gleich über beide Begriffe unseres Sprichworts Aussagen ableiten: Sowohl Reichtum als auch Macht gelten laut Fromm nicht als erstrebenswert. Im Gegenteil stehen ihm zufolge beide einer besseren Gesellschaftsform im Weg.

Interessanterweise steht Reichtum auch nie an erster Stelle, wenn man Menschen danach befragt, was ihnen im Leben wichtig ist. In der tagesaktuellen Aufstellung der OECD (2016) für Deutschland über die gewünschten Voraussetzungen für ein besseres Leben nehmen **Lebenszufriedenheit**, **Gesundheit** und **Bildung** die ersten drei Rangplätze ein; das Einkommen hingegen liegt auf dem drittletzten Platz. Wer jetzt behauptet, das läge nur an der sowieso schon sehr guten wirtschaftlichen Lage unseres Landes, wird über die Ergebnisse anderer Staaten erstaunt sein: Auch bei den Griechen, Brasilianern und Mexikanern schafft es das Einkommen nicht auf die vorderen Positionen auf die Frage, was für den Anstieg des allgemeinen Lebensstandards wichtig ist. Trotzdem sollten wir bei solchen Befragungen nicht aus den Augen verlieren, dass Menschen häufig so antworten, wie es durch gesellschaftliche Normen sozial erwünscht ist. Da das Streben nach Reichtum zumeist nicht gut angesehen ist, könnten viele dazu neigen, den Wunsch nach einem hohen Einkommen im Rahmen der Befragung anderen, positiver behafteten Präferenzen unterzuordnen.

Einige Forscher sind der Auffassung, dass es besonders auf die **Motive**, die hinter dem Verdienen von Geld stehen, ankommt: Menschen, die Geld zur Machterreichung nutzen, haben ein geringeres subjektives Wohlbefinden (Srivastava et al. 2001). Diese Ergebnisse deuten darauf hin, dass Geld allein die Menschen also nicht glücklich zu machen scheint. Ausführliche Erläuterungen zu diesem Thema können dem ▶ Kap. 8 „Geld allein macht nicht glücklich" entnommen werden.

Kritisch hingegen sind politische und wirtschaftliche Entscheidungen zu sehen, bei denen auf den ersten Blick der finanzielle Vorteil nicht im Vordergrund zu stehen scheint. Humanitäre Friedenseinsätze gemeinnütziger Organisationen haben beispielsweise häufig einen hohen politischen Stellenwert und alle großen Unternehmen unterstützen **soziale Projekte**, ohne einen direkten monetären Mehrwert zu erhalten. Kritiker werfen Regierungen allerdings vor, besonders in solchen Regionen **humanitäre Hilfe** zu leisten, in denen sie sich beispielsweise durch Ölvorkommen langfristig Vorteile erhoffen können. Der Wettbewerbsvorteil von Unternehmen, die sich unternehmerische Sozialverantwortung (Corporate Social Responsibility) auf die Flagge schreiben, ist nicht von der Hand zu weisen und sogar mit harten Zahlen belegbar (Loew u. Clausen 2010).

7.4 Fazit

Abschließend bleibt festzuhalten, dass uns Theorien Begründungen und Forschungsergebnisse Unterstützung für den Zusammenhang zwischen Reichtum und Macht liefern. Letztendlich sind es aber unsere eigenen Erfahrungen und das Weltgeschehen, die uns zeigen, dass Geld wohl tatsächlich nahezu überall eine unbestreitbar große Rolle spielt, auch wenn sich kleine Einschränkungen und Ausnahmen finden lassen.

Viel wichtiger jedoch bleibt es, zu hinterfragen, welche Bedeutsamkeit man dieser Tatsache zuspricht. Jeder muss für sich selbst entscheiden, welchen Stellenwert Reichtum für ihn besitzt. Der Mensch strebt nach Reichtum, weil man mit Geld fast alle Wünsche und Bedürfnisse befriedigen kann – aber eben nur fast. Auch wenn man sich Macht erkaufen oder dadurch reich werden kann, ist das höchste Ziel der meisten wohl immer ein anderes wie etwa Glück und Zufriedenheit. Vielleicht kann man sogar sagen, „Geld regiert die Welt", aber „Geld allein macht nicht glücklich" (▶ Kap. 8). Oder man schließt sich doch der Aussage des Comedians Henny Youngman an:

> Was bringt einem Glück? Man kann damit nichts kaufen.

Literaturverzeichnis

Achtnich, T., & Michel, H. (2014). Geld regiert die Welt. Filmbeitrag der ARD. Ausgestrahlt am 13. Januar 2014. http://programm.ard.de/TV/daserste/die-story-im-ersten--geld-regiert-die-welt/eid_2810611333298235. Zugegriffen: 25. Februar 2015.

Bierhoff, H.-W., & Rohmann, E. (2012). Justice in performance situations: Compromise between equity and equality. In E. Kals, & J. Maes (Eds.), *Justice and conflicts. Theoretical and empirical contributions* (pp. 135–152). Berlin, Heidelberg: Springer.

Boyce, C. J., Wood, A. M., Banks, J., Clark, A. E., & Brown, G. D. (2013). Money, well-being and loss aversion: Does an income loss have a greater effect on well-being than an equivalent income gain? *Psychological Science* 24(12), 2557–2562.

Callender, C., & Jackson, J. (2005). Does the fear of debt deter students from higher education? *Journal of Social Policy* 43(4), 509–540.

Crowther, G. (1940). *An Outline of Money*. London: Nelson.

Der Koran. (2010). Aus dem Arabischen neu übertragen von Hartmut Bobzin unter Mitarbeit von Katharina Bobzin. München: C. H. Beck.

Easterlin, R. (2001). Income and happiness: Towards a unified theory. *The Economic Journal* 111, 465–484.

Festinger, L. (1954). A theory of social comparison processes. *Human Relations* 7, 117–140.

Forbes (2015a). Inside the 2014 Forbes billionaires list: Facts and figures. http://www.forbes.com/sites/luisakroll/2014/03/03/inside-the-2014-forbes-billionaires-list-facts-and-figures. Zugegriffen: 16. Februar 2015.

Forbes (2015b). The world's most powerful people. http://www.forbes.com/powerful-people/list/#tab:overall Zugegriffen: 16. Februar 2015.

Frerk, C. (2010). *Violettbuch Kirchenfinanzen: wie der Staat die Kirchen finanziert*. Aschaffenburg: Alibri-Verlag.

Fromm, E. (1976). *Haben oder Sein. Die Grundlagen einer neuen Gesellschaft*. München: dtv.

Granovetter, M. (1995). *Getting a job. A study of contacts and careers*. Chicago: University of Chicago Press.

Humphrey, R. (2006). Pulling structured inequality into higher education: The impact of part-time working on English university students. *Higher Education Quarterly* 60(3), 270–286.

Hradil, S. (1987). *Sozialstruktur einer fortgeschrittenen Gesellschaft*. Opladen: Leske + Budrich.

Kaas, L., & Manger, C. (2012). Ethnic discrimination in Germany's labour market: A field experiment. *German Economic Review* 13(1), 1–20.

Lemrová, S., Reiterová, E., Fatenová, R., Lemr, K., & Tang, T. (2014). Money is power: Monetary intelligence – love of money and temptation of materialism among Czech university students. *Journal of Business Ethics* 125, 329–348.

Locke, E. A., McClear, K., & Knight, D. (1996). Self-esteem and work. In C. Cooper & I. Robertson (Eds.), *International review of industrial and organizational psychology* (Vol. II, pp. 1–328). Chichester, UK: Wiley.

Loew, T., & Clausen, J. (2010). *Wettbewerbsvorteile durch CSR. Eine Metastudie zu Wettbewerbsvorteilen von CSR und Empfehlungen zur Kommunikation an Unternehmen*. Berlin, Hannover: Institute for Sustainability.

Luther, M. (1984). *Lutherbibel. Revision*. Stuttgart: Deutsche Bibel Gesellschaft.

Maslow, A. H. (1943). A theory of human motivation. *Psychological Review* 50, 370–396.

Müller, O. (2009). Wieder kein Sieg – Hoffenheim sieht rot. *Die Welt*. Artikel vom 28. Februar 2009. http://www.welt.de/sport/fussball/article3294102/Wieder-kein-Sieg-Hoffenheim-sieht-Rot.html. Zugegriffen: 20. März 2016.

Organisation für wirtschaftliche Zusammenarbeit und Entwicklung (OECD). (2016). OECD Better Life Index. http://www.oecdbetterlifeindex.org/de/. Zugegriffen: 20. März 2016.

Smith, R. A. (2012). Money, benefits and power – A test of the glass ceiling and glass escalator hypotheses. *The ANNALS of the American Academy of Political and Social Science* 639, 149–172.

Srivastava, A., Locke, E. A., & Bartol, K. M (2001). Money and subjective well-being: It's not the money, it's the motives. *Journal of Personality and Social Psychology* 80(6), 959–971.

Weber, M. (1988). Die protestantische Ethik und der Geist des Kapitalismus. In M. Weber (Hrsg.) *Gesammelte Aufsätze zur Religionssoziologie* (Bd. 1). Tübingen: Mohr.

Zaleskiewicz, T., Gasiorowska, A., Kesebir, P., Luszczynska, A., & Pyszczynski, T. (2013). Money and the fear of death: The symbolic power of money as an existential anxiety buffer. *Journal of Economic Psychology* 36, 55–67.

Zelizer, V. A. (1997). *The social meaning of money*. Princeton: Princeton University Press.

Zhang, L. (2009). An exchange theory of money and self-esteem in decision making. *Review of General Psychology* 13(1), 66–76.

Geld allein macht nicht glücklich

Lisa Andrea Straßer

© Springer-Verlag Berlin Heidelberg 2017
D. Frey (Hrsg.), *Psychologie der Sprichwörter*,
DOI 10.1007/978-3-662-50381-2_8

8.1 Einleitung: Wandel der Gesellschaft

Martin Seligman, US-amerikanischer Psychologe und Vordenker im Bereich der positiven Psychologie, stellt in seinem Bestseller *Der Glücks-Faktor* (2014) die These vom gesellschaftlichen Wandel weg von einer Geld- hin zu einer Zufriedenheitswirtschaft auf. Materielle Bedürfnisse würden, analog der These der Wertsubstitution (Inglehart 1977), postmaterialistischen sozialen und selbstverwirklichungsbezogenen Bedürfnissen weichen. Vielleicht mögen die Gründe dieses Wandels darin liegen, dass Jugendliche und Erwachsene, die unter Bedingungen materiellen Wohlstandes aufgewachsen sind, sich nicht mehr um materielle „Selbstverständlichkeiten" sorgen und andere, „höhere" Interessen verfolgen. Vielleicht ist in den Köpfen der Menschen aber auch angekommen, was ein altbekanntes Sprichwort schon lange prophezeit: „Geld allein macht nicht glücklich".

Seligmans Idee vom gesellschaftlichen Wandel spiegelt sich auch in den Bedürfnissen und Wünschen der Generation Y wider; jener sagenumwobenen Bevölkerungskohorte, deren Eigenschaften in den Medien heiß diskutiert werden und die insbesondere in Hinblick auf den sog. „War for Talents" durchaus auch von wirtschaftlicher Relevanz ist. Für die Generation Y rückt anstelle von Prestige und Reichtum eine **sinnerfüllte Arbeit** in den Mittelpunkt und gilt eine **Balance zwischen Beruf und Freizeit** als erstrebenswert. Damit zeigt sich auch im beruflichen Kontext, analog der Maslowschen Bedürfnispyramide, ein Wandel weg von physiologischen und Sicherheitsbedürfnissen hin zu Selbstverwirklichungs- und Individualbedürfnissen (Maslow 1943). Die Generation Y verkörpert demnach jenen Wertewandel, welcher die Abkehr von materiellen Reichtümern propagiert und trägt diesen Wandel hinein in die Berufswelt (Löhr 2013).

Doch wie vielversprechend sind diese neuen Lebensentwürfe bezogen auf unser subjektives Wohlbefinden? Macht Geld allein tatsächlich nicht glücklich, und wenn ja, welche Konsequenzen lassen sich daraus für die Privatperson, aber auch auf politischer und unternehmerischer Ebene ableiten?

8.2 Wissenschaftliche Befunde

Geld und materieller Wohlstand zählen tatsächlich zu den drei großen **Korrelaten des Glücks**. Ganz oben auf der Liste der Dinge, die hauptverantwortlich für unser subjektives Wohlbefinden sind, stehen (Hartmann et al. 2002):

1. Stabile soziale Beziehungen und eine feste Partnerschaft
2. Religiosität und Übernahme von Weltanschauungen
3. Materieller Wohlstand und gesellschaftlicher Status

Unser Glücksempfinden steigt jedoch nicht zwangsläufig gemäß unserem materiellen Wohlstand an. Vielmehr zeigt sich, dass ein anwachsender Kontostand, sobald ein gewisser Wohlstand erreicht ist, nicht unweigerlich auch zu mehr Glück führt (Easterlin 2001).

8.2.1 Easterlin-Paradoxon

Dieses Phänomen ist nicht nur auf privater, sondern auch auf Länderebene beobachtbar. Im Rahmen des sog. Easterlin-Paradoxon kann festgestellt werden, dass trotz eines enorm gestiegenen Wohlstandes in den vergangenen Jahrzehnten das **Glücksempfinden einer Bevölkerung** unabhängig von diesem Trend zu sein scheint. Obwohl also die Wirtschaftskraft westlicher Länder gewachsen ist, ist das subjektive Wohlempfinden der Bevölkerung nicht merklich gestiegen. Dies zeigen auch die aktuellen Daten des sozioökonomischen Panels (SOEP) des Deutschen Instituts für Wirtschaftsforschung, welches jährlich 20.000 deutsche Haushalte bezüglich ihrer Lebenszufriedenheit auf einer Skala von 0 (ganz und gar unzufrieden) bis 10 (ganz und gar zufrieden) befragt. Demnach ist zwar das Pro-Kopf-Einkommen seit den 1980er-Jahren von durchschnittlich 20.000 Euro auf fast 35.000 Euro jährlich gestiegen, die durchschnittliche Lebenszufriedenheit stagniert jedoch um den Wert 7 (Gerstorf u. Schupp 2014).

» Es ist nicht schwer, Menschen zu finden, die mit 60 Jahren zehnmal so reich sind, als sie es mit 20 waren. Aber nicht einer von ihnen behauptet, er sei zehnmal so glücklich. (George Bernard Shaw, zitiert nach Weber 2014)

Dennoch haben vor allem die Befunde im Rahmen des Easterlin-Paradoxons in den letzten Jahren Kritik einstecken müssen und befeuerten einen bis heute andauernden Diskurs. Während Easterlin (2001) seine Ergebnisse wiederholt nachweisen konnte, gelangten Stevenson und Wolfers (2008) in ihren Forschungsarbeiten regelmäßig zu entgegengesetzten Resultaten: Die durchschnittliche Zufriedenheit steige parallel zum Wirtschaftswachstum einer Nation. Es ist daher sinnvoll, einen differenzierteren Blick auf das Thema Geld und Glück zu werfen und dabei beispielsweise auch Aspekte der Situation bzw. des persönlichen Standpunktes mit einzubeziehen.

So kann etwa argumentiert werden, das Sprichwort „Geld allein macht nicht glücklich" diene lediglich als Rechtfertigung der Reichen und Mächtigen, um Neid und Missgunst zu schmälern, die eigene Macht zu sichern und einen sozialen Aufstand zu vermeiden. Zugleich dient das Sprichwort jedoch auch finanzschwachen Schichten als Rechtfertigung für den eigenen sozialen Status und hilft **kognitive Dissonanz** zu reduzieren. Darunter versteht sich ein als aversiv empfundener motivationaler Gefühlszustand, welcher auftritt, sobald Wahrnehmungen, Einstellungen oder Wünsche nicht miteinander vereinbar scheinen. Durch das Abwerten des zuvor als erstrebenswert angesehenen finanziellen Reichtums kann dieser unangenehme Gefühlszustand aufgehoben werden.

» Es stimmt, dass Geld nicht glücklich macht. Allerdings meint man damit das Geld der anderen. (George Bernard Shaw, zitiert nach Weber 2014)

8.2.2 Geldsegen und Geldverlust

Des Weiteren sollte auch der situative Einfluss auf das menschliche Verhalten bei der Betrachtung des Zusammenhangs von Geld und Glücksempfinden nicht außen vor gelassen werden. Es gilt beispielsweise zwischen einem **unerwarteten Geldsegen** und einem regelmäßigen Einkommen zu unterscheiden. Während das regelmäßige Einkommen, wie bereits erwähnt, ab einem bestimmten Grad – man geht etwa von einem Jahreseinkommen von 50.000 US-Dollar aus – das persönliche Wohlbefinden längerfristig nicht weiter steigern kann, kann ein unerwarteter Geldsegen – bereits ab wenigen Cent – eine Auswirkung auf das persönliche Wohlbefinden haben. So zeigte eine Studie von Levin und Isen (1972), dass Personen, welche zuvor eine Münze im Rückgabefach eines öffentlichen Telefons gefunden hatten, danach deutlich besserer Stimmung waren. Interessanterweise zeigten diese Personen auch ein deutlich **prosozialeres Verhalten** in Folgesituationen. Während lediglich 4 % der Personen, welche keine Münzen gefunden hatten, einem Mann dabei halfen einen fallengelassenen Stapel Papiere einzusammeln, erwiesen sich ganze 84 % derjenigen, die einen plötzlichen „Geldsegen" erhalten hatten, als hilfsbereit. Vielleicht liegt das Geheimnis des Glücks ja gar nicht im Besitzen, sondern im Geben?

Analog zum unerwarteten Gewinn spielt vor allem auch der **Verlust von Geld** eine große Rolle in Bezug auf das persönliche Wohlbefinden und gezeigte Verhaltenstendenzen. Unter der sog. Verlustaversion versteht man in Psychologie und Ökonomie die Neigung, Verluste höher zu gewichten als Gewinne. So ärgert man sich etwa über den Verlust von 100 Euro stärker, als man sich über den Gewinn von 100 Euro freuen würde (Kahneman u. Tversky 1979). Insbesondere unser Verhalten am Aktienmarkt wird maßgeblich durch die Angst vor Verlusten gesteuert und führt beispielsweise dazu, dass steigende Aktien zu früh und sinkende Aktien zu spät veräußert werden (Shefrin u. Statman 1985).

8.2.3 Gesundheit, Liebe und Glück

Letztendlich stellt sich bezüglich der Überlegung, ob Geld alleine glücklich macht, natürlich auch die Frage, was sich mit Geld überhaupt kaufen lässt. So wird Geld beispielsweise oftmals mit Macht, Kontrolle und Sicherheit gleichgesetzt und bedient damit grundlegende Bedürfnisse des Menschen (▶ Kap. 7). Geld ist zudem ein sog. **generalisierter Verstärker**, welcher sämtliche primären (z. B. Essen, Wärme) und sekundären (z. B. Lob) Bedürfnisse abdeckt und damit die Verfügbarkeit über Verstärker aller Art sicherstellt (Wiswede 2012).

Oft angemerkt wird natürlich, dass sich etwa Gesundheit und Liebe nicht kaufen ließen, doch auch hier muss differenzierter unterschieden werden. Natürlich lässt sich **Gesundheit** nicht kaufen, doch es kann ebenso wenig bestritten werden, dass Geld dabei helfen kann, diese wiederzugewinnen bzw. aufrechtzuerhalten. Nicht nur im umstrittenen amerikanischen, auch im deutschen Gesundheitssystem lässt sich dieses Phänomen trotz einer gesetzlich verpflichtenden Krankenversicherung beobachten. Diese Begebenheit zeigt sich schon im Kleinen, etwa bei der Verfügbarkeit von Arztterminen, ist aber auch bei der Chefarztbehandlung von Privatpatienten oder im illegalen Bereich – Stichwort Organspendeskandal – zu beobachten. Aktuelle Zahlen des SOEP unterstützen diese Beobachtungen (Gerstorf u. Schupp 2014). Demnach leben wohlhabende Frauen im Durchschnitt 3,5 Jahre länger als unvermögende. Bei den Männern ist dieser Unterschied sogar noch deutlicher ausgeprägt. Hier kann davon ausgegangen werden, dass Finanzschwache ganze 5 Jahre früher sterben. Diese starke Differenz mag neben der besseren Gesundheitsversorgung gut situierter Personen auch darauf zurückzuführen sein, dass diese seltener harte körperliche Arbeit leisten müssen.

In Bezug auf die **Liebe**, sei sie romantischer oder freundschaftlicher Natur, mag es für wohlhabende Personen zeitweise schwieriger sein, zwischen wahren und falschen Freunden zu unterscheiden. Fakt ist aber auch, dass es gerade einmal 36 % der befragten Frauen einer Studie der Comdirect aus dem Jahr 2012 in Ordnung fänden, wenn ihr Partner weniger Geld nach Hause brächte als sie selbst. Zudem scheint der Kontostand des Mannes auch Auswirkungen auf die Sexualität der Partnerin zu haben. Einer Studie aus dem Jahr 2009 zufolge kommen Frauen gut situierter Männer häufiger zum Orgasmus als Frauen finanzschwacher Männer (Pollet u. Nettle 2009). Der Kontostand des Mannes scheint demnach einen größeren Zusammenhang mit dem weiblichen Orgasmus aufzuweisen als seine allgemeine und körperliche Attraktivität. Der Evolutionspsychologe Thomas Pollet erklärt sich diesen Zusammenhang damit, dass der weibliche Orgasmus bereits seit Urzeiten die emotionale Bindung zu genetisch hochwertigen Männern festigen soll.

Das wohl entscheidendste Argument in Sachen Geld und Liebe dürfte jedoch wohl die Tatsache sein, dass verheiratete Menschen weitaus **glücklicher** sind als Alleinstehende. Einer Berechnung von Blanchflower und Oswald (2004) zufolge, belaufen sich die „Glückskosten" dafür, nicht verheiratet zu sein, im Jahr auf bis zu 100.000 US-Dollar. Das heißt, das Glücksniveau einer verheirateten Person ist genauso hoch wie das einer geschiedenen, nicht wieder verheirateten Person, die 100.000 US-Dollar mehr im Jahr verdient – unter der Voraussetzung, dass alle sonstigen Einflussfaktoren gleichgehalten werden. Neben dem Einkommen haben also viele weitere Faktoren einen Einfluss auf unser Glücksempfinden, welche die Stärke des Einflusses des Gehalts auf unser Glück moderieren oder sogar nivellieren.

Es kann demnach festgehalten werden: Wachsender Wohlstand macht Reiche langfristig nicht glücklicher, dafür aber Arme. Eine aktuelle Studie der University of British Columbia zeigt, dass Geld zwar nicht glücklich, aber zumindest weniger traurig macht (Kushlev et al. 2015). Demnach gab es zwar keinen Zusammenhang zwischen viel Geld und dem täglichen Glücksempfinden, wohl aber mit dem Gefühl des täglichen **Traurigseins**. Die Forschergruppe um Kushlev erklärte sich diesen Zusammenhang damit, dass Wohlhabende eher das Gefühl hätten, schwierige Situationen meistern zu können als Unvermögende. So sei ein Loch im Dach für vermögende Personen zwar ärgerlich, aber durchaus leicht zu beheben, wohingegen das lecke Dach für mittellose Personen ein längerfristiges Problem darstellen kann, welches auch das persönliche Wohlbefinden in Mitleidenschaft zieht. Der Vorteil von einkommensstarken Haushalten liegt demnach eher darin, aversive Emotionen abzufedern als positive heraufzubeschwören. Eine Ansicht, die auch ein anderes deutsches Sprichwort längst vertritt: „Wo Geld ist, da ist der Teufel; wo keins ist, da ist er zweimal".

Da sowohl im deutschen als auch im englischsprachigen Raum kein „Gegensprichwort" existiert und der Zusammenhang von Geld und Macht bereits in ▶ Kap. 7 erörtert wird, soll im Folgenden eine Reihe weiterer Sprichwörter zum Zusammenhang von Geld und Glück näher betrachtet werden. Im Mittelpunkt stehen dabei u. a. Negativauswüchse von Reichtum und das persönliche Anspruchsniveau.

8.3 Exkurs: „Geld macht einsam" und „Geld verdirbt den Charakter"

In der Politik wie in der Ökonomie ist oft davon die Rede, Geld sei da, um vermehrt zu werden.

> Geld allein macht nicht glücklich, es gehören auch noch Aktien, Gold und Grundstücke dazu. (Danny Kaye, zitiert nach Weber 2014)

Doch wenn immer größerer Reichtum langfristig nicht glücklicher macht, warum sollte der Mensch dann danach streben? Welche negativen Auswüchse bezüglich des persönlichen Wohlbefindens zieht Reichtum nach sich, und welche wissenschaftlichen Befunde der positiven Psychologie stellen übermäßigen Reichtum infrage? Im Folgenden werden einige interessante Aspekte herausgegriffen, welche versuchen, diese Fragen zu beantworten, und dabei helfen werden, ein besseres Verständnis bezüglich des Zusammenhangs von Geld und Glück zu erlangen.

8.3.1 Investieren von (Arbeits-)Zeit

Der US-amerikanische Schriftsteller Henry Louis Mencken sagte einst: „Der Hauptwert des Geldes besteht in der Tatsache, dass man in einer Welt lebt, in der es überbewertet ist." Hinter dieser Aussage verbirgt sich, was auch Aknin et al. (2009) in ihrer Studie feststellen konnten. Ihren Erkenntnissen zufolge scheinen wir dazu zu tendieren, den Einfluss von Geld auf das persönliche Wohlbefinden zu hoch einzuschätzen: So unterlagen die Versuchspersonen systematisch der Fehleinschätzung, dass ein geringeres Einkommen auch mit einer geringeren Lebenszufriedenheit gleichzusetzen sei.

Als Folge dieser Fehleinschätzung betreiben wir einen immer größeren Aufwand, um unser Einkommen und damit vermeintlich auch unsere Lebenszufriedenheit zu steigern. Im Endeffekt bedeutet dies, wir investieren immer mehr Zeit in unseren beruflichen Erfolg und bewirken damit genau das Gegenteil. Mogilner (2010) konnte zeigen: Wird anstelle von „Geld" implizit das Konstrukt „Zeit" aktiviert, verbringen wir mehr Zeit mit Freunden und Familie, anstatt zu arbeiten. Das heißt, ist uns anstelle eines Geldanreizes das Phänomen Zeit präsent, zeigen wir ein Verhalten, das grundsätzlich mit einem größeren persönlichen Wohlbefinden assoziiert wird. Im Gegensatz dazu führte die Aktivierung des Konstruktes „Geld" dazu, dass mehr gearbeitet und weniger soziale Kontakte gepflegt wurden, was wiederum nicht mit einem ansteigenden subjektiven Wohlbefinden in Verbindung gebracht werden konnte. Bezüglich ihrer Auswirkung auf das Glücksempfinden scheint Zeit eben nicht gleich Geld zu sein.

8.3.2 Auswirkungen auf das Sozialverhalten

Daneben liegen Befunde bezogen auf den Zusammenhang von Geld und **schädlichem Sozialverhalten** vor, die den beiden wichtigen Korrelaten des Glücks – Geld und stabilen Beziehungen – zu widersprechen scheinen.

Bereits Marx und Engels (1867) hielten Geld für die „Wurzel allen Übels" und die Ursache für die wachsende zwischenmenschliche Entfremdung – eine Annahme, die auch Vohs et al. (2006) verfolgten: Sie zeigten, dass subliminal induzierte Gedanken an Geld dazu führten, dass seltener Hilfe in Anspruch genommen wurde, ein größerer räumlicher Abstand zu anderen Personen gesucht und mit größerer Wahrscheinlichkeit eine Freizeitbeschäftigung ausgewählt wurde, welche man auch alleine ausüben konnte. Geld fördert demnach individualistische Tendenzen, senkt die gemeinschaftliche Motivation und kann daher in Extremfällen tatsächlich auch einsam machen.

> » [Wohlstand] mindert unser Glück und belastet unsere Psyche. Geld und Reichtum führen tendenziell zur Auflösung alter, traditioneller Gemeinschaften, enger Familienbande und verlässlicher Freundschaften, und damit zu Einsamkeit und Isolation. Überspitzt formuliert könnte man sagen: In unserer Wohlstandsgesellschaft haben wir fast alles im Überfluss, nur eins nicht – zwischenmenschliche Nähe. (Kast 2012, S. 1)

Das Beschaffen und Besitzen von Geld kostet demnach eben nicht nur Zeit, welche wir nicht im Kreis von Freunden und Familie verbringen können, sondern führt auch dazu, dass wir nicht länger das Gefühl haben, auf zwischenmenschliche Beziehungen angewiesen zu sein und diese pflegen zu müssen.

8.3.3 Set-Point-Theorie des Glücks

Vorgestellt werden die sog. Set-Point-Theorie des Glücks und die Auswirkungen unseres persönlichen Anspruchsniveaus auf unser Glücksempfinden. Eine der wohl bekanntesten Studien der positiven Psychologie untersuchte bereits 1978 die langfristigen Auswirkungen eines Lotteriegewinns bzw. einer Querschnittslähmung auf das persönliche Wohlbefinden (Brickman et al. 1978). Die überraschenden Ergebnisse zeigten, dass sowohl 1 Jahr nach einem Lottogewinn als nach Beginn der Erkrankung das persönliche Wohlbefinden wieder jenes Niveau erreicht, das die Person vor dem (Un-)Glücksfall aufwies.

Ist unser Glück also gar nicht so stark von äußeren Gegebenheiten abhängig und beeinflussbar, sondern kreisen wir vielmehr um ein relativ stabiles **Glückslevel**? Die Set-Point-Theorie des Glücks versucht zu erklären, warum immer größerer Wachstum und Reichtum nicht auch gleichbedeutend mit einem Anstieg des Glücksempfindens sind. Verantwortlich dafür ist u. a. das **Anspruchsniveau einer Person**, welches maßgeblich daran beteiligt ist, wie glücklich und zufrieden wir mit dem Ausgang, d. h. dem erreichten Ziel, in einer bestimmten Situation sind.

Fundierte Erkenntnisse zum Einfluss des Anspruchsniveaus konnten mithilfe der Feldtheorie von Kurt Lewin gewonnen werden (Lewin et al. 2012). Demnach senken Misserfolge unser Anspruchsniveau, während Erfolge, beispielsweise ein höheres Einkommen, unser Anspruchsniveau steigern. Es kann daher auch von einem **Gewöhnungseffekt** gesprochen werden, wenn es darum geht, welchen Einfluss ein wachsendes Einkommen auf unser Wohlbefinden hat.

8.3.4 Bedeutung des sozialen Vergleichs

Von besonderer Bedeutung ist in diesem Zusammenhang auch der soziale Vergleich mit anderen Personen, denn Forschungsergebnisse zeigen: Geld kann tatsächlich glücklicher machen – vorausgesetzt man hat mehr als die Vergleichsgruppe. Von Wert ist demnach vielmehr der **gesellschaftliche Status** als Folgeerscheinung von Reichtum als der wachsende Wohlstand selbst. Diese Erkenntnisse lassen uns auch das Phänomen des Easterlin-Paradoxons besser verstehen. Demnach kann der allgemein steigende Wohlstand gar nicht zu mehr Glücksempfinden führen, da alle reicher werden, und es daher zu keinen Änderungen der sozialen und gesellschaftlichen Rangordnung kommt. Unterstützung findet diese These abermals durch die Daten des sozioökonomischen Panels (SOEP), wonach eine Beförderung, die dazu führt, dass man mehr verdient als die Kollegen, tatsächlich auch das persönliche Wohlbefinden ansteigen lässt (Gerstorf u. Schupp 2014). Insbesondere für Männer zählt die Faustregel: Nur wenn die Gehaltserhöhung einen zum Reichsten der Vergleichsgruppe macht, bedeutet mehr Geld auch ein höheres Maß an persönlichem Wohlbefinden.

Der Zusammenhang von Geld und Glück steht demnach in einer komplexen Wechselwirkung, die selten den einfachen Schluss zulässt, dass mehr Geld auch größeres Glück bedeutet. Vielmehr gilt es, anstelle von bloßem Wachstum viele andere Komponenten, welche einen Einfluss auf das persönliche Glück haben, zu berücksichtigen. Mit Fug und Recht kann somit der oftmals von Politik und Wirtschaft geforderte immer größere Reichtum infrage gestellt werden. Doch welche Implikationen ergeben sich aus diesen Erkenntnissen für das weitere Vorgehen in der Glücksforschung, aber auch für das einzelne Individuum sowie die Politik und Wirtschaft?

8.4 Implikationen für die Praxis

Mögliche Anwendungsbereiche finden sich bislang sowohl beim Individuum selbst wie auch auf politischer und wirtschaftlicher Ebene.

8.4.1 Individuelle Ebene

So lassen die hier dargestellten Erkenntnisse auf individuellem Level etwa die einfache Überlegung zu: „Bin ich mit dem mir zur Verfügung stehenden Vermögen nicht zufrieden, muss ich entweder mein Einkommen erhöhen oder mein Anspruchsniveau senken." Das ist natürlich leichter gesagt als getan und lässt vielerlei weitere wichtige Einflussfaktoren außen vor, spiegelt aber dennoch wider, wie wichtig **eigene Erwartungen** für das persönliche Wohlbefinden sind.

Alternativ gibt man sein Geld vielleicht auch einfach nicht für die richtigen Dinge aus. So geben Dunn et al. (2011) folgende 8 Empfehlungen, die **Konsumenten** dabei unterstützen sollen, mehr Glück für ihr Geld zu bekommen.

Empfehlungen zum Konsumverhalten zur Steigerung des Glücks (Dunn et al. 2011)

1. Verwende dein Geld für Erfahrungen und Erlebnisse anstatt für materielle Güter.
2. Nutze dein Geld, um andere zu begünstigen anstatt dich selbst.
3. Investiere in viele kleine anstelle von wenigen großen Freuden.
4. Meide längere Bürgschaften oder andere Formen von überteuerten Versicherungen.
5. Zögere deinen Konsum hinaus.
6. Bedenke, ob nebensächliche Anschaffungen deinen Alltag beeinflussen.
7. Vermeide Wettbewerbsgedanken beim Kauf von Gütern.
8. Achte auf das Glück anderer.

8.4.2 Politik

Doch nicht nur auf individueller, sondern auch auf politischer Ebene finden die vorgelegten Erkenntnisse, insbesondere das **Easterlin-Paradoxon**, Beachtung. So werden etwa Stimmen laut, welche anstelle des Bruttoinlandsproduktes das Glücksempfinden einer Nation als Leistungsindikator erheben wollen (Herrmann 2014). Die Grundüberlegung: Politiker sollten sich mehr um das Wohlbefinden der Bevölkerung als um das Wirtschaftswachstum sorgen.

Doch aktuelle Geschehnisse, etwa die steigende Zahl an Suiziden in Griechenland, zeigen auch, dass die Politik in erster Linie dafür verantwortlich zeichnen muss, die richtigen Rahmenbedingungen zu schaffen, die ein glückliches Leben ermöglichen. Dazu zählt zuallererst die **Sicherstellung von Arbeitsplätzen**, hat doch der Verlust derselben die größte negative Auswirkung auf unser Glücksempfinden – stärker noch als eine Scheidung etwa (Frey u. Frey 2010). Zudem kann unser ständig steigendes Anspruchsniveau aber eben oftmals auch nur durch steigendes Wirtschaftswachstum befriedigt werden.

8.4.3 Wirtschaft

Andererseits müssen auch Unternehmen dem angenommenen gesellschaftlichen Wandel Rechnung tragen. Hier gilt es, sich stärker darauf einzustellen, den wachsenden Bedürfnissen der heutigen und zukünftigen Arbeitnehmer in Bezug auf die **Vereinbarkeit von Beruf und Familie** gerecht zu werden. Die sich ändernden Bedürfnisse, insbesondere jene der Generation Y, wonach Prestige und Vergütung einen immer geringeren Stellenwert einnehmen, zeigen, dass anstelle des Geldes die Zufriedenheit der Mitarbeiter immer stärker in den Fokus rücken muss. Wichtiger als je zuvor wird es demnach sein, Mitarbeiter an das Unternehmen zu binden und dabei zu helfen, den Job zur Berufung zu machen.

Wie den aufgeführten Überlegungen bereits zu entnehmen war, ist das Feld der **positiven Psychologie** wenig theoriegetrieben, sondern lebt hauptsächlich von experimentellen wissenschaftlichen Befunden. Ziel zukünftiger Forschung muss es demnach sein, die gewonnenen Erkenntnisse – etwa analog qualitativer Forschungsmethoden – zu nutzen, um allgemeingültige Theorien abzuleiten. Nur so kann sichergestellt werden, dass die gewonnenen Befunde in der Praxis wahrgenommen werden und eine sinnvolle Anwendung erfahren.

8.5 Fazit

Insgesamt kann in Bezug auf den Einfluss von Geld auf Gesundheit, Liebe und Glück festgehalten werden, dass Geld zwar nicht glücklich, aber zumindest weniger traurig macht. Der langfristige Vorteil von einkommensstarken Haushalten liegt also eher darin, aversive Emotionen abzufedern als positive heraufzubeschwören, und bestätigt somit, was ein altes deutsches Sprichwort längst propagiert: „Geld allein macht nicht glücklich".

Doch es wäre zynisch, einer hart arbeitenden Bevölkerung vorzuhalten, mehr Geld würde nicht glücklicher machen. Der Einfluss von Geld auf das persönliche Wohlbefinden muss daher sehr differenziert betrachtet und mögliche Empfehlungen mit äußerster Vorsicht ausgesprochen werden. Vor allem, da es sich bei den Untersuchungen lediglich um Durchschnittswerte handelt, die zwar einen allgemeinen Trend erklären können, jedoch nicht unbedingt für den Einzelnen von Bedeutung sind. Vielleicht muss am Ende einfach jeder eine eigene Antwort auf die Frage aller Fragen finden: Wie viel Geld benötige ich, um glücklich zu sein, und welche Kosten bin ich dafür bereit zu zahlen? Eine differenzierte und bewusste Auseinandersetzung mit dem Thema Geld und Glück ist dabei sicherlich ein erster Schritt in die richtige Richtung.

» Geld haben ist schön, solange man nicht die Freude an Dingen verloren hat, die man nicht mit Geld kaufen kann. (Salvador Dalí)

Literaturverzeichnis

Aknin, L. B., Norton, M. I., & Dunn, E. W. (2009). From wealth to well-being? Money matters, but less than people think. *The Journal of Positive Psychology* 4(6), 523–527.

Blanchflower, D. G., & Oswald, A. J. (2004). Well-being over time in Britain and the USA. *Journal of Public Economics* 88(7), 1359–1386.

Brickman, P., Coates, D., & Janoff-Bulman, R. (1978). Lottery winners and accident victims: Is happiness relative? *Journal of Personality and Social Psychology* 36(8), 917.

Comdirect (2012). Umfrage zum Weltfrauentag: Für jede dritte Frau ist das Einkommen des Partners zweitrangig. http://www.comdirect.de/cms/ueberuns/de/presse/cori1088_0759.html. Zugegriffen: 25. Februar 2015.

Dunn, E. W., Gilbert, D. T., & Wilson, T. D. (2011). If money doesn't make you happy, then you probably aren't spending it right. *Journal of Consumer Psychology* 21(2), 115–125.

Easterlin, R. A. (2001). Income and happiness: Towards a unified theory. *The Economic Journal* 111(473), 465–484.

Eysenck, H. J., & Eysenck, M. W. (1994). *Happiness: Facts and Myths*. Oxford, UK: Psychology Press.

Frey, B., & Frey, C. (2010). Glück: Die Sicht der Ökonomie. *Wirtschaftsdienst* 90(7), 458–463.

Gerstorf, S., & Schupp, J. (Eds.). (2014). SOEP Wave Report 2013. http://www.diw.de/de/diw_01.c.423914.de/publikationen_veranstaltungen/publikationen/soep_wave_report/soep_wave_report.html?id=diw_01.c.423914.de&y%5B%5D=2015&y%5B%5D=2008&i=&action=anwenden. Zugegriffen: 20. März 2016.

Hartmann, U., Schneider, U., & Emrich, H. M. (2002). Gefühlswelt. Auf der Jagd nach dem Glück. *Gehirn und Geist* 4, 10–15.

Herrmann, S. (2014). Wie Politiker Bürger zufriedener machen können. *Süddeutsche Zeitung*. Artikel vom 16. November 2014. http://www.sueddeutsche.de/wissen/gluecksforschung-wie-politiker-buerger-zufriedener-machen-koennen-1.2220451. Zugegriffen: 20. März 2016.

Inglehart, R. (1977). *The silent revolution* (Vol. 8). Princeton: Princeton University Press.

Kahneman, D., & Tversky, A. (1979). Prospect theory: An analysis of decision under risk. *Econometrica: Journal of the Econometric Society*, 263–291.

Kast, B. (2012). Die Risiken des Reichtums. *Zeit Online*. Artikel vom 12. Mai 2012. http://www.zeit.de/wissen/2012-05/geld-psychologie-kast. Zugegriffen: 07. April 2016.

Kushlev, K., Dunn, E. W., & Lucas, R. E. (2015). Higher Income Is Associated With Less Daily Sadness but not More Daily Happiness. *Social Psychological and Personality Science* 6(5): 483–489.

Levin, P. F., & Isen, A. M. (1975). Further studies on the effect of feeling good on helping. *Sociometry*, 141–147.

Lewin, K. Lang A., Lohr W., & Frey D. (2012). *Feldtheorie in den Sozialwissenschaften*, 2. Aufl. Bern: Huber.

Löhr, J. (2013). Generation Y – Freizeit als Statussymbol. Frankfurter Allgemeine. Artikel vom 10. Juni 2013. http://www.faz.net/aktuell/beruf-chance/arbeitswelt/generation-y/generationy-freizeit-als-statussymbol-12212620.html. Zugegriffen: 10. März 2016.

Marx, K., & Engels, F. (1867). *Das Kapital: Kritik der politischen Ökonomie (Vol. 1, No. 1)*. Hamburg: Otto Meissner.

Maslow, A. H. (1943). A theory of human motivation. *Psychological Review* 50(4), 370.

Mogilner, C. (2010). The pursuit of happiness: time, money, and social connection. *Psychological Science* 21(9), 1348–1354.

Pollet, T. V., & Nettle, D. (2009). Partner wealth predicts self-reported orgasm frequency in a sample of Chinese women. *Evolution and Human Behavior* 30(2), 146–151.

Seligman, M. E. (2014). *Der Glücks-Faktor: Warum Optimisten länger leben*. Köln: Bastei Lübbe.

Shefrin, H., & Statman, M. (1985). The disposition to sell winners too early and ride losers too long: Theory and evidence. *The Journal of Finance* 40(3), 777–790.

Stevenson, B. & Wolfers, J. (2008). *Economic growth and subjective well-being: Reassessing the Easterlin paradox* (No. w14282). Cambridge, MA: National Bureau of Economic Research.

Vohs, K. D., Mead, N. L., & Goode, M. R. (2006). The psychological consequences of money. *Science* 314, 1154–1156.

Weber, F. (2014). *Tausenderlei über das Glück: 1000 Zitate, Aphorismen, Bonmots zum Glück*. Marburg: BoD Books on Demand GmbH.

Wiswede, G. (2012). *Einführung in die Wirtschaftspsychologie* (5. Aufl.). Stuttgart: UTB.

Lebensgestaltung und Lebensbewältigung

Kapitel 9 Wo die Liebe hinfällt, da bleibt sie liegen – 69
Wiebke Erk

Kapitel 10 Vertrauen ist gut, Kontrolle ist besser – 81
Svetlana Jung

Kapitel 11 Lügen haben kurze Beine – Ehrlich währt am längsten – 89
Verena Speth

Wo die Liebe hinfällt, da bleibt sie liegen

Wiebke Erk

© Springer-Verlag Berlin Heidelberg 2017
D. Frey (Hrsg.), *Psychologie der Sprichwörter*,
DOI 10.1007/978-3-662-50381-2_9

9.1 Einleitung

„Wo die Liebe hinfällt, … " ist ein Sprichwort, das auf eine ungewöhnliche oder überraschende Partnerwahl aufmerksam macht und somit der Liebe ein gewisses Maß an Unberechenbarkeit zuschreibt. Das Sprichwort wird vor allem angewendet, wenn über ein Liebespaar gesprochen wird, welches unerwartet zueinander gefunden hat und bei dem die Partner im Auge des Betrachters nicht zueinander passen. Das Sprichwort wird im Volksmund gerne durch Nebensätze ergänzt. Die bekanntesten Ergänzungen sind „da wächst kein Gras mehr" sowie „da bleibt sie liegen". „Wo die Liebe hinfällt, da wächst kein Gras mehr" drückt – ähnlich wie „Liebe macht blind" – aus, dass der Liebste im Mittelpunkt steht und alles andere nachrangig ist, vergessen wird oder keine Rolle mehr spielt. „Wo die Liebe hinfällt, da bleibt sie liegen" ist hingegen ein Ausdruck der Überzeugung, dass Liebe ewig währt.

Diese Überzeugung findet sich auch in anderen Sprichwörtern wieder wie „Alte Liebe rostet nicht", das besagt, dass die Liebe bis ins hohe Alter anhält und keineswegs nachlässt, sondern konstant bestehen bleibt. Weniger idealisierend ist im Gegensatz dazu der Ausspruch „Liebe ist vergänglich". Er widerspricht der Vorstellung von ewiger Liebe, indem er die Vergänglichkeit aller Dinge auch der Liebe zuschreibt. Es besteht im Volksmund demnach Uneinigkeit über die Beständigkeit von Liebe.

Auf die Frage, welches dieser Sprichwörter seine Berechtigung hat und den wahren Verlauf von Liebe beschreibt, können die Psychologie und ihre Befunde eine Antwort geben. Dafür ist es hilfreich, sich zuerst mit dem Konzept der Liebe und ihrer Entstehung näher zu befassen.

9.2 Konzeption von Liebe

Liebe – jeder hat sie bereits erfahren, doch für die meisten bleibt sie dennoch ein Mysterium. Schon allein die Definition des Begriffs stellt ein großes Hindernis in der Liebesforschung dar. Fehr und Russell (1991) befragten Studierende, um herauszufinden, wie viele Arten von Liebe sie aufzählen können. 216 Arten von Liebe wurden dabei mindestens einmal genannt. Unter den am häufigsten genannten Begriffen befanden sich die Freundschaft, die sexuelle Liebe, die elterliche Liebe und die Geschwisterliebe. Dieses Ergebnis zeigt, dass der Begriff „Liebe" vielschichtig und mehrdeutig ist. Letztendlich bildeten sich zwei große Bereiche heraus, die partnerschaftliche Liebe (Freundschaft, Zuneigung und Familiarität) und die leidenschaftlichen Liebe (Romantik und Sexualität). Auf der Suche nach einer gemeinsamen Bestimmung des Konzepts nutzen auch andere Forscher diesen psychometrischen Ansatz, um verschiedene Modelle und Theorien zu entwickeln. Eine der bekanntesten Theorien stellt dabei das **Dreiecksmodell der Liebe** von Sternberg (1986) dar. Seinem Modell nach besteht Liebe aus den folgenden drei Komponenten:

- Leidenschaft (motivationale Komponente)
- Intimität (emotionale Komponente)
- Commitment (kognitive Komponente)

Die Kombinationen der einzelnen Elemente ergeben nach Sternberg (1986) 8 verschiedene Arten von Liebe. Hendrick und Hendrick (1986) sprechen hingegen von 6 verschiedenen Arten der Liebe: „eros", „storge", „agape", „ludus", „mania" und „pragma". Hinter diesen Begriffen verstecken sich Typen wie die romantische, leidenschaftliche, freundschaftliche, altruistische oder auch die praktische Liebe.

Am weitesten verbreitet ist jedoch das **Modell von Berscheid** (2010). Sie unterscheidet vier fundamentale Typen von Liebe:
- Romantische Liebe
- Partnerschaftliche Liebe
- Liebe aus Mitgefühl
- Liebe als Bindung

Die beiden prominentesten Arten sind dabei zum einen die romantische Liebe, welche einen starken emotionalen Zustand beschreibt, der durch emotionale Extreme, physiologische Erregung und sexuelle Anziehung gekennzeichnet ist, und zum anderen die partnerschaftliche Liebe, welche durch freundschaftliche Zuneigung und tiefe Verbundenheit charakterisiert wird.

Im Alltag spricht man zumeist über die romantische oder partnerschaftliche Liebe. Betrachtet man Geschlechterunterschiede in Bezug auf die Liebe, zeigt sich, im Gegensatz zu der weitverbreiteten Annahme, dass Frauen romantischer seien als Männer, ein Widerspruch. Befunde zeigen, dass Männer eine romantischere und leidenschaftlichere Vorstellung von Liebe haben als Frauen und Frauen eher eine pragmatischere Vorstellung aufweisen (Fehr u. Broughton 2001).

Auch gibt es kulturelle Unterschiede. So hat die romantische Liebe in kollektivistischen Gesellschaften eine geringere Bedeutung als in individualistischen Gesellschaften (Dion u. Dion 2001). In manchen Kulturen, z. B. in Teilen der arabischen Welt, ist der Begriff der romantischen Liebe sogar völlig unbekannt (Oghia 2015). Um die Komplexität einzuschränken, wird im Folgenden von individualistischen, westlichen Gesellschaften ausgegangen.

9.3 Entstehung von Liebe und Partnerschaft

Laut McAdams (1989) verfügt jeder Mensch über ein **Zugehörigkeitsbedürfnis**, das sich durch den Wunsch, soziale Beziehungen aufzubauen und zu erhalten, äußert. Dieses fundamentale Bedürfnis legt den Grundstein für die Entstehung von Liebe.

Um den Wahrheitsgehalt des Sprichworts „Wo die Liebe hinfällt" und damit die Unvorhersehbarkeit und Willkür der Liebe bzw. der Partnerwahl näher zu prüfen, müssen verschiedene Ansätze betrachtet werden. Falls die Entstehung von Liebe spezifischen Kriterien unterliegt, kann davon ausgegangen werden, dass sie einem Muster folgt und demnach nicht willkürlich ist. Für diesen Fall stellt das Sprichwort „Liebe auf den ersten Blick" eine mögliche Alternative dar. Sind jedoch keine allgemeingültigen Kriterien erkennbar, würde dies das Sprichwort „Wo die Liebe hinfällt" rechtfertigen.

9.3.1 Evolutionsbiologischer Ansatz

Aus evolutionsbiologischer Perspektive lässt sich argumentieren, dass die **Auswahl des Partners** durch Faktoren bestimmt wird, die die Empfängnis, die Geburt und das Überleben der Nachkommen begünstigen. Dabei gibt es klare Geschlechterunterschiede (Buss 2004).

Frauen müssen sehr selektiv in der Partnerwahl sein, da sie nur eine begrenzte Anzahl an Kindern bekommen und großziehen können. Deshalb fühlen sie sich von Männern, die älter sind und finanzielle Sicherheit bieten oder ambitioniert und intelligent sind, stärker angezogen. **Männer** hingegen können unzählige Kinder zeugen und erhöhen damit ihren Reproduktionserfolg. Sie suchen sich demnach Frauen, die jung und physisch attraktiv sind, was als Zeichen für Gesundheit und Fruchtbarkeit gelten (Buss 1989).

Außerdem nehmen Männer die **Gerüche** und **Stimmen** von Frauen, die sich nahe ihres Eisprungs befinden – d. h. in ihrer fruchtbaren Phase sind –, als angenehmer wahr als zu anderen Zeitpunkten des Zyklus (Garver-Apgar et al. 2008). Der Geruch spielt demnach auch eine Rolle bei der Partnerwahl, und das Sprichwort „Jemanden gut riechen können" erhält damit seine Daseinsberechtigung.

Nichtsdestotrotz werden andere Eigenschaften wie Humor, Zuverlässigkeit und Liebenswürdigkeit von Frauen und Männern als wichtiger bewertet als Alter und finanzielle Sicherheit (bei Männern) oder Jugend und Attraktivität (bei Frauen; Buss 1989).

9.3.2 Sozialpsychologischer Ansatz

Die erste Begegnung

Aus sozialpsychologischer Perspektive werden u. a. Aspekte wie Nähe, Attraktivität, Ähnlichkeit und Sympathie als Determinanten zur Entstehung von

Liebe diskutiert. Pauschal lässt sich sagen, dass man sich mit einer höheren Wahrscheinlichkeit von einer Person angezogen fühlt, der man häufig begegnet (Latane et al. 1995). Bezeichnend für diese Tatsache ist der sog. **Mere-Exposure-Effekt** (Zajonc 1968). Er besagt, dass man einen Reiz umso positiver bewertet, je öfter man diesem Reiz ausgesetzt ist. Der Mere-Exposure-Effekt tritt dabei auch bei unbewusstem Kontakt mit einer Person auf (Kuntz-Wilson u. Zajonc 1980).

Wichtig bezüglich des menschlichen Kontakts ist außerdem die **Reziprozität**. Getreu dem Motto „Wie du mir, so ich dir" beschreibt sie den gegenseitigen Austausch zwischen dem, was wir geben, und dem, was wir erhalten. Wendet man dieses Prinzip auf die Partnerwahl an, zeigt sich, dass man Personen auf den ersten Blick eher mag, die einem sofort das Gefühl vermitteln, dass sie einen auch mögen (Aron et al. 1989).

Andersherum konnte aber auch der **Hard-to-get-Effekt** nachgewiesen werden, welcher besagt, dass man sich eher in jemanden verliebt, dessen Zuneigung man sich verdienen muss. Damit bezieht sich der Effekt auf sozial selektive Menschen (Aronson u. Linder 1965).

Positive Auswirkungen physischer Attraktivität

Immer noch umstritten ist hingegen die Rolle physischer Attraktivität in der Partnerwahl. Gemäß dem Sprichwort „Liebe macht blind" wird der physischen Attraktivität ein geringer Einfluss bei der Partnerwahl zugeschrieben.

Die Forschungsergebnisse sprechen jedoch eher dafür, dass man sich wohlwollender gegenüber physisch attraktiven als gegenüber unattraktiveren Personen verhält (Patzer 2006). Dafür verantwortlich ist u. a. das Stereotyp **„What is beautiful is good"** (Dion et al. 1972). Es bezeichnet die Assoziation von physischer Attraktivität mit anderen wünschenswerten Qualitäten.

Doch nicht nur die absolute Schönheit, sondern auch die relative Schönheit einer Person spielt eine Rolle. So entsteht romantische Liebe eher zwischen Personen, welche ähnlich attraktiv sind (Matching-Hypothese; Feingold 1988).

Anziehung durch Ähnlichkeit

Gemäß dem Sprichwort „Gleich und gleich gesellt sich gern" ist die Ähnlichkeit zweier Personen jedoch nicht nur in Bezug auf die Attraktivität relevant.

Auffällig ist vor allem die **demografische Ähnlichkeit** von Partnern hinsichtlich Alter, Bildung, ethnischer Hintergrund, Religion, Größe, Intelligenz und sozioökonomischer Status (Warren 1966). Auch ähnliche Meinungen, Interessen und Werte (Luo u. Klohnen 2005) sowie ähnliche subjektive Erfahrungen, z. B. gemeinsam über etwas zu lachen (Pinel et al. 2006), haben einen Einfluss. Diese Ergebnisse widersprechen der Aussage, dass sich Gegensätze anziehen. Und tatsächlich konnten Luo und Klohnen (2005) zeigen, dass Gegensätzlichkeit keine Auswirkung auf die Anziehung zwischen zwei Personen hat.

Diese Erkenntnisse machen sich auch **Partnervermittlungen** zunutze, wenn sie mit dem Slogan „Liebe ist kein Zufall" werben. Die Partnersuche im Internet wird immer beliebter. Verkaufsargument der Partnervermittlungen ist demnach die Vorhersagbarkeit von Liebe. Sie setzen dabei auf manipulierbare Faktoren. Einzelne Charakteristika von Personen werden im Zuge der Vermittlung miteinander verglichen und gemäß ihrer Ähnlichkeit einander zugeordnet. Die Ähnlichkeit von Personen bildet demnach das primäre Auswahlkriterium. Das heißt, Partnervermittlungen bauen auf die Macht der Ähnlichkeit in der Entstehung von Liebe und negieren den Zufall. Sie würden also nie das Sprichwort „Wo die Liebe hinfällt" wählen.

Die Macht des Zufalls

Neben den genannten Faktoren, die von der Person selbst abhängen und damit eine gewisse Vorhersagbarkeit erlauben, gibt es weitere Komponenten, die völlig unabhängig von der Person zu Liebe führen können.

Dies beweist das berühmte Brückenexperiment von Dutton und Aron (1974). Sie konnten zeigen, dass Männer sich stärker zu einer attraktiven Frau hingezogen fühlen, wenn sie ihr auf einer schwankenden Brücke in großer Höhe begegnen. Diesen Effekt bezeichnet man als **Fehlattribution von Erregung**. Das heißt man ordnet körperliche Erregung (ausgelöst durch die Höhe der Hängebrücke) Reizen zu, die nicht dafür ursächlich sind (Attraktivität der

Frau). Die Person, auf die die Erregung attribuiert wird, ist somit willkürlich gewählt, was zu einer unvorhersehbaren Partnerwahl gemäß dem Sprichwort „Wo die Liebe hinfällt" führen kann.

Zusammengefasst lässt sich die Entstehung von Liebe also als ein Zusammenspiel mehrerer Faktoren beschreiben. Biologische Aspekte bilden dabei einen Bezugsrahmen, indem sie die Auswahl potenzieller Partner einschränken. Die **physische Nähe** stellt außerdem eine entscheidende Grundlage dar, indem sie zu einer Erhöhung der Häufigkeit des Kontakts zwischen Personen führt. Dadurch werden diese als positiver wahrgenommen und Vertrautheit wird geschaffen. Handelt es sich bei der Person, der man häufig begegnet, um eine physisch attraktive Person oder eine Person, die einem selbst besonders ähnlich ist, wird die **positive Wahrnehmung** zusätzlich verstärkt und man fühlt sich von der Person angezogen.

Die „Liebe auf den ersten Blick" ist anhand der aufgeführten Befunde somit denkbar. Zu all diesen planbaren Faktoren zählt jedoch auch der Zufall wie das Brückenexperiment von Dutton und Aron (1974) beweisen konnte. Mit ihm muss bei der Entstehung von Liebe und Partnerschaft gemäß „Wo die Liebe hinfällt" also immer gerechnet werden.

9.4 Beständigkeit von Liebe und Partnerschaft

Auch die Frage nach dem Bestehen bzw. der Vergänglichkeit von Liebe kann nicht so einfach beantwortet werden. Macht Liebe blind und führt daher dazu, dass sie ewig währt und nicht „rostet"? Oder ist Liebe vergänglich? Um den Wahrheitsgehalt der Sprichwörter zu prüfen, müssen die interindividuellen Veränderungen und die Wechselwirkung zwischen den Liebespartnern betrachtet werden. Bleibt die Liebe wirklich da liegen, wo sie hinfällt? Auch hier gibt es unterschiedliche Perspektiven und Erkenntnisse.

9.4.1 Evolutionsbiologischer Ansatz

Wie bereits erwähnt, befinden wir uns aus evolutionärer Sicht ständig auf der Suche nach dem optimalen Partner, um uns fortzupflanzen. Obwohl diese Suche als ein Vorteil bei der Vermehrung gilt, stellt sie jedoch eine Gefahr für eine stabile und langfristige Paarbeziehung dar.

Aus diesem Blickwinkel betrachtet, könnte sich die „Blindheit der Verliebten" als evolutionärer Vorteil durchgesetzt haben. Liebe wäre demnach ein psychologischer Mechanismus, um eine **langfristige Bindung von Paaren** zu fördern, indem sie unseren Wunsch zähmt, ständig nach dem optimalen, verfügbaren Partner zu suchen (Maner et al. 2008), und damit die Versorgung des Nachwuchses sichergestellt bleibt.

In der Wissenschaft gibt es zahlreiche Befunde, welche diese These unterstützen (Farley 2014; Miller u. Maner 2010; Murray et al. 1996). So stufen Männer, die sich in einer Beziehung befinden, die Attraktivität von anderen Frauen geringer ein als Single-Männer (Miller u. Maner 2010). Zeitgleich wird von einer Reduktion des sexuellen Verlangens mit fortschreitender Dauer der Partnerschaft berichtet (Ben-Ze'ev 1997).

Diese Befunde weisen darauf hin, dass Liebe tatsächlich blind macht bzw. zu einer selektiven Wahrnehmung führt, die eine wichtige adaptive Funktion hat. Außerdem scheint die Liebe darauf ausgerichtet zu sein, bestehen zu bleiben. Ganz wie die Ergänzung des Sprichworts „da bleibt sie liegen" es voraussagt.

9.4.2 Sozialpsychologischer Ansatz

Auch aus sozialpsychologischer Perspektiv gibt es einige Theorien, die sich auf die Beständigkeit von Liebe anwenden lassen. So liefern z. B. die soziale Austauschtheorie, die Equity-Theorie sowie der Sunk-Cost-Effekt eher rationale Herangehensweisen an die Fragestellung nach den beeinflussenden Faktoren und Bedingungen für eine lang anhaltende Partnerschaft. Auf die einzelnen Theorien wird nachfolgend näher eingegangen.

Partnerschaft als Austauschprozess

Die soziale Austauschtheorie basiert auf der Annahme, dass Menschen in ihren sozialen Beziehungen durch den Wunsch, ihren Profit zu maximieren (Liebe, Kameradschaft, Unterstützung, sexuelle Befriedigung) und ihren Verlust zu minimieren (Aufrechterhaltung der Beziehung, Konflikte, Kompromisse, Monogamie), genauso motiviert werden wie in geschäftlichen Angelegenheiten (Thibaut u. Kelley 1959). Demnach sind Beziehungen, die mehr Gewinn bringen und weniger Kosten verursachen, zufriedenstellender und halten länger. Aus dem Vergleich von erwartetem Gewinn und Verlust ergibt sich das sog. **Vergleichslevel** (Comparison Level = CL). Beziehungen, die dieses Level nicht erreichen, erscheinen in einem schlechteren Licht.

Angebot an alternativen Partnern

Neben dem CL spielt auch das **Vergleichslevel der Alternativen** (Comparison Level Alternatives = CL_{alt}) eine Rolle, welches beschreibt, was man von einer alternativen Situation erwarten würde (Drigotas u. Rusbult 1992). Falls jemand wenig akzeptable Alternativen hat (geringes CL_{alt}), dann neigt er eher dazu, in einer Beziehung zu bleiben, die seine Erwartungen nicht erfüllt und ihn dadurch nicht zufriedenstellt. Somit beeinflussen die Alternativen das Beziehungs-Commitment und die Beständigkeit der Partnerschaft.

Andererseits kann das **Commitment** wiederum die Wahrnehmung der Alternativen beeinflussen. Wie bereits angesprochen werden andere potenzielle Partner (Alternativen) als weniger anziehend beurteilt (Johnson u. Rusbult 1989). Zudem wird der eigene Partner und die eigene Beziehung durch eine „rosarote Brille" betrachtet (Collins u. Feeney 2000), und man ist eher dazu geneigt, zu vergeben und zu vergessen, falls der Partner einen enttäuscht oder betrügt (Drigotas et al. 1999). Daraus lässt sich schlussfolgern, dass eine positive Sichtweise auf den Partner eine glückliche und stabile Partnerschaft begünstigt (Murray et al. 1996).

Opfer für die Liebe

Ein weiteres Element der sozialen Austauschtheorie neben CL und CL_{alt}, welches ebenfalls das Commitment beeinflusst, stellt die **Investition** dar. Bei einer Investition handelt es sich um etwas, das eine Person in eine Beziehung einbringen muss und das sie am Ende der Beziehung nicht wieder zurückbekommen kann. Aufgrund dieser Investitionen, z. B. den verpassten alternativen Partnern, erhöht sich das Commitment für eine Beziehung. Infolgedessen bleibt die Partnerschaft eher erhalten (Rusbult u. Buunk 1993). Dieses Prinzip entspricht dem **Sunk-Cost-Effekt**, welcher sich darin äußert, dass man einem Bestreben eher folgt, wenn man bereits etwas investiert hat (Arkes u. Blumer 1985).

Die soziale Austauschtheorie ist demnach wichtig, da die Bilanz aus Investition und Nutzen und die potenziellen Alternativen das Commitment beeinflussen, welches ausschlaggebend dafür ist, wie lange Beziehungen halten.

Leider kann dieser normalerweise gewünschte Effekt von gesteigertem Commitment auch eine negative Seite haben, z. B. bei Frauen, die **häuslicher Gewalt** ausgesetzt sind (Rhatigan u. Axsom 2006). Zwar ist die Scheidungsrate bei Beziehungen, in denen Frauen von ihren Männern geschlagen werden, deutlich höher als bei gewaltfreien Beziehungen. Trotzdem gibt es einen kleinen Anteil von Frauen, der sich nicht von ihren Männern trennen möchte. Schließt man religiöse und kulturelle Hintergründe aus, kann die soziale Austauschtheorie eine plausible Erklärung hierfür liefern. Vor allem Frauen mit schlechten Alternativen (niedriges CL_{alt}), einem niedrigen CL und hohen Investitionen bleiben eher bei ihrem Mann, obwohl sie regelmäßig Gewalt erfahren (Rusbult u. Martz 1995).

Geben und Nehmen

Einen ähnlichen, austauschbasierten Ansatz vertritt auch die **Equity-Theorie**. Sie besagt, dass Menschen am zufriedensten mit ihrer Beziehung sind, wenn das Verhältnis von Vorteilen und Beiträgen für beide Partner ähnlich ist (Adams 1965). Wichtig ist also das Gleichgewicht zwischen den beiden Aspekten. Falls ein Ungleichgewicht entsteht, führt dies zu negativen Emotionen (Walster et al. 1978).

Nichtsdestotrotz spielt in Bezug auf die Zufriedenheit und die Dauer der Beziehung vor allem die Anzahl der Vorteile eine entscheidende Rolle. Denn je mehr positive Dinge jemand aus einer Beziehung ziehen kann, desto besser fühlt er sich in dieser (Cate u. Lloyd 1992). Das heißt, dass Faktoren der Beziehung selbst einen Einfluss darauf haben, ob die Liebe „liegen bleibt".

Selbstoffenbarung und Intimität

Die Beständigkeit von Liebe und Partnerschaft ist jedoch nicht alleine durch das Abwägen von Vor- und Nachteilen oder Alternativen bestimmt. In der Beziehung selbst beeinflusst auch der Grad der **Selbstoffenbarung** die Qualität und Stärke der Partnerschaft. Sie verändert sich im Laufe von Partnerschaften (Derlega et al. 1993). Die Wissenschaft zeigt, dass man sich mehr offenbart, je stärker man emotional involviert ist. Daraus lässt sich schließen, dass Paare, die ein höheres Level an Selbstoffenbarung zeigen, auch mehr Zufriedenheit, Commitment und Liebe empfinden (Sprecher u. Hendrick 2004).

Die soziale Penetrationstheorie fasst diesen Gedanken auf und besagt, dass in Beziehungen eine Entwicklung von oberflächlichem hin zu **intimerem Austausch** stattfindet. Anfangs geben Personen relativ wenig von sich preis und erhalten dafür auch wenig im Gegenzug. Wenn sich diese Interaktion jedoch als positiv erweist, wird der Austausch großflächiger und intensiver (Altman u. Taylor 1973). Dadurch verringert sich auch die Wahrscheinlichkeit, dass sich die Partner gegenseitig belügen (DePaulo u. Kashy 1998).

Ob eine Beziehung lange hält, ist also auch von der Tendenz der jeweiligen Person abhängig, sich anderen zu offenbaren und intime Gedanken zu teilen. Diese kann sich von Person zu Person bedeutend unterscheiden.

Bindungsstile in Partnerschaften

Genauso wie Personen sich in ihrer Tendenz zur Selbstoffenbarung unterscheiden, unterscheiden sie sich auch in ihrem jeweiligen Bindungsstil (Cassidy u. Shaver 1999). Die gleichen Bindungstypen, die bei Kleinkindern unterschieden werden, eignen sich auch zur Beschreibung der Bindung zwischen Erwachsenen. Dabei haben Kindheitserfahrungen einen Einfluss darauf, wie die späteren Beziehungen gestaltet werden.

Unabhängig von der Entstehung lässt sich in der Partnerschaft eine klare Verhaltenstendenz in Abhängigkeit des Bindungstypus feststellen (Mickelson et al. 1997). Unterschieden werden der sichere, der vermeidende und der ängstliche Bindungstyp:

- Personen mit einem **sichereren Bindungsstil** fällt es einfach, anderen nahe zu kommen. Dadurch haben sie zufriedenstellende Beziehungen, die glücklich und freundschaftlich sind und auf gegenseitigem Vertrauen basieren. Sichere Bindungstypen sind gutherzig und glauben an die Liebe.
- **Vermeidende Liebende** hingegen fühlen sich unwohl, wenn sie anderen nahe sind und zeigen mangelndes Vertrauen.
- **Ängstliche Partner** hingegen haben das Gefühl, dass andere ihnen ungern so nahe kommen, wie sie es gerne hätten, und sind ständig besorgt, dass ihr Partner sie nicht wirklich liebt und sie verlassen möchte.

Die einzelnen Bindungsstile haben entsprechend einen Einfluss auf die Beständigkeit von Liebe und Partnerschaft. So haben sichere Bindungstypen tendenziell längere Beziehungen (Powers et al. 2006) während vermeidende Bindungstypen die am wenigsten stabilen Beziehungen haben (Feeney u. Noller 1990).

Wichtig anzumerken ist jedoch auch, dass – obwohl die Bindungsstile relativ stabil sind – diese sich als Reaktion auf die Erfahrungen, die man in Beziehungen macht, verändern können (Baldwin u. Fehr 1995). Das heißt, die Beständigkeit von Liebe und Partnerschaft wird ebenfalls maßgeblich durch **frühere Beziehungen** und Partner bestimmt.

Persönlichkeit zählt

Nicht zuletzt haben aber auch Persönlichkeitsfaktoren einen Einfluss. So konnten zahlreiche Studien beweisen, dass hoher **Neurotizismus** zu größerer Unzufriedenheit und Instabilität in Beziehungen führt (Watson et al. 2000). Neurotische Partner erhöhen das Level an Unzufriedenheit in der Partnerschaft (Karney et al. 1994). Darüber hinaus weist lediglich **Verträglichkeit** einen positiven Effekt auf die Zufriedenheit auf (Watson et al. 2000), während die Befunde für Gewissenhaftigkeit, Extraversion und Offenheit keinen eindeutigen Schluss zulassen.

Die wissenschaftlichen Befunde zeigen somit, dass sich das Sprichwort „Wo die Liebe hinfällt, da bleibt sie liegen" nicht pauschal belegen lässt. Es gibt zwar Fälle, in denen es zutrifft, da jedoch eine Vielzahl von Faktoren einen Einfluss auf die Beständigkeit von Liebe und Partnerschaft haben, kann nicht von einer Allgemeingültigkeit ausgegangen werden.

9.4.3 Ehe und Scheidung

Wie Umfragen zeigen, ist **Heirat aus Liebe** für beide Geschlechter maßgeblich (Simpson et al. 1986). Daten des statistischen Bundesamtes aus dem Jahre 2013 offenbaren jedoch auch, dass nach den derzeitigen Scheidungsverhältnissen etwa 36 % aller in einem Jahr geschlossenen Ehen im Laufe der nächsten 25 Jahren geschieden werden. Betrachtet man die harten Fakten, scheint das Sprichwort „Wo die Liebe hinfällt, da bleibt sie liegen" in dieser Hinsicht mehr einer Idealisierung als der Realität zu entsprechen. Es stellt sich aber auch die Frage, wie Ehen sich über die Zeit entwickeln und warum manche aufgelöst werden und andere erhalten bleiben.

Entwicklungsmuster der Ehe

Grundsätzlich ist erkennbar, dass in der Gruppe der frisch Verheirateten die Liebeswerte am höchsten sind, bei jungen Eltern etwas niedriger ausfallen und am tiefsten liegen, wenn die Kinder ausgezogen sind (Tucker u. Aron 1993). Die Suche nach einem typischen **Entwicklungsmuster** ergibt jedoch ambivalente Ergebnisse: Zum einen sind alle Ehen unterschiedlich und daher nur sehr eingeschränkt vergleichbar; zum anderen lassen sich Muster in Langzeitstudien erkennen.

So untersuchte z. B. Kurdek (1999) verheiratete Paare über einen Zeitraum von 10 Jahren. Jedes Jahr wurde die **Zufriedenheit der Partner** gemessen. Die Ergebnisse zeigen eine allgemeine Abnahme der Qualität der Ehe sowohl für Frauen wie auch für Männer, vor allem stachen dabei zwei starke Abnahmezeitpunkte hervor. Frisch verheiratete Paare neigen dazu, sich gegenseitig zu idealisieren, und profitieren noch vom anfänglichen Eheglück (Murray et al. 1996). Auf diese Flitterwochenphase folgt jedoch bald eine Abnahme der Zufriedenheit. Nach einer relativ stabilen Phase ist eine weitere starke Abnahme nach 8 Jahren Ehe erkennbar. Dieser Befund ist konsistent mit dem berüchtigten „verflixten siebten Jahr" (Kovacs 1983). Auch stellte sich heraus, dass Partner mit ihrer Ehe umso zufriedener sind, je mehr neue Erfahrungen sie miteinander machen (Aron et al. 2000). Auf der anderen Seite kommt es eher zu einer Scheidung, wenn die anfängliche Abnahme der Zufriedenheit stärker ist (Karney u. Bradbury 2000). Die Zufriedenheit der Partner wird dabei als primäre Determinante für die Stabilität der Ehe gesehen (Berscheid 2010).

Im Laufe einer Ehe ist eine Abnahme der Zufriedenheit der Partner, der Intimität und der gemeinsamen Aktivitäten jedoch deutlich erkennbar (Pineo 1961). Die Ursachen für die Abnahme sind noch nicht eindeutig bekannt. Viele Erklärungsansätze konzentrieren sich auf Konflikte und negative Ansichten (Rogge u. Bradbury 2002).

Kommunikation in der Ehe

Eine Ehe bringt viel **Konfliktpotenzial** mit sich, z. B. Uneinigkeiten über Sex, Kinder und Schwiegereltern. Unabhängig von der Ursache der Uneinigkeit entstehen die meisten Konflikte dadurch, dass nicht über diese Uneinigkeiten gesprochen wird. Wenn es zu einer Trennung kommt, werden **Kommunikationsprobleme** als einer der am weitesten verbreiteten Gründe benannt (Sprecher 1994). Besonders negativ wirkt sich dabei ein Kommunikationsmuster aus, das von negativer Reziprozität geprägt ist. Das heißt, der Ausdruck negativer Gefühle ist geprägt durch die Einstellung „Wie du mir, so ich dir". Durch dieses Verhalten geraten Paare in einen Teufelskreis, aus dem sie nicht mehr so einfach entkommen können (Gottman 1998). Ein weiteres negatives Kommunikationsmuster, ist allseits bekannt. Die Ehefrau fordert ihren Mann dazu auf, ihre Beziehungsprobleme zu besprechen, und der Ehemann entzieht sich der Diskussion (Christensen u. Heavey 1993).

Das Hauptproblem ist dabei nicht das Kommunikationsmuster selbst, sondern die Unterschiede im Kommunikationsstil zwischen den Partnern. Daher stehen Konfliktregelung und Kommunikationsfähigkeit auch im Zentrum von Paartherapien. Dabei spielen vor allem auch die **Attributionen**, die man in Bezug auf das **Verhalten seines Partners** hat, eine entscheidende Rolle für die Qualität der Beziehung (Fincham et al. 2004). So haben glückliche Paare

Attributionen, die positiv für die Beziehung sind: Sie erklären negatives Verhalten durch situative, temporäre Faktoren und positives Verhalten durch persönliche Faktoren; unglückliche Paare handeln gegenteilig (Fiedler u. Ströhm 1991). Das heißt, während glückliche Paare das Schlechte durch externe Gründe minimieren und das Gute durch partnerbezogene Aspekte maximieren, bleiben unglückliche Paare stur. Daraus lässt sich schließen, dass glückliche Paare glücklicher werden und unglückliche Paare unglücklicher (Karney u. Bradbury 2000).

Liebe ist vergänglich

Die Annahme, dass Konflikte die Hauptursache für Unzufriedenheit in der Ehe und somit der primäre Trennungsfaktor sind, wird immer mehr infrage gestellt. Stattdessen rückt die **Abnahme von Liebe** und damit ihre „Vergänglichkeit" stärker in den Mittelpunkt. Damit einher gehen die Abnahme offenkundiger Zuneigung und gegenseitigem Entgegenkommen sowie die Zunahme von Zwiespältigkeit (Huston et al. 2001).

Es besteht also die Vermutung, dass langfristig glückliche Ehen durch mehr gekennzeichnet sind als nur die Abwesenheit von Feindseligkeiten und Konflikten. Vielmehr spielt die Gegenwärtigkeit von positiven Aspekten wie „liebevolle und unterstützende Verhaltensweisen" eine entscheidende Rolle (Caughlin u. Huston 2006). So konnten Gottman und Levenson (2000) feststellen, dass Negativität eine gute Vorhersagekraft für eine frühe Scheidung hat, die Abwesenheit positiver Aspekte jedoch am besten späte Scheidungen vorhersagt. Die Paare waren zum Zeitpunkt der Befragung durchschnittlich 5 Jahre verheiratet und relativ jung (Durchschnittsalter 30 Jahre).

Die Frage nach der Vergänglichkeit von Liebe bzw. nach ihrer Beständigkeit im Sinne von „Wo die Liebe hinfällt, da bleibt sie liegen" ist demnach auch für die Eheforschung von großem Interesse, da sie einen entscheidenden Einfluss darauf hat, ob eine Ehe geschieden wird oder nicht. So geben viele Ex-Ehegatten als Hauptursache für ihre Scheidung den „Tod der Liebe" und den „Mangel an Liebesgefühlen" an (Berscheid 2010).

Daraus lässt sich schließen, dass die Sprichworte „Alte Liebe rostet nicht" und „Wo die Liebe hinfällt, da bleibt sie liegen" nur für einen Teil der Ehen als wahr befunden werden kann, denn die hohe Scheidungsrate und die damit verbundenen Berichte vom Verschwinden der Liebe zeugen davon, dass Liebe durchaus vergänglich ist.

9.4.4 Erfolgsfaktoren für eine glückliche Partnerschaft

Nachdem nun Theorien über Liebe und Partnerschaft sowie die Ehe und Scheidung näher betrachtet wurden, lassen sich folgende Erfolgsfaktoren ableiten und benennen:

1. Die Gegen-Prozess-Theorie besagt zwar, dass es im Laufe der Partnerschaft auf der Grundlage von Gewöhnung an die positiven Emotionen der **Liebe** zu einer Abnahme der erlebten positiven Gefühle kommen kann, dies äußert sich aber meist nur in einem Wandel der Liebe von leidenschaftlicher Liebe in freundschaftliche Liebe. Wichtig ist primär, wie bereits in ▶ Abschn. 9.4.3 angesprochen, dass die Liebe erhalten bleibt. Sie bildet den Grundstock für eine lange Partnerschaft.
2. Gegenseitiges **Vertrauen** als Liebeskomponente ist ein weiterer entscheidender Bestandteil in einer glücklichen Partnerschaft. Vertrauen ist dabei maßgeblich davon gekennzeichnet, sich zu öffnen und sich gegenseitig abzusprechen (Schmid-Kloss 2006). Das Ausmaß der positiven Gefühle wird weiterhin durch ähnliche Einstellungen bei Vertrautheit vergrößert (Heider 1977).
3. Neben der Vertrautheit stellt die **Kommunikation** einen weiteren bedeutenden Aspekt dar. Sie schafft Verbundenheit und Nähe. Erfolgsfaktor für eine glückliche Beziehung ist es also, sich dem Partner zu öffnen und ihm seine innersten Gedanken mitzuteilen. Dadurch gehen die Kommunikationsinhalte nie aus und ein beiderseits anhaltendes Interesse am anderen wird geschaffen.
4. Auch eine **Streitbewältigung** trägt zum Gelingen der Partnerschaft bei (Schmid-Kloss 2006). Diese Streitbewältigung sollte vor allem von einem Attributionsstil geprägt sein, der positives Verhalten des Partners eher internen

Faktoren und negatives Verhalten eher externen Umständen zuschreibt (Fiedler u. Ströhm 1991).

5. Weitere wichtige Aspekte für eine erfolgreiche Partnerschaft sind gegenseitige **Unterstützung**, die den Zusammenhalt besonders bei negativen Lebensereignissen fördert, und vor allem auch die gegenseitige **Toleranz** und der gegenseitige **Respekt**. Sie sind nötig, um gemeinsame Ziele anzustreben.
6. Außerdem fördern **gemeinsame Erlebnisse** die Partnerschaft. Daher sollte eine gemeinsame Zeit für Paarinteraktionen geschaffen werden (Schmid-Kloss 2006).
7. Wie es in dem Sprichwort „Wo die Liebe hinfällt, da wächst kein Gras mehr" angedeutet wird, haben auch **positive Illusionen** eine partnerschaftsfördernde Wirkung. Sie gehen so weit, dass Schwächen und Fehler des Partners so umgedeutet werden, dass sie wie angenehme Eigenschaften wahrgenommen werden (Murray et al. 1996).
8. **Kooperative Persönlichkeitseigenschaften und Ähnlichkeit in der Wertvorstellungen** scheinen darüber hinaus eine partnerschaftsfördernde Rolle zu spielen. Dabei müssen die Wertvorstellungen nicht von Beginn der Beziehung an übereinstimmen, sondern können sich während einer langen Partnerschaft anpassen (Schmid-Kloss 2006).

9.5 Fazit

Die Betrachtung der verschiedenen Ansätze zur Entstehung von Liebe und Partnerschaft konnte zeigen, dass beim Verlieben der erste Eindruck eine Rolle spielt. Wie dieser ausfällt, hängt jedoch von Faktoren ab, die die Auswahl an potenziellen Partnern zwar entscheidend eingrenzen, aber unmöglich alle kontrolliert werden können. Zu diesen Faktoren zählen sowohl fortpflanzungsfördernde, evolutionsbiologische wie auch soziale Aspekte, z. B. räumliche Nähe, Attraktivität, Ähnlichkeit und Sympathie. In wen man sich verliebt, ist demnach in einem gewissen Maß vorgegeben, kann aber gemäß des Sprichworts „Wo die Liebe hinfällt, da bleibt sie liegen" – wie Experimente zur Fehlattribution von Erregung beweisen konnten – auch völlig zufällig sein.

In Anbetracht der hohen Scheidungsrate von 36 % kann nicht geleugnet werden, dass nicht jede Liebe und Partnerschaft für immer hält. Das heißt, die Liebe bleibt nicht dort liegen, wo sie hinfällt, sondern kann wieder aufstehen und andere Wege gehen. Dennoch gibt es Erfolgsfaktoren für eine lange Partnerschaft. Diese sind oft von einer positiven Sichtweise und einem freundschaftlichen Miteinander geprägt. Die gute Nachricht: Einige der Erfolgsfaktoren können wir selbst kontrollieren und damit einen entscheidenden Beitrag dazu leisten, ob unsere Liebe bestehen bleibt oder nicht; andere können trainiert werden. Unabhängig davon gilt jedoch – wenn man Wilhelm Busch glauben darf:

» Das Schönste aber hier auf Erden, ist lieben und geliebt zu werden! (Wilhelm Busch)

Literaturverzeichnis

Adams, J. S. (1965). Inequity in social exchange. In Berkowitz, L. (Eds.), *Advances in experimental social psychology* (pp. 267–299). New York: Academic Press.

Altman, I., & Taylor, D. A. (1973). *Social Penetration: The Development of Interpersonal Relationships*. New York: Holt, Rinehart & Winston.

Arkes, H. R., & Blumer, C. (1985). The psychology of sunk cost. *Organizational Behavior and Human Decision Processes* 35(1), 124–140.

Aron, A., Dutton, D. G., Aron, E. N., & Iverson, A. (1989). Experiences of falling in love. *Journal of Social and Personal Relationships* 6(3), 243–257.

Aron, A., Norman, C. C., Aron, E. N., McKenna, C., & Heyman, R. E. (2000). Couples' shared participation in novel and arousing activities and experienced relationship quality. *Journal of Personality and Social Psychology* 78(2), 273–284.

Aronson, E., & Linder, D. (1965). Gain and loss of esteem as determinants of interpersonal attractiveness. *Journal of Experimental Social Psychology* 1(2), 156–171.

Baldwin, M. W., & Fehr, B. (1995). On the instability of attachment style ratings. *Personal Relationships* 2(3), 247–261.

Ben-Ze'ev, A. (1997). Romantic love and sexual desire. *Philosophia* 25(1–4), 3–32.

Berscheid, E. (2010). Love in the fourth dimension. *Annual Review of Psychology* 61, 1–25.

Buss, D. M. (1989). Sex differences in human mate preferences: Evolutionary hypotheses tested in 37 cultures. *Behavioral and Brain Sciences* 12(01), 1–14.

Buss, D. M. (2004). *Evolutionary psychology: The new science of the mind* (2nd ed.). Boston: Allyn & Bacon.

Cassidy, J., & Shaver, P. R. (1999). *Handbook of attachment: Theory, research, and clinical applications*. New York: Guilford Publications.

Cate, R. M., & Lloyd, S. A. (1992). *Courtship*. Newbury Park: Sage Publications.

Caughlin, J. P., & Huston, T. L. (2006). The Affective Structure of Marriage. In D. Perlman, & A. Vangelisti (Eds.), *The Cambridge Handbook of Personal Relationships* (S. 131–155). New York: Cambridge University Press.

Christensen, A., & Heavey, C. L. (1993). Gender differences in marital conflict: The demand/withdraw interaction pattern. In S. Oskamp & M. Costanzo (Eds.), *Gender Issues in Contemporary Society*. Newbury Park: Sage Publications.

Collins, N. L., & Feeney, B. C. (2000). A safe haven: An attachment theory perspective on support seeking and caregiving in intimate relationships. *Journal of Personality and Social Psychology* 78(6), 1053–1073.

DePaulo, B. M., & Kashy, D. A. (1998). Everyday lies in close and casual relationships. *Journal of Personality and Social Psychology* 74(1), 63–79.

Derlega, V. J., Metts, S., Petronio, S., & Margulis, S. T. (1993). *Self-disclosure*. Newbury Park: Sage Publications.

Dion, K., & Dion, K. (2001). Gender and cultural adaptation in immigrant families. *Journal of Social Issues* 57(3), 511–521.

Dion, K., Berscheid, E., & Walster, E. (1972). What is beautiful is good. *Journal of Personality and Social Psychology* 24(3), 285–290.

Drigotas, S. M., & Rusbult, C. E. (1992). Should I stay or should I go? A dependence model of breakups. *Journal of Personality and Social Psychology* 62(1), 62–87.

Drigotas, S. M., Rusbult, C. E., & Verette, J. (1999). Level of commitment, mutuality of commitment, and couple well-being. *Personal Relationships* 6(3), 389–409.

Dutton, D. G., & Aron, A. P. (1974). Some evidence for heightened sexual attraction under conditions of high anxiety. *Journal of Personality and Social Psychology* 30(4), 510–517.

Farley, S. D. (2014). Nonverbal reactions to an attractive stranger: The role of mimicry in communicating preferred social distance. *Journal of Nonverbal Behavior* 38(2), 195–208.

Feeney, J. A., & Noller, P. (1990). Attachment style as a predictor of adult romantic relationships. *Journal of Personality and Social Psychology* 58(2), 281–291.

Fehr, B., & Broughton, R. (2001). Gender and personality differences in conceptions of love: An interpersonal theory analysis. *Personal Relationships* 8(2), 115–136.

Fehr, B., & Russell, J. A. (1991). The concept of love viewed from a prototype perspective. *Journal of Personality and Social Psychology* 60(3), 425–438.

Feingold, A. (1988). Matching for attractiveness in romantic partners and same-sex friends: A meta-analysis and theoretical critique. *Psychological Bulletin* 104(2), 226–235.

Fiedler, K., & Ströhm, W. (1991). Attributionsstrategien in unglücklichen Partnerschaften. In M. Amelang, H.-J. Ahrens & H. W. Bierhoff (Hrsg.), *Partnerwahl und Partnerschaft* (S. 93–116). Göttingen: Hofgrefe.

Fincham, F. D., Beach, S. R., & Davila, J. (2004). Forgiveness and conflict resolution in marriage. *Journal of Family Psychology* 18(1), 72–81.

Garver-Apgar, C. E., Gangestad, S. W., & Thornhill, R. (2008). Hormonal correlates of women's mid-cycle preference for the scent of symmetry. *Evolution and Human Behavior* 29(4), 223–232.

Gottman, J. M. (1998). *What Predicts Divorce?* Hillsdale: Erlbaum.

Gottman, J. M., & Levenson, R. W. (2000). The timing of divorce: Predicting when a couple will divorce over a 14-year period. *Journal of Marriage and Family* 62(3), 737–745.

Heider, F. (1977). *Psychologie der interpersonalen Beziehungen*. Stuttgart: Klett.

Hendrick, C., & Hendrick, S. (1986). A theory and method of love. *Journal of Personality and Social Psychology* 50(2), 392–402.

Huston, T. L., Caughlin, J. P., Houts, R. M., Smith, S. E., & George, L. J. (2001). The connubial crucible: Newlywed years as predictors of marital delight, distress, and divorce. *Journal of Personality and Social Psychology* 80(2), 237–252.

Johnson, D. J., & Rusbult, C. E. (1989). Resisting temptation: Devaluation of alternative partners as a means of maintaining commitment in close relationships. *Journal of Personality and Social Psychology* 57(6), 967–980.

Karney, B. R., & Bradbury, T. N. (2000). Attributions in marriage: State or trait? A growth curve analysis. *Journal of Personality and Social Psychology* 78(2), 295–309.

Karney, B. R., Bradbury, T. N., Fincham, F. D., & Sullivan, K. T. (1994). The role of negative affectivity in the association between attributions and marital satisfaction. *Journal of Personality and Social Psychology* 66(2), 413–424.

Kovacs, L. (1983). A conceptualization of marital development. *Family Therapy* 3, 183–210.

Kuntz-Wilson, W., & Zajonc, R. B. (1980). Affective discrimination of stimuli that cannot be recognized. *Science* 207, 557–558.

Kurdek, L. A. (1999). The nature and predictors of the trajectory of change in marital quality for husbands and wives over the first 10 years of marriage. *Developmental Psychology* 35(5), 1283–1296.

Latane, B., Liu, J. H., Nowak, A., Bonevento, M., & Zheng, L. (1995). Distance matters: Physical space and social impact. *Personality and Social Psychology Bulletin* 21(8), 795–805.

Luo, S., & Klohnen, E. C. (2005). Assortative mating and marital quality in newlyweds: A couple-centered approach. *Journal of Personality and Social Psychology* 88(2), 304–326.

Maner, J. K., Rouby, D. A., & Gonzaga, G. C. (2008). Automatic inattention to attractive alternatives: The evolved psychology of relationship maintenance. *Evolution and Human Behavior* 29(5), 343–349.

McAdams, D. P. (1989). *Intimacy: The Need to Be Close*. New York: Doubleday.

Mickelson, K. D., Kessler, R. C., & Shaver, P. R. (1997). Adult attachment in a nationally representative sample. *Journal of Personality and Social Psychology* 73(5), 1092–1106.

Miller, S. L., & Maner, J. K. (2010). Evolution and relationship maintenance: Fertility cues lead committed men to devalue relationship alternatives. *Journal of Experimental Social Psychology* 46(6), 1081–1084.

Murray, S. L., Holmes, J. G., & Griffin, D. W. (1996). The self-fulfilling nature of positive illusions in romantic relationships: love is not blind, but prescient. *Journal of Personality and Social Psychology* 71(6), 1155–1180.

Oghia, M. J. (2015). Different cultures, one love: Exploring romantic love in the Arab world. In R. Raddawi (Ed.), *Intercultural communication with Arabs* (S. 279–294). Singapore: Springer.

Patzer, G. L. (2006). *The power and paradox of physical attractiveness*. Boca Raton: Brown Walker Press.

Pinel, E. C., Long, A. E., Landau, M. J., Alexander, K., & Pyszczynski, T. (2006). Seeing I to I: A pathway to interpersonal connectedness. *Journal of Personality and Social Psychology* 90(2), 243–257.

Pineo, P. C. (1961). Disenchantment in the later years of marriage. *Marriage and Family Living* 23(1), 3–11.

Powers, S. I., Pietromonaco, P. R., Gunlicks, M., & Sayer, A. (2006). Dating couples' attachment styles and patterns of cortisol reactivity and recovery in response to a relationship conflict. *Journal of Personality and Social Psychology* 90(4), 613–628.

Rhatigan, D. L., & Axsom, D. K. (2006). Using the investment model to understand battered women's commitment to abusive relationships. *Journal of Family Violence* 21(2), 153–162.

Rogge, R. D., & Bradbury, T. N. (2002). Developing a multifaceted view of change in relationships. *Stability and Change in Relationships*, 228–253.

Rusbult, C. E., & Buunk, B. P. (1993). Commitment processes in close relationships: An interdependence analysis. *Journal of Social and Personal Relationships* 10(2), 175–204.

Rusbult, C. E., & Martz, J. M. (1995). Remaining in an abusive relationship: An investment model analysis of nonvoluntary dependence. *Personality and Social Psychology Bulletin* 21(6), 558–571.

Schmid-Kloss, G. (2006). Glückliche Partnerschaft bis ins Alter. *Gruppendynamik und Organisationsberatung* 37(2), 197–214.

Simpson, J. A., Campbell, B., & Berscheid, E. (1986). The Association between Romantic Love and Marriage Kephart (1967) Twice Revisited. *Personality and Social Psychology Bulletin* 12(3), 363–372.

Sprecher, S. (1994). Two sides to the breakup of dating relationships. *Personal Relationships* 1(3), 199–222.

Sprecher, S., & Hendrick, S. S. (2004). Self-disclosure in intimate relationships: Associations with individual and relationship characteristics over time. *Journal of Social and Clinical Psychology* 23(6), 857–877.

Sternberg, R. J. (1986). A triangular theory of love. *Psychological Review* 93(2), 119–135.

Thibaut, J. W., & Kelley, H. H. (1959). *The social psychology of groups*. New York: Wiley.

Tucker, P., & Aron, A. (1993). Passionate love and marital satisfaction at key transition points in the family life cycle. *Journal of Social and Clinical Psychology* 12(2), 135–147.

Walster, E. H., Walster, G. W., & Berscheid, E. (1978). *Equity: Theory and research*. Boston: Allyn & Bacon.

Warren, B. L. (1966). A multiple variable approach to the assortative mating phenomenon. *Biodemography and Social Biology* 13(4), 285–290.

Watson, D., Hubbard, B., & Wiese, D. (2000). General traits of personality and affectivity as predictors of satisfaction in intimate relationships: Evidence from self-and partner-ratings. *Journal of Personality* 68(3), 413–449.

Zajonc, R. B. (1968). Attitudinal effects of mere exposure. *Journal of Personality and Social Psychology* 9(2), 1–27.

Vertrauen ist gut, Kontrolle ist besser

Svetlana Jung

© Springer-Verlag Berlin Heidelberg 2017
D. Frey (Hrsg.), *Psychologie der Sprichwörter*,
DOI 10.1007/978-3-662-50381-2_10

10.1 Einleitung

Zu fast allen Lebenslagen gibt es ein oder sogar mehrere Sprichwörter, die einem das Leben durch klanghafte Weisheiten vereinfachen sollen. Dass es dabei durchaus vorkommen kann, dass die Redewendungen widersprüchlich sind, wird von uns gerne übersehen oder bewusst übergangen. Getreu dem Motto „Was nicht passt, wird passend gemacht" verwenden wir gerne die Redewendung, die gerade am ehesten unserer Situation und Erwartungshaltung entspricht. Schließlich prophezeit sie uns das, was wir im Moment hören wollen. Wir Menschen haben eben gerne das Gefühl, die Kontrolle über die Dinge zu behalten. So können wir sicher sein, dass sie auch so laufen, wie wir es wollen.

Dass dies durchaus vernünftig ist, bestätigt das Sprichwort „Vertrauen ist gut, Kontrolle ist besser". Aber stimmt diese Aussage wirklich? Gibt es gar eine widersprüchliche Redewendung, die das Gegenteil behauptet? Und welche der Lebensweisheiten trifft dann zu? Diesen Fragen soll im Folgenden auf den Grund gegangen werden.

10.2 Herkunft und Interpretation

Das Sprichwort „Vertrauen ist gut, Kontrolle ist besser" wird gerne dem russischen Politiker Wladimir Iljitsch Lenin zugeschrieben. Tatsächlich taucht diese Formulierung aber in keinem von Lenins Werken auf. Vielmehr findet sich in einem von ihm verfassten Aufsatz das Zitat „Nicht aufs Wort glauben, aufs Strengste prüfen – das ist die Losung der marxistischen Arbeiter" (John 2002). Dieser Ausdruck wiederum ähnelt der russischen Redewendung „Vertraue, aber prüfe nach" (Büchmann 1959), welche Lenin häufig gebraucht haben soll. Daher rührt wohl die Annahme, dass „Vertrauen ist gut, Kontrolle ist besser" aus seiner Feder stammt, wohingegen der wahre Verfasser unbekannt bleibt.

Unabhängig von der Herkunft der Redewendung spiegeln die vorher genannten Beispiele eine Gemeinsamkeit wider: Sie drücken aus, dass man sich nur auf das verlassen soll, was man nachgeprüft hat (Drosdowski 1992). Nimmt man das Sprichwort wörtlich, weitet sich die Einflussnahme zur **Kontrolle** aus. Die Redewendung wird im Alltag in Zusammenhang mit Aufgaben gebraucht, die an andere Personen delegiert wurden oder in Zusammenarbeit mit ihnen geschehen. Sie verdeutlicht, dass Vertrauen alleine nicht ausreicht, die Aufgaben ordentlich erledigen zu lassen, und man daher selber das Ergebnis der anderen kontrollieren sollte. Kontrolle wird somit als etwas Positives gesehen, da man durch sie die Dinge nach den eigenen Vorstellungen beeinflussen kann.

Ein Kontext, in dem sich das Sprichwort gut anwenden lässt, ist die **Arbeitswelt**. Geprägt von Aufgaben und Hierarchien bietet sie eine einfache Möglichkeit, Kontrolle auszuüben. In Bezug auf die Arbeitswelt lässt sich das Sprichwort wie folgt interpretieren: Eine Führungskraft sollte die Kontrolle über ihre Mitarbeiter haben, anstatt darauf zu vertrauen, dass sie ihre Arbeit eigenverantwortlich erledigen.

10.3 Herleitung eines Gegensprichworts

Wie bereits erwähnt, gibt es oft widersprüchliche Redewendungen, die exakt das Gegenteil eines Sprichworts ausdrücken. Im Hinblick auf „Vertrauen ist gut, Kontrolle ist besser" existiert kein gängiges Gegensprichwort. Allerdings könnte man leicht ein solches herleiten, indem man das Sprichwort umdreht und sagt: „Kontrolle ist gut, Vertrauen ist besser". Weitet man den Kontext des Sprichworts aus und sieht die Kontrollausübung als Akt von Macht an, findet sich ein passendes Gegensprichwort, das lautet: „[Kontrolle im Sinne von] Macht macht Angst, Angst macht Ohnmacht".

Das Sprichwort wird Prof. Dr. med. Gerhard Uhlenbruck, einem deutschen Immunologen und Aphoristiker, zugeschrieben (Mengel 2013). Im Gegensatz zu „Vertrauen ist gut, Kontrolle ist besser" stellt der Aphorismus „Macht macht Angst, Angst macht Ohnmacht" Macht als etwas Negatives dar.

Die Redewendung bezieht sich auf das Erleben und Verhalten der kontrollierten Person. Sie beschreibt, wie die **Macht** im Sinne von Kontrollausübung einer Person andere Personen in Angst versetzt und dies wiederum zu einem Zustand der Handlungsunfähigkeit führt – der besagten **Ohnmacht**. Überträgt man diese Interpretation auf die Arbeitswelt, verdeutlicht sie, dass Macht bzw. Kontrolle über Mitarbeiter zu Autonomieverlust und Angst führen, was schließlich in der Handlungsunfähigkeit der Mitarbeiter resultiert.

10.4 Psychologische Theorien

Beide genannten Sprichwörter erscheinen plausibel, obwohl sie im Grunde genau das Gegenteil aussagen. Einmal wird Kontrolle seitens der Führungskraft als etwas Positives, das andere Mal als etwas Negatives dargestellt. So stellen sich die Fragen, was besser für den Mitarbeiter und die Organisation ist und welchen Rat man daher beherzigen sollte. Anhand von wissenschaftlichen Theorien und Erkenntnissen der Psychologie sollen diese Fragen im Weiteren beantwortet werden.

Die psychologische Forschung zum Bereich der Kontrolle stammt vor allem aus der Sozialpsychologie und der Organisationspsychologie. Im Unterschied zum alltäglichen Verständnis von Kontrolle wird der Kontrollbegriff in der Wissenschaft allerdings gegensätzlich verwendet. Während im Alltag (und in den Sprichwörtern) Kontrolle als Synonym für Macht, Überwachung und Fremdbestimmung verstanden wird, steht der Begriff in der Forschung für das Empfinden eines Menschen, etwas beeinflussen und gestalten zu können. Damit wird er eher im Sinne von **Autonomie** und **Selbstbestimmung** einer Person verwendet. Zudem unterscheiden sich je nach Definition die Objekte, die kontrolliert werden. Das Alltagsverständnis von Kontrolle geht davon aus, dass eine Person kontrolliert wird (man hat Macht über jemanden), während die wissenschaftliche Definition eher die Bedingungen in den Fokus stellt (man hat Kontrolle, d. h. Autonomie, über die Arbeit).

Kombiniert man beide Definitionen, lässt sich Kontrolle folgendermaßen verstehen: Hat eine Führungskraft die vollständige Kontrolle (im Sinne von Macht), bleibt dem Mitarbeiter kein oder nur ein geringes Ausmaß an Kontrolle (im Sinne von Autonomie; ◘ Abb. 10.1).

10.4.1 Theorien der Sozialpsychologie

Das psychologische Konstrukt „Kontrolle" wird dem Themenbereich der Motivationstheorien zugeordnet. Unsere persönliche Kontrollmotivation animiert uns dazu, Ereignisse und Zustände unserer Umwelt kontrollieren, also beeinflussen, zu wollen. Durch diese aktive Einflussnahme erleben wir Gefühle von Wirksamkeit und Kompetenz (Frey u. Jonas 2002; White 1959).

Die **Theorie der kognizierten Kontrolle** von Skinner (1996) beschreibt diese Überzeugung bzw. das Bestreben, wünschenswerte Zustände herbeizuführen und negative Zustände zu vermeiden oder verringern zu können. Damit unterscheidet sich die Begrifflichkeit in der Psychologie von dem Alltagsverständnis des Wortes Kontrolle. Man versteht darunter in erster Linie nicht die Einflussnahme auf andere Menschen, sondern die (wahrgenommene) Möglichkeit, Zustände und Situationen zu beeinflussen. Wie der Begriff kognizierte Kontrolle verdeutlicht, muss diese nicht einmal tatsächlich bestehen. Für ein Gefühl von Kontrolle reicht bereits die subjektive Überzeugung der Person, dass sie Kontrolle hat.

Wird langfristig keine Kontrolle im Sinne von Autonomie und Selbstbestimmung wahrgenommen, kann das verschiedene Folgen haben. Es existieren hierzu zwei Theorien, die gegensätzliches Verhalten

10.4 · Psychologische Theorien

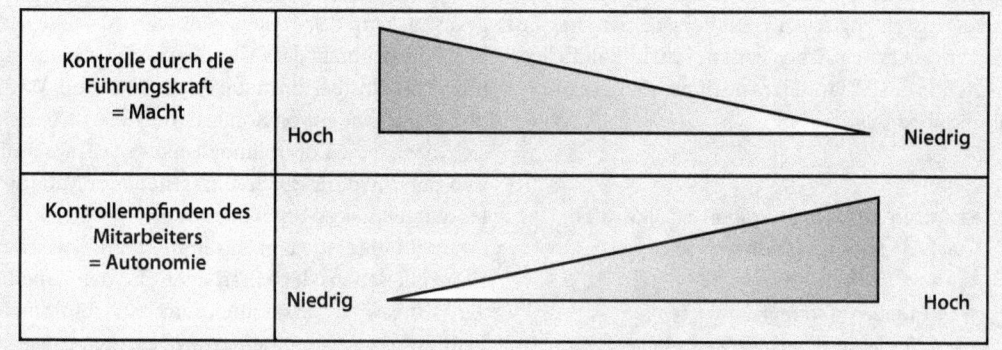

Abb. 10.1 Auswirkung von Kontrolle seitens der Führungskraft auf das Kontrollempfinden des Mitarbeiters

in Form von Apathie bzw. Konfrontation vorhersagen: Die **Reaktanztheorie** von Brehm (1966) besagt, dass eine (als illegitim empfundene) Einschränkung der persönlichen Freiheit zu Widerstand seitens des Betroffenen führt, während die **Theorie der gelernten Hilflosigkeit** von Seligman (1975) prognostiziert, dass es infolge Kontrollverlust zur Verminderung der Kontrollmotivation, zur Beeinträchtigung der kognitiven Fähigkeiten und zu emotionalen Defiziten kommt.

Obwohl beide Theorien gegensätzlich erscheinen, lassen sie sich zu einer gemeinsamen Theorie integrieren. Wortman und Brehm (1975, zitiert nach Frey u. Jonas 2002) gehen von folgendem Stufenmodell aus: Nimmt der Kontrollverlust ein geringes Ausmaß an, wird zuerst mit Reaktanz reagiert. Damit versucht die betroffene Person, die verlorene Handlungsfreiheit aktiv widerherzustellen. Gelingt dies nicht, und dauert der Kontrollverlust länger an, nimmt die Reaktanzmotivation ab und geht in gelernte Hilflosigkeit über. Weiterhin betonen die Autoren, dass Reaktanz dann gezeigt werde, wenn die Chance zur Wiederherstellung von Freiheit gesehen wird; Hilflosigkeit dagegen dann, wenn diese Chance nicht besteht.

10.4.2 Theorien der Organisationspsychologie

Im Bereich der Organisationspsychologie wird unter dem Begriff „job control" die Möglichkeit verstanden, selbstbestimmt zu arbeiten. Dieser Kontrollbegriff spielt insbesondere bei den beiden folgenden Modellen eine bedeutende Rolle.

Das **Demand-Control-Modell** (Karasek u. Theorell 1990) erklärt anhand der beiden Faktoren Arbeitsanforderungen („job demands") und Kontrolle/Entscheidungsspielraum des Mitarbeiters („job control") wie diese ihre Arbeitstätigkeit wahrnehmen. Der Begriff der Kontrolle steht dabei für den Entscheidungsspielraum und die Autonomie, die dem Mitarbeiter bei der Bewältigung seiner Arbeit zur Verfügung stehen. Sind sowohl die Arbeitsanforderungen als auch der Entscheidungsspielraum niedrig, wird die Tätigkeit als passiv wahrgenommen, während hohe Anforderungen bei einer hohen Autonomie dazu führen, dass die Arbeitstätigkeit als aktiv wahrgenommen wird. Durch die Interaktion von hohen Arbeitsanforderungen und geringer Kontrolle, im Sinne eines geringen Entscheidungsspielraums, entsteht laut der Theorie Stress, wohingegen die Kombination von niedrigen Arbeitsanforderungen bei hoher Autonomie in einer niedrig beanspruchenden Tätigkeit resultiert (vgl. Landy u. Conte 2007).

Das **Job-Characteristics-Modell** von Hackman und Oldham (Nerdinger 2014) ist eine Theorie zur Arbeitszufriedenheit. Sie besagt, dass bestimmte Aufgabenmerkmale der Arbeit (u. a. Autonomie) das psychologische Erleben der Mitarbeiter beeinflussen und sich dieses wiederum positiv auf verschiedene Aspekte wie die Motivation der Mitarbeiter oder deren Arbeitszufriedenheit auswirkt. Autonomie liegt vor, wenn Mitarbeiter eigenverantwortlich die Mittel ihrer Arbeit wählen und Teilziele selbstständig festlegen können. Neben den Aufgabenmerkmalen und den psychologischen Erlebniszuständen sind die Auswirkungen der Arbeit zudem vom individuellen Bedürfnis des Mitarbeiters nach persönlicher Entfaltung abhängig.

> **Faktoren des Job-Characteristics-Modell (nach Hackman u. Oldham 1980)**
> - **Aufgabenmerkmale** umfassen die Anforderungsvielfalt, Ganzheitlichkeit und Bedeutsamkeit der Aufgabe sowie die Autonomie und Rückmeldung aus der Aufgabenerfüllung.
> - **Psychologische Erlebniszustände** meinen die erlebte Bedeutsamkeit der eigenen Arbeitstätigkeit, die erlebte Verantwortung für die Ergebnisse der eigenen Arbeitstätigkeit und das Wissen über die aktuellen Resultate.
> - **Auswirkungen der Arbeit** können eine hohe intrinsische Motivation, eine hohe Qualität der Arbeitsleistung, eine hohe Arbeitszufriedenheit, ein niedriger Absentismus sowie eine niedrige Fluktuation sein.

10.5 Psychologische Erkenntnisse

Anhand der oben beschriebenen Theorien wird deutlich, dass eine erschöpfende Analyse der Befunde zum Themenbereich Kontrolle aufgrund der teilweise unterschiedlichen Definition in den Fachbereichen und der Fülle weiterer beteiligter Faktoren nicht immer möglich ist. Generell lässt sich allerdings sagen, dass Menschen nach Kontrolle, d. h. Selbstbestimmung und Beeinflussbarkeit, streben, dieses Bedürfnis unterschiedlich ausgeprägt ist und von der Situation und den eigenen Kenntnissen abhängt (vgl. Frey u. Jonas 2002).

Die hier folgenden Studien schildern die **Kontrollwahrnehmung aus der Sicht der Mitarbeiter**, da diese für die Durchführung von delegierten Aufgaben verantwortlich sind. Daher ist es von Interesse, wie sich das Vorhandensein von Kontrolle auf sie auswirkt. Ist diese durch die Führungskraft gegeben, kann das – wie in ▶ Abschn. 10.4 beschrieben – dazu führen, dass Mitarbeiter in ihrer Autonomie und Selbstbestimmung beschränkt sind. Wenn nun im Folgenden von Kontrolle die Rede ist, bezieht sich dies auf die Kontrollmöglichkeiten (Autonomie und Entscheidungsspielraum) seitens der Mitarbeiter und nicht des Vorgesetzten.

In Studien, die den Zusammenhang zwischen Kontrolle seitens der Mitarbeiter und den Arbeitsverhältnissen untersuchten, zeigte sich ein **positiver Einfluss** auf eine Reihe von Faktoren (Spector 1986). Wurde von den Mitarbeitern Kontrolle, d. h. Autonomie, wahrgenommen, beurteilten sie ihre Arbeitsbedingungen positiver, hatten einen höheren beruflichen und finanziellen Status und wurden in ihrer Arbeitsleistung besser bewertet (Greenberger et al. 1989; Hoff u. Hohner 1986). Wahrgenommene Kontrolle wirkte sich zudem förderlich auf die Stimmung der Mitarbeiter und deren Aufgabenzufriedenheit aus (Jimmieson u. Terry 1998; Sargent u. Terry 1998), reduzierte den Konflikt zwischen Arbeit und Familie („work-to-family confilct"; Grönlund 2007), führte zu signifikant geringerer Fluktuation sowie depressivem Erleben der Mitarbeiter (Kossek et al. 2006) und verminderte die Fehlzeit der Mitarbeiter (Ala-Mursula et al. 2005; Smulders u. Nijhuis 1999). Damit hat wahrgenommene Kontrolle, also ein Gefühl der Selbstbestimmung, in vielerlei Hinsicht einen positiven Einfluss auf Mitarbeiter, aber auch die Organisation.

Äquivalent zu den positiven Ergebnissen bei vorhandener Kontrolle, sind die Folgen von fehlender Kontrolle, z. B. durch einen sehr eingeschränkten Entscheidungsspielraum, eher negativ. Eine Vielzahl von Studien zeigte vor allem einen **nachteiligen Einfluss** auf das Wohlbefinden und die Gesundheit von Mitarbeitern. Haben diese kaum Kontrollmöglichkeiten und fühlen sich in der Arbeit überlastet, ist ihre Anfälligkeit für koronare Herzkrankheiten erhöht (Pikhart et al. 2001; Siegrist 2001). Geringe Kontrollmöglichkeiten beeinträchtigen darüber hinaus die psychischen Gesundheit (Dalgard et al. 2009) und stehen in Zusammenhang mit Depression, Angst und chronischer Müdigkeit (Godin u. Kittel 2004).

Außerdem ist Kontrolle als **moderierender Faktor** von Bedeutung. Empfinden Mitarbeiter ein Gefühl von Kontrolle (Selbstbestimmung), werden negative Einflüsse wie eine hohe (psychische) Belastung (Dalgard et al. 2009; Hollmann et al. 2001; Sargent u. Terry 1998; Schaubroeck et al. 2001) oder eine mögliche Bedrohung des Arbeitsplatzes gemildert (Cheng et al. 2014; Schreurs et al. 2010) und positive Einflüsse wie wahrgenommene Unterstützung seitens der Organisation verstärkt (Aubé et al. 2007).

10.6 Implikationen für die Praxis und Forschung

Im Grunde lassen sich die empirischen Ergebnisse wie folgt zusammenfassen: Verfügen Mitarbeiter über (wahrgenommene) Kontrolle, Autonomie und Einflussnahme, hat das positive Folgen, die nicht nur unmittelbar die Mitarbeiter betreffen, sondern sich auch indirekt auf die Organisation auswirken. Die Definition von Kontrolle im Arbeitskontext und die untersuchten Bereiche variieren dabei, was jedoch für die Bedeutsamkeit des Faktors spricht.

Trotzdem kann die Aussage, dass Kontrolle im Sinne von „Selbstbestimmung" per se gut ist, nicht getroffen werden. Wie bereits erwähnt, ist das Bedürfnis nach Kontrolle von Mensch zu Mensch unterschiedlich und von anderen Faktoren abhängig (Frey u. Jonas 2002). So gibt es durchaus auch Menschen, die Selbstbestimmung bedrohlich finden, weil mehr Selbstbestimmung mit mehr **Verantwortung** einhergeht. Ihnen ist daher eher die Devise „Sage mir, was ich tun soll" lieber, da sie damit Verantwortung abgeben können. Welches Maß an Kontrollübertragung bzw. Verantwortungsübernahme in Organisationen ist das passende?

Sinnvoll wäre es, in weiteren Studien zu erforschen, unter welchen Bedingungen Kontrolle positive oder eher negative Auswirkungen hat. Insbesondere die negativen Seiten von Kontrolle im Sinne von Entscheidungsspielräumen wurden in der Forschung bislang vernachlässigt. Schließlich führt Kontrolle über die eigene Arbeit zu einer Vielzahl von Gestaltungsmöglichkeiten und vermehrter Verantwortung, was einerseits motivierend wirken, andererseits aber auch eine Überforderung nach sich ziehen kann. Komplexere Studien könnten die Grenzen des positiven Einflusses herausarbeiten.

Dennoch wurde bereits eine Fülle von Erkenntnissen erlangt, die in der Praxis berücksichtigt werden sollten. Die Ergebnisse veranschaulichen, wie wichtig das Empfinden von Kontrolle für die Gesundheit und Arbeitsleistung der Mitarbeiter und letztendlich für das Unternehmen ist. Von besonderem Interesse sind die Erkenntnisse für die **Mitarbeiterführung**.

Eine Möglichkeit, die wahrgenommene Kontrolle der Mitarbeiter zu fördern, ist deren **Beteiligung** und **Mitbestimmung** bei Prozessen und Entscheidungen. Studien legen dar, dass Partizipation zu einer erhöhten Einflussmöglichkeit auf die Arbeit, höherer Arbeitszufriedenheit und vermehrtem Commitment sowie Vertrauen in die Führungskräfte führt (Bordia et al. 2004; Scott-Ladd et al. 2006; Timming 2012). Ein **partizipativer Führungsstil** ist vor allem während Change-Prozessen entscheidend, da er die Zielerreichung und das Commitment zum Unternehmen fördert und die Resistenz der Mitarbeiter gegenüber der Veränderung vermindert (Lines 2004). Wird von Beteiligten ein Fehlen oder der Verlust von Kontrolle wahrgenommen, resultiert dies in negativen Emotionen. Positive Emotionen hingegen entstehen, wenn Mitarbeiter Kontrollmöglichkeiten über Prozesse und Ergebnisse der Veränderung erhalten (Smollan 2014).

10.7 Fazit

In Anbetracht der Erkenntnisse lässt sich sagen, dass sich eine Führungskraft an der Redewendung „Vertrauen ist gut, Kontrolle ist besser" nur zum Teil orientieren sollte. Nähme man das Sprichwort wörtlich, würde dies eher nachteilige Auswirkungen auf die Aufgabenbewältigung haben, da den Mitarbeitern wichtige Kontrollmöglichkeiten genommen werden.

In angemessenem Maße, also zur Überprüfung und nicht zur Kontrolle der Arbeit, kann es dagegen sehr wohl sinnvoll sein. Denn blindes Vertrauen könnte nur allzu schnell zu Nachteilen führen. Um ihren Mitarbeitern ein optimales Maß an Selbstbestimmung zu ermöglichen, muss die Führungskraft mit Bedacht eine Balance zwischen Vertrauen und Kontrolle finden. Zur Orientierung sollte sie sich daher eher die ursprüngliche Version des Sprichworts zu Herzen nehmen: „Vertraue, aber prüfe nach".

Literaturverzeichnis

Ala-Mursula, L., Vahtera, J., Linna, A., Pentti, J., & Kivimäki, M. (2005). Employee worktime control moderates the effects of job strain and effort-reward imbalance on sickness absence: The 10-town study. *Journal Of Epidemiology And Community Health* 59(10), 851–857.

Aubé, C., Rousseau, V., & Morin, E. M. (2007). Perceived organizational support and organizational commitment: The moderating effect of locus of control and work autonomy. *Journal Of Managerial Psychology* 22(5), 479–495.

Bordia, P., Hobman, E., Jones, E., Gallois, C., & Callan, V. J. (2004). Uncertainty during organizational change: Types, consequences, and management strategies. *Journal Of Business And Psychology* 18(4), 507–532.

Brehm, J. W. (1966). *A theory of psychological reactance*. Oxford, England: Academic Press.

Büchmann, G. (1959). *Geflügelte Worte*. München: Droemer Knaur.

Cheng, T., Mauno, S., & Lee, C. (2014). Do job control, support, and optimism help job insecure employees? A three-wave study of buffering effects on job satisfaction, vigor and work-family enrichment. *Social Indicators Research* 118(3), 1269–1291.

Dalgard, O. S., Sørensen, T., Sandanger, I., Nygård, J. F., Svensson, E., & Reas, D. L. (2009). Job demands, job control, and mental health in an 11-year follow-up study: Normal and reversed relationships. *Work & Stress* 23(3), 284–296.

Drosdowski, G. (1992). *Der Duden: In 12 Bänden; das Standardwerk zur deutschen Sprache*. Mannheim: Bibliografisches Institut.

Frey, D., & Jonas, E. (2002). Die Theorie der kognizierten Kontrolle. In D. Frey, & M. Irle (Hrsg.), *Theorien der Sozialpsychologie. Band 3: Motivations-, Selbst- und Informationsverarbeitungstheorien* (S. 13–50). Bern: Huber.

Godin, I., & Kittel, F. (2004). Differential economic stability and psychosocial stress at work: Associations with psychosomatic complaints and absenteeism. *Social Science & Medicine* 58(8), 1543–1553.

Greenberger, D. B., Strasser, S., Cummings, L. L., & Dunham, R. B. (1989). The impact of personal control on performance and satisfaction. *Organizational Behavior And Human Decision Processes* 43(1), 29–51.

Grönlund, A. (2007). More control, less conflict? Job demand-control, gender and work-family conflict. *Gender, Work And Organization* 14(5), 476–497.

Hoff, E., & Hohner, H. (1986). Occupational careers, work, and control. In M. Baltes, & P. Baltes (Eds.), *The psychology of control and aging* (pp. 345–371). Hillsdale, NJ: Erlbaum.

Hollmann, S., Heuer, H., & Schmidt, K. (2001). Control at work: a generalized resource factor for the prevention of musculoskeletal symptoms?. *Work & Stress* 15(1), 29–39.

Jimmieson, N. L., & Terry, D. J. (1998). An Experimental Study of the Effects of Work Stress, Work Control, and Task Information on Adjustment. *Applied Psychology: An International Review* 47(3), 343–369.

John, J. (2002). *Reclams Zitaten-Lexikon*. Stuttgart: Reclam.

Karasek, R., & Theorell, T. (1990). *Healthy work: stress, productivity and the reconstruction of working life*. New York: Basic Books.

Kossek, E. E., Lautsch, B. A., & Eaton, S. C. (2006). Telecommuting, control, and boundary management: Correlates of policy use and practice, job control, and work-family effectiveness. *Journal Of Vocational Behavior* 68(2), 347–367.

Landy, F. J., & Conte, J. M. (2007). *Work in the 21st Century: An introduction to industrial and organizational psychology* (2nd ed.). Malden: Blackwell Publishing.

Lines, R. (2004). Influence of participation in strategic change: Resistance, organizational commitment and change goal achievement. *Journal Of Change Management* 4(3), 193–215.

Mengel, M. (2013). Mit dem Professor durch Lindenthal. *Kölner Stadt-Anzeiger*. Artikel vom 25. Februar 2013. http://www.ksta.de/mein-veedel/gerhard-uhlenbruck-mit-dem-professor-durch-lindenthal,16375410,21936414.html. Zugegriffen: 02. März 2015

Nerdinger, F. (2014). Arbeitsmotivation und Arbeitszufriedenheit. In F. W. Nerdinger, G. Blickle, & N. Schaper (Hrsg.), *Arbeits-und Organisationspsychologie* (S. 419–440). Berlin, Heidelberg: Springer.

Pikhart, H., Bobak, M., Siegrist, J., Pajak, A., Rywik, S., Kyshegyi, J., Gostautas A., & Marmot, M. (2001). Psychosocial work characteristics and self rated health in four post-communist countries. *Journal Of Epidemiology And Community Health* 55(9), 624–630.

Sargent, L. D., & Terry, D. J. (1998). The effects of work control and job demands on employee adjustment and work performance. *Journal Of Occupational & Organizational Psychology* 71(3), 219–236.

Schaubroeck, J., Jones, J. R., & Xie, J. L. (2001). Individual differences in utilizing control to cope with job demands: Effects on susceptibility to infectious disease. *Journal Of Applied Psychology* 86(2), 265–278.

Schreurs, B., van Emmerik, H., Notelaers, G., & De Witte, H. (2010). Job insecurity and employee health: The buffering potential of job control and job self-efficacy. *Work & Stress* 24(1), 56–72.

Scott-Ladd, B., Travaglione, A., & Marshall, V. (2006). Causal inferences between participation in decision making, task attributes, work effort, rewards, job satisfaction and commitment. *Leadership & Organization Development Journal* 27(5), 399–414.

Seligman, M. P. (1975). *Helplessness: On depression, development, and death*. New York, NY, US: W.H Freeman, Times Books, Henry Holt & Co.

Siegrist, J. (2001). A theory of occupational stress. In J. Dunham, J. Dunham (Eds.), *Stress in the workplace: Past, present and future* (pp. 52–66). Philadelphia, PA, US: Whurr Publishers.

Skinner, E. A. (1996). A guide to constructs of control. *Journal Of Personality And Social Psychology* 71(3), 549–570.

Smollan, R. K. (2014). Control and the emotional rollercoaster of organizational change. *International Journal Of Organizational Analysis* 22(3), 399–419.

Smulders, P. W., & Nijhuis, F. N. (1999). The Job Demands-Job Control model and absence behaviour: Results of a 3-year longitudinal study. *Work & Stress* 13(2), 115–131.

Spector, P. E. (1986). Perceived control by employees: A meta-analysis of studies concerning autonomy and participation at work. *Human Relations* 39(11), 1005–1016.

Timming, A. R. (2012). Tracing the effects of employee involvement and participation on trust in managers: An analysis of covariance structures. *The International Journal Of Human Resource Management* 23(15), 3243–3257.

White, R. W. (1959). Motivation reconsidered: The concept of competence. *Psychological Review* 66(5), 297–333.

Lügen haben kurze Beine – Ehrlich währt am längsten

Verena Speth

© Springer-Verlag Berlin Heidelberg 2017
D. Frey (Hrsg.), *Psychologie der Sprichwörter*,
DOI 10.1007/978-3-662-50381-2_11

11.1 Einleitung

Der Volksmund sagt „Lügen haben kurze Beine". Dieses Sprichwort suggeriert: Lügen lohnt sich nicht, am Ende kommt jede Lüge raus. Aber stimmt das wirklich?

Zwar heißt es schon in den 10 Geboten der *Bibel* „Du sollst nicht falsch Zeugnis reden wider deinen Nächsten", dennoch zeigen Studien, dass Lügen einen überraschend großen Bestandteil unserer Konversationen ausmachen. In etwa 20 % aller sozialen Interaktionen wird gelogen oder getäuscht (DePaulo et al. 1996). Dies erhöht sich sogar auf 60 %, wenn wir mit fremden Personen interagieren (Feldman et al. 2002). Mit dem Erreichen des 60. Lebensjahres hat eine Person – konservativ gerechnet – im Durchschnitt bereits 43.800 Lügen erzählt (Anthony u. Cowley 2012).

Aber was zählt als Lüge? Und wann sagen wir die Wahrheit? Wichtig und gleichzeitig schwierig ist die Definition von Lügen. Denn Lügen können egoistisch sein, um andere hinters Licht zu führen. Sie können aber ebenso altruistisch sein, um beispielsweise andere zu schützen. Es kann sich um kleine Alltagslügen handeln oder um schwerwiegende Vergehen wie Betrug. Bislang gibt es in der Forschung keine einheitliche Definition. Einige Forscher gehen davon aus, dass Lügen ein bewusster Prozess ist und intentional geschieht. Andere definieren eine Lüge als „die bewusste oder unbewusste Abwendung von der Wirklichkeit" (Stiegnitz 1997, S. 11).

Aber was ist dran an dem Sprichwort „Lügen haben kurze Beine"? Wie gut sind wir beim Entdecken von Lügen, und ist Lügen immer schlecht? Oder gilt „Ehrlich währt am längsten"? Im Folgenden werden diese Aspekte genauer beleuchtet und der Wahrheitsgehalt beider Sprichwörter untersucht, wobei erstgenanntes im Vordergrund steht. Daneben gibt es zahlreiche weitere Sprichwörter und Lebensweisheiten rund um das Thema Lügen, die in diesem Kontext ebenfalls kurz angeschnitten und durch psychologische Befunde erklärt werden. Im Anschluss an die Diskussion der Hauptsprichwörter werden Möglichkeiten und Ansatzpunkte zur Verbesserung der Lügendetektion aufgezeigt.

Begonnen wird jedoch damit, die verschiedenen Lügenarten zu kategorisieren und deren Hintergründe zu beleuchten. Denn die zugrunde liegenden Motive sind sehr differenziert und stellen eine wichtige Grundlage für das Verständnis der Sprichwörter dar.

11.2 Kategorisierung und Motive von Lügen

Es wurde bereits festgestellt, dass Menschen relativ häufig lügen. Aber was sind die Gründe? Lügen sind nicht gleich Lügen. Denn gelogen wird aus den verschiedensten Gründen.

DePaulo et al. (1996) unterscheiden Lügen beispielsweise darin, wer von ihnen profitiert, ob diese selbst- oder fremddienlich sind. **Selbstdienliche Lügen** werden aus egoistischen Motiven erzählt, beispielsweise aus materiellen oder auch aus psychologischen Gründen, um sich selbst positiv darzustellen. **Fremddienliche Lügen** hingegen sind oftmals altruistisch, ohne dass man selbst einen Vorteil daraus zieht. In ihrer Studie fanden DePaulo et al. (1996) heraus, dass in Gesprächen doppelt so häufig selbstdienliche wie fremddienliche Lügen erzählt werden. Gegenstand ist zwar häufig die Vertuschung von Fehlern und die Verheimlichung von Plänen oder Aufenthaltsorten, die meisten Lügen betreffen jedoch die Gefühle der Personen – nach dem Motto „Nein, ich bin nicht eifersüchtig" oder „Ja, es geht mir gut".

Aber es gibt auch andere Kategorisierungsmöglichkeiten. Im folgenden Kapitel wird Bezug genommen auf die Kategorisierung von McLeod und Genereux (2008). Diese unterscheiden verschiedene Arten des Lügens, die sich durch ihre Motive voneinander abgrenzen. Ihnen zufolge gibt es die **Geltungslüge**, um von anderen gemocht zu werden, die **prosoziale Lüge**, um anderen zu helfen oder sie zu beschützen, die **Selbstlüge**, bei der man sich bewusst oder unbewusst selbst belügt, und die **antisoziale Lüge**, um anderen zu schaden oder sich einen Vorteil zu verschaffen.

Sollte alles, was man sagt, wirklich immer wahr sein? Oder kann es unter Umständen manchmal besser und sinnvoller sein, zu lügen? Da die Arten und Motive des Lügens sehr unterschiedlich sind, müssen auch ihre psychologischen Erklärungsansätze differenziert betrachtet werden. Im Folgenden werden die Geltungslüge, die prosoziale Lüge, die antisoziale Lüge sowie als zusätzlicher Punkt die Selbstlüge genauer betrachtet und deren Hintergründe durch psychologische Theorien erklärt.

11.2.1 Geltungslüge

Verschleierungen, Beschönigungen, Übertreibungen – Menschen lügen, um andere zu beeindrucken. Die Geltungslüge entsteht häufig vor dem Hintergrund, anderen zu gefallen und den eigenen Selbstwert zu steigern (Leary u. Kowalski 1990). Denn drei wichtige **motivationale Grundmotive** des Menschen sind das Streben nach einem positiven Selbstbild und Anerkennung, das Streben nach Kompetenz und Kontrolle und das Streben nach Zugehörigkeit (Smith u. Mackie 2007). Um diese Ziele zu erreichen, wird daher öfter zu Techniken des Lügens und Täuschens gegriffen. Nicht um anderen zu schaden, sondern um bei dem Gegenüber einen positiven Eindruck zu hinterlassen. Dies ist vor allem dann der Fall, wenn es um Gesprächspartner des anderen Geschlechts geht (Feldman et al. 2002).

Aufbauend auf diesen drei motivationalen Grundprinzipien entwickelten Forscher die **Impression-Management-Theorie**, die die Hintergründe der Geltungslüge erklären (Tedeschi et al. 1971, zitiert nach Leary u. Kowalski 1990). Diese geht davon aus, dass das eigene Selbstbild vor allem durch die Bewertung anderer bestimmt wird. Daher sind Menschen darum bemüht, den Eindruck, den sie auf andere machen, aktiv zu steuern und zu kontrollieren, indem sie lügen, um sich in einem besseren Licht darzustellen. Dies tritt immer dann auf, wenn Situationen soziale Interaktionen erfordern, sei es bei einem Vorstellungsgespräch, beim Treffen mit Kollegen und Freunden oder bei einer Verabredung (Leary u. Kowalski 1990).

11.2.2 Prosoziale Lüge

> Lügen sind der Schmierstoff der Kommunikation. Die Menschen wollen oftmals nicht die Wahrheit hören, sondern etwas, mit dem sie sich gut fühlen. [...] im Alltag sind wir oft mit einer Lüge glücklicher. (Robert F. Feldman im Interview mit Tobias Hürter 2012, S. 1)

Genau diesen Schmierstoff stellen prosoziale Lügen dar. Meist sind es kleine Schwindeleien, um anderen Sorge zu ersparen, ihnen eine Freude zu machen oder um Konfrontationen und Verletzungen zu vermeiden (DePaulo et al. 1996). Diese Lügen werden auch oft als weiße Lügen bezeichnet. Sie werden als ethisch korrekt angesehen und daher auch eher akzeptiert, da ihnen keine egoistischen Motive zugrunde liegen (Levine u. Schweitzer 2014).

Studien zeigen, dass Menschen, die prosozial lügen, als sympathischer wahrgenommen werden. Nach dem Sprichwort: „Alles was du sagst, sollte wahr sein. Aber nicht alles, was wahr ist, solltest du auch sagen", soll man zwar immer die Wahrheit sagen, aber es deutet ebenfalls an, dass es nicht immer sinnvoll ist und man je nach Situation auch darauf verzichten sollte. In diesem Sprichwort steckt viel Wahres. Denn es zeigt sich, dass gute Lügner den meisten Menschen sympathischer sind als Personen, die immer die Wahrheit sagen (Hürter 2012). Vor allem Menschen mit einer hohen **sozialen Intelligenz** nutzen prosoziale Lügen. Sie können sich in andere hineinversetzen, Situationen adäquat analysieren und haben ein Gespür dafür, was der Gesprächspartner gerne hören möchte. Sie sind daher in der Lage, zu unterscheiden, wann man die Wahrheit sagen sollte und wann es besser ist, prosozial zu lügen (Hürter 2012). Darüber hinaus zeigen Studien, dass durch prosoziale Lügen das Vertrauen in einer Beziehung gestärkt werden kann. Für das soziale Miteinander kann es daher sogar vorteilhaft sein, prosozial zu lügen. Denn wenn die Wahrheit dem anderen schadet, werden prosoziale Lügen der Wahrheit vorgezogen (Levine u. Schweitzer 2015).

Interessant ist, dass Menschen sich oftmals nicht darüber bewusst sind, dass sie lügen. In einer Studie nahmen Forscher die Konversation von sich fremden Gesprächspartnern auf. Etwa 40 % der Teilnehmer waren bei einer anschließenden Befragung der aufrichtigen Überzeugung, nicht gelogen zu haben. Als ihnen die Videoaufnahme vorgespielt wurde, waren sie überrascht, wie häufig sie kleine Unwahrheiten entdeckten (Feldman et al. 2002). So scheinen gerade sozial intelligente Menschen kleine Lügen als unbewusste Technik und „Schmierstoff" zu nutzen (Hürter 2012, S. 1).

11.2.3 Antisoziale Lüge

Wenn wir an Lügen denken, denken wir vor allem an schwerwiegende Lügen, an Lug und Betrug, und an Lügen, die aus egoistischen, selbstbereichernden Motiven heraus entstehen. Lügen, um anderen zu schaden und sich dadurch einen Vorteil zu verschaffen, das hat – wenn wir ehrlich sind – wahrscheinlich jeder schon einmal getan. Aber bei gewissen psychologischen Erkrankungen und Störungen tritt dieses Verhalten besonders stark auf und ist Teil des Krankheitsbildes. Das Sprichwort „Lügen, dass sich die Balken biegen" trifft vor allem auf krankhaftes Lügenverhalten zu. Im Folgenden werden Krankheiten, die stark mit dem Lügen verbunden sind, kurz beschrieben und die dahinterliegenden Beweggründe erklärt.

- **Lügen als Krankheitssymptom**

Lügen und täuschendes Verhalten ist ein Symptom zahlreicher psychologischer Krankheiten. Darunter fallen vor allem Persönlichkeitsstörungen wie die Borderline-, histrionische, narzisstische und antisoziale Persönlichkeitsstörung. Eine Person mit der Diagnose **Borderline-Persönlichkeitsstörung** ist emotional instabil und zeigt eine mangelnde Impulskontrolle. Dadurch kommt es häufig zu gewalttätigem oder bedrohlichem Verhalten gegenüber anderen, aber auch gegenüber sich selbst. Der Grund für häufiges Lügen geht bei diesem Störungsbild zum größten Teil auf die Angst vor dem Verlassenwerden zurück (Wittchen u. Hoyer 2011). Die **histrionische Persönlichkeitsstörung** ist gekennzeichnet durch starke Emotionalität, Theatralik und dem übermäßigen Streben nach Aufmerksamkeit. In dessen Folge kommt es oft zu Lügen und Übertreibungen, um im Mittelpunkt zu stehen (Wittchen u. Hoyer 2011). **Narzissten** hingegen zeichnen sich u. a. durch Durchsetzungsvermögen und Zielstrebigkeit aus. Allerdings auch durch egoistisch motiviertes, manipulatives und täuschendes Verhalten für den eigenen Vorteil, das mit Lügen einhergeht (Campbell et al. 2011). Lug und Betrug sind aber wohl am stärksten mit der **antisozialen Persönlichkeitsstörung** verbunden. Merkmale sind dabei vorwiegend verhaltensorientiert wie wiederholte Taten, die mit dem geltenden Recht in Konflikt stehen, die Unfähigkeit von Reue sowie Reizbarkeit und Aggressivität (APA 2000). Dabei wird ebenso spezifisch von „Falschheit, die sich in wiederholten Lügen, dem Gebrauch von Decknamen oder dem Betrügen anderer zum persönlichen Vorteil oder Vergnügen äußert" (APA 2000, S. 706) gesprochen.

Beachtet werden sollte dabei, dass die antisoziale Persönlichkeitsstörung nicht gleichzusetzen ist mit der Diagnose der **Psychopathie**. Diese gilt als schwere Form der antisozialen Persönlichkeitsstörung, die durch spezifische Persönlichkeitszüge gekennzeichnet ist, besonders durch affektive Defizite wie dem Mangel an Empathie und Schuldbewusstsein, unzureichender Verhaltenskontrolle und betrügerischem und manipulativem Verhalten, aber auch durch oberflächlichen Charme und übersteigertem Selbstbewusstsein (Oggloff 2006).

Studien gehen davon aus, dass etwa 3–5 % der Menschen an einer antisozialen Persönlichkeitsstörung leiden, wohingegen das Krankheitsbild des Psychopathen weniger als 1 % der Bevölkerung betrifft. In Gefängnissen liegt die Quote bei 50–80 % an Insassen mit antisozialer Persönlichkeitsstörung, wobei auf 15 % die Diagnose Psychopathie zutrifft (Hare 2003, zitiert nach Oggloff 2006).

11.2.4 Selbstlüge

„Sich in die eigene Tasche lügen" – Jeder kennt dieses Phänomen. Manchmal passiert es bewusst, wenn man versucht, sich etwas ein- oder schönzureden. Meistens jedoch belügen sich Menschen selbst, ohne es zu bemerken. Es ist ein automatischer Prozess, der ganz selbstverständlich und unbewusst abläuft. Oftmals geht es darum, Informationen vor dem bewussten Ich zu verschweigen (Ekman u. Friesen 1969). Im Folgenden werden dazu zwei Phänomene kurz erklärt. Zum einen die unbewusste Änderung der eigenen Meinung aufgrund von kognitiver Dissonanz, und zum anderen die unbewusste Selbsttäuschung bei der Entscheidungsfindung durch Heuristiken.

- **Kognitive Dissonanz**

„Jeder glaubt gar leicht, was er fürchtet und was er wünscht" – zumindest der zweite Teil des Sprichworts kann durch das psychologische Phänomen der kognitiven Dissonanz von Festinger (1957; zitiert nach Smith u. Mackie 2007) erklärt werden. Dieses Phänomen bezeichnet einen kognitiven, unangenehmen Spannungszustand, der auftritt, wenn sich bei einer Person widersprechende Kognitionen einstellen.

Man hat sich beim Autokauf für die Marke A entschieden, aber Marke B wäre billiger gewesen. Laut der Theorie der kognitiven Dissonanz ergeben sich drei Reaktionsmöglichkeiten, um diesen Spannungszustand zu reduzieren. Eine ist die Änderung des Verhaltens. Da dieses meist jedoch nicht rückgängig zu machen ist, kommen die beiden anderen Möglichkeiten ins Spiel, die Rechtfertigung des Verhaltens durch Hinzufügen von bestätigenden Kognitionen oder durch Änderung der dissonanten Kognitionen. In beiden Fällen belügen sich Menschen unbewusst selbst, indem sie entweder ihre Einstellung abändern oder neue Informationen nur noch selektiv wahrnehmen, um die Entscheidung nachträglich zu unterstützen (Smith u. Mackie 2007). Im Falle des Autokaufs können wir unsere Kognitionen verändern, indem wir beispielsweise die Marke B abwerten

oder neue selektiv gesuchte Informationen hinzufügen, wenn uns plötzlich z. B. nur noch gute Testberichte der Marke A ins Auge fallen.

- **Rekognitionsheuristik**

Wenn es um Urteile und Entscheidungen geht, spielt uns unser Gehirn oftmals einen Streich, indem es zu kognitiven Heuristiken greift, die nicht immer den richtigen Weg weisen. Das Sprichwort „Die Menschen glauben viel leichter eine Lüge, die sie schon hundertmal gehört haben, als eine Wahrheit, die ihnen völlig neu ist" greift diesen Umstand auf.

Tatsächlich zeigen Studien, dass Probanden Aussagen, die sie bereits gelesen oder gehört haben, mit einer höheren Wahrscheinlichkeit für wahr halten als solche, die sie zum ersten Mal hören (Dechêne et al. 2010). Grund dafür ist das **implizite Gedächtnis** und die Nutzung von **kognitiven Heuristiken** zur Entscheidungsfindung. Die Aussagen können zwar nicht bewusst erinnert werden, aber die Spur einer Erinnerung führt dazu, dass die Aussagen als wahr beurteilt werden (Dechêne et al. 2010).

Eine Heuristik, die diesen Effekt erklärt, ist die **Rekognitionsheuristik**. Sehen Menschen sich mit einer Aussage konfrontiert, über die sie kein bewusstes oder nur ein ambigues Wissen abrufen können, versuchen sie auf anderem Weg eine Entscheidung zu treffen. Bereits gelesene oder gehörte Aussagen führen zu einem Gefühl des Wiedererkennens. Dieses Gefühl aktiviert die Rekognitionsheuristik – „Ich erkenne die Aussage, also muss sie wahr sein" – (Dechêne et al. 2010).

Dieser sog. **Truth-Effekt** wurde für wahrhaftige, aber auch für falsche Aussagen, für triviale Statements, für Produkteigenschaften und sogar Meinungsstandpunkte nachgewiesen (Dechêne et al. 2010). Menschen glauben daher Aussagen eher, wenn sie diese schon gehört haben, als einer Aussage, die ihnen völlig neu ist. Das gilt sowohl für die Wahrheit als auch für Lügen.

11.3 Gültigkeit des Sprichworts

Nach der Kategorisierung und differenzierten Betrachtung von Lügen, stellt sich nun die Frage: Was ist wirklich dran an dem Sprichwort „Lügen haben kurze Beine"? Lohnen sich Lügen, oder kommt am Ende doch jede Lüge raus?

Studien zeigen, dass Menschen schlecht bei der **Erkennung von Lügen** sind. Die meisten Menschen denken zwar, sie könnten Lügner erkennen. Dies ist jedoch oft nicht der Fall (Bond u. DePaulo 2006). Denn sie orientieren sich meist an dem vermeintlich stereotypen Verhalten von Lügnern: Lügner sind nervös, fassen sich an die Nase und können dem Gegenüber nicht in die Augen schauen (Hartwig u. Bond 2011). Studien zeigen jedoch, dass die Trefferquote bei der Entdeckung von Lügen nur bei 54 % liegt (Bond u. DePaulo 2006). Dies ist ein wenig beeindruckendes Ergebnis, wenn man bedenkt, dass diese Entdeckungsrate nur geringfügig besser ist, als wenn jedes Mal eine Münze geworfen worden wäre (50%ige Chance). Sogar bei eigentlich geschulten Personen, die tagtäglich mit Lügnern zu tun haben, ist die Entdeckungsquote erschreckend gering. So lagen Polizisten ebenfalls nur bei 56 %. Allein Mitarbeiter des Geheimdienstes konnten eine Entdeckungswahrscheinlichkeit von 64 % vorweisen (Ekman u. O'Sullivan 1991). In der Forschung existieren zwei verschiedene Erklärungsansätze für die geringe Entdeckungsrate. Zum einen besteht die Möglichkeit, dass sich Menschen an **falschen Lügenhinweisen** orientieren, z. B. dem Vermeiden von Augenkontakt. Dieser Ansatz impliziert, dass die Lügenentdeckung verbessert werden kann, wenn auf die „richtigen" Zeichen geachtet wird (Hartwig u. Bond 2011). Der zweite Erklärungsansatz, den Hartwig und Bond (2011) durch ihre Studie unterstützen, geht allerdings davon aus, dass dies nicht der Fall ist. Die Unterschiede zwischen Lügnern und ehrlichen Menschen sind oftmals so gering und individuell unterschiedlich, dass sie nicht wahrgenommen werden können. Es gibt demnach **kein Verhaltensmerkmal**, dass Lügnern immer zugeschrieben werden kann. Daher kann man Lügner nur schlecht entlarven (Hartwig u. Bond 2011).

Lügner sind egoistisch und auf ihren Vorteil bedacht, sie sind schlechte Menschen, und es ist demnach nicht wünschenswert ein Lügner zu sein. Auf schlechte Lügner mag das zutreffen. Allerdings haben schon die Ausführungen in ▶ Abschn. 11.2 gezeigt, dass Lügen oft nicht erkannt werden und es – je nach Art der Lüge – durchaus sinnvoll sein kann, zu lügen. Aber nicht nur werden Lügen oftmals nicht entdeckt, gute Lügner besitzen auch häufig positive Eigenschaften wie Intelligenz und Erfolg. Denn gute Lügner sind **intelligent**, sie sind – metaphorisch gesprochen – gute Schachspieler und strategische Denker, denken mehrere Schritte voraus und können sich in andere hineinversetzen (Marantz Henig 2006). Eine gute Lüge erfordert größere kognitive Anstrengungen, als die Wahrheit zu sagen (Vrij et al. 2008). Geht man einen Schritt zurück und erklärt dies evolutionär, zeigt sich, dass mit einem größeren Neokortex und damit mit einer höheren Intelligenz die Fähigkeit in Primaten steigt, täuschendes Verhalten zu zeigen (Byrne u. Corp 2004). Der Neokortex ist vor allem für höhere Funktionen des Gehirns zuständig wie für das Gedächtnis und die Sprache. Pathologische Lügner weisen einen erhöhten Anteil weißer Substanz im präfrontalen Kortex auf (Yang et al. 2005). Die weiße Substanz ist für die Vernetzung und den Informationsaustausch zwischen den Hirnregionen zuständig. Ein hoher Anteil weißer Substanz geht mit einer vereinfachten und schnelleren Informationsverarbeitung einher (Abe 2011). Und in der Tat zeigen pathologische Lügner eine höhere sprachliche Intelligenz als Kontrollgruppen.

Lügner sind nicht nur intelligent, sie sind auch oftmals beruflich **erfolgreich**. So zählt die Fähigkeit, zu lügen, sich zu verstellen und Wahrheiten zu verdrehen zu einem der Hauptmerkmale erfolgreicher Präsidentschaften (Rubenzer u. Faschingbauer 2004). Auch neigen gerade besserverdienende Personen dazu, in Geschäftssituationen zu lügen. Die Bereitschaft dafür scheint jedoch nicht nur von der Person abhängig zu sein, sondern von den Wertvorstellungen der jeweiligen Gruppe, mit der sich die Person umgibt (Piff et al. 2012). Darüber hinaus findet sich in den Vorstands- und Managementetagen eine überproportionale Anzahl von Personen mit ausgeprägten narzisstischen Zügen (Campbell et al. 2011; vgl. ▶ Abschn. 11.2.3).

Intelligente und erfolgreiche Menschen sind meist extravertierte und redegewandte Personen. Sie sind möglicherweise deshalb gute Lügner, da sie selbst, wenn sie lügen, als tendenziell **glaubwürdiger** eingeschätzt werden als Personen, denen diese Fähigkeiten fehlen (Riggio et al. 1987). Eine mögliche Erklärung für dieses Phänomen ist der **Halo-Effekt**. Dieser beschreibt die kognitive Heuristik, von einer beobachtbaren Eigenschaft auf andere nicht beobachtbare

Eigenschaften zu schließen. Personen, die hinsichtlich ihrer kognitiven Fähigkeiten positiv bewertet werden, werden auch positiv in ihrer Glaubwürdigkeit eingeschätzt. Hierbei wird häufig nicht zwischen der allgemeinen Glaubwürdigkeit und der situativen Glaubwürdigkeit der einzelnen Aussage dieser Person unterschieden (Riggio et al. 1987).

11.3.1 Auswirkungen von Lügen

Betrachten wir nun das Sprichwort: „Ehrlich währt am längsten". Studien zeigen, dass Lügen schwerwiegende Folgen haben können. Denn schon wie das Sprichwort „Wer einmal lügt, dem glaubt man nicht, und wenn er auch die Wahrheit spricht" andeutet: Wird eine Lüge erkannt, kommt es zu einem **Glaubwürdigkeitsverlust**. Studien zeigen darüber hinaus, dass auch die Sympathie verloren geht (Tyler et al. 2006).

In der Psychologie gibt es die **Hypothesentheorie der sozialen Wahrnehmung** (Bruner u. Postman 1951, zitiert nach Lilli u. Frey 1993), die dieses Sprichwort näher erklären kann. Denn laut dieser Theorie sind Menschen voreingenommen in der sozialen Wahrnehmung anderer Menschen, haben also immer eine bestimmte Erwartung bzw. Hypothese über die Situation, die Person oder die Handlung. Das bedeutet, dass wir alles, was wir wahrnehmen, im Kontext der dazu gebildeten Hypothese auffassen. Diese Hypothese wird mit der Wirklichkeit abgeglichen und kann sich ggf. ändern oder anpassen. Hypothesen bewirken jedoch eine selektive Wahrnehmung, d. h., sie sind aufmerksamkeitslenkend. Alle Aussagen und das Verhalten des Gesprächspartners werden im Licht dieser Hypothese betrachtet. Je häufiger eine Hypothese bestätigt wird, desto stärker wird sie. Und je stärker eine solche Hypothese verankert ist, desto weniger Informationen werden in der Folge benötigt, um sie zu unterstützen (Lilli u. Frey 1993). Bezogen auf das Lügen kann dies bedeuten, dass wenn man beim Lügen erwischt wird, sich bei dem Gesprächspartner die Hypothese von glaubwürdig zu unglaubwürdig ändert. Die weiteren Aussagen werden daher mit Skepsis betrachtet.

Darüber hinaus zeigen Studien, dass Belogene dazu tendieren, ihrerseits den Gesprächspartner im gleichen Ausmaß zu belügen. Frei nach dem Motto „Wie du mir, so ich dir" kommt es zu einer Art **negativen Reziprozität** (Tyler et al. 2006).

Allerdings muss bei diesem Sprichwort das Lügen differenziert betrachtet werden. Denn im Gegensatz zu antisozialen und selbstorientierten Lügen können **prosoziale Lügen** die Kommunikation sogar erleichtern (Hürter 2012). Manche Forscher gehen sogar so weit, zu sagen, dass ohne diese kleinen Lügen, die Welt nicht die gleiche wäre. Denn soziale Lügen wirken sich positiv auf Gesellschaften aus und machen diese stabiler und komplexer (Iniguez et al. 2014). Auch können sie das Vertrauen in einer Beziehung stärken: Probanden vertrauten Personen, die prosozial logen, mehr im Vergleich zu Personen, die zwar die Wahrheit sagten, aber dadurch anderen schadeten (Levine u. Schweitzer 2015). Die Sprichwörter „Ehrlich währt am längsten" und „Wer einmal lügt, dem glaubt man nicht, und wenn er auch die Wahrheit spricht" treffen daher auf antisoziale, nicht aber auf prosoziale Lügen zu.

11.3.2 Diskussion der beiden Sprichwörter

Das Kapitel zeigt, dass Lügen durchaus „lange Beine" haben können. Denn Menschen sind sehr schlecht darin, Lügen aufzudecken. Trotzdem ist dieses Sprichwort fester Bestandteil der deutschen Sprachkultur. Denn nach der Theorie des doppelten Standards von Bond und DePaulo (2006) beurteilen Personen Lügen, die ihnen erzählt werden, strenger als die eigenen Lügen, die sie selbst erzählen. Für den Belogenen gilt oftmals das Credo „Du sollst nicht lügen". Der Lügner jedoch differenziert zwischen beispielsweise antisozialen und prosozialen Lügen. Außerdem steht er oftmals einem Loyalitätskonflikt gegenüber. Wem soll er loyal sein? Sich selbst, anderen, die ihm etwas anvertraut haben, oder dem Gesprächspartner, den man nicht verletzen will? Der Lügner zieht daher vielfältigere Aspekte in Betracht als der Belogene. Wenn man das Thema Lügen differenziert betrachtet, sollte das Sprichwort eher lauten: „Egoistische und antisoziale Lügen haben kurze Beine". Damit dies auch wirklich der Fall ist, können verhaltens- oder sprachorientierte Ansätze der Lügendetektion genutzt werden, die im nachfolgenden Kapitel beschrieben werden.

Wenn Lügen schon keine „kurzen Beine" haben, währt dann Ehrlichkeit wenigstens am längsten? Dieser Aspekt muss ebenfalls differenziert betrachtet werden. Ehrlichkeit währt dann am längsten, wenn es sich um egoistische, antisoziale Lügen handelt, da die Glaubwürdigkeit und Sympathie sinken, wenn eine solche Lüge vom Gesprächspartner entdeckt wird. Der Glaubwürdigkeitsverlust hängt allerdings von der Art und Schwere der Lüge ab. So gilt dies vorwiegend für egoistische und antisoziale, nicht aber für prosoziale Lügen. Diese können sich sogar entgegengesetzt, nämlich positiv, auswirken.

11.4 Lügendetektion

„Lügen haben kurze Beine" – der ▶ Abschn. 11.3 zeigt, dass dies nicht unbedingt der Fall ist. Wie ist es möglich, Lügen besser zu erkennen? Nicht nur im Alltag wünschen sich das viele, zumindest wenn es sich um antisoziale Lügen handelt. Warum nicht einfach einen **Lügendetektor** nutzen? Der im Sprachgebrauch als Lügendetektor bekannte Polygraf erfasst physiologische Parameter wie einen erhöhten Puls oder die Schweißbildung. Anhand dieser Veränderungen sollen Lügner erkannt werden. In Deutschland ist dieser Test jedoch verboten. Denn wie in ▶ Abschn. 11.3 beschrieben wurde, gibt es keine eindeutigen Lügenmerkmale. Der Polygraf ist in der Folge viel zu unzuverlässig, als dass er in wichtigen und heiklen Situationen, beispielsweise der Strafverfolgung, eingesetzt werden könnte (Seiterle 2010). In der Forschung gibt es daher andere zuverlässigere Ansätze der Lügendetektion.

- **Mikroausdrücke des Gesichts verraten die Wahrheit**

Einer der wohl bekanntesten Lügenforscher ist Paul Ekman aus den USA. Bekannt wurde er durch seine Methode des **Facial Acting Coding Systems** (FACS), ein Kodierungssystem, mit dessen Hilfe Emotionen genauestens erfasst und erkannt werden können (Ekman u. Rosenberg 2005). Denn die Sprache der Emotionen wie Wut, Angst, Erstaunen, Freude, Überraschung, Trauer, Ekel und Verachtung sprechen alle Menschen (Ekman u. Rosenberg 2005). Wichtig für die Lügendetektion sind vor allem spontane Mikroexpressionen, die zwischen 40 ms und 4 s dauern können (Ekman 2003). Ekman (2009) postuliert, dass Lügner in diesen Bruchteilen von Sekunden ihre wahren Emotionen zeigen, bevor sie versuchen, diese zu verbergen. Lügner können demnach entlarvt werden, indem die unbewussten Mikroexpressionen der Emotionen erkannt und richtig interpretiert werden. Und hier sind wir bei dem großen Problem aller Lügendetektoren und auch des FACS angekommen, das von Ekman (2003) als Othello-Problem bezeichnet wurde.

> Emotions do not tell you their cause. The fear of being disbelieved looks the same as the fear of being caught. (Ekman 2003, S. 218)

Ekman (2003) betont daher, dass nur durch eine weitere Befragung einwandfrei festgestellt werden kann, ob eine Person lügt. Damit es allen Menschen möglich ist, Mikroausdrücke zu erkennen, entwickelte Ekman ein einstündiges Kurztraining, das **Micro Expression Training Tool** (METT), das auch online verfügbar ist (Ekman 2009).

- **Auch Sprache kann Lügner entlarven**

Lange Zeit fokussierte man sich vorwiegend auf nonverbales Verhalten. Auf eine neue Art der Lügendetektion haben sich Forscher aus Großbritannien spezialisiert. Sie analysieren die Sprache nach Lügenindikatoren. Die Methode **Controlled Cognitive Engagement** (CCE) stellt ein kurzes 3-minütiges Interview dar. Mithilfe dieser Methode konnten in einem Feldexperiment im Sicherheitsbereich von Flughäfen 66 % der Lügner entlarvt werden (Omerod u. Dando 2015). Grundlage der Methode ist es, dass Lügen kognitiv anstrengender ist, als die Wahrheit zu sagen. Die Fragen beziehen sich vor allem auf die Person und ihre Herkunft. Das Interview startet mit offenen Fragen und baut dann auf den jeweiligen Antworten auf, z. B. „Wo wohnen Sie? Wie viele Stationen brauchen Sie zu ihrer Arbeit?" Omerod und Dando (2015) fanden heraus, dass Lügner im Verlauf des Interviews immer kürzere, weniger informative und oftmals widersprüchliche Antworten gaben.

Auch andere Forscher haben sich mit der Sprache als Lügenindikator befasst. Es zeigt sich: Lügner müssen sich kognitiv stärker anstrengen, daher sind ihre Aussagen kürzer, weniger elaboriert und wenig komplex. Sie übertreiben häufiger ihre Emotionen und verteidigen sich stärker bzw. zeigen größere Verärgerung, wenn sie der Lüge bezichtigt werden. Darüber hinaus verwenden sie weniger selbstreflektierende Redewendungen, z. B. „Ich nahm an … " oder „Ich dachte … " (Hauch et al. 2014).

- **Pinocchio-Effekt**

Neben diesen Ansätzen gibt es ein interessantes Ergebnis neuerer Forschung. Spanische Forscher konnten die seit jeher propagierte Pinocchio-Nase nachweisen (Milán u. López 2012). Mithilfe der Thermografie konnten die Forscher zeigen, dass beim Lügen mehr Blut in die Nase fließt und sich dadurch die Durchblutung der Muskeln in der Nähe der Nase erhöht. Durch das Blut dehnt sich diese minimal aus. Gleichzeitig sinkt die Temperatur im restlichen Gesicht, da das Blut aus dem Gesicht ins Gehirn transportiert wird. Auslöser dafür, so vermuten die Wissenschaftler, ist eine Gehirnregion, die für Gefühlsempfindungen, aber auch für die Temperaturregulation zuständig ist. Die Pinocchio-Nase scheint demnach zu existieren, sie ist allerdings nur mit einer Wärmebildkamera sichtbar.

11.5 Fazit

In diesem Kapitel konnten einige Sprichwörter in Bezug auf das Lügen bestätigt werden. Es zeigt sich, dass das Thema Lügen sehr komplex ist. Lügen sollten zwar in den meisten Fällen „kurze Beine" haben, aber dieser Anspruch ist nicht absolut zu sehen. Denn nicht immer ist es von Vorteil für alle Beteiligten, ständig die Wahrheit zu sagen und zu hören. Es ist zu bedenken, wie schwer die Lüge wiegt und aus welchen Gründen gelogen wird.

Oftmals stellen Lügen schlichtweg den einfacheren oder bequemeren Weg dar, bei dem unangenehme Wahrheiten oder unbeliebte Entscheidungen verschleiert werden. Trotzdem ist es wichtig und häufig auch notwendig, diese zu kommunizieren. Dies erfordert Mut, Sensibilität und soziale Fähigkeiten, zu denen auch eine „gute", d. h. prosoziale, Lüge gehören kann. Eine noch höhere Kunst als die des guten Lügens ist es allerdings, unangenehme Wahrheiten mit Feingefühl anzusprechen, sodass negative Effekte gar nicht erst entstehen und der andere auch die Wahrheit annehmen kann.

Literaturverzeichnis

Abe, N. (2011). How the Brain shapes deception: an integrated review of the literature. *The Neuroscientist* 17(5), 560–574.

American Psychiatric Association (APA). (2000). *Diagnostic and statistical manual of mental disorders* (4th ed.). Washington, DC: APA.

Anthony, C. I., & Cowley, E. (2012). The labor of lies: how lying for material rewards polarizes consumers' outcome satisfaction. *Journal of Consumer Research* 39, 478–492.

Bond, C. F., Jr., & DePaulo, B. M (2006). Accuracy of Deception Judgements. *Personality and Social Psychology Review* 10(3), 214–234.

Byrne, R. W., & Corp, N. (2004). Neocortex size predicts deception rate in primates. *Proceedings of the Royal Society of London Series Biological Sciences* 271, 1693–1699.

Campbell, W. K., Hoffman, B. J., Campbell, S. M., & Marchisio, G. (2011). Narcissism in organizational contexts. *Human Resource Management Review* 21, 268–284.

Dechêne, A., Stahl, C., Hansen, J., & Wänke, M. (2010). The truth about the truth: A meta-analytic review of the truth effect. *Personality and Social Psychology Review* 14(2), 238–257.

DePaulo, B. M., Kashy, D. A., Kirkendol, S. E., Wyer, M. M., & Epstein, J. A. (1996). Lying in everyday life. *Journal of Personality and Social Psychology* 70(5), 979–995.

Ekman, P. (2003). Darwin, deception, and facial expression. *New York Academy of Science* 1000, 205–221.

Ekman, P. (2009). Become versed in reading faces. *Entrepreneur*. Artikel vom 26. März 2009. http://www.entrepreneur.com/article/200934. Zugegriffen: 10. März 2016.

Ekman, P., & Friesen, W. V. (1969). Nonverbal leakage and clues to deception. *Journal for the Study of Interpersonal Processes* 32(1), 88–106.

Ekman, P., & O'Sullivan, M. (1991). Who can catch a liar? *American Psychologist* 46, 913–920.

Ekman, P., & Rosenberg, E. (Hrsg.). (2005). *What the face reveals* (2nd Ed.). New York: Oxford University Press.

Feldman, R. S., Forrest, J. A., & Happ, B. R. (2002). Self-presentation and verbal deception: Do self-presenters lie more?. *Basic and Applied Social Psychology* 24(2), 163–170.

Hartwig, M., & Bond, C. F., Jr. (2011). Why do lie-catchers fail? A lens model meta-analysis of human lie judgments. *Psychological Bulletin* 137, 653–659.

Hauch, V., Blandón-Gitlin, I., Masip, J., & Sporer, S. L. (2014). Are computers effective lie detectors? A meta-analysis of linguistic cues to deception, *Personality and Social Psychology Review*, 1–36.

Hürter, T. (2012) *Lügner sind sympathisch*. Interview mit R. S. Feldman. *Zeit Online*. Artikel vom 10. April 2012. http://www.zeit.de/zeit-wissen/2012/03/Interview-Robert-Feldman. Zugegriffen: 10. März 2016.

Literaturverzeichnis

Iniguez, G., Govezensky, T., Dunbar, R., Kaski, K., & Barrio, R. A. (2014). Effects of deception in social networks. *Proceedings of the royal society* 281, 1–9.

Leary, M. R., & Kowalski, R. M. (1990). Impression management: a literature review and two-component model. *Psychological Bulletin* 107(1), 34–47.

Levine, E. E., & Schweitzer, M. E. (2014). Are liars ethical? On the tension between benevolence and honesty. *Journal of Experimental Social Psychology* 53, 107–117.

Levine, E. E., & Schweitzer, M. E. (2015). Prosocial lies: When deception breeds trust. *Organizational Behavior and Human Decision Processes* 123, 88–106.

Lilli, W. & Frey, D. (1993). Die Hypothesentheorie der sozialen Wahrnehmung. In D. Frey, & M. Irle (Hrsg.), *Theorien der Sozialpsychologie* (S. 49–80). Bern: Huber.

Marantz Henig, R. (2006). Looking for the lie. *The New York Time*. Artikel vom 05. Februar 2006. http://www.nytimes.com/2006/02/05/magazine/05lying.html?pagewant&_r=0. Zugegriffen: 10. März 2016.

McLeod, B. A., & Genereux, R. L. (2008). Predicting the acceptability and likelihood of lying: The interaction of personality with type of lie. *Personality and Individual Differences* 45, 591–596.

Milán, E. G., & López, E. S. (2012). Researchers Confirm the "Pinocchio Effect": When you lie, your nose temperature raises. Artikel vom 03.Dezember 2012. http://canal.ugr.es/social-economic-and-legal-sciences/item/61182. Zugegriffen: 10. März 2016.

Oggloff, J. (2006). Psychopathy/antisocial personality disorder conundrum. *Australian and New Zealand Journal of Psychiatry* 40, 519–528.

Omerod, T. C., & Dando, C. J. (2015). Finding a needle in a haystack: toward a psychologically informed method for aviation security screening. *Journal of Experimental Psychology* 144(1), 76–84.

Piff, P. K., Stancato, D. M., Coté, S., Mendoza-Denton, R., & Keltner, D. (2012). Higher social class predicts increased unethical behavior. *Psychological and Cognitive Sciences* 109(11), 4086–4091.

Riggio, R. E., Tucker, J., & Throckmorton, B. (1987). Social skills and deception ability. *Personality and Social Psychology Bulletin* 13(4), 568–577.

Rubenzer, S. J., & Faschingbauer, T. R. (2004). *Personality, character & leadership in the White House: Psychologists assess the presidents*. Washington, DC: Brassey's.

Seiterle, S. (2010). Lügendetektor im Strafprozess – Weit entfernt vom „Einblick in die Seele". *Legal Tribune ONLINE*. Artikel vom 08. November 2010. http://www.lto.de/recht/hintergruende/h/luegendetektor-im-strafprozess-weit-entfernt-vom-einblick-in-die-seele/. Zugegriffen: 10. März 2016.

Smith, E. R., & Mackie, D. M. (2007). *Social psychology* (3rd Ed.). New York: Psychology Press.

Stiegnitz, P. (1997). *Die Lüge – das Salz des Lebens: Ein Essay*. Wien: Edition Va Bene.

Tyler, J. M., Feldman, R. S., & Reichert, A. (2006). The price of deceptive behavior: Disliking lying to people who lie to us. *Journal of Experimental Social Psychology* 42, 69–77.

Vrij, A., Fisher, R., Mann, S., & Leal, S. (2008). A cognitive load approach to lie detection. *Journal of Investigative Psychology and Offender Profiling* 5, 39–43.

Wittchen, H.-U., & Hoyer, J. (2011). *Klinische Psychologie & Psychotherapie* (2. Aufl.). Berlin, Heidelberg: Springer.

Yang, Y., Raine, A., Lenez, T., Lacasse, L., & Colletti, P. (2005). Prefrontal white matter in pathological liars. *British Journal of Psychiatry* 187, 320–405.

Zeit

Kapitel 12   Zeit ist Geld – Eile mit Weile – 101
Julia Albrecht

Kapitel 13   Wenn wir nicht wahrhaft im gegenwärtigen Augenblick sind, verpassen wir alles – 109
Tamaris Böttcher

Kapitel 14   Was du heute kannst besorgen, das verschiebe nicht auf morgen – 117
Thomas Andreas Diller

Kapitel 15   Wer rastet, der rostet – 125
Thomas Haimerl

Zeit ist Geld – Eile mit Weile

Julia Albrecht

© Springer-Verlag Berlin Heidelberg 2017
D. Frey (Hrsg.), *Psychologie der Sprichwörter*,
DOI 10.1007/978-3-662-50381-2_12

12.1 Einleitung

> Der Mensch ist das einzige Lebewesen, das weiß, daß es sterben wird. Die Verdrängung dieses Wissens ist das einzige Drama des Menschen. (Friedrich Dürrenmatt)

Wenn wir unterwegs in der S-Bahn „noch schnell" ein paar Aufgaben erledigen und das Handy piepsend den nächsten Termin ankündigt, kann uns eine ältere Dame gegenübersitzen, die uns lächelnd zunickt und sagt: „Gut so! Zeit ist Geld", ebenso könnte sie zur „Eile mit Weile" raten. Der Volksmund kennt also beide Perspektiven im Umgang mit der Zeit – die Beschleunigung und Entschleunigung.

Zu beiden gibt es eine Vielzahl großelterlicher Ratschläge: Den Sprichwörtern „Zeit ist Geld", „Zieh schneller als dein Gegner" und „Lieber tot als zweiter" stehen die Weisheiten „Gutes braucht seine Zeit", „Eile mit Weile" und „Wenn du es eilig hast, gehe langsam" gegenüber. Sie benennen sowohl Beschleunigung als auch Entschleunigung als menschliche Triebfedern. Sie raten uns, einerseits unsere Zeit effektiv und effizient zu nutzen; andererseits uns Zeit zu nehmen und bedachtsam zu sein.

Welchem Rat sollten wir Gehör schenken? Wie stehen die Philosophie und Psychologie zur Abwägung von Beschleunigung und Entschleunigung? Bevor ein Überblick über die zentrale Empirie und Theorie zu den beiden Lebensweisheiten im Umgang mit Zeit und Zeitdruck geboten wird, stellt sich die Frage nach dem Ursprung des Dilemmas und seiner Relevanz in der heutigen Zeit.

12.2 Zeit aus gesellschaftlicher Perspektive

Das Wissen, dass unsere Zeit auf dieser Welt – in welcher Form auch immer – begrenzt ist, verbunden mit dem Unwissen, wie lange diese Zeit andauern wird, beeinflusst unsere Haltung gegenüber der Zeit, unser Verständnis von Zeit und unseren Umgang mit der Zeit. Jeder weitere gelebte Tag bedeutet gleichzeitig den Verlust eines Tages in unserem Leben.

Die explizite oder implizite Erkenntnis, dass jeder nur ein kurzes Stück mitfahren kann auf dem Fluss der Zeit, dass die Reise ein Ende hat, verleiht dem Leben, aber auch der Zeit erst ihren Wert. Das wird schon in der Alltagssprache deutlich: Man spricht von einer zur Verfügung stehenden Ressource („Zeit haben"), von Zeit als geldähnlichem Wert („Zeit gewinnen/verlieren") und von Zeit als Tauschobjekt („jemandem Zeit geben/schenken"). Zeit ist zugleich eine Ware. In modernen Industriegesellschaften hat sich eine Dynamik entwickelt, die Hast und Hektik in alle Lebensbereiche trägt. Zeit wird gestückelt, getaktet, bezahlt und getauscht. **Effizienz** – maximaler Output in minimaler Zeit – ist ein Schlagwort der Stunde, Beschleunigung in der heutigen Zeit damit allgegenwärtig.

Das norwegische Fernsehen will 2017 eine Rentierwanderung live übertragen, für 24 h, 7 Tage lang – Entschleunigung pur. Diese Nachricht hat weltweit Verwunderung ausgelöst (Stefan 2015). Haben wir den Willen verloren, Zeit in Originallänge auszuhalten, Langsamkeit zu ertragen und dabei bewusst zu entschleunigen? Verschwenden wir damit

„wertvolle" Zeit? Können wir heute nur noch be-, aber nicht mehr entschleunigen?

Der **Wert der Zeit** und damit der **Zeitdruck** steigt in einer Gesellschaft, in der jeder ein Smartphone hat, das die Zeit in kleine Einheiten taktet, in der Filme immer kürzer, engmaschiger und ereignisreicher werden, in der Updates im Sekundentakt eintreffen und kein Interview länger als 30 s dauert. Wir pressen möglichst viel Leben in eine möglichst kurze Zeitspanne.

Die Künstlerin Marina Abramović hat sich 2010 im Rahmen einer New Yorker Ausstellung auf einen Stuhl gesetzt und ihr Gegenüber angeschaut, während die Zeit einfach verging. Das zeitentwöhnte Publikum brach bisweilen in Tränen aus und beschrieb die Erfahrung als „lebensverändernd" (Sander 2012). 75.0000 Besucher warteten stundenlang für diese „Zeit"-Erfahrung. Zeit einfach verstreichen zu lassen, sie zu erfahren und bewusst oder unbewusst zu leben, ohne an den nächsten „Zeitabschnitt", Termin oder das nächste Event zu denken, scheint selten geworden zu sein.

Zeit ist getaktet, sie wird genutzt und verplant. Der von der Gesellschaft auferlegte Zeitdruck und die erfahrene Beschleunigung sind stärker, je mehr wir im Netz sozialer Beziehungen verknüpft sind. Dabei nimmt der Anteil der Stadtbewohner, die eine Uhr tragen, mit wachsender Bevölkerung zu; Landwirte seien dabei weniger auf einen genauen Zeitplan angewiesen als Angestellte (Fraisse 1985). Zeitdruck ist dabei gleichermaßen eine Einschränkung, die uns Freiheiten nimmt, aber auch ein Rahmen, der Orientierung bietet. Zeitdruck per se ist demnach nicht schlecht.

Neben der kulturellen Bedeutung des Faktors Zeit findet sich auch eine philosophische Ebene: In Platons *Charmides* versucht Sokrates mit zwei Jugendlichen zu klären, was Besonnenheit ist und worin ihr Ziel liegt (Schleiermacher 1985). Dabei wird die Bestimmung der Besonnenheit sowohl als Schnelligkeit wie auch als Bedächtigkeit diskutiert, beide Definitionen letztlich jedoch verworfen. **Besonnene Lebensführung** bestehe in Schnelligkeit und Bedächtigkeit, das Leben wird als Dilemma, als Balanceakt von Be- und Entschleunigung verstanden.

In unserer Gesellschaft hat sich jedoch vorwiegend Beschleunigung als erstrebenswert etabliert.

Heutiges Leben ist durch **Schnelligkeit**, hohen Wettbewerbscharakter und kontinuierliche Veränderung gekennzeichnet, es erfordert schnelle Anpassung und Reaktion, um mithalten und erfolgreich sein zu können. Der Effizienzgedanke ist direkt mit Schnelligkeit, aber auch mit **Wettbewerb** assoziiert. Das wird auch anhand der genutzten Sprichwörter deutlich: „Zeit ist Geld" bezieht sich auf Zeit als Wertbegriff, der im Vergleich mit anderen als Leistungs- und Beurteilungsmaß dient („Zieh schneller als dein Gegner", „Lieber tot als zweiter").

Doch ist es immer ratsam, schnell zu sein? Liegt in der Hast nicht auch ein Risiko für Unachtsamkeit und Fehler? Beschleunigung führt zu Effizienz. Aber ist sie auch effektiv? Mit „Eile mit Weile" und der chinesischen Lebensweisheit „Wenn du es eilig hast, gehe langsam" fordert Großmutter uns andererseits zu Bedächtigkeit bei Zeitdruck und Zeitnot auf und rät zur Entschleunigung. Mit „Gutes braucht seine Zeit" etabliert sie lange Dauer, etwas „gedeihen lassen", als wertvoll und erstrebenswert.

12.3 Theorie und Empirie zur Be- und Entschleunigung

Um zu prüfen, in welchen Situationen bzw. unter welchen Voraussetzungen „Zeit ist Geld" als Aufforderung zu Beschleunigung gewinnbringend sein kann, und wann Entschleunigung, d. h. „Eile mit Weile", die bessere Devise ist, werden wissenschaftliche Befunde und Theorien zu einigen zentralen Bereichen aus dem Alltags- und Arbeitskontext herangezogen.

12.3.1 Urteilen und Entscheiden

Treffen wir bessere Entscheidungen, wenn wir uns an „Zeit ist Geld" orientieren und unsere Entscheidungsprozesse beschleunigen? Oder ist Zeitdruck für unsere Urteile und Entscheidungen hinderlich und „Eile mit Weile" sinnvoll?

Wenn wir bei einer Aufgabe unter Zeitdruck stehen, dann möchten wir diese Aufgabe genauso gut bewältigen wie beim Aufwenden von unendlich viel Zeit. Daher strengen wir uns zusätzlich an, geben mehr Energie in die Situation und versuchen, eine Extrameile zu gehen. Denken wir also „Zeit ist Geld"

12.3 · Theorie und Empirie zur Be- und Entschleunigung

und nehmen Zeitdruck wahr, so stoßen wir Prozesse an, die die Effekte von Zeitdruck und das Ziel eines optimalen Outputs ausbalancieren.

Doch dabei können wir die begrenzten Zeitressourcen nicht immer vollständig kompensieren: Zeitdruck beeinflusst die Informationsverarbeitung, -gewichtung und Entscheidung. Wir verarbeiten Information oberflächlicher und nutzen eine geringere Anzahl von Informationen für Entscheidungen. Bei einer Auswahlaufgabe zwischen mehreren Alternativen neigen Menschen beispielsweise dazu, unter Zeitdruck nur die ersten aufgezählten Attribute zu berücksichtigen (Edland u. Svenson 1993; Wallsten u. Barton 1982). Haben wir eine „Zeit ist Geld"-Haltung, dann gewichten wir zudem wichtige, zentrale Informationen stärker und vernachlässigen weniger zentrale Informationen.

In einer Studie wurden Studenten verschiedene Autos mit Informationen zu Kaufpreis, Bedienungsfreundlichkeit, Haltungskosten, Optik und Fahrkomfort präsentiert. Für jede Eigenschaft war angegeben, wie sehr das jeweilige Auto unter oder über dem Durchschnitt liegt. Standen die Studenten bei ihrem Urteil unter Zeitdruck, so nutzen sie vermehrt **negative Information** und gewichteten demnach Eigenschaften stärker, bei denen das Auto unterdurchschnittlich abschnitt (Wright 1974).

Fokussieren wir bei „Zeit ist Geld" also auf Negatives und versuchen dieses zu vermeiden? Führt Zeitdruck damit automatisch zur **Risikovermeidung**? Probanden verhielten sich in Spielsituationen unter Zeitdruck häufiger risikoavers, wenn der erwartete Wert des Spiels negativ war – wenn es also z. B. um Geldverlust ging. Wenn es jedoch nicht um Schadensvermeidung, sondern (Geld-)Gewinn ging, der erwartete Wert demnach positiv war, zeigten sich die Versuchspersonen risikofreudiger (Busemeyer 1985, Hu et al. 2014). Risikoverhalten ist demnach nicht allein von der Einstellung „Zeit ist Geld" oder „Eile mit Weile" abhängig.

Grundsätzlich kann man drei strategische Stufen unterscheiden, wie Entscheidungsfinder mit Zeitdruck umgehen (Payne et al. 1993). Zuerst wird die Prozessgeschwindigkeit erhöht – wir arbeiten schneller, wir beschleunigen –, dann bei moderatem Zeitdruck der Input stärker selektiert – wir nutzen weniger Information und fokussieren auf Negatives – und letztlich wird bei unerträglichem Zeitdruck die Entscheidung vermieden. Demnach leidet die Genauigkeit einer Reaktion oder Entscheidung zugunsten ihrer Schnelligkeit (Dambacher u. Hübner 2015).

Urteilsheuristiken und Entscheidungsfehler treten unter Zeitdruck verstärkt auf (Kruglanski u. Freund 1983). Treffen wir Entscheidungen unter dem Zeitdruck, so nutzen wir beispielsweise verstärkt die **Ankerheuristik**: Eine Ankerinformation („Anna hat ein Auto für 20.000 Euro gekauft") beeinflusst unsere Einschätzung der Kaufpreise vorgegebener Autos, auch wenn der Kaufpreis von Annas Auto rein zufällig ist. Zeitdruck bewirkt eine Fokussierung der Aufmerksamkeit auf die relevante Aufgabe, kann dabei aber auch zu Scheuklappendenken führen: Unter Zeitdruck werden häufiger nichtkompensatorische Entscheidungsregeln verwendet im Vergleich zu Nutzenabwägungen (Edland u. Svenson 1993). Wir lassen also z. B. nicht zu, dass ein hoher Kaufpreis eines Autos A durch geringere Unterhaltskosten kompensiert wird, sondern wählen das im Kauf günstigere Auto B unabhängig von dessen Unterhaltung.

Bei „effizienten" Entscheidungen im Sinne einer Einstellung „Zeit ist Geld" werden also weniger Informationen berücksichtigt, diese unausgeglichen gewichtet und auf vorher bestehendes Wissen, auf Heuristiken und Gewohntes zurückgegriffen. Besonders bei wichtigen Entscheidungen, bei denen Alternativen rational und ausgewogen verglichen werden sollten, scheint daher zu gelten „Gutes braucht seine Zeit" oder „Eile mit Weile".

12.3.2 Soziale Interaktion und Gesprächsführung

Bei kognitiven Aufgaben und Urteilen scheinen Entschleunigung und Bedachtsamkeit ratsam und Beschleunigung und Hast hinderlich zu sein. Gilt dies auch für soziale Interaktion?

In Diskussionen mit Kollegen, dem Partner oder Freunden entsteht bisweilen das Gefühl, gerade um den „heißen Brei herumzureden", ohne schnell auf den eigentlich sehr naheliegenden „grünen Zweig zu gelangen". Kann die Haltung „Zeit ist Geld" derartige Diskussionen beschleunigen, ohne das Ergebnis der Diskussion zu verändern? Oder gilt im Umgang mit anderen eher „Eile mit Weile"?

In **einfachen Verhandlungen** oder bei einem einzelnen Streitpunkt führt Zeitdruck schneller zu Zugeständnissen und erhöht damit die Wahrscheinlichkeit einer Einigung. Dieser Befund gilt jedoch nur für Situationen, die einen sog. Gewinnrahmen haben – wenn es beispielsweise um die Aufteilung von Belohnungen geht. Hier kann das Motto „Zeit ist Geld" also sinnvoll sein. Wenn es sich dagegen um einen Verlustrahmen handelt und sich die Diskussion um Schadensvermeidung dreht, hat Zeitdruck keinen Effekt auf den Ausgang von Verhandlungen. Bei **Gewinnen** scheinen Personen daher kompromissbereiter zu sein als bei Schadensfällen (Carnevale et al. 1993).

In **komplexen Situationen** und bei mehreren verschiedenen Themen wird Zeitdruck als zusätzliche Stressquelle in Diskussionen gesehen. Diese führt zu einer eingeschränkten Sichtweise, durch die integrative Lösungen nicht gesehen werden und eine Einigung unwahrscheinlicher wird (Carnevale u. Lawler 1986). Ähnlich wie im Bereich Urteilen und Entscheiden führt „Zeit ist Geld" zu einer unflexiblen Fokussierung auf einzelne, zentrale Aspekte.

Dieser Effekt tritt jedoch nur bei einer kompetitiven Orientierung der Verhandlungsteilnehmer auf – getreu dem Motto „Lieber tot als zweiter". Bei **kooperativer Orientierung** der Teilnehmer kann es sogar zu einer schnelleren Einigung kommen.

Bei einfachen Themen und kooperativer Haltung der beteiligten Parteien kann die Einstellung „Zeit ist Geld" durchaus zu guten Ergebnissen bei effizienterer Diskussion führen, bei komplexen Themen und Wettbewerbsorientierung dagegen in Problemen resultieren. In diesem Fall bietet der großmütterliche Rat zur „Eile mit Weile" die bessere Orientierung.

12.3.3 Leistung und Kreativität

Für Unternehmen gilt das Motto „Zeit ist Geld". Personalkosten zählen zu den größten Kostenfaktoren in Unternehmen, Arbeitszeit ist teuer. Wie kann ein Unternehmen die Leistung und Kreativität seiner Mitarbeiter und damit die Innovationskraft und Wettbewerbsfähigkeit seines Unternehmens fördern? Unter welchen zeitlichen Rahmenbedingungen zeigen Mitarbeiter die höchste Leistung und Kreativität? Sollten Unternehmen ihre Mitarbeiter mit unter dem Motto „Zeit ist Geld" antreiben oder lieber der Devise „Gutes braucht seine Zeit" folgen?

Zeitdruck in Maßen, nicht in Massen

Der Zusammenhang von Zeitdruck und Kreativität lässt sich Studien zufolge als umgekehrte U-Form beschreiben – für mittleren Zeitdruck fällt die kreative Leistung am höchsten aus (Baer u. Oldham 2006). Dieser Zusammenhang zeigte sich jedoch nur für Personen mit hohen Werten auf der **Persönlichkeitsdimension** „Offenheit für neue Erfahrungen", die gleichzeitig **soziale Unterstützung** für Kreativität durch Vorgesetzte und Arbeitgeber erhielten. Bei Mitarbeitern, die geringe Unterstützung erhielten, sank die kreative Leistung kontinuierlich mit steigendem Zeitdruck. Das Beschleunigungsstreben kann bei sozialer Unterstützung und persönlicher Offenheit also tatsächlich Kreativität fördern.

Neben Persönlichkeit und sozialen Faktoren scheint auch der **Wunsch nach Zeitdruck** und Beschleunigung relevant zu sein: Der erlebte Zeitdruck von Ingenieuren und Wissenschaftlern sagte in einer Studie von Andrews und Farris (1972) verschiedene Aspekte von Leistung maßgeblich voraus, darunter Nützlichkeit, Innovation und Produktivität. In dieser Studie zeigte sich jedoch auch, dass die Probanden mit hoher Leistung auch mehr Druck wünschten. „Zeit ist Geld" kann also ein Stressor sein, der als herausfordernd bewertet und gewünscht wird und letztlich Leistung und Innovation fördert. Dies setzt voraus, dass das unternehmerische Motto „Zeit ist Geld" vom Mitarbeiter verinnerlicht wurde, dass beide dieses Motto teilen. Überschritt der Zeitdruck in der Studie jedoch deutlich die gewünschte subjektive Grenze, waren Innovation und Produktivität vergleichsweise gering.

Eine übermäßige Fokussierung auf „Zeit ist Geld" führt zum Druck, viele Aufgaben in wenig Zeit zu erledigen. Dieser hohe Workload ist mit **depressiver Symptomatik** assoziiert, wenn er wahrgenommene berufliche Normen für Zeitdruck überschreitet (Ford u. Jin 2015) und der Mitarbeiter den erlebten Zeitdruck für unangemessen und nicht zu bewältigen hält.

Der Effizienzgedanke in Bezug auf „Zeit ist Geld" kann damit durchaus Früchte tragen – beispielsweise durch erhöhte Kreativität bei moderatem Zeitdruck.

Dabei gilt „Zeit ist Geld" aber nur begrenzt, essenziell sind soziale Unterstützung und der Wunsch nach Zeitdruck.

Innovation durch gezielte Entschleunigung

Reichen die Ressourcen zur Bewältigung extremen Zeitdrucks nicht aus, z. B. aufgrund mangelnder Unterstützung durch Vorgesetzte, kann dies zu Stress führen und Leistung beeinträchtigen. „Eile mit Weile" ist bei geringer Unterstützung und bei Mitarbeitern mit geringer Offenheit für neue Erfahrungen demnach gewinnbringender.

Ein Plädoyer gegen den Zeitdruck und für „Eile mit Weile" liefern auch die Erkenntnisse zum Erfolg von **Bootlegging** bei Mitarbeitern aus den Bereichen Forschung und Entwicklung. Bootlegging-Projekte werden von motivierten Mitarbeitern angestoßen, die neben ihrer alltäglichen Aufgabe an eigenen Projekten oder Entwicklungen arbeiten. Einige Unternehmen fördern diese sog. **Pet-Projects** ihrer Mitarbeiter, indem sie einen gewissen Anteil an Arbeitszeit für eigene, informelle Projekte einplanen und „frei" zur Verfügung stellen. In die tägliche berufliche „Eile" wird damit eine frei verfügbare „Weile" integriert, in der die Mitarbeiter die Möglichkeit haben, eigene Ideen jenseits offizieller Innovationsprojekte zu entwickeln oder abgebrochene Projekte weiter zu verfolgen (Criscuolo et al. 2013).

Durch diesen gewissen Anteil freier Arbeitszeit ohne Druck konnten bereits zahlreiche Unternehmen Erfolge verbuchen: Die Kopfschmerztablette „Aspirin" der Firma Bayer AG, der „Post-it" der Firma 3 M sowie das E-Mail-Programm „Gmail" von Google entstanden allesamt durch engagierte Bootlegging-Aktivitäten von Mitarbeitern in frei verfügbarer Arbeitszeit (Michalik 2013).

Das bewusste Einsetzen von Entschleunigung, das Anbieten von zeitlichem Freiraum, die „Eile mit Weile" in einem von „Zeit ist Geld" und „Zieh schneller als dein Gegner" geprägten Umfeld für Mitarbeiter von Entwicklungs- und Innovationsabteilungen kann sich für das Unternehmen und den Mitarbeiter selbst auszahlen.

Großelterliche Weisheiten lassen sich im Bereich Leistung und Kreativität damit ineinander integrieren: Eine moderate Einstellung zu „Zeit ist Geld" als übergeordnetes Motto kann durch gezielte und freie „Eile mit Weile" gewinnbringend durchbrochen werden.

12.4 Auswirkungen erhöhten Zeitdrucks

„Eile mit Weile" und „Zeit ist Geld" haben beide gleichermaßen ihre Gültigkeitsbereiche, aber auch ihre Grenzen. Was passiert, wenn wir diese Grenzen missachten und uns nur auf eine Weisheit fokussieren, wenn wir immer nur einen großmütterlichen Ratschlag beachten?

12.4.1 Time Urgency

Für den Umgang mit Zeitdruck und seine Konsequenzen scheint das Konstrukt der Time Urgency entscheidend zu sein. Time Urgency kann als individueller **Sinn für die Dringlichkeit** einer Sache verstanden werden. Personen mit hoher Time Urgency haben ein chronisches Gefühl inadäquater verfügbarer Zeit, das sie zu starker Effizienz antreibt. Sie sind damit Repräsentanten der Einstellung „Zeit ist Geld" und „Zieh schneller als dein Gegner" und lassen Ruhe, Muße und Entschleunigung außen vor. Das Konstrukt geht auf den sog. **Typ-A-Persönlichkeitsfaktor** zurück. Menschen dieses Typs zeichnen sich durch Konkurrenzorientierung, Aggressivität, Ungeduld und Hast aus und haben ein erhöhtes Risiko für koronare Herzkrankheiten.

Menschen unterscheiden sich in der **Wahrnehmung von Time Urgency**, der Reaktion auf und den verwendeten Strategien im Umgang mit Zeitdruck. Personen mit hoher Ausprägung auf der Dimension Time Urgency planen viele Aktivitäten in ihre verfügbare Zeit ein, ignorieren Hindernisse, die zusätzlich Zeit erfordern könnten, und sind eher Overachiever-Personen, die durch starkes Engagement Leistungen oberhalb ihres Potenzials erreichen (Rastegary u. Landy 1993). Dabei verwenden sie verschiedene Strategien, um Kontrolle über den Zeitdruck herzustellen: Deadlines werden als Heuristiken zur Priorisierung von Aufgaben gesetzt, Zeitpläne und To-do-Listen erstellt und gewöhnliche Aktivitäten wie Laufen, Reden und Essen beschleunigt.

Hohe Time Urgency führt dazu, sich auf stereotypes, **gewohntes Verhalten und Denken**, auf Altbewährtes, auf „kognitive Shortcuts" zu verlassen. Nach Jean Piaget (1952) verhindert derartiges Verhalten Lerneffekte, da bei der Verwendung gewohnter Denk- und Verhaltensmuster keine Prozesse der Angleichung von innerem Weltbild und äußeren Erfahrungen stattfinden können. Wer dank einer Verinnerlichung von „Zeit ist Geld" chronisch unter Stress steht, lernt damit weniger aus seinen Erfahrungen.

Eine hohe Time Urgency hat auch Konsequenzen für **Erholung und Regeneration**: Personen mit hoher Time Urgency haben stärkere Schwierigkeiten bei der Entschleunigung und berichten beträchtlich größere Anspannung (Burnam et al. 1975). Die Prämisse „Zeit ist Geld" und die damit einhergehende kontinuierliche Beschleunigung kann daher dazu führen, die Fähigkeit zur „Eile mit Weile", den Willen zur Bedächtigkeit und Langsamkeit und damit die Fähigkeit zur Regeneration zu verlieren.

12.4.2 Subjektives Stresserleben

„Zeit ist Geld", „Zieh schneller als dein Gegner" und „Lieber tot als zweiter" treiben uns zu Schnelligkeit, bauen Zeitdruck auf, etablieren Zeit als ein Leistungsmaß und machen sozialen Vergleich salient.

Wir möchten gleich viel oder mehr als der Kollege schaffen und dafür weniger Zeit brauchen. Gleicher Outcome bei geringerer verfügbarer Zeit bedeutet, mehr Ressourcen, mehr Energie, mehr Engagement in eine Aufgabe oder eine Situation zu investieren. Die erfolgreiche Bewältigung einer Aufgabe unter Zeitdruck hängt damit wesentlich von den zur Verfügung stehenden **Ressourcen** ab.

Die Empirie berichtet zahlreiche potenzielle, positive Effekte des Zeitdrucks – beispielsweise durch erhöhte Kreativität oder schnellere Einigung in Diskussionen (▶ Abschn. 12.3). Zieht man bekannte Stresstheorien heran, kann man diese Phänomene leicht erklären: Hier nehmen wir Zeitdruck als einen Stressor wahr, den wir bewältigen können – wir sehen die Aufgabe unter Zeitdruck als **Herausforderung** (Lazarus 1991). Die positiven Effekte von Zeitdruck zeigten sich nur unter bestimmten Voraussetzungen: Offenheit für neue Erfahrungen und der Wunsch nach einem gewissen Maß an Zeitdruck waren entscheidend für den Effekt von Zeitdruck auf kreative Leistungen. Beide Faktoren begünstigen eine Interpretation von Zeitdruck als Herausforderung, das Motto „Zeit ist Geld" wird also gewünscht.

Bei einem **zu hohen Maß an Zeitdruck** schlagen die positiven Folgen schnell ins Negative um – Leistungseinbußen, Stress, Entscheidungsfehler und suboptimale Lösungen können die Folge sein. Ist die Orientierung an „Zeit ist Geld" und damit der Zeitdruck also zu groß, sehen wir ihn nicht mehr als Herausforderung, sondern als **Bedrohung**. In beiden Fällen steigt die Herzaktivität, doch nur bei der Interpretation des Stressors als Herausforderung sinkt der periphere Widerstand des Herz-Kreislaufs-Systems, sodass die Leistungsfähigkeit steigt (Fritsche et al. 2011). Nach der Beurteilung als Herausforderung oder Bedrohung schätzen Menschen in einem zweiten Schritt ihre Bewältigungsmöglichkeiten ein.

Die aufgeführte Empirie konnte einen Anstieg kreativer Leistung nur bei sozialer Unterstützung beobachten; die kooperative vs. kompetitive Einstellung der beteiligten Parteien bestimmte zudem die Effekte von Zeitdruck in sozialer Interaktion. Reichen unsere sozialen und persönlichen Ressourcen nicht aus – erhalten wir beispielsweise keine Unterstützung durch Vorgesetzte am Arbeitsplatz –, so erleben wir **Kontrollmangel**. Ist der Zeitdruck nicht beeinflussbar, haben wir keine Kontrolle beim Umgang mit Anforderungen und erleben Stress.

Der Übergang der Gültigkeit von „Zeit ist Geld" zur „Eile mit Weile" ist also fließend – herausfordernder Zeitdruck schlägt ohne ausreichende Unterstützung und Ressourcen schnell in Stress um. Dann bietet Großmutters Weisheit zur „Eile mit Weile" den besseren Rat.

12.5 Diskussion: Weile in der Eile

> Nichts gehört uns zu eigen, nichts als die Zeit. (Seneca)

Der altgriechische Begriff „chronos" versteht **Zeit als Maßeinheit**, als Messinstrument für Stunden, Minuten und Sekunden. Wenn wir Zeit als Ware, als „Geld" oder Leistungsmaß begreifen, ist sie für uns nicht mehr als ein Messinstrument, das uns an verstrichene, investierte oder noch verfügbare Zeiteinheiten erinnert und uns erneut zu Effizienz antreibt. Die Ressourcen und Energie, die wir für die Bewältigung des Zeitdrucks brauchen, sind keine unendlichen Quellen, auch sie müssen aufgebaut, erneuert und wiederaufgeladen werden.

Die nicht messbare Zeit zwischen Leben und Sterben, das Leben, die **Lebenszeit** und Lebenskraft, beschreibt der altgriechische Begriff „aion". Hier liegen die Ressourcen, die wir brauchen, um mit ständigem Vergleich, mit Zeit- und Effizienzdruck umzugehen. Durch sie haben wir die Möglichkeit, der Kontrolldeprivation, der wir bei Zeitdruck und permanenter Orientierung an „Zeit ist Geld" ausgesetzt sind, mit einer erhöhten Verarbeitungs- und Reaktionsgeschwindigkeit zu begegnen und nicht direkt in die Resignation zu fallen.

Erholsame Aktivitäten zu Hause oder in der Natur haben das Potenzial, die erschöpften mentalen Ressourcen zu erneuern, die Menschen dafür brauchen, um Aufgaben mit Zeitdruck zu erfüllen und das gesellschaftlich dominante Motto „Zeit ist Geld" auszuhalten. Wenn Menschen sich jedoch bei Zeitdruck keine Zeit für erholsame Aktivitäten und **Regeneration** erlauben, begeben sie sich in eine negative Spirale aus reduzierten mentalen Ressourcen und Ineffektivität bei der Erfüllung täglicher Verpflichtungen, was wiederum zu erhöhtem Zeitdruck führt und dem emotionalen Wohlbefinden schadet.

Viele Trainingsinstitute bieten Trainings zum **Zeitmanagement** an, in denen Teilnehmer lernen, Ziele zu setzen, Pläne zu erstellen und Aktivitäten zu priorisieren. Diese Verhaltensweisen lassen sich sehr gut in die Einstellung „Zeit ist Geld" und das Konstrukt hoher Time Urgency einordnen. Time Urgency wiederum ist mit Anspannung und Regenerationsproblemen assoziiert. Zeitmanagement kann jedoch erwiesenermaßen einen positiven Effekt auf erlebten Stress haben und Zeitdruck mindern (Gärling et al. 2014). Zeitmanagement schafft **Freiräume**. Diese Freiräume können Weile und damit Entschleunigung in einer Welt der Beschleunigung und Eile bieten – sozusagen „Weile in der Eile". Entscheidend ist dabei, diese Freiräume nicht im Sinne der Einstellung „Zeit ist Geld" mit neuen Aufgaben anzufüllen, sondern zur Regeneration, zur Erholung und damit zum Aufbau sozialer und persönlicher Ressourcen zu nutzen.

Sich Zeit für eine Sache zu nehmen, bedeutet Bewusstsein für sie zu schaffen, sie zu achten und sich auf sie zu fokussieren. Diese Weile, Momente des Besinnens, des Verortens und der Ruhe sind selten geworden im 21. Jahrhundert. Doch es gibt bereits Gegentrends: Slow-Food und Slow-Travel sind internationale Bewegungen von bewussten Genießern und mündigen Konsumenten, die die Entschleunigung und Langsamkeit schätzen. Ein Ziel dieser Bewegungen liegt in erfüllenden, bewusst erlebten Momenten des Genießens. „Kairos" als dritter und letzter altgriechischer Zeitbegriff bezieht sich auf eben solche kostbare und gelungene Augenblicke, die sich selbst überdauern, auf den sog. **ewigen Augenblick**, auf eine zeitunabhängige Ressource, die dem gestressten Menschen Kraft gibt und das begrenzte Leben lebenswert macht.

12.6 Fazit

Sinnvoll scheint anhand der Ausführungen eine Orientierung an dem großmütterlichen Rat zur „Eile mit Weile" als übergeordneter Einstellung, in die sich das Motto „Zeit ist Geld" unterordnen und integrieren lässt: Wir müssen effizient arbeiten, um mithalten zu können und wettbewerbsfähig zu sein – so funktioniert unser Wirtschaftssystem. Wir müssen also häufig „eilen". Gleichzeitig müssen wir „weilen", d. h., Ressourcen aufbauen, um Eile bewältigen zu können.

Dabei sollte man im Hinterkopf behalten, dass reine Eile nicht immer zielführend ist. Manchmal müssen wir uns auch Zeit lassen, Entscheidungen bewusst angehen, Ideen frei und ungestört entwickeln. Die Befunde zu den hoch innovativen Ergebnissen von Bootlegging-Projekten zeigen, dass ein Wettbewerbsvorteil nicht immer auf Effizienz und Zeitdruck beruht. Effizienz und Schnelligkeit sind nicht gleichbedeutend mit einem Wettbewerbsvorteil, „Zieh schneller als dein Gegner" und „Lieber tot als zweiter" demnach keine allgemeingültigen Devisen.

Zeiten, in der Momente der Regeneration und des Genießens möglich sind und das Leben bewusst entschleunigt wird, stellen eine wichtige Kraftressource dar, die es zu nutzen gilt.

> » Zeit, die wir uns nehmen, ist Zeit, die uns etwas gibt. (Ernst Ferstl)

Literaturverzeichnis

Andrews, F. M., & Farris, G. F. (1972). Time pressure and performance of scientists and engineers: A five-year panel study. *Organizational Behavior and Human Performance* 8(2), 185–200.

Baer, M., & Oldham, G. R. (2006). The curvilinear relation between experienced creative time pressure and creativity: moderating effects of openness to experience and support for creativity. *Journal of Applied Psychology* 91(4), 963.

Burnam, M. A., Pennebaker, J. W., & Glass, D. C. (1975). Time consciousness, achievement striving, and the type A coronary-prone behavior pattern. *Journal of Abnormal Psychology* 84(1), 76–79.

Busemeyer, J. R. (1985). Decision making under uncertainty: a comparison of simple scalability, fixed-sample, and sequential-sampling models. *Journal of Experimental Psychology: Learning, Memory, and Cognition* 11(3), 538–564.

Carnevale, P. J., & Lawler, E. J. (1986). Time pressure and the development of integrative agreements in bilateral negotiations. *Journal of Conflict Resolution* 30(4), 636–659.

Carnevale, P. J., O'Connor, K. M., & McCusker, C. (1993). Time Pressure in Negotiation and Mediation. In O. Svenson, & A. J. Maule (Eds.), *Time pressure and stress in human judgment and decision making* (pp. 117–127). New York: Springer.

Criscuolo, P., Salter, A., & Ter Wal, A. L. (2013). Going underground: Bootlegging and individual innovative performance. *Organization Science* 25(5), 1287–1305.

Dambacher, M., & Hübner, R. (2015). Time pressure affects the efficiency of perceptual processing in decisions under conflict. *Psychological Research* 79(1), 83–94.

Edland, A., & Svenson, O. (1993). Judgment and decision making under time pressure. In O. Svenson, & A. J. Maule (Eds.), *Time pressure and stress in human judgment and decision making* (pp. 27–40). New York: Springer.

Ford, M. T., & Jin, J. (2015). Incongruence between workload and occupational norms for time pressure predicts depressive symptoms. *European Journal of Work and Organizational Psychology* 24(1), 88–100.

Fraisse, P. (1985). *Psychologie der Zeit*. München: Reinhardt.

Fritsche, I., Jonas, E., Traut-Mattausch, E., & Frey, D. (2011). Das Streben nach Kontrolle: Menschen zwischen Freiheit und Hilflosigkeit. In H.-W. Bierhoff & D. Frey (Hrsg.), *Sozialpsychologie – Individuum und soziale Welt* (S. 85–110). Göttingen: Hogrefe.

Gärling, T., Krause, K., Gamble, A., & Hartig, T. (2014). Emotional well-being and time pressure. *PsyCh Journal* 3(2), 132–143.

Hu, Y., Wang, D., Pang, K., Xu, G., & Guo, J. (2015). The effect of emotion and time pressure on risk decision-making. *Journal of Risk Research* 18(5), 637–650.

Kruglanski, A. W., & Freund, T. (1983). The freezing and unfreezing of lay-inferences: Effects on impressional primacy, ethnic stereotyping, and numerical anchoring. *Journal of Experimental Social Psychology* 19(5), 448–468.

Lazarus, R. S. (1991). *Emotion and adaptation*. New York: Oxford University Press.

Michalik, C. (2013). *Innovatives Engagement: Eine empirische Untersuchung zum Phänomen des Bootlegging*. Berlin, Heidelberg: Springer.

Payne, J. W., Bettman, J. R., & Johnson, E. J. (1993). *The adaptive decision maker*. Cambridge: Cambridge University Press.

Piaget, J., & Cook, M. T. (1952). *The origins of intelligence in children*. New York, NY: International University Press.

Rastegary, H., & Landy, F. J. (1993). The interactions among time urgency, uncertainty, and time pressure. In O. Svenson & A. J. Maule (Eds.), *Time pressure and stress in human judgment and decision making* (pp. 217–239). New York: Springer.

Sander, D. (2012). Doku-Film über Marina Abramovic: Diese Frau kriegt alle rum. *Spiegel Online*. Artikel vom 29. November 2012. http://www.spiegel.de/kultur/kino/dokumentation-marina-abramovic-the-artist-is-present-a-869812.html. Zugegriffen: 14. August 2015.

Schleiermacher, F. (1985). *Platons Werke. Erster Teil*. Berlin: Akademie Verlag.

Stefan, F. (2015). Endlich Verblökungsfernsehen. *Die Zeit*. Artikel vom 14. August 2015. http://www.zeit.de/kultur/film/2015-08/slow-tv-norwegen-rentiere-zeit. Zugegriffen: 11. März 2016.

Wallsten, T. S., & Barton, C. (1982). Processing probabilistic multidimensional information for decisions. *Journal of Experimental Psychology: Learning, Memory, and Cognition* 8(5), 361–384.

Wright, Peter (1974). The harassed decision maker: Time pressures, distractions, and the use of evidence. *Journal of Applied Psychology* 59(5), 555–561.

Wenn wir nicht wahrhaft im gegenwärtigen Augenblick sind, verpassen wir alles

Tamaris Böttcher

© Springer-Verlag Berlin Heidelberg 2017
D. Frey (Hrsg.), *Psychologie der Sprichwörter*,
DOI 10.1007/978-3-662-50381-2_13

13.1 Einleitung

> Laufe nicht der Vergangenheit nach. Verliere dich nicht in der Zukunft. Die Vergangenheit ist nicht mehr. Die Zukunft ist noch nicht gekommen. Das Leben, wie es hier und jetzt ist, eingehend betrachtend, weilt der Übende in Festigkeit und Freiheit. Es gilt, uns heute zu bemühen. Morgen ist es schon zu spät. Der Tod kommt unerwartet. Wie können wir mit ihm handeln? Der Weise nennt jemanden, der es versteht, Tag und Nacht in Achtsamkeit zu weilen. (Buddha)

Die Zeit ist eine komplexe Angelegenheit. Generationen von Philosophen haben sich über ihre Definition und den richtigen Umgang mit ihr gestritten. Fast jeder Mensch hat schon einmal mit ihr gehadert, und uns mit ihr zu arrangieren und sie zu begreifen, ist eine der schwierigeren Aufgaben des Lebens. In den Medien hört man beständig vom neuen Trend der Achtsamkeit – **Leben im Hier und Jetzt**. Andererseits sind Ziele, eine langfristige Vision und vorausschauendes Handeln anerkannte Qualitäten in unserer Gesellschaft. Während die Medien den Umgang mit der Zeit in einem zunehmend schnelllebigen Umfeld thematisieren, zeigt sich die große Bedeutung des Themas auch in der Wissenschaft. Studien zum Thema Zeit stammen vor allem aus den letzten Jahren.

Ebenso wie im Leben zeigt sich auch bei einem Blick in die Welt der Lebensweisheiten ein buntes Sammelsurium von Gegensätzen. Rät der eine dazu, sich auf die Gegenwart zu fokussieren, betont der andere die Relevanz der Zukunft – während wieder andere darüber debattieren, ob die Gegenwart überhaupt existiert.

Doch in welchen Situationen hat die eine oder andere Fokussierung Gültigkeit? Wie kann uns hier die Wissenschaft weiterhelfen? Ist es überhaupt sinnvoll nur das eine oder andere zu tun? Auf diese Fragen wird im Folgenden eingegangen. Dabei liegt der Fokus auf den Zeitebenen Gegenwart und Zukunft.

13.2 Herkunft und Bedeutung

„Wenn wir nicht wahrhaft im gegenwärtigen Augenblick sind, verpassen wir alles" – die Wurzeln dieser Lebensweisheit liegen im Buddhismus begründet, der durch **Achtsamkeit** und **Gegenwartsorientierung** geprägt ist. Die Weisheit beschreibt die Notwendigkeit, sich selbst auf die Gegenwart zu fokussieren, damit man das tatsächliche Leben nicht verpasst. Hier geht es also darum, dass ein aktives und reales Leben nur im Moment passieren kann. Die Zukunft existiert noch nicht und ist lediglich eine Konstruktion der eigenen Gedanken und Erwartungen. Der Mensch soll sich also auf den Augenblick, das Hier und Jetzt, fokussieren.

Auf der anderen Seite ist ein zu starker Fokus auf die Gegenwart dann negativ, wenn der Blick in die **Zukunft** vernachlässigt wird, was sich z. B. in dem Sprichwort „Wer zu sehr an der Gegenwart hängt, verpasst die Zukunft" widerspiegelt. Ziele setzen, planen und langfristig denken ist schwer, wenn man mit den Gedanken an der Gegenwart haftet.

13.3 Wissenschaftliche Betrachtung

Die Sprichwörter zur Zeitperspektive können auch unter wissenschaftlichen Gesichtspunkten betrachtet werden. Hier spielt insbesondere die Forschung zur Zeitperspektive und Achtsamkeit eine Rolle.

13.3.1 Theorie

Die kognitive Grundlage für die menschliche Zeitwahrnehmung liegt in der Fähigkeit des sog. **„mentalen Zeitreisens"**. Man spricht von einer geistigen Bewegung zwischen verschiedenen Zeitebenen wie Vergangenheit, Gegenwart und Zukunft. Bei einer Reise in die Zukunft wird die Gegenwart „ausgeschaltet" und die Zukunft mental symbolisiert (Fortunato u. Fourey 2009). Dieses bewusste Ausschalten bzw. Wechseln zwischen den Zeitebenen ermöglicht die Kontrolle über das eigene Handeln. Diese Kontrolle wird als Metageist bezeichnet.

Die **Time-Mind-Theorie** unterscheidet zwischen verschiedenen Denkweisen, dem vergangenheits-, gegenwarts- und zukunftsbezogenem Denken (Fortunato u. Fourey 2009). Im Rahmen des gegenwartsbezogenen Denkens ist der Mensch fähig, seine eigenen Handlungen und die Umgebung bewusst zu kontrollieren und zu manipulieren. Er fokussiert eher auf den Grad der Zielerreichung als auf das Ziel selbst. Dies geschieht, wenn Individuen Vergangenes und Zukünftiges in die Gegenwart integrieren. Auf Basis dessen werden Handlungspläne entwickelt und Informationen organisiert. Zukunftsbezogenes Denken zeichnet sich nach dieser Theorie durch eine optimistische, visionäre und kreative Denkweise und die Neigung, sich auf Zukünftiges zu konzentrieren, aus.

Ebenfalls relevant ist die Einordnung zur **Zeitperspektive** von Zimbardo und Boyd (1999), der zufolge Menschen folgende fünf Perspektiven einnehmen können, die gleichzeitig ihrer grundlegenden Disposition entsprechen:

- Zukunftsperspektive: Ziele werden formuliert und umgesetzt, Pläne geschmiedet.
- Positive Vergangenheitsperspektive: Positive Nostalgie bestimmt den Blick auf die Vergangenheit.
- Negative Vergangenheitsperspektive: Unangenehme Gefühle dominieren die Vergangenheit.
- Hedonistische Gegenwartsperspektive: Der Genuss des Moments, ohne die Konsequenzen zu bedenken, steht im Mittelpunkt. Die Gegenwart ist voller Freude.
- Fatalistische Gegenwartsperspektive: Resignierter Glaube an das Schicksal bestimmt die Gegenwart. Weder Zukunft noch Gegenwart können beeinflusst werden.

Zimbardo und Boniwell (2004) schlagen als Ideal eine balancierte Zeitperspektive vor: Der Mensch kann flexibel zwischen den Zeiten wechseln – je nachdem welches Verhalten in der jeweiligen Situation am passendsten ist.

Neben diesen Zuordnungen gibt es ein weiteres, relevantes Konstrukt: **Achtsamkeit**. Diese meint das bewusste Lenken der Aufmerksamkeit auf den gegenwärtigen Moment und das vorurteilslose, wertfreie Erleben des Hier und Jetzt. Dabei wird jeder Gedanke registriert und beobachtet, ohne diesen zu bewerten. Durch die Aufmerksamkeitsausrichtung auf die Gegenwart findet eine weniger starke Verstrickung in die eigenen Gedanken statt (nach Buchheld et al. 2002):

1. Gegenwärtige, nicht identifizierbare Aufmerksamkeit: Hierbei handelt es sich um eine auf den Körper gerichtete Aufmerksamkeit für die direkte Teilnahme am Augenblick.
2. Akzeptierende, nicht urteilende Haltung: Gemeint ist die nicht wertende Akzeptanz von Gefühlen, Reaktionen und Gedanken, die mit Geduld und Offenheit angenommen werden. Dadurch fällt es leichter, sich selbst zu akzeptieren und wertzuschätzen.
3. Ganzheitliche Annahme: Verfolgt wird das Ziel, mit körperlichen Erfahrungen (insbesondere negativen Emotionen) in Kontakt zu bleiben und diese nicht abzuwehren, um dieses Wissen auf andere Menschen und Situationen übertragen zu können.
4. Prozesshaftes einsichtsvolles Verstehen: Bewusstwerden der eigenen Gefühle, Gedanken und Reaktionen über das Verständnis des eigenen Inneren. Damit wird die sofortige Reaktion auf einen Reiz vermindert.

13.3.2 Empirie

In der Literatur finden sich zahlreiche empirische Belege für die Gültigkeit der Lebensweisheit „Wenn wir nicht wahrhaft im gegenwärtigen Augenblick sind, verpassen wir alles". **Gegenwartsorientierung** hilft dabei, die eigenen Ressourcen effektiv zu organisieren. Auch um Entscheidungen schnell und effizient zu treffen, ist der Fokus auf die Gegenwart hilfreich.

Zukunftsbezogenes Denken ist hingegen nicht nur positiv belegt, da es laut Fortunato und Furey (2010) auch mit Neurotizismus zusammenhängt. Allerdings führt zukunftsbezogenes Denken ebenfalls dazu, vorausschauend zu handeln und sich besser an veränderte Umweltbedingungen zu adaptieren. Es erhöht kreatives Denken, Offenheit und Extraversion und Optimismus. Zukunftsorientierte neigen weniger stark zu Prokrastination. Ebenfalls unterstützt es einen positiven Umgang mit dem Altern im Sinne von Selektion, Optimierung und Kompensation (Baltes u. Baltes 1990), da es die entsprechenden Copingstrategien positiv beeinflusst. Auch unter gesundheitlichen Aspekten (reduziertes Übergewicht) ist die Ausrichtung auf die Zukunft relevant (vgl. Baltes et al. 2014; Griva et al. 2015; Sirois 2014).

Es gibt aber auch Befunde die einer Gegensätzlichkeit der Zeitperspektiven widersprechen. Zukunfts- und gegenwartsbezogenes Denken hängen beide signifikant miteinander und mit anderen Konstrukten wie Resilienz und Optimismus und weniger Zynismus, Depression und Ängstlichkeit zusammen. Tatsächlich tritt gegenwartsbezogenes Denken als gedankliche Herangehensweise häufig mit einer zukunftsgerichteten Zeitperspektive auf (Fortunato u. Fourey 2010, 2011). Die **„balancierte Zeitperspektive"** steigert Wohlbefinden und Produktivität und führt zu positiven Zuständen. Die theoretische Annahme der strikten Trennung verschiedener Typen erscheint empirisch also wenig wahrscheinlich. Menschen sind nie ausschließlich auf die Zukunft oder die Gegenwart fixiert.

Dennoch finden sich zahlreiche Hinweise, die dafür sprechen, dass das **Training der – wertfreien – Gegenwartswahrnehmung** überaus positiv für den Menschen ist: Durch Achtsamkeit wird die Wahrnehmung der Gegenwart stabilisiert und ein reflektierter Umgang mit neuen und alten Situationen ermöglicht (Sauer et al. 2012). Es stehen mehr kognitive Ressourcen für die Verarbeitung gegenwärtiger Erfahrungen bereit und auch im Gehirn können positive Effekte nachgewiesen werden (Bishop et al. 2004). Achtsamkeit ermöglicht eine größere Sensibilität für das eigene Umfeld, mehr Offenheit für neue Informationen, ein erhöhtes Bewusstsein für unterschiedliche Problemlösungen, einen Neustrukturierung der eigenen Wahrnehmung sowie längere Konzentration (Karma et al. 2013). Selbstregulation und Emotionsverarbeitung werden ebenso verbessert wie psychisches Wohlbefinden und Lebenszufriedenheit bei gleichzeitig geringerer emotionaler Erschöpfung (Hülsheger et al. 2014; Vowinckel 2012). Diese positiven Aspekte konnten auch für Führungskräfte nachgewiesen werden (Roche et al. 2014).

13.3.3 Diskussion

> ‚Das Leben ist ja keine Flasche, in die man etwas hineingießen soll', meinte der Hundertjährige mit der Fliege, ‚sondern eher wie eine Musik, die manchmal weniger gelungene oder langweilige Stellen hat und manchmal sehr intensive.' [...] Eine einzelne Note berührt Sie nur, weil Sie sich an die vorangegangene erinnern und die nächste erwarten. [...] Jede gewinnt ihren Sinn nur dadurch, dass sie in ein wenig Vergangenheit gehüllt ist und in ein wenig Zukunft. (Lelord 2006, S. 164)

Dieses Zitat beschreibt, wie eng die tatsächliche Verknüpfung der einzelnen Zeitebenen miteinander ist und wie stark bestimmte Ausrichtungen auf die Vergangenheit, Gegenwart oder Zukunft innerhalb jedes Menschen verbunden sind.

Die empirischen und theoretischen Befunde sind vielfältig und teilweise gegensätzlich. Fest steht, dass sowohl die Gegenwartsorientierung als auch die Zukunftsorientierung mit negativen und positiven Aspekten verbunden ist. Auffällig ist, dass die Ergebnisse weniger von einer Gegensätzlichkeit als von einer **Synthese beider Perspektiven** zeugen. Dafür sprechen verschiedene Befunde:

1. Die balancierte Zeitperspektive verfügt über zahlreiche positive empirische Befunde und gerade diese Perspektive erlaubt es, sich in jeder Situation so zu verhalten, wie es gerade angemessen ist. Es geht also weniger darum, sich auf eine Zeit zu fokussieren, als alle Ebenen zu beherrschen.
2. Gegenwartsbezogenes Denken hängt eng mit zukunftsbezogenem Denken zusammen. Die beiden Konstrukte lassen sich also gar nicht so eindeutig trennen, wie man zunächst annehmen würde.

3. Die zukunftsgerichtete Zeitperspektive ist laut der Forschung von Fortunato und Fourey (2009) bereits in das gegenwartsbezogene Denken integriert. Wenn man also per Definition auf die Gegenwart ausgerichtet ist, heißt das, dass man gleichzeitig die Zukunft mit im Blick hat.
4. Achtsamkeit ist per Definition eigentlich auf die Gegenwart bezogen. Trotzdem tritt auch Achtsamkeit zusammen mit der hedonistischen Gegenwartsperspektive und der Zukunftsperspektive auf. Negativ ist lediglich der Zusammenhang zur Vergangenheitsorientierung (Vowinckel 2012).

Die Befürchtung „Wer zu sehr an der Gegenwart hängt, verpasst die Zukunft", die impliziert, dass man sich zu sehr auf die Gegenwart fokussiert, ist in diesem Sinne also nicht haltbar. Auch hinter dieser Antiweisheit verbirgt sich die Gegenwartsperspektive, daher das Gegenteil von langfristiger Planung oder Zielsetzung. Diese tritt jedoch fast immer mit dem rückwärtsgewandten vergangenheitsbezogenen Denken auf (Fortunato u. Fourey 2010). Gegenwart – sei es im Sinne der Denkweise oder der Achtsamkeit – ist jedoch immer auch mit einer Perspektive in die Zukunft verknüpft und umfasst so Planung, Verhaltensregulation und Antizipation.

Trotzdem stellt sich die Frage, an welcher Stelle es möglich ist, „wahrhaft im gegenwärtigen Augenblick zu sein". Die Lebensweisheit beschreibt tatsächlich den **Fokus auf die Gegenwart** eher im Sinne der Achtsamkeit als im Sinne der Zeit-Geist-Theorie oder Zeitperspektive. Obgleich Achtsamkeit ein planendes und wohl überlegtes Handeln fördert, ist es ihr Ziel, auf die Gegenwart zu fokussieren. Dabei verschafft sich Achtsamkeit einen Raum zwischen Reiz und Reaktion und ermöglicht damit ein – in Bezug auf die Zukunft – überlegtes Handeln. Die spannende Frage lautet also nicht, ob gegenwartsbezogenes Denken grundsätzlich sinnvoll ist, sondern in welchen Situationen dieses überhaupt gelingen kann. Zur Beantwortung dieser Frage ist es wichtig, zu verstehen, wie sich eine Person verhält. Nach dem Grundsatz: Das Verhalten einer Person ist eine Funktion aus Person und Umwelt (Lewin 1969) müssen sowohl die Person mit ihrer Persönlichkeit, Vorerfahrung und ihren Neigungen als auch die Situation mit allen sozialen Einflüssen betrachtet werden.

Das Denken über die Zeit und die zeitliche Perspektive sind eher im Bereich der **Persönlichkeitseigenschaften** anzusiedeln. Es handelt sich um eine stabile Eigenschaft („trait"), der nur bedingt änderbar ist. Achtsamkeit wiederum wird eher als aktueller Zustand („state") und damit als veränderbar und trainierbar verstanden. Folglich ist das Verhalten durch die Veranlagung, aber auch durch die Zeit, die in das Training einer Fertigkeit investiert wird, determiniert. Je mehr wir Achtsamkeit trainieren, desto eher nehmen wir den Augenblick wahr (Bishop et al. 2004).

Gleichzeitig spielen aber auch die **situative Aspekte** eine Rolle wie persönliche Wichtigkeit und Involviertheit, die Beurteilung als subjektiv angenehm oder unangenehm, die Komplexität, die Beanspruchung kognitiver oder emotionaler Ressourcen, der Bezug zum eigenen Wertesystem etc. Bei bewussten Entscheidungen setzt man sich intensiv mit dem Thema auseinander, wobei zumeist ein hoher Bezug zu Persönlichkeit und Lebensstil vorliegt. Die Vermutung könnte also lauten, je (kognitiv) aktivierter die Person ist, desto achtsamer reagiert sie in dem Moment. Bei unangenehmen Situationen könnte man annehmen, dass der Mensch eher mit Flucht reagiert und als Copingmechanismus versucht, die Situation möglichst wenig intensiv zu erleben. Auf zu **komplexe Situationen** wiederum reagiert man häufig mit Vereinfachung in kognitive Schemata, um die Kontrolle über die Situation zu behalten (Osnabrügge et al. 1985). Dies bedeutet eine Verarbeitung von Reizen in Kategorien. Achtsamkeit als Prinzip ist dieser Schemabildung teilweise entgegengesetzt, da Achtsamkeit durch die abwartende und nicht wertende Haltung verhindert, dass Schemata wirken können. Die tiefe Verankerung und erschwerte Veränderbarkeit von Schemata stellt einen Grund dar, warum Achtsamkeit so schwerfällt.

13.4 Zukünftige Forschung

Um eine fundiertere Antwort auf die Abwägung von Lebensweisheiten zur Zeit geben zu können, sind weitere Untersuchungen mit einem allgemeineren Fokus auf die Zeitperspektive notwendig. Besonders interessant scheint dabei die Frage, ob die Präferenz für eine bestimmte „Lebensweisheit" bzw. Zeitperspektive mit der gelebten Realität übereinstimmt. Vor allem Achtsamkeit zeichnet sich immer mehr als Trend ab. Doch ob sich die allgemeine Begeisterung für Achtsamkeit auch in einer realen Zunahme achtsamer Verhaltensweisen äußert, bleibt offen. Außerdem kann man in diesem Rahmen untersuchen, welche Faktoren förderlich oder hemmend für Achtsamkeit wirken. Diese ausführlich zu erforschen, wäre die Basis für eine mögliche Intervention zum Training und zur Verbesserung dieser Fähigkeit.

Eine weitere spannende Frage ist es, in welchen Situationen der Fokus auf die Gegenwart überhaupt sinnvoll und hilfreich für das Individuum ist und in welchen Situationen es sich nicht mit dieser beschäftigen möchte. Hier könnte mit positiven und negativen Beispielsituationen gearbeitet werden. So kann die Frage beantwortet werden, in welchen Situationen Achtsamkeit eher leicht- oder eher schwerfällt. Über die bereits genannten Faktoren hinaus, sollten weitere Einflüsse untersucht werden (vgl. ▶ Abschn. 13.3.3).

13.5 Implikationen für die Praxis

Aus den beschriebenen Überlegungen zur Zeitperspektive leiten sich folgende Grundfragen ab: „Wo will ich den Schwerpunkt in meinem eigenen Leben setzen? Ist es mir wichtig, im Hier und Jetzt zu leben, das Leben bewusst zu erfahren, oder möchte ich lieber vorauseilen in meinen Gedanken, planen und den nächsten Schritt tun?"

Obgleich die Zeitorientierung von der Situation beeinflusst wird, verfügt jeder Mensch über eine Grundeinstellung gegenüber der Zeit. Diese wird durch die Gesellschaft und die Erziehung gebildet. Viele Menschen haben das Gefühl, die Zeit verrinne ihnen zwischen den Fingern, das Leben ziehe vorbei wie ein Zug. Bei all den Aufgaben, dem Stress und dem „immer einen Schritt voraus" sein, bleibt keine Zeit mehr für das wirkliche Leben. „Unsere Gesellschaft scheint heute ein Zeitproblem zu haben – obwohl Menschen eigentlich mehr Freizeit haben als früher", so Katrin Petersen vom Museum für Kommunikation Frankfurt (Mueller-Töwe 2014, S. 1). Das Gefühl, immer weniger Zeit zu haben, greift um sich. Gründe dafür liegen in der hohen Komplexität und Fülle von Aufgaben sowie der Vielzahl von Anforderungen verschiedener Seiten.

Achtsamkeit ist der Schlüssel, um dem Problem der verrinnenden Zeit entgegen zu wirken. Dadurch, dass die **Gegenwart bewusst** und in allen Details wahrgenommen wird, scheint sie auch langsamer zu vergehen. Mit Achtsamkeit ist es möglich, ganz im Moment aufzugehen. Dies bremst die Geschwindigkeit des Lebens und ermöglicht Konzentration.

Obgleich die Ausrichtung auf die Zukunft, Gegenwart oder Vergangenheit grundsätzlich angelegt ist, zeigen Erkenntnisse zur Achtsamkeit auch, dass diese trainierbar ist. Über den Zeitdruckgedanken hinaus wohnt Achtsamkeit der besondere Aspekt der **Wertfreiheit** inne. Dieser kann einerseits in Bezug auf das eigene Selbst, aber auch in sozialen Beziehungen kultiviert werden. Dies ermöglicht einen veränderten Umgang mit sich und anderen. Achtsamkeit unterstützt Menschen dabei, sich und ihre Umwelt so anzunehmen, wie sie sind.

> Hector wusste, dass dies eine schwierige Übung war, aber wenn man jeden Tag ein bisschen trainierte, konnte sie einem in manchen Augenblicken glücken. Im Angesicht der verrinnenden Zeit ließe es sich mit ihr entspannter leben. (Lelord 2006, S. 202)

Um dem Vorbeirauschen der Zeit entgegenzuwirken, ist es essenziell, Achtsamkeit in der Wirtschaft und Erziehung zu vermitteln und zu trainieren. Der Trend dazu zeigt sich bereits bei einem Blick in die Angebote der großen Trainingsanbieter: Achtsamkeit findet seinen Platz in der Wirtschaftswelt. Dabei können gezielt Techniken, z. B. Meditationen, eingesetzt werden.

Bei der **Meditation** geht es u. a. darum, ganz im Hier und Jetzt zu sein und sich auf den eigenen Atem zu fokussieren. Eine Meditation kann aber auch andere Themen in den Fokus rücken wie beispielsweise das Loslassen einer Beurteilung und das erneute neutrale Betrachten von Situationen. Im Arbeitsalltag bieten sich bestimmte **Atemtechniken** oder die sog. **Mikropausen** an, um sich für einen Augenblick auf die Gegenwart zu fokussieren. Dies ist, über den Umgang mit Stress hinaus, auch in Situationen sinnvoll, in denen komplexe Entscheidungen getroffen werden sollen oder andere Personen oder Risiken einer Situation beurteilt werden.

13.5.1 Arbeit und Wirtschaft

In der **Führung** bietet Achtsamkeit so die Chance, überlegter und in höherer Übereinstimmung mit den eigenen Werten zu handeln. So könnte Achtsamkeit auch einen authentischeren Führungsstil fördern.

Außerhalb der Arbeit, im Bereich der Psychotherapie, können geleitete Meditation oder Yoga unterstützend wirken. Zur Stressreduktion bietet sich das Programm der **Mindfulness-Based Stress Reduction** (MBSR) an. Dabei werden die achtsame Wahrnehmung des Körpers (Bodyscan), Yoga, Sitzmeditation, Gehmeditation, Atemübungen und der Transfer in den Alltag vertieft (Grossman et al. 2004; Meibert et al. 2006).

Durch Übung ist es möglich, sich die (nachweisbar) positiven Einflüsse der Achtsamkeit auf die Arbeitswelt zunutze zu machen. Dazu zählen u. a. positive Effekte auf die Aufgabendurchführung, die Arbeitszufriedenheit, die Bewältigung von emotionalem Stress und die gesteigerte Zufriedenheit, Leistung und Gesundheit der Mitarbeiter achtsamer Führungskräfte (Glomb et al. 2011; Hülsheger et al. 2012; Reb et al. 2014).

Dies kann durch die private Teilnahme an **Kursen** oder die berufliche Weiterbildung in Form von **Trainings oder Coachings** angeregt werden. Dabei können die jeweiligen Coachingmethoden auf die vorherrschende Zeitperspektive des Coachees abgestimmt werden (für einen detaillierten Überblick über die Methoden im Coaching siehe Boniwell et al. 2014).

13.5.2 Erziehung

Auch im Kindesalter ist es wichtig, eine **Gegenwartsperspektive** zu vermitteln. Kinder werden sehr früh dazu erzogen, sich Ziele zu setzen und dem Leistungsgedanken der Gesellschaft nachzukommen. Tatsächlich können Kinder und Jugendliche, die sich auf die Zukunft fokussieren, leichter Entscheidungen treffen, ihre Karriere planen und Ziele erreichen (Taber 2013). Diese Dinge sind natürlich richtig und wichtig und werden bereits an den Schulen und von den Eltern gefördert.

Aus Sicht eines glücklichen und gesunden Lebens ist dies aber nur eine Seite der Medaille. Kinder sollten auch das Recht haben, das Leben jetzt zu genießen und sich nicht zu viele Sorgen über ihre Zukunft zu machen. In der Kindheit erscheint das Leben oft länger, die Sommerferien dauern ewig, da es den Kindern leichter fällt, ganz im **gegenwärtigen Moment** im Sinne der Achtsamkeit zu leben. Mit einem höheren Alter und der Übernahme von Verantwortung beginnt das Leben früh genug, an den Kindern vorbei zu ziehen.

Eine Möglichkeit, Kindern Achtsamkeit spielerisch näherzubringen, ist die sog. ▶ Rosinenübung. Die Umgebung wird dabei mit viel Zeit und Offenheit erkundet. Die Kinder können so dem eigenen Entdeckungsdrang spielerisch folgen. In dieser Übung nehmen die Kinder (oder auch Erwachsenen) eine Rosine in die Hand und essen diese ganz bewusst. Dabei werden Farbe, Form, Textur, Geruch, Konsistenz, Geschmack etc. bewusst und langsam wahrgenommen.

> **Rosinenübung**
> Leg die Rosine auf deine Zunge – aber bitte noch nicht kauen – einfach nur auf die Zunge legen. Wie fühlt sich die Rosine an? Gibt es schon einen Geschmack?
> Und nun kau sie genau 1-mal und spüre dann nach. Was verändert sich?
> Kau die Rosine nun mindestens 10- bis 20-mal und bleib achtsam. Leg eine Pause ein und nimm deine Sinne wahr. Was schmeckst du, wo genau im Mund schmeckst du was … ? Und nun schluck die Rosine runter – beobachte, was weiter passiert …

Diese Übung hilft einerseits dabei, den Impuls, die Rosine sofort in den Mund zu stecken, zu unterdrücken, andererseits geht es um die wertfreie Betrachtung dieses Lebensmittels. Außerdem eröffnen sich neue Perspektiven auf den Gegenstand. Dieses Vorgehen kann auch auf andere Bezugsgruppen übertragen werden: Für Kinder ist die Achtsamkeit besonders relevant, da sie die Fähigkeit verbessert, sich **in andere Menschen hineinzuversetzen** – eine Fähigkeit, die in der Kindheit erworben wird. Viele weitere spielerische Übungen können Achtsamkeit bei Kindern fördern.

13.6 Fazit

Am Ende bleibt die praktische Frage: „Soll ich mein Leben eher auf die Zukunft oder auf die Gegenwart ausrichten?" Die Antwort ist, wie so oft im Leben, eine Frage der Balance: Wir müssen je nach Situation entscheiden, welche Perspektive tatsächlich passend ist, und so eine balancierte Zeitperspektive verfolgen. Insgesamt ist eine (flexible) Fokussierung auf die Gegenwart durchaus sinnvoll ist. Die Wahrscheinlichkeit, dass wir die Zukunft über zu viel Gegenwart vergessen, ist nicht besonders hoch, denn selbst gegenwartsbezogenes Denken ist immer mit einer Perspektive auf die Zukunft verknüpft.

Dafür können wir aber die Vorteile der Achtsamkeit genießen, die sich in der buddhistischen Lebensweisheit „Wenn wir nicht wahrhaft im gegenwärtigen Augenblick sind, verpassen wir alles" ausdrückt. Ein Training der Achtsamkeit kann dabei helfen, das Gefühl der verrinnenden Zeit zu verringern und zu entschleunigen. Und wer möchte das nicht in einer hektischen Gesellschaft, die das Wort Nachhaltigkeit zwar erfunden, jedoch nicht verstanden hat? Achtsamkeit stellt dabei eine effektive und realistische Möglichkeit dar, die es auszuprobieren gilt. Durch Achtsamkeit können wir wieder ein wenig Kinder werden, denn:

> Denke niemals an die Zukunft, sie kommt schnell genug! (Albert Einstein)

Literaturverzeichnis

Baltes, P. B., & Baltes, M. M. (1990). Psychological perspectives on successful aging: The model of selective optimization with compensation. In P. B. Baltes, & M. M. Baltes (Eds.), *Successful aging. Perspectives from the behavioral sciences* (S. 1–34). New York: Cambridge University Press.

Baltes, B. B., Wynne, K., Sirabian, M., Krenn, D., & De Lange, A. (2014). Future Times Perspective, regulatory focus and selection, optimization compensation: Testing a longitudinal model. *Journal of Organizational Behaviour* 35, 1120–1133.

Bishop, S. R., Lau, M., Shapiro, S., Carlson, L., Anderson, N. D., Carmody, J., Segal, Z. V., Abbey, S., Speca, M., Velting, D., & Devins, G. (2004). Mindfulness: A proposed operational definition. *Clinical psychology: Science and practice* 11(3), 230–241.

Boniwell, I., Osin, E., & Sircova, A. (2014). Introducing time perspective coaching. A new approach to improve time management and enhance well-being. *International Journal of Evidence Based Coaching and Mentoring* 12(2), 24–39.

Buchheld, N., Grossman, P., & Walach, H. (2002). Measuring mindfulness in insight meditation (Vipassana) and meditation-based psychotherapy: The development of the Freiburg Mindfulness Inventory. *Journal of Meditation Research* (1), 11–34.

Fortunato, V. J., & Fourey, J. T. (2009). The theory of mind time and the relationships between thinking perspective and the big five personality traits. *Personality and Individual Differences* 47, 241–246.

Fortunato, V. J., & Fourey, J. T. (2010). The theory of mind time and the relationships between thinking perspective and time perspective. *Personality and Individual Differences* 48, 436–441.

Fortunato, V. J., & Fourey, J. T. (2011). The theory of mind time. The relationships between past, future and present thinking and psychological well-being and distress. *Personality and Individual Differences* 50, 20–24.

Glomb, T. M., Duffy, M. K., Bono, J. E., & Yang, T. (2011). Mindfulness at work. *Human Resource Management* 30, 115–157.

Griva, F., Tseferidis, S. I., & Anagnostopoulos, F. (2015). Time to get healthy: associations of time perspective with perceived health status and health behaviors. *Psychological Health Medicine* 20(1), 25–33.

Grossman, P., Niemann, L., Schmidt, S., & Walach, H. (2004). Mindfulness-based stress reduction and health benefits: A meta-analysis. *Journal of Psychosomatic Research* 57, 35–43.

Hülsheger, U. R., Alberts, H. J., Feinholdt, A., & Lang, J. W. (2012). Benefits of mindfulness at work: The role of mindfulness in emotion regulation, emotional exhaustion, and job satisfaction. *Journal of Applied Psychology* 98, 310–325.

Hülsheger, U. R., Lang, J. W. B., Depenbrock, F., Fehrmann, C., Zijlstra, F. R. H., & Alberts, J. E. M. (2014). The power of presence. The role of mindfulness at work for daily levels and change trajectories of psychological detachment and sleep quality. *Journal of Applied Psychology* 9, 1–16.

Karma, R. S., Weger, U. W., & Sharma, D. (2013). The effect of mindfulness meditation on time perception. *Conscious Cognition* 22(3), 846–852.

Lelord, F. (2006). *Hector und die Entdeckung der Zeit*. München: Piper.

Lewin, K. (1969). A dynamic theory of personality. Selected Papers. In H. Maus, & F. Fürstenberg (Hrsg.), *Tests aus der experimentellen Sozialpsychologie* S. (79–90), Neuwied: Luchterhand.

Meibert, P., Michalak, J., & Heidenreich, T. (2006). Achtsamkeitsbasierte Stressreduktion – Mindfulness-Based Stress Reduction (MBSR) nach Kabat-Zinn. In T. Heidenreich, &

J. Michalak (Hrsg.), *Achtsamkeit und Akzeptanz in der Psychotherapie* S. (141–191), Tübingen: DGVT.

Mueller-Töwe, J. (2014). Die Zeit rennt uns nicht erst seit gestern davon. *Die Welt*. Artikel vom 15. Juni 2014. http://www.welt.de/regionales/duesseldorf/article129045836/Die-Zeit-rennt-uns-nicht-erst-seit-gestern-davon.html. Zugegriffen: 07. April 2016

Osnabrügge, G., Stahlberg, D., & Frey, D. (1985). Die Theorie der kognizierten Kontrolle. In D. Frey, & M. Irle (Hrsg.), *Theorien der Sozialpsychologie. Band III. Motivations- und Informationsverarbeitungstheorien* S. (127–172), Bern: Huber.

Reb, J., Narayanan, J., & Chaturvedi, S. (2014). Leading mindfully: Two studies on the influence of supervisor trait mindfulness on employee well-being and performance. *Mindfulness* 5(1), 36–45.

Roche, M., Luthans, F., & Haar, J. M. (2014). The role of mindfulness and psychological capital on the well-being of leaders. *Journal of Occupational Health Psychology* 19(4), 476–489.

Sauer, S., Lemke, J., Wittmann, M., Kohl, N., Mochty, U., & Walach, H. (2012). How long is now for mindfulness meditators? *Personality and Individual Differences* 52, 750–754.

Sirois, F. M. (2014). Out of Sight, out of time? A metaanalytic investigation of procrastination and time perspective. *European Journal of Personality* 28, 511–520.

Taber, B. J. (2013). Time perspective and career decision-making difficulties in adults. *Journal of Career Assessment* 21, 200–209.

Vowinckel, J. (2012). Balanced time perspectives and mindfulness. Unveröffentlichte Arbeit. Eschede: University of Twente.

Zimbardo, P. G., & Boyd, J. N. (1999). Putting time in perspective: A valid, reliable individual-difference metric. *Journal of Personality and Social Psychology* 77, 1271–1288.

Zimbardo, P. G., & Boniwell, I. (2004). Balancing one's time perspective in pursuit of optimal functioning. In P. A.Linley, & S.Joseph (Eds.), *Positive psychology in practice* (pp. 24–40). New York: Wiley.

Was du heute kannst besorgen, das verschiebe nicht auf morgen

Thomas Andreas Diller

© Springer-Verlag Berlin Heidelberg 2017
D. Frey (Hrsg.), *Psychologie der Sprichwörter*,
DOI 10.1007/978-3-662-50381-2_14

14.1 Einleitung

> Rede dir nicht ein: Sein Erbarmen ist grenzenlos; darum wird er mir meine vielen Sünden schon vergeben. Es ist wahr: Bei ihm ist viel Erbarmen – aber auch Zorn! Und den bekommen die Sünder zu spüren. Deshalb kehre schnell wieder zum Herrn zurück! Verschieb es nicht von einem Tag auf den anderen! (Sir 5,6; Die Gute Nachricht Bibel)

Aus diesen biblischen Zeilen könnte Großmutter das bekannte Sprichwort abgeleitet haben: „Was du heute kannst besorgen, das verschiebe nicht auf morgen". Doch was bedeutet es, wenn sie diesen Leitspruch gegenüber ihrem Enkel äußert? Und in welchem Rahmen ist es angebracht, ihr zu vertrauen und der Leitlinie dieses Spruches zu folgen?

Allgemein bedeutet es, notwendige, wichtige, wenn auch manchmal unangenehme Aufgaben gleich zu erledigen; sie nicht (auf morgen) zu verschieben, weil später vielleicht die Gelegenheit nicht mehr besteht, andere Dinge Priorität haben oder sich Aufgaben summieren, welche sich durch ihre Vielzahl nur noch sehr schwer erledigen lassen (Hinsch u. Thiel 2016):
1. Tätigkeiten zeitnah zu verrichten, hat demnach positive Auswirkungen auf den Akteur.
2. Das Verschieben von Aufgaben hat hingegen negative Konsequenzen.
3. Von dem „zu Besorgenden" geht ein gewisser Pflichtcharakter aus und es enthält eventuell eine nicht angenehme Tätigkeit.

Um eine Diskussion über positive und negative Auswirkungen zeitnah erledigter Arbeit führen zu können, ist es zunächst wichtig, den Begriff der Prokrastination von strategischem Aufschub einer Tätigkeit zu trennen. Bei beiden Phänomenen wird eine offensichtliche oder verdeckte Handlung hinausgezögert, deren Start jedoch beabsichtigt und von persönlicher Wichtigkeit ist. Darüber hinaus ist der Aufschub freiwillig und nicht durch externe Faktoren aufgezwungen (Klingsieck 2013). Der Unterschied zwischen strategischem Aufschub und Prokrastination geht zurück auf die Eigenschaften des Aufschubs selbst.

Ist der Aufschub unnötig oder irrational (Lay 1986) und wird durchgeführt, obwohl dem Akteur mögliche negative Konsequenzen bewusst sind (Steel 2007), spricht man von **Prokrastination**. Der Aufschub hat außerdem zumeist subjektives Unbehagen und andere negative Auswirkungen zur Folge (z. B. Simpson u. Pychyl 2009). Damit wird Prokrastination oft in Verbindung mit Worten wie Selbstbetrug, Selbstbehinderung oder Ablenkung gebraucht.

Auch im Falle eines **strategischen Aufschubs** können mögliche negative Konsequenzen bewusst werden. Jedoch ist der Betroffene davon überzeugt, dass positive Konsequenzen langfristig überwiegen werden (Corkin et al. 2011).

Nach dieser Unterscheidung existiert zwar eine funktionale Form für Aufschub, jedoch nicht für Prokrastination (Klingsieck 2013). Die Beurteilung, die das eine vom anderen unterscheidet, hängt jedoch von den individuellen Normen einer Person ab. Wenn uns nun Großmutter aufträgt, unsere Aufgaben heute zu erledigen, möchte sie uns vermutlich vor den Konsequenzen der Prokrastination warnen. Daher soll im Folgenden auf mögliche negative Effekte eines Aufschubs näher eingegangen werden.

14.2 Dysfunktionaler Aufschub/ Prokrastination

14.2.1 Auswirkungen

Über die letzten Jahrzehnte konnte eine Vielzahl von Zusammenhängen zwischen Prokrastination und den unterschiedlichsten Ebenen von Einstellungen, Gefühlen und Verhalten des Individuums festgestellt werden.

Studienergebnisse zeigen signifikante Korrelationen zwischen selbstberichteter Prokrastination und **Gesundheit** der Probanden (Stead et al. 2010; Tice u. Baumeister 1997). Studenten, die höhere Werte in der „Generellen Prokrastinations-Skala" (Lay 1986) erreichten, hatten schlechtere Noten in Aufsätzen und Prüfungen und berichteten am Ende des Semesters über mehr Erkrankungssymptome, ein höheres Stresslevel und suchten häufiger einen Therapeuten auf (Tice u. Baumeister 1997). Sirois et al. (Sirois 2007; Sirois et al. 2003) konnten außerdem feststellen, dass Personen mit Tendenz zur Prokrastination weniger gesundheitsbezogene Handlungen durchführten. Dazu gehörten beispielsweise weniger Konsum von Obst und Gemüse sowie eine geringere physische Aktivität. Auch klinisch relevante Zusammenhänge von Prokrastination wurden bereits untersucht. Demnach hängt Prokrastination mit verschiedenen klinischen Störungsbildern wie Depression (Flett et al. 1995) und Prüfungsangst zusammen (Spada et al. 2006).

Doch auch **finanzielle Folgen** von dysfunktionalem Aufschub scheinen weitreichend zu sein. In einer Umfrage der Firma H&R Block wird davon ausgegangen, dass Prokrastination bei der individuellen Steuererklärung durchschnittlich 400 US-Dollar an Kosten verursacht, ausgelöst durch überhastetes Arbeiten und daraus resultierenden Fehlern. Der Gesamtverlust für die US-amerikanische Bevölkerung im Jahr 2002 wird auf ca. 473 Mio. US-Dollar beziffert (Kasper 2004). Studien mit wirtschaftswissenschaftlichem Hintergrund bezeichnen das Fehlen von Sparverhalten für die Altersvorsorge ebenfalls als eine Form der Prokrastination (O'Donoghue u. Rabin 1999).

Neben den physischen, psychischen und finanziellen Auswirkungen haben Studien zu sozialer Wahrnehmung gezeigt, dass Personen die häufiger prokrastinieren von ihrer Umgebung eher in einem negativen Licht gesehen werden (Ferrari u. Patel 2004). Eine Folgestudie von Ferrari und Pychyl (2012) über Gewissenhaftigkeit in Zusammenhang mit Prokrastination konnte zeigen, dass die negative soziale Wahrnehmung mit einer erhöhten Tendenz von **sozialem Faulenzen** bei Prokrastinatoren einhergeht. Das bedeutet, dass diese Personengruppe auch in ihrem gesellschaftlichen Umfeld und bei Gruppenaufgaben dazu tendiert, weniger eigene Leistung zum Ergebnis beizutragen, und daraufhin von ihren Mitmenschen negativ wahrgenommen wird.

Zusammenfassend kann gesagt werden, dass Prokrastination in Beziehung mit vielen relevanten Bereichen des Lebens steht, seien es gesundheitliche, finanzielle oder soziale Themen. Im folgenden Abschnitt soll deshalb auf mögliche zugrunde liegende psychologische Mechanismen eingegangen werden, die das Phänomen der Prokrastination erklären. Daneben werden die Gründe, weshalb Menschen überhaupt dazu neigen, Aufgaben vor sich herzuschieben, behandelt.

14.2.2 Theorien und Hintergründe

Es existieren mehrere Herangehensweisen, welche den dysfunktionalen Aufschub von Tätigkeiten erklären (Klingsieck 2013).

Aus der Perspektive der differenziellen Psychologie wird Prokrastination als stabile **Persönlichkeitseigenschaft** betrachtet, die in Verbindung zu anderen Persönlichkeitsvariablen steht (Steel 2007). Es zeigt sich, dass häufige Prokrastination mit verringerter Gewissenhaftigkeit und erhöhten Neurotizismuswerten korreliert sowie mit Perfektionismus, geringem Selbstwert und geringerem Optimismus einhergeht. Einige Studien untersuchten die Beziehung zu Intelligenz, fanden jedoch keinen Zusammenhang (Ferrari 2000; Steel 2007).

Eine weitaus funktionalere Erklärung liefert die Motivations- und Volitionspsychologie. Aus deren Perspektive beinhaltet Prokrastination einen Ausfall von Motivation oder Willenskraft, die zu einer Inkongruenz von Verhaltensabsicht und Handlung führt (Lay 1986; Steel 2007). Eine der bekanntesten konkreten Theorien in diesem Kontext ist die

Temporal-Motivation-Theorie (zeitbezogene Motivationstheorie; Steel u. König 2006), die sich mit folgender Formel beschreiben lässt:

$$\text{Motivation} = \frac{\text{Erwartung} \times \text{Wert}}{\text{Impulsivität} \times \text{zeitliche Verzögerung}}$$

Im Rahmen dieser Theorie bezieht sich **Motivation** auf die Erwünschtheit einer Tätigkeit oder Alternative für das Individuum und entspricht somit der Wahrscheinlichkeit, diese Tätigkeit auszuführen. Demnach steigt die Motivation, eine geplante Handlung tatsächlich auszuführen, wenn sowohl die subjektive **Erwartung**, dass ein Ereignis/die Konsequenz eines Ereignisses überhaupt eintritt, als auch der subjektive **Wert** des Verhaltens steigen. Tätigkeiten, die unmittelbar umgesetzt werden können, also eine kurze **zeitliche Verzögerung** haben, sollten ebenfalls wahrscheinlicher ausgeführt werden. **Impulsivität** bezeichnet die persönliche Sensitivität gegenüber zeitlicher Verzögerung. Ist die Impulsivität einer Person hoch, ist die Motivation, auf eine zeitverzögerte Handlung zu warten, geringer. Nach dieser Theorie tritt Prokrastination am wahrscheinlichsten auf, wenn das Ergebnis einer unangenehmen Handlung in entfernter Zukunft liegt (Klingsieck 2013).

Zur Veranschaulichung des Modells soll ein kurzes Beispiel herangezogen werden: Ein Universitätsstudent bekommt die Aufgabe, eine Hausarbeit bis zum Ende des Semesters zu schreiben. Der Student mag gute Noten und Kontakte zu Freunden in etwa gleich gern und ist ähnlich kompetent im Knüpfen von Freundschaftsbeziehungen und im Studium (Wert und Erwartung konstant). Da die Möglichkeit, Kontakte zu Freunden zu pflegen, immer in der Gegenwart liegt, ist die Motivation, sich mit Freunden zu treffen und auszugehen, über das gesamte Semester konstant hoch (geringe zeitliche Verzögerung). Die Hausarbeit hingegen, deren erwartete Belohnung zu Semesterbeginn noch weit entfernt liegt (hohe zeitliche Verzögerung), hat anfangs einen geringeren Nutzen. Je näher der Abgabetermin rückt, desto geringer wird die zeitliche Verzögerung, bis die Motivation für die Hausarbeit die des Ausgehens übersteigt. Es wird wahrscheinlicher, dass an der Arbeit geschrieben wird. Während dieser finalen Phase treten gehäuft die in ▶ Abschn. 14.2.1 beschriebenen negativen Folgen für den Studenten auf.

Betrachtet man das Aufschieben von Tätigkeiten aus der Perspektive des Phänomens Prokrastination, so scheint das Einhalten des großmütterlichen Sprichworts „Was du heute kannst besorgen, das verschiebe nicht auf morgen" gerechtfertigt zu sein. Inhaltsnahe Sprichwörter wie „Der frühe Vogel fängt den Wurm" oder „Erst die Arbeit, dann das Vergnügen" erhalten durch diese Argumentation ebenso eine gewisse Legitimation.

14.3 Funktionaler Aufschub

14.3.1 Strategischer Aufschub

Doch wie bereits zuvor erwähnt, muss ein Aufschub von Tätigkeiten nicht zwangsweise negative Konsequenzen nach sich ziehen. Eine von Chu und Choi (2005) durchgeführte Studie zu **„positiver/aktiver Prokrastination"** – von Klingsieck (2013) strategischer Aufschub genannt – macht dies deutlich.

Die Autoren der Studie vergleichen den bekannten Typ des passiven Prokrastinators mit dem des aktiven Prokrastinators (strategischen Aufschiebers). Sie gehen davon aus, dass die von ihnen beschriebene Gruppe der aktiven Prokrastinatoren das gleiche Level von Prokrastinationsverhalten erreichen wie „traditionelle" passive Prokrastinatoren. Das heißt, sie schieben Aufgaben genauso vor sich her, obwohl sie sich möglicher negativer Konsequenzen bewusst sind. Jedoch haben aktive Prokrastinatoren ähnliche Charakterzüge wie Nicht-Prokrastinatoren. Sie erreichen höhere Werte bei den Dimensionen „zweckbestimmte Einteilung der eigenen Zeit", „Zeitkontrolle" und „Selbstwirksamkeit" sowie bessere Ergebnisse bei gestellten Aufgaben. Chu und Choi (2005) kommen deshalb zu dem Schluss, dass aktive Prokrastination vorteilhaft für Individuen ist, die in einem extrem anspruchsvollen, unvorhersehbaren und ständig wechselnden Umfeld arbeiten. In dem Kontext könne diese Personengruppe effektiver arbeiten, da sie sich nicht auf zuvor festgelegte Pläne beschränkt, ihre Aufgaben immer wieder neu priorisiert und somit auf ständig **wechselnde Anforderungen** reagieren kann.

Ähnliche Ergebnisse fanden Corkin et al. (2011). Personen, die zur Prokrastination neigen (passive Prokrastination), tendieren eher zur Vermeidung von negativen Zielen, als dass sie positive Ziele erreichen wollen. Außerdem reflektieren sie seltener über ihr eigenes Verhalten. Personen, die hingegen strategisch aufschieben (aktive Prokrastination), arbeiten eher auf positive Ziele hin und glauben an ihren Erfolg und an einen Einfluss ihrer Leistung auf das Ergebnis. Diese in der Stichprobe untersuchte Personengruppe erhielt außerdem bessere Noten in ihrem jeweiligen Studiengang als die Gruppe der (passiven) Prokrastinatoren. Ein Aufschub von Aufgaben ist demnach kein Nachteil, wenn der Aufschub gut begründet ist sowie unter kontrollierten Bedingungen und im richtigen Kontext stattfindet.

14.3.2 Chronotypenforschung

Ein weiterer Grund, Aufgaben nicht unbedingt zeitnah zu erledigen, sind die unterschiedlichen Chronotypen, die in der Bevölkerung vorherrschen. Eine Person wird entweder als Morgentyp, Abendtyp oder am wahrscheinlichsten als Neutraltyp eingestuft (Horne u. Östberg 1976).

Dabei wird der Chronotyp bestimmt durch die Aufsteh- und Zu-Bett-Geh-Zeit und dem **zirkadianen Rhythmus** von physiologischen Parametern wie Körpertemperatur und Kortisolspiegel. Neben physiologischen Maßen werden auch mentale Prozesse durch den zirkadianen Rhythmus eines Menschen beeinflusst. Es besteht ein Zusammenhang zwischen der Maximumperiode des Rhythmus und der **kognitiven Leistungsfähigkeit** des Individuums. Jeder Mensch besitzt demnach eine Zeitspanne am Tag, in der er die höchste kognitive Leistungsfähigkeit aufweist. Bei Messungen zur fluiden Intelligenz konnte beispielsweise festgestellt werden, dass bei Asynchronizität von Aufgabenzeitpunkt und Chronotyp der IQ-Wert um 6 Punkte fallen kann (Goldstein et al. 2007). Mecacci et al. (2004) fanden gehäufte kognitive Fehler bei extremen Morgentypen vor allem am Abend, während sie bei extremen Abendtypen über den ganzen Tag verteilt auftraten. Weiterhin konnten Einflüsse auf Aufmerksamkeitsspanne, exekutive Funktionen und Erinnerungskapazität festgestellt werden (Schmidt et al. 2007).

Unter Berücksichtigung dieser Befunde erscheint es deshalb sinnvoll – je nach individuellem Chronotyp – besonders wichtige Aufgaben, die große kognitive Ressourcen benötigen, nicht um jeden Preis entgegen des eigenen Rhythmus durchzuführen. So kann es ratsam sein, dass ein Morgentyp wichtige und kognitiv anspruchsvolle Aufgaben, die keine Fehler erlauben, am Abend nicht mehr durchführt und auf den darauffolgenden Tag legt. Damit können kognitive Fehler vermieden und vorhandene Kompetenzen optimal genutzt werden.

Um sich nach seiner inneren Uhr richten zu können, ist der erste Schritt die **Ermittlung des eigenen Chronotyps**. Viele Menschen wissen bereits intuitiv durch ihre lange Erfahrung in der Lern- und Arbeitswelt, wann ihre persönlich leistungsstärkste Zeit ist. Zudem existieren mehrere Fragebögen, die zur Einteilung des Typus verwendet werden. Unter den deutschen Fragebögen sind zwei im Internet frei verfügbar: der „Munich Chronotype Questionnaire" (MCTQ; Allebrandt u. Roenneberg 2008) der medizinisch psychologischen Fakultät der Ludwig-Maximilian-Universität München, der das eigene Ergebnis mit dem von über 50.000 Menschen vergleicht (unter: https://www.bioinfo.mpg.de), und die deutsche Version des Morningness-Eveningness Questionnaire (D-MEQ; Griefahn et al. 2001), der auf der Internetseite des Leibniz-Instituts für Arbeitsforschung (IfADo) einsehbar ist (unter: http://www.ifado.de/fragebogen-zum-chronotyp-d-meq/).

In einem weiteren Schritt erscheint es sinnvoll, ein Bewusstsein für die unterschiedlichen Leistungszeiten zu schaffen. Das gilt für die betroffenen Personen selbst, die ermutigt werden sollten, ihre Tagesgestaltung nach der ermittelten biologischen Uhr zu richten, aber auch für Vorgesetzte und Firmen. Ein institutionelles Instrument zur Steuerung der inneren Uhr kann beispielsweise die Einführung einer flexiblen Arbeitszeit im Rahmen einer **Gleitzeitvereinbarung** sein (Hamm 2001), die in vielen deutschen Unternehmen bereits fester Bestandteil der Unternehmenskultur ist.

Doch nicht nur die Biopsychologie und die Forschung zu Chronotypen geben Anhaltspunkte, Aufgaben nicht zeitnah zu erledigen.

14.3.3 Stress und Burn-out

In diesem Abschnitt soll auf einen weiteren negativen Aspekt sofortiger Aufgabenbewältigung eingegangen werden, der vor allem dann besteht, wenn über einen längeren Zeitraum zu vieles zeitnah erledigt wird.

Mitte der 1980er-Jahre propagierten Maslach und Jackson (1984) ein neues klinisches Störungsbild, das seitdem vor allem in der Arbeitswelt einen exponentiellen Anstieg von Fällen erfahren hat: Das **Burn-out-Syndrom**. In der vernetzten Welt des 21. Jahrhunderts steigen die Anforderungen des Arbeitnehmers, ausgelöst z. B. durch stetige Erreichbarkeit, komplexere Aufgaben oder Stellenabbau. Einher geht damit häufig eine Erhöhung des subjektiv erlebten Stresslevels. Dabei kann eine sofortige Aufgabenbewältigung im Sinne des Sprichworts und der daraus resultierende Stress auch positiver Natur sein und eine optimale Leistung erzeugen (vgl. Weinert 1977). Nichtsdestotrotz sind die Reaktionen auf Stress vielfältig. Alkoholismus, Drogenkonsum und psychische Symptome wie Angst gehören dazu (Weinert 2004). So wird übermäßige Involviertheit in die Arbeit als erste Vorstufe bzw. ein Merkmal auf dem Weg zum Burn-out beschrieben. Tritt der Burn-out-Fall ein, so ist mit Symptomen wie Ermüdung, Frustration, Hilflosigkeit und Zurückgezogenheit zu rechnen, in deren Folge es zu weiteren schweren psychischen und physischen Problemen kommen kann (Maslach u. Jackson 1984).

Das sog. **Stressor-Detachment-Modell** (Sonnentag 2011) geht es um die Fähigkeit, sich von Stressoren hinreichend distanzieren zu können. Es hebt die Bedeutung von psychologischem Abstand von arbeitsbezogenen Gedanken nach der Arbeit hervor und wurde von DeArmond et al. (2013) im Kontext von Stress am Arbeitsplatz und Prokrastination untersucht. Sie stellten fest, dass psychologischer Abstand zur Arbeit die Beziehung zwischen Arbeitsbelastung und persönlicher Erschöpfung vollständig vermittelt. Ist also ein Individuum einer erhöhten Arbeitsbelastung ausgesetzt und kann sich nach der Arbeit davon nicht distanzieren, so erhöht dies die Wahrscheinlichkeit für ein Erschöpfungssyndrom. Erschöpfung wiederum vermittelt teilweise den Zusammenhang zwischen psychologischem Abstand und Prokrastination. Das bedeutet: Ist eine betroffene Person durch den fehlenden Abstand zur Arbeit in einem Erschöpfungszustand, erhöht sich daraufhin auch die Wahrscheinlichkeit bei darauffolgenden Aufgaben zu prokrastinieren.

Interessant ist, dass **Prokrastination** hier als Ergebnisvariable von Stress am Arbeitsplatz und Erschöpfung gesehen wird – eine weitere Bestätigung für die Temporal-Motivation-Theorie (▶ Abschn. 14.2.2). Die starke Arbeitsbelastung beeinflusst den subjektiven Wert der Arbeit negativ und verringert somit die Wahrscheinlichkeit, erneut arbeitsrelevantes Verhalten zu zeigen. Diese empirische Studie stützt damit die Wichtigkeit des psychologischen Abstandes von der Arbeit in Hinblick auf Erschöpfung und Prokrastinationsverhalten.

14.3.4 Implikationen für die Praxis

Wie die Literatur zum Krankenbild des Burn-outs zeigt, ist psychologischer Abstand nicht der einzige Ansatzpunkt, um sich vor den Gefahren des Erschöpfungssyndroms zu schützen. Eine größere Zahl an privaten beruflichen und betrieblichen Vorkehrungen hilft, dem Burn-out vorzubeugen. Nicht selten stehen sie dabei im Widerspruch zum vorliegenden Sprichwort. Im persönlichen Bereich steht der Einsatz von Verfahren mit dem Kern der **Entspannung** und der **Achtsamkeit** im Vordergrund. Dazu gehören autogenes Training, progressive Muskelentspannung und Aktivierungsverfahren wie Yoga, Qigong und Tai-Chi (Schüler-Schneider 2011).

Im beruflichen Bereich wird oftmals eine positivere Arbeitseinstellung durch Umstrukturierungen und **Erweiterungen des Handlungsspielraums** geschaffen. Dies kann mit dem Kürzen von Arbeitsschichten oder Umstellungen in eine Teilzeitstelle der Fall sein (Fengler u. Sanz 2011). Dies sind wiederum Maßnahmen, die sich mit dem Reduzieren von Tätigkeiten beschäftigen und nicht – wenn es nach dem Sprichwort gehen würde – mit dem Erledigen von mehr Arbeit.

Nicht zuletzt sei auf die große Anzahl an **Zeitmanagementtechniken** verwiesen, die sowohl im privaten als auch im beruflichen Kontext ihren Einsatz finden. Diese sind nicht nur Methoden zur Burn-out-Prävention, sondern erfreuen sich in der gesamten Berufswelt bis in das Management großer Beliebtheit. Stellvertretend sei hier die Eisenhower-Methode genannt, bei der es essenziell ist, die eigenen Aufgaben nach Wichtigkeit und Dringlichkeit zu ordnen, damit am Ende des Tages nicht das Wichtigste liegen bleibt. Ein fester Bestandteil der Methode besteht explizit darin, Aufgaben, die weder dringlich noch wichtig sind, in den Papierkorb zu werfen oder zu mindestens zu delegieren (Klumpp u. Klumpp 2016). Auch dies ein klarer Widerspruch zur Aussage des Sprichworts „Was du heute kannst besorgen, dass verschiebe nicht auf morgen".

Die Ausführungen zu Burn-out und Stress am Arbeitsplatz sowie die beschriebenen Befunde zu aktivem Aufschub und Chronotypen weisen darauf hin, dass es unter Umständen nicht vorteilhaft für den Einzelnen ist, Tätigkeiten sofort zu erledigen. Es sollte daher nicht verwundern, wenn Großmutter ihrem Enkel Sprichwörter wie „Wer die Arbeit kennt und sich nicht drückt, der ist verrückt" oder „Gut Ding will Weile haben" ans Herzen legt. Auch diese scheinen ein gewisses Maß an Wahrheit zu besitzen.

14.4 Fazit

In der vorliegenden Arbeit wurde das Sprichwort „Was du heute kannst besorgen, das verschiebe nicht auf morgen" interpretiert und unter psychologischen Gesichtspunkten erarbeitet, ob und unter welchen Rahmenbedingungen dessen Aussage zutreffend ist. Nahezu alle Studienergebnisse im Rahmen der Prokrastinationsforschung sprechen eine eindeutige Sprache: Dysfunktionaler Aufschub von Tätigkeiten zieht negative Auswirkungen auf die psychische und physische Gesundheit und das Wohlbefinden nach sich, hat Einfluss auf die soziale Anerkennung und führt zu finanziellen Nachteilen. Dass Prokrastination ein weitverbreitetes Problem ist, belegen nicht nur die Zahlen (20–25 % der Allgemeinbevölkerung prokrastinieren regelmäßig; Ferrari et al. 2007), sondern auch die Vielzahl an Ratgebern und Selbsthilfebüchern. Ausgewählte Titel lauten *Schluss mit dem ewigen Aufschieben: Wie Sie umsetzen, was Sie sich vornehmen* (Rückert 2011) oder *Der Zauderberg:* *Warum wir immer alles auf morgen verschieben und wie wir damit aufhören* (Steel 2011).

Das bedeutet jedoch nicht, dass es sinnvoll ist, der Leitlinie des großmütterlichen Sprichworts kritiklos und unüberlegt zu folgen. Es wurde festgestellt, dass strategischer oder aktiver Aufschub von Aufgaben auch ein Zeichen von Flexibilität bedeuten und durchaus positive Konsequenzen nach sich ziehen kann. Außerdem legen die unterschiedlichen Chronotypen nahe, dass jeder Mensch eine Zeitspanne am Tag besitzt, in der er die höchste kognitive Leistungsfähigkeit aufweist. Daher sollten wichtige Aufgaben außerhalb dieses Zeitraumes nicht unter allen Umständen erledigt werden. Es wäre verantwortungsbewusst, wenn ein Morgentypus abends wichtige Aufgaben auf den nächsten Tag legt, um kognitive Fehler zu vermeiden und die Aufgabe optimal zu bewältigen. Der Stress, ausgehend von dem Gefühl, alles sofort erledigen zu müssen und dem damit einhergehenden fehlenden Abstand zur Arbeit, können des Weiteren zu Burn-out, Erschöpfung, zu anderen stressbedingten Erkrankungen und sogar zu weiterer Prokrastination führen.

In der globalisierten Welt des 21. Jahrhunderts, in der jeder mit jedem vernetzt und rund um die Uhr erreichbar ist, scheinen „heute" und „morgen" viel relativere Begriffe zu sein als vielleicht noch zu damaligen Zeiten. Die unzähligen Dinge, die heute noch erledigt werden können, stehen nicht in Relation zur verfügbaren Zeit eines Tages (von Rutenberg 2011). Daher rückt die Unterscheidung zwischen „jetzt erledigen", „nachher erledigen" oder „gar nicht erledigen" in den Vordergrund unseres Denkens. Eine Methode, diese Art des Denkens zu optimieren, liefern Zeitmanagementtechniken, die in der Arbeitswelt bereits tief verankert sind, aber auch im alltäglichen Leben Nutzen finden. Das Wissen, darüber was heute noch besorgt werden muss und was aufgeschoben, delegiert oder vergessen werden kann, nimmt einen viel größeren Stellenwert ein als das simple Befolgen eines Sprichworts. Daher sollte Großmutter in dem Spruch vielleicht ein Wort ändern, um zu einem Leitsatz zu gelangen, der unsere heutige Realität ein Stück genauer abbildet: „Was du heute musst besorgen, das verschiebe nicht auf morgen".

Literaturverzeichnis

Allebrandt, K. V., & Roenneberg, T. (2008). The search for circadian clock components in humans: New perspectives for association studies. *Brazilian Journal Of Medical And Biological Research* 41(8), 716–721.

Chu, A. H. C., & Choi, J. N. (2005). Rethinking procrastination: Positive effects of "active" procrastination behavior on attitudes and performance. *The Journal of Social Psychology* 145, 245–264.

Corkin, D. M., Yu, S. L., & Lindt, S. F. (2011). Comparing active delay and procrastination from a self-regulated learning perspective. *Learning and Individual Differences* 21(5), 602–606.

DeArmond, S., Matthews, R. A., & Bunk, J. (2014). Workload and procrastination: The roles of psychological detachment and fatigue. *International Journal Of Stress Management* 21(2), 137–161.

Die Gute Nachricht Bibel (2000) Bibelausgaben, *Die Gute Nachricht Bibel*, Sonderausgabe. Stuttgart: Deutsche Bibelgesellschaft.

Fengler, J., & Sanz, A. (2011). *Ausgebrannte Teams. Burnout-Prävention und Salutogenese*. Stuttgart: Klett-Cotta.

Ferrari, J. R. (2000). Procrastination and attention: Factor analysis of attention deficit, boredomness, intelligence, self-esteem, and task delay frequencies. *Journal of Social Behavior and Personality* 15, 185–196.

Ferrari, J. R., & Patel, T. (2004). Social comparisons by procrastinators: Rating peers with similar or dissimilar delay tendencies. *Personality and Individual Differences* 37, 1493–1501.

Ferrari, J. R., & Pychyl, T. A. (2012). "If I wait, my partner will do it:" The role of conscientiousness as a mediator in the relation of academic procrastination and perceived social loafing. *North American Journal of Psychology* 14, 13–24.

Ferrari, J. R., Díaz-Morales, J. F., O'Callaghan, J., Díaz, K., & Argumedo, D. (2007). Frequent behavioral delay tendencies by adults: International prevalence rates of chronic procrastination. *Journal of Cross-Cultural Psychology* 38, 458–464.

Flett, G. L., Blankstein, K. R., & Martin, T. R. (1995). Procrastination, negative self-evaluation, and stress in depression and anxiety. In J. R. Ferrari, J. L. Johnson, & W. G. McCown (Eds.), *Procrastination and Task Avoidance* (pp. 137–167). New York: Springer.

Goldstein, D., Hahn, C. S., Hasher, L., Wiprzycka, U. J., & Zelazo, P. D. (2007). Time of day, intellectual performance, and behavioral problems in Morning versus Evening type adolescents: Is there a synchrony effect?. *Personality and Individual Differences* 42, 431–440

Griefahn, B., Künemund, C., Bröde, P., & Mehnert, P. (2001). Zur Validität der deutschen Übersetzung des Morningness-Eveningness-Questionnaires von Horne und Östberg. *Somnologie* 5(2), 71–80.

Hamm, I. (2001). *Handbücher für die Unternehmenspraxis – Flexible Arbeitszeiten in der Praxis* (2. Aufl.). Frankfurt am Main: Bund.

Hinsch, L., & Thiel, S. (2016) Sprichwörter & Redewendungen: Bedeutung und Herkunft von Sprichwörtern und Redewendungen. http://www.sprichwoerter-redewendungen.de/sprichwoerter/was-du-heute-kannst-besorgen-das-verschiebe-nicht-auf-morgen/. Zugegriffen: 24. März 2016.

Horne, J. A., & Östberg, O. (1976). A self-assessment questionnaire to determine morningness-eveningness in human circadian rhythms. *International Journal of Chronobiology* 4, 97–110.

Kasper, G. (2004). Tax procrastination: Survey finds 29% have yet to begin taxes. Artikel vom 30. März 2004. http://www.prweb.com/releases/2004/3/prweb114250.htm. Zugegriffen: 24. Februar 2015.

Klingsieck, K. B. (2013). Procrastination: When good things don't come to those who wait. *European Psychologist* 18(1), 24–34.

Klumpp, B., & Klumpp, R. (2016) Das Eisenhower-Prinzip. http://www.methode.de/am/zm/amzm002.htm. Zugegriffen: 24. März 2016.

Lay, C. H. (1986). At last, my research article on procrastination. *Journal of Research in Personality* 20, 474–495.

Maslach, C., & Jackson, S. E. (1984). Burnout in organizational settings. In S. Oskamp (Ed.), *Applied social psychology annual* (Vol. 5, pp. 133–153). Beverly Hills, CA: Sage.

Mecacci, L., Righi, S., & Rocchetti, G. (2004). Cognitive failures and circadian typology. *Personality and Individual Differences* 37, 107–113

O'Donoghue, T., & Rabin, M. (1999). Incentives for procrastinators. *Quarterly Journal of Economics* 114, 769–816.

Rückert, H.-W. (2011). *Schluss mit dem ewigen Aufschieben: Wie Sie umsetzen, was Sie sich vornehmen*. Frankfurt am Main: Campus Verlag.

von Rutenberg, J. (2011). Sprichwörter im Praxistest: „Was du heute kannst besorgen, das verschiebe nicht auf morgen". http://www.zeit.de/2011/47/Sprichwort-Selbstdisziplin. Zugegriffen: 27. Februar 2015.

Schmidt, C., Collette, F., Cajochen, C., & Peigneux, P. (2007). A time to think: Circadian rhythms in human cognition. *Cognitive Neuropsychology* 24, 755–789.

Schüler-Schneider, A. (2011). Burnout-Syndrom und Depression. *Die Medizinische Welt* 62(1), 23–28.

Simpson, W. K., & Pychyl, T. A. (2009). In search of the arousal procrastinator: Investigating the relation between procrastination, arousal-based personality traits and beliefs about motivations. *Personality and Individual Differences* 47, 906–911.

Sirois, F. M. (2007). "I'll look after my health, later": A replication and extension of the procrastination – health model with community-dwelling adults. *Personality and Individual Differences* 43, 15–26.

Sirois, F. M., Melia-Gordon, M. L., & Pychyl, T. A. (2003). "I'll look after my health, later": An investigation of procrastination and health. *Personality and Individual Differences* 35, 1167–1184.

Sonnentag, S. (2011). Recovery from fatigue: The role of psychological detachment. In P.L. Ackerman, & P. L. Ackerman (Eds.), *Cognitive fatigue: Multidisciplinary perspectives on current research and future applications* (pp. 253–272). Washington, DC: American Psychological Association.

Spada, M. M., Hiou, K., & Nikcevic, A. V. (2006). Metacognitions, emotions, and procrastination. *Journal of Cognitive Psychotherapy: An International Quarterly* 20, 319–326.

Stead, R., Shanahan, M. J., & Neufeld, R. W. J. (2010). "I'll go to therapy, eventually": Procrastination, stress and mental health. *Personality and Individual Differences* 49, 175–180.

Steel, P. (2007). The nature of procrastination: A meta-analytic and theoretical review of quintessential self-regulatory failure. *Psychological Bulletin* 133, 65–94.

Steel, P. (2011). *Der Zauderberg: Warum wir immer alles auf morgen verschieben und wie wir damit aufhören*. Köln: Bastei Lübbe.

Steel, P., & König, C. J. (2006). Integrating theories of motivation. *Academy of Management Review* 3, 889–913.

Tice, D. M., & Baumeister, R. F. (1997). Longitudinal study of procrastination, performance, stress, and health: The costs and benefits of dawdling. *Psychological Science* 8, 454–458.

Weinert, A. B. (1977). A psychological study of the applicability and generalizability of Argyris' theory of organizational behavior. *Dissertation Abstracts International* 38, 945.

Weinert, A. B. (2004). *Organisations- und Personalpsychologie*. Weinheim: Beltz.

Wer rastet, der rostet

Thomas Haimerl

© Springer-Verlag Berlin Heidelberg 2017
D. Frey (Hrsg.), *Psychologie der Sprichwörter*,
DOI 10.1007/978-3-662-50381-2_15

15.1 Einleitung

In diesem Kapitel werden die Sprichwörter „Wer rastet, der rostet" und „Eile mit Weile" gegenübergestellt und deren Validität anhand von psychologischen Konzepten untersucht. Grundsätzlich können der Beeinflussung durch ein Sprichwort oder eine Lebensweisheit zwei verschiedene Quellen innewohnen. Einmal kann sich das Individuum durch Selbstverbalisierung (z. B. durch innere Monologe wie „Geh zum Sport, denn wer rastet, der rostet") beeinflussen oder die Beeinflussung des Individuums geschieht durch die Umwelt, z. B. in einer dyadischen Beziehung oder innerhalb eines Teams. Hierbei wird im Folgenden vor allem auf den Arbeitskontext abgestellt.

15.2 Bedeutung und Herkunft

Das Sprichwort „Wer rastet, der rostet" wird häufig im Arbeitskontext verwendet, zeigt in seiner Bedeutung eine positive Konnotation von kontinuierlicher **Arbeitsleistung** mit wenigen Pausen und steht für eine calvinistische Arbeitsethik im Sinne von Max Weber. Diese Arbeitsethik zeichnet sich dadurch aus, dass eine rastlose Erwerbsarbeit als Heilmittel gegen die menschlichen Selbstzweifel herangezogen und Erfolg in der Arbeitswelt als Zeichen des Gnadenstandes und der Sinnerfüllung gesehen werden kann (Lilienthal 2001).

Für dieses Sprichwort gibt es historische Vorbilder, die bis in die Antike zurückreichen, z. B. das verwandte Sprichwort „Nur wer selbst brennt, kann Feuer in anderen entfachen", das Augustinus von Hippo (354–430 n. Chr.) zugeschrieben wird. Johann Wolfgang von Goethe (1749–1832) hat mit dem Ausspruch „Arbeite nur – die Freude kommt von selbst" ebenfalls ein Sprichwort geprägt, dass **Arbeit** als wichtigen Prädiktor für **Lebenszufriedenheit** sieht. Auch die Maxime „Erst die Arbeit, dann das Vergnügen" zeigt den Stellenwert einer kontinuierlichen Arbeitsleistung in der Gesellschaft auf.

Diese Sprichwörter verbindet bei genauerer Betrachtung neben der Betonung von Arbeit und Leistung auch der Bereich Freude, Vergnügen und Begeisterung. Sollten sie also eine taugliche Heuristik für Lebenszufriedenheit sein, muss es einen Zusammenhang zwischen Freude und Begeisterung mit Arbeitsleistung geben.

15.3 Gegensprichwort: Eile mit Weile

Auch das Gegensprichwort „Eile mit Weile" hat eine häufige Verwendung im Arbeitskontext (▶ Kap. 12). Durch dieses Sprichwort soll die Bedeutung von exakter, genauer Arbeit im Gegensatz zu schnellen unsauberen Ergebnissen dargestellt werden. Schon der römische Dichter Ovid (43 v. Chr. bis 17 n. Chr.) sagte „Was ohne Ruhepausen geschieht, ist nicht von Dauer", und das chinesische Sprichwort „Wenn du es eilig hast, gehe langsam" geht in die gleiche Richtung. Diese Sprichwörter zeigen die Bedeutung von **Pausen** und Unterbrechungen der Arbeit auf und betonen den Vorrang von **Genauigkeit** vor Schnelligkeit.

15.4 Einbettung in psychologische Theorien

Durch den zunehmenden Zeit- und Leistungsdruck in der modernen Arbeitswelt ist eine Betrachtung der dargestellten Sprichwörter und ihrer Bedeutung als Entscheidungsheuristiken wichtig. Durch Einbetten in psychologische Konzepte und Theorie können diejenigen Faktoren aufgezeigt werden, die für das korrekte Verwenden der jeweiligen Entscheidungsheuristik sprechen.

15.4.1 Kano-Modell

Der japanische Forscher Noriaki Kano stellte 1978 das nach ihm benannte Kano-Modell auf (Kano et al. 1984).

Dieses Modell basiert u. a. auf der **Zwei-Faktoren-Theorie** von Herzberg (1959). Diese beschreibt Arbeitszufriedenheit anhand von Hygienefaktoren und Motivatoren. **Hygienefaktoren**, wenn sie in ausreichendem Maß vorhanden sind, schaffen selbst keine Zufriedenheit, ihre Abwesenheit sorgt aber für Unzufriedenheit. **Motivatoren** generieren Zufriedenheit bzw. Unzufriedenheit je nach Ausprägung des Motivators.

Ursprünglich wurde das Kano-Modell als Erklärungsansatz für Kundenzufriedenheit entwickelt, es eignet sich aber auch zur Erklärung von Lebens- und Arbeitszufriedenheit. Vereinfacht dargestellt beinhaltet dieses Modell folgende drei Ebenen:
- Die 1. Ebene bilden die Basismerkmale, die so fundamental und selbstverständlich sind, dass sie erst bei Nichterfüllung bewusst werden (implizite Erwartungen). Werden die Basismerkmale nicht erfüllt, entsteht Unzufriedenheit – werden sie erfüllt entsteht aber keine Zufriedenheit. Diese Basismerkmale können mit den Hygienefaktoren der Zwei-Faktoren-Theorie von Herzberg (1959) verglichen werden.
- Die 2. Ebene sind Leistungsmerkmale, die Zufriedenheit in Abhängigkeit vom Ausmaß der Erfüllung schaffen. Die Leistungsmerkmale können analog zu den Motivatoren der Zwei-Faktoren-Theorie von Herzberg (1959) gesehen werden.
- Die 3. Ebene sind Begeisterungsmerkmale. Darunter sind Merkmale zu verstehen, die einen nicht erwarteten Zusatznutzen darstellen.

In ◘ Abb. 15.1 ist der Zusammenhang der Basis-, Leistungs- und Begeisterungsmerkmale dargestellt. Durch eine geringe Verminderung der Leistung bei den Basismerkmalen kann es zu einer überproportionalen Verminderung der Zufriedenheit kommen, ebenso kann eine geringe Verbesserung bei den Begeisterungsmerkmalen zu einer starken Steigerung der Zufriedenheit führen (Kano et. al. 1984).

Über die Zeit gesehen verändern sich die Eigenschaften, da ein Gewöhnungseffekt entsteht. So wird ein Begeisterungsmerkmal zu einem Leistungs- und später zu einem Basismerkmal (Kano et. al. 1984).

Gerade diese zeitliche Veränderung von Begeisterungs- hin zu Basismerkmalen zeigt die Bedeutung dieses Modells für das **Zufriedenheitsempfinden** von Personen auf und soll im Folgenden auf das Sprichwort „Wer rastet, der rostet" angewendet werden.

Als Beispiel wird die Entlohnung eines Mitarbeiters herangezogen. Zunächst wirkt eine deutliche Lohnerhöhung als Begeisterungsmerkmal und der Mitarbeiter erlebt seine Arbeit als zufriedenstellend, was in direkter Kongruenz zu „Arbeite nur, die Freude kommt von selbst" steht. In dieser Phase kann der Mitarbeiter durch seine positive Einstellung andere mitziehen im Sinne von „Nur wer selbst brennt, kann Feuer in anderen entfachen" und durch die gesteigerte Motivation und Begeisterung kann sich seine Arbeitsleistung im Sinne von „Wer rastet, der rostet" steigern. Durch den Gewöhnungseffekt wird im Laufe der Zeit aus dem Begeisterungs- ein Basismerkmal, welches keine Steigerung der Zufriedenheit mehr mit sich bringt. Der Mitarbeiter hat sich an das zusätzliche Gehalt gewöhnt und empfindet keine Begeisterung mehr, was in Inkongruenz zu den Lebensweisheiten steht.

Die Autoren Judge et al. (2010) konnten in ihrer Metaanalyse nachweisen, dass nur die **Erhöhung des Einkommens**, aber nicht die absolute Höhe für eine Zufriedenheitserhöhung sorgt. Es konnte weiterhin gezeigt werden, dass sich der Effekt über die Zeit hinweg (Gewöhnungseffekt) wieder dem Ausgangsniveau annähert. Um dauerhaft motivierte und begeisterte Mitarbeiter zu haben, ergibt sich aus dem Kano-Modell, dass Begeisterungs- und Leistungsmerkmale für den Mitarbeiter laufend identifiziert und angewendet werden müssen, um die Motivation und somit eine Einstellung des Mitarbeiters nach dem Sprichwort „Wer rastet, der rostet" zu fördern.

Das Kano-Modell kann auch für das Gegensprichwort „Eile mit Weile" angewendet werden. Wenn zumindest die Basismerkmale erfüllt sind,

15.4 · Einbettung in psychologische Theorien

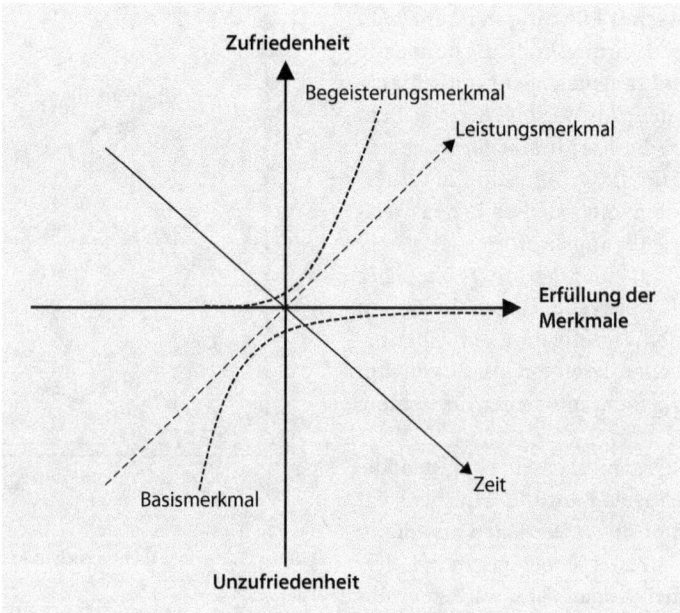

Abb. 15.1 Zusammenhang von Basis-, Leistungs- und Begeisterungsmerkmalen mit der Lebens- und Arbeitszufriedenheit. (Mod. nach Kano et. al. 1984)

gibt es keine Unzufriedenheit bei den Mitarbeitern. Durch fehlende Begeisterung wird sich die Arbeitsleistung nicht steigern und die Risikobereitschaft wird ebenso geringer ausfallen. Die Motivation des Mitarbeiters bezieht sich in diesem Fall eher auf die Lebensweisheiten „Eile mit Weile" oder „Wer sichere Schritte tun will, muss sie langsam tun".

Für eine **konfliktarme Zusammenarbeit** zwischen Führungskraft, Team und Mitarbeiter ist es förderlich, wenn alle eine ähnliche Einstellung teilen. Da die untersuchten Sprichwörter und Heuristiken häufig im Arbeitskontext vorkommen, ist die Betrachtung der Dyade Mitarbeiter und Führungskraft bzw. Team von Interesse. Gerade hier kann es zu Spannungen und Unzufriedenheit führen, wenn nicht dieselben oder ähnliche Heuristiken angewendet werden. Wenn ein Mitarbeiter in seiner Selbstverbalisierung die Heuristik „Eile mit Weile" und die Führungskraft bzw. das Team die Heuristik „Wer rastet, der rostet" verwendet, ist es leicht vorstellbar, dass es zu einer Überforderung des Mitarbeiters kommen kann. In der modernen Arbeitswelt werden solche Überforderungen und die daraus resultierenden Erkrankungen in Sinne eines „Burn-out" häufig beobachtet (Burisch 2010).

Je nachdem welche Heuristiken von Führungskraft und Mitarbeiter angewendet werden, kann es dazu kommen, dass Mitarbeiter eine entsprechende Führungskraft als destruktiv und tyrannisch erleben. In der jüngeren Führungsforschung rücken destruktive Führung und die daraus resultierenden Konsequenzen stärker in den Fokus, in ▶ Abschn. 15.4.2 wird eine Verbindung zwischen diesem Führungsstil und den untersuchten Lebensweisheiten hergestellt.

15.4.2 Destruktive Führung

Einarsen et al. (2007) definiert destruktive Führung als systematisches und wiederholtes Verhalten von Führungskräften, welches das gerechtfertigte Interesse von Unternehmen verletzt, indem es Ziele, Aufgaben und Ressourcen des Unternehmens sowie die Leistungsfähigkeit und/oder Motivation, das Wohlbefinden und die Arbeitszufriedenheit von Mitarbeitern unterminiert oder sabotiert. Destruktive Führung kann u. a. in tyrannische Führung und unterstützend-disloyale Führung unterteilt werden, die im Folgenden in Bezug auf die genannten Lebensweisheiten betrachtet werden.

Unter **tyrannischer Führung** versteht man das Verhalten einer Führungskraft, die destruktiv gegen die eigenen Mitarbeiter, aber positiv für die Organisation handelt. Als Beispiel hierfür dient eine Führungskraft, die ihre Mitarbeiter ausbeutet, um die Ergebnisse für die Organisation zu verbessern. In Bezug zu den untersuchten Lebensweisheiten würde die Führungskraft der Heuristik „Wer rastet, der rostet" und der Mitarbeiter eher der Heuristik „Eile mit Weile" folgen. In diesem Fall kann es zu einer Demotivation und Überforderung des Mitarbeiters kommen, da die von ihm geforderte Leistung nicht mit seiner Einstellung übereinstimmt.

Diametral zur tyrannischen Führung steht die **unterstützend-disloyale Führung**. Hierbei zeigt die Führungskraft positives Verhalten gegenüber den Mitarbeitern, arbeitet jedoch gegen die Ziele der Organisation. Beispielhaft dafür wäre eine Führungskraft, die sich für die Mitarbeiter einsetzt, aber der Organisation ungerechtfertigte Ressourcen entwendet. In Bezug zu den untersuchten Lebensweisheiten würden sowohl die Führungskraft als auch die Mitarbeiter der Heuristik „Eile mit Weile" folgen. In diesem Fall würde es zwar zu keiner Demotivation der Mitarbeiter kommen, jedoch würden die Unternehmensziele in Bezug auf Leistungssteigerung nicht erfüllt werden.

15.5 Diskussion

Grundsätzlich erfolgt die Bewertung von Lebensweisheiten sowohl durch Selbstverbalisierung als auch durch die Umwelt. Welche Heuristik von einem Individuum angewendet wird, hängt auch von äußeren Faktoren ab, die eine Bewertung und dadurch eine Entscheidung stark beeinflussen können.

Im Arbeitskontext ergibt sich aus dem **Kano-Modell**, dass Mitarbeiter eher zu „Wer rastet, der rostet" tendieren, wenn Begeisterungs- und Leistungsmerkmale hoch sind (z. B. durch eine höhere Entlohnung oder die Übernahme von hochwertigeren Aufgaben). Nach dem Motto „Arbeite nur – die Freude kommt von selbst" wird Zufriedenheit an der Arbeit geschaffen.

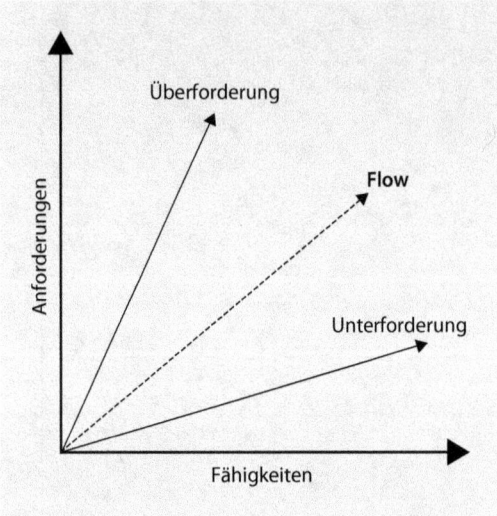

◘ Abb. 15.2 Flow-Theorie nach Csíkszentmihályi (1995)

In diesem Kontext muss zudem die **Flow-Theorie** von Csíkszentmihályi (1995) beachtet werden. Nach der Flow-Theorie entsteht dann ein Zufriedenheitserlebnis, wenn die Anforderung an den Mitarbeiter und die Fähigkeit des Mitarbeiters optimal zusammenpassen. In ◘ Abb. 15.2 wird der Zusammenhang grafisch dargestellt.

Es ist also entscheidend, dass mit einem Anstieg der Fähigkeiten auch die Anforderungen angepasst werden, um die Begeisterungsfaktoren zu erhöhen. Bei einer dauerhaften Überforderung würde sich nach dem Kano-Modell eine Unzufriedenheit bei dem Mitarbeiter einstellen; bei einer dauerhaften Unterforderung würden zwar die Begeisterungsmerkmale fehlen, jedoch sind die Basismerkmale noch vorhanden und somit würde der Mitarbeiter eher zur Lebensweisheit „Eile mit Weile" tendieren.

Ein weiterer Entscheidungsfaktor für die Anwendung einer der beiden Lebensweisheiten stellt die Dyade Mitarbeiter und Führungskraft dar. Für eine konfliktarme Zusammenarbeit und auch für eine Steigerung der Produktivität ist es förderlich, wenn jeweils ähnlichen Heuristiken gefolgt wird. Diese Theorie kann durch das **Gesetz von Yerkes und Dodson** (1908) untermauert werden, das den Zusammenhang von Beanspruchung und Performance aufzeigt. Wie in ◘ Abb. 15.3 dargestellt

15.6 Fazit

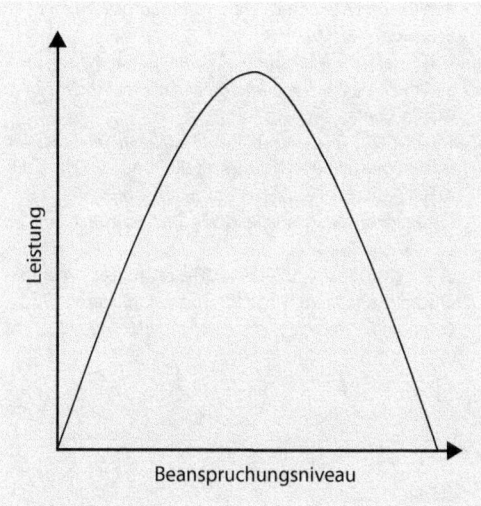

Abb. 15.3 Beanspruchung und Leistung nach dem Yerkes-Dodson-Gesetz

kann der Zusammenhang durch ein umgekehrtes „U" beschrieben werden. Demzufolge wird eine optimale Performance bei mittlerem Beanspruchungslevel erreicht.

Folgen die Führungskraft und der Mitarbeiter einer ähnlichen Heuristik, empfindet der Mitarbeiter eher ein mittleres Erregungsniveau, wodurch die Produktivität und Effektivität gesteigert werden. Wenn von Führungskraft und Mitarbeiter jedoch unterschiedliche Heuristiken angewendet werden, kann der Mitarbeiter eher ein niedriges oder hohes Erregungsniveau empfinden, und es kann zu einer Unter- oder Überforderung des Mitarbeiters kommen – in beiden Fällen nimmt die Performance ab.

Die Einstellung des Mitarbeiters kann sich aber auch im Laufe der Zeit ändern, wenn z. B. – wie im Flow-Modell beschrieben – eine permanente Überforderung des Mitarbeiters vorliegt. Dann würde ein Mitarbeiter von der bisherigen Arbeitseinstellung im Sinne von „Wer rastet, der rostet" eher zu „Eile mit Weile" wechseln. Für die Ausrichtung des Mitarbeiters ist dabei das Führungsverhalten des Vorgesetzten entscheidend, wie in ▶ Abschn. 15.4.2 beschrieben. Im Umkehrschluss kann durch das Führungsverhalten auch eine Beeinflussung des Mitarbeiters in Bezug zu seiner Einstellung erfolgen.

In diesem Kapitel konnte gezeigt werden, dass die Bewertung eines Individuums und dessen Entscheidung, der Lebensweisheit „Wer rastet, der rostet" oder „Eile mit Weile" zu folgen, von vielen äußeren Faktoren abhängig ist. Durch die Anwendung der Sprichwörter auf psychologische Theorien konnten diese Bewertungsfaktoren definiert und zudem eine Möglichkeit aufgezeigt werden, wie man diese beeinflussen kann.

Im Arbeitskontext kann zusammenfassend gefolgert werden, dass durch die Erhöhung der Begeisterungseffekte nach dem Kano-Modell eine Beeinflussung eines Individuums zur Heuristik „Wer rastet, der rostet" erfolgt. Nach dem Flow-Modell muss eine optimale Anpassung zwischen Anforderung und Fähigkeiten erreicht werden, um die gewünschte Beeinflussung in Richtung „Wer rastet, der rostet" zu erzielen, ansonsten kann sich die Bewertung und Entscheidung in Richtung „Eile mit Weile" hin verschieben. Nach dem Yerkes-Dodson-Gesetz ist es für eine optimale Performance sinnvoll, wenn sowohl Mitarbeiter als auch Führungskraft identische Heuristiken anwenden. Ob die Lebensweisheit „Wer rastet, der rostet" oder „Eile mit Weile" eine optimale Performance erzielt, hängt von den jeweiligen Anforderungen der Arbeit ab. So wird in einer schnellen, leistungsorientierten Arbeitsumgebung eher das Motto „Wer rastet, der rostet" zum Erfolg führen, in einer Arbeitsumgebung, in der sichere Ergebnisse notwendig sind, hingegen eher die Einstellung „Eile mit Weile". Ebenfalls kann durch das Verhalten einer Führungskraft die Bewertung eines Mitarbeiters hinsichtlich seiner Arbeitseinstellung beeinflusst werden.

Daraus lässt sich folgern, dass es auf die Situation des Menschen, seine Fähigkeiten und sein Erregungsniveau sowie auf die Kongruenz zwischen Selbstverbalisierung und dem Einfluss der Umwelt ankommt, welche Heuristik angewendet wird. Auch seine Erfahrung wird ihm den Weg weisen, welchem Leitspruch er folgt und welchen er als passend empfindet – oder mit den Worten von Miguel de Cervantes, einem spanischen Schriftsteller des 16. Jahrhunderts, ausgedrückt:

» Ein Sprichwort ist ein kurzer Satz, der sich auf lange Erfahrung gründet.

Literaturverzeichnis

Burisch, M. (2010). *Das Burnout-Syndrom* (4. Aufl.). Berlin, Heidelberg: Springer.

Csíkszentmihályi, M. (1995). *Flow. Das Geheimnis des Glücks.* Stuttgart: Klett-Cotta.

Einarsen, S., Aasland, M. S., & Skogstad, A. (2007). Destructive leadership behavior: A definition and conceptual model. *The Leadership Quarterly* 18(3), 207–216.

Herzberg, F., Mausner, B., Snyderman Bloch, B. (1959). *The motivation to work* (2. Aufl.). New York: Wiley.

Judge, T., Piccolo, R., Podsakoff, N., Shaw, J., & Rich, B. (2010). The relationship between pay and job satisfaction: A meta-analysis of the literature. *Journal of Vocational Behavior* 77(2), 157–167.

Kano, N., Seraku, N., & Takahashi, F. (1984). Attractive quality and must-be quality *Journal of the Japanese Society for Quality Control* 14(2), 147–156.

Lilienthal, M. (2001). Interpretation. Max Weber: Die protestantische Ethik und der Geist des Kapitalismus. In G. Gramm, A. Hetzel, & M. Lilienthal (Hrsg.), *Interpretationen. Hauptwerke der Sozialphilosophie.* Ditzingen: Reclam, 94–107.

Yerkes, R. M., & Dodson, J. D. (1908). The relation of strength of stimulus to rapidity of habit-formation. *Journal of Comparative Neurology and Psychology* 18, 459–482.

Zufriedenheit und Glück

Kapitel 16 Jeder ist seines Glückes Schmied – 133
Lara Christoforakos

Kapitel 17 Das Glück kommt zu denen, die lachen – 141
Manuela Christine Kronseder

Kapitel 18 Lieber den Spatz in der Hand als die Taube auf dem Dach – 153
Mona Maertins

Jeder ist seines Glückes Schmied

Lara Christoforakos

© Springer-Verlag Berlin Heidelberg 2017
D. Frey (Hrsg.), *Psychologie der Sprichwörter*,
DOI 10.1007/978-3-662-50381-2_16

16.1 Einleitung

Bereits in der Antike wurde das Glück als zentrales Motiv des menschlichen Handels betrachtet (Frey u. Schmalzried 2013). Heutzutage behaupten zahlreiche Wissenschaftler außerdem, dass das Streben nach dem Glück ein Grundbedürfnis der Menschen widerspiegeln würde, das auf einer genetischen Verankerung basiere und somit in jedem Menschen wiederzufinden sei. Es stellt sich allerdings die Frage, inwiefern es sich lohnt, ein Leben lang nach dem eigenen Glück zu streben, zumal keine Einigkeit darüber herrscht, ob und in welchem Ausmaß sich dieses gezielt beeinflussen lässt. Können wir überhaupt selbst unser Wohlbefinden und unsere allgemeine Lebenszufriedenheit herbeiführen und beeinflussen, oder hängt unser Glück von Umständen ab, die nicht in unserer Hand liegen?

Hinter dieser Frage verbergen sich die beiden beliebten, gegensätzlichen Sprichwörter „Jeder ist seines Glückes Schmied" und „Es kommt, wie es kommt". Welches der beiden Sprichwörter trifft also zu? Und wieso werden beide verwendet, wenn nur eines der Wahrheit entspricht? Könnte es also sein, dass beide Sprichwörter zutreffen, jedoch in jeweils unterschiedlichen Situationen gelten?

Um diesen Fragen auf den Grund zu gehen, befasst sich die vorliegende Arbeit damit, ob und inwiefern das Glück eines Menschen von ihm selbst beeinflusst werden kann. Dabei bezieht sich die Definition des Glücks nicht auf das Zusammentreffen günstiger Ereignisse, sondern auf den Zustand positiver Gemütsfassung und innerer Befriedigung. Dieser wird oft mit Lebenszufriedenheit gleichgesetzt. Zu Beginn werden psychologische Theorien, die mit den Sprichwörtern zusammenhängen, erläutert und diskutiert. Weiterhin werden relevante Ergebnisse wissenschaftlicher Studien dargestellt. Nach einer näheren Betrachtung der wissenschaftlichen Grundlagen werden Empfehlungen für die Bereiche der Erziehung und Wirtschaft abgeleitet und abschließend ein allgemeines Fazit gezogen.

16.2 Bedeutung und Relevanz

Das Sprichwort „Jeder ist seines Glückes Schmied" gilt als besonders geläufig. Es impliziert, dass jeder Mensch selber für sein eigenes Glück verantwortlich ist. „Es kommt, wie es kommt" stellt ein mögliches Gegensprichwort dar, da – nach diesem Sprichwort – in der Zukunft liegende Ereignisse nicht von einer Person selbst beeinflusst werden können und man sein eigenes Glück somit nicht in der Hand hat.

Besonders im Rahmen der **positiven Psychologie** (Seligman 1999) wird umfangreich zu den Themen Zufriedenheit, Glück und Wohlbefinden geforscht und untersucht, inwiefern das eigene Glück bewusst beeinflusst werden kann. Ebenso begegnen wir dem Sprichwort „Jeder ist des Glückes eigener Schmied" im Kontext unterschiedlicher Alltagsbereiche. Besonders in Bezug auf mentale und körperliche Gesundheit ist dessen Relevanz hervorzuheben. Beispielsweise stellt in der Krebsforschung die Möglichkeit der positiven Beeinflussung der Heilung durch den Patienten selbst einen zentralen Forschungsgegenstand dar.

Einen weiteren Bereich bildet die Politik. Aktuell befassen sich Spezialisten häufig mit dem Schicksalsglauben („Es kommt, wie es kommt") und dessen Konsequenzen, die oftmals eine wichtige Rolle bei politischen Auseinandersetzungen spielen, welche auf religiösen Konflikten beruhen.

16.3 Psychologische Theorien

Des Weiteren hängen diverse Theorien aus der Psychologie mit dieser Thematik zusammen. Nachdem diese im Folgenden kurz erläutert werden, wird anschließend deren Bezug zu dem Sprichwort hergestellt.

16.3.1 Selbstwirksamkeit

Das Konzept der **wahrgenommenen Selbstwirksamkeit** (Bandura 1986, 1997) basiert auf der **sozial kognitiven Theorie** von Bandura (1962). Die wahrgenommene Selbstwirksamkeit beschreibt die subjektive Überzeugung einer Person, eine gewünschte Handlung erfolgreich ausführen zu können. Diese beeinflusst wiederum weitgehend das Verhalten einer Person sowie die damit einhergehenden mentalen Prozesse und Strukturen. Eine hohe wahrgenommene Selbstwirksamkeit geht also mit dem Glauben einher, aufgrund eigener Kompetenzen etwas selbstständig erreichen bzw. bewirken zu können. Menschen, die über eine geringe Selbstwirksamkeitserwartung verfügen, vertrauen weniger oder gar nicht darauf, auf Basis ihrer eigenen Kompetenzen eine angestrebte Verhaltensweise zeigen zu können (Frey u. Jonas 2002).

Das Konzept der wahrgenommenen **Selbstwirksamkeit** hängt insofern mit dem Sprichwort „Jeder ist seines Glückes Schmied" zusammen, als dass dieses darauf hinweist, dass Menschen mit einer hohen wahrgenommenen Selbstwirksamkeit davon überzeugt sind, selber Einfluss auf ihr Glück zu haben. Aus diesem Glauben resultiert der Theorie nach auch ein aktives zielgerichtetes Verhalten. Diese Verhaltensweisen führen somit mit hoher Wahrscheinlichkeit zur positiven Reaktion der Umwelt und einem erfolgreichen Erreichen der gesetzten Ziele. Dieses Erfolgserlebnis kann selbstverstärkend wirken und das Hervorbringen solcher Verhaltensweisen in der Zukunft fördern, woraus eine weitere Steigerung der Selbstwirksamkeitserwartung der Person folgen kann. Für Menschen mit einer geringeren wahrgenommenen Selbstwirksamkeit kann jedoch das Sprichwort „Es kommt, wie es kommt" als repräsentativ betrachtet werden, da diese Menschen nicht von einem bewussten, eigenen Einfluss auf ihr Verhalten überzeugt sind. Dies wiederum führt zur reduzierten Handlungsintention, wodurch eine Verwerfung oder Veränderung dieses Glaubens kaum möglich ist (Bandura 1977).

16.3.2 High-Performance-Zyklus

Das theoretische Konzept des „high performance cycle" (Hochleistungszyklus; Locke u. Latham 1990, 1991) stammt aus der Organisations- und Motivationspsychologie und findet besonders im Arbeitskontext großen Anklang.

Es veranschaulicht, dass das Setzen spezifischer, **herausfordernder Ziele** zu hoher Leistung führt (Kleinbeck et al. 1990). Diese **hohe Leistung** stellt wiederum eine Belohnung für den Handlungsausführenden dar. Dadurch wird die Zufriedenheit gesteigert, welche daraufhin das weitere Setzen von herausfordernden Zielen mit sich bringt (Latham et al. 2002). Diese zirkuläre Wirkung knüpft an das Konzept der Selbstwirksamkeitserwartung an, da Personen mit einer hohen Selbstwirksamkeitserwartung und entsprechend hohen Ansprüchen an sich selbst gezielt herausfordernden Zielen nachgehen. Das Erreichen dieser mündet dann in der Bestätigung oder Steigerung der Selbstwirksamkeitserwartung. Allerdings können aus diesem Konzept ebenso Verhaltensweisen abgeleitet werden, die auch Personen ohne hohe Selbstwirksamkeitserwartung ausüben können, um diese zu steigern.

Folglich spricht das Konzept des High-Performance-Zyklus also eher für das Sprichwort „Jeder ist seines Glückes Schmied", da es darauf hinweist, dass das Glück, das im Rahmen des Konzepts durch Erfolg veranschaulicht wird, durch ein Setzen hoher Ziele erreicht werden kann und dann verstärkend im Bezug auf die weitere Leistung und den entsprechenden Erfolg wirkt.

16.3.3 Gelernte Hilflosigkeit

Die sozialpsychologische **Theorie der gelernten Hilflosigkeit** (Abramson et al. 1978; Seligman 1975) befasst sich mit den Konsequenzen eines langfristigen **Kontrollverlustes**, der wiederholt auftritt. Nach Frey und Jonas (2002) entsteht ein Kontrollverlust, wenn wider Erwarten positive Ereignisse nicht herbeigeführt oder beibehalten werden bzw. negative Ereignisse nicht reduziert oder vermieden werden können. Im Falle einer chronischen Erfahrung des fehlenden Zusammenhangs zwischen dem eigenen Verhalten und dessen Konsequenzen tritt ein enormer Kontrollverlust auf. Dies passiert vor allem dann, wenn diese Erfahrung nicht erklärt, auf spezifische Situationen beschränkt oder durch Veränderung der eigenen Einstellung gegenüber der Situation bewältigt werden kann und kann zu einem Zustand der gelernten Hilflosigkeit führen. Daraus folgt die Abnahme der Motivation, Einfluss auf Situationen nehmen zu wollen. Ebenso resultiert daraus eine Einschränkung der Fähigkeit, Zusammenhänge zwischen Handlungen und deren Ergebnissen zu lernen, sowie eine emotionale Beeinträchtigung, die beispielsweise in einer Depression münden kann (Abramson et al. 1978; Seligman 1975).

Der Theorie nach zeichnet sich der **Attributionsstil** der Personen im Zustand der gelernten Hilflosigkeit durch eine internale, stabile und globale Ursachenzuschreibung der Probleme aus. Das bedeutet, dass sie die Ursache von Problemen in sich selbst sehen, glauben, dass das Problem unveränderlich ist, und dieses übergreifend auf jegliche Situationen beziehen (Stiensmeier-Pelster 1988). Dementsprechend repräsentieren Personen im Zustand der gelernten Hilflosigkeit eher das Sprichwort „Es kommt, wie es kommt", da sie aufgrund ihres typischen Attributionsstils nicht an ihren persönlichen Einfluss auf Verhaltensergebnisse glauben.

16.3.4 Veränderbare und unveränderbare Welten

Wenn man der Frage nachgeht, ob man sein Glück beeinflussen kann, ist die Auseinandersetzung mit der Unterscheidung zwischen veränderbaren und unveränderbaren Welten unabdingbar. Diese Differenzierung ist essenziell, zumal in einigen Lebensbereichen Veränderungen sowie eine persönliche Beeinflussung möglich sind, während dies in anderen nicht der Fall ist (Frey u. Jonas 2002).

Um dieses Konzept zu veranschaulichen, erscheinen besonders die beiden Bereiche **Berufserfolg** und **Gesundheit** passend. Der Erfolg im Beruf hängt nämlich zum Großteil von der eigenen Leistung ab (Locke u. Latham 1990), die man bei gegebener Intelligenz durch Anstrengung und Erweiterung der Fertigkeiten direkt beeinflussen kann. Deshalb spricht man diesbezüglich von einer veränderbaren Welt. Der Bereich der persönlichen Gesundheit hängt jedoch oft nicht von dem Menschen selbst ab, obwohl durch präventives Verhalten viel Positives erreicht bzw. Negatives verhindert werden kann. Folglich bezieht sich die Gültigkeit des Sprichworts „Jeder ist seines Glückes Schmied" eher auf veränderbare Welten, während „Es kommt, wie es kommt" eher im Kontext unveränderbarer Welten zutrifft.

16.4 Empirische Befunde

Im Rahmen der zuvor behandelten Theorien wurden bereits einige wissenschaftliche Befunde genannt. Im Folgenden werden weitere Studienergebnisse zum Thema Glück und dessen Beeinflussbarkeit vorgestellt, die über die Überprüfung der Theorien hinausreichen, und in Bezug auf das Sprichwort interpretiert.

16.4.1 Glück durch persönliche Variablen

Zahlreiche Forschungsergebnisse deuten ähnlich wie in einigen zuvor präsentierten psychologischen Theorien darauf hin, dass das subjektive Glück der Personen von inneren Variablen abhängt.

Es konnte beispielsweise gezeigt werden, dass Personen mit einer hohen wahrgenommenen **Selbstwirksamkeit** eine schwächere Stressreaktion sowie geringere Anfälligkeit gegenüber psychischen Störungen aufweisen. Zudem zeigen diese Personen laut Studien ein stärkeres bewältigendes Verhalten, woraus die Steigerung des eigenen Glücks resultieren kann (Bandura 1977, 1982; Bandura u. Adams 1977; Bandura et al. 1982). Personen im Zustand **erlernter Hilflosigkeit** scheinen hingegen tatsächlich schneller aufzugeben und ihre Ziele mühsamer zu erreichen (Taylor et al. 2014). Die Studie von Mohanty (2014) liefert weiterhin einen Beleg dafür, dass das Glück der Menschen von **internalen Faktoren** abhängt. Diese konnte nämlich zeigen, dass die Lebenseinstellung weitaus mehr als das Einkommen für das empfundene Glück verantwortlich ist.

Darüber hinaus implizieren Ergebnisse wissenschaftlicher Studien einen positiven Zusammenhang von **Religiosität** und Glück (Abdel-Khalek 2014; Bixter 2014).

Diese Befunde unterstreichen, dass das subjektive Glück hauptsächlich in veränderbaren Welten, beispielsweise durch einen ausreichenden Grad an **Selbstwirksamkeitserwartung**, aber auch in unveränderbaren Welten durch eine **positive Einstellung** beeinflusst werden kann. Daraus lässt sich allerdings auch ableiten, dass eine durch ungünstige Erfahrungen entstandene, niedrige Selbstwirksamkeit und pessimistische Einstellung dem Leben gegenüber sogar in veränderbaren Welten einer Steigerung des subjektiven Glücks entgegenwirken kann.

Weitere wissenschaftliche Befunde unterstützen die Ansicht, dass das Glück einer Person nur beschränkt von ihr selbst beeinflusst werden kann, zumal es teilweise bereits vor der Entwicklung der zuvor genannten persönlichen Variablen wie der wahrgenommenen Selbstwirksamkeit feststeht. Lykken und Tellegen (1996) konnten beispielsweise zeigen, dass Unterschiede in der Lebenszufriedenheit von Personen zu einem erheblichen Anteil **genetisch** zu begründen sind.

Weiterhin hängt nach Heller et al. (2004) die Lebenszufriedenheit u. a. von der **Persönlichkeit** des Menschen ab. Die Persönlichkeit gilt in der Psychologie als Gesamtheit von Merkmalen, durch die sich Personen voneinander unterscheiden. Diese wird über die Zeit und Situation hinweg als relativ stabil betrachtet (Fisseni 1998).

Derartige Befunde deuten darauf hin, dass internale Faktoren wie die eigenen Gene, die der Mensch selbst nicht beeinflussen kann, eine entscheidende Rolle im Bezug auf das subjektive Glück spielen.

16.4.2 Glück durch Verhalten

Ebenso existieren Studien, die darauf hindeuten, dass Personen durch ihr eigenes Verhalten ihrem Glück den Weg bereiten können.

In einer Studie konnte beispielsweise gezeigt werden, dass Glück positiv mit intakten familiären Beziehungen, Freundschaften, regelmäßiger sportlicher Betätigung und Mahlzeiten mit der Familie zusammenhängt (Lambert et al. 2014). Auch Dolan et al. (2014) konnten belegen, dass Lebenszufriedenheit durch **Sport** gesteigert werden kann. Dies impliziert, dass Personen durch Bemühungen im Rahmen der Gestaltung ihres Alltags ihr Glück steigern können.

Ebenso zeigen Forschungsergebnisse aus dem Bereich der positiven Psychologie (Seligman 1999), dass das persönliche Wohlbefinden bewusst durch unterschiedliche **Praktiken der positiven Psychologie** von der eigenen Person beeinflusst werden kann (Fredrickson et al. 2008).

Folglich lässt sich aus den Ergebnissen interpretieren: „Jeder ist seines Glückes Schmied".

16.5 Diskussion

Die Auseinandersetzung mit den relevanten psychologischen Theorien sowie Studienergebnissen zeigt, dass die Frage, ob das Sprichwort immer gültig ist, d. h. zutrifft, nicht einfach zu beantworten ist. Viel eher ist zwischen Personen und Situationen zu unterscheiden.

16.5.1 Gültigkeit des Sprichworts

Das **Konzept der Selbstwirksamkeit** sowie der **gelernten Hilflosigkeit** deuten darauf hin, dass die Gültigkeit eines Sprichworts von der jeweils betrachteten Person abhängt. Personen mit hoher Selbstwirksamkeit sind davon überzeugt, Handlungsergebnisse beeinflussen zu können und weisen demnach eine hohe Handlungsmotivation auf (Frey u. Irle 2002b), sodass das Erreichen von gewünschten Verhaltensergebnissen und somit des persönlichen Glücks wahrscheinlicher sind. Personen mit niedriger Selbstwirksamkeitserwartung oder sogar im Zustand der gelernten Hilflosigkeit jedoch glauben, ihr Glück nicht beeinflussen zu können. In dem Fall repräsentiert das Sprichwort „Es kommt, wie es kommt" nicht nur deren Einstellung, sondern auch die Realität, zumal diese Personen dank ihrer Überzeugung keine Versuche unternehmen, gewünschte Ziele zu erreichen. Dies wiederum führt zu einer erheblich gesenkten Wahrscheinlichkeit des Auftretens dieser Ergebnisse. Diese theoretischen

Konzepte sprechen für eine Abhängigkeit des Glücks von **persönlichen Faktoren** der Person, die auf der Erziehung und weiteren einschlägigen Erfahrungen im Leben basieren.

Das Konzept des **High-Performance-Zyklus** weist allerdings darauf hin, dass Personen unabhängig von ihrer Selbstwirksamkeitserwartung durch **gezielte Verhaltensweisen** ihres Glückes Schmied sein können.

Die theoretische Differenzierung zwischen veränderbaren und unveränderbaren Welten veranschaulicht die Tatsache, dass es Lebensbereiche, z. B. die Gesundheit des Menschen, gibt, die nur beschränkt von der eigenen Person kontrollierbar sind, unabhängig von der persönlichen Einstellung. Auch die Umwelt, in die man hineingeboren wird, bestimmt im Laufe des Lebens viele Komponenten des subjektiven Glücks einer Person. Daraus lässt sich schließen, dass der Mensch hauptsächlich im Rahmen **veränderbarer Welten** für sein Glück verantwortlich ist.

Konzepte wie die Selbstwirksamkeitserwartung, die Einstellung und die Religiosität eines Menschen wirken unterstützend im Sinne der Aussage, dass subjektives Glück u. a. von **persönlichen**, durch frühe Erlebnisse geformten **Faktoren** abhängig ist. Zuvor erläuterte wissenschaftliche Ergebnisse zeigen, dass eine solche Aussage durchaus berechtigt ist. Personen mit einer positiven Ausprägung in Bezug auf die Selbstwirksamkeit und die persönliche Einstellung sind scheinbar eher ihres Glückes Schmied als andere. Allerdings entscheiden nicht nur diese internalen Faktoren darüber, wie glücklich man ist. Laut weiteren Studienergebnissen spielen Genetik und Persönlichkeit eine erhebliche Rolle in Bezug auf das subjektiv empfundene Glück. Des Weiteren existieren auch Studienergebnisse über Verhaltensweisen wie Sport oder Achtsamkeitspraktiken, die das **subjektive Glück** steigern können, weshalb das Sprichwort „Jeder ist seines Glückes Schmied" als wissenschaftlich untermauert betrachtet werden kann. Der Mensch hat also, unabhängig von seiner genetischen Veranlagung oder internalen Faktoren, bei deren Entwicklung er selbst nicht immer mitwirken kann, die Möglichkeit sogar in unveränderbaren Welten seines Glückes Schmied zu sein. Konkrete Verhaltensweisen und Praktiken der positiven Psychologie können dabei die bewusste Steigerung des eigenen Glücks unterstützen.

Im Rahmen veränderbarer Welten kann also jeder durch das gezielte Ausüben gewisser Verhaltensweisen seines Glückes Schmied sein. Eine günstige genetische Veranlagung und eine eher hohe Selbstwirksamkeitserwartung sind dabei besonders förderlich. Trotzdem können selbst bei Abwesenheit dieser Voraussetzungen Verhaltensweisen erlernt werden, um eine hohe Selbstwirksamkeit zu erlangen und das eigene Glück zu beeinflussen. Im Rahmen unveränderbarer Welten kommt es meistens, wie es kommt – teilweise unabhängig von persönlichen Voraussetzungen, da bestimmte Aspekte des Lebens nicht in unserer Hand liegen. Innerhalb dieser Grenzen kann trotzdem jeder durch die Veränderung von Umständen, die Aneignung von förderlichen Verhaltensweisen und die Anpassung der eigenen Einstellung zu seines Glückes Schmied werden.

16.5.2 Streben nach Glück

In Anbetracht der Tatsache, dass eine Beeinflussung des subjektiven Glücks in einem erheblichen Ausmaß möglich scheint, stellt sich zuletzt die Frage, inwiefern dieses Wissen förderlich für die mentale Gesundheit des Menschen ist.

Besonders in westliche Kulturen, in denen das Streben nach Glück eines der zentralen Lebensziele darstellt, kann das Wissen, sein eigenes Glück zum Großteil in der Hand zu haben, zu einer verzweifelten Suche und Bemühung führen. Trotz des positiven Endziels kann der Weg dahin das subjektive Wohlbefinden deutlich reduzieren. So konnten Ford et al. (2014) zeigen, dass ein besonders ausgeprägtes Streben nach Glück mit einer höheren Anzahl an depressiven Symptomen einhergeht. Weiterhin gilt, entsprechend der **Achtsamkeitslehre**, das permanente Streben nach einem in der Zukunft liegenden Zustand als nicht förderlich für die mentale Gesundheit (Kabat-Zinn 2010).

In diesem Sinne sollte man streng zwischen beeinflussbaren und unbeeinflussbaren Situationen unterscheiden und die Bemühungen, sein subjektives Glück zu steigern, im Rahmen unveränderbarer Bereiche hauptsächlich auf die eigene Einstellung beschränken. Denn mindestens so wichtig wie das Wissen, sein Glück selbst in der Hand zu haben, ist auch das Erlernen der Fähigkeit, loszulassen, um bewusst im Augenblick leben zu können, ohne die Dinge zu erzwingen.

16.6 Implikationen für die Praxis

Wissenschaftlichen Ergebnissen zufolge zeichnen sich glücklichere Menschen durch einen besseren gesundheitlichen Zustand aus (Lyubomirsky et al. 2005). Da den psychologischen Theorien sowie den empirischen Studien zufolge das Glück der Menschen zum Großteil beeinflussbar ist, ist die Ableitung von Empfehlungen für zentrale Lebensbereiche essenziell. Besonders die Bereiche der Erziehung sowie der Wirtschaft bieten sich dafür an.

16.6.1 Erziehung

Eine Vielzahl von persönlichen Faktoren, die für das empfundene Glück entscheidend sind, werden bereits in jungen Jahren entwickelt und gefestigt. Besonders die Selbstwirksamkeitserwartung ist in diesem Zusammenhang hervorzuheben. Nach Bandura (1977, 1986) gelten **Bewältigungserfolge** einer Aufgabe als zentrale Informationsgrundlage für die Selbstwirksamkeitserwartung. Entsprechend sollten Eltern ihren Schützlingen die Möglichkeit geben, Aufgaben selbst zu bewältigen. Neben dem Erfolgserlebnis, das die Selbstwirksamkeit des Kindes steigert, gilt auch die verbale Informationsvermittlung im Bezug auf ihren Erfolg als äußerst wichtig. Um den Zusammenhang der eigenen Handlung und deren Konsequenzen zu verdeutlichen, empfiehlt sich außerdem eine Ausführung von Bewältigungsverhalten der Eltern vor den Augen ihres Kindes. Denn stellvertretendes Verhalten kann besonders in Verhaltensbereichen, die dem Kind unbekannt sind, sehr lehrreich sein (Frey u. Irle 2002a).

Basierend auf den Studienergebnissen von Lambert et al. (2014) fördern intakte **familiäre Beziehungen** und **gemeinsame Mahlzeiten** der Familie weiterhin das subjektive Glück. Außerdem ist eine Heranführung des Kindes an regelmäßige **sportliche Betätigung** in diesem Sinne sehr zu empfehlen (Dolan et al. 2014).

16.6.2 Wirtschaft

Neben der Förderung der Gesundheit der Mitarbeiter eines Unternehmens lohnt sich die Steigerung ihrer Lebenszufriedenheit für Unternehmen u. a., weil die Leistung der Mitarbeiter stark mit ihrer Zufriedenheit zusammenhängt (Judge et al. 2001). Abgeleitet vom Konzept der Selbstwirksamkeit sind unmittelbares und konkretes **Feedback** sowie die Darbietung von **Belohnungen**, z. B. nach erfolgreich gemeisterten Projekten, innerhalb der Unternehmen sehr zu empfehlen. Durch diese Art der Informationsvermittlung wird ein direkter Zusammenhang von Verhalten und Handlungsergebnissen hergestellt und somit die Selbstwirksamkeit der Mitarbeiter gesteigert. Davon profitieren auch die Unternehmen, da eine gesteigerte Selbstwirksamkeit eine erhöhte Handlungsmotivation mit sich bringt. Nach Latham und Locke (1991) kann dieser Effekt in Kombination mit der Setzung von herausfordernden Zielen zu einem High-Performance-Zyklus führen und somit in einer gesteigerten Leistung der Mitarbeiter resultieren.

Weiterhin sollten innerhalb der Unternehmen **veränderbare und unveränderbare Bereiche** klar definiert werden. Ein klares Verständnis darüber, welche Realitäten veränderbar sind und welche nicht, ermöglicht den gezielten Einsatz von Ressourcen in Bereichen, in denen sich eine Bemühung zur Veränderung lohnt („change it"). Realitäten, deren Veränderung nicht möglich ist, sollten hingegen akzeptiert („love it") oder ignoriert („leave it") werden (Frey u. Jonas 2002). Dadurch ergibt sich die Möglichkeit, durch die erfolgreiche Anpassung veränderbarer Bereiche Glück herbeizuführen und durch die Akzeptanz oder Ignoranz von unveränderbaren Bereichen Unglück zu vermeiden, das bei dem vermeintlichen Versuch, diese zu verändern, entstanden wäre.

Eine weitere Empfehlung zur Förderung des Glücks der Mitarbeiter könnte die Darbietung von Raum und Zeit für **sportliche Betätigung** beispielsweise im Anschluss an die Arbeit sein. Auch die Ermutigung zur Entspannung durch **Praktiken der positiven Psychologie** innerhalb von Abendkursen oder Wochenendseminaren, die vonseiten des Unternehmens organisiert werden, wäre eine vorstellbare Möglichkeit.

16.7 Fazit

Die Sprichwörter „Jeder ist seines Glückes Schmied" und „Es kommt, wie es kommt" thematisieren gegensätzliche Ansichten im Bezug auf das Glück des Menschen. Da dies eine besonders zentrale und alltägliche Thematik repräsentiert, sind diese Sprichwörter auch äußerst geläufig.

Insgesamt scheint die Beeinflussbarkeit des Glücks deutlich von im Laufe des Lebens geformten persönlichen Faktoren abzuhängen. Menschen mit einer hohen Selbstwirksamkeit haben durch eine hohe Handlungsmotivation z. B. einen größeren Einfluss auf ihr Glück. Außerdem spielt die Genetik in diesem Zusammenhang eine zentrale Rolle und schränkt die Beeinflussbarkeit des Glücks teilweise ein. Ebenso kann der Mensch im Rahmen unveränderbarer Welten, z. B. hinsichtlich seiner Gesundheit, sein Glück nur in geringem Ausmaß beeinflussen.

Allerdings scheinen Verhaltensweisen zu existieren, die eine positive Wirkung in Bezug auf Glück haben. Beispielsweise erzeugt das Setzen von herausfordernden Zielen durch eine zirkuläre Wirkung Glück durch Erfolg. Ebenso scheint sportliche Betätigung die Lebenszufriedenheit zu steigern. Des Weiteren unterstützen zahlreiche Befunde aus der positiven Psychologie, dass selbst in Bezug auf unveränderbare Welten und tragische Schicksalsschläge Praktiken erlernt werden können, die dem Menschen dazu verhelfen, sein subjektives Glück zu steigern.

Folglich ist eine Entscheidung für eines der beiden Sprichwörter nicht ausnahmslos möglich, denn:

> Das Schicksal mischt die Karten, aber wir spielen. (Arthur Schopenhauer)

Literaturverzeichnis

Abdel-Khalek, A. M. (2006). Happiness, health, and religiosity: Significant relations. *Mental Health, Religion & Culture* 9(1), 85–97.

Abramson, L. Y., Seligman, M. E., & Teasdale, J. D. (1978). Learned helplessness in humans: critique and reformulation. *Journal of Abnormal Psychology* 87(1), 49–74.

Bandura, A. (1962). Social learning through imitation. In M. R. Jones (Ed.), *Nebraska symposium on motivation* (pp. 211–269). Lincoln, NE: University of Nebraska Press.

Bandura, A. (1977). Self-efficacy: toward a unifying theory of behavioral change. *Psychological Review* 84(2), 191–215.

Bandura, A. (1982). Self-efficacy mechanism in human agency. *American Psychologist* 37(2), 122–147.

Bandura, A. (1986). *Social foundations of thought and action: A social-cognitive theory*. Englewood Cliffs, New Jersey: Prentice Hall.

Bandura, A. (1997). *Self-efficacy. The exercise of control*. New York: Freeman.

Bandura, A., & Adams, N. E. (1977). Analysis of self-efficacy theory of behavioral change. *Cognitive Therapy and Research* 1(4), 287–310.

Bandura, A., Reese, L., & Adams, N. E. (1982). Microanalysis of action and fear arousal as a function of differential levels of perceived self-efficacy. *Journal of Personality and Social Psychology* 43(1), 5–21.

Bixter, M. T. (2015). Happiness, political orientation, and religiosity. *Personality and Individual Differences* 72, 7–11.

Dolan, P., Kavetsos, G., & Vlaev, I. (2014). The happiness workout. *Social Indicators Research* 119(3), 1363–1377.

Fisseni, H.-J. (1998). *Persönlichkeitspsychologie*. Göttingen: Hogrefe.

Ford, B. Q., Shallcross, A. J., Mauss, I. B., Floerke, V. A., & Gruber, J. (2014). Desperately seeking happiness: Valuing happiness is associated with symptoms and diagnosis of depression. *Journal of Social and Clinical Psychology* 33(10), 890–905.

Fredrickson, B. L., Cohn, M. A., Coffey, K. A., Pek, J., & Finkel, S. M. (2008). Open hearts build lives: positive emotions, induced through loving-kindness meditation, build consequential personal resources. *Journal of Personality and Social Psychology* 95(5), 1045–1062.

Frey, D., & Irle, M. (2002a). *Theorien der Sozialpsychologie, Band II: Gruppen-, Interaktions- und Lerntheorien*. Bern: Huber.

Frey, D., & Irle, M. (2002b). *Theorien der Sozialpsychologie, Band III: Motivations-, Selbst-, und Informationsverarbeitungstheorien*. Bern: Huber.

Frey, D. & Jonas, E. (2002). Die Theorie der kognizierten Kontrolle. In D. Frey, & M. Irle (Hrsg.), *Theorien der. Sozialpsychologie, Band III: Motivations-, Selbst-, und Informationsverarbeitungstheorien* (S. 13–50). Bern: Huber.

Frey, D., & Schmalzried, L. (2013). Die Tugendethik. In D. Frey, & L. Schmalzried (Hrsg.), *Philosophie der Führung* (S. 139–160). Berlin Heidelberg: Springer.

Heller, D., Watson, D., & Ilies, R. (2004). The role of person versus situation in life satisfaction: a critical examination. *Psychological Bulletin* 130(4), 574.

Judge, T. A., Thoresen, C. J., Bono, J. E., & Patton, G. K. (2001). The job satisfaction-job performance relationship: A qualitative and quantitative review. *Psychological Bulletin* 127(3), 376–407.

Kabat-Zinn, J., (2010). *Im Alltag Ruhe finden: Meditationen für ein gelassenes Leben*. München: Knaur.

Kleinbeck, U., Quast, H.-H., Thierry, H., & Häcker, H. (1990). *Work motivation*. New Jersey: Lawrence Erlbaum Associates.

Lambert, M., Fleming, T., Ameratunga, S., Robinson, E., Crengle, S., Sheridan, J., Denni, S., Clark, D., & Merry, S. (2014). Looking on the bright side: An assessment of factors associated with adolescents' happiness. *Advances in Mental Health* 12(2), 101–109.

Latham, G. P., & Locke, E. A. (1991). Self-regulation through goal setting. *Organizational Behavior and Human Decision Processes* 50(2), 212–247.

Latham, G. P., Locke, E. A., & Fassina, N. E. (2002). The high performance cycle: Standing the test of time. *Psychological Management of Individual Performance*, 201–228.

Locke, E. A., & Latham, G. P. (1990). *A theory of goal setting & task performance*. Englewood Cliffs, New Jersey: Prentice-Hall.

Lykken, D., & Tellegen, A. (1996). Happiness is a stochastic phenomenon. *Psychological Science* 7(3), 186–189.

Lyubomirsky, S., King, L., & Diener, E. (2005). The benefits of frequent positive affect: does happiness lead to success? *Psychological Bulletin* 131(6), 803–855.

Martens, J.-U. (2014). *Glück in Psychologie, Philosophie und im Alltag*. Stuttgart: Kohlhammer.

Seligman, M. E. (1975). *Helplessness: On depression, development, and death* (Vol. 1). San Francisco: WH Freeman.

Seligman, M. E. (1999). The president's address. *American Psychologist* 54(8), 559–562.

Stiensmeier-Pelster, J. (1988). *Erlernte Hilflosigkeit, Handlungskontrolle und Leistung* (Bd. 27). Berlin, Heidelberg: Springer.

Taylor, J. J., Neitzke, D. J., Khouri, G., Borckardt, J. J., Acierno, R., Tuerk, P. W., Schmidt, M., & George, M. S. (2014). A pilot study to investigate the induction and manipulation of learned helplessness in healthy adults. *Psychiatry Research* 219(3), 631–637.

Das Glück kommt zu denen, die lachen

Manuela Christine Kronseder

© Springer-Verlag Berlin Heidelberg 2017
D. Frey (Hrsg.), *Psychologie der Sprichwörter*,
DOI 10.1007/978-3-662-50381-2_17

17.1 Einleitung: Glück als höchstes Gut

Das Streben nach Glück ist seit jeher eines der zentralen Motive, das uns Menschen beschäftigt. Bereits in der antiken Philosophie kommt Aristoteles (384–322 v. Chr.) im Rahmen seiner nikomachischen Ethik zu dem Schluss, Glückseligkeit sei das höchste Gut menschlichen Handelns (Frey u. Schmalzried 2013). Nach der Weltanschauung des Hedonismus, welcher in der Antike durch Aristippos von Kyrene (ca. 435–355 v. Chr.) begründet wurde, geht es im Leben darum, die begrenzte Zeitspanne, die uns zur Verfügung steht, möglichst optimal und erfüllend zu gestalten.

Besonders, wenn wir Menschen uns unserer Sterblichkeit bewusst werden, verstärkt sich unser Wunsch, aus dem einen Leben das Beste zu machen (Wewetzer 2012). Sogar in der Präambel der amerikanischen Unabhängigkeitserklärung wird neben dem Recht auf Leben und Freiheit das Streben nach Glück als unabdingbares Recht genannt (Declaration of Independence of the United States of America, July 4, 1776; DHM 2015).

Aus den genannten Aspekten lässt sich ableiten, dass allen Zielen, die wir im Leben verfolgen, der Wunsch übergeordnet steht, glücklich zu sein. Alles was wir tun, welche Entscheidungen wir treffen, wie wir uns unseren Mitmenschen gegenüber verhalten, dient also letztlich dem großen Ziel, das eigene Glück zu finden.

17.1.1 Selbstverwirklichung als Weg zum Glück

Maslow (1943) führt die Selbstverwirklichung als höchste Stufe in seiner Bedürfnishierarchie auf. Während die darunterliegenden Stufen (Anerkennung und Wertschätzung, soziale Bedürfnisse, Sicherheit, Grundbedürfnisse) erfüllt sein müssen, damit der Mensch Zufriedenheit erlangt, führt erst die Erfüllung der Selbstverwirklichung darüber hinaus auch zu Glück (Maslow 1943).

Nun ist es verständlich, dass wir uns stark mit der eigenen Zufriedenheit, der Selbstverwirklichung, und unserem persönlichen Glück auseinandersetzen. Jedoch darf darüber hinaus auch unsere moralische Pflicht und Verantwortung nicht vergessen werden, deren Erfüllung uns eventuell nicht unmittelbar glücklicher macht.

Auch in der modernen Literatur steht das Thema Glück immer wieder im Fokus des allgemeinen Interesses. Der Suche nach dem persönlichen Glück wurde und wird – damals wie heute – eine große Bedeutung beigemessen. Im Rahmen dessen stellen sich einige Fragen, so z. B.: „Was muss ich tun, damit das Glück zu mir kommt? Muss oder soll ich denn überhaupt etwas tun? Oder ist es ganz und gar dem Schicksal überlassen, ob ich Glück oder Pech im Leben habe?"

17.1.2 Begriffsklärung und wissenschaftliche Forschungsbereiche

In der Wissenschaft werden häufig die Begriffe **subjektives Wohlbefinden** oder **Lebenszufriedenheit** verwendet, wenn es darum geht, was wir im Alltag schlicht und einfach als Glück bezeichnen. Im Folgenden werden die Begriffe weitgehend synonym verwendet. Es geht dabei um den Zustand, der zu psychischer Gesundheit führt und positive Emotionen und Gedanken in uns hervorruft. **Glück** ist hier in erster Linie als **langfristige Lebenszufriedenheit** zu verstehen und weniger als spontanes Zufallsglück.

Die sog. **Glücksforschung** beschäftigt sich damit, welche Merkmale glückliche Menschen gemeinsam haben und welches die Faktoren sind, die zu mehr Lebenszufriedenheit führen. Da es im Zuge dessen schwer fällt, Ursache und Wirkung eindeutig voneinander zu unterscheiden, sprechen Forscher auch von den **Korrelaten des Glücks**. Zu diesen zählen materieller Wohlstand und gesellschaftlicher Status, sowie stabile soziale Beziehungen und eine feste Partnerschaft, aber auch Religiosität und das Übernehmen von Weltanschauungen (Hartmann et al. 2002). Um die subjektiv empfundene Lebensqualität zu messen, hat die Weltgesundheitsorganisation (WHO) einen Quality-of-Life-Test entwickelt, der sieben Dimensionen der Lebenszufriedenheit abdeckt: Physis, Psyche, Unabhängigkeit, soziale Beziehungen, Umwelt, Spiritualität und Lebensqualität (Angermeyer et al. 2000).

Ein noch relativ neuer Forschungsbereich der Psychologie, die sog. **positive Psychologie**, beschäftigt sich mit den Ressourcen des psychisch gesunden Menschen. Damit steht sie der klassischen Psychologie gegenüber, die sehr defizitorientiert arbeitet. Martin Seligman, renommierter US-Psychologe und einer der Hauptvertreter im Bereich der positiven Psychologie, greift in seinem Bestseller *Der Glücks-Faktor* (2005) das Motto „Das Leben ist zu kurz, um unglücklich zu sein" auf. Man sollte also seine kostbare Lebenszeit nicht damit verschwenden, auf das Zufallsglück zu hoffen, das irgendwann geschieht oder auch nicht, sondern selbst aktiv werden und so das eigene Schicksal in positiver Weise beeinflussen. Schon Großmutter wusste: „Jeder ist seines Glückes Schmied" (▶ Kap. 16). Man sollte demnach auf der Suche nach dem Glück am besten selbst die Initiative ergreifen und den ersten Schritt tun.

Das vorliegende Kapitel beschäftigt sich mit der Frage, ob der Mensch sein Glück selbst in der Hand hat und wenn ja, auf welche Art und Weise er es am besten erreichen kann. Anhand verschiedener psychologischer Theorien sollen das Sprichwort „Das Glück kommt zu denen, die lachen" und das Gegensprichwort „Je mehr er [der Mensch] nach Glück jagt, umso mehr verjagt er es auch schon" gegenübergestellt und interpretiert werden. Des Weiteren werden entsprechende empirische Befunde vorgestellt. Schließlich wird darauf eingegangen, warum es lohnenswert ist, sich mit dem Thema Glückssuche zu beschäftigen, und wie wir diese Erkenntnisse im Alltag nutzen können.

17.2 Bedeutung und Interpretation des Sprichworts

Die japanische Weisheit „Das Glück kommt zu denen, die lachen" kann als Aufforderung interpretiert werden, dass man mit einem Lachen im Gesicht durchs Leben gehen sollte, um glücklicher und zufriedener zu werden.

Bei dieser Interpretation sind zwei wichtige Aussagen enthalten: Zum einen, dass Lachen und subjektives Wohlbefinden entscheidend sind für unsere mentale Gesundheit und das wahrgenommene Glück. Zum anderen, dass es Eigeninitiative und Handlung, aber auch eine gewisse Grundeinstellung erfordert, um Glück zu erlangen. Möchte jemand beispielsweise einen guten Freund aufheitern, der gerade traurig auf den Boden starrt oder grimmig dreinschaut, so fällt gelegentlich der Satz: „Lach doch mal!" Damit möchte man beim Gegenüber bewirken, dass sich dieser besser fühlt und an etwas Schöneres denkt.

17.2.1 Subjektives Wohlbefinden

Ein klassisches Experiment in der Sozialpsychologie beweist, dass es tatsächlich helfen kann, zu lächeln, um sich in eine positivere Stimmung zu versetzen. Da sich unsere **Mimik** auf die **Emotionserzeugung** im Gehirn auswirken kann, steigt mit einem bewusst glücklichen, freudig strahlenden Gesichtsausdruck oft auch die Stimmung (Hartmann et al. 2002).

Strack et al. (1988) forderten ihre Probanden auf, einen Bleistift im Mund zu halten. Der Stift wurde dabei quer zwischen die Zähne genommen, wobei unbewusst die Mundwinkel nach oben gezogen und dieselben Muskelpartien aktiviert werden, mit denen wir lächeln. Die Probanden fanden gezeigte Comics mit dem Bleistift zwischen den Zähnen lustiger und berichteten bessere Stimmung als die Vergleichsgruppe, die den Stift längs zwischen den Lippen hielt (was eher zu nach unten gezogenen Mundwinkeln führt, ein Lächeln also verhindert und negative Stimmung induziert). Das Anspannen der Muskeln, die üblicherweise für einen lächelnden Gesichtsausdruck verwendet werden, löste dabei positive Emotionen aus, auch wenn den Probanden nicht bewusst war, dass durch den Gesichtsausdruck ein Lächeln erzeugt werden sollte. Es scheint sich dabei um ein inneres Zusammenspiel zwischen dem emotionalen Stimulus und der Motorik zu handeln, bei dem Kognition nicht zwingend beteiligt sein muss (Strack et al. 1988).

Auch weitere Untersuchungen konnten zeigen, dass sowohl Mimik als auch Körperhaltung beeinflussen, wie wir uns fühlen und selbst wahrnehmen. Das sog. Phänomen des **Embodiments** wird auch in psychologischen Coachings oder in der Körpertherapie angewandt (Amrhein 2015). Eine aufrechte Körperhaltung und ein Lächeln im Gesicht zeigen nicht nur unseren Mitmenschen, dass wir selbstbewusst und gut gelaunt sind, sie können im Umkehrschluss auch erst die Wahrnehmung solcher Gefühle und Emotionen bei uns selbst hervorrufen. Schon unsere Großeltern wussten: „Lachen ist die beste Medizin".

In der Praxis wird dies recht anschaulich beim sog. **Lachyoga** deutlich: Dabei wird davon ausgegangen, dass willentliches „gestelltes" Lachen zu tatsächlichem unwillkürlichem Lachen führen kann, was wiederum verschiedene positive körperliche und psychische Auswirkungen hat. Su-Schroll et al. (2013) führten eine Untersuchung an Schmerzpatienten mit komorbider Depression durch, bei welcher diese eigenmotiviert an Lachyoga-Stunden teilnahmen. Sie kamen zu dem Ergebnis, dass damit kurzfristig eine Schmerzreduktion und langfristig eine signifikante Stimmungsaufhellung bei den Patienten erzielt werden konnte. Damit kann die Forschung also das Sprichwort „Das Glück kommt zu denen, die lachen" bestätigen. Man sollte hier jedoch differenzieren: Die Aufforderung zum Lachen kann bei vorhandener psychischer Gesundheit über eine Phase der Trauer oder schlechten Laune hinweghelfen. Wird die gleiche gut gemeinte Aufforderung jedoch an einen Depressiven gerichtet, so kann sie sogar die gegenteilige Wirkung haben und das Wohlbefinden des Betroffenen noch weiter vermindern.

17.2.2 Grundeinstellung und Verhalten

Wenn es um Glück geht, assoziieren wir dieses oft mit Ausdrücken wie „Glück haben" im Sinne von uns wohlgesinntem **Schicksal** oder **zufälligen günstigen Umständen**. Die Ursachen für Glück oder Unglück liegen demnach überwiegend in der externen Umwelt, in der wir uns bewegen.

Das Sprichwort „Das Glück kommt zu denen, die lachen" legt jedoch nahe, dass es nicht nur Zufall ist, wie gut es uns geht, sondern dass es durchaus auch an der Person selbst und deren Einstellung und Verhaltensweisen liegt, wie viel Glück ihr widerfährt. Ein bekannter Ausspruch des Münchner Komikers und Schauspielers Karl Valentin lautet „Ich freue mich, wenn es regnet, denn wenn ich mich nicht freue, regnet es auch".

Demzufolge kommt es weniger auf die äußeren Umstände und die Geschehnisse in der Umwelt an als vielmehr auf die Perspektive und die persönliche emotionale und kognitive Bewertung als positiv oder negativ. Schon als Kind lernt man: „Wie man in den Wald hineinruft, so schallt es heraus". Wer also mit einer positiven Grundeinstellung auf seine Mitmenschen zugeht, auf den wird mit größerer Wahrscheinlichkeit auch dementsprechend reagiert.

Hierzu gibt es auch eine wissenschaftliche Erklärung: Sogenannte **Spiegelneuronen** sind Nervenzellen im Gehirn, die beim Betrachten von Handlungen das gleiche Aktivitätsmuster zeigen wie bei deren Ausführung. Sie spielen eine Rolle bei Verhaltensmustern wie Imitation und Mitgefühl. Aufgrund dieser Spiegelneuronen fällt es uns schwer, einem Lächeln nicht auch selbst wiederum mit einem Lächeln zu begegnen (Lauer 2007). Das eigene Glück hängt also stets auch eng mit dem **sozialen Umfeld** zusammen.

Dostojewski interpretierte den Ausspruch in der Bibel „Liebe deinen Nächsten wie dich selbst" in dem Sinne, dass man zunächst einmal sich selbst lieben muss, um seinen Nächsten lieben zu können (Watzlawick 1983). Übertragen auf das Glück bedeutet das: „Das Glück kommt zu den Glücklichen". Geht man nämlich vom umgekehrten Fall aus, also jemandem der mit sich selbst, aber auch der Welt um ihn herum gänzlich unzufrieden ist, so wird sich das soziale Umfeld von dieser Person eher abwenden. Ist man hingegen mit sich selbst und dem eigenen Leben zufrieden und strahlt dies auch aus, so wenden sich die Mitmenschen dieser Person auch vermehrt zu.

„Das Glück kommt zu denen, die lachen" hat somit in dem Sinne Gültigkeit, dass zum einen ein Lächeln – stellvertretend für Mimik, Körperhaltung und im weiteren Sinne körperliche Gesundheit – durch interne biologische Prozesse zu positiver Stimmung und einem gesteigerten Wohlbefinden führen kann. Zum anderen bewirkt das Lachen aber auch eine Reaktion im sozialen Umfeld: Im Sinne der Reziprozität kommt es zu einem Aufschaukelungsprozess, der dazu führt, dass das eigene Lachen vom Gegenüber erwidert wird.

Doch nicht in jeder Situation ist es uns Menschen möglich, einfach ein Lächeln aufzusetzen und so das Glück anzulocken. Gerade wenn wir durch schwere Schicksalsschläge getroffen werden oder große Verantwortung auf uns lastet, stellt es eine besondere Herausforderung dar, die Freude am Leben aufrechtzuerhalten. Manchen kommt es auch schlicht nicht authentisch vor, wenn jemand stets lacht und gute Laune nach außen präsentiert. Folgendes Zitat des US-amerikanischen Schriftstellers James Branch Cabell (1879–1958) verdeutlicht diesen Konflikt anschaulich:

> The optimist proclaims that we live in the best of all possible worlds; and the pessimist fears this is true. (James Branch Cabell)

Deshalb gibt es durchaus auch Kritik an der extensiven Glückssuche. Im folgenden ▶ Abschn. 17.3 sollen daher Gegensprichwörter zu „Das Glück kommt zu denen, die lachen" vorgestellt und diskutiert werden.

17.3 Gegensprichwörter

Viktor Emil Frankl, der als Psychologe während des 2. Weltkrieges und des Holocaust das Leben im Konzentrationslager erlebte, stellt die Annahme mit folgender Aussage infrage, dass es des Menschen höchstes Ziel sei, glücklich zu sein: „Je mehr er [der Mensch] nach Glück jagt, umso mehr verjagt er es auch schon".

Seine Grundthese, die sich auch ganz zentral in der von ihm entwickelten Logotherapie und Existenzanalyse findet, ist: Der Mensch ist ein Wesen auf der Suche nach **Sinn im Leben**. Viel mehr als um das Glück an sich gehe es darum, einen Grund zu haben, glücklich zu sein. Sobald man den Grund dazu erst einmal gefunden habe, stelle sich das Glücksgefühl von ganz alleine ein (Frankl 1997, 2003). Ein entscheidender Unterschied ist also, ob man sich bei dieser Suche auf das Glück konzentriert, oder versucht, eben gerade dies nicht zu tun.

Passend hierzu existiert eine buddhistische Weisheit, die besagt „Es gibt keinen Weg zum Glück. Glücklich sein ist der Weg". Nach dem Prinzip „Der Weg ist das Ziel" versucht man bei der **Meditation**, ganz im Jetzt anzukommen, Vergangenheit und Zukunft ruhen zu lassen und die auftretenden Gedanken nur kurzzeitig wahrzunehmen, wertfrei zu akzeptieren, um sie dann loszulassen. Der buddhistische Mönch Matthieu Ricard definiert Glück als Wahrnehmung der Realität ohne Überlagerung durch mentale Konstrukte. Seine Forschung zeigt, dass durch regelmäßige Meditation sowohl Angst und Stress reduziert als auch geistiges und körperliches Wohlbefinden gesteigert werden können (Ricard 2014).

Auch die **Achtsamkeitslehre** geht davon aus, dass es dem Menschen gut tut, sich ganz auf den Moment, auf das Hier und Jetzt zu konzentrieren, anstatt stets über das nachzugrübeln, was einen in der Vergangenheit unglücklich gemacht hat, und mit den Gedanken darum zu kreisen, was einen in Zukunft glücklich machen wird. Dabei ist es auch wichtig, dass eine nichtwertende kognitive Betrachtung der Situation stattfindet. Man sollte also weder das Glück jagen, noch vor dem Unangenehmen davonlaufen.

Wichtig ist zu berücksichtigen, dass sich die Lebensweisheiten nicht völlig widersprechen. Nur das Motiv ist jeweils ein anderes. Während „Das Glück kommt zu denen, die lachen" nahelegt, dass man viel lachen sollte, um glücklich zu sein und eine positive innere Einstellung als Grundvoraussetzung für das Glücklichsein postuliert, impliziert „Je mehr er [der Mensch] nach Glück jagt, umso mehr verjagt er es auch schon", dass man sich mehr auf die Dinge selbst konzentrieren sollte, die einem einen Grund geben, glücklich zu sein. Es geht also darum, Sinn zu schaffen und wegen der Sache selbst zu handeln, und nicht darum, dem Glück hinterherzujagen.

17.4 Psychologische Theorien und empirische Befunde

Nach Interpretation und Gegenüberstellung der Lebensweisheiten sollen diese nun anhand ausgewählter psychologischer Theorien und empirischer Befunde aus der Forschung untersucht werden.

17.4.1 Neuronale Plastizität

Es wurde bereits angedeutet, dass entsprechend des Sprichworts „Das Glück kommt zu denen, die lachen" bei der Suche nach dem Glück Eigeninitiative und aktives positives Denken von Bedeutung ist. Aber ist Glücklichsein überhaupt lernbar?

Erkenntnisse der Neurowissenschaften sprechen dafür, dass durch das Lernen **positiven Denkens** im Gedächtnis Spuren erzeugt werden, die dann auch in Zukunft leichter positive Gedanken aktivieren und aufrechterhalten (Engert u. Bonhoeffer 1999).

Donald O. Hebb, der als Entdecker der neuronalen Plastizität gilt, formulierte 1949 die Hebbsche Lernregel: „What fires together wires together". Damit gemeint ist die Eigenschaft von Nervenzellen und Synapsen, sich in Abhängigkeit ihrer Nutzung zu verändern: das Phänomen der synaptischen Plastizität oder **Langzeitpotenzierung** (Schäfers 2016). Beim Lernen von neuen Reizen bilden sich neue dendritische Dornen an den Synapsen. Diese bilden dann wiederum Synapsen mit den Axonen benachbarter Zellen. Wie bei einem Trampelpfad, der sich durch ständig wiederholtes Begehen zu einem richtigen Weg ausbildet, werden auch die Bahnen im Gehirn durch häufige Nutzung stärker ausgebildet. Die selten begangenen Wege oder Sackgassen hingegen werden gewissermaßen stillgelegt. Die Synapsen im Gehirn dienen dabei als Informationsspeicher. Neuroplastizität ist damit die Grundlage allen Lernens und Vergessens (Engert u. Bonhoeffer 1999).

Man kann folglich davon ausgehen, dass sich auch durch **wiederholtes Lachen** und aktives, gezieltes Beschäftigen mit **positiven, glücklich machenden Gedanken** die entsprechenden Nervenbahnen im Gedächtnis stärker ausprägen. Demnach sollte es durchaus möglich sein, Zufriedenheit und Glücklichsein zu erlernen und durch Übung zu verstärken. Die Theorie der Neuroplastizität unterstützt somit die japanische Weisheit „Das Glück kommt zu denen, die lachen".

Von einer Überbeanspruchung der Gedächtnisspuren ist in den Forschungsergebnissen zur Neuroplastizität nicht die Rede (Rösch 2013). Das Sprichwort „Je mehr er [der Mensch] nach Glück jagt, umso mehr verjagt er es auch schon" kann durch die Theorie der synaptischen Plastizität also nicht unterstützt werden.

Nach der Betrachtung der neurobiologischen Vorgänge im Gehirn geht es im Folgenden um bestimmte Aspekte der Persönlichkeit, die sich auf die Fähigkeit, glücklich zu sein, auswirken.

17.4.2 Sozial-kognitive Theorie der Selbstwirksamkeit von Bandura

Bandura (1986) geht in seiner sozial-kognitiven Theorie der Selbstwirksamkeit davon aus, dass es von der wahrgenommenen Selbstwirksamkeit abhängt, welche Verhaltensweisen ausgeführt werden, ob sie mit positiven oder negativen Kognitionen einhergehen und wie mit Misserfolgen umgegangen wird.

Das **Konzept der Selbstwirksamkeitserwartung** bezeichnet die Erwartung, gewünschte Handlungen aufgrund eigener Kompetenzen erfolgreich ausführen zu können, also selbst gezielt Einfluss auf das eigene Leben und die Umwelt nehmen zu können. Eine hohe Selbstwirksamkeit führt laut Bandura (1986) durch den Glauben an die eigenen Fähigkeiten und Kompetenzen zu positiveren Resultaten als eine niedrige Selbstwirksamkeit.

In Bezug auf die betrachtete Lebensweisheit „Das Glück kommt zu denen, die lachen" bedeutet dies, dass Personen mit einer **hohen Selbstwirksamkeitsüberzeugung** eher glauben, dass sie es selbst in der Hand haben, ein glückliches Leben zu führen. Sie werden also eher zielgerichtet solche Verhaltensweisen an den Tag legen, die mit höherer Wahrscheinlichkeit dazu führen, dass die Umwelt positiv auf sie reagiert und dann wiederum positive Konsequenzen mit sich bringt. Durch das Erfolgserleben der Selbstwirksamkeit wird infolgedessen eine Verstärkung von zukünftigem zielführenden Verhalten dieser Art bewirkt.

Für Personen mit einer **geringen Selbstwirksamkeitsüberzeugung** hingegen ist vermutlich die Idee, die sich hinter dem Sprichwort „Je mehr er [der Mensch] nach Glück jagt, umso mehr verjagt er es auch schon" verbirgt, ansprechender. Da diese Personen eher der Überzeugung sind, dass sie selbst keinen großen Einfluss auf ihr Glück haben, sondern das Schicksal entscheidet, ist es für sie auch nicht sinnvoll, aktiv zu werden. Sie sollten folglich eher im Sinne von Meditation und achtsamkeitsbasierten Trainings lernen, Ereignisse gegenwärtig – so wie sie sind und ohne Ablehnung – wahrzunehmen und zu bewerten. Dabei ist dann für die Lebenszufriedenheit entscheidend, dass unter dem Strich mehr positive als negative Episoden im Leben vorhanden sind und entsprechende Voraussetzungen dafür geschaffen werden.

17.4.3 Theorie des sozialen Vergleichs

Schließlich soll eine weitere bekannte Theorie aus der Sozialpsychologie herangezogen werden, um zu erklären, wie sich das soziale Umfeld auf den Erfolg bei der Glückssuche in Abhängigkeit von der Selbstwirksamkeitsüberzeugung auswirken kann.

Die Idee, dass Glück relativ ist, basiert auf der Annahme, dass das menschliche **Glücksempfinden** abhängig von Vergleichen ist (Veenhoven 1991). Diese Auffassung wird gestützt durch Studien zur Lebenszufriedenheit wie der von Easterlin (1974), die zeigt, dass Lebenszufriedenheit in armen und reichen Ländern in etwa auf dem gleichen Level liegt, oder dem beeindruckenden Befund, dass sich sowohl Unfallopfer mit Querschnittslähmungen als auch Lotteriegewinner nach einer bestimmten Zeit wieder auf dem gleichen Glücksniveau wie vor dem Ereignis einpendeln (Brickman 1978).

Und dennoch neigen wir Menschen dazu, uns stets mit unseren Mitmenschen zu vergleichen, in Wettbewerb zu treten und das eigene Wohlbefinden zum Teil maßgeblich von anderen abhängig zu machen. Ein englisches Sprichwort besagt: „The grass is always greener on the other side". Wir wollen also immer das, was wir nicht haben: Der Single, der sich nach Zweisamkeit sehnt; der Verheiratete, der sich nach Freiheit und Abenteuer sehnt. Wenn es draußen kalt ist und regnet, wünschen wir uns die Sonne herbei; kaum ist sie da, wird es uns zu heiß und wir verlangen nach Abkühlung und Erfrischung. Folglich ist es also auch wahrscheinlich, dass vor allem diejenigen Personen auf der Suche nach dem Glück sind, die sich nicht bereits ausreichend glücklich fühlen.

Die Theorie des sozialen Vergleichs (Festinger 1954) besagt, dass Menschen in sozialen Gefügen Informationen über ihr eigenes Verhalten und Kompetenzen vor allem durch Vergleichsprozesse mit anderen erhalten. Dies gilt vor allem dann, wenn keine objektiven Kriterien herangezogen werden können, um eigene Meinungen und Fähigkeiten zu bewerten. Neben der Bestimmung der eigenen Position in einer sozialen Gruppe ist ein zentrales Motiv die **Selbstwerterhöhung**. Durch den Vergleich nach oben soll eine Verbesserung der eigenen Fähigkeiten erlangt werden.

Dies lässt sich auch auf die Fähigkeit, glücklich zu sein, übertragen. Wir vergleichen das, was wir haben, und das, was wir können, mit den Menschen um uns herum. Je nachdem, zu welchem Ergebnis wir kommen, sind wir mehr oder weniger zufrieden damit. Je größer die eigene Unzufriedenheit, desto größer empfinden wir die Diskrepanz zu anderen, von denen wir annehmen, dass sie aufgrund dessen, was sie haben, folglich sehr glücklich sein müssen. So wird es entsprechend wahrscheinlicher, dass die Mechanismen des sozialen Vergleichs angewendet werden.

Beim **aufwärts gerichteten sozialen Vergleich** schauen wir uns bei den Glücklichen ab, was diese tun, um glücklich zu sein, und versuchen uns dadurch selbst diesem Zustand anzunähern. Das Lernen am Modell nach Bandura (1986), welches geschieht, wenn wir Verhalten bei unseren Vorbildern abschauen und dieses nachahmen, ist – wenn es gelingt – eine Quelle der Selbstwirksamkeitssteigerung. So kann es – je nachdem wie das Ergebnis des sozialen Vergleichs ausfällt – sein, dass wir dem Sprichwort „Das Glück kommt zu denen, die lachen" zustimmen können, nämlich dann, wenn ein aufwärts gerichteter Vergleich mit darauffolgendem Modelllernen erfolgreich abläuft.

Gelingt es jedoch nicht, sich dem angestrebten Glücksniveau der Vergleichspersonen anzunähern, so trifft die Beobachtung von Frankl „Je mehr er [der Mensch] nach Glück jagt, umso mehr verjagt er es auch schon" zu. Sehen wir unseren Selbstwert bedroht, so liegt ein Vergleich mit denjenigen, die das Schicksal noch härter getroffen hat, näher. Beim **abwärts gerichteten Vergleich** wird uns dann klar, dass es uns – relativ gesehen – doch ganz gut geht.

Nun kommt es wieder auf die Selbstwirksamkeitsüberzeugung an, ob wir dieses relative Glück nach dem Sprichwort „Das Glück kommt zu denen, die lachen" unserem eigenen – im Vergleich mit den Unglücklichen – glücksförderlicheren Verhalten zuschreiben, oder ob wir davon ausgehen, dass wir in diesem Fall einfach mehr Zufallsglück hatten und uns das Schicksal wohlgesonnen ist. Dem Sprichwort „Je mehr er [der Mensch] nach Glück jagt, umso mehr verjagt er es auch schon" zufolge war dann vielleicht sogar die Vergleichsperson zu sehr auf das Glück fokussiert und findet es deshalb nicht, weil sie zu verbissen danach sucht. So geht die notwendige Gelassenheit verloren und die Person steht so sehr unter Zwang, eine hohe Lebenszufriedenheit zu erreichen, dass sie den Sinn dahinter gar nicht mehr sieht.

17.5 Exkurs: Glück – Anlage oder Umwelt?

Haben wir überhaupt alle die gleiche Chance, glücklich zu sein? Lykken und Tellegen (1996) fanden in ihren Untersuchungen zum subjektiven Wohlbefinden an Zwillingen heraus, dass ein bedeutender Anteil von etwa 44–52 % der individuellen Unterschiede in der Lebenszufriedenheit auf **Genetik** zurückzuführen ist.

Heller et al. (2004) betrachteten etwa 70 Studien zur Lebenszufriedenheit und konnten zeigen, dass dem Ausmaß an Lebenszufriedenheit, das erlebt werden kann, durch die **Persönlichkeit** durchaus Grenzen gesetzt sind. So sind extravertierte, verträgliche und gewissenhafte Personen tendenziell glücklicher und zufriedener mit ihrem Leben, während Personen mit hohen Werten auf der Dimension Neurotizismus eher dazu neigen, unzufrieden zu sein. Innerhalb dieses durch die individuelle Persönlichkeit gesetzten Rahmens können Änderungen in der Umwelt, im Verhalten und in der persönlichen Wahrnehmung aber sehr wohl zu erhöhter oder verringerter Lebenszufriedenheit führen (Heller et al. 2004).

Wenn jedoch genau diejenigen Personen das Glück jagen, die bereits durch ihre Persönlichkeit eher im unteren Bereich der potenziell erreichbaren Lebenszufriedenheit einzuordnen sind, da sie beispielsweise sehr introvertiert und zudem etwas neurotisch veranlagt sind, so kann im Extremfall – allen Anstrengungen zum Trotz – nur ein vergleichsweise mittleres Niveau an Lebenszufriedenheit erreicht werden. Nun kommt es darauf an, in welchem Vergleichsrahmen sich die Person bewegt: Auf der einen Seite könnte man argumentieren, dass sie ja ausschließlich ihr **eigenes Gefühl** kennt und daher auch das – objektiv gesehen – nur mittlere Niveau für die betroffene Person selbst bereits ein äußerst hohes Ausmaß an Glück bedeutet. Sie kann also das Niveau an Lebenszufriedenheit damit vergleichen, wie glücklich sie selbst in der Vergangenheit war und welches Niveau an Glück sie in der Zukunft erreichen möchte. Oder aber die Person zieht zum Informationsgewinn den **Vergleich mit anderen** Individuen heran, die ihrer subjektiven Einschätzung nach mehr Glück haben als sie selbst (▶ Abschn. 17.4.3). Die Jagd nach dem Glück wäre in diesem Fall also von vornherein mit geringeren Erfolgsaussichten assoziiert. Und nach dem Phänomen der **selbsterfüllenden Prophezeiung** („self-fulfilling prophecy"; Merton 1948) bestätigt sich für diese Personen dann die Annahme, dass es sowieso nichts bringt, sich anzustrengen, um glücklicher zu werden.

Wichtig ist also, dass man Glück nicht ausschließlich im Vergleich zu den Mitmenschen definiert. Jemand anderes hat vielleicht einfach die besseren Voraussetzungen, ihm fällt es von vornherein leichter, die Sonnenseiten des Lebens zu sehen. Ein sinnvolles Ziel kann also sein, glücklicher zu werden, als es derzeit der Fall ist, oder die aktuelle Situation kognitiv so umzudeuten, dass man zufrieden ist mit dem, wie es ist und was man hat.

Lyubomirsky et al. (2005a) geben an, dass sich – trotz des Rahmens innerhalb dessen wir uns aufgrund unserer angeborenen Persönlichkeit bewegen – auch ein großer Anteil des Glücks (von etwa 40 %) durch das **Verhalten** und tägliche Aktivitäten unter der Kontrolle des Individuums befindet. Im Gegensatz dazu werden nur etwa 10 % der Varianz in unserem Wohlbefinden den Einflüssen aus unserer Umwelt zugeschrieben. Demzufolge birgt die volitionale (willentliche und zielgerichtete) Anstrengung, das eigene Verhalten intentional zu verändern, durchaus großes Potenzial, um das eigene Glück langfristig zu steigern (Lyubomirsky et al. 2005a).

17.6 Empirische Befunde und Implikationen für die Praxis

Warum aber beschäftigen sich sowohl in der Forschung als auch im Alltag so viele Menschen eingehend mit dem Thema Glück? Lohnt es sich denn überhaupt, Zeit, Energie und Gedanken darauf zu verschwenden, glücklich zu sein? Oder handelt es sich dabei um einen Luxus, den man sich dann leisten kann, wenn die Anforderungen an die anderen Bereiche des Lebens wie Gesundheit, Arbeitsleben und soziale Beziehungen bereits vollständig erfüllt sind? Nach eingehender Betrachtung der Lebensweisheiten anhand verschiedener philosophischer Ansätze sowie psychologischer Theorien, sollen im Folgenden beispielhaft einige Erkenntnisse aus der Glücksforschung vorgestellt und konkrete Verhaltensimplikationen für den alltäglichen Gebrauch abgeleitet werden.

17.6.1 Auswirkungen von Glück

Empirische Studien zeigen, dass glückliche Menschen in vielen Lebensbereichen **erfolgreicher** sind: Sie haben stabilere Ehen, ein stärkeres Immunsystem, ein höheres Einkommen und mehr kreative Ideen als weniger glückliche Peers. Lebenszufriedenheit und Glück sind dabei nicht nur Korrelat oder Konsequenz, sondern auch Ursache von Erfolg (Lyubomirsky et al. 2005b).

Bucher (2009) fasst in seinem Buch mit dem Titel *Psychologie des Glücks* die Befunde der Glücksforschung zusammen: Glück wirkt sich nicht nur positiv auf physische und mentale Gesundheit aus, sondern fördert auch **kognitive Fähigkeiten**, Flexibilität und Kreativität. Glückserleben führt zu weniger Grübeln, dafür zu mehr positivem Denken und entsprechendem Verhalten, was dann wiederum das Erleben von Glück verstärkt. Außerdem fördert die eigene Lebenszufriedenheit auch die Empathiefähigkeit und die soziale Orientierung hin zu den Mitmenschen.

Eine Studie von Schmitz et al. (2009) zeigt, dass der Glückszustand auch den **Aufmerksamkeitsfokus** beeinflusst. Positive Stimmung macht empfänglicher für Details. In der funktionellen Magnetresonanztomographie (fMRT) lässt sich beim Betrachten von emotionsinduzierenden Bildern nachweisen, dass bei den gut gelaunten Probanden die sog. Parahippocampal Place Area, die in erster Linie auf räumliche Anordnungen oder Hintergründe reagiert, deutlich stärker aktiviert ist, als bei denjenigen mit negativer Stimmung. Glückliche Personen haben also einen weiteren Aufmerksamkeitsfokus als unglückliche Vergleichspersonen. Das kann dazu führen, dass sie mehr Glück wahrnehmen, weil sie beispielsweise im Frühling bewusst die ersten Sonnenstrahlen wahrnehmen und hören, wie die Vögel zwitschern. Gut gelaunt sieht man die Welt den Forschern zufolge grundsätzlich anders und facettenreicher (Schmitz et al. 2009).

Glückliche **leben** außerdem signifikant **länger**: Aus einer Gruppe von Nonnen, deren Glückslevel beim Eintritt ins Kloster gemessen wurde, waren im Alter von 85 Jahren aus der optimistischsten Gruppe noch 90 % am Leben, während von den bei Klostereintritt am wenigsten positiv gestimmten nur noch 34 % lebten (Seligman 2005).

Da es sich hier um korrelative Zusammenhänge handelt, lassen sich Ursache und Wirkung nicht immer eindeutig trennen. In vielen Fällen bewirkt Glücklichsein etwas Bestimmtes, welches dann aber wiederum auch das Glückserleben steigern oder aufrechterhalten kann. Meistens handelt es sich also um reziproke Beziehungen, was stark für das Zutreffen der Lebensweisheit „Das Glück kommt zu denen, die lachen" spricht.

17.6.2 Implikationen für den Alltag

Die positive Psychologie spielt in unserem Alltag eine große Rolle. Wenn wir die Faktoren positives Denken, Achtsamkeit und glückliche Beziehungen zur Gewohnheit werden lassen und Schritt für Schritt in den Alltag integrieren, haben wir gute Chancen, dass uns das Glück immer öfter begegnet und wir es auch wahrnehmen.

Zwar kann **positives Denken** nicht jeden Konflikt vermeiden, eine optimistische, zuversichtliche Grundhaltung hilft jedoch, den alltäglichen Problemen mit mehr Gelassenheit zu begegnen. Dazu gehört auch das Vertrauen in die eigene Selbstwirksamkeit und die Fähigkeit mit Schicksalsschlägen vernünftig umzugehen.

Eckart von Hirschhausen empfiehlt seinen Zuhörern und Lesern beispielsweise das **Führen eines Glückstagebuches**. Dadurch soll eine Hinwendung des Aufmerksamkeitsfokus auf die positiven Momente im Alltag geschehen. Durch das Aufschreiben von Glücksmomenten soll diesen Ereignissen ein größeres Gewicht beigemessen werden als den negativen Episoden.

Glücksforscher fanden im Zuge ihrer Studien heraus: Wer sich intentional mit positiven Aktivitäten (z. B. dankbares, optimistisches und aufmerksames Denken) beschäftigt, wird signifikant glücklicher (Lyubomirsky u. Layous 2013; Sheldon u. Lyubomirsky 2006; Sin u. Lyubomirsky 2009). So kann durch Anpassen des Verhaltens und der Kognitionen mehr Lebensfreude erreicht werden.

Eine Technik der Logotherapie und Existenzanalyse nach Frankl ist die **Einstellungsänderung**: Dabei soll der Mensch Einsicht in unrealistische und lebensfeindliche Einstellungen erhalten und eine neue, der Lebenszufriedenheit förderliche Grundhaltung entwickeln. Jeder, der für sich selbst die Entscheidung trifft, ein glücklicheres und sinnerfüllteres Leben führen zu wollen, sollte ganz konkret die eigenen Einstellungen überdenken und so modifizieren, dass einer positiven Bewertung der Dinge mehr Raum gegeben wird – denn:

> Nicht die Dinge selbst beunruhigen die Menschen, sondern die Meinungen und die Beurteilungen über die Dinge. (Epiktet, ca. 50–138 n. Chr.)

Während sich traditionell die Psychologie vor allem mit dysfunktionalem Verhalten, Störungen und Defiziten auseinandersetzte, erlangte in den letzten Jahrzehnten die positive Psychologie immer mehr Aufmerksamkeit. Basierend auf seiner Theorie zur erlernten Hilflosigkeit entwickelte Seligman (2005) die Theorie des **gelernten Optimismus**. Diese geht davon aus, dass durch das wiederholte Erleben positiver Episoden ein Erlernen von glückssteigerndem Verhalten ermöglicht wird. Ein Kind, das immer wieder erlebt, dass es durch gute Stimmung, Freundlichkeit und Lachen seine Ziele (z. B. Freunde finden, Süßigkeiten von den Eltern bekommen, Erfolg in der Schule) eher erreicht als durch streiten, weinen oder Jähzorn, wird sehr wahrscheinlich dieses Verhalten und den gelernten Optimismus auch als Erwachsener beibehalten.

Kognitive Umdeutung oder auch Reframing bezeichnet eine weitere Technik aus der positiven Psychologie, die darauf beruht, dass einem Ereignis durch Ändern oder Hinzufügen von Kognitionen eine positivere Bedeutung zugeschrieben wird (Watzlawick et al. 1974). Indem man die Situation in ein anderes Licht rückt, ihr also einen neuen Rahmen gibt, ermöglicht man die Betrachtung aus einer anderen Perspektive. Das Sprichwort „Scherben bringen Glück" ist ein klassisches Beispiel für Reframing. Einem intuitiv negativ assoziierten Ereignis wird durch die kognitive Umdeutung ein positiver Wert zugeschrieben. Man nimmt hier also den Verlust des zerbrochenen Gegenstandes in Kauf, da dieser dem höheren Wert, Glück zu erlangen, dient. Im Sinne der Sprichwörter „Jeder ist seines Glückes Schmied" (▶ Kap. 16) oder auch „Man muss aufwärts blicken, um die Sterne sehen zu können" geht es also darum, dass uns ein selbstinitiierter Perspektivenwechsel erst ermöglicht, das Gute um uns herum zu sehen. Wichtig ist dabei auch die Reflexion des Positiven. Man sollte sich über das freuen, was man hat, anstatt mit dem Schicksal zu hadern und dem hinterherzutrauern, was einem zum perfekten Glück noch fehlt.

Auch aus der Weisheit „Je mehr er [der Mensch] nach Glück jagt, umso mehr verjagt er es auch schon" lassen sich Verhaltensweisen für das tägliche Leben ableiten. **Achtsamkeit** hilft dabei, sich im Alltag nicht in pessimistischen Gedanken und der Konzentration auf das Schlechte und die Aussichtslosigkeit zu verlieren, sondern stattdessen den Moment zu genießen. Die **Meditation** ist für viele eine hilfreiche Technik, um die Gedanken loszulassen und sich dadurch zu entspannen. Dies geht meist mit positiven Emotionen und mehr Lebensfreude einher. Glück empfinden wir auch dann, wenn die Realität besser ist, als wir es uns erwartet hätten. Werden die Erwartungen zu hoch gesetzt und können dann in der Realität nicht erfüllt werden, empfinden wir Unzufriedenheit und Enttäuschung. Demzufolge sollte man, um mehr Glück zu erlangen, außerdem an der persönlichen **Erwartungshaltung** arbeiten und Ziele möglichst so setzen, dass sie motivieren, aber nicht unerreichbar werden und damit das Gefühl, unglücklich zu sein, hervorrufen. Eine gewisse Gelassenheit gehört ebenso zur benötigten Einstellung wie die Einsicht, dass Glück nichts ist, das wir für uns beanspruchen können oder worauf wir ein Recht hätten. Von glücklichen Zufällen können wir nur dann überrascht werden, wenn wir nicht jeden Moment darauf warten, dass sie geschehen.

Schließlich sollten wir uns noch vor Augen halten, dass glückliche **soziale Beziehungen** zu den wichtigsten Glückskorrelaten gehören und für mehr Lebenszufriedenheit sorgen (Hartmann et al. 2002). Möchten wir also glücklich sein, lohnt es sich, wenn wir uns zunächst einmal darum kümmern, dass es unseren Nächsten gut geht. Sheldon u. Lyubomirsky (2006) fanden heraus: Anderen zu helfen macht glücklich.

Konkret heißt das also: Wenn wir das Glück verfolgen, sollten wir immer wieder versuchen, die Perspektive zu wechseln, und uns angewöhnen, die Dinge positiv zu bewerten, oder – wenn sie zunächst negativ scheinen – durch Reframing umzudeuten. Da unser Körper durch Reziprozitätsprozesse dafür sorgt, wie wir uns fühlen, sollten wir außerdem durch Schlaf, gesunde Ernährung und Sport für unsere körperliche Gesundheit sorgen. Und schließlich sollten wir uns vor allem auch um das Glück der anderen kümmern, um selbst glücklich zu werden.

Die Betrachtung verschiedener psychologischer Theorien hat gezeigt, dass man die Gültigkeit der Sprichwörter jeweils genauer differenzieren kann. Unabhängig davon, wie man das Glück am besten erlangt – bewusst oder unbewusst, intentional oder zufällig –, zahlreiche empirische Studien zeigen, dass glückliche Menschen in vielen Bereichen des Lebens erfolgreicher sind und sogar länger leben als unglückliche.

Die Ausführungen haben gezeigt, dass sich die beiden Lebensweisheiten nicht zwingend gegenseitig ausschließen. Sie sind nur je nach individueller Persönlichkeit, sozialem Vergleichsniveau und Situation mehr oder weniger zutreffend. Und für alle, denen es gelingt, im Moment zu leben, gilt sowieso:

> Es geht nicht darum glücklich zu werden, sondern glücklich zu sein.

17.7 Fazit

Abschließend lässt sich feststellen, dass in beiden Sprichwörtern zur Glückssuche etwas Wahres steckt. In verschiedenen Bereichen der Glücksforschung lassen sich Hinweise auf das Zutreffen der japanischen Weisheit „Das Glück kommt zu denen, die lachen" finden: Lachen bewirkt tatsächlich biochemische Prozesse in unserem Gehirn, die dafür sorgen, dass wir uns glücklicher fühlen (Strack et al. 1988; Su-Schroll et al. 2013). Gleichzeitig sorgt die Beschaffenheit des menschlichen Gehirns und der Psyche aber auch dafür, dass wir auf ein Lächeln unserer Mitmenschen sowohl mit Erwiderung als auch mit eigenen positiven Emotionen reagieren (Lauer 2007).

Fraglich ist jedoch, ob dies unbedingt bewusst und durch Eigeninitiative geschehen muss. Das Gegensprichwort „Je mehr er [der Mensch] nach Glück jagt, umso mehr verjagt er es auch schon" wird unterstützt durch Befunde aus der Forschung, dass auch durch Methoden wie Meditation oder achtsamkeitsbasiertes Training das Wohlbefinden deutlich und langfristig gesteigert werden kann (Ricard 2014). Diese beruhen auf der Annahme, dass es hilfreicher ist, sich auf die Gegenwart und das Sinngebende im Leben zu konzentrieren, als gezielt durch intentionales Verhalten auf das Glück hinzuarbeiten.

Literaturverzeichnis

Amrhein, C. (2015). Embodiment: Wie körperliches Empfinden die Gefühle beeinflusst. *Die Welt*. Artikel vom 25. Februar 2011. http://www.welt.de/gesundheit/psychologie/article12642760/Wie-koerperliches-Empfinden-die-Gefuehle-beeinflusst.html. Zugegriffen: 01. März 2015.

Angermeyer, M. C., Kilian, R., & Matschinger, H. (2000). *WHOQOL-100 und WHOQOL- BREF, Handbuch für die deutschsprachigen Versionen der WHO-Instrumente zur internationalen Erfassung von Lebensqualität*. Göttingen: Hogrefe.

Bandura, A. (1986). *Social foundations of thought and action. A social cognitive theory*. Englewood Cliffs, NJ: Prentice Hall.

Brickman, P., Coates, D., & Janoff-Burman (1978), Lottery winners and accident victims: Is happiness relative? *Journal of Personality and Social Psychology* 36, 917–927.

Bucher, A. (2009). *Psychologie des Glücks: Ein Handbuch*. Weinheim: Beltz.

Deutsches Historisches Museum (DHM). (2015). First Printing in German of the Declaration of Independence of the United States of America, July 4, 1776. https://www.dhm.de/archiv/magazine/unabhaengig/decl_index.htm. Zugegriffen: 07. März 2015.

Easterlin, R. A. (1974). Does economic growth improve the human lot? Some empirical evidence. In P. A. David, & W. R. Melvin (Eds.). *Nations and households in economic growth* (pp. 90–125). Palo Alto, CA: Stanford University Press.

Engert, F., & Bonhoeffer, T. (1999). Dendritic spine changes associated with hippocampal long-term synaptic plasticity. *Nature* 399(6731), 66–70.

Frankl, V. E. (1997). *Der Wille zum Sinn. Ausgewählte Vorträge über Logotherapie*. München: Piper.

Literaturverzeichnis

Frankl, V. E. (2003). *Das Leiden am sinnlosen Leben. Psychotherapie für heute*. Freiburg: Herder.

Frey, D., & Schmalzried, L. K. (2013). Die Tugendethik. In D. Frey, & L. K. Schmalzried, L. (Hrsg.) *Philosophie der Führung: Gute Führung lernen von Kant, Aristoteles, Popper & Co.* (S. 139–159). Berlin, Heidelberg: Springer.

Hartmann, U., Schneider, U., & Emrich, H. (2002): Auf der Jagd nach dem Glück. *Gehirn & Geist* 4, 10–15.

Hebb, D. O. (1949). *The Organization of Behavior: A Neuropsychological Theory*. New York: Wiley.

Heller, D., Watson, D., & Ilies, R. (2004). The role of person versus situation in life satisfaction: a critical examination. *Psychological Bulletin* 130(4), 574.

Lauer, G. (2007). *Spiegelneuronen: Über den Grund des Wohlgefallens an der Nachahmung*. In Karl Eibl/Katja Mellmann/Rüdiger Zymner (Hrsg.), Im Rücken der Kulturen (S.137–163). Paderborn: Mentis.

Lykken, D., & Tellegen, A. (1996). Happiness is a stochastic phenomenon. *Psychological Science* 7(3), 186–189.

Lyubomirsky, S., & Layous, K. (2013). How do simple positive activities increase well- being? *Current Directions in Psychological Science* 22(1), 57–62.

Lyubomirsky, S., Sheldon, K. M., & Schkade, D. (2005a). Pursuing happiness: The architecture of sustainable change. *Review of General Psychology* 9(2), 111.

Lyubomirsky, S., King, L., & Diener, E. (2005b). The benefits of frequent positive affect: Does happiness lead to success? *Psychological Bulletin* 131(6), 803.

Maslow, A. H. (1943). A theory of human motivation. *Psychological Review* 50(4), 370–396.

Merton, R. K. (1948). The self-fulfilling prophecy. *The Antioch Review*, 193–210.

Ricard M. (2014). A buddhist view of happiness. *Journal of Law and Religion* 29, 14–29.

Rösch, H. (2013). Fokus: Das flexible Gehirn. Das Gedächtnis hinterlässt Spuren. Max Planck Forschung 1, 20–26. http://www.mpg.de/7229704/F001_Fokus_020-026.pdf. Zugegriffen: 11. März 2016.

Schäfers, A. T. U. (2016). Gehirn und Lernen – Plastizität. http://www.gehirnlernen.de/gehirn/plastizität/. Zugegriffen: 12. April 2016.

Schmitz, T. W., De Rosa, E., & Anderson, A. K. (2009). Opposing influences of affective state valence on visual cortical encoding. *The Journal of Neuroscience* 29(22), 7199–7207.

Seligman, M. E. (2005). *Der Glücks-Faktor: Warum Optimisten länger leben*. Köln: Bastei Lübbe.

Sin, N. L., & Lyubomirsky, S. (2009). Enhancing well-being and alleviating depressive symptoms with positive psychology interventions: A practice-friendly meta-analysis. *Journal of Clinical Psychology* 65(5), 467–487.

Sheldon, K. M., & Lyubomirsky, S. (2006). How to increase and sustain positive emotion: The effects of expressing gratitude and visualizing best possible selves. *The Journal of Positive Psychology* 1(2), 73–82.

Strack, F., Martin, L. L., & Stepper, S. (1988). Inhibiting and facilitating conditions of the human smile: a nonobtrusive test of the facial feedback hypothesis. *Journal of Personality and Social Psychology* 54(5), 768–777.

Su-Schroll, D., Schmid, C., Metje, E., & Brinkschmidt, T. (2013). Akzeptanz und Auswirkung von Lachyoga bei Schmerzpatienten mit Depression. Algesiologikum – Zentrum für Schmerzmedizin im Krankenhaus für Naturheilweisen, München. http://www.algesiologikum.de/fileadmin/Redaktion/Download/Poster/Akzeptanz_und_Auswirkung_von_Lach-Yoga_bei_Schmerzpatienten_mit_Depression.pdf. Zugegriffen: 09. März 2015.

Veenhoven, R. (1991). Ist Glück relativ? Überlegungen zu Glück, Stimmung und Zufriedenheit aus psychologischer Sicht. *Report Psychologie*, 14–20.

Watzlawick, P. (1983). *Anleitung zum Unglücklichsein*. München: Piper.

Watzlawick, P., Weakland, J., & Fisch, R. (1974). *Change: Principles of Problem Formation and Problem Resolution*. New York: Norton.

Wewetzer, H. (2012). „Aus dem einen Leben das Beste machen". Der Tagesspiegel. Artikel vom 23. April 2012. http://www.tagesspiegel.de/wissen/hedonismus-aus-dem-einen-leben-das-beste-machen/6540968.html. Zugegriffen: 01. März 2015.

Lieber den Spatz in der Hand als die Taube auf dem Dach

Mona Maertins

© Springer-Verlag Berlin Heidelberg 2017
D. Frey (Hrsg.), *Psychologie der Sprichwörter*,
DOI 10.1007/978-3-662-50381-2_18

18.1 Einleitung

> Lieber den Spatz in der Hand als die Taube auf dem Dach. Nach dieser Devise haben in den vergangenen Jahren viele Anleger gehandelt. Statt der potenziell ertragreichen, aber stark schwankenden Aktien kauften sie lieber Unternehmensanleihen. (Eckert 2013, S. 1)

Solchen und ähnlichen Aussagen begegnet man immer wieder, wenn man durch die Medien blättert oder klickt. Egal, ob es um Finanzen geht, politische Diskussionen über beispielsweise Mindestlohnforderungen, Klimaschutz und Bebauungspläne oder die Partnerwahl, das Sprichwort aus der Vogelwelt steht gerne Pate.

Doch was genau sagt es eigentlich aus? Laut *Duden* steht das Sprichwort dafür, dass es besser ist, sich mit dem zu begnügen, was man bekommen kann, als etwas Unsicheres anzustreben (Duden 2015). Es wird also lieber ein kleiner, aber sicherer Vorteil gegenüber der ungewissen Aussicht auf einen großen Vorteil in Anspruch genommen.

18.1.1 Herkunft und Bedeutung

Die Herkunft des Sprichworts ist nicht eindeutig belegt. Viele verweisen auf das lateinische Sprichwort „Capta avis est melior, quam mille in gramine ruris" („Ein gefangener Vogel ist besser als tausend im Gras"; Udem 2016). Aber auch die Bibel könnte als Grundlage dienen. Im Lukasevangelium findet sich eine Textstelle, die vage an das Sprichwort erinnert: „Habt keine Angst: Ihr seid Gott mehr wert als ein ganzer Schwarm Spatzen!" (Krumm 2015).

Ist uns ein kleiner, sicherer Nutzen wirklich mehr wert, als die Hoffnung auf einen großen Nutzen, wenn wir dafür das Risiko eingehen müssen, am Ende nichts zu haben?

Dafür spricht, dass das Sprichwort auch in anderen Sprachen vertreten ist. So sagen z. B. die Italiener: „Meglio un uovo oggi che una gallina domani" („Lieber heute ein Ei als morgen eine Henne"), und auch im englischen Sprachraum ist man der Meinung „A bird in the hand is worth two in the bush" („Ein Vogel in der Hand ist so viel wert wie zwei im Gebüsch"). Bereits bei dem griechischen Dichter Aesop findet sich in der Fabel ▶ „Die Nachtigall und der Habicht" (Nickel 2005) die Lehre, nicht auf den sicheren Gewinn zu verzichten, um nach Größerem zu streben.

Die Nachtigall und der Habicht (Aesop, 620-564 v. Chr.)
Eine Nachtigall saß auf einer hohen Eiche und sang wie gewöhnlich. Ein Habicht erblickte sie, und da er Hunger hatte, stieß er herab und packte sie. In ihrer Todesangst flehte sie ihn an, sie loszulassen: Sie sei doch gar nicht groß genug, um den Magen des Habichts zu füllen. Er müsse sich, wenn er Hunger habe, an größere Vögel halten. Der Habicht fiel ihr ins Wort und sagte: „Aber ich wäre verrückt, wenn ich den Happen, den ich fest in meinen Krallen habe, losließe und etwas verfolgte, was ich noch gar nicht sehe."
Die Geschichte veranschaulicht, dass es auch unter den Menschen so Unvernünftige gibt, die in der Hoffnung auf Wertvolleres das, was sie schon in ihren Händen haben, loslassen.

18.1.2 Gegensprichwörter

Das betrachtete Sprichwort zeigt allerdings nur die eine Seite der Medaille. Denn auch für die genau gegenläufige Ansicht lassen sich Sprichwörter finden: „Wer nicht wagt, der nicht gewinnt" („Nothing ventured nothing gained"), sagt aus, dass man auch mal etwas riskieren muss, um Erfolg zu haben. „Unbezwinglich ist, wer warten kann" ruft dazu auf, seine Bedürfnisse nicht sofort befriedigen zu wollen, sondern längerfristig auf etwas hinzuarbeiten. Und wem wurde nicht schon ans Herz gelegt, sich „nicht mit dem Erstbesten zufrieden zu geben"?

Im Folgenden soll das Sprichwort aus der Sichtweise der Psychologie betrachtet werden. Welche Modelle und Theorien sprechen für die Wahl des Spatzen? Und gibt es Befunde, die einen mutig nach der Taube greifen lassen? Diese Fragen gilt es zu beantworten. Die Psychologie liefert uns Erkenntnisse, warum den Menschen ein kleiner, sicherer Gewinn lieber zu sein scheint als eine unsichere Hoffnung. Dabei stehen zwei unterschiedliche Aspekte im Fokus: einerseits die **zeitliche Dimension**, andererseits die **Unsicherheit**. Die beiden Faktoren bedingen sich zudem gegenseitig, da mit zunehmender zeitlicher Distanz zu einem Ereignis auch die Unsicherheit zunimmt. Darüber hinaus spielen die Persönlichkeit sowie äußere Umstände eine Rolle bei der Wahl zwischen Spatz und Taube.

18.2 Grundlegende Theorien zu Entscheidungen

Aus einer **ökonomischen Sichtweise** heraus wird der Entscheidungsprozess als Analyse und Abstimmung von Zielen, Handlungsalternativen und Umweltbedingungen gesehen. Das rational handelnde Wirtschaftssubjekt entscheidet dabei stets so, dass es seinen Nutzen maximieren kann (Wöhe u. Döring 2010). Gewählt wird die Handlungsalternative mit dem größten Ergebnisbeitrag unter dem am wahrscheinlichsten eintretenden Umweltzustand (Wöhe u. Döring 2010). Angenommen es gibt die Auswahl zwischen drei Anlagestrategien: Strategie A verspricht den höchsten Gewinn, wenn das Zinsniveau steigt, Strategie B, wenn es fällt, und Strategie C, wenn es gleich bleibt. Ist bekannt, dass das Zinsniveau mit hoher Wahrscheinlichkeit steigt, entscheidet sich der rational denkende Mensch für Strategie A.

Das Problem dabei ist, dass wir in der Regel die Eintrittswahrscheinlichkeiten der Umweltzustände und die Konsequenzen des Handelns nicht vollständig kennen. Das Bild des vollständig informierten Homo oeconomicus ist inzwischen in den meisten wissenschaftlichen Disziplinen überholt. Menschen haben eine eingeschränkte Informationsverarbeitungskapazität. Sie sind keine Computer, die präzise Kalkulationen durchführen, sondern sie unterliegen Verzerrungen und nutzen Daumenregeln und Vereinfachungen, wenn sie Entscheidungen treffen.

Auch die psychologischen **Wert-Erwartungs-Theorien** (vgl. Atkinson 1964; Vroom 1964) beschreiben Handlungsmotivation als Zusammenspiel zwischen dem subjektiven Wert eines Ereignisses und der subjektiv eingeschätzten Wahrscheinlichkeit, dass dieses Ereignis eintritt bzw. erreicht werden kann.

Motivation = Wert
(v, value) × Erwartung (p, probability)

Motivation fehlt immer dann, wenn es entweder nichts zu gewinnen gibt oder die geschätzte Wahrscheinlichkeit für das Eintreffen/Erreichen den Wert null ergibt.

Betrachtet man z. B. einen Absolventen mit Bachelorabschluss, so hat er die Wahl, entweder sein Studium fortzusetzen und einen Masterabschluss zu machen oder sich direkt eine Arbeitsstelle zu suchen. Ob er seinen Master macht, hängt davon ab, wie wichtig ihm dieser höhere Abschluss ist (Wert) und für wie realistisch er es hält, den Abschluss auch zu schaffen (Erwartung). Bedeutet ihm der Masterabschluss nicht viel und/oder traut er sich den erfolgreichen Abschluss des Studiums nicht zu, wird er sich eher gleich einen Job suchen.

Wir wenden uns also dem Spatz in unserer Hand zu, wenn die Wahrscheinlichkeit, die Taube auf dem Dach zu erreichen, multipliziert mit dem Wert der Taube kleiner ist als die Multiplikation der Wahrscheinlichkeit und dem Wert des Spatzen.

v (Taube) × p (Taube) < v (Spatz) × p (Spatz)

18.2.1 Zeit und Wert

Schon lange ist bekannt, dass Menschen eine Tendenz zu **myopischem (kurzsichtigem) Verhalten** haben (Böhm-Bawerk 1921). Es besteht eine allgemeine

Präferenz für die Gegenwart, wobei künftige Bedürfnisse mit umso geringerem Gewicht in Entscheidungen einbezogen werden, je weiter sie in der Zukunft liegen (Böhm-Bawerk 1921). Dadurch kann es dazu kommen, dass langfristige, eigentlich nutzenoptimale Pläne durch kurzfristiges suboptimales Verhalten gefährdet werden (Rolle 2005). Myopisches Verhalten widerspricht dem Bild des absolut rational handelnden Menschen, da die Nutzenmaximierung nicht über eine lange Zeitspanne hinweg, sondern lediglich aktuell oder abschnittsweise erfasst wird.

Diese Neigung zu kurzsichtigem Verhalten kann z. B. den oben genannten Bachelorstudenten dazu verleiten, nur die unmittelbare Zukunft zu betrachten. Deshalb entscheidet er sich für den direkten Berufseinstieg, weil er so zunächst mehr Geld verdient. Dabei vergisst er aber, dass es langfristig ggf. einen höheren Nutzen gehabt hätte, den Master zu absolvieren, da er dann über viele Jahre hinweg ein höheres Gehalt haben könnte.

Und, seien wir ehrlich, wer hat nicht schon einmal seine Diät verschoben, für dieses eine, einzige, winzige, unglaublich lecker aussehende Stück Torte.

Das Modell der zeitlichen Diskontierung/Abwertung („**temporal discounting**" bzw. „**delayed discounting**"; Frederick et al. 2002; Kirby u. Herrnstein 1995) liefert einen Erklärungsansatz für diese Gegenwartspräferenz. Es beschreibt, dass der Wert einer Belohnung abnimmt, je weiter sie in der Zukunft liegt. Dadurch sind kurzfristige Belohnungen den Menschen lieber, als auf größere warten zu müssen. Dies zeigt sich beispielsweise darin, dass viele Personen lieber heute 100 Euro erhalten als in 1 Monat 120 Euro (Green u. Myerson 2004).

Entscheidend dabei ist allerdings auch der **Zeitpunkt**, zu dem die Entscheidung gefällt wird. Verschiebt man den Eintrittszeitpunkt der Belohnungen um 1 Jahr, so könnte es sein, dass sich dieselbe Person statt für 100 Euro in 12 Monaten für 120 Euro in 13 Monaten entscheidet. Die Präferenzen werden getauscht, obwohl die zeitliche Verzögerung identisch ist, nämlich genau 1 Monat (Green et al. 1994). Dies widerspricht dem Diskontierungsmodell der klassischen Ökonomie, in welchem die Präferenz für eine Alternative über alle Zeitpunkte hinweg bestehen bleibt (Koopmans et al. 1964).

Man kann folglich annehmen, dass das höhere Gehalt in 3 Jahren dem Bachelorabsolventen weniger wert ist als das unmittelbar verfügbare Geld. Das kann auch dann der Fall sein, wenn die gleiche Person am Anfang des Studiums der festen Überzeugung war, bis zum Master studieren zu wollen. Alleine die veränderte zeitliche Perspektive gibt den Ausschlag. Sitzt der Spatz also schon unmittelbar in unserer Hand, ist es unwahrscheinlicher, dass wir auf die Taube warten.

Ein weiterer Aspekt, der die Abwertung der Belohnung beeinflusst, ist die **Höhe des Gewinns**. Je größer die in Aussicht gestellte Belohnung ist (bis zu einem gewissen Maximum), desto langsamer wird sie abgewertet (Green et al. 1997). Damit steigt die Wahrscheinlichkeit, dass wir impulsives Verhalten unterdrücken und auf den großen Gewinn warten. Dafür gibt es zwei mögliche Erklärungen: Zum einen halten Personen es bei einer größeren Belohnung für unwahrscheinlicher, dass ein Szenario eintritt, welches dazu führt, am Ende gar nichts zu erhalten (z. B. bleibt bei möglichen Verlusten immer noch „genug" übrig). Zum anderen gehen Personen davon aus, dass Wahlmöglichkeiten, die einen hohen Gewinn beinhalten, seltener sind als solche, die einen kleinen Gewinn betreffen (Green et al. 1997). Diese seltenen Gelegenheiten wollen wir dann auch nutzen. Für die Aussicht auf eine wirklich große, schöne, wertvolle Taube, lassen wir den Spatz eher ziehen. Wer weiß, ob wir jemals wieder die Chance bekommen, eine so wertvolle Taube zu erhaschen.

Durch die beschriebenen Unregelmäßigkeiten bei der Diskontierung treffen wir durchaus Entscheidungen, die nicht dem rationalen Prinzip entsprechen, unseren Nutzen zu maximieren, wodurch uns Nachteile entstehen. Denn rein rational müssten wir die 120 Euro 1 Monat später wählen, die Torte bei einer Diät stehen lassen und der Bachelorabsolvent sollte – vor allem aus finanziellen Gründen – seinen Masterabschluss anstreben.

Eine weitere Facette des Zusammenspiels von Zeit und Wert einer Belohnung beleuchtet das Modell zur **Time-and-Outcome-Valuation** (Mowen u. Mowen 1991). Das Modell versucht u. a., die Tendenz zur Risikovermeidung in der Gegenwart zu erklären. Es nimmt an, dass die Bewertung einer Alternative von der Nettodifferenz zwischen Gewinnen und Verlusten abhängt. Bei einer Entscheidung können Gewinne und Verluste zu verschiedenen Zeitpunkten auftreten. Dabei werden Verluste in der Gegenwart stärker gewichtet als Gewinne. Über die Zeit hinweg werden Verluste schneller abgewertet als Gewinne. Außerdem wird auch das

Verschieben eines Gewinns als Verlust wahrgenommen. Aus diesen Annahmen ergibt sich, dass eine Entscheidung, die negative Folgen in der Gegenwart hat und positive erst in der Zukunft, eher abgelehnt wird. Denn die Verluste in der Gegenwart werden über- und die Gewinne in der Zukunft unterbewertet (Mowen 1992).

Jetzt auf einen kleinen Gewinn (100 Euro, Torte, Gehalt mit Bachelorabschluss, Spatz) zu verzichten (= Verlust in der Gegenwart), um in einiger Zeit einen größeren (120 Euro, Wunschkleidergröße, besseres Gehalt mit Masterabschluss, Taube) zu bekommen, fällt uns also schwer und wird nur in Betracht gezogen, wenn die langfristigen Erfolge sehr deutlich hervorstehen.

18.2.2 Wahrscheinlichkeit und Wert

Ähnlich der zeitlichen Abwertung („temporal discounting") ist das Modell der Abwertung aufgrund der Wahrscheinlichkeit („**probability discounting**"; Green u. Myerson 2004). Wenn Personen zwischen sicheren und unsicheren Ergebnissen wählen müssen, setzen sie den Wert eines solchen Ergebnisses auf Basis der Eintrittswahrscheinlichkeit herab. Je größer die Gefahr ist, die Belohnung nicht zu erhalten, umso stärker wird sie abgewertet. Am Ende entscheidet sich die Person für die Alternative mit dem höheren (diskontierten) subjektiven Wert.

Wenn Personen entscheiden sollen, ob sie 120 Euro mit einer Wahrscheinlichkeit von 85 % bekommen möchten, oder 100 Euro mit einer Wahrscheinlichkeit von 99 % entscheiden sich viele für die 100 Euro. Der rechnerische Erwartungswert ist allerdings für die erstgenannte Alternative höher (0,85×120 Euro = 102 Euro ist größer als 0,99×100 Euro = 99 Euro).

Auch bei diesem Phänomen sind Verschiebungen in der Systematik zu erkennen. Ist die Wahrscheinlichkeit für beide Varianten sehr gering, wird in der Regel die riskantere Variante mit dem größeren Gewinn der sichereren vorgezogen. Wird die Wahrscheinlichkeit proportional angehoben, entscheiden sich manche um und wählen nun die sicherere Variante mit dem kleineren Gewinn. Wenn es also sehr unwahrscheinlich ist, sowohl den Spatz als auch die Taube zu bekommen, wagen es mehr Personen, der Taube nachzujagen.

Die Erhöhung des in Aussicht gestellten Gewinns hat hingegen eine der zeitlichen Abwertung (▶ Abschn. 18.2.1) gegensätzliche Wirkung. Je größer die Belohnung ist, desto stärker wird sie unter Unsicherheit abgewertet (Myerson et al. 2003). Eine Person, die bei kleinen Summen risikoaversiv handelt, tut dies bei großen Summen erst recht.

Des Weiteren haben Kahneman und Tversky (1984) in ihrer neuen Erwartungstheorie (**Prospect Theory**) eine Verzerrung der wahrgenommenen Eintrittswahrscheinlichkeiten von Gewinn- bzw. Verlustsituationen festgestellt (▶ Abschn. 18.2.3).

Menschen sind demnach nicht besonders gut darin, Wahrscheinlichkeiten richtig einzuschätzen. Geringe objektive Wahrscheinlichkeiten werden tendenziell überschätzt, mittlere und hohe Wahrscheinlichkeiten eher unterschätzt.

Außerdem reagieren Menschen sehr sensibel auf Veränderungen von **Eintrittswahrscheinlichkeiten** im Bereich der beiden Extrempunkte (also bei Wahrscheinlichkeiten nahe 0 % und 100 %). Die Taube zu 99 % zu bekommen oder zu 100 % macht subjektiv einen großen Unterschied („certainty effect", Sicherheitseffekt). Besonders erstrebenswert erscheint uns auch das Nullrisiko. Dies führt dazu, dass wir das Nullrisiko übermäßig bewerten und bereit sind, zu viel dafür zu bezahlen (**„zero-risk bias"**). Das heißt, um den Spatz ganz sicher zu haben, bezahlen wir einen deutlich zu hohen Preis.

Doch nicht nur die Zeitspanne bis zu einer Belohnung und die Wahrscheinlichkeit, mit der wir sie bekommen hat einen Einfluss auf den Wert, den wir ihr beimessen. Auch die Interpretation als Gewinn oder Verlust hat einen großen Einfluss.

18.2.3 Gewinn/Verlust und Wert

Der menschlichen Tendenz, Risiken zu scheuen, versucht die **Prospect Theory** (Kahneman u. Tversky 1979) auf den Grund zu gehen. Ihr zufolge ist nicht der eigentliche Nutzen eines Objekts entscheidend für die Bewertung ist, sondern die Veränderung ausgehend von einem Referenzpunkt. Dieser Referenzpunkt kann beispielsweise der aktuelle Zustand sein, ein gesetztes Ziel oder auch das

18.2 · Grundlegende Theorien zu Entscheidungen

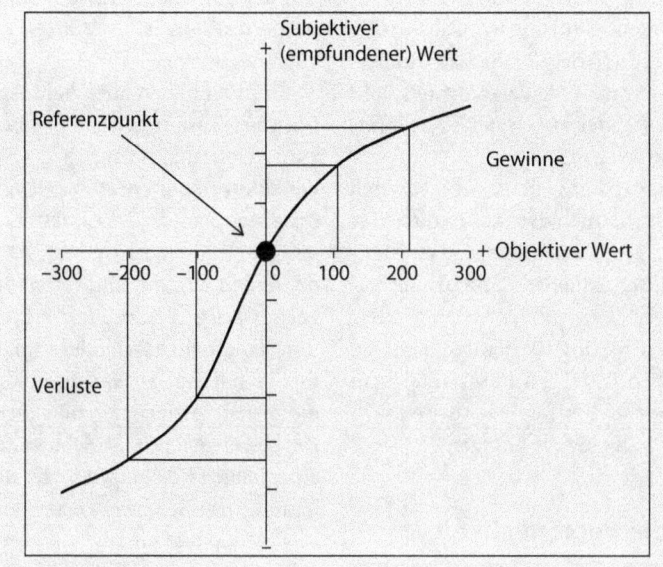

Abb. 18.1 Wertfunktion der Prospect Theory

Worst-Case-Szenario. Der Ausgang einer Entscheidung wird als Gewinn oder Verlust im Vergleich zum Referenzpunkt betrachtet. Dabei ist die Nutzenfunktion für Gewinne und Verluste unterschiedlich (Kahneman u. Tversky 1984). Die Wertfunktion stellt eine S-Linie dar, die im Verlustbereich steiler abfällt, als sie im Gewinnbereich ansteigt (◘ Abb. 18.1).

Das bedeutet zum einen, dass in Relation zum steigenden objektiven Wert des Objekts der subjektiv zugeschriebene Wert sinkt. Ein Geldbetrag von 200 Euro ist subjektiv also nicht doppelt so viel wert wie 100 Euro, sondern etwas weniger (zwei Spatzen sind uns also nicht wirklich doppelt so viel wert wie einer). Zum anderen bedeutet es, dass Menschen Verluste mehr fürchten, als sie Gewinne anstreben (frei nach dem japanischen Sprichwort: „Der entwischte Fisch ist immer der größte").

Diese starke Abneigung gegenüber Verlusten wird **Verlustaversion** genannt (Kahneman et al. 1991). Ein Verlust wiegt emotional ungefähr doppelt so schwer wie ein gleich großer Gewinn. Diese tief greifende Verlustaversion lässt mögliche Gewinnchancen bei der Entscheidungsfindung in den Hintergrund treten, sodass die Entscheidung nicht auf objektiven Gewinn-Verlust-Wahrscheinlichkeiten gründet. Erst wenn man deutlich mehr gewinnen als verlieren kann, werden solche Überlegungen interessant (z. B. Lotto, Wetten). Um sich auf das Spiel einzulassen – bei einer Chance von 50:50 100 Euro zu verlieren oder einen höheren Geldbetrag zu gewinnen –, muss den meisten Personen demnach 200 Euro als möglicher Gewinn in Aussicht gestellt werden.

Die Angst, etwas zu verlieren, ist also ein viel größerer Motivator als die Aussicht, etwas von gleichem Wert zu gewinnen. Sollten Sie also jemals in die Situation kommen, einer Person einen neuen, schnelleren Computer verkaufen zu wollen, verweisen Sie nicht darauf, wie viel Zeit sie einsparen kann, sondern wie viel Zeit sie mit dem langsamen Rechner verliert.

Die Verlustaversion wird auch herangezogen, um den **Endowment-Effekt** (Besitztumseffekt) zu erklären. Folgendes Beispiel: Angenommen eine Person möchte sich ein neues Fahrrad kaufen. Im Laden kostet das Wunschmodell 500 Euro. Dieser Preis ist dem Kunden zu hoch. Im Internet findet er das gleiche Modell für 450 Euro und schlägt zu. Als er zum ersten Mal mit seinem neuen Fahrrad durch die Stadt fährt, bietet ein Passant an, ihm das Fahrrad für 520€ abzukaufen. Was passiert? Die Person lehnt ab. Ökonomisch betrachtet ist das nicht sinnvoll. Doch was wir besitzen, empfinden wir als wertvoller als das, was wir nicht besitzen. Wenn wir etwas verkaufen, verlangen wir mehr Geld, als wir selbst dafür bereit wären auszugeben (Ariely 2008). Experimente haben gezeigt, dass der verlangte Verkaufspreis rund doppelt so hoch ist wie der angebotene Kaufpreis (Horowitz u. McConnell 2002).

Loslassen fällt uns schwer. Den vorangegangenen Effekten sehr ähnlich ist auch der **Status-quo-Bias** (Kahneman et al. 1991). Dieser besagt, dass Menschen dazu neigen, ihren aktuellen Zustand zu erhalten. Die Aussicht, den Status quo zu verlieren, wiegt schwerer als die Aussicht, eine alternative Option zu gewinnen. Es lässt sich also sagen, dass der Spatz in unserer Hand schon fast zur Taube wird – einfach nur dadurch, dass wir ihn bereits besitzen.

18.3 Einfluss der Persönlichkeit

Die vorausgegangenen Theorien und Effekte beschreiben Verzerrungen, denen grundsätzlich alle Menschen unterliegen. Wie stark die Ausprägung ist, hängt aber auch von der Persönlichkeit des Einzelnen ab. So werten beispielsweise Personen mit einer hohen **Impulsivität** Belohnungen schneller ab, als solche mit einer geringeren (Green u. Myerson 2004). **Extraversion** sagt die Bevorzugung einer kleinen, sofortigen Belohnung vorher, da extravertierte Personen sensibler auf das dopamingesteuerte Belohnungszentrum des Gehirns reagieren. Hohe **kognitive Fähigkeiten** hingegen sprechen für die Wahl der größeren, späteren Belohnung, da sie mit der Stärke der Kontrollmechanismen korrespondieren (Hirsh et al. 2008).

In dem als „Marshmallow-Test" berühmt gewordenen Versuch wurden Kinder vor die Wahl gestellt, eine Süßigkeit sofort oder eine zweite später zu bekommen (Mischel u. Ebbesen 1970). Dazu mussten sie 15 min vor der Süßigkeit sitzen, ohne sie zu essen, während der Versuchsleiter den Raum verließ. Die Fähigkeit zum **Belohnungsaufschub** („delay of gratification") hat eine hohe Aussagekraft: Anschließende Untersuchungen konnten zeigen, dass die Kinder, die der Versuchung widerstehen konnten, im weiteren Leben u. a. bessere Schulnoten hatten, höhere Gehälter bekamen und weniger wahrscheinlich übergewichtig waren (Mischel 1996). Es spricht also durchaus etwas dafür, sich nicht dem Impuls hinzugeben, nach dem Spatz zu greifen, sondern sich in Selbstkontrolle zu üben und auf die Taube zu warten.

Studien haben auch herausgefunden, dass ein positiver Zusammenhang zwischen der Fähigkeit zum Belohnungsaufschub, der Selbstkontrolle und der **zukunftsgerichteten Zeitperspektive** („future time perspective", FTP) besteht (Avci 2013). Diejenigen, mit einer langen FTP setzen sich Ziele in der fernen Zukunft und verknüpfen diese mit ihren gegenwärtigen Handlungen („long-term orientation", langfristige Orientierung). Dabei bewerten sie ihre Handlungen in Bezug auf deren Wirksamkeit, die Ziele zu erreichen, und widerstehen Ablenkungen besser (Avci 2013). Schüler und Studierende mit einer langen FTP zeigen in der Regel bessere Schulleistungen als solche mit einem kurzen Zeithorizont.

Hätte unser anfangs dargestellter Bachelorabsolvent eine lange FTP, würde er sich eher das Ziel setzen, in 10 Jahren einen gut bezahlten Managerposten innezuhaben, und die dafür notwendigen Schritte in der Gegenwart (z. B. ein Masterstudium) bestreiten.

Es wird auch davon ausgegangen, dass die wahrgenommene **Selbstwirksamkeit** eine Rolle bei der Fähigkeit zum Belohnungsaufschub und dem Setzen langfristiger Ziele spielt (Avci 2013; Bembenutty 2009). Wer daran glaubt, die Taube in Zukunft auch wirklich aus eigener Kraft erreichen zu können, verzichtet eher auf den Spatz.

Darüber hinaus unterscheiden sich Menschen auch in ihrer **Risikopersönlichkeit**, also in der Neigung dazu, Risiken einzugehen. Brengelmann und von Quast (1987) unterscheiden bei der Risikodisposition die beiden Dimensionen Risiko und Kontrolle und erklären durch deren Zusammenspiel die verschiedenen Risikotypen: der Vorsichtige, der Kontrollierte, der Risikofreudige und der Zielstrebige. Ob wir es wagen, auf das Dach zu klettern, ist also auch „Typsache". Daten einer Langzeiterhebung haben ergeben, dass große Menschen risikofreudiger sind als kleine, Männer mehr wagen als Frauen, wer Eltern mit Abitur hat, eher Risiken eingeht als andere und mit steigendem Alter die Risikobereitschaft deutlich nachlässt (Dohmen et al. 2011). In dieser Studie hat sich außerdem gezeigt, dass Personen, die sich selbst als risikofreudig einschätzen, zufriedener mit ihrem Leben sind. Was hier allerdings Ursache ist und was Wirkung, lässt sich nicht sagen. Vielleicht sind zufriedene Menschen gerade wegen ihrer Zufriedenheit optimistischer und damit risikofreudiger. Oder aber Risikofreudige nehmen ihr Leben eher in die Hand und gestalten es so, dass sie damit zufrieden sind (Dohmen et al. 2011). Wie heißt es so schön? „No risk, no fun."

18.4 Situative Faktoren

Neben der Persönlichkeit haben auch Umweltbedingungen bzw. die Situation, in der sich eine Person befindet einen Einfluss auf deren Entscheidungsverhalten.

So steigert z. B. **Macht** die Bereitschaft, auf größere Belohnungen in der Zukunft zu warten. Das Gefühl von Einfluss verleiht Sicherheit. Macht wirkt sozusagen als Puffer vor der Zukunftsangst (Joshi u. Fast 2013).

Chronischer Stress und der damit einhergehende erhöhte Kortisolspiegel hingegen mindern die Risikobereitschaft (Kandasamy et al. 2014). Porcelli und Delago (2009) fanden passend dazu heraus, dass bei Stress die Effekte der Prospect Theory stärker auftreten. Auch **gute Stimmung** kann dazu führen, dass man eher die sofortige Belohnung wählt. Zumindest konnte das bei extravertierten Personen gezeigt werden (Hirsh et al. 2010). Sind wir also dauernd gestresst oder sehr beschwingt, greifen wir eher nach dem Spatz.

Darüber hinaus kann die Kultur entscheidend dafür sein, ob sich jemand für den Spatz oder die Taube entscheidet. Personen, die eine „zukunftslose" **Sprache** sprechen (z. B. Deutsch: „Morgen regnet es"), fällt es leichter, heute auf etwas zu verzichten, um morgen mehr zu haben. Die Zukunft beginnt, sprachlich gesehen, ja schon heute. Im Gegensatz dazu stehen zukunftsbezogene Sprachen, z. B. Englisch: „It will rain tomorrow" (Chen 2013).

Ebenso beeinflussen weitere Kulturaspekte unser zeitbezogenes Handeln. So ist eine der Dimensionen, nach denen sich Kulturen laut Hofstede (2001) unterscheiden, die **langfristige Orientierung** („long-term orientation"). Kulturen, die hier hohe Werte aufweisen, legen einen Fokus auf die Zukunft. Sie sind dadurch eher bereit, kurzfristigen materiellen oder sozialen Erfolg zu verschieben. Ganz in diesem Sinne sagt z. B. eine chinesische Weisheit: „Kümmere dich nicht um die Zukunft und du wirst die Gegenwart betrauern".

Auch **aktuelle starke Bedürfnisse** wie Hunger können die Präferenz hin zur schnellen Befriedigung verschieben.

18.5 Fazit

Es hängt stark von der Sichtweise auf das Sprichwort ab, ob es als moralisch richtig und auch als nützlich gesehen wird, den Spatz in der Hand zu wählen. Betrachtet man es unter der Prämisse der Bescheidenheit, sollte man sich für den Spatz, also den sicheren, kleinen Gewinn, entscheiden. Sonst kann man als habgierig oder unersättlich gelten. Auch die Rückbesinnung darauf, im Alltäglichen und Kleinen das Glück zu sehen, spricht dafür, den Spatz zu wählen. Man kann das Sprichwort andererseits aber auch als Ausrede auffassen, es sich bequem zu machen und nicht nach Größerem und Anstrengenderem zu streben, oder auch als Resignation, seine Träume nicht zu verfolgen. Wer ehrgeizig und ambitioniert ist, wer Ziele und Visionen hat, gibt sich nicht mit dem Spatz zufrieden, sondern strebt nach Tauben („Mut steht am Anfang des Handelns, Glück am Ende", Demokrit, 460–370 v. Chr.).

Wir sind immer wieder vor die Entscheidung gestellt, zwischen einem kleinen, sofortigen, sicheren Gewinn und einem größeren, zukünftigen, unsicheren zu wählen:

- In der Ökonomie: bei Aktien, Anleihen, Lebensversicherungen und Krediten
- Bei Investitionen und beim Konsum- und Sparverhalten
- In der Ausbildung und im Beruf: „Nehme ich den schlechter bezahlten Job direkt nach dem Abitur an oder studiere ich weiter, um vielleicht einen besseren zu finden."
- Und nicht zuletzt auch bei der Partnerwahl: „Drum prüfe, wer sich ewig bindet, ob sich nicht was Bess'res findet."

Die Kunst liegt darin, die Situation möglichst realistisch einzuschätzen und im richtigen Moment den richtigen Vogel zu wählen. Falsche Vorsicht und kognitive Verzerrungen können uns daran hindern, den maximalen Nutzen auszuschöpfen. Wer sich immer klein hält, wird nie das erreichen, was eigentlich möglich wäre („Bescheidenheit ist eine Zier, doch weiter kommst du ohne ihr"). Wer aber immer nur dem Außergewöhnlichen und Großen nachjagt, wird auch nicht glücklich werden („Viele Menschen versäumen das kleine Glück, während sie auf das Große vergebens warten" (Pearl S. Buck, Schriftstellerin, 1892–1973; zitiert nach von Kleist 2008, S. 132). Man kann sich nie sicher sein, was die Zukunft bringt. Man weiß nicht, wann und ob die Taube davon fliegt, doch das sollte einen nicht davon abhalten, seine Chancen wahrzunehmen.

» Wir werden nie die Dinge bereuen, die wir getan haben. Sondern immer die, die wir nicht getan haben. (Prof. Randy Pausch, 1960–2008)

Literaturverzeichnis

Nickel, R. (2005) Aesop: Fabeln. Griechisch-deutsch. Düsseldorf, Zürich: Artemis & Winkler.
Ariely, D. (2008). *Predictably irrational. The hidden forces that shape our decisions*. New York: HarperCollins.
Atkinson, J.W. (1964). *An introduction to motivation*. New York: Van Nostrand.
Avci, S. (2013). Relations between self regulation, future time perspective and the delay of gratification in university students. *Education* 133(4), 525–537.
Bembenutty, H. (2009). Academic delay of gratification, self-efficacy, and time management among academically unprepared college students. *Psychological Reports* 104(2), 613–623.
Böhm-Bawerk, E. (1921). Kapital und Kapitalzins (4. Aufl.). Jena: Fischer.
Brengelmann, J., & von Quast, C. (1987). Verhaltenseffektivität und Stress: Spielen, Risikolust und Kontrolle (Bd. 4). Frankfurt am Main, Bern, New York: Peter Lang.
Chen, K. (2013). The effect of language on economic behavior: Evidence from savings rates, health behaviors, and retirement assets. *American Economic Review* 109(2), 690–791.
Dohmen, T., Falk, A., Huffman, D., Sunde, U., Schupp, J., Wagner, G. (2011). Individual risk attitudes: measurement, determinants, and behavioral consequences. *Journal of the European Economic Association* 9(3), 522–550.
Duden. (2015). Spatz, der. http://www.duden.de/rechtschreibung/Spatz. Zugegriffen: 05. März 2015.
Eckert, D. (2013). Die Dax-Konzerne mit den besten Dividenden. *Welt online*. http://www.welt.de/finanzen/geldanlage/article113463901/Die-Dax-Konzerne-mit-den-besten-Dividenden.html. Zugegriffen: 27. März 2016.
Frederick, S., Loewenstein, G., & O'Donoghue, T. (2002). Time discounting and time preference: A critical review. *Journal of Economic Literature* 40, 351–401.
Green, L., & Myerson, J. (2004). A discounting framework for choice with delayed and probabilistic rewards. *Psychological Bulletin* 130(5), 769–792.
Green, L., Fristoe, N. & Myerson, J. (1994). Temporal discounting and preference reversals in choice between delayed outcomes. *Psychonomic Bulletin & Review* 1(3), 223–244.
Green, L., Myerson, J., & McFadden, E. (1997). Rate of temporal discounting decreases with amount of reward. *Memory & Cognition* 25(5), 715–723.
Hirsh, J., Morisano, D., & Peterson, J. (2008). Delay discounting: Interactions between personality and cognitive ability. *Journal of Research in Personality* 42, 1646–1650.
Hirsh, J., Guindon, A., Morisano, D., & Peterson, J. (2010). Positive mood effects on delay discounting. *Emotion* 10(5), 717–721.
Hofstede, G. (2001). *Culture's consequences – comparing values, behaviors, institutions and organizations across nations* (2nd ed.). London, Neu Delhi: Thousand Oaks.
Horowitz, J.K., & McConnell, K. E. (2002). A review of WTA/WTP Studies. *Journal of Environmental Economics and Management* 44, 426–447.
Joshi, P., & Fast, N. (2013). Power and reduced temporal discounting. *Psychological Science* 25, 1822–1830.
Kahneman, D., & Tversky, A. (1979). Prospect theory: An analysis of decision under risk. *Econometrica* 47, 263–292.
Kahneman, D., & Tversky, A. (1984). Choices, values, and frames. *American Psychologist* 39(4), 341–350.
Kahneman, D., Knetsch, J., & Thaler, R. (1991). The endowment effect, loss aversion and the status quo bias. *Journal of Economic Perspectives* 5(1), 193–206.
Kandasamy, N., Hardy, B., Page, L., Schaffner, M., Graggaber, J., Powlson, A., Fletcher, P., Gurnell, M., & Coates, J. (2014). Cortisol shifts financial risk preferences. *Proceedings of the National Academy of Sciences* 111(9), 3608–3613.
Kirby, K. N., & Herrnstein, R. J. (1995). Preference reversals due to myopic discounting of delayed reward. *Psychological Science* 6, 83–89.
von Kleist, B. (2008). *Der Weg zum Glück ist ausgeschildert: Vom Suchen und Finden*. Berlin: Christoph Links Verlag.
Koopmans, T. C., Diamond, P. A., & Williamson, R. E. (1964). Stationary utility and time perspective. *Econometrica* 32, 82–100.
Krumm, M. (2015). Woher kommt das Sprichwort „Besser den Spatz in der Hand als eine Taube auf dem Dach"? *Abendblatt online*. Artikel vom 31. Mai 2013. http://www.abendblatt.de/ratgeber/wissen/article116674539/Woher-kommt-das-Sprichwort-Besser-den-Spatz-in-der-Hand-als-eine-Taube-auf-dem-Dach.html. Zugegriffen: 11. März 2016.
Mischel, W. (1996). From good intentions to willpower. In P. M. Gollwitzer, & J. A. Bargh (Eds.). *The psychology of action: Linking cognition and motivation to behavior*. New York: Guilford.
Mischel W., & Ebbeson, E. B. (1970). Attention in delay of gratification. *Journal of Personality and Social Psychology* 16(2), 329–337.

Literaturverzeichnis

Mowen, J. C. (1992). The time and outcome valuation model: implications for understanding reactance and risky choices in consumer decision making. *Advances in Consumer Research* 19, 182–189.

Mowen, J. C., & Mowen, M. M. (1991). Time and outcome valuation. Implications for marketing decision making. *Journal of Marketing* 55, 54–62.

Myerson, J., Green, L., Hanson, J. S., Holt, D. D., & Estle, S. J. (2003). Discounting delayed and probabilistic rewards: Processes and traits. *Journal of Economic Psychology* 24, 619–635.

Pausch, R. (2008). Randy Pausch Inspires Graduates. CMU graduation speech. Vortrag vom 18. Mai 2008, gehalten an der Carnegie Mellon University, Pittsburgh. http://www.cmu.edu/randyslecture/videos/index.html. Zugegriffen: 11. April 2016.

Porcelli, A., & Delago, M. (2009). Acute stress modulates risk taking in financial decision making. *Psychological Science* 20(3), 278–283.

Rachlin, H., Raineri, A., & Cross, D. (1991). Subjective probability and delay. *Journal of the Experimental Analysis of Behavior* 55, 223–244.

Rolle, R. (2005). *Homo oeconomicus: Wirtschaftsanthropologie in philosophischer Perspektive*. Würzburg: Königshausen & Neumann.

Udem, P. (2016). „Lieber den Spatz in der Hand als die Taube auf dem Dach". Redensarten-Index online. http://www.redensarten-index.de/suche.php?suchbegriff=~~Lieber±den±Spatz±in±der±Hand±als±die±Taube±auf±dem±Dach;±Ein±Spatz±in±der±Hand±ist±besser±als±eine±Taube±auf±dem±Dach&suchspalte%5B%5D=rart_ou. Zugegriffen: 25. März 2016.

Vroom, V. H. (1964). *Work and motivation*. New York: Wiley.

Wöhe, G., & Döring, U. (2010). Einführung in die Allgemeine Betriebswirtschaftslehre (24. Aufl.). München: Franz Vahlen.

VI

Gruppen: Leistung, Erfolg, Team und Kommunikation

Kapitel 19   Vier Augen sehen mehr als zwei – 165
Fiona A. Kunz

Kapitel 20   Viele Köche verderben den Brei – 173
Tabea Mehrbrodt

Kapitel 21   Erst wägen, dann wagen – Hör auf deinen Bauch – 181
Annemarie Müssig

Kapitel 22   Eine Kette ist nur so stark wie ihr schwächstes Glied – 191
Marcel Obermeier

Vier Augen sehen mehr als zwei

Fiona A. Kunz

© Springer-Verlag Berlin Heidelberg 2017
D. Frey (Hrsg.), *Psychologie der Sprichwörter*,
DOI 10.1007/978-3-662-50381-2_19

19.1 Einleitung

Obwohl die Lebensweisheit „Vier Augen sehen mehr als zwei" seit mehreren Jahrhunderten in verschiedensten Kulturen und Sprachen etabliert ist, ist ihre genaue Herkunft unbekannt. Zahlreiche Sprichwörter wie „Zwei Köpfe sind besser als einer", „Keiner weiß so viel wie alle" oder „Doppelt hält besser" unterstützen ihre Aussage. Es existieren jedoch auch einige dieser Lebensweisheit widersprechende Sprichwörter, beispielsweise „Weniger ist mehr" oder „Zu viele Köche verderben den Brei" (▶ Kap. 20).

Die Lebensweisheit „Vier Augen sehen mehr als zwei" besagt, dass zwei Menschen, die gemeinsam aufpassen, weniger entgeht als einer einzelnen Person. Sie beruht auf dem sog. **Vier-Augen-Prinzip**, bei dem es sich um eine bestimmte Form des Mehr-Augen-Prinzips handelt. Nach dem Vier-Augen-Prinzip sollten hoch bedeutsame und kritische Entscheidungen und Tätigkeiten nicht von einer einzelnen Person getroffen bzw. durchgeführt werden. Um das Fehler- oder Missbrauchsrisiko zu reduzieren und eine optimale Entscheidung zu fördern, fordert das Prinzip folglich die Durchführung mehrfacher Kontrollen durch zwei unabhängige und unvoreingenommene Personen. Alle kritischen Prozesse, die beispielsweise bei einer nicht ordnungsgemäßen Durchführung erhebliche finanzielle Auswirkungen oder Personenschäden zur Folge haben könnten, erfordern somit stets die Anwesenheit von zwei autorisierten Personen. In Analogie zu einer technischen Redundanz, z. B. dem Einsatz von Ersatzgeneratoren für den Fall eines Stromausfalls in Krankenhäusern, wird im Rahmen des Vier-Augen-Prinzips somit menschliche Redundanz eingesetzt.

19.2 Anwendungsbereiche in der Praxis

Die wissenschaftliche Untersuchung der Lebensweisheit „Vier Augen sehen mehr als zwei" ist aufgrund der weitverbreiteten Anwendung des Vier-Augen-Prinzips bei kritischen und hoch bedeutsamen Tätigkeiten und Entscheidungen in verschiedensten Lebensbereichen von großer Bedeutsamkeit.

Im Bereich der **Wirtschaft** findet das Vier-Augen-Prinzip u. a. bei der Überwachung sicherheitsrelevanter technischer Systeme und Prozesse oder bei der Unterschriftenregelung im Rahmen wichtiger Vertragsabschlüsse seine Anwendung. Ebenso beruhen beispielsweise der Zahlungsverkehr im Bankensektor sowie die Bekämpfung von Korruption, z. B. durch Nichtregierungsorganisationen wie Transparency International, auf dem Vier-Augen-Prinzip. Die Doppelbesetzung von Cockpits in der Luft- und Schifffahrt stellt einen weiteren wichtigen Anwendungsbereich dar.

In der **Medizin** beruhen ebenfalls verschiedenste Entscheidungen, die von der Diagnose und Medikation über die Produktion von Arzneimitteln bis hin zu der Sterbehilfe reichen, auf dem Vier-Augen-Prinzip.

Neben dem Peer-Review-Verfahren in der Wissenschaft findet die Lebensweisheit auch in der **Politik**, z. B. bei der Führung von Behörden und Regierungen in Deutschland nach dem Kollegialitätsprinzip oder bei der Entscheidungsfindung zu kritischen und gesellschaftlich relevanten Themen, z. B. dem Einsatz von Atomwaffen, ihre Anwendung.

19.3 Empirische Überprüfung der Praxisbeispiele

Im Folgenden wird zunächst ein Überblick über die empirische Überprüfung der konkreten Anwendung des Vier-Augen-Prinzips in der Praxis gegeben, bevor näher auf die theoretische Erklärung möglicher Leistungsgewinne sowie -verluste eingegangen wird.

Bei der empirischen Untersuchung der **Leistung von dyadischen Teams** in verschiedensten Anwendungsbereichen kommt die Forschung zu widersprüchlichen Ergebnissen. Einerseits gibt es empirische Befunde, die zeigen, dass vier Augen durchaus mehr sehen können als zwei und ein weiteres Augenpaar beispielsweise Fehler fand, die den beiden ersten Augen entgangen waren (z. B. Morrissette et al. 1975; Nihei et al. 2002). Andere Studien beobachteten hingegen eine Leistungsreduktion bei der Fehlersuche mit einer Beteiligung von zwei Augenpaaren (z. B. Hornseth u. Davis 1967; Ware et al. 1964).

Ebenso kamen manche empirische Studien zu dem Ergebnis, dass z. B. die **Überwachungsleistung** sicherheitsrelevanter technischer Systeme bei zwei Augenpaaren besser war als bei einem (z. B. Owhoso et al. 2002). Andere Forscher beobachteten, dass die individuelle Überwachungsleistung höher war, wenn Personen alleine das System überwachten, als wenn eine andere Person gleichzeitig mit überwachte (z. B. Domeinski et al. 2007; Douthitt u. Aiello 2001; Marold 2012).

Ein ähnlich heterogenes Bild zeigt sich beispielsweise auch bei der Anwendung des Vier-Augen-Prinzips in der **Luftfahrt**. Während manche empirische Studien die positive Auswirkung einer Doppelbesetzung von Cockpits auf die Teamleistung und Zielerreichung bestätigten (z. B. Bienefeld u. Grote 2014), fanden andere keine Leistungssteigerung bei Zweierteams redundant arbeitender Piloten (z. B. Skitka et al. 2000).

Die Anwendung des Vier-Augen-Prinzips zur Eindämmung von **Korruption** kann beispielsweise sogar kontraproduktiv sein und mit einem Anstieg der Anzahl erfolgreicher korrupter Transaktionen und der Gesamthöhe der Bestechungsgelder einhergehen (Schickora 2011). Je nach dem individuellen Wertesystem der beteiligten Personen schließen sich diese möglicherweise einfach zusammen, wodurch eine Korruption sogar einfacher möglich wird.

Zusammenfassend hat die empirische Forschung gezeigt, dass die alleinige Einführung des Vier-Augen-Prinzips – unabhängig des Anwendungsbereichs – nicht ausreichend ist. Bereits das Wissen um eine gemeinsame Aufgabenbearbeitung kann hingegen sogar zu einer Verringerung der Kontrollquantität sowie -qualität gegenüber der individuellen Bearbeitung führen. Eine doppelte Kontrolle kann dementsprechend manchmal sogar gefährlicher und unzuverlässiger sein als eine Einzelarbeit.

Zwischen technischen und menschlichen Redundanzen scheint somit ein entscheidender Unterschied zu bestehen: Im Gegensatz zu technischen Redundanzen können menschliche Redundanzen nicht als unabhängig voneinander gesehen werden. Eine Person, die nach dem Vier-Augen-Prinzip arbeitet, weiß nämlich, dass es noch eine andere Person gibt, die dieselbe Aufgabe und Verantwortung wie sie selbst hat, was wiederum ihr Verhalten stark beeinflusst (Sagan 1993).

19.4 Theoretische Perspektive

Um ein tieferes Verständnis des Zustandekommens von Prozessgewinnen und -verlusten in dyadischen Teams zu erlangen, können verschiedenste Theorien aus dem Bereich der Sozial- sowie Kognitionspsychologie herangezogen werden.

19.4.1 Kognitionspsychologie

Die Kognitionspsychologie liefert wichtige Erklärungsansätze, die vor allem für eine mögliche Leistungssteigerung bei der Zusammenarbeit von zwei Individuen sprechen. Das Sprichwort „Zwei hören die gleiche Symphonie, doch das gleiche nie" des Dichters Erhard H. Bellermann beschreibt den nach Erkenntnissen der Wahrnehmungspsychologie nicht zu unterschätzenden **subjektiven Anteil der Wahrnehmung** (Goldstein et al. 2002). Jedes Augenpaar achtet auf andere Details und nimmt die Realität nicht nur unterschiedlich wahr, sondern interpretiert das Wahrgenommene auch unterschiedlich. Anstelle einer Arbeitsteilung wird deswegen von Forschern häufig eine redundante Arbeitsorganisation nach dem Vier-Augen-Prinzip, bei der der gesamte Prozess von zwei Personen beobachtet wird, empfohlen.

Durch das Erleben einer anderen Perspektive werden außerdem neue Strategien und Sichtweisen erlernt, und es findet eine kritische Reflexion der eigenen Perspektive statt. Bei der Zusammenarbeit von zwei Menschen findet eine **kognitive Umstrukturierung** statt, weshalb die Leistung dyadischer Teams mit der Zeit ansteigt (Nihei et al. 2002). Die Aussagen des einen Gruppenmitglieds dienen als **Hinweisreize** (sog. „cues") für den Abruf gespeicherter Informationen aus dem Gedächtnis der anderen Person. Dieser positive und stimulierende Effekt des kognitiven Lernens findet nicht nur bei korrekten, sondern auch bei inkorrekten Informationen vonseiten des Partners statt.

19.4.2 Sozialpsychologie

Doch wie beeinflusst der Kontext „Zweiergruppe" die Leistung und Motivation eines Individuums? Aus theoretischer Sicht entspricht die tatsächliche Produktivität einer Gruppe der Differenz aus der potenziellen Produktivität und den Prozessverlusten, die sich wiederum aus Motivations- oder Koordinationsverlusten zusammensetzen (Steiner 1972).

Motivationstheoretische Konzepte

Wie bereits kognitionspsychologisch begründet wurde, kann zunächst durchaus angenommen werden, dass die potenzielle Produktivität von zwei Augenpaaren größer ist als von einem. Aus sozialpsychologischer Sicht spricht das motivationstheoretische Phänomen der **sozialen Kompensation** sogar für eine mögliche Leistungssteigerung bei der Zusammenarbeit von zwei Individuen. Es besagt, dass einzelne Personen in Kollaboration mit anderen Menschen härter arbeiten, um dadurch geringere Leistungen anderer Teammitglieder auszugleichen (Williams u. Karau 1991).

Auf der anderen Seite können verschiedene mehrfach empirisch nachgewiesene sozialpsychologische Phänomene zur motivationstheoretischen Erklärung der bei einer Zusammenarbeit von zwei Personen drohenden Prozessverluste herangezogen werden. Die Theorie der **Verantwortungsdiffusion** besagt, dass die wahrgenommene Verantwortung für eine Entscheidung bei Individuen mit zunehmender Gruppengröße abnimmt (Frey u. Bierhoff 2011). Eine Verantwortungsdiffusion tritt bei Zweierteams jedoch in einem relativ geringen Ausmaß auf und nimmt vor allem mit zunehmender Gruppengröße stark zu (Forsyth et al. 2002). Mit dieser Theorie geht auch das Phänomen des **sozialen Faulenzens** einher, gemäß dem sich Menschen als Teil einer Gruppe weniger anstrengen, da sie glauben, ihr individueller Beitrag zum Endergebnis sei nicht identifizierbar (Latané et al. 1979). Das Prinzip des **sozialen Trittbrettfahrens** besagt außerdem, dass Individuen bei der Arbeit im Team ihre Anstrengung senken. Grund hierfür ist, dass die Bedeutung und der Einfluss des individuellen Beitrags als gering wahrgenommen wird (Kerr u. Bruun 1983).

Hidden-Profile-Theorem

Ein weiteres bedeutsames soziales Paradigma ist das sog. Hidden-Profile-Theorem, welches die Gefahr beschreibt, dass Gruppen dazu tendieren, sich auf sog. **gemeinsam geteiltes Wissen** zu konzentrieren. Darunter werden Informationen, die allen Gruppenmitgliedern bekannt sind, verstanden. Die Informationen, die nur einzelnen Mitgliedern bekannt sind (**nicht geteiltes Wissen**), kommen hingegen in der Gruppendiskussion häufig überhaupt nicht zur Sprache.

Infolgedessen entsteht bei den Individuen eine Tendenz, sich auf die gemeinsam geteilten Informationen zu fokussieren und somit ihr eigenes Wissen erst gar nicht in die Gruppendiskussion und -entscheidung mit einzubringen. Dieses Nicht-Mitteilen wichtiger Informationen kann zu verzerrten Entscheidungen führen und demzufolge mit einer hohen Einbuße der Entscheidungsqualität einhergehen (Schulz-Hardt et al. 2006).

Phänomen des Gruppendenkens

Das Phänomen des Gruppendenkens („groupthink") liefert einen weiteren wichtigen Erklärungsansatz für mögliche Fehlentscheidungen von Gruppen (Janis 1972). Unter Gruppendenken versteht man den Prozess, dass die beteiligten Individuen ihre eigene Meinung an die erwartete Gruppenmeinung anpassen und somit Entscheidungen zustimmen, die sie individuell möglicherweise abgelehnt hätten.

Es gibt zwei Erklärungen für diese Anpassung der individuellen Meinung und des Verhaltens an das der anderen Gruppenmitglieder, die auch als Konformität bezeichnet wird. Der sog. **normative Einfluss** besagt zum einen, dass sich Einzelpersonen konform mit der Gruppe verhalten, da sie eine positivere Reaktion der anderen Gruppenmitglieder erwarten und ihnen die Gruppenzugehörigkeit sehr wichtig ist. Zum anderen wollen die Gruppenmitglieder eine richtige Entscheidung treffen und vertrauen den Informationen und Äußerungen der anderen Personen oftmals mehr als ihren eigenen (**informativer Einfluss**; Deutsch u. Gerard 1955).

Darüber hinaus hat es sich gezeigt, dass verschiedene Arten von Aufgaben verschiedene Verhaltensmuster hervorrufen (Hackman 1968; Hackman u. Vidmar 1970; Morris 1966).

Modell der Aufgabenklassifikation

Das Modell der Aufgabenklassifikation nach Steiner (1972) bietet eine gute Konzeptualisierung für das Verständnis, wie die Höhe der potenziellen Gruppenproduktivität sowie der drohenden Prozessverluste je nach Aufgabentyp stark variieren kann. Bei den empirisch untersuchten Anwendungsbereichen des Vier-Augen-Prinzips spielen vor allem sog. additive und disjunktive Aufgabentypen eine wichtige Rolle.

Geht es beispielsweise darum, eine möglichst hohe Anzahl von Fehlern zu finden, so addieren sich die Leistungen der einzelnen Gruppenmitglieder einfach auf. Demzufolge ist beim **additiven Aufgabentyp** ein linearer Anstieg des Gruppenpotenzials mit zunehmender Gruppengröße zu erwarten (Littlepage 1991).

Bei vielen Anwendungsbeispielen des Vier-Augen-Prinzips handelt es sich jedoch entweder um sog. Ja-nein- oder komplexe Entweder-oder-Entscheidungen zwischen verschiedenen Optionen. Diese zählen zu den **disjunktiven Aufgabentypen**. Im medizinischen Bereich müssen z. B. Entscheidungen für oder gegen eine Diagnose oder Operation getroffen werde. Hierbei ist es theoretisch ausreichend, wenn nur eine der beiden Personen richtig liegt, weshalb die Gruppe potenziell so gut ist wie ihr leistungsfähigstes Mitglied. Selbst bei der Überprüfung sicherheitsrelevanter oder korrupter Systeme kann es beispielsweise bereits ausreichend sein, wenn nur ein Augenpaar vorhandene Fehler oder korrupte Personen entdeckt. Das Gruppenpotenzial steigt bei disjunktiven Aufgaben mit zunehmender Gruppengröße, da die Wahrscheinlichkeit, dass ein Gruppenmitglied die korrekte Wahl trifft, zunimmt.

Aufgrund ansteigender Motivations- sowie Koordinationsverluste ist jedoch eine U-Form der tatsächlichen Leistung mit zunehmender Gruppengröße zu beobachten (Littlepage 1991). Die Anwendung des Vier-Augen-Prinzips stellt dabei eine Besonderheit dar, da am Ende die eine Meinung gegen die andere Meinung stehen kann. Dementsprechend ist die Zustimmung sowie soziale Unterstützung des Partners, der erst von der eigenen Meinung überzeugt werden muss, für die korrekten Lösungsschritte erforderlich. Demzufolge kann insbesondere die Arbeit in dyadischen Teams mit hohen Koordinationsverlusten einhergehen. Bei disjunktiven Aufgaben neigen vor allem weniger leistungsfähige Mitglieder zum sozialen Faulenzen und Trittbrettfahren.

19.5 Bedingungen für die Anwendung des Vier-Augen-Prinzips

Der Grund für die widersprüchlichen empirischen Ergebnisse über die Wirksamkeit des Vier-Augen-Prinzips in der Praxis (▶ Abschn. 19.3) ist demzufolge, dass diese von verschiedensten Faktoren beeinflusst wird. Doch welche konkreten Bedingungen können die bei der Zusammenarbeit von zwei Personen drohenden Leistungs- und Motivationsverluste reduzieren oder sogar eliminieren? Im Anschluss an die theoretische Beleuchtung der Lebensweisheit anhand unterschiedlicher psychologischer Disziplinen werden nun förderliche Rahmenbedingungen sowie mögliche Handlungsempfehlungen dargelegt.

19.5.1 Aufgabencharakteristika

Zunächst ist es wichtig, dass die beiden beteiligten Personen eine ähnliche und akkurate mentale Repräsentation ihrer Aufgabe sowie des Arbeitsablaufs

19.5 · Bedingungen für die Anwendung des Vier-Augen-Prinzips

haben, weshalb eine **klare Aufgabendefinition und -strukturierung** unabdingbar sind (Burtscher et al. 2011). Es muss klar und einheitlich definiert werden, was von den beiden Augenpaaren überhaupt gesehen werden soll, damit diese ihren Aufmerksamkeitsfokus auf die richtigen Aspekte lenken und effizient zusammenarbeiten können.

Des Weiteren geht ein Anstieg der **Komplexität** und **Einzigartigkeit** zu bewältigender Aufgaben generell mit einer Reduktion des sozialen Faulenzens und somit einem Anstieg der Teamleistung einher (Harkins u. Patty 1982). Darüber hinaus treten Motivationsgewinne durch Teamarbeit entsprechend dem Phänomen der „sozialen Kompensation" verstärkt bei hoch bedeutsamen und kritischen Aufgaben – wie es bei den Anwendungsbereichen des Vier-Augen-Prinzips durchaus der Fall ist – auf (Williams u. Karau 1991; Williams et al. 1993). Bei Aufgaben, bei denen die Anonymität der individuellen Beiträge erhalten bleibt, ist hingegen das Risiko von Motivationsverlusten höher (Latané et al. 1979).

19.5.2 Teamzusammensetzung

Da die Gruppenleistung aus der Wechselwirkung zwischen den Anforderungen der Aufgabe und den Merkmalen der ausführenden Individuen entsteht, sollte die Auswahl der Teammitglieder nach leistungsförderlichen Gesichtspunkten stattfinden (Schulz-Hardt et al. 2007).

Neben verschiedenen Persönlichkeitsmerkmalen wie einer höheren Ausprägung in Extraversion und Offenheit für andere Standpunkte fördern beispielsweise eine hohe **Kooperations- und Teamfähigkeit** sowie eine **soziale und kommunikative Kompetenz** die erfolgreiche Zusammenarbeit bei geteilter Verantwortung (Ülke u. Bilgiç 2011; Werther 2014). Außerdem sollten die Mitglieder des dyadischen Teams eine niedrige Machtmotivation und einen gering ausgeprägten Egoismus aufweisen (Werther 2014).

Eine hohe **Heterogenität** innerhalb des Zweierteams verhindert zudem das Auftreten von Groupthink- sowie Hidden-Profile-Phänomenen, weshalb eine hohe Diversität bei der Teamzusammensetzung grundsätzlich empfehlenswert ist. Hierbei empfiehlt sich vor allem die Kollaboration spezialisierter Mitarbeiter mit einem unterschiedlichen Wissens- sowie Erfahrungshintergrund (Owhoso et al. 2002). Während erfahrene Techniker z. B. eher mechanische Fehler entdecken, werden Manager eher auf konzeptuelle Missstände aufmerksam. Eine Ausnahme stellt jedoch die Heterogenität bezüglich der Leistungsfähigkeit und Motivation dar. Da gemäß dem Phänomen des sozialen Faulenzens bei einem leistungsstärkeren Partner eine Reduktion der Motivation und Leistung der anderen Person droht, ist es wichtig, dass beide Partner ähnlich leistungsstark sind und eine **hohe Leistungsmotivation** aufweisen (Marold 2012).

Des Weiteren erschweren vor allem bei disjunktiven Aufgaben hohe Statusunterschiede zwischen den Individuen die Entscheidungsfindung (Littlepage 1991). Angesichts der hoch beanspruchenden und komplexen Anwendungsbereiche des Vier-Augen-Prinzips ist es somit wichtig, dass die Beteiligten einen **angemessenen Status** sowie Verhaltensspielraum besitzen. Darüber hinaus sollten sie die nötige Zivilcourage haben, Missstände und Fehler anzusprechen und ihre Meinung – auch bei Widerstand – selbstbewusst zu vertreten. Diese Art **zivilcouragierten Verhaltens** wird vor allem von sozial kompetenten, selbstsicheren und offenen Menschen, die eine hohe Ausprägung der wahrgenommenen Verantwortung sowie niedrige Neigung zu Konformität haben, gezeigt (Frey u. Bierhoff 2011).

Abschließend spielt auch die **moralische Vorstellung** sowie das individuelle Wertesystem der Beteiligten eine Rolle. In korrupten Ländern besteht beispielsweise das Problem, dass die individuelle Nutzenmaximierungsstrategie der beteiligten Personen nicht in Einklang mit den übergeordneten Zielen des gesellschaftlichen Systems steht. Die Anwendung des Vier-Augen-Prinzips sollte sich deswegen auf Bereiche, bei denen kein Widerspruch zwischen den Anforderungen der Aufgabe und der Moral der Beteiligten besteht, beschränken.

19.5.3 Kultur und Führung

Die Kultur spielt ebenfalls eine bedeutsame Rolle. In kollektivistisch geprägten Kulturen ist das Phänomen des sozialen Faulenzens und Trittbrettfahrens beispielsweise weniger zu beobachten als in westlich-individualistischen Kulturen (Earley 1989).

Ein zentraler Stellhebel dafür, dass vier Augen in westlichen Kulturkreisen tatsächlich mehr als zwei sehen, ist dementsprechend die Hervorhebung der Relevanz der **individuellen Leistung** sowie die Betonung, dass die individuelle Leistung trotz der Kollaboration von zwei Personen nach wie vor identifiziert werden kann (Williams et al. 1981).

Ein **partizipativer Führungsstil**, der beide beteiligten Personen einbezieht und zu einem verstärkten Engagement ermutigt sowie die individuelle Verantwortung betont, dient somit der Reduktion des Risikos drohender Leistungs- und Motivationsverluste in dyadischen Teams (Brodbeck et al. 2007).

Dementsprechend spielt auch die **Organisationskultur** eine wichtige Rolle. Damit z. B. identifizierte Fehler überhaupt angesprochen und offen diskutiert werden, ist die Etablierung einer offenen Fehlerkultur sowie einer Kultur des offenen und kritischen Dialogs erforderlich (Edmondson 2004; Fruhen u. Keith 2014). Ein effektives Fehlermanagement anstelle einer Fehlervermeidungskultur ermöglicht es, aus Fehlern für die Zukunft zu lernen und Arbeitsprozesse ständig zu optimieren.

19.5.4 Interaktion und Kommunikation

Für eine erfolgreiche Zusammenarbeit im Zweierteam sind außerdem ein reger Austausch sowie eine funktionierende Kommunikation unerlässlich (Hornseth u. Davis 1967; Nihei et al. 2002). Denn erst wenn zwei Personen ihre Ideen diskutieren und Informationen austauschen, können die aus den unterschiedlichen Perspektiven entstehenden Synergiepotenziale genutzt werden.

Um den positiven und stimulierenden Effekt der kognitiven Umstrukturierung bei der Zusammenarbeit von zwei Individuen nutzen zu können, müssen neben ausreichender zeitlicher Ressourcen somit auch ausreichend Möglichkeiten für einen **Informationsaustausch** garantiert werden, weshalb von einer räumlichen Trennung des Zweierteams eher abgeraten wird (Morrissette et al. 1975).

Ferner sollte das Gruppenlernen dadurch gefördert werden, dass das Zweierteam die Möglichkeit hat, über einen längeren Zeitraum vielfach **strukturähnliche Aufgaben** zu bearbeiten (Schulz-Hardt et al. 2007).

Eine ausführliche und **kritische Diskussion** von Entscheidungen im Team kann darüber hinaus dem Hidden-Profile- sowie Groupthink-Phänomen entgegenwirken und den Konformitätsdruck reduzieren. Aus kognitiver Sicht geht eine Diskussion jedoch immer mit einem Verlust kognitiver sowie zeitlicher Ressourcen einher, weshalb auf das richtige Ausmaß der Kommunikation sowie Interaktion geachtet werden sollte (Nihei et al. 2002).

Zur Förderung einer reibungslosen und effizienteren Zusammenarbeit in dyadischen Teams bieten sich deswegen verschiedene **Teamtrainings** zur Förderung einer effektiven Kommunikation sowie Koordination an (Alonso et al. 2006).

19.6 Implikationen und Forschungsausblick

Abschließend kann gesagt werden, dass die Frage, in welchen konkreten praktischen Anwendungsbereichen der Einsatz des Vier-Augen-Prinzips sinnvoll ist, nicht pauschal beantwortet werden kann. Bei der Anwendung des Vier-Augen-Prinzips in der Praxis muss hingegen immer überprüft werden, ob in dem jeweiligen potenziellen Anwendungskontext bestimmte Rahmenbedingungen erfüllt sind.

Vergangene Forschung hat sich bereits ausführlich mit Leistungs- und Motivationsverlusten im Rahmen von Gruppenarbeiten befasst. Die Anwendung dieser Erkenntnisse auf dyadische Teams sollte jedoch aufgrund ihres empirisch nachgewiesenen speziellen Charakters nur mit Vorsicht geschehen (Hackman u. Vidmar 1970; O'Dell 1968). Neben der grundsätzlichen Vernachlässigung dyadischer Teams in der bisherigen Forschung zu Gruppenprozessen ist die fehlende systematische Unterscheidung zwischen verschiedenen Aufgabentypen als kritisch anzusehen (Hackman 1969; Hackman et al. 1975).

In zukünftigen empirischen Studien sollte dementsprechend der Einfluss konkreter kontextueller Charakteristika noch systematischer und umfassender untersucht werden. Für ein tiefergehendes Verständnis der Ursachen und Hintergründe auftretender Motivations- und Leistungsverluste bei der Zusammenarbeit in dyadischen Teams ist außerdem die empirische Erforschung der zugrunde liegenden psychologischen Mechanismen aus der

Perspektive verschiedener psychologischer Disziplinen unerlässlich. Kennt man die Ursachen und konkreten Rahmenbedingungen, die zu Motivations- und Leistungsverlusten führen, können Interventionen an diesen ansetzen und die potenziellen Synergieeffekte der Zusammenarbeit von zwei Individuen wirksam ausgeschöpft werden.

19.7 Fazit

Bereits Johann Wolfgang von Goethe schrieb einst: „Was ist das Schwerste von allem? Was dir das Leichteste dünket: Mit den Augen zu sehen, was vor den Augen dir liegt" (zitiert nach Goethe u. Trunz 1996, S. 230). Bei der Lebensweisheit „Vier Augen sehen mehr als zwei" handelt es sich dementsprechend nicht nur um ein geläufiges Sprichwort, sondern darüber hinaus um ein wichtiges Gestaltungsprinzip in verschiedensten Lebensbereichen.

Doch sehen vier Augen wirklich mehr als zwei? Gemäß Johann von Schillers Zitat aus *Wilhelm Tell* „Wir könnten viel, wenn wir zusammenstünden" (I-3, 1804; zitiert nach Fricke u. Göpfert 1962) kann die Zusammenarbeit zweier Personen durchaus eine effektive Strategie zur Erhöhung der Leistung und Entscheidungsqualität in hoch bedeutsamen Kontexten darstellen.

Aus psychologischer Sicht sehen vier Augen jedoch nicht immer mehr als zwei. Es ist es dementsprechend nicht alleine ausreichend, wenn sich zwei Augenpaare zusammenschließen, sondern es muss darüber hinaus ein besonderes Augenmerk auf motivationsförderliche Rahmenbedingungen gelegt werden. Erst wenn bedeutsame und klar definierte Aufgaben vorliegen, eine förderliche Team- und Führungskultur garantiert ist sowie Kommunikations- sowie Interaktionsproblemen gelöst sind, sehen vier Augen tatsächlich mehr als zwei.

Literaturverzeichnis

Alonso, A., Baker, D. P., Holtzman, A., Day, R., King, H., Toomey, L., & Salas, E. (2006). Reducing medical error in the Military Health System: How can team training help?. *Human Resource Management Review* 16(3), 396–415.

Bienefeld, N., & Grote, G. (2014). Shared leadership in multiteam systems: How cockpit and cabin crews lead each other to safety. *Human Factors* 56(2), 270–286.

Brodbeck, F. C., Kerschreiter, R., Mojzisch, A., & Schulz-Hardt, S. (2007). Group decision making under conditions of distributed knowledge: The information asymmetries model. *Academy of Management Review* 32(2), 459–479.

Burtscher, M. J., Kolbe, M., Wacker, J., & Manser, T. (2011). Interactions of team mental models and monitoring behaviors predict team performance in simulated anesthesia inductions. *Journal of Experimental Psychology* 17(3), 257–269.

Deutsch, M., & Gerard, H. B. (1955). A study of normative and informational social influences upon individual judgment. *The Journal of Abnormal and Social Psychology* 51(3), 629.

Douthitt, E. A., & Aiello, J. R. (2001). The role of participation and control in the effects of computer monitoring on fairness perceptions, task satisfaction, and performance. *Journal of Applied Psychology* 86(5), 867–874.

Domeinski, J., Wagner, R., Schöbel, M., & Manzey, D. (2007). Human redundancy in automation monitoring: Effects of social loafing and social compensation. *Human Factors and Ergonomics Society Annual Meeting Proceedings* 51(10), 587.

Earley, P. C. (1989). Social loafing and collectivism: A comparison of the United States and the People's Republic of China. *Administrative Science Quarterly* 34(4), 565–581.

Edmondson, A. C. (2004). Learning from mistakes is easier said than done: Group and organizational influences on the detection and correction of human error. *Journal of Applied Behavioral Science* 40(1), 66–90.

Forsyth, D. R., Zyzniewski, L. E., & Giammanco, C. A. (2002). Responsibility diffusion in cooperative collectives. *Personality and Social Psychology Bulletin* 28(1), 54–65.

Frey, D., & Bierhoff, H. W. (2011). *Sozialpsychologie – Interaktion und Gruppe*. Göttingen: Hogrefe.

Fruhen, L. S., & Keith, N. (2014). Team cohesion and error culture in risky work environments. *Safety Science* 65, 20–27.

von Goethe, J. W., & Trunz, E. (1996). *Goethes Werke. Bd. 1 Gedichte und Epen I*. München: C. H. Beck.

Goldstein, E. B., Ritter, M., & Herbst, G. (2002). *Wahrnehmungspsychologie*. Heidelberg: Spektrum Akademischer Verlag.

Hackman, J. R. (1969). Toward understanding the role of tasks in behavioral research. *Acta Psychologica* 31(2), 97–128.

Hackman, J. R., & Vidmar, N. (1970). Effects of size and task type on group performance and member reactions. *Sociometry* 33(1), 37–54.

Hackman, J. R., Morris, C. G., & Berkowitz, L. (1975). Group tasks, group interaction process, and group performance effectiveness: A review and proposed integration. *Advances in Experimental Social Psychology* 8, 1–55.

Harkins, S. G., & Petty, R. E. (1982). Effects of task difficulty and task uniqueness on social loafing. *Journal of Personality and Social Psychology* 43(6), 1214.

Hornseth, J. P., & Davis, J. H. (1967). Individual and two-man team target finding performance. *Human Factors: The Journal of the Human Factors and Ergonomics Society* 9(1), 39–43.

Janis, I. L. (1972). *Victims of groupthink: a psychological study of foreign-policy decisions and fiascoes*. Boston, Massachusetts: Houghton Mifflin Harcourt.

Kerr, N. L., & Bruun, S. E. (1983). Dispensability of member effort and group motivation losses: Free-rider effects. *Journal of Personality and Social Psychology* 44(1), 78.

Latané, B., Williams, K., & Harkins, S. (1979). Many hands make light the work: The causes and consequences of social loafing. *Journal of Personality and Social Psychology* 37(6), 822.

Littlepage, G. E. (1991). Effects of group size and task characteristics on group performance: A test of Steiner's model. *Personality and Social Psychology Bulletin* 17(4), 449–456.

Marold, J. (2012). Sehen vier Augen mehr als zwei? Der Einfluss personaler Redundanz auf die Leistung bei der Überwachung automatisierter Systeme. Nicht veröffentlichte Dissertation. Technische Universität Berlin, Berlin.

Morris, C. G. (1966). Task effects on group interaction. *Journal of Personality and Social Psychology* 4(5), 545–554.

Morrissette, J. O., Hornseth, J. P., & Shellar, K. (1975). Team organization and monitoring performance. *Human Factors* 17(3), 296–300.

Nihei, Y., Terashima, M., Suzuki, I., & Morikawa, S. (2002). Why are four eyes better than two? Effects of collaboration on the detection of errors in proofreading. *Japanese Psychological Research* 44(3), 173–179.

O'Dell, J. W. (1968). Group size and emotional interaction. *Journal of Personality and Social Psychology* 8(1), 75–78.

Owhoso, V. E., Messier, W. F., & Lynch, J. G. (2002). Error detection by industry-specialized teams during sequential audit review. *Journal of Accounting Research* 40(3), 883–900.

Sagan, S. D. (1993). *The limits of safety: Organizations, accidents, and nuclear weapons*. Princeton, NJ: Princeton University Press.

Schickora, J. T. (2011). Bringing the four-eyes-principle to the lab. Unveröffentlichte Arbeit. Volkswirtschaftliche Fakultät, Ludwig-Maximilians-Universität München, München.

Fricke, G., & Göpfert, H. G. (1962) Friedrich Schiller. Sämtliche Werke (Bd. 1–5, 3. Aufl.). München: Hanser.

Schulz-Hardt, S., Brodbeck, F. C., Mojzisch, A., Kerschreiter, R., & Frey, D. (2006). Group decision making in hidden profile situations: Dissent as a facilitator for decision quality. *Journal of Personality and Social Psychology* 91(6), 1080.

Schulz-Hardt, S., Hertel, G., & Brodbeck, F. C. (2007). Gruppenleistung und Leistungsförderung. In H. Schuler, & K. Sonntag (Hrsg.), *Handbuch der Arbeits- und Organisationspsychologie* (S. 698–706). Göttingen: Hogrefe.

Skitka, L. J., Mosier, K. L., Burdick, M., & Rosenblatt, B. (2000). Automation bias and errors: are crews better than individuals? *The International Journal of Aviation Psychology* 10(1), 85–97.

Steiner, I. D. (1972). *Group processes and productivity*. Waltham, Massachusetts: Academic Press.

Ülke, H. E., & Bilgiç, R. (2011). Investigating the role of the big five on the social loafing of information technology workers. *International Journal of Selection and Assessment* 19(3), 301–312.

Ware, J. R., Baker, R. A., & Drucker, E. (1964). Sustained vigilance II: Signal detection for two-man teams during a 24-hour watch. *Journal of Engineering Psychology* 3(4), 104–110.

Werther, S. (2014). *Geteilte Führung: Ein Überblick über den aktuellen Forschungsstand*. Wiesbaden: Springer Gabler.

Williams, K. D., & Karau, S. J. (1991). Social loafing and social compensation: The effects of expectations of co-worker performance. *Journal of Personality and Social Psychology* 61(4), 570.

Williams, K. D., Harkins, S. G., & Latané, B. (1981). Identifiability as a deterrent to social loafing: Two cheering experiments. *Journal of Personality and Social Psychology* 40(2), 303.

Williams, K. D., Karau, S. J., & Bourgeois, M. J. (1993). Working on collective tasks: Social loafing and social compensation. In M. A. Hogg, & D. Abrams (Eds.), *Group motivation: Social psychological perspectives* (S. 130–148). Hertfordshire: Harvester Wheatsheaf.

Viele Köche verderben den Brei

Tabea Mehrbrodt

© Springer-Verlag Berlin Heidelberg 2017
D. Frey (Hrsg.), *Psychologie der Sprichwörter*,
DOI 10.1007/978-3-662-50381-2_20

20.1 Einleitung

Die Redewendung „Viele Köche versalzen den Brei. Bewahr' uns Gott vor vielen Dienern" von Johann Wolfgang von Goethe ist schon einige hundert Jahre alt. Großmütter pflegen sie häufig zu gebrauchen, wenn die Enkel gemeinsam in der Küche hantieren oder etwas basteln bzw. bauen, und daraus nichts Rechtes wird. Wenn das Vorhaben hingegen gelingt, loben sie die Teamarbeit mit Sprüchen wie „Gemeinsam seid ihr stark" oder „Viele Jäger sind des Hasen Tod" und fügen gerne hinzu, dass die Enkel es allein bestimmt nicht so gut hinbekommen hätten.

Diese gegensätzlichen Sprichwörter werden gleichsam verwendet und scheinen auch in gegebenen Situationen ihre Richtigkeit zu haben. Daraus ergeben sich die Fragen: Unter welchen Umständen stimmt es, dass viele Köche den Brei verderben, und vor allem warum? Und wann stimmt es, dass viele Köche den Brei viel schmackhafter zubereiten als ein einzelner Koch, und warum? Ist es nun besser, den Brei alleine oder mit anderen Köchen gemeinsam zuzubereiten? Wird Leistung effizienter alleine oder in einer Gruppe erbracht? Diesen Fragen werden wir im Folgenden auf den Grund gehen.

Gruppen- und Einzelleistungen sind in nahezu allen Lebensbereichen von Bedeutung: Beispielsweise im pädagogischen Kontext (z. B. Einzel- oder Gruppenarbeit in einer Schulklasse), im sportlichen Kontext (z. B. Einzel- oder Staffellauf), im gesellschaftlichen Kontext (z. B. Entscheidung der Partei oder eines einzelnen Politikers) oder im ökonomischen Kontext (z. B. Abteilungs- oder Einzelleistung). In dem vorliegenden Kapitel wird der Fokus auf Arbeitsleistung im Rahmen eines Wirtschaftsunternehmens gelegt, wobei man wiederum zwischen Einzelpersonen oder Gruppen, die körperliche Leistung erbringen, z. B. in der Produktion, und Einzelpersonen oder Gruppen, die geistige Leistung erbringen, z. B. im strategischen Management, unterscheiden kann.

Wissenschaftliche Ergebnisse zeigen, dass sich Gruppenarbeit nicht immer von Einzelarbeit abhebt. Die Leistung einer Gruppe Köche verglichen mit der Leistung eines einzelnen Kochs hängt von vielen verschiedenen Faktoren ab: von den beteiligten Personen, der Art der Aufgabe sowie den Umweltbedingungen.

20.2 Arbeitsgruppe – die Gruppe der Köche

Zunächst einmal hängt das Leistungsergebnis einer Gruppe von der Gruppe an sich ab. Die Größe der Gruppe, die Zusammensetzung der Gruppe und die individuellen Eigenschaften der Gruppenmitglieder können Einfluss auf die Gruppenleistung haben (Heeg 1993).

Im ökonomischen Kontext gehen wir von **Arbeitsgruppen** aus, die sich wie folgt definieren lassen: Arbeitsgruppen bestehen aus mehreren Personen, die zusammen arbeiten, um ein Produkt zu schaffen oder eine Dienstleistung zu erfüllen. Sie verfolgen gemeinsame Ziele, für deren Erreichen sie gemeinsam verantwortlich sind. Sie sind voneinander abhängig hinsichtlich ihrer Leistungen und beeinflussen sich gegenseitig durch soziale Interaktion (Mohrman et al. 1995). Eine solche Arbeitsgruppe kann eine jahrzehntelang bestehende IT-Abteilung in einem Unternehmen sein, eine dreiwöchige Projektgruppe oder die Summe der Mitglieder eines Vorstandes. Der zentrale Aspekt einer solchen Gruppe im Arbeitskontext ist gemäß der obigen Definition ihre gemeinsam erbrachte Leitung.

20.2.1 Gruppengröße

Über die **optimale Größe** einer Gruppe macht die vorhandene Fachliteratur verschiedene Angaben: Grössle (1957) vertritt die Ansicht, die perfekte Spanne liege zwischen 2 und 20 Personen. James (1951) ist der Meinung, die optimale Gruppengröße umfasse 5–7 Personen, mehr tendierten zu Unstabilität durch Spaltungen und Untergruppen. Eine ungerade Zahl wäre von Vorteil, da sie Pattsituationen bei Abstimmungen vermeide.

Fest steht, dass sich mit zunehmender Gruppengröße die Leistung einzelner Gruppenmitglieder aufgrund von **Motivations- und Koordinationsverlusten** verringert (Latane et al. 1979). Wenn alle Gruppenmitglieder miteinander kommunizieren sollen, ergeben sich beispielsweise bei 5 Personen 10 Interaktionen, bei 7 sind es 21 und bei 15 Personen bereits 105 Interaktionen, wobei kognitive und motivationale Ressourcen überbeansprucht werden können.

Da die optimale Gruppengröße von vielen Faktoren abhängt, lässt sie sich pauschal nicht festlegen. Eine **Orientierungshilfe** geben Hertel und Scholl (2006): Grundsätzlich sollte sich die Größe der Gruppe aus der Aufgabenstellung ableiten, wobei man sich am Minimum der für die Aufgabenbewältigung notwendigen Mitarbeiter orientiert.

Zurück zur Küche: Man braucht für die Zubereitung eines Gerichts mindestens 2 Köche, da häufig zeitlich parallel gearbeitet werden muss. Hierbei ist es sinnvoll, lediglich den beiden benötigten Köchen die Zubereitung zu überlassen, anstatt noch einen weiteren Koch zu engagieren.

20.2.2 Gruppenzusammensetzung

Wie wirkt sich die Zusammensetzung der Arbeitsgruppe auf deren Leistung aus? Man unterscheidet zwischen homogenen und heterogenen Gruppen hinsichtlich der unmittelbar aufgabenbezogenen Merkmale der Gruppenmitglieder, z. B. der Ausbildung oder der Funktion innerhalb einer Organisation, und hinsichtlich nicht unmittelbar aufgabenbezogener Merkmale, z. B. dem ethnischen Hintergrund oder dem Geschlecht (Milliken u. Martins 1996). Ob heterogene oder homogene Arbeitsgruppen produktiver sind, hängt vor allem vom Aufgabentyp ab (▶ Abschn. 20.3). Bei der Bearbeitung komplexer Aufgaben kann sich **Heterogenität**, sofern aufgabenrelevante Fähigkeiten und Wissen auf die verschiedenen Gruppenmitglieder verteilt sind, positiv auswirken (Bowers et al. 2000). Allerdings zeigte sich auch, dass **homogene Gruppen** viele Vorteile gegenüber heterogenen aufweisen, z. B. leichtere Kommunikation, weniger Konfliktpotenzial, höhere Kohäsion und schnellere Entscheidungsfindung. Mit zunehmender Heterogenität hingegen nehmen Konflikte und Koordinationsanforderungen zu (Milliken u. Martins 1996).

Daraus folgt: Je nach Aufgabentyp sind einerseits unterschiedlich viele, andererseits Köche mit unterschiedlichen Eigenschaften und Fähigkeiten zu bevorzugen. Wenn zu viele oder zu unterschiedliche Köche einen Brei bearbeiten, ist es effizienter, sie in Untergruppen aufzuteilen. Oder man lässt jeden einzelnen Koch seinen eigenen Brei zubereiten.

20.3 Aufgabentyp – das Gericht

Ob es effektiver ist, alleine oder in einer Gruppe von Köchen in der Küche zu hantieren, hängt zum Großteil von der Art des Gerichts ab. Ein wesentlicher Unterschied bei der Zubereitung des Breis in einer Gruppe im Gegensatz zu der Zubereitung alleine ist, dass die bloße Anwesenheit der anderen Köche den eigenen Arbeitsbeitrag beeinflusst. Ein triviales Beispiel: Kinder können eine Angelschnur besser aufwickeln, wenn dabei andere anwesend sind (Triplett 1898).

20.3.1 Soziale Erleichterung und Hemmung

Die Effekte, die durch die (vorgestellte) Anwesenheit anderer bei Einzelarbeit hervorgerufen werden, sind abhängig vom Aufgabentyp. Bei einfachen, gut gelernten, vertrauten Aufgaben verbessert sich die individuelle Leistung, d. h., die Anwesenheit anderer führt zu Leistungssteigerungen. Den Effekt nennt man **soziale Erleichterung** (Zajonc 1965). Hingegen bei relativ schwierigen, neuartigen Aufgaben verschlechtert sich die Individualleistung bei

Anwesenheit anderer. Diesen Effekt bezeichnet man als **soziale Hemmung** (Bond u. Titus 1983).

Die soziale Erleichterung bzw. Hemmung treten als Folge einer Erregungssteigerung auf, die durch die Anwesenheit anderer Personen bedingt ist. Durch die erhöhte Erregung wird das Auftreten der Reaktion, die schneller zur Verfügung steht, begünstigt. Diese Erregungssteigerung ist sozial bedingt. Zentral sind hierbei negative bzw. positive **Bewertungserwartungen**, welche bei einer bekannten, gelernten Aufgabe zu individueller Leistungssteigerung und bei unbekannten, schwierigen Aufgaben zu Leistungsminderung führen (Cottrell et al. 1968).

Soziale Erleichterung und soziale Hemmung spielen in vielen Arbeitssituationen eine wichtige Rolle, da oft unter (antizipierter) Beobachtung anderer, beispielsweise durch Kollegen, den/die Vorgesetzte/n oder Externe, Leistung erbracht werden muss.

20.3.2 Klassifikation von Aufgabentypen

Nach Steiner (1972) lassen sich verschiedene Aufgabentypen anhand folgender drei Gesichtspunkte klassifizieren.

- **Unterteilbarkeit einer Aufgabe**

Wenn sich die Aufgabe in Subkomponenten unterteilen lässt, ist Arbeitsteilung und somit häufig Gruppenarbeit sinnvoll. Hat die Aufgabe hingegen keine Subkomponenten, ist es in den meisten Fällen effektiver, wenn ein Individuum die gesamte Aufgabe bearbeitet.

- **Fokus der Aufgabenlösung auf Qualität oder Quantität**

Je nachdem, ob möglichst viel oder möglichst optimal produziert werden soll, ist Einzel- oder Gruppenarbeit effektiver. Meistens erledigen Gruppen quantitative Aufgaben effizienter und Einzelpersonen qualitative Aufgaben.

Beispiele für bessere Einzelleistung bei qualitativen Aufgaben sind die Ergebnisse von Experimenten zu Brainstorming (Diehl u. Stroebe 1987) und Entscheidungen (Stasser u. Titus 2003). In Unternehmen wird häufig **Gruppenbrainstorming** angewandt mit dem Argument, es ergäben sich bessere Ideen als in Einzelarbeit. Diese häufig verbreitete Annahme unter Praktikern ist mehrfach widerlegt worden (Mullen et al. 1991). Ebenso werden oftmals wichtige Entscheidungen von Arbeitsgruppen im Unternehmen getroffen, wobei der Effekt des **gemeinsamen Wissens**, auch „hidden profile" (Stasser u. Titus 2003) genannt, auftreten kann: Die Gruppe konzentriert sich auf gemeinsames Wissen, d. h. auf Informationen, die allen bekannt sind. Informationen, über die nur einzelne Gruppenmitglieder verfügen, kommen hingegen oft nicht zur Sprache. Somit werden Entscheidungen nur aufgrund gemeinsam geteilter Informationen gefällt, anstatt auf Basis des gesamten Wissens sämtlicher Gruppenmitglieder. Dieser Effekt kann beispielsweise bei der Personalauswahl auftreten: Angenommen, Kandidat A hätte insgesamt mehr positive Eigenschaften als die Kandidaten B und C, aber da die Gruppe mehr gemeinsame positive Informationen über Kandidat C hat und vermehrt über diese diskutiert, entscheidet sie sich fälschlicherweise für diesen Kandidaten.

- **Arten von Interdependenz**

Es gibt verschiedene Möglichkeiten, wie die Einzelleistungen der Gruppenmitglieder kombiniert werden können:
- Bei **additiven Aufgaben** ergibt sich die Gruppenleistung aus der Summe der Einzelleistungen, z. B. beim gemeinsamen Schneeschaufeln. Das Ergebnis einer solchen Aufgabenbearbeitung durch eine Gruppe ist zwar besser als durch eine Einzelperson, aber bedingt durch Motivations- und Koordinationsverluste in der Gruppe schlechter als das vorhandene Gruppenpotenzial.
- **Disjunktive Aufgaben** erfordern eine Einzellösung. Ein Beispiel hierfür wäre die Lösung eines mathematischen Problems. Die „beste" Lösung wird mittels sozialer Interaktion ausgewählt und zur Gruppenlösung erklärt. Somit hängt die Gruppenleistung vom stärksten Gruppenmitglied ab und entspricht der Leistung des kompetentesten Mitglieds.
- **Konjunktive Aufgaben** werden von allen Gruppenmitgliedern gemeinsam gelöst. Daher hängt die Gruppenleistung davon ab, wie gut jedes Mitglied seine Teilaufgabe erfüllt. Die Gruppenleistung entspricht der Leistung des

schwächsten Gruppenmitglieds, z. B. hängt die Qualität eines gefertigten Teils bei Fließbandarbeit vom schwächsten Bandarbeiter ab.
- Bei **kompensatorischen Aufgaben** ergibt sich die „Lösung" aus dem Durchschnitt der Einzelbeiträge. Es handelt sich meist um Entscheidungs-, Schätz- oder Urteilsaufgaben, z. B. bei der Bewertung von Bewerbern. Es gibt keine „richtige Lösung", sondern es geht darum, ein gemitteltes, von allen akzeptiertes Urteil abzugeben. Bei dieser Art von Aufgaben zeigen Gruppen durchaus bessere Leistungen als die meisten ihrer einzelnen Mitglieder.

Abhängig vom Aufgabentyp ist Gruppenleistung als Resultat einer Gruppenarbeit im Vergleich zur Einzelleistung unterschiedlich effizient. Das bedeutet für die Küche, dass erst nachdem feststeht, welches Gericht gekocht wird, bestimmt werden sollte, wie viele und welche Köche mit der Aufgabe betraut werden.

20.4 Führungskräfte – der Chefkoch

Ein weiterer Einflussfaktor auf die Leistung einzelner Köche oder einer Gruppe von Köchen ist ein Chefkoch. Führung beeinflusst Leistung. Sowohl die Ab- oder Anwesenheit von Führung (Hertel u. Scholl 2006) als auch verschiedene Führungsstile können Leistung erhöhen oder verringern.

20.4.1 Selbstkontrolle und geteilte Führung in der Gruppe

Abwesenheit von Führung, d. h. Autonomie oder **Selbstkontrolle einer Arbeitsgruppe**, kann sich durchaus positiv auf die Gruppenleistung auswirken (Leach et al. 2005). Eine mögliche Erklärung dafür ist, dass durch vermehrte Selbstkontrolle der Gruppe das Selbstwirksamkeitsempfinden der einzelnen Gruppenmitglieder steigt, wodurch wiederum Motivationsverlusten vorgebeugt werden kann. Damit auch Koordinationsverluste verhindert werden, ist es wichtig, der Gruppe vor Arbeitsbeginn Ziele und Rahmenbedingungen von außen vorzugeben.

Das Empfinden von Selbstwirksamkeit kann auch durch **geteilte Führung** („shared leadership") erzeugt werden. Sie bezeichnet die Verteilung von Einfluss und Verantwortung im Sinne von Führung von einer Person auf mehrere während der Erbringung von Leistung. Leistungsziele und sog. Leitplanken sollten trotzdem vor Arbeitsbeginn vorgegeben werden. Geteilte Führung hat einen positiven Einfluss auf die Gruppenleistung, und dieser Effekt erweist sich als umso stärker, je komplexer die zu leistende Arbeit des Teams ist (Wang et al. 2014). Wenn ein Gericht also von außen an die Küche vorgegeben wird und es sich zudem in der Zubereitung als sehr komplex erweist, sollten die Köche gemeinsam bestimmen, statt einem Chefkoch die alleinige Entscheidungsmacht und Verantwortung zu überlassen.

20.4.2 Führungsstile

Wenn jedoch ein Chefkoch die Zubereitung des Breis anleitet, hängt das Leistungsergebnis von seinem Führungsstil ab. Schon frühe Forschungsergebnisse (Lippit u. White 1943) zeigen, dass ein **demokratischer Führungsstil** einen positiveren Einfluss auf die Arbeitsleistung einer Gruppe hat als autokratische Führung. Führungsstile, die Mitspracherecht der Gruppenmitglieder zulassen, fördern deren Selbstwirksamkeitsempfinden und sind anscheinend erfolgreicher. Diese Befunde werden auch von späterer Forschung (Vroom u. Jago 1988) bestätigt: **Autokratische Formen** der Führung von Gruppen sind nur dann von Vorteil, wenn die Führungskraft über alle wesentlichen Informationen und Kompetenzen für die Aufgabenlösung verfügt.

Gruppendenken („groupthink"; Janis 1971) ist ein weiteres Phänomen, aufgrund dessen die Summe an Einzelpersonen einer Gruppe nicht das vorhandene Gruppenpotenzial aktivieren kann. Eine Gruppe trifft schlechtere Entscheidungen und erbringt schlechtere Leistung, wenn die Einzelpersonen ihre Meinung an die erwartete Gruppenmeinung, d. h. an das Denken der Gruppe, anpassen. Die Meinung oder Leistung der Minderheit wird durch eine autoritäre Führungsperson oder die Mehrheit der Gruppe unterdrückt. Gruppendenken wird durch **autoritäre Führung** stark begünstigt und verschlechtert das Gruppenurteil.

Wenn eine Einzelperson über alle wesentlichen Informationen und Kompetenzen verfügt, welche die Aufgabenlösung erfordert, erbringt sie ein besseres Leistungsergebnis als eine Gruppe, da keine Koordinationsverluste anfallen. Wenn hingegen die Kompetenzen mehrerer Personen für eine Aufgabenbearbeitung gebraucht werden, kommt es auf die Gruppenführung an, wie gut die Gruppenleistung ausfällt. Verfügen alle Gruppenmitglieder über Mitspracherecht und Kontrolle, erbringt die Gruppe bessere Leistung, als wenn dies nicht der Fall ist.

20.5 Umweltfaktoren – die Küche

Zusätzlich zur Führungskraft, zur Gruppen- und zur Aufgabenstruktur nehmen auch Umweltfaktoren Einfluss auf das Leistungsergebnis einer Arbeitsgruppe.

Die äußeren Faktoren, d. h. die Situationsmerkmale, entsprechen – um bei unserem Sprichwort zu bleiben – einer Küche. Haben die Köche bzw. der Koch genügend Küchenutensilien zur Verfügung, um den geplanten Brei zubereiten zu können? Ist die Küche grundsätzlich eher für eine Gruppe von Köchen oder für einen einzelnen Koch ausgestattet? Ebenso ist es im Unternehmen: Unterstützen die Rahmenbedingungen eher Einzel- oder Gruppenarbeit?

Äußere und innere Faktoren können die Köche bzw. den Koch motivieren, ihre bestmögliche Leistung zu erbringen. Hunger ist bekanntlich „der beste Koch". Des Weiteren sollten von außen – wie bereits in ▶ Abschn. 20.4 erwähnt – die Zuständigkeiten und Ziele klar definiert werden, um Koordinationsproblemen vorzubeugen. Jeder Koch hat seine klar abgegrenzte Arbeitsfläche, die benötigten Arbeitsutensilien und weiß genau, für welche Arbeitsschritte der Breizubereitung er zuständig ist.

20.6 Diskussion – das Misslingen bzw. Gelingen des Gerichts

Die Leistung einer Gruppe kann unterschiedliche Ergebnisse erbringen, wie folgende Ausführungen zeigen.

20.6.1 Prozessverluste

Wenn die tatsächliche Gruppenleistung geringer ist als das vorhandene Gruppenpotenzial, liegen Prozessverluste vor. Prozessverluste entsprechen Leistungseinbußen aufgrund von Koordinations- oder Motivationsproblemen.

- **Koordinationsverluste**

Diese entstehen, wenn die individuellen Leistungsbeiträge der einzelnen Gruppenmitglieder aufgrund von Koordinationsproblemen nicht optimal zu einer Gruppenleistung kombiniert werden können. Wie in ▶ Abschn. 20.2.1 ausgeführt, nehmen Koordinationsverluste meist mit ansteigender Gruppengröße zu (Latane et al. 1979).

- **Motivationsverluste**

Sie bezeichnen das Problem, dass einzelne Gruppenmitglieder sich weniger für ein Gruppenleistungsergebnis anstrengen, als sie es für ein Einzelergebnis tun würden. Die häufigste Ursache für Motivationsverluste ist, dass die Einzelbeiträge nicht identifiziert und bewertet werden können. Folgende Formen sind bekannt:

- **Soziales Faulenzen** (Latane et al. 1979): Leistungsabfall bei den einzelnen Gruppenmitgliedern, wenn eine Gruppe an einer Aufgabe arbeitet bzw. ein Ziel verfolgt, wobei die Einzelbeiträge der Gruppenmitglieder zur Gesamtleistung nicht identifizierbar sind. Im deutschen Sprachraum hat sich aufgrund dieses Phänomens folgendes Akronym entwickelt: „Team: Toll, ein anderer macht's!"
- **Soziales Trittbrettfahren** (Kerr u. Bruun 1983): Leistungsreduktion bei Gruppenmitgliedern, wenn der eigene Leistungsbeitrag nur einen geringen Einfluss auf das Gruppenergebnis zu haben scheint. Der individuelle Nutzen wird also auf Kosten des kollektiven Nutzens maximiert. Die Bezeichnung leitet sich vom Schwarzfahren auf den Trittbrettern der Straßenbahnen ab.
- **Gimpel-Effekt** (Kerr u. Bruun 1983): Leistungszurückhaltung als Reaktion auf soziales Faulenzen oder Trittbrettfahren anderer. Man empfindet Ungerechtigkeit und vermindert aus Angst, ausgenutzt zu werden, ebenfalls die eigene Anstrengung.

Die eben genannten Motivationsverluste lassen sich reduzieren, indem man die individuellen Beiträge identifizierbar gestaltet, sie bewertet und den Gruppenmitgliedern vermittelt, dass jeder Einzelne unentbehrlich und für das Gruppenleistungsergebnis mitverantwortlich ist (Karau u. Williams 1993).

20.6.2 Prozessgewinne

Wenn die Küche perfekt ausgestattet ist, und man Motivations- und Koordinationsproblemen entgegenwirkt, kann die Gruppe zur Bestleistung auffahren. Wenn die Gruppenleistung das Gruppenpotenzial übersteigt, spricht man von Prozessgewinnen. Durch das Zusammenarbeiten mehrerer Personen entsteht eine Wirkung, die weder eine Einzelperson erzielen könnte noch einer Kombination der Einzelbeiträge entspricht (Collins u. Guetzkow 1964). In dieser Wirkung findet wohl das Sprichwort „Ein Team ist mehr als die Summe seiner Mitglieder" (Dr. Elmar Teutsch) seinen Ursprung.

Prozessgewinne entstehen, wenn erhöhte Anstrengungsbereitschaft bei Gruppenleistung gegenüber Einzelleistung besteht. Die gegenüber der Einzelleistung gesteigerte Gruppenleistung ist u. a. auf folgende Mechanismen zurückzuführen:
- **Köhler-Effekt** (Köhler 1926): Erhöhte Anstrengung der leistungsschwächeren Gruppenmitglieder. Er tritt allerdings nur dann auf, wenn der Leistungsunterschied moderat ausfällt, da bei sehr stark unterschiedlichen Leistungsniveaus die Diskrepanzen kaum durch erhöhte Anstrengung reduziert werden können (Messé et al. 2002).
- **Sozialer Wettbewerb** (Tajfel 1982): Gruppenmitglieder mit gleichem Leistungsniveau strengen sich vermehrt an, um im sozialen Vergleich besser abzuschneiden.
- **Soziale Kompensation** (Williams u. Karau 1991): Größere Anstrengung der leistungsstärkeren Gruppenmitglieder, um die erwartete geringere Leistung von weniger fähigen oder unmotivierten Gruppenmitgliedern auszugleichen.

20.6.3 Tatsächliche Gruppenleistung

Abhängig von der Motivation und Koordination innerhalb der Gruppe gilt also folgende Formel (Hackman u. Morris 1975):

Tatsächliche Gruppenleistung = Gruppenpotenzial − Prozessverluste + Prozessgewinne

Wenn die Prozessgewinne die Prozessverluste übersteigen, bringen Gruppen bessere Leistung als die Summe der Einzelpersonen. Wenn hingegen die Prozessverluste größer sind als die Prozessgewinne, erbringen Einzelpersonen mehr Leistung als eine Gruppe.

Für die Zubereitung eines Gerichts sind folglich häufig 2 oder mehr Köche empfehlenswert, wobei bei jedem zusätzlichen Koch genau abzuwägen ist, ob ein weiterer Koch eher zum Prozessgewinn oder -verlust beiträgt.

20.7 Fazit

Eine Gruppe von Personen birgt mehr Leistungspotenzial als eine Einzelperson. Allerdings kann nur unter der Voraussetzung, dass die optimale Gruppen-Aufgaben-Passung gegeben ist, die Gruppe optimal geführt wird und die Umweltfaktoren günstig sind, das vorhandene Leistungspotenzial einer Gruppe voll ausgeschöpft werden. In diesem Fall behält Xavier Naidoo mit seinem Erfolgssong „Was wir alleine nicht schaffen, das schaffen wir dann zusammen" recht. Falls die Beiträge der Einzelpersonen einer Gruppe jedoch nicht optimal zusammengefügt werden können, trifft die großmütterliche Redensart „Viele Köche verderben den Brei" zu.

Literaturverzeichnis

Bond, C. F., & Titus, L. J. (1983). Social facilitation: A meta-analysis of 241 studies. *Psychological Bulletin* 94(2), 265.
Bowers, C. A., Pharmer, J. A., & Salas, E. (2000). When member homogeneity is needed in work teams: A meta-analysis. *Small Group Research* 31(3), 305–327.

Literaturverzeichnis

Collins, B. E., & Guetzkow, H. S. (1964). *A social psychology of group processes for decision-making*. New York: Wiley.

Cottrell, N. B., Wack, D. L., Sekerak, G. J., & Rittle, R. H. (1968). Social facilitation of dominant responses by the presence of an audience and the mere presence of others. *Journal of Personality and Social Psychology* 9(3), 245.

Diehl, M., & Stroebe, W. (1987). Productivity loss in brainstorming groups: Toward the solution of a riddle. *Journal of Personality and Social Psychology* 53(3), 497.

Grössle, H. K. (1957). Die Gruppenstruktur des Industriebetriebes. In H. K. Grössle (Hrsg.), *Der Mensch in der industriellen Fertigung* (S. 54–95). Wiesbaden: Gabler.

Hackman, J. R., & Morris, C. G (1975). Group tasks, group interaction process, and group performance effectiveness: A review and proposed integration. In L. Berkowitz (Ed.), *Advances in experimental social psychology*. New York: Academic Press.

Heeg, F. J. (Ed.). (1993). *Handbuch Personal-und Organisationsentwicklung*. Dresden: Klett.

Hertel, G., & Scholl, W. (2006). *Grundlagen der Gruppenarbeit in Organisationen*. In B. Zimolong, & U. Konradt (Hrsg.), *Enzyklopädie der Psychologie, Band II: Ingenieurpsychologie*. Göttingen: Hogrefe.

James, J. (1951). A preliminary study of the size determinant in small group interaction. *American Sociological Review* 47, 4–477.

Janis, I. L. (1971). Groupthink. *Psychology Today* 5(6), 43–46.

Latane, B., Williams, K., & Harkins, S. (1979). Many hands make light the work: The causes and consequences of social loafing. *Journal of Personality and Social Psychology* 37(6), 822.

Leach, D. J., Wall, T. D., Rogelberg, S. G., & Jackson, P. R. (2005). Team autonomy, performance, and member job strain: Uncovering the teamwork KSA link. *Applied Psychology* 54(1), 1–24.

Lippit, R., & White, R. K. (1943). The social climate of children's groups. *Journal of Social Psychology* 10, 271–301.

Karau, S. J., & Williams, K. D. (1993). Social loafing: A meta-analytic review and theoretical integration. *Journal of Personality and Social Psychology* 65(4), 681.

Kerr, N. L., & Bruun, S. E. (1983). Dispensability of member effort and group motivation losses: Free-rider effects. *Journal of Personality and social Psychology* 44(1), 78.

Köhler, O. (1926). Kraftleistungen bei Einzel- und Gruppenarbeit. *Industrielle Psychotechnik* 3, 274–282.

Messé, L. A., Hertel, G., Kerr, N. L., Lount, R. B., & Park, E. S. (2002). Knowledge of partner's ability as a moderator of group motivation gains: An exploration of the Köhler discrepancy effect. *Journal of Personality and Social Psychology* 82(6), 935.

Milliken, F. J., & Martins, L. L. (1996). Searching for common threads: Understanding the multiple effects of diversity in organizational groups. *Academy of Management Review* 21(2), 402–433.

Mohrman, S. A., Cohen, S. G., & Mohrman Jr, A. M. (1995). *Designing team-based organizations: New forms for knowledge work*. London: Jossey Bass.

Mullen, B., Johnson, C., & Salas, E. (1991). Productivity loss in brainstorming groups: A meta-analytic integration. *Basic and Applied Social Psychology* 12(1), 3–23.

Steiner, I. D. (1972). *Group process and productivity*. New York: Academic Press.

Stasser, G., & Titus, W. (2003). Hidden profiles: A brief history. *Psychological Inquiry* 14(3–4), 304–313.

Tajfel, H. (1982). Social psychology of intergroup relations. *Annual Review of Psychology* 33(1), 1–39.

Triplett, N. (1898). The dynamogenic factors in pacemaking and competition. *American Journal of Psychology* 9(4), 507–533.

Vroom, V. H., & Jago, A. G. (1988). *The new leadership: Managing participation in organizations*. New Jersey: Prentice-Hall.

Wang, D., Waldman, D. A., & Zhang, Z. (2013). A meta-analysis of shared leadership and team effectiveness. *Journal of Applied Psychology* 99(2): 181–198

Williams, K. D., & Karau, S. J. (1991). Social loafing and social compensation: The effects of expectations of co-worker performance. *Journal of Personality and Social Psychology* 61(4), 570.

Zajonc, R. B. (1965). Social facilitation. *Science* 149, 269–274.

Erst wägen, dann wagen – Hör auf deinen Bauch

Annemarie Müssig

© Springer-Verlag Berlin Heidelberg 2017
D. Frey (Hrsg.), *Psychologie der Sprichwörter*,
DOI 10.1007/978-3-662-50381-2_21

21.1 Einleitung

Täglich müssen wir uns entscheiden. Manche Entscheidungen fallen uns leicht, andere weniger. Sicherlich fallen uns Entscheidungen besonders dann schwerer, wenn es sich um wichtige Entscheidungen handelt, die Teile unseres weiteren Lebens beruflich und privat nachhaltig beeinflussen, z. B. eine Entscheidung zwischen zwei Jobangeboten, die Wahl des Studienortes oder die Entscheidung für oder gegen einen Partner.

Lebensweisheiten wie „Schneller Entschluss bringt oft Verdruss" oder „Erst wägen, dann wagen" raten uns, in solchen Situationen nichts zu übereilen und das Für und Wider abzuwägen, um zu einer Entscheidung zu gelangen. Sie warnen uns vor Fehlern, die wir machen, wenn wir Entscheidungen überstürzen.

Manchmal hilft uns das Abwägen rationaler Argumente jedoch nicht weiter, oder wir können die Konsequenzen von Entscheidungen gar nicht erst vorhersehen, weil die Bedingungen innerhalb derer wir heutzutage agieren unbeständiger, unsicherer und komplexer geworden sind. Meist kommt ein gewisser Zeitdruck hinzu, der uns zu einer Entscheidung drängt. Oft entscheiden wir uns dann, ohne dass wir sagen können, wie wir dabei vorgegangen sind oder warum wir uns so entschieden haben. Solche Entscheidungen bezeichnen wir als Bauchentscheidungen. Mit dem Zitat „Ein kluger Entschluss reift unverhofft, blitzschnell und ohne Erwägung, doch Dummheiten machen wir all zu oft nach reiflichster Überlegung" rät der Schriftsteller Oskar Blumenthal, getreu dem Motto „Hör auf deinen Bauch", sich bei Entscheidungen auf den ersten inneren Impuls zu verlassen. Er warnt vor Fehlentscheidungen infolge zu langen Abwägens.

Die Frage, welche Entscheidungen nun die besseren sind, ist berechtigt. Sind es diejenigen, die wir erst dann treffen, wenn wir sie mit rationalen Argumenten untermauern können, oder solche, die wir intuitiv aus dem Bauch heraus treffen, ohne Gründe dafür liefern zu können? Diese Frage kann nicht pauschal beantwortet werden. Stattdessen könnte man fragen: Wann sind Bauchentscheidungen angebracht, und wann lohnt es sich, den Kopf einzuschalten und rationale Überlegungen anzustellen? Welche Fehler machen wir, wenn wir nur auf unseren Bauch hören? Kann Abwägen und Nachdenken auch zu schlechteren Entscheidungen führen?

21.2 Entscheidungen und Entscheidungsfindung

Unter einer **Entscheidung** verstehen wir den Prozess und sein Ergebnis, der dazu führt, dass wir eine oder mehrere Alternativen anderen Alternativen vorziehen.

Im Grunde besteht unser ganzes Leben aus Entscheidungen. Wir entscheiden uns am Morgen, ob wir lieber Kaffee oder Tee zum Frühstück trinken, ob wir mit oder ohne Jacke aus dem Haus gehen, ob wir mit dem Auto oder der Bahn zur Arbeit fahren. Die meisten Entscheidungen, die wir täglich treffen, sind uns gar nicht als solche bewusst.

Geht es jedoch darum, ein Haus zu kaufen oder nicht, oder um die Wahl des Studienfachs bzw. die Entscheidung für oder gegen ein Studium oder um das Eingehen einer verbindlichen Beziehung mit

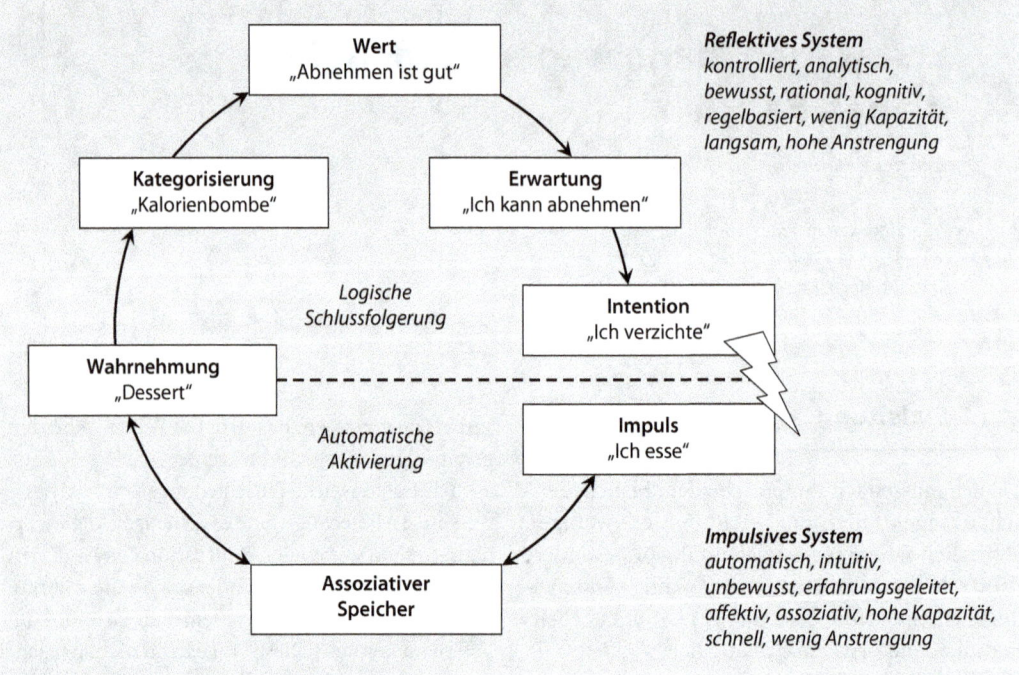

• Abb. 21.1 Zwei Systeme der Entscheidungsfindung

einem Menschen bzw. um die Trennung von einem Partner, dann spüren wir sehr deutlich, wie schwierig Entscheidungen manchmal sind.

Entscheidungen treffen zu müssen ist unangenehm – manchmal sogar so unangenehm, dass wir sie immer weiter aufschieben. Das liegt vor allem daran, dass wir Angst davor haben, Fehler zu machen. Die Angst, eine Entscheidung im Nachhinein aufgrund negativer Folgen zu bereuen, ist stärker als die Angst vor negativen Folgen aufgrund einer nicht getroffenen Entscheidung (Baron u. Ritov 1994).

Eine wichtige Entscheidung zu treffen, deren Folgen ungewiss sind, bedarf also zunächst einmal einer ganzen Menge Mut. Darüber hinaus hilft auch ein wenig psychologisches Wissen, denn die kognitive Sozialpsychologie liefert Erkenntnisse, wie wir mit einer höheren Wahrscheinlichkeit gute Entscheidungen treffen können.

21.2.1 Kognitiver Verarbeitungsprozess

Unser Verhalten scheint nicht immer auf kontrollierten, bewussten Entscheidungen zu basieren, sondern wird sogar überwiegend durch nicht kontrollierte, unbewusste Prozesse gesteuert. Der Beschreibung und Unterscheidung dieser zwei Prozessarten widmen sich in der kognitiven Sozialpsychologie verschiedene **Zwei-Prozess-Ansätze** (Chaiken u. Trope 1999). Sie differenzieren zwischen kognitiven Verarbeitungsprozessen, die schnell, automatisch, assoziativ und unbewusst sind und solchen, die langsam, abwägend, regelgeleitet und bewusst sind.

Viele Autoren nehmen an, dass es zwei in ihrer Architektur und Evolution abgrenzbare (distinkte) kognitive Systeme gibt, die dieser Zwei-Prozess-Vorstellung zugrunde liegen (Evans 2008) – **System 1** und **System 2** (Kahneman 2011) bzw. das **impulsive System** und das **reflektive System** (Strack u. Deutsch 2004; • Abb. 21.1).

Impulsives System

Im impulsiven System ist Information in Form von Aktivierungsmustern in einem **assoziativen Speicher** repräsentiert. Häufig gleichzeitig auftretende Merkmale werden in diesem miteinander verknüpft. Wird ein Element aktiviert, kommt es zur **automatischen Aktivierungsausbreitung** (Anderson 1983) auf andere Elemente entsprechend der Stärke der

Verknüpfung. Das impulsive System ist wenig flexibel, hat aber den Vorteil, dass es schnell arbeitet, keine oder wenig kognitive Anstrengung erfordert, und eine niedrige Reizschwelle für die Verarbeitung einströmender Information hat.

Prozesse im impulsiven System können **Gefühle** wie Vertrautheit, Schmerz, Wohlfühlen, Unwohlsein usw. auslösen, ohne dass uns der Ursprung dieser Gefühle notwendigerweise bewusst ist. Das impulsive System fungiert also wie eine Art Langzeitgedächtnis, wohingegen das reflektive System die Eigenschaften eines Kurzzeitspeichers hat, in dem die Menge repräsentierter Information zu einem Zeitpunkt begrenzt ist.

Reflektives System

Das reflektive System generiert Wissen über Sachverhalte (deklaratives Wissen), indem es Wahrnehmungen einer semantischen Kategorie zuordnet (**propositionale Kategorisierung**). Anders als bei einfachen assoziativen Verknüpfungen und Strukturen besteht Wissen im reflektiven System aus Repräsentationen über uns und die Welt, welchen wir einen Wahrheitswert zuordnen. Das reflektive System arbeitet nach dem Prinzip der Konsistenz und ist bestrebt, Inkonsistenzen zwischen Elementen zu vermeiden oder zu beheben.

Repräsentationen im reflektiven System können flexibel generiert und verändert werden. Aufgaben wie das Erörtern, Schlussfolgern oder Planen können daher gut im reflektiven System bearbeitet werden. Dieses ist jedoch langsamer als das impulsive System und beansprucht viel Aufmerksamkeit und kognitive Kapazität. Deshalb behindern Ablenkung und hohe oder niedrige Erregungsniveaus die Verarbeitung. Wahrgenommene Information wird durchweg im impulsiven System verarbeitet. Überschreitet die Intensität des Informationsreizes eine gewisse Schwelle, kann dieser auch ins reflektive System gelangen. In diesem Fall verlaufen impulsive und reflektive Verarbeitungen also parallel.

Die Einschätzung der Bedeutung eines Ziels (Wert) und der Wahrscheinlichkeit (Erwartung), mit der dieses Ziel durch ein entsprechendes Verhalten erreicht werden kann (**Erwartung × Wert-Überlegung**), bildet die Grundlage einer im reflektiven System entstehenden Entscheidung. Anschließend wird durch den Prozess der **Intentionsbildung** ein Verhaltensschema aktiviert. Im impulsiven System dagegen geschieht dies unmittelbar durch automatische Aktivierungsausbreitung.

21.2.2 Automatisierung reflektiver Prozesse

Kognitive Abläufe werden durch häufige Aktivierung automatisiert. Das heißt, je häufiger eine Fähigkeit oder Fertigkeit beansprucht wird, desto **weniger bewusste Aufmerksamkeit** erfordert sie (Bargh 1997).

Die häufige Ausführung reflektiver Abläufe führt dazu, dass die Repräsentation dieser Abläufe zugänglicher wird. Komplexe Denkprozesse werden also deshalb durch **Übung** effizienter, weil die einzelnen Abläufe, aus denen sie bestehen, assoziativ im impulsiven System verknüpft sind und somit schnell abgerufen werden können.

Beispielsweise greifen wir beim Einkauf unserer alltäglichen Lebensmittel ins Regal, ohne vorher groß zu überlegen. Auch an einem gewöhnlichen Morgen treffen wir die Entscheidung, was wir anziehen, oft schnell und unbewusst. Solche Entscheidungen fallen uns deshalb so leicht, weil wir sie in der Vergangenheit oft genug treffen mussten, sodass sich der eigentliche Entscheidungsprozess automatisiert hat.

21.3 Kognitive Verzerrungen: Warum wir besser den Kopf einschalten

Einige Theorien der kognitiven Sozialpsychologie erklären, in welche kognitiven Fallen wir oft treten, wenn wir Entscheidungen treffen.

21.3.1 Erwartungs-Nutzen-Theorie

Die Erwartungs-Nutzen-Theorie nimmt an, dass wir uns in Entscheidungssituationen am **Erwartungswert des Nutzens** orientieren. Das heißt, wir bemessen im ersten Schritt den Nutzen möglicher Ergebnisse unserer Entscheidung und verrechnen diesen im zweiten Schritt mit der Erwartung bzw. Wahrscheinlichkeit, mit der ein Ergebnis, und damit der entsprechende Nutzen, eintritt (Kahneman 2011, S. 269).

Unter der Voraussetzung, dass alle möglichen Folgen und die Wahrscheinlichkeiten ihres Eintretens bekannt sind, garantiert uns ein Vorgehen nach der Erwartungs-Nutzen-Theorie die logisch rational beste Entscheidung.

21.3.2 Neue Erwartungstheorie (Prospect Theory)

Kahneman und Tversky (1979) weisen jedoch darauf hin, dass wir bei der Beurteilung des Nutzens eben nicht wie in beschriebenem Maße rational vorgehen. Vielmehr entstehen bei der Informationsverarbeitung unseres impulsiven Systems systematische **Wahrnehmungsverzerrungen**, welche uns zu logisch irrationalen Entscheidungen verleiten. Drei kognitive Kernstücke der Prospect Theory spiegeln dies wider (Kahneman 2011, S. 278ff.):

- **Verlustaversion**

Die meisten Menschen empfinden den negativen Nutzen eines Verlusts größer, als den Nutzen eines Gewinns gleicher Höhe und verhalten sich deshalb risikofreudig bei drohendem Verlust und risikoscheu bei bevorstehendem Gewinn. Im Falle eines sicheren Gewinns wollen wir diesen unbedingt realisieren und gehen kein weiteres Risiko ein, um einen höheren, jedoch unsicheren Gewinn zu erzielen. Im Falle eines drohenden Verlusts aber sind wir bereit, das Risiko eines höheren Verlusts einzugehen, solange die Möglichkeit besteht, einen Verlust ganz zu vermeiden. Aufgrund unserer Verlustaversion beurteilen wir also Gewinne und Verluste asymmetrisch (◘ Abb. 21.2).

Auf Flohmärkten kann man beispielsweise immer wieder beobachten, dass Leute Preise für ihre ausrangierten Gegenstände verlangen, die sie in der Umkehr selbst nicht bereit wären zu bezahlen. Der Verlust eines Gegenstands, den man besitzt, wiegt also schwerer, als die Aussicht darauf, diesen zu erwerben, wenn man ihn noch nicht besitzt.

- **Beurteilung relativ zu einem Referenzpunkt**

Ob mögliche Ergebnisse einer Entscheidung als Gewinne oder Verluste wahrgenommen werden, hängt nicht, wie die Erwartungs-Nutzen-Theorie

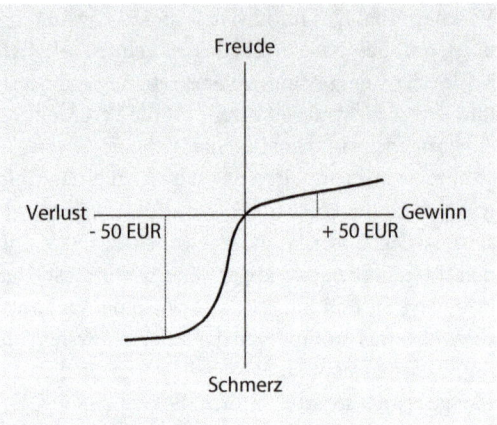

◘ Abb. 21.2 Funktion für den subjektiven Wert von Gewinnen und Verlusten

annimmt (▶ Abschn. 21.3.1), von absoluten Vermögenszuständen, sondern vielmehr von Vermögensänderungen bzw. -abweichungen von einem Referenzpunkt ab. Ergebnisse, die besser sind als der Referenzpunkt, werden als Gewinne; Ergebnisse, die schlechter sind als der Referenzpunkt, als Verluste wahrgenommen. Angenommen ich strebe eine Gehaltserhöhung an, und es gelingt mir tatsächlich, im nächsten Jahresgespräch 300 Euro mehr auszuhandeln. In diesem Moment nehme ich die Gehaltserhöhung als Gewinn wahr. Am Tag darauf erfahre ich jedoch, dass meine Kollegin eine Gehaltserhöhung um 400 Euro erzielt hat. Mit dieser neuen Information verschiebt sich der Referenzpunkt von 0 Euro auf 400 Euro, sodass ich meine Gehaltserhöhung um 300 Euro als Verlust bewerte.

- **Abnehmende Sensitivität**

Wenn ich 1.000 Euro besitze und 100 Euro verliere, dann schmerzt dieser Verlust weniger, als wenn ich 200 Euro besitze und 100 Euro verliere – obwohl die absolute Höhe des Verlusts in beiden Fällen dieselbe ist. Die subjektive Differenz zwischen 900 Euro und 1.000 Euro ist viel geringer als die zwischen 100 Euro und 200 Euro. Wir bewerten also den Verlust von 100 Euro nicht absolut, sondern relativ in Abhängigkeit der Entfernung vom Bezugspunkt (1.000 Euro vs. 200 Euro).

Es lohnt also durchaus, sich in Entscheidungssituationen einen Moment Zeit zu nehmen, um erste innere Impulse auf logische Fehler zu überprüfen.

21.3.3 Kognitive Heuristiken

Daniel Kahneman (2011) beschreibt in seinem Buch *Thinking, fast and slow* weitere systematische Verzerrungen infolge des Gebrauchs verschiedener Heuristiken – d. h. infolge gedanklicher Abkürzungen, die wir gerne nehmen, um schnell und ohne große Anstrengung zu entscheiden:

- **Ankerheuristik**

Wir orientieren uns mit unseren Urteilen unbewusst an Hinweisen der Umgebung – auch wenn diese Hinweise keine Bedeutung für unser Problem haben. So nutzen wir oft auch den **Status quo als Anker** und halten gern an Bestehendem fest, auch wenn eine Entscheidung zugunsten einer Veränderung besser für uns wäre (Kahneman 2011, S. 119).

- **Verfügbarkeitsheuristik**

Ebenfalls als Orientierungshilfe nutzen wir leicht abrufbare Informationen oder die **Anzahl erinnerbarer Beispiele**. Deshalb schätzen wir das, was wir selbst erlebt haben, als wahrscheinlicher und das, was außerhalb unserer persönlichen Erfahrung liegt, als unwahrscheinlicher ein (Kahneman 2011, S. 129).

- **Affektheuristik**

Auch lassen wir uns in Entscheidungssituationen gerne von unseren Gefühlen leiten. Das führt dazu, dass wir den Nutzen einer Alternative über- und die Risiken unterschätzen, wenn wir ein gutes Gefühl haben, bzw. den Nutzen unter- und die Risiken überschätzen, wenn wir ein schlechtes Gefühl haben (Finucane et al. 2000). Sogar wenn unsere **Gefühle** in gar keinem Zusammenhang mit den Alternativen in einer Entscheidungssituation stehen, können sie unsere Entscheidung beeinflussen. Wenn wir allgemein positiv gestimmt sind, neigen wir zu einer heuristischen Informationsverarbeitung und lassen dabei schnell wichtige Aspekte außer Acht. Befinden wir uns in einer negativen Stimmungslage, tendieren wir zu einer analytischen Informationsverarbeitung (Bless et al. 1990).

- **Repräsentativitätsheuristik**

Wenn wir gefragt werden, für wie wahrscheinlich wir ein bestimmtes Ereignis halten, orientieren wir uns dabei häufig an bestehenden **Kategorien und Schemata**. Wir urteilen anhand einzelner stereotyper Merkmale und vernachlässigen dabei häufig die Basisrate eines Ereignisses – also die Häufigkeit des Vorkommens eines Merkmals in der Grundgesamtheit. Des Weiteren übersehen wir, dass das gemeinsame Auftreten zweier Ereignisse weniger wahrscheinlich ist als das Auftreten eines einzelnen Ereignisses. Außerdem sehen wir gerne Zusammenhänge, wo keine sind, und ziehen vorschnell Kausalschlüsse, die in Wahrheit unzutreffend sind. Beispielsweise schätzen viele Personen das Risiko einer HIV-Infektion lesbischer Frauen als hoch ein – obwohl es sogar niedriger als das heterosexueller Frauen und Männer ist. Dieser Fehlschluss beruht auf falschen kausalen Verknüpfungen zwischen Elementen eines Schemas: Wir wissen um das erhöhte HIV-Risiko schwuler Männer; schwule Männer sind homosexuell, lesbische Frauen auch. Folglich ist auch ihr Risiko erhöht. Aufgrund unseres Bedürfnisses nach Kohärenz verknüpfen wir gerne die uns zur Verfügung stehenden Wissensfragmente zu einer kausalen Geschichte (Kahneman 2011, S. 75). Selbst 6 Monate alte Babys nehmen bereits eine Abfolge von Ereignissen als Ursache-Wirkungs-Zusammenhang wahr und sind überrascht, wenn die Abfolge verändert wird (Kahneman 2011, S. 76).

21.3.4 Hypothesentheorie der sozialen Wahrnehmung

Gemäß der Hypothesentheorie der sozialen Wahrnehmung (Lilli u. Frey 1993) haben wir bestehende **Erwartungen in Form von Hypothesen**, die beeinflussen, welche Informationen wir überhaupt wahrnehmen und wie wir diese interpretieren.

Wir tendieren dazu, bestehende Hypothesen zu bestätigen. Demnach nehmen wir verstärkt diejenigen Informationen wahr, die unsere Hypothesen stützen und vernachlässigen Informationen, die dagegen sprechen. Somit besteht die Gefahr, dass wir uns immer wieder gleich entscheiden und so mögliche bessere Alternativen ungenutzt lassen.

21.3.5 Theorie der kognitiven Dissonanz

Nach der Theorie der kognitiven Dissonanz (Festinger 1957) streben wir danach, dass unsere verschiedenen Kognitionen miteinander vereinbar sind und unser gezeigtes Verhalten ihnen entspricht. Wir neigen also dazu, einmal getroffene Entscheidungen zu rechtfertigen, indem wir uns konsistent dazu verhalten. Demnach treffen wir Entscheidungen in **Übereinstimmung mit vergangenen Entscheidungen** – auch wenn objektiv klar ist, dass wir damit unsere Situation verschlechtern.

21.3.6 Theorie der kognizierten Kontrolle

Nach der Theorie der kognizierten Kontrolle (Osnabrügge et al. 1985) haben wir das innere Bedürfnis, die Welt zu verstehen. Wir möchten die Dinge gerne erklären, vorhersehen und beeinflussen können. Deshalb konstruieren wir **erklärende Geschichten**, die prägnante Ereignisse kausal miteinander in Verbindung bringen, und halten diese für wahr. Wir überschätzen unseren tatsächlichen Einfluss auf Ereignisse und unterschätzen den Zufall. Wenn ein unvorhergesehenes Ereignis eintritt, nehmen wir getreu dem Motto „Ich wusste es die ganze Zeit" eine Korrektur vergangener Wissensstände oder Überzeugungen vor, sodass uns die Welt wieder geordneter erscheint. Gleichsam werden wir unfähig, frühere Überzeugungen zu rekonstruieren (Kahneman 2011). Dadurch unterschätzen wir systematisch das Ausmaß, in dem wir durch vergangene Ereignisse überrascht wurden. Durch unsere fehlerhaften Geschichten glauben wir also, die Vergangenheit zu verstehen und entwickeln Erwartungen darüber, wie die Zukunft aussieht – sie erscheint vorhersehbar und beeinflussbar.

Insgesamt wird sicher deutlich, dass wir Menschen ein ganz grundlegendes Bedürfnis nach Sicherheit haben. Wir leben jedoch in einer komplexen und dynamischen Welt, die kaum Sicherheit birgt. Um trotzdem zu überleben haben wir Denkgewohnheiten entwickelt, die uns Entscheidungen unter Unsicherheit zwar erleichtern, oft aber völlig irrational sind und zu ungünstigen Ergebnissen führen.

„Schneller Entschluss" kann also aufgrund kognitiver Verzerrungen zu „Verdruss" führen – ist jedoch oft der bequemere Weg – denn „Erst denken, dann handeln" ist aufgrund der Beschränkungen unseres reflektiven Systems zuweilen ausgesprochen anstrengend. Dennoch bewahrt uns dieser Rat vor dem ein oder anderen logischen Fehlschluss.

21.4 Erfahrungswerte: Wann wir unserem Bauch vertrauen können

Bringt „schneller Entschluss" wirklich meist „Verdruss"? Intuitive Entscheidungen beruhen auf bereits vorhandenem Wissen, das im Gedächtnis aktiviert wird und bewusste Entscheidungen lenkt, ohne bewusst abgerufen zu werden (Bolte u. Goschke 2008). Hierbei werden im Gedächtnis gespeicherte Informationen unbewusst kombiniert, sodass ein Urteil erzeugt wird, das sich stimmig anfühlt (**ganzheitliche Ahnung**). Oder das Wiedererkennen einer Situation löst ein direktes, aber teils unbewusstes Anwenden des in früheren, vergleichbaren Situationen Gelernten aus (**automatisierte Expertise**; Miller u. Ireland 2005).

Gerd Gigerenzer, Direktor am Max-Planck-Institut für Bildungsforschung, räumt zwar ein, dass wir oft logische Fehlschlüsse ziehen, wenn wir auf unser Gefühl hören, doch gleichsam bezweifelt er, dass „die mathematische Logik die Richtschnur sei, um zu bestimmen, ob Urteile rational oder irrational sind" (Gigerenzer 2007, S. 104). Einige zuvor beschriebene Heuristiken sind zwar nicht logisch rational, dennoch aber **ökologisch rational** – d. h., gut an unsere natürlichen Umweltstrukturen angepasst. Sie helfen uns, trotz begrenzter Zeit und unzureichenden Informationen handlungsfähig zu bleiben. Wenn man die Umweltstrukturen jedoch künstlich verändert – wie in einigen Experimenten, die als Demonstration kognitiver Täuschungen gelten, geschehen – führen diese Heuristiken zwangsläufig zu Fehlern.

Seit der Aufklärung ist die Intuition verpönt. Die Vernunft gilt als erstrebenswert. Grundlage guter Entscheidungen bilden demnach die Gesetze der Logik. Deshalb trauen wir uns oft nicht, auf Basis unseres Bauchgefühls Entscheidungen zu treffen. Benjamin Franklin, ein bedeutender Vertreter der

Aufklärung, riet seinem Neffen, der in einer schwierigen Entscheidungssituation steckte, eine Pro- und Kontraliste mit Gründen anzufertigen und diesen Zahlenwerte gemäß ihrer Wichtigkeit zuzuordnen, um in der Folge auf mathematischem Weg zu einer Entscheidung zu gelangen (Gigerenzer 2007, S. 13). Wir sind uns sicher, dass wir durch das Sammeln von Informationen und das Abwägen von Gründen eine solide Basis für die bestmögliche Entscheidung schaffen. Doch macht uns die Suche nach der besten Alternative zufrieden?

21.4.1 Begrenzte Rationalität (Bounded Rationality)

Theorien, die den Rational-Choice-Ansatz verfolgen, gehen davon aus, dass wir Menschen vollständig informiert sind über all unsere Möglichkeiten, deren Kosten und Nutzen und dass wir diese gegeneinander abwägen und uns gemäß unserer Präferenzen rational und nutzenmaximierend entscheiden.

Herbert Simon (1955) betont jedoch im Rahmen der begrenzten Rationalität, dass das Ziel der Nutzenmaximierung unrealistisch in unserem Leben ist, was einerseits der Komplexität unserer Umwelt, andererseits den Beschränkungen unseres reflektiven Systems geschuldet ist. Ein Mehr an Informationen und Optionen in einer Entscheidungssituation führt deshalb eher zu Überforderung.

21.4.2 Satisficing vs. Optimizing

Deshalb neigen viele Menschen zu **Satisficing** anstatt zu **Optimizing** (Schwartz et al. 2002). Satisficer verfolgen nicht das Ziel, die beste Alternative zu finden, sondern eine, mit der sie zufrieden sind, ungeachtet dessen, dass es möglicherweise eine bessere Alternative gibt.

Deshalb würden sie keine Pro- und Kontralisten anfertigen, sondern ihre Informationssuche begrenzen und sich schnell für die **erste zufriedenstellende Alternative** entscheiden. Forschung zeigt, dass Satisficer im Schnitt glücklicher, zufriedener und optimistischer sind als Optimizer und über einen höheren Selbstwert verfügen (Schwartz et al. 2002).

„Schneller Entschluss" bringt eben nicht unbedingt „Verdruss", sondern kann – auch wenn er nicht zum besten Ergebnis führt – zufrieden machen.

21.4.3 Komplexe Entscheidungssituationen

Oft bleibt uns auch gar nichts anderes übrig, als auf unseren Bauch zu hören. Wenn wir in knapper Zeit klare Entscheidungen bezüglich komplexer Probleme treffen müssen, ist unser reflektives System schnell überfordert (Strack u. Deutsch 2004).

Das muss jedoch kein Nachteil sein. Forschung hat gezeigt, dass Personen nach einer **Phase der Ablenkung** bessere Entscheidungen treffen als nach einer Phase bewusster Überlegung, wenn sie mit komplexen Entscheidungssituationen konfrontiert wurden, die mit vielen relevanten Informationen verbunden waren. Bezüglich eines Wohnungs- oder Autokaufs trafen Personen intuitiv die objektiv besseren Entscheidungen (Dijksterhuis 2004). Im Falle einfacher Entscheidungen jedoch – wie zwischen verschiedenen Handtüchern oder Topflappen – ist man erfolgreicher, wenn man bewusst und überlegt entscheidet (Dijksterhuis et al. 2006).

Wir sollten also, sofern wir über **Erfahrung** in dem entsprechenden Bereich verfügen, besonders bei komplexen Aufgaben, die nicht sequenziell zerlegbar und durch analytisches Anwenden von Teilverfahren lösbar sind, auf unser Bauchgefühl hören (Dane et al. 2012). Prototypische, **nicht zerlegbare Aufgaben** sind beispielsweise Urteile über die Qualität von Filmen oder Kunstwerken sowie Urteile über moralisches Verhalten. Überlegungen, wie man sich hierbei einer Lösung durch formale Entscheidungsregeln oder analytische Verfahren nähern kann, helfen nicht sehr viel weiter. Intuition dagegen kann helfen, ein integratives, ganzheitliches Urteil zu fällen.

Oft sind intuitive Entscheidungen in Bereichen, in welchen wir erfahren sind, nicht nur besser, sondern vor allem auch schneller als rationale Überlegungen. Schachmeister beispielsweise verfügen über so viel Erfahrung, dass sie in der Lage sind, mit nur einem Blick auf ein Schachfeld intuitiv den besten Zug zu erkennen, ohne alle möglichen Züge zu überdenken (Chase u. Simon 1973).

Wie schon angeklungen, trauen wir uns in schwierigen Entscheidungssituationen oft nicht dem Rat „Hör auf deinen Bauch" zu folgen, obwohl wir mit unserer Erfahrung über eine gute Entscheidungsgrundlage verfügen. Deshalb entscheiden wir uns nicht selten für eine schlechtere, aber besser durch rationale Argumente begründbare Alternative. Dies tun wir, um uns im Falle einer Fehlentscheidung abgesichert zu haben (Gigerenzer 2013, S. 61). Solche **defensiven Entscheidungen** werden beispielsweise häufig von Ärzten getroffen und führen nicht selten zu einer Überbehandlung des Patienten – auch auf die Gefahr hin, diesem damit zu schaden (Gigerenzer 2013, S. 81).

21.5 Fazit

Viele Experimente, die demonstrieren, dass wir scheitern, wenn wir uns auf unser Bauchgefühl verlassen, beschäftigen sich mit statistischen Problemstellungen, die außerhalb unserer natürlichen Umweltstruktur liegen (Kahneman 2011). Solche Aufgaben sind jedoch zerlegbar und sequenziell bearbeitbar. Deshalb lassen sie sich mit etwas mehr Einsatz gut im reflektiven System lösen. Das impulsive System beruht jedoch nicht auf der Ausführung systematischer Regelbefolgung und führt daher weniger wahrscheinlich zu einer richtigen Entscheidung oder Lösung bei zerlegbaren Aufgaben – und in manchen Fällen sogar zu logischen Fehlurteilen. Bei **zerlegbaren Aufgaben** gilt also: „Erst wägen, dann wagen" und „Schneller Entschluss bringt oft Verdruss".

Schneller Entschluss macht jedoch oft zufriedener – selbst wenn wir damit nur das zweitbeste Ergebnis erzielen. Bei **nicht zerlegbaren Aufgaben** ist das impulsive System mit seiner ganzheitlich assoziativen Arbeitsweise erfolgreicher. Besonders wenn wir über Erfahrung in dem entscheidungsrelevanten Bereich verfügen, sollten wir unser Bauchgefühl auf jeden Fall bei der Entscheidung mit einbeziehen. Hier können wir ruhig öfter dem Rat „Hör auf deinen Bauch" folgen.

Möglicherweise treffen wir die besten Entscheidungen, wenn wir auf unser Bauchgefühl hören, dieses jedoch noch einmal kritisch auf dem Hintergrund unseres Wissens über kognitive Verzerrungen prüfen, bevor wir eine endgültige Entscheidung treffen.

Literaturverzeichnis

Anderson, J. R. (1983). A spreading activation theory of memory. *Journal of Verbal Learning and Verbal Behavior* 22, 261–295.

Bargh, J. A. (1997). The automaticity of everyday life. In R. S. Wyer, Jr. (Hrsg.), *The Automaticity of Everyday Life: Advances in Social Cognition* S. (1–61). Mahwah, NJ: Erlbaum.

Baron, J., & Ritov, I. (1994). Reference points and omission bias. *Organizational Behavior and Human Decision Processes* 59, 475–498.

Bless, H., Bohner, G., Schwarz, N., & Strack, F. (1990). Mood and persuasion: A cognitive response analysis. *Personality and Social Psychology Bulletin* 16, 331–345.

Bolte, A., & Goschke, T. (2008). Intuition in the context of object perception: intuitive gestalt judgments rest on the unconscious activation of semantic representations. *Cognition* 108, 608–616.

Chaiken, S., & Trope, Y. (1999). *Dual-process theories in social psychology*. New York, NY: Guilford Press.

Chase, W. G., & Simon, H. A. (1973). Perception in chess. *Cognitive Psychology* 4, 55–81.

Dane, E., Rockmann, K. W., & Pratt, M. G. (2012). When should I trust my gut? Linking domain expertise to intuitive decision-making effectiveness. *Organizational Behavior and Human Decision Processes* 119, 187–194.

Dijksterhuis, A. (2004). Think different: the merits of unconscious thought in preference development and decision making. *Journal of Personality and Social Psychology* 87, 586.

Dijksterhuis, A., Bos, M. W., Nordgren, L. F., & Van Baaren, R. B. (2006). On making the right choice: The deliberation-without-attention effect. *Science* 311, 1005–1007.

Evans, J. S. B. T. (2008). Dual-processing accounts of reasoning, judgment, and social cognition. *Annual Review of Psychology* 59, 255–278.

Festinger, L. (1957). *A theory of cognitive dissonance*. Stanford, CA: Stanford University Press.

Finucane, M. L., Alhakami, A., Slovic, P., & Johnson, S. M. (2000). The affect heuristic in judgments of risks and benefits. *Journal of Behavioral Decision Making* 13, 1–17.

Gigerenzer, G. (2007). *Bauchentscheidungen: die Intelligenz des Unbewussten und die Macht der Intuition*. München: Bertelsmann.

Gigerenzer, G. (2013). *Risiko: wie man die richtigen Entscheidungen trifft*. München: Bertelsmann.

Kahneman, D. (2011). *Thinking, fast and slow*. New York, NY: Penguin Books.

Kahneman, D., & Tversky, A. (1979). Prospect theory: an analysis of decision under risk. *Econometrica* 47, 263–291.

Lilli, W., & Frey, D. (1993). Die Hypothesentheorie der sozialen Wahrnehmung. In D. Frey, & M. Irle (Hrsg.), *Theorien der Sozialpsychologie: Kognitive Theorien* (Bd. I, S. 49–78). Bern: Huber.

Miller, C. C., & Ireland, R. D. (2005). Intuition in strategic decision making: friend or foe in the fast-paced 21st century?. *The Academy of Management Executive* 19, 19–30.

Literaturverzeichnis

Osnabrügge, G., Stahlberg, D., & Frey, D. (1985). Die Theorie der kognizierten Kontrolle. In D. Frey, & M. Irle (Hrsg.), *Theorien der Sozialpsychologie: Motivations- und Informationsverarbeitungstheorien* (Bd. III, S. 127–172). Bern: Huber.

Schwartz, B., Ward, A., Monterosso, J., Lyubomirsky, S., White, K., & Lehman, D. R. (2002). Maximizing versus satisficing: happiness is a matter of choice. *Journal of Personality and Social Psychology* 83, 1178.

Simon, H. A. (1955). A behavioral model of rational choice. *Quarterly Journal of Economics* 69, 99–118.

Strack, F., & Deutsch, R. (2004). Reflective and impulsive determinants of social behavior. *Personality and Social Psychology Review* 8, 220–247.

Eine Kette ist nur so stark wie ihr schwächstes Glied

Marcel Obermeier

© Springer-Verlag Berlin Heidelberg 2017
D. Frey (Hrsg.), *Psychologie der Sprichwörter*,
DOI 10.1007/978-3-662-50381-2_22

22.1 Einleitung

Ob das FIFA-Komitee zur Vergabe der Fußball-Weltmeisterschaft, die Troika in der europäischen Schuldenkrise, die Kontaktgruppe im Rahmen der Ukrainekrise, Mindestlohn-Kommissionen, Gewerkschaftsvertretungen oder bis zuletzt auch PEGIDA – die deutschen und internationalen Nachrichten sind voller Gruppen, die zum Teil folgenschwere und damit ausgesprochen verantwortungsvolle Entscheidungen treffen müssen.

Doch auch das Arbeits- und Alltagsleben des Einzelnen ist oft von der Zusammenarbeit bzw. Absprache mit anderen geprägt: von unternehmerischen Verhandlungsgremien wie Vorständen und Aufsichtsräten über die eigene Abteilung oder das eigene Team bis hin zu Schulklassen, Sportmannschaften und Freundeskreise – überall gibt es Gruppen, die sich nach außen, aber auch innerhalb behaupten und nicht selten weitreichende Entscheidungen treffen müssen.

Dabei sind sie unabhängig von Status und Ebene vielfältigen Gruppendynamiken unterworfen. Doch stellen diese Prozesse nun positive oder negative Einflüsse dar? Ist es also besser, sich dem Einfluss von Gruppen möglichst fernzuhalten, oder erbringen sie einen tatsächlichen Mehrwert für alle? Kurz gesagt: Trifft das Sprichwort „Eine Kette ist nur so stark wie ihr schwächstes Glied" zu? Oder gilt vielmehr „Verbunden werden auch die Schwachen mächtig"?

Im Folgenden soll zunächst der Gehalt des Sprichworts und zugehörigen Gegensprichworts unter Berücksichtigung psychologischer Theorien und empirischer Befunde überprüft werden. Anschließend erfolgt die Klärung, ob sich auf obige Frage eine eindeutige Antwort finden lässt oder ob vielleicht auch beide Sprichwörter trotz ihrer gegensätzlichen Ausrichtung gleichermaßen richtig sein können.

22.2 Gültigkeit des Sprichworts

Zur (vermutlichen) Herkunft und Interpretation des Sprichworts „Jede Kette ist nur so stark wie ihr schwächstes Glied" sei zunächst gesagt, dass es sich wohl ursprünglich auf eine reale, beispielsweise metallene Kette bezog, welche an ihrer instabilsten Stelle am ehesten gebrochen werden konnte, was damit ihren Nutzen als Ganzes (z. B. als Fessel oder Schiffsbefestigung) aufhob.

Später mag der Begriff „Kette" zum Prinzip und geflügelten Wort erhoben worden sein: So wird er symbolisch für mehrere, gleichartige Dinge verwendet, die zu einer Einheit verbunden sind, wie dies z. B. bei einer Bergkette der Fall ist, aber auch als Bezeichnung für abstrakte Folgen einzelner Elemente, z. B. mathematische Reihungen, oder schließlich für die Prozesse und den Zusammenhalt von Gruppen.

22.2.1 Soziales Faulenzen

Eines der wohl bekanntesten Phänomene, auf die das Sprichwort aus psychologischer Sicht angewendet werden kann, ist das sog. soziale Faulenzen („social loafing"; Latané et al. 1979). Hierbei handelt es sich um Motivations- und damit Leistungseinbußen in Gruppen gegenüber den aus den Einzelfähigkeiten zu erwartenden Ergebnissen.

Entscheidend ist dabei, dass der Beitrag der einzelnen Mitglieder zum Gruppenergebnis

nicht identifizierbar ist, also nicht zurückverfolgt werden kann, wer letztlich wie viel zum Ergebnis beigetragen hat. Somit reduziert sich auch die physiologische Anspannung und der wahrgenommene Druck auf den Einzelnen, was häufig dazu führt, dass die Mitglieder – mutwillig oder unbewusst – ihre individuelle Leistung zurückschrauben und sozusagen in der Anonymität der Gruppe „faulenzen".

Am deutlichsten wird dies wohl beim bekannten **Wettstreit des Tauziehens**: Würde nur jeweils eine Person gegen eine andere antreten, würde das Ergebnis eindeutig den stärkeren der beiden Wettkämpfer ermitteln (Technik und Taktik einmal außen vor). Treten dagegen – wie es gewöhnlich der Fall ist – mindestens zwei Personen pro Team gegeneinander an, ist schon nicht mehr klar feststellbar, welches Teammitglied denn nun welchen Beitrag zum Ergebnis leistet. Dies sollte dann theoretisch dazu führen, dass die Wettstreiter eines Teams gemeinsam eine geringere Leistung zeigen als ihre kombinierte Muskelkraft vermuten lassen würde, ohne dass dies lediglich auf Koordinationsprobleme zurückgeführt werden kann.

Laut Latané et al. (1979) verschärft sich dieser Effekt zudem mit **steigender Gruppengröße**. So würde die kombinierte Kraft von 3 Seilziehern nur noch etwa der 2,5-fachen durchschnittlichen Einzelleistung entsprechen, bei einer großen Wettkampfgruppe von 8 Personen würde sich die Leistung auf weniger als 4 durchschnittliche Einzelleistungen und damit bereits auf weniger als die Hälfte des eigentlich Möglichen reduzieren. Die Dynamik in der Gruppe bringt hier also negative Auswirkungen mit sich.

22.2.2 Trittbrettfahren und Trotteleffekt

In engem Zusammenhang mit sozialem Faulenzen steht zudem das Problem des Trittbrettfahrens („free riding"; Kerr u. Bruun 1983) sowie der sog. Trotteleffekt („sucker effect"; Kerr 1983).

Trittbrettfahren meint dabei das Phänomen, dass einzelne Gruppenmitglieder ihre Anstrengung reduzieren, wenn sie den Eindruck haben, dass ihr persönlicher Beitrag nicht entscheidend für die Gesamtleistung der Gruppe ist. Um das Beispiel des Tauziehens wieder aufzugreifen, wäre dies wohl der Fall, wenn man mit mehreren sehr muskulös aussehenden Personen im Team ist und darauf vertraut, dass man selbst gar nicht mehr viel beitragen muss, um das gegnerische Team zu besiegen. Problematisch wäre dies jedoch dann, wenn der Schein trügt und die muskulös wirkenden Teammitglieder nicht tatsächlich viel mehr Kraft haben als man selbst. So würde der entscheidende eigene Beitrag fehlen, was unter Umständen auch den Gewinn des Wettstreits kosten kann.

Gleichzeitig kann sich die mangelnde eigene Motivation aber auch auf die übrigen Teammitglieder auswirken. Hier kommt der bereits erwähnte **Trotteleffekt** zum Tragen: Beobachtet beispielsweise einer der Teamkollegen, dass sich die Person vor ihm oder ihr überhaupt nicht anstrengt und nur sehr unmotiviert das Seil festhält, kann auch ihre eigene Motivation sinken, weitere Kraft zum Gewinn des Wettbewerbs einzusetzen – insbesondere da die beobachtete Person ja nicht zu schwach ist, um mehr beizutragen, sondern sich nur nicht genug für den Sieg anstrengt. Noch besser nachvollziehbar wird dies bei einer **geistigen Aufgabe** wie der Vorbereitung eines Gruppenreferats, das zwar nicht benotet wird, aber natürlich trotzdem anständig erarbeitet und vorgetragen werden muss. Zeigen sich nun einige Gruppenmitglieder aufgrund des geringeren Leistungsdrucks unmotiviert und tragen kaum zur Vorbereitung bei, werden früher oder später auch die eigentlich strebsamen Studenten ihre Beiträge reduzieren. Auch sie wollen „sich nicht zum Trottel machen" und alle Arbeit übernehmen oder verbessern, die ursprünglich den anderen Gruppenmitgliedern zugewiesen wurde.

Insgesamt kann also festgehalten werden, dass das soziale Faulenzen oder Trittbrettfahren Einzelner nicht nur an sich das Gruppenergebnis mindert, sondern sich auch negativ auf die Motivation und Leistung der übrigen Mitglieder auswirkt, das „schwächste" Glied also die ganze Kette brüchig machen kann.

22.2.3 Herdenverhalten und Hidden Profile

Man könnte nun einwenden, dass Tauziehen und ein nicht benotetes Referat vergleichsweise unwichtige Ereignisse darstellen, und tatsächlich zeigen sich die genannten Effekte hier besonders stark (Karau u.

Williams 1993). Doch auch bedeutsame Entscheidungen können in einer Gruppe leiden.

Ein Beispiel dafür ist das vielfältig zu beobachtende **Herdenverhalten** des Menschen (Raafat et al. 2009; im Finanzkontext siehe Scharfstein u. Stein 1990). Damit ist gemeint, dass Menschen in vielen Situationen vorwiegend und meist blind dem Verhalten anderer Personen in derselben Situation folgen, ohne ausreichend darüber nachzudenken, ob dies überhaupt sinnvoll ist. Vor allem, wenn man der eigenen Erfahrung und Expertise nicht vertraut oder denkt, dass die anderen es sicher besser wissen, ist man geneigt, ihnen unreflektiert nachzueifern.

Dies reicht vom Roulettetisch, wenn gehäuft auf die Zahl gesetzt wird, die von den anderen bevorzugt wird (selbst wenn es objektiv keine beste Wahl gibt) über politische Wahlen, bei denen oft die Partei gewählt wird, von der man glaubt, dass sie auch die meisten anderen Stimmen erhält, bis hin zu Massenhysterien und Straßenkrawallen, welche oft ursprünglich auch nur von einzelnen Personen ausgehen und sich erst im Nachhinein aufwiegeln.

Besonders gravierende Folgen kann dies außerdem bei **Finanzentscheidungen** beispielsweise an der Börse haben: Angenommen von 100 Investoren gehen 30 davon aus, dass der Kurs einer Aktie A steigt, 60 Investoren vermuten einen fallenden Kurs und die übrigen 10 Investoren haben keine Meinung zur Aktie A. Jeder kennt zudem nur seine eigene Prognose. Sind nun einige der optimistischen Investoren vorschnell in ihrem Kauf, steigt der Preis der Aktie A und die übrigen positiven Investoren und vermutlich auch die Meinungslosen werden sich in ihrem Verhalten den ersten Investoren, die es „wohl besser wissen", anschließen, um keine Gewinne zu versäumen. Dieser rasante Kaufanstieg mag nun auch einige der eigentlich zweifelnden Investoren überzeugen, sodass im Extremfall alle die Aktie A kaufen, obwohl zuvor mehr als die Hälfte von ihnen eine negative Entwicklung prognostiziert hat. Hatte die Mehrheit zudem Recht und die Aktie bricht auf lange Zeit ein, kann die durch das Herdenverhalten entstandene Spekulationsblase platzen und unter Umständen folgenschwere Finanzkrisen auslösen. So führt erneut ein unüberlegtes Verhalten der „schwächsten" Glieder zur Krise für die gesamte Kette.

Wie bereits angedeutet sind die hier getroffenen Fehlentscheidungen meist einem mangelnden Informationsaustausch geschuldet. Natürlich entspricht der angenommene Fall, dass jeder Anleger ausschließlich seine eigene Prognose kennt, nicht unbedingt der Realität, doch selbst bei einer Entscheidungsfindung in der Gruppe werden oft wichtige Informationen nicht geäußert. Gemäß dem Effekt des **gemeinsamen Wissens** („hidden profile"; Stasser 1988) wird in Diskussionen vor allem oder sogar ausschließlich bereits geteiltes Wissen geäußert, u. a. um mit einer möglicherweise abweichenden Meinung nicht als Außenseiter dazustehen. Dies führt aber schließlich wiederum dazu, dass wichtige Informationen nicht berücksichtigt werden. Auch hier kann also die kleine geteilte Menge an Wissen im Gegensatz zum potenziell vorhandenen Wissen als das „schwächste" Glied der Kette angesehen werden, das die Entscheidung der gesamten Gruppe prägt.

22.2.4 Das 2-6-2-Prinzip

Zuletzt sei das 2-6-2-Prinzip erwähnt, welches sowohl ein weiteres Beispiel als auch einen Lösungsansatz liefert. Es geht davon aus, dass sich in einer geführten Gruppe von 10 Personen gewöhnlich 2 tatkräftige Unterstützer der Führungskraft (Multiplikatoren), etwa 6 weder zu- noch abgeneigte Personen und 2 Widersacher befinden, welche alle Vorschläge ablehnen oder gar behindern. Letztere werden zudem versuchen, die Unentschlossenen auf ihre Seite zu ziehen und das Team zu blockieren. Sie verkörpern also wiederum die brüchige Stelle der Kette.

Zusammenfassend scheint umfangreiche Evidenz für das Sprichwort „Jede Kette ist nur so stark wie ihr schwächstes Glied" vorzuliegen. Soziales Faulenzen, Trittbrettfahren, der Trotteleffekt, Herdenverhalten, Hidden Profiles und das 2-6-2-Prinzip sprechen dafür, dass sich Gruppenprozesse oft negativ auswirken.

22.3 Gegensprichwort: Verbunden werden auch die Schwachen mächtig

Demgegenüber stehen jedoch auch zahlreiche positive Aspekte von sozialen Gruppen. Im Verbund mit anderen fühlen wir uns wohlbehalten und sicher, trauen uns selbst oft mehr zu und wirken in vielen Fällen tatsächlich überzeugender.

Das von Schiller stammende Sprichwort „Verbunden werden auch die Schwachen mächtig" scheint also ebenso seine Daseinsberechtigung zu haben. Einige psychologische Theorien und Befunde unterstützen diese These, wobei die errungene Macht nicht immer positiv ausgelegt wird.

22.3.1 Psychologischer Nutzen von Gruppen

Zunächst soll der psychologische Nutzen von Gruppen für den Einzelnen betrachtet werden. Der Wunsch, dazuzugehören („need-to-belong"; Baumeister u. Leary 1995), andere Gleichgesinnte zu treffen und um sich zu haben, und nicht als Außenseiter zu gelten, ist ein fundamentales Bedürfnis des Menschen. Das Glück in romantischen Beziehungen und engen Freundschaften spricht ebenso dafür wie die tiefe Befriedigung, wenn die eigenen Interessen und Ansichten von anderen geteilt werden. Alleine dies unterstreicht also schon die Bedeutung von Gruppen und deren positive Auswirkungen für den Einzelnen.

Darüber hinaus liefert eine Gruppenzugehörigkeit aber auch die wichtige **soziale Identität** (Tajfel u. Turner 1986). Neben der eigenen persönlichen Identität sind wir beispielsweise zudem Student oder Professor, Vater bzw. Mutter, Ehepartner, Freund, Deutscher, Bayern-Fan und CDU-Wähler. Alle diese Identitäten treten zwar nur je nach Situation auf, stellen aber einen wichtigen Bestandteil unseres Selbst dar. Meist sind wir stolz darauf, zu einer bestimmten Gruppe zu gehören, und zeigen dies auch gerne nach außen, indem wir z. B. ein entsprechendes Trikot der Lieblingsmannschaft oder einen Anstecker der eigenen Partei tragen.

Dies wirkt sich in der Folge auch positiv auf unseren **Selbstwert** aus (Hogg u. Sunderland 1991), insbesondere wenn die eigene Gruppe zur Gewinnerseite gehört, Deutschland also beispielsweise die Fußball-WM gewinnt oder die CDU erneut die Kanzlerin stellt, weil „wir" sie gewählt haben. Selbst wenn wir also überhaupt keinen oder nur einen geringen Einfluss auf das Ergebnis hatten, fühlen wir uns als Sieger und damit besser.

22.3.2 Köhler-Effekt und soziale Erleichterung

Es kann jedoch in der Gruppe auch zur tatsächlichen Leistungssteigerung kommen. Im Gegensatz zu sozialem Faulenzen und Trittbrettfahren kann es insbesondere in dyadischen Beziehungen zu Motivationszuwächsen von schwächeren Gruppenmitgliedern kommen, wenn sie die Befürchtung hegen, die Gruppe andernfalls auszubremsen und für die schlechtere Leistung verantwortlich gemacht zu werden. Dieser sog. **Köhler-Effekt** (Witte 1989; Köhler 1926) setzt voraus, dass der Beitrag des Einzelnen unverzichtbar oder zumindest bedeutsam für das Gruppenergebnis ist und eine schwächere Leistung auffallen würde. Außerdem sollte die ursprüngliche Leistungsdifferenz moderat ausgeprägt sein. Ist sie zu gering, verschwimmt der Unterschied zwischen starken und schwachen Gruppenmitgliedern, ist sie dagegen zu groß, kann der starke Partner so übermächtig wirken, dass wiederum gar nicht versucht wird, die Differenz aufzuholen. Im optimalen Verhältnis kommt es aber zur deutlichen Leistungssteigerung, die „Schwachen" werden also in der Gruppe mächtig (Messé et al. 2002).

Zudem kann sich auch die bloße Anwesenheit anderer positiv auf unser individuelles Ergebnis auswirken: Führen wir eine einfache oder bereits gut gelernte Aufgabe in der Gruppe aus, kann es zur **sozialen Erleichterung** („social facilitation"; Zajonc 1965) kommen, d. h. zur Verbesserung der individuellen Leistung. Durch das erhöhte Erregungsniveau in der Gruppe wird das Auftreten „dominanter" Reaktionen begünstigt, welche bei einfachen Aufgaben meist auch am funktionalsten sind.

Hier muss aber gleichzeitig eingeräumt werden, dass die Beeinflussung auch in umgekehrter Richtung möglich ist. Handelt es sich nämlich um eine eher schwierige, neuartige Aufgabe verschlechtern wir uns in Anwesenheit anderer, es kommt zur **sozialen Hemmung** („social inhibition"). Als Beispiel könnte das Autofahren dienen. Liegt der Erwerb des Führerscheins bereits viele Jahre zurück, wirkt es sich nicht auf die Leistung aus, ob wir Beifahrer haben oder nicht. Fahranfänger werden dagegen nervös sein und ihre Leistung wird vermutlich abnehmen, wenn sie wissen, dass ihre Fahrkünste beobachtet werden.

Insgesamt kann aber festgehalten werden, dass in Gruppen sehr wohl auch eine Leistungssteigerung erreicht werden kann, wenngleich diese Verbesserung sowohl vom Aufgabentyp als auch von der Zusammensetzung des Teams abhängt.

22.3.3 Die Kehrseite der Medaille – Stanford-Prison und Gruppendenken

Abschließend sollen nun noch zwei weitere Beispiele zeigen, dass die in Gruppen erhaltene „Macht" auch eine Kehrseite besitzt, die nicht zu unterschätzen ist.

Das aufgrund seiner Grausamkeit berühmt berüchtigte **Stanford-Prison-Experiment** (Haney et al. 1973) demonstriert dies wohl am anschaulichsten: Eine Gruppe gewöhnlicher, psychisch unauffälliger Studenten wurde rekrutiert, um das Verhalten von Menschen in Gefangenschaft in einem Feldexperiment zu untersuchen. Dazu wurden sie zufällig in „Wächter" und „Gefangene" eingeteilt, wobei Erstere Uniformen und dunkle Sonnenbrillen, Letztere ihre Häftlingskleidung und eine Zahl zur Identifikation erhielten. Als Aufgabe der Wächter wurde lediglich angegeben, für Ruhe und Ordnung im „Gefängnis" zu sorgen und eine Revolte bzw. einen Ausbruch zu verhindern. Die entsprechenden Maßnahmen wurden ihnen dabei selbst überlassen. Dies hatte zur Folge, dass das Experiment aufgrund extremer physischer und psychischer Misshandlungen der Gefangenen durch die Wächter bereits nach wenigen Tagen (2 Wochen waren ursprünglich vorgesehen) abgebrochen werden musste. Nach einer anfänglichen Revolte der Gefangenen griffen die Wächter zu dermaßen demütigenden und erniedrigenden Maßnahmen, dass die Insassen emotionale Zusammenbrüche erlitten und sich in vollkommener Unterwerfung ihrem Schicksal ergaben. Zurückgeführt wurde diese Eskalation der Grausamkeit auf eine durch die Rollenverteilung verursachte **Deindividuation** in der Gruppe der Wächter. Die individuelle Persönlichkeit trat zugunsten der Gruppennorm so sehr zurück, dass die rollenbedingt vorhandene Überlegenheit ungebremst ausgelebt wurde. Gewöhnliche, rein zufällig ihren Rollen zugeordnete Studenten wurden im Verbund mächtig – in diesem Fall wohl zu mächtig.

Ein weniger erschreckendes, aber unter Umständen ähnlich folgenschweres Phänomen zeigt sich im Rahmen der Theorie des **Gruppendenkens** („groupthink"; Janis 1972). Sie besagt, dass es insbesondere in hoch kohäsiven Gruppen zum Teil zu katastrophalen Fehlentscheidungen kommt, obwohl dies bei rationaler Informationssuche und -auswertung hätte vermieden werden können. Eine Illusion der Unanfechtbarkeit in der Gruppe führt dazu, dass mit der Gruppenmeinung inkonsistente Informationen abgewertet oder gänzlich vernachlässigt werden, was letztlich auch eine ausgewogene Betrachtung der Vor- und Nachteile einer Entscheidung verhindert. Ein prominentes Beispiel stellt die gescheiterte Invasion der kubanischen Schweinebucht durch die Amerikaner im Jahr 1961 dar, bei der von führenden Verantwortlichen des Militärs und der CIA zwar ernste Zweifel gehegt, aber keine Einwände geäußert wurden. Auch hier brachte die in der Gruppe vorhandene Macht negative Konsequenzen mit sich.

Insgesamt kann also auch für die Gültigkeit des Gegensprichworts Evidenz gefunden werden. Der psychologische Nutzen von Gruppen für den Einzelnen, der Köhler-Effekt, die soziale Erleichterung und im negativen Sinne die Befunde des Stanford-Prison-Experiments sowie die Theorie des Gruppendenkens sprechen dafür, dass verbunden auch die Schwachen mächtig werden können.

22.4 Fazit

In einer abschließenden Synthese aller erwähnten Theorien und Befunde lässt sich also festhalten, dass Gruppen manchmal bestenfalls ihrem schwächsten Glied entsprechen, manchmal aber auch einen Mehrwert für alle Mitglieder liefern und sie mächtig werden lassen. Die eingangs gestellte Frage, welches Sprichwort denn nun der Wahrheit entspreche, kann also folgendermaßen beantwortet werden: beide.

Wie dies auch in Gruppen oft der Fall ist, gibt es hier keine eindeutige Antwort, sondern es muss ein (gedanklicher) Kompromiss getroffen werden. Einerseits können sich zwar einzelne Gruppenmitglieder als schwächste Glieder offenbaren und damit die Stabilität der ganzen Kette gefährden, jedoch lässt sich dies im Dialog bzw. durch konstruktive Auseinandersetzung und Transparenz weitgehend unterbinden. Im übertragenen Sinne ist es also notwendig, die Kette regelmäßig zu warten, auf brüchige Stellen zu untersuchen und notfalls auszubessern.

Andererseits bieten Gruppen an sich bereits eine wertvolle Ressource für den Einzelnen und können unter geeigneten Bedingungen zudem die Motivation und Leistung aller Mitglieder fördern. Gleichzeitig ist jedoch immer darauf zu achten, dass mit der erhaltenen Macht verantwortungsvoll umgegangen wird und stets auch ein Restzweifel gegenüber sich selbst und der Gruppenmeinung bestehen bleibt. Gut getroffen hat es der deutsche Dichter, Friedrich Rückert, also mit seinem Ausspruch:

> » Alleine ist besser als mit Schlechten im Verein, mit Guten im Verein ist besser als allein.
> (Friedrich Rückert, 1788–1866)

Literaturverzeichnis

Baumeister, R. F., & Leary, M. R. (1995). The need to belong: Desire for interpersonal attachments as a fundamental human motivation. *Psychological Bulletin* 117, 497–529.

Haney, C., Banks, W. C., & Zimbardo, P. G. (1973). Interpersonal dynamics in a simulated prison. *International Journal of Criminology and Penology* 1, 69–97.

Hogg, M. A., & Sunderland, J. (1991). Self-esteem and intergroup discrimination in the minimal group paradigm. *British Journal of Social Psychology* 30, 51–62.

Janis, I. L. (1972). *Victims of Groupthink: A Psychological Study of Foreign-Policy Decisions and Fiascoes.* Boston: Houghton-Mifflin.

Karau, S. J., & Williams, K. D. (1993). Social loafing: A meta-analytic review and theoretical integration. *Journal of Personality and Social Psychology* 65, 681–706.

Kerr, N. L. (1983). Motivation losses in small groups: A social dilemma analysis. *Journal of Personality and Social Psychology* 45, 819–828.

Kerr, N. L., & Bruun, S. E. (1983). The dispensability of member effort and group motivation losses: Free-rider effects. *Journal of Personality and Social Psychology, 44,* 78–94.

Köhler, O. (1926). Kraftleistungen bei Einzel- und Gruppenarbeit. *Industrielle Psychotechnik* 3, 274–282.

Latané, B., Williams, K., & Harkins, S. (1979). Many hands make light the work: The causes and consequences of social loafing. *Journal of Personality and Social Psychology* 37, 822–832.

Messé, L. A., Hertel, G., Kerr, N. L., Lount, R. B., & Park, E. S. (2002). Knowledge of partner's ability as a moderator of group motivation gains: An exploration of the Köhler discrepancy effect. *Journal of Personality and Social Psychology* 82, 935–946.

Raafat, R. M., Chater, N., & Frith, C. (2009). Herding in humans. *Trends in Cognitive Sciences* 13, 420–428.

Scharfstein, D. S., & Stein, J. C. (1990). Herd behavior and investment. *American Economic Review* 80, 465–479.

Stasser, G. (1988). Computer simulation as a research tool: The DISCUSS model of group decision making. *Journal of Experimental Social Psychology* 24, 393–422.

Tajfel, H., & Turner, J. C. (1986). The social identity theory of intergroup behavior. In S. Worchel, & W. G. Austin (Eds.), *Psychology of intergroup relations* (2 nd Ed., S. 7–24). Chicago: Nelson-Hall.

Witte, E. H. (1989). Köhler rediscovered: The anti-Ringelmann effect. *European Journal of Social Psychology* 19, 147–154.

Zajonc, R. B. (1965). Social faciliation. *Science* 149, 269–274.

Entwicklung und Lernen

Kapitel 23 Was Hänschen nicht lernt, lernt Hans nimmermehr – 199
Jana Geelink

Kapitel 24 Was man gern macht, macht man gut – 209
Stefanie Kosel

Kapitel 25 Eine Reise von tausend Meilen beginnt mit dem ersten Schritt – 217
Felix Schwindl

Kapitel 26 Wer schön ist, ist auch gut – 223
Miriam Weber

Kapitel 27 Nur unter Druck entstehen Diamanten – In der Ruhe liegt die Kraft – 229
David Schnell

Was Hänschen nicht lernt, lernt Hans nimmermehr

Jana Geelink

© Springer-Verlag Berlin Heidelberg 2017
D. Frey (Hrsg.), *Psychologie der Sprichwörter*,
DOI 10.1007/978-3-662-50381-2_23

23.1 Einleitung

In der deutschen Sprache lassen sich die beiden Sprichwörter „Was Hänschen nicht lernt, lernt Hans nimmermehr" und „Zum Lernen ist man nie zu alt" finden. Kernaspekt der beiden gegensätzlichen Sprichwörter ist der Zusammenhang zwischen Alter und Lernfähigkeit. Beispiele fallen einem spontan für jedes der Sprichwörter ein. Man denke nur an Kinder, die schon in frühen Jahren das Spielen eines Instruments erlernen und deutliche Vorteile im Vergleich zu „Spätanfängern" haben oder an den Erwerb der Muttersprache innerhalb von wenigen Jahren im Kindesalter. Neurologisch gesehen haben Kinder einen deutlichen Vorteil. Lernerfahrungen hängen maßgeblich mit der Bildung von Synapsen zusammen. Als Synapsen werden die Verknüpfungspunkte zwischen Nervenzellen bezeichnet. Während der kindlichen Entwicklung wird ein Überschuss an Nervenzellen und Synapsen gebildet, der für Lernerfahrungen dienlich ist.

Andererseits sind die kindlichen Nervenfasern noch nicht vollständig ausgebildet. Der Entwicklungsprozess, mit dem eine schnelle Informationsweiterleitung ermöglicht wird, ist erst in der zweiten Lebenshälfte abgeschlossen (Bartzokis et al. 2010). Aus biologischer Sicht wäre es nicht sinnvoll, die Effizienz der Nervenfasern zu erhöhen, wenn Lernfortschritte im Alter ausbleiben würden, was dafür spricht, dass man zum Lernen nie zu alt ist. Auf die Beispiele zurückkommend, zeigen bekannte Persönlichkeiten, dass sie nach dem Prinzip des lebenslangen Lernens handeln. Pablo Casals (1876–1973), ein bedeutender Cellist des 20. Jahrhunderts, übte nach eigenen Angaben selbst im Alter von 90 Jahren täglich noch mehrere Stunden. Seine einfache Begründung lautete, dass er den Eindruck habe, Fortschritte zu machen. Der niederländische Schauspieler und Sänger Johannes Heesters (1903–2011) stand noch mit 105 Jahren auf der Bühne und lernte dafür Textstellen auswendig. Und das *Handelsblatt* berichtete vor Kurzem von der australischen Studentin Lis Krikby, die im Alter von 93 Jahren promovierte (dpa 2014).

Welches der beiden Sprichwörter gilt nun? Gibt es Bereiche, in denen Kinder besser lernen und Erwachsene keine vergleichbare Lernleistung zeigen können? Das vorliegende Kapitel widmet sich dieser Frage und untersucht die Gültigkeitsbereiche der Sprichwörter aus psychologischer Sicht.

23.2 Kritische Phasen in der Entwicklung

Kritische Phasen beziehen sich auf Zeiträume, in denen spezifische äußere Einflüsse für bestimmte Entwicklungsprozesse unerlässlich sind. Bleiben Lernerfahrungen in dieser Phase aus, können sie nicht nachgeholt werden. Betrachtet man das Sprichwort „Was Hänschen nicht lernt, lernt Hans nimmermehr", wird klar, dass die **Kindheit** als eine kritische Phase gesehen wird. Für die Bereiche der Gehirnentwicklung und des Spracherwerbs gibt es Studien, die diese Auffassung unterstützen.

Sogenannte Deprivationsstudien zeigen, dass der Entzug von Umweltreizen und die resultierende mangelnde Lernerfahrung zu Entwicklungsstörungen führen, die nicht nachgeholt werden können.

Hubel et al. (1977) verdeckten in ihrem Tierexperiment für die Dauer von ca. 18 Monaten ein Auge von 2 Wochen alten Affen. In Folge dieser

Deprivation sind die Tiere auf diesem Auge blind, ihr **Sehvermögen** können sie nicht mehr erwerben. Diese kritische Phase gilt nicht nur für die Ausbildung des gesamten Sehsinns, sondern auch für einzelne Bereiche. Wurden Katzen in den ersten 12 Lebenswochen nur vertikalen bzw. horizontalen visuellen Reizen ausgesetzt, waren sie für die jeweils anderen Reize blind (Hirsch u. Spinelli 1970).

Die Übertragbarkeit dieser Effekte auf den Menschen ist zwar anzuzweifeln und experimentelle Untersuchungen sind aus ethischen Gründen nicht vertretbar. Jedoch weisen Studien mit natürlicher Deprivation darauf hin, dass visuelle Erfahrungen im Kindesalter ebenfalls essenziell für die Ausbildung des menschlichen visuellen Systems sind. Grady et al. (2014) untersuchten die **visuelle Gesichtsverarbeitung** junger Erwachsener mit einem angeborenen grauen Star. Obwohl die natürliche Deprivation nach durchschnittlich 143 Tagen operativ behoben wurde, zeigt sich, dass die für die Gesichtsverarbeitung typischen Hirnareale nur verringert aktiv sind, Gesichter können im Vergleich zu von Geburt an sehenden Kontrollpersonen schlechter unterschieden werden. Demnach kann man sagen, dass der Reizentzug zu einer Veränderung in der Verarbeitung visueller Reize führt und sich dies in der Funktionsfähigkeit bemerkbar macht.

Dass das Alter eine entscheidende Rolle spielt, zeigen auch Sadato et al. (2002). Sie vergleichen die **taktile Diskriminierungsleistung**, wie sie z. B. zum Lesen der Braille-Schrift notwendig ist, von früh Erblindeten (d. h. die Erblindung ist angeboren oder vor dem 16. Lebensjahr eingetreten) mit der von spät Erblindeten und Sehenden. Es zeigt sich, dass Personen, deren Erblindung vor dem 16. Lebensjahr eintrat, signifikant besser abschneiden, als ältere erblindete Personen und Sehende. Bedeutsame Leistungsunterschiede zwischen den beiden letztgenannten Gruppen treten nicht auf. Die Unterschiede werden auf die veränderte Reizverarbeitung im Gehirn zurückgeführt. Das Gehirnareal, das üblicherweise für die Verarbeitung visueller Reize verantwortlich ist, wird bei früh Erblindeten nicht aktiviert. Daraufhin kommt es zu einer sog. **funktionellen Reorganisation**. Das bedeutet, dass dieses Gehirnareal anstatt visuelle nun taktile Reize verarbeitet, wodurch die Sensibilität steigt. Da diese Reorganisation nur bei früh Erblindeten und nicht bei spät Erblindeten stattfindet, gehen die Autoren von einer kritischen Phase aus.

Eine kritische Phase scheint es nicht nur für die Reorganisation hinsichtlich der visuellen und taktilen, sondern auch der **auditiven Reizverarbeitung** zu geben. Die Studie von Wan et al. (2010) deutet darauf hin, dass der auditive Kompensationsprozess bei Personen, die bei ihrer Erblindung älter als 14 Jahre sind, im Vergleich zu Personen mit einer angeborenen bzw. frühen Erblindung, geringer ausfällt. Dies zeigt sich beispielsweise darin, dass früh Erblindete besser zwischen verschiedenen Tonhöhen und Klangfarbe unterscheiden können. Studien zeigen weiterhin, dass eine frühkindliche Beeinträchtigung des Hörsinns durch eine Mittelohrentzündung zu langfristig verminderter Fähigkeit der **Sprachwahrnehmung** und der **akustischen Lokalisation** führen kann (Tomlin u. Rance 2014; Whitton u. Polley 2011). Eine zeitliche Eingrenzung wie bei den Studien zur visuellen Deprivation wird jedoch nicht vorgenommen.

Interessanterweise ist auch der **Spracherwerb** durch eine kritische Phase begrenzt. So bleibt die Sprachfähigkeit sog. Wolfskinder, die unter sozialer Isolation und ohne sprachliche Interaktion aufwuchsen, trotz intensiven Trainings auf dem Niveau eines Kleinkindes (Curtiss 1977; Lane 1976; Rymer 1993). Johnson und Newport (1989) zeigen weiterhin, dass die Fähigkeit zum Zweitsprachenerwerb ab einem Alter von ca. 7 Jahren sinkt. Dieser Befund bedeutet nicht, dass man im höheren Alter keine Fremdsprache mehr erlernen kann. Das Vorwissen von Erwachsenen kann beim Aufbau des Wortschatzes sogar vorteilhaft sein. Allerdings wird es mit steigendem Alter unwahrscheinlicher, muttersprachliches Niveau zu erreichen (Grotjahn 2003; Johnson u. Newport 1989).

Das neurobiologische Fundament dieser Befunde und des genannten Sprichworts „Was Hänschen nicht lernt, lernt Hans nimmermehr" liegt u. a. in der **Entwicklung der Synapsen** begründet. Wie bereits in ▶ Abschn. 23.1 angedeutet, gibt es im Kindesalter zunächst einen natürlichen Synapsenüberschuss. Das Maximum der Synapsendichte ist beispielsweise in dem Gehirnareal, das auditive Reize verarbeitet, bereits im ersten halben Lebensjahr erreicht (Huttenlocher u. Dabholkar 1997). Anschließend sinkt die

Anzahl der Synapsen selektiv nach dem Prinzip „Use it or lose it". Nervenzellen, die z. B. durch eine Beeinträchtigung des Hörsinns nicht stimuliert werden, werden unwiderruflich abgebaut.

Abgeleitet aus den dargestellten wissenschaftlichen Erkenntnissen, kann das Sprichwort „Was Hänschen nicht lernt, lernt Hans nimmermehr" zunächst als bestätigt angesehen werden. Die zeitlich begrenzten Entwicklungsmöglichkeiten unterstützen zudem das Sprichwort „Früh übt sich, wer Meister werden will". Allerdings gilt es in Bezug auf diese Befunde zu beachten, dass es sich um Reize handelt, denen jeder Mensch unter natürlichen Bedingungen ausgesetzt ist. Die Lernerfahrungen erfolgen daher unbewusst und nicht aktiv.

23.3 Lernfähigkeit und Alter

Bedeuten die zuvor dargestellten Befunde im selben Zug, dass das Sprichwort „Zum Lernen ist man nie zu alt" abgelehnt werden muss? Betrachtet man kognitive Fähigkeiten als Voraussetzungen für Lernfortschritte, besteht zunächst Grund zu Pessimismus. Als Indikator für die kognitiven Fähigkeiten wird nachfolgend die Intelligenz im Verlauf des Lebens herangezogen.

23.3.1 Intelligenz als Einflussfaktor auf Lernfortschritte

Querschnittstudien aus der ersten Hälfte des 20. Jahrhunderts kommen übereinstimmend zu dem Urteil, dass die Leistungsfähigkeit in Intelligenztests einen Höhepunkt mit ca. 20 Jahren erreicht und anschließend kontinuierlich abnimmt (Foster u. Taylor 1920; Jones u. Conrad 1933; Miles 1934). Bedeutet das, dass es tatsächlich bereits ab der dritten Dekade unseres Lebens zu einem Abbauprozess der kognitiven Leistungsfähigkeit kommt? Sind Forderungen nach „lebenslangem Lernen" also sinnlos, da die kognitiven Voraussetzungen im Alter mehr und mehr schwinden?

Drei Längsschnittstudien aus Deutschland (Bonner Gerontologische Längsschnittstudie, BOLSA; Lehr u. Thomae 1987; Thomae 1993), Amerika (Schaie 1993) und Schweden (Steen u. Djurfeldt 1993) können dieser negativen Prognose widersprechen. Die Wissenschaftler stellen übereinstimmend fest, dass ein generelles **alterskorreliertes Defizit** erst ab der neunten Dekade, d. h. ab ca. 80 Jahren erkennbar ist (Schaie 1984; Thomae 1993). Eine derart allgemeine Aussage sollte jedoch nur unter Vorbehalt geäußert werden. Ein differenzierter Blick auf die einzelnen Domänen – dies wurde im Übrigen auch von den Wissenschaftlern aus der ersten Hälfte des 20. Jahrhunderts vorgenommen – verdeutlicht, dass es unterschiedliche Entwicklungsverläufe gibt. Die Leistungsfähigkeit in Aufgaben zur Wortflüssigkeit unter Zeitdruck sinkt beispielsweise ab dem 67. Lebensjahr, das schlussfolgernde Denken hingegen lässt erst in einem Alter von 81 Jahren nach (Schaie 1984).

Mithilfe des anerkannten Intelligenzkonzepts von Horn und Cattell (1966) lassen sich Leistungsdomänen kategorisieren und differenziertere Entwicklungsverläufe darstellen. Es wird zwischen fluider und kristalliner Intelligenz unterschieden. Die **fluide (flüssige) Intelligenz** bezieht sich auf die Problemlösungsfähigkeit, ohne auf bereits erworbene Wissensaspekte zurückgreifen zu müssen. Sie zeigt sich z. B. anhand der Merkfähigkeit oder des räumlichen Denkvermögens. Die **kristalline (kristallisierte) Intelligenz** bezieht sich hingegen auf die Fähigkeit, vorhandenes Wissen für Problemlösungen und Transferaufgaben nutzen zu können. Zur Bestimmung dieser wird beispielsweise die Ausprägung des Wortverständnisses und der Wortflüssigkeit bewertet.

Typischerweise ist eine altersbedingte Reduktion der flüssigen Intelligenz festzustellen. Das hat zur Folge, dass die Fähigkeit zur Umstellung, Wendigkeit, Kombinationsfähigkeit und Orientierung in neuen Situationen abnimmt (Lehr 2007, S. 80). Als altersstabil erweist sich hingegen die kristalline Intelligenz, die im Alter sogar noch steigen kann. Aufgaben, bei denen man auf sein Allgemeinwissen zurückgreift und für die ein hohes Sprachverständnis nötig ist, sind auch im hohen Alter gut lösbar. Erst in einem sehr hohen Alter von 90 Jahren ist nach der Berlin Aging Study (BASE), anders als oben dargestellt, ein Wissensnachlass festzustellen (Singer et al. 2003).

23.3.2 Informationsverarbeitung, Gedächtnis und selbstwirksame Kognitionen als Einflussfaktoren auf Lernfortschritte

Auf physiologischer Ebene beginnt in der zweiten Lebenshälfte ein **Abbauprozess**, der zur Reduktion der Informationsverarbeitungsgeschwindigkeit führt (Baltes u. Mayer 1999; Reischies u. Lindenberger 2010). Dies ist u. a. daran zu erkennen, dass die Reaktionszeit zwischen der Präsentation eines Stimulus und dem Reaktionsbeginn in Abhängigkeit des Alters steigt (Lehr 2007). Weiterhin ist festzustellen, dass die Gedächtnisleistung, gemessen am Merkumfang, im Alter um bis zu 28 % sinkt (Fleischmann 1982).

Auf psychologischer Ebene wird der **Selbstwirksamkeit** eine große Rolle beigemessen. Darunter versteht man das Vertrauen, Handlungen aufgrund eigener Kompetenzen und Ressourcen zielgerichtet ausführen zu können (Bandura 1977). Das Alter korreliert negativ mit der Selbstwirksamkeit hinsichtlich der Gedächtnisleistung (Hastings u. West 2011). Die Höhe der eingeschätzten Selbstwirksamkeit fungiert wiederum als Prädiktor für die tatsächlich gemessene Gedächtnisleistung (West et al. 2008). Das bedeutet, dass ältere Personen ihre Gedächtnisfähigkeit als geringer einschätzen und allein diese negative Wahrnehmung zu einer verminderten Gedächtnisleistung führt.

Einen weiteren Aspekt stellt die **Leistungsmotivation** dar, die einen positiven Einfluss auf die Leistungsergebnisse hat und die im Alter weitgehend erhalten bleibt (Gegenfurtner u. Vauras 2012).

Festzuhalten ist, dass die allgemeinen kognitiven Voraussetzungen für das Lernen je nach Bereich früher oder später etwas absinken, insgesamt jedoch bis ins hohe Erwachsenenalter weitgehend stabil sind. Physiologische Abbauprozesse und kognitive Leistungsminderungen sind zwar nachweisbar, jedoch ist die Höhe des Einflusses auf die Lernleistung nicht geklärt. Nicht zu vernachlässigen sind selbstwirksame Kognitionen, die die eigene Leistungsfähigkeit ebenfalls beeinflussen.

Nachdem die intellektuellen, physiologischen und psychologischen Voraussetzungen geklärt wurden, wird im nächsten Schritt die Leistungsfähigkeit im Alter betrachtet.

23.3.3 Lernfähigkeit älterer Personen im Vergleich zu jüngeren

Es steht außer Frage, dass auch ältere Personen lern- und leistungsfähig sind. Trainingsstudien, die die Plastizität des Gehirns betrachten, bestätigen dies. Maguire et al. (2000) zeigen, dass die Größe bestimmter Hirnareale von Taxifahrern, die eine hohe Navigationsexpertise aufweisen, mit der Dauer der **Berufserfahrungen** positiv korreliert. Gaser und Schlaug (2003) stellen bei Profimusikern eine strukturelle Veränderung der am Musizieren beteiligten Hirnareale, z. B. dem zur auditiven Wahrnehmung, fest. Lange Übungszeiträume führen demnach zu einer **strukturellen Anpassung bestimmter Hirnareale**. Zwar sind genetische Einflussfaktoren genauso wenig auszuschließen wie die Tatsache, dass die Veränderungen bereits durch die Aneignung von Fähigkeiten im Kindesalter eintreten. Doch zumindest für die Taxifahrerstudie von Maguire et al. (2000) gilt, dass die Trainingserfahrungen wahrscheinlich erst im Erwachsenenalter gemacht wurden. Diese Studienergebnisse gelten als Hinweis für eine prinzipielle strukturelle Anpassungsfähigkeit des Gehirns und damit für die Möglichkeit, Fähigkeiten auch im Alter erwerben zu können.

Neben strukturellen Veränderungen des Gehirns, sind auch Leistungsverbesserungen durch **Trainingsinterventionen** feststellbar. Durch ein spezifisches Training des Arbeitsgedächtnisses lassen sich z. B. Verbesserungen in verbalen und visuell-räumlichen Bereichen erzielen (Brehmer et al. 2012; Melby-Lervåg u. Hulme 2013). Hinsichtlich der **motorischen Lernfähigkeit** stellen Willimczik et al. (2006) fest, dass Personen bis ins hohe Erwachsenenalter die Fähigkeit zu Jonglieren erlernen können. Körperliche Betätigung wirkt sich nicht nur positiv auf die motorischen Fähigkeiten aus, sondern auch auf die kognitive Leistungsfähigkeit (Schäfer et al. 2006). Die Kombination aus Training für Körper und Geist ist nach Oswald et al. (1998) besonders vielversprechend.

Dass man zum Lernen nie zu alt ist, deuten die eben dargestellten Studien an. Doch wie sieht der direkte Vergleich von jungen und alten Probanden hinsichtlich der Lernfähigkeit aus?

Kliegl et al. (1989) vergleichen die Leistungssteigerung durch **gezieltes Training** von jüngeren (im Alter von 19–29 Jahren) und älteren (im Alter von

65–83 Jahren) Probanden hinsichtlich der Merkleistung zusammenhangsloser Wörter. Zwischen Prä- und Posttest wurden die Teilnehmer in der Gedächtnisstrategie „Methode der Orte" trainiert. Dabei soll jedes Wort mit einem unterschiedlichen Ort verknüpft werden, wodurch eine **kognitive Landkarte** entsteht, die den Abruf der Gedächtnisinhalte unterstützt. Vier Studienbefunde von Kliegl et al. (1989) sind an dieser Stelle von Interesse:

1. Es zeigen sich im Prätest keine bedeutsamen **Leistungsunterschiede** zwischen den Untersuchungsgruppen.
2. Deutlich wird, dass bei beiden Versuchsgruppen erhebliche **Leistungsreserven** zur Verfügung stehen. Das bedeutet, dass durch Training sowohl bei jungen als auch bei älteren Versuchsteilnehmern eine Leistungssteigerung möglich ist. Leistungsreserven sind also vorhanden und können ausgeschöpft werden.
3. Altersunterschiede im Posttest verdeutlichen, dass Personen zwischen 19 und 29 Jahren deutlich mehr von dem **Training** profitieren. Der Befund, dass jüngere Versuchsteilnehmer mehr von Interventionen zur Förderung des Arbeitsgedächtnisses profitieren als ältere Probanden, konnte metaanalytisch ebenfalls bestätigt werden (Melby-Lervåg u. Hulme 2013).
4. Bei älteren Erwachsenen ergeben sich trotz vergleichsweise mehr Übungsdurchgängen **Leistungsnachteile**.

Anhand dieser Befunde zeigt sich, dass man zum Lernen nie zu alt ist, das maximale Leistungsniveau allerdings geringer ist und Leistungssteigerungen mit mehr Aufwand verbunden sind! Die Bedeutung des Übens und Trainierens wird unterstrichen, womit ebenfalls die Sprichwörter „Es ist noch kein Meister vom Himmel gefallen" und „Übung macht den Meister" unterstützt werden.

Wie können die vorhandenen Reserven ausgeschöpft werden? Dass eine **anregende und fordernde Umwelt** eine zentrale Rolle spielt, zeigt ein bekanntes Tierexperiment von Cooper und Zubek (1958). Ratten, die in einem stimulierenden Käfig aufwuchsen, erwiesen sich im Vergleich zu Ratten, die in einer einschränkenden und nicht stimulierenden Umwelt aufwuchsen, als lernfähiger (Cooper u. Zubek 1958). Direkte Übertragungen auf den Menschen sind zwar unzulässig, dennoch deutet dieser Befund an, dass bereichernde Umwelten geschaffen werden sollten. Dies kann u. a. durch eine verringerte Monotonie bei der Arbeit oder durch das anregende Zusammenleben von Jung und Alt, bei dem bilateral voneinander gelernt werden kann, erfolgen.

23.3.4 Kompensationsmöglichkeiten älterer Menschen

Die Lernleistung mag im Alter zwar verringert sein, doch ist das Alter nicht nur mit Nachteilen verbunden. Leon et al. (2014) betrachten die altersabhängige Fähigkeit zum **divergenten Denken** als Voraussetzung für Kreativität. Alterungsprozesse führen zwar zu Abbauprozessen im Gehirn, die die Fähigkeit zum divergenten Denken beeinflussen. Dennoch schneiden ältere Probanden im Test zu divergentem Denken besser ab als jüngere Kontrollpersonen. Woran liegt das? Offensichtlich nutzen die Versuchsgruppen unterschiedliche kognitive Mechanismen zur Generierung außergewöhnlicher Antworten. Ältere Probanden können die Abbauprozesse durch **Vorwissen**, insbesondere im Sprachgebrauch, ausgleichen.

Eine ähnliche kompensatorische Wirkung wird der **Expertise** zugeschrieben (z. B. Ericsson 1996; Knopf et al. 1995), die erst durch eine gewisse Trainingsdauer und damit in einem gewissen Alter erreichbar ist. Als allgemeine Regel werden 10.000 Übungsstunden angegeben (Ericsson 1996). Krampe und Ericsson (1996) weisen darauf hin, dass 10 Wochenübungsstunden bei älteren Profipianisten ausreichen, um auf demselben Niveau wie jüngere Pianisten spielen zu können, die durchschnittlich 25 Stunden pro Woche üben.

Ein weiterer Vorteil, der sich erst mit dem Alter ergibt, ist die **Weisheit**. Eine hohe Ich-Integrität und ein großer Erfahrungsschatz können zu weniger impulsiven Verhaltenstendenzen und besonneneren Entscheidungen führen (Lehr 2007). Eine „weise" Art des Denkens kann auch in Lernsituationen von Vorteil sein.

Zum Lernen ist man also auch deshalb nie zu alt, da man mögliche Leistungsminderungen durch Vorwissen, Expertise und Weisheit wettmachen kann.

23.3.5 Konstanzen und Instabilitäten im Lebenslauf

Lernen geht unausweichlich mit Veränderungen einher. Die Lernfähigkeit wird im Folgenden anhand der Veränderbarkeit in Bezug auf die Persönlichkeit, die Wertvorstellungen und das Verhalten betrachtet.

Roberts und DelVecchio (2000) stellen in ihrer Metaanalyse fest, dass die Stabilität der **Persönlichkeitsfaktoren** bis ins Alter von ca. 50 Jahren ansteigt und anschließend ein Plateau erreicht. Das bedeutet, dass junge emotional stabile Personen auch im Erwachsenenalter emotional stabil sind, wobei Ausprägungsveränderungen im höheren Alter unwahrscheinlicher werden. So gesehen gilt, „die Persönlichkeit, die Hänschen hat, wird Hans ebenfalls haben". Doch Vorsicht! Es lässt sich keine vollkommene Stabilität feststellen. Das spricht dafür, dass Persönlichkeitseigenschaften auch im Alter veränderbar sind und man auch diesbezüglich zum Lernen nie zu alt ist. Es muss jedoch davon ausgegangen werden, dass Wesensveränderungen mit tief greifenden Lebensereignissen, einem hohen Maß an Selbstreflexion und/oder immensem (zeitlichem) Aufwand verbunden sind.

Auf der **Ebene der Werte** sind ebenfalls Veränderungen im Alter feststellbar. Tendenziell steigt im Alter der Glaube an eine gerechte Welt (Chasteen u. Madey 2003) und das Vertrauen gegenüber der eigenen Familie, Freunden, Nachbarn und Unbekannten (Li u. Fung 2013). Weiterhin besteht ein positiver Zusammenhang zwischen dem Alter und altruistischen Verhaltensweisen wie Spendenaktivitäten (Freund u. Blanchard-Fields 2014). Gabor und Barker (1989) stellen z. B. fest, dass ältere Personen einen adressierten und frankierten Brief, der offensichtlich verloren gegangen ist (sog. Lost-Letter-Technique) häufiger zurücksenden als jüngere Personen. Aus diesem Befund schließen die Autoren, dass sich ältere Personen ehrlicher und altruistisch-fürsorglicher verhalten.

Altersabhängige Unterschiede zeigen sich auch in der Verwendung von **Problemlösestrategien**. In der Studie von Yeung et al. (2012) nutzten ältere Chinesen zwischen 61 und 94 Jahren eher eine passive Emotionsregulation wie Vermeidung. Jüngere Probanden zwischen 17 und 24 Jahren verwenden hingegen eher eine proaktive Emotionsregulation (emotionale Unterstützung) und problemorientierte Strategien wie aktive Planung.

Hinsichtlich des **Sparverhaltens** zeigt sich, dass Erwachsene ein besseres Finanzmanagement zeigen, wenn Sparverhalten im Kindesalter erlernt wurde (Friedline et al. 2013). Die deutsche SAVE-Studie (Börsch-Supan u. Essig 2005) zeigt jedoch, dass das Sparverhalten einkommensabhängig ist und damit über den Lebenszyklus hinweg variiert.

Die psychogerontologische Forschung spricht vom sog. **Paradox des subjektiven Wohlbefindens**, wenn es um die Konstanz bzw. Steigerung des subjektiven Wohlbefindens bei gleichzeitigen physischen und psychischen Abbauprozessen im Alter geht (Staudinger 2000). Die Gefühlswelt verändert sich im Alter dahingehend, dass die Emotions- und Affektregulation steigt (Lehr 2007), was sich u. a. in besonneneren Entscheidungen zeigen kann. Ältere Personen berichten von weniger interpersonalen Spannungen und Auseinandersetzungen (Birditt u. Fingermann 2005), mit ihrem sozialen Netzwerk sind sie zufriedener (Lansford et al. 1998).

Es wird deutlich, dass man Persönlichkeitszüge, Werte und Verhaltensweisen auch noch im hohen Alter erlernen kann. Andererseits ist es auch möglich, ungünstige Reaktionen im Alter zu verlernen. Dies zeigt sich beispielsweise bei der Furcht vor dem Tod, welche altersabhängig sinkt (Tomer et al. 2000). Evaluationsstudien mit gewalttätigen Inhaftierten zeigen unterstützend, dass aggressive Verhaltenstendenzen durch gezielte Interventionen reduziert werden können (Carney u. Buttell 2004; Hogan et al. 2012).

Zusammenfassend ist zu sagen, dass eine gewisse Stabilität besteht, die für das Sprichwort „Was Hänschen nicht lernt, lernt Hans nimmermehr" spricht. Darüber hinaus ist festzustellen, dass dem Sprichwort „Früh übt sich, wer Meister werden will" in diesem Zusammenhang ebenfalls Bedeutung beizumessen ist. Jüngere Menschen profitieren mehr von Trainings und ein frühes Training ist für die spätere Leistungsausprägung vorteilhaft. Eine perfekte Stabilität ergibt sich jedoch für keinen Bereich. Zum Erlernen bestimmter Persönlichkeitszüge, Verhaltensweisen und Werte ist man also doch nie zu alt.

23.4 Diskussion und Implikationen für die Praxis

Der Überblick an Forschungsarbeiten zeigt, dass beide Sprichwörter ihre Daseinsberechtigung haben. Das Sprichwort „Was Hänschen nicht lernt, lernt Hans nimmermehr" gilt im engeren Sinne jedoch nur für Bereiche, deren Entwicklung durch **kritische Phasen** zeitlich begrenzt ist. Kritische Phasen sind vorwiegend in der sprachlichen und sensorischen Entwicklung des Menschen vorhanden, sodass nach Abschluss der kritischen Phase z. B. visuelle Reize nicht mehr zur Entwicklung des visuellen Systems führen. In Bezug auf den sensorischen Bereich gilt hingegen, dass Kinder die für die Entwicklung notwendigen Erfahrungen unter normalen Umständen machen.

Das Sprichwort „Was Hänschen nicht lernt, lernt Hans nimmermehr" impliziert gleichzeitig eine negative Sicht auf die Lernfähigkeit im Alter. Das Alter wird als eine „zeitabhängige, irreversible und vorhersagbare Veränderung" gesehen, die zu einem „fortschreitenden Funktionsverlust" führt (Danner u. Schröder 1994, S. 96). Eine Abwendung von dieser Defizitperspektive ist jedoch notwendig und aus wissenschaftlicher Sicht gerechtfertigt.

Ja, **Leistungsminderungen im Alter** hinsichtlich der (fluiden) Intelligenz, der Gedächtnisleistung und der Informationsverarbeitung sind feststellbar. Doch der Mensch wird nicht vollkommen in der Kindheit geformt und ist nicht Opfer eines determinierten Abbauprozesses. Die **Intelligenz** als Lernvoraussetzung erweist sich als relativ altersstabil. Veränderungen der Persönlichkeit, der Werte und des Verhaltens sind auch im hohen Alter möglich. Des Weiteren zeigen Interventionsstudien deutliche Leistungsreserven, die durch ein gezieltes **Training** genutzt werden können. Dabei zeigen sich jedoch auch Altersunterschiede hinsichtlich des maximalen Leistungsniveaus und des zeitlichen Aufwands, der nötig ist, um dieses zu erreichen. Daher gilt auch: „Übung macht den Meister" und „Früh übt sich, wer Meister werden will". Beim Lernen mit älteren Personen ist die Erwartungshaltung hinsichtlich des Lernprozesses und des Lernergebnisses daher anzupassen. Die positiven Aspekte des Alters sollten stärker berücksichtigt werden. Ihre hohen sprachlichen Fertigkeiten, ihre Expertise und ihre Weisheit stellen gewinnbringende **Kompensationsmöglichkeiten** dar.

Nicht zu vernachlässigen sind **selbstwirksame Kognitionen** älterer Personen. Dabei ist zum einen der eigene Umgang mit älteren Mitmenschen zu überdenken. Die verbreitete Erwartung, dass ältere Personen unfähig sind, Neues zu erlernen, ist nicht mehr zeitgemäß (Thornton 2002). Es ist wichtig, Altersstereotype und -vorurteile abzubauen und Diskriminierung von Senioren zu vermeiden.

Dass Diskriminierung z. B. am **Arbeitsplatz** vorkommt, zeigen Finkelstein et al. (1995). Ihrer Studie nach werden jüngere im Vergleich zu älteren Arbeitnehmern in Auswahlsituationen bevorzugt. Im beruflichen Kontext schätzen ältere Arbeitnehmer die Veränderbarkeit ihrer Fähigkeiten und Fertigkeiten als gering ein (Maurer et al. 2003). Um dies zu ändern, sollten ältere Mitmenschen im Aufbau selbstwirksamer Kognitionen unterstützt werden. Eigene positive Erfahrungen haben eine starken Einfluss auf die Selbstwirksamkeitserwartung (Bandura 1977). Aus Unternehmensperspektive können z. B. **Personalentwicklungsmaßnahmen** dazu beitragen, positive Veränderungserfahrungen zu machen.

In diesem Zusammenhang ist es wichtig, zu betonen, dass die Veränderung auf die **eigene Leistungsfähigkeit** zurückgeführt werden sollte. Ältere Personen zeigen häufig ein ungünstiges Attributionsmuster, wenn sie die eigene Leistung abwerten und sagen: „Das war doch eine leichte Aufgabe, das kann doch jeder". Die Ursache für Erfolge sollte in der eigenen Leistungsfähigkeit gesucht werden. Bei Misserfolgen sollten hingegen auch äußere Umstände berücksichtigt werden. Eine zweite Quelle der Selbstwirksamkeitssteigerung stellen **stellvertretende Erfahrungen** dar. Das Bewusstsein darüber, dass Mitmenschen des gleichen Alters lernfähig sind, fördert die eigene Zuversicht. Positive Unterstützung aus dem persönlichen Umfeld tragen ebenfalls zur Steigerung der Selbstwirksamkeit bei. Erwachsene Kinder können ihre Eltern beispielsweise ermutigen, neue Gedächtnisstrategien wie die Methode der Orte zu nutzen oder sich für einen VHS-Kurs anzumelden.

Der demografische Wandel und der Anstieg der älteren Bevölkerungsschicht machen einen Perspektivenwandel notwendig. Die fortschreitende

Institutionalisierung der **Altersbildung** zeigt, dass Politik und Gesellschaft die Potenziale älterer Personen erkennen. Der Arbeitskreis „Universitäre Erwachsenenbildung" und die Einrichtung „Wissenschaftliche Weiterbildung für Ältere" sind nur zwei Beispiele, die nach dem Credo „Zum Lernen ist man nie zu alt" handeln. Darüber hinaus hat sich neben der Pädagogik, d. h. der Erziehungswissenschaften von Kindern, die **Geragogik** als neuer Wissenschaftsstrang mit Fokus auf das Lernen im Alter etabliert (Buboltz-Lutz et al. 2010).

Aus wissenschaftlicher Sicht sind folgende Aspekte zu betonen, die einige Einschränkungen zur Aussagekraft der vorgestellten Studienergebnisse sowie der daraus abgeleiteten Annahmen aufzeigen:

- Erstens gelten die genannten Forschungsergebnisse für **gesunde Personen**, die keine klinisch relevanten Erkrankungen wie Demenz aufweisen.
- Zweitens sind die Verläufe z. B. hinsichtlich der kognitiven Fähigkeit **nicht monokausal** durch das Alter zu erklären. Schulbildung, vielfältige Interessen, eine hohe Anzahl sozialer Kontakte und weitere Faktoren beeinflussen die Fähigkeitsentwicklung ebenfalls, wobei von einer wechselseitigen Einflussnahme ausgegangen wird (Lehr u. Thomae 1987; Oswald et al. 1997; Schaie 1993; Steen u. Djurfeldt 1993). Auch das Geschlecht trägt einen wesentlichen Anteil zu Entwicklungsverläufen bei. Frauen drücken generell mehr Angst vor dem Tod aus als Männer (Tomer et al. 2000). Ihr Aktivitätsniveau ist relativ altersstabil, wohingegen das der Männer leicht absinkt (Lehr 1987).
- Drittens werden Statistiken vorgestellt, die einen **gemittelten Entwicklungsverlauf** darstellen. Individuelle Rückschlüsse auf die Leistung einer einzelnen Person sind nicht zulässig.
- Zu guter Letzt ist stets zu berücksichtigen, dass die **Intra-** weitaus größer sind als die **Intergruppenunterschiede** (Mroczek u. Spiro 2003). Dies bedeutet, dass die Spannbreite der Leistungs- und Fähigkeitsunterschiede innerhalb einer Altersgruppe deutlich breiter ist als zwischen den Altersgruppen.

23.5 Fazit

„Was Hänschen nicht lernt, lernt Hans nimmermehr" gilt nur für sehr eingeschränkte und basale Fähigkeitsbereiche. Insgesamt zeigt die Forschung, dass man mit positiven Erwartungen altern kann und man zum Lernen nie zu alt ist, auch wenn Unterschiede hinsichtlich Leistungsmaximum und Lernschnelligkeit im Vergleich zu jüngeren Personen feststellbar sind.

Letztendlich ist es auch eine Frage der Definition, wann man vom Hänschen zum Hans wird. Mit Verweis auf die Bedeutung der selbstwirksamen Kognitionen gilt wohl: „Man ist immer so alt, wie man sich fühlt". Ebenso kann man nur lernen, wenn man auch lernen will. Johann Wolfgang von Goethe brachte seine positive Einstellung zur Lernfähigkeit im Alter anlässlich seines 80. Geburtstages folgendermaßen auf den Punkt:

> Ei, bin ich denn darum 80 Jahre alt geworden, daß ich immer das selbe denken soll? Ich strebe vielmehr täglich etwas Anderes, Neues zu denken, um nicht langweilig zu werden. Man muß sich immerfort verändern, erneuen, verjüngen, um nicht zu verstocken. (Johann Wolfgang von Goethe, zitiert nach Burkhardt 2012, S. 140)

Literaturverzeichnis

Baltes, P. B., & Mayer, K. U. (Eds.). (1999). *The Berlin Aging Study: Aging from 70 to 100.* New York: Cambridge University Press.

Bandura, A. (1977). Self-efficacy: Toward a unifying theory of behavioral change. *Psychological Review* 84(2), 191–215.

Bartzokis, G., Lu, P. H., Tingus, K., Mendez, M. F., Richard, A., Peters, D. G., Oluwadara, B., Barrall, K. A., Finn, J. P., Villablanca, P., Thompson, P. M., Mintz, J. (2010). Lifespan trajectory of myelin integrity and maximum motor speed. *Neurobiology of Aging* 31(9), 1554–1562.

Birditt, K. S., & Fingermann, K. L. (2005). Age differences in exposure and reactions to interpersonal tensions: A daily diary study. *Psychology and Aging* 20(2), 330–340.

Börsch-Supan, A., & Essig, L. (2005). Household saving in Germany: Results of the first SAVE study. In D. A. Wise (Ed.), *Analyses in the Economics of Aging* (pp. 317–356). Chicago: The University of Chicago Press.

Literaturverzeichnis

Brehmer, Y., Westerberg, H., & Bäckman, L. (2012). Working-memory training in younger and older adults: Training gains, transfer, and maintenance. *Frontiers in Human Neuroscience* 6, 63.

Buboltz-Lutz, E., Gösken, E., Kricheldorff, C., & Schramek, R. (2010). *Geragogik. Bildung und Lernen im Prozess des Alterns. Das Lehrbuch.* Stuttgart: Kohlhammer Verlag.

Burkhardt, C. A. H. (2012). *Goethes Unterhaltung mit dem Kanzler Friedrich von Müller.* Bremen: Unikom.

Carney, M. M., & Buttell, F. P. (2004). A multidimensional evaluation of a treatment program for female batterers: A pilot study. *Research on Social Work Practice* 14(4), 249–258.

Chasteen, A. L., & Madey, S. F. (2003). Belief in a just world and the perceived injustice of dying young or old. *Omega: Journal of Death and Dying* 47(4), 313–326.

Cooper, R. M., & Zubek, J. P. (1958). Effects of enriched and restricted early environments on the learning ability of bright and dull rats. *Canadian Journal of Psychology* 12(3), 159–164.

Curtiss, S. (Ed.). (1977). *Genie. Psycholinguistic study of a modern-day "wild child".* London: Academic Press.

Danner, D. B., & Schröder, H. C. (1994). Biologie des Alterns (Ontogenese und Evolution). In P. B. Baltes, J. Mittelstraß, & U. M. Staudinger (Hrsg.), *Alter und Altern: Ein interdisziplinärer Studientext zur Gerontologie. Sonderausgabe des 1992 erschienen 5. Forschungsberichts der Akademie der Wissenschaften zu Berlin.* Berlin: de Gruyter.

Deutsche Presse-Agentur (dpa). (2014). 93-Jährige promoviert über Weltwirtschaftskrisen. *Handelsblatt.* Artikel vom 26. April 2014. http://www.handelsblatt.com/panorama/aus-aller-welt/greise-doktorandin-93-jaehrige-promoviert-ueber-weltwirtschaftskrisen/9809260.html. Zugegriffen: 29. März 2016.

Ericsson, K. A. (Ed.). (1996). *The road to excellence: The acquisition of expert performance in the arts and sciences, sports and games.* Mahwah, NJ: Lawrence Erlbaum.

Finkelstein, L. M., Burke, M. J., & Raju, N. S. (1995). Age discrimination in simulated employment contexts: An integrative analysis. *Journal of Applied Psychology* 60, 652–663.

Fleischmann, U. M. (1982). Zur Gültigkeit des „Zahlennachsprechens" im hohen Lebensalter. *Zeitschrift für Gerontologie* 15(1), 15–21.

Foster, J. C., & Taylor, G. A. (1920). The applicability of mental tests to persons over fifty years of age. *Journal of Applied Psychology* 4(1), 39–58.

Freund, A. M., & Blanchard-Fields, F. (2014). Age-related differences in altruism across adulthood: Making personal financial gain versus contributing to the public good. *Developmental Psychology* 50(4), 1125–1136.

Friedline, T., Elliott, W., & Chowa, G. A. N. (2013). Testing an asset-building approach for young people: Early access to savings predicts later savings. *Economics of Education Review* 33, 31–51.

Gabor, T., & Barker, T. (1989). Probing the public's honesty: A field experiment using the "lost letter" technique. *Deviant Behavior* 10(4), 387–399.

Gaser, C., & Schlaug, G. (2003). Brain structures differ between musicians and non-musicians. *The Journal of Neuroscience* 23(27), 9240–9245.

Gegenfurtner, A., & Vauras, M. (2012). Age-related differences in the relation between motivation to learn and transfer of training in adult continuing education. *Contemporary Educational Psychology* 37(1), 33–46.

Grady, C. L., Mondloch, C. J., Lewis, T. L., & Maurer, D. (2014). Early visual deprivation from congenital cataracts disrupts activity and functional connectivity in the face network. *Neuropsychologia* 57, 122–139.

Grotjahn, R. (2003). Der Faktor „Alter" beim Fremdsprachenlernen – Mythen, Fakten, didaktisch-methodische Implikationen. *Deutsch als Fremdsprache* 40(1), 32–41.

Hastings, E. C., & West, R. L. (2011). Goal orientation and self-efficacy in relation to memory in adulthood. *Neuropsychology, Development, and Cognition. Section B, Aging, Neuropsychology and Cognition* 18(4), 471–493.

Hirsch, H. V. B., & Spinelli, D. N. (1970). Visual experience modifies distribution of horizontally and vertically oriented receptive fields in cats. *Science* 168(3933), 869–871.

Hogan, N. L., Lambert, E. G., & Barton-Bellessa, S. M. (2012). Evaluation of CHANGE, an involuntary cognitive program for high-risk inmates. *Journal of Offender Rehabilitation* 51(6), 370–388.

Horn, J. L., & Cattell, R. B. (1966). Age differences in primary mental ability factors. *Journal of Gerontology* 21(2), 210–220.

Hubel, D. H., Wiesel, T. N., & LeVay, S. (1977). Plasticity of ocular dominance columns in monkey striate cortex. *Philosophical Transactions of the Royal Society of London. Series B, Biological Sciences* 278(961), 377–409.

Huttenlocher, P. R., & Dabholkar, A. S. (1997). Regional differences in synaptogenesis in human cerebral cortex. *The Journal of Comparative Neurology* 387(2), 167–178.

Johnson, J., & Newport, E. (1989). Critical period effects in second language learning: the influence of maturation state on the acquisition of English as a second language. *Cognitive Psychology* 21(1), 60–99.

Jones, H. E., & Conrad, H. S. (1933). The growth and decline of intelligence: A study of a homogeneous group between the ages of ten and sixty. *Genetic Psychology Monographs* 13, 223–298.

Kliegl, R., Smith, J., & Baltes, P. B. (1989). Testing-the-limits and the study of adult age differences in cognitive plasticity of a mnemonic skill. *Developmental Psychology* 25(2), 247–256.

Knopf, M., Preußler, W., & Stefanek, J. (1995). "18, 20, 2.." – Does expertise in skat compensate for age-related deficits in working memory? *Swiss Journal of Psychology* 54(3), 225–236.

Krampe, R. T., & Ericsson, K. A. (1996). Maintaining excellence: Deliberate practice and elite performance in young and older pianists. *Journal of Experimental Psychology: General* 125, 331–359.

Lane, H. (1976). *The wild boy of Averyron.* Cambridge: Havard University Press.

Lansford, J. E., Sherman, A. M., & Antonucci, T. C. (1998). Satisfaction with social networks: An examination of socioemotional selectivity theory across cohorts. *Psychology and Aging* 13(4), 544–552.

Lehr, U. (1987). Persönlichkeitsentwicklung im höheren Lebensalter – differentielle Aspekte. In U. Lehr, & H. Thomae (Hrsg.), *Formen seelischen Alterns* (pp. 153–159). Stuttgart: Enke.

Lehr, U. (2007). *Psychologie des Alterns*, 11. Aufl. Wiebelsheim: Quelle & Meyer.

Lehr, U., & Thomae, H. (1987). *Formen seelischen Alterns. Ergebnisse der Bonner Gerontologischen Längsschnittstudie*. Stuttgart: Enke.

Leon, S. A., Altmann, L. J. P., Abrams, L., Gonzalez Rothi, L. J., & Heilman, K. M. (2014). Divergent task performance in older adults: Declarative memory or creative potential? *Creativity Research Journal* 26(1), 21–29.

Li, T., & Fung, H. H. (2013). Age differences in trust: An investigation across 38 countries. *The Journals of Gerontology Series B: Psychological Sciences and Social Sciences* 68(3), 347–355.

Maguire, E. A., Gadian, D. G., Johnsrude, I. S., Good, C. D., Ashburner, J., Frackowiak, R. S. J., & Frith, C. D. (2000). Navigation-related structural change in the hippocampi of taxi drivers. *Proceedings of the National Academy of Sciences* 97(8), 4398–4403.

Maurer, T. J., Wrenn, K. A., Pierce, H. R., Tross, S. A., & Collins, W. C. (2003). Beliefs about 'improvability' of career-relevant skills: Relevance to job/task analysis, competency modelling, and learning orientation. *Journal of Organizational Behavior* 24(1), 107–131.

Melby-Lervåg, M., & Hulme, C. (2013). Is working memory training effective? A meta-analytical review. *Developmental Psychology* 49(2), 270–291.

Miles, C. C. (1934). Influence of speed and age on intelligence scores of adults. *The Journal of General Psychology* 10(1), 208–210.

Mroczek, D. K., & Spiro, A. (2003). Modeling intraindividual change in personality traits: Findings from the normative aging study. *The Journals of Gerontology, Series B: Psychological Sciences and Social Sciences* 58(3), 153–165.

Oswald, W. D. (2000). Sind Alter und Altern meßbar? *Zeitschrift für Gerontologie und Geriatrie* 33(1), S08–S14.

Oswald, W. D., Rupprecht, P., & Hagen, B. (1997). Aspekte der kognitiven Leistungsfähigkeit bei 62–64 jährigen aus Ost- und Westdeutschland. *Zeitschrift für Gerontopsychologie und Gerontopsychiatrie* 10, 213–229.

Oswald, W. D., Hagen, B., & Rupprecht, P. (1998). Bedingungen der Erhaltung und Förderung von Selbstständigkeit im höheren Lebensalter (SIMA): Verlaufsanalyse des kognitiven Status. *Zeitschrift für Gerontopsychologie und Gerontopsychiatrie* 11, 202–221.

Reischies, F. M., & Lindenberger, U. (2010). Grenzen und Potentiale kognitiver Leistungsfähigkeit im Alter. In U. Lindenberger, J. Smith, K. U. Mayer, & P. B. Baltes (Eds.), *Die Berliner Altersstudie* (3. Aufl., S. 375–400). Berlin: Akademie Verlag.

Roberts, B. W., & DelVecchio, W. F. (2000). The rank-order consistency of personality traits from childhood to old age: A quantitative review of longitudinal studies. *Psychological Bulletin* 126(1), 3–25.

Rymer, R. (1993). *Genie: An abused child's fight from silence*. New York: Harper Perennial.

Sadato, N., Okada, T., Honda, M., & Yonekura, Y. (2002). Critical period for cross-modal plasticity in blind humans: A functional MRI study. *NeuroImage* 16(2), 389–400.

Schäfer, S., Huxhold, O., & Lindenberger, U. (2006). Healthy mind in healthy body? A review of senorimotor-cognitive interdependency in old age. *European Review of Aging and Physical Activity* 3, 45–54.

Schaie, K. W. (1984). Intelligenz. In W. D. Oswald, W. M. Herrmann, S. Kanowski, U. Lehr, & H. Thomae (Hrsg.), *Gerontologie* (S. 221–233). Stuttgart: Kohlhammer.

Schaie, K. W. (1993). *Intellectual development in adulthood: The Seattle longitudinal study*. New York: Cambridge University Press.

Singer, T., Verhaeghen, P., Ghisletta, P., Lindenberger, U., & Baltes, P. B. (2003). The fate of cognition in very old age: Six-year longitudinal findings in the Berlin Aging Study (BASE). *Psychology and Aging* 18(2), 318–331.

Staudinger, U. M. (2000). Viele Gründe sprechen dagegen, und trotzdem geht es vielen Menschen gut: Das Paradox des subjektiven Wohlbefindens. *Psychologische Rundschau* 51(4), 185–197.

Steen, B., & Djurfeldt, H. (1993). The gerontological and geriatric population studies in Gothenburg, Sweden. *Zeitschrift für Gerontologie* 26(3), 163–169.

Thomae, H. (1993). Die Bonner Gerontologische Längsschnittstudie (BOLSA). *Zeitschrift für Gerontologie* 26, 142–150.

Thornton, J. E. (2002). Myths of aging or ageist stereotypes. *Educational Gerontology* 28, 301–312.

Tomer, A., Eliason, G., & Smith, J. (2000). The structure of the revised death anxiety scale in young and old adults. In A. Tomer (Ed.), *Death attitudes and the older adult: Theories, concepts, and applications* (pp. 109–122). New York: Brunner-Routledge.

Tomlin, D., & Rance, G. (2014). Long-term hearing deficits after childhood middle ear disease. *Ear & Hearing* 35(6), e223–e242.

Wan, C. Y., Wood, A. G., Reutens, D. C., & Wilson, S. J. (2010). Early but not late-blindness leads to enhanced auditory perception. *Neuropsychologia* 48(1), 344–348.

West, R. L., Bagwell, D. K., & Dark-Freudeman, A. (2008). Self-efficacy and memory aging: The impact of a memory intervention based on self-efficacy. *Neuropsychology, Development, and Cognition. Section B, Aging, Neuropsychology and Cognition* 15(3), 302–329.

Whitton, J. P., & Polley, D. B. (2011). Evaluating the perceptual and pathophysiological consequences of auditory deprivation in early postnatal life: A comparison of basic and clinical studies. *Journal of the Association for Research in Otolaryngology* 12(5), 535–547.

Willimczik, K., Voelcker-Rehage, C., & Wiertz, O. (2006). Sportmotorische Entwicklung über die Lebensspanne. *Zeitschrift für Sportpsychologie* 13(1), 10–22.

Yeung, D. Y., Fung, H. H., & Kam, C. (2012). Age differences in problem solving strategies: The mediating role of future time perspective. *Personality and Individual Differences* 53, 38–43.

Was man gern macht, macht man gut

Stefanie Kosel

© Springer-Verlag Berlin Heidelberg 2017
D. Frey (Hrsg.), *Psychologie der Sprichwörter*,
DOI 10.1007/978-3-662-50381-2_24

24.1 Einleitung

Mithilfe psychologischer Theorien soll im Zuge dieses Kapitels die Anwendbarkeit und Richtigkeit der Aussage des Sprichworts „Was man gern macht, macht man gut" analysiert werden. Dazu soll aufgezeigt werden, was es bedeutet, etwas „gerne" zu erledigen und welche Faktoren gute Leistungen bedingen.

Es liegt in unserer Natur, dass wir manche Aufgaben gern machen, während andere Aufgaben eher ungern ausgeführt werden. Wenn wir etwas gerne machen, bedeutet das, dass wir eine Aufgabe bereitwillig, freudig und mit Vergnügen ausführen (*Duden* 2013). Es stellt sich nun die Frage, inwiefern eine Tätigkeit beeinflusst wird, wenn man etwas gerne tut:
- Erbringen wir bessere Leistungen, wenn wir etwas gern tun?
- Leidet unsere Leistung darunter, wenn wir gezwungen werden, etwas zu tun?
- Fällt uns die Arbeit leichter, wenn wir sie gerne tun?
- Ist die Arbeit schneller getan, wenn wir sie gerne tun?

Diese Fragen sollen in den nachfolgenden Kapiteln beantwortet werden.

Es gibt eine Vielzahl an ähnlichen Sprichwörtern, die sich damit beschäftigen, etwas gerne zu tun. Dabei findet man die verschiedensten Variationen, die sich weltweit ähneln. Das Sprichwort „Was man gern macht, macht man gut" stammt von Prentice Mulford (1834–1891), einem US-amerikanischen Journalisten, Erzieher, Warenhausbesitzer und Goldgräber. Aber auch Thomas Jefferson (1743–1826) und Aristoteles (384–322 v. Chr.) greifen dieses Thema auf, und man findet ähnliche Lebensweisheiten unter den allgemeinen deutschen, französischen oder spanischen Sprichwörtern.

24.2 Leistungsfähigkeit und -bereitschaft

„Was man gern macht, macht man gut", „Was man mit Zwang tut, wird selten gut", „Freud an der Arbeit lässt das Werk trefflich geraten" (Aristoteles), „Man muss das lieben, was man tut, und dann wird jede Arbeit, sogar die gröbste, zur Schöpfung" – diese Sprichwörter deuten alle an, dass wenn man etwas gerne oder liebend gern tut, Spaß an der Arbeit hat oder etwas bereitwillig macht, das Ergebnis der Tätigkeit, also die Leistung, gut sein wird.

Unter **Leistung** wird im Rahmen dieses Kapitels das Verhalten einer Person zur Erreichung von Zielen (Campbell et al. 1993) verstanden. Im Folgenden soll nun betrachtet werden, ob die Sprichwörter Recht behalten. Dafür soll zunächst erläutert werden, was **Einflussfaktoren** auf Leistung sind. Campbell et al. (1993) gehen in ihrem Modell zur Arbeitsleistung von folgenden drei allgemeinen Determinanten aus, welche multiplikativ verknüpft die Arbeitsleistung eines Menschen bedingen:
- Deklaratives Wissen: Wissen, **was** benötigt wird, um die Aufgabe auszuführen
- Prozedurales Wissen und Fertigkeiten: Wissen, **wie** die Aufgabe ausgeführt wird
- Motivation: Bedingungen, die für Variation in individuellem Verhalten verantwortlich sind

Determinanten der Arbeitsleistung (Campbell et al. 1993) – Erläuterung anhand eines Beispiels

- **Deklaratives Wissen** umfasst Wissen über Fakten, Prinzipien, Ziele und das Selbstkonzept. So ist es, um z. B. eine gute Hausarbeit zu verfassen, notwendig zu wissen, was eine Hausarbeit ist, nach welchen Regeln diese verfasst werden muss und welches Ziel man damit verfolgt.
- **Prozedurales Wissen** umfasst die psychomotorischen, kognitiven oder sozialen Fähigkeiten. Um eine Hausarbeit zu schreiben, muss man z. B. tippen, Zusammenhänge zwischen Themen herstellen und um Rat bei Freunden fragen können.
- **Motivation** setzt sich aus dem Zusammenwirken von Leistungsentscheidung, Anstrengungsniveau und Ausdauer zusammen. Unter einer Leistungsentscheidung versteht man die Bereitschaft, eine Anstrengung in eine Aufgabe zu investieren, also ob man z. B. damit beginnt, eine Hausarbeit zu verfassen. Das Anstrengungsniveau ist ein Maß dafür, wie viel Anstrengung man investiert, ob man z. B. lange recherchiert und viel Mühe in das Verfassen einer Hausarbeit steckt. Ausdauer beschreibt, wie lange man diese Anstrengung aufrechterhält, also ob man sich bis zum Fertigstellen Mühe gibt oder z. B. vorher aufhört.

Alle weiteren Einflussfaktoren wie Fähigkeiten, Motive, Persönlichkeit, Interesse, Einstellungen, Erfahrung und Training wirken sich, vermittelt über diese drei Determinanten, auf die Arbeitsleistung aus (Campbell et al. 1993). Ähnlich gehen auch Borman und Motowidlo (1993) aus von Wissen, Kenntnissen, Erfahrung, Fähigkeiten und Fertigkeiten als Ursachen für Tätigkeiten, die formal Gegenstand der Arbeit sind (aufgabenbezogene Leistung), und von Persönlichkeit, Motivation und Volition als Ursachen für Tätigkeiten, die über formale Arbeitsinhalte hinausgehen (umweltbezogene Leistung).

Betrachten wir nun einige dieser Ursachen, anhand derer erklärt werden kann, warum ein gutes Leistungsergebnis erreicht wird, wenn man „etwas gerne macht".

24.2.1 Etwas gern tun = gute Leistung

Arbeitszufriedenheit und Commitment

Wenn man etwas gern macht, zeigt dies, dass man eine **positive Haltung** gegenüber der Tätigkeit besitzt. Diese positive Haltung gegenüber der Arbeit kann zu Arbeitszufriedenheit führen (Avey et al. 2011). Eine Metaanalyse von Judge et al. (2001) zeigt, dass Arbeitszufriedenheit und Arbeitsleistung im positiven Zusammenhang zueinander stehen. Jedoch existieren für beide Wirkrichtungen Belege, und Mediatoren sowie Moderatoren üben einen Einfluss auf den Zusammenhang aus, wie in ▶ Abschn. 24.2.2 ausgeführt. Dies deutet bereits darauf hin, dass der Zusammenhang komplizierter ist, als das Sprichwort „Was man gern macht, macht man gut" vermuten lässt.

Außerdem zeigte eine Metaanalyse von Cooper-Hakim und Viswesvaran (2005), dass sich die mit „etwas gern tun" einhergehende Arbeitszufriedenheit auf das **affektive Commitment** auswirkt. Dieses weist wiederum einen positiven Zusammenhang zu höherer Leistung auf.

Motivation

Da Motivation eine weitere Determinante für Leistung darstellt, soll im Folgenden betrachtet werden, wie eine Tätigkeit, die wir gerne tun, uns motiviert.

Angenehme, interessante oder erfreuliche Aufgaben führen zu **intrinsischer Motivation** (Deci u. Ryan 2000). Aufgaben, die **extrinsisch** motiviert sind, werden hingegen ausgeführt, weil Belohnung oder Bestrafung erwartet wird (Gagné u. Deci 2005). Wenn wir etwas gern tun, sind wir demnach intrinsisch motiviert, sofern wir nicht nur auf eine Belohnung hoffen, sondern die Aufgabe ihrer selbst willen gerne tun. Eine Metaanalyse von Gagné und Deci (2005) zeigt, dass intrinsische Motivation bei komplexen oder interessanten Aufgaben mit einer besseren Leistung in Zusammenhang steht als extrinsische Motivation. Bei langweiligen oder alltäglichen/banalen Aufgaben zeigte sich jedoch kein Unterschied (Koestner u. Losier 2002). Überdies wird intrinsische Motivation assoziiert mit stärkerem Wohlbefinden, höherer Arbeitszufriedenheit und stärkerer Bindung zur Organisation als extrinsische Motivation (Baard et al. 2004). Diese Faktoren wiederum können zu höherer Leistung führen (Cooper-Hakim u. Viswesvaran 2005).

Ähnlich greift Herzberg in der **Zwei-Faktoren-Theorie** (1967) zwei Typen von Variablen auf: Inhaltsvariablen (Motivatoren, intrinsische Faktoren: Arbeitsinhalt) und Kontextvariablen (Hygienefaktoren, extrinsische Faktoren: Rand- und Folgebedingungen der Arbeit). Herzberg geht dabei von Faktoren aus, die zu Unzufriedenheit (Hygienefaktoren) bzw. Zufriedenheit (Motivatoren) führen (von Rosenstiel 2007). „Etwas gern tun" kann dabei als intrinsischer Faktor und somit als Motivator betrachtet werden. Deshalb entsteht Zufriedenheit, welche wiederum zu höherer Leistung führt.

Interesse

Wenn jemand etwas gerne macht, scheint es plausibel zu sein, dass auch ein Interesse für die Tätigkeit besteht. Die Metaanalyse von Krapp et al. (1993) zeigt, dass die Interessenausprägung im Durchschnitt ungefähr 10 % der beobachteten Varianz der Leistung (Schulleistung in verschiedenen Fächern) erklärt. Dabei ist zu berücksichtigen, dass Interesse in diesem Fall nicht klar von Motivation oder Affekt zu trennen ist (Krapp et al. 1993).

Emotionen und Kontrolle

Positive Emotionen können mit **Organizational Citizenship Behavior** in Zusammenhang gebracht werden, d. h. einem Verhalten von Mitarbeitern, das das effektive Funktionieren der Organisation fördert; es ist jedoch weder direkt vorgeschrieben noch wird es explizit von formalen Belohnungssystemen honoriert (Spector u. Fox 2002). Die Metaanalyse von Podsakoff et al. (2009) zeigt, dass eine positive Beziehung zwischen organisationsförderlichem Verhalten und Leistung besteht. Wenn „etwas gern tun" also mit positiven Emotionen einhergeht, herrscht auch eine bessere Leistung vor.

Im Gegensatz dazu stehen negative Emotionen im Zusammenhang mit **Counterproductive Work Behavior**, also einem Verhalten, das der Organisation oder deren Angestellten schadet (Spector u. Fox 2002). Zwänge konnten in Zusammenhang mit negativen Emotionen gebracht werden wie Frustration oder Angst (Spector u. Jex 1998), wobei Angst Leistung in vielen Aufgaben behindern kann (Eysenck et al. 2007). Außerdem können Beschränkungen in Beziehung zu Aggression, Feindseligkeit, Sabotage, Austritt aus dem Erwerbsleben und Diebstahl (Chen u. Spector 1992) stehen. Des Weiteren ist kontraproduktives Arbeitsverhalten typischerweise eine Reaktion auf Situationen mit geringer Kontrolle (Spector u. Fox 2002).

Unzureichende Kontrolle kann zu Gefühlen von Angst und Ärger (Spector u. Fox 2002) und zu gelernter Hilflosigkeit und assoziierter Depression führen (Seligman 1975). Dies zeigt, dass unter **Zwang** das Verhalten, und damit auch die Leistung, negativ beeinflusst wird. Dies spricht für das Sprichwort „Was man mit Zwang tut, wird selten gut". Wenn man hingegen eine Arbeit freiwillig ausführt, weil sie beispielsweise Freude bereitet, wird Kontrolle wahrgenommen (Spector u. Fox 2002). Wahrgenommene Kontrolle entsteht dabei, wenn Personen Ereignisse erklären, vorhersagen und beeinflussen können. Wenn eine Kontrollkognition gegeben ist, sind Menschen eher dazu bereit, Opfer zu bringen, Probleme zu bewältigen und dazuzulernen (Osnabrügge et al. 1985).

Die bisherige Analyse zeigt, dass vieles für die Annahme der Lebensweisheiten spricht, doch spricht auch etwas gegen diese Sprichwörter?

24.2.2 Etwas gern tun ≠ gute Leistung

Fertigkeiten, Fähigkeiten, Erfahrung

Wie bereits erläutert stellen prozedurales Wissen und Fertigkeiten eine Determinante für Leistung dar (Campbell et al. 1993), unabhängig davon, wie gerne man etwas tut. Ohne für die Aufgabe notwendiges Wissen oder Fertigkeiten ist gute Leistung nicht möglich. Manche Tätigkeiten können somit erst gut ausgeführt werden, wenn Ausbildung, Training, Erfahrung und Fähigkeiten zu Wissen und Fertigkeiten führen.

Arbeitszufriedenheit

Der Einfluss von Arbeitszufriedenheit auf Arbeitsleistung wird z. B. durch Selbstkonzept, Autonomie, Normen und moralische Verpflichtungen moderiert sowie durch Verhaltensabsichten und positive Stimmung mediiert (Judge et al. 2001). Dies zeigt, dass viele Faktoren (z. B. fehlende Entscheidungs-/Handlungsspielräume oder schlechte Stimmung) dazu führen können, weniger zufrieden mit unserer Arbeit zu sein und dadurch schlechtere Leistung zu vollbringen. Der positive Zusammenhang zwischen Arbeitszufriedenheit und Leistung wird reduziert. Somit kommt den **Kontextfaktoren** eine wichtige Rolle zu.

Motivation

Die **Valenz-Instrumentalitäts-Erwartungs-Theorie** (VIE-Theorie; Vroom 1964) geht von der Annahme aus, dass motiviertes Verhalten von Kognitionen abhängt. Menschen haben Erwartungen hinsichtlich ihrer Ziele. Dabei wird die Handlungstendenz beeinflusst durch folgende drei Aspekte:

- Valenz: Attraktivität, Wichtigkeit, Erwünschtheit von Folgen
- Instrumentalität: Erwartung, dass eine bestimmte Handlung zu einer bestimmten Folge führt
- Erwartung: subjektive Wahrscheinlichkeit, dass ein bestimmtes Verhalten zu einem bestimmten Ergebnis führt

Demzufolge wird keine gute Leistung erbracht, wenn erwartet wird, dass Handlungen nicht zu gewünschten Ergebnissen führen (Instrumentalität und Erwartung), oder wenn das Endresultat keine hohe Valenz besitzt (von Rosenstiel 2007). Dies verdeutlicht, dass neben der Freude oder dem reinen Spaß an der Tätigkeit weitere Faktoren einen Einfluss auf die Leistung besitzen.

Dies wird auch anhand des **Job-Characteristics-Modell** von Hackman und Oldham (1976) deutlich. Damit Arbeit zufrieden macht und intrinsisch motivierend wirkt, muss sie drei psychologische Grundbedingungen erfüllen: Die Tätigkeit muss als bedeutsam erlebt werden, die Arbeitenden müssen sich für die Ergebnisse ihrer Tätigkeit verantwortlich fühlen und sie müssen die aktuellen Resultate ihrer Tätigkeit, besonders die Qualität der Ergebnisse, kennen. Diese Bedingungen können gelöst werden, wenn folgende Merkmale erfüllt werden: Es besteht Anforderungsvielfalt, die Tätigkeit besitzt Einfluss auf das Leben anderer, man besitzt Autonomie bei der Einteilung der Arbeit und der Wahl der Vorgehensweise und erhält Rückmeldung durch die Tätigkeit bezüglich der Leistung (Hackman u. Oldham 1976).

Ebenso zeigt das **Integrated-Work-Design-Framework** von Morgeson und Campion (2003), dass motivationale, soziale und kontextuelle Jobcharakteristiken sowohl die Motivation und Leistung als auch das Wohlbefinden vorhersagen (Humphrey et al. 2007).

Insgesamt wird also deutlich, dass neben dem generellen „Gerne-Machen" einer Tätigkeit weitere Faktoren Einfluss darauf besitzen, ob wir gute Leistung erbringen oder nicht:

1. Es müssen Fähigkeiten und Wissen durch Ausbildung, Training und das Sammeln von Erfahrungen entwickelt werden.
2. Kontextfaktoren wie die Stimmung und der Handlungsspielraum üben einen Einfluss auf unsere Leistung, vermittelt über Arbeitszufriedenheit, aus.
3. Die Aufgabe an sich sollte motivierend sein.
4. Kontextfaktoren wie Autonomie, Vielfalt und Feedback sowie Erwartungen bezüglich des Ergebnisses und Bedeutsamkeit sollten gegeben sein.

Somit kann uns eine Tätigkeit an sich Spaß machen. Wenn wir jedoch erwarten, dass wir z. B. keine Würdigung für unsere Arbeit erlangen, zeigen wir schlechtere Leistungen.

24.2.3 Etwas ungern tun = gute Leistung

In der Praxis gibt es jedoch häufig Pflichten, denen man nachgehen muss, Routineaufgaben und Regeln oder Vorgaben. Es hat somit auch nicht jeder die Freiheit, das zu tun, was er will. Dennoch machen viele Menschen Dinge gut, auch wenn sie diese tun müssen und keinen Handlungsspielraum besitzen. Solche Vorkommnisse sprechen gegen vorherige

Analysen, z. B. gegen das Job-Characteristics-Modell. So gibt es beispielsweise auch das deutsche Sprichwort:

„Gezwungen trägt der Esel Säcke, ledig tät er keinen Schritt." Wie bereits zuvor erläutert, können **Zwänge** zu negativen Emotionen führen, die wiederum die Leistung beeinträchtigen (Spector u. Fox 2002). In dieser Weisheit wird jedoch davon ausgegangen, dass eine Tätigkeit nur unter Zwang und niemals freiwillig ausgeführt wird. Demnach ist extrinsische Motivation nötig, da man nur aufgrund extrinsischer Anreize tätig wird. Bei langweiligen oder alltäglichen/banalen Aufgaben zeigt sich, dass extrinsische Motivation zu derselben Leistung wie intrinsische führt (Koestner u. Losier 2002). Schlussfolgernd ist es für Routineaufgaben nicht notwendig, eine Aufgabe gerne auszuführen. Es reicht aus, dafür z. B. Geld zu bekommen. Also können wir auch Dinge, die wir nicht gerne tun, gut machen, wenn ein externer Anreiz gegeben ist.

Nimmt man das Sprichwort jedoch wörtlich, ist es immer notwendig gezwungen zu werden. Wie allerdings bereits beschrieben, führen Menschen Tätigkeiten freiwillig aus, wenn Motivation und Volition gegeben sind (Borman u. Motowidlo 1993). Dabei können die Tätigkeiten sogar über den formalen Arbeitsinhalt hinausgehen (z. B. umweltbezogene Leistung). Dies zeigt, dass Zwang keine Notwendigkeit für Leistung darstellt. In ▶ Abschn. 24.2.1 wurde ausführlich beschrieben, inwiefern „etwas gern machen" motivierend wirken kann. Deshalb wird im Weiteren nicht erneut darauf eingegangen.

24.3 Exkurs: Schwierigkeits- und Zeitempfinden

Insgesamt haben wir also gesehen, dass „etwas gerne machen" unter den richtigen Voraussetzungen zu guter Leistung führen kann. Neben der zu erbringenden Leistung kann „etwas gern machen" allerdings auch beeinflussen, ob wir eine Aufgabe als einfach oder schwer wahrnehmen oder ob eine Aufgabe subjektiv oder objektiv schneller erledigt wird. Dies soll in diesem Exkurs kurz behandelt werden.

24.3.1 Schwierigkeit – Was man gern tut, geht leicht von der Hand

„Nichts ist mühsam, wenn man es willig tut" (Thomas Jefferson), „Lust und Liebe zu einem Ding macht die schwerste Aufgabe gering", „Was man gern tut, ist keine Last" – auch das Schwierigkeitsempfinden kommt in einer Vielzahl von Sprichwörtern zum Ausdruck, wie diese Auswahl zeigt.

Bisher haben wir festgestellt, dass wir gute Leistung erbringen können, wenn wir etwas gerne machen, vorausgesetzt passende Kontextvariablen, Fertigkeiten und Wissen sind gegeben. Doch fällt uns eine Aufgabe auch leichter, wenn wir sie gerne ausführen? Dieser Frage soll im Weiteren auf den Grund gegangen werden.

Zunächst kann gesagt werden, dass wir Aufgaben lösen können, wenn diese unserem Fähigkeitsniveau entsprechen. Das heißt, dass wir die Fertigkeiten und das Wissen besitzen müssen. Doch wie heißt es: „Aller Anfang ist schwer". Das zeigt, dass eine Tätigkeit erst erlernt werden muss, damit man diese routiniert ausführen kann. Dabei findet Lernen durch **Erfahrungen** statt. Unter Erfahrung versteht man dabei, Informationen aufzunehmen (und diese zu bewerten und zu transformieren) sowie Reaktionen zu zeigen, welche die Umwelt beeinflussen (Gerrig u. Zimbardo 2008).

Aber auch wenn wir uns selbst Aufgaben aussuchen können, wählen wir manchmal zu einfache oder zu schwere Aufgaben. So wird nach der **Leistungsmotivationstheorie** von Atkinson (1964) die **Aufgabenwahl** durch das Verhältnis von Aufsuche- zu Vermeidungstendenz beeinflusst. So wählen erfolgsorientierte Personen eher mittlere Schwierigkeiten, die sie gut meistern können. Misserfolgsmotivierte hingegen wählen eher die Extreme (sehr leichte/schwere Aufgaben) und weniger mittelschwere Aufgaben. Demnach kann auch das vorherrschende Motiv samt (Erfolgs-/Misserfolgs-)Erwartung und Erfolgsbelohnung/Misserfolgsstrafe beeinflussen, ob wir eine Aufgabe leicht meistern können (Atkinson 1964). Wenn jemand misserfolgsorientiert ist und eine zu schwere Aufgabe wählt, kann er die Aufgabe nicht so gut meistern, auch wenn er sie gerne macht. In diesem Fall fällt der Person die Aufgabe also nicht leicht.

Sowohl zu einfache als auch zu schwierige Aufgaben können das Gefühl der Mühelosigkeit verhindern, sodass eine Tätigkeit als anstrengend erlebt wird (Keller u. Landhäußer 2012). Dies liegt daran, dass Überforderung und Unterforderung Flow verhindern können, da Flow von der wahrgenommenen Passung zwischen Fähigkeiten und Aufgabenanforderungen abhängt. Demzufolge herrscht keine Passung, wenn z. B. eine schwere Programmieraufgabe nicht gelöst werden kann, weil man nur Grundkenntnisse im Programmieren besitzt. Stimmen Fähigkeiten und Aufgabenanforderung jedoch überein, und wir führen die Aufgabe gerne aus, kann **Flow** dazu führen, dass das Gefühl entsteht, alles laufe von selbst (Keller u. Landhäußer 2012). Beim Flow geht man voll in einer Aufgabe auf. Dies geht mit hoher Konzentration, hohem Engagement und hohem Kontrollgefühl einher (Keller u. Landhäußer 2012). Somit gehen Aufgaben nur leicht von der Hand, wenn die Aufgaben zu den eigenen Fähigkeiten passen.

Nicht nur das Gefühl der Mühelosigkeit wird durch Flow erzeugt. Auch vergeht die Zeit im Flow wie im Flug (Csikszentmihalyi 2010). Deshalb soll im Folgenden betrachtet werden, ob wir Aufgaben schneller erledigen, wenn wir etwas gern tun.

24.3.2 Zeit – Was man gern tut, ist schnell getan

„Arbeit, die Freude macht, ist schon zur Hälfte fertig" (Französisches Sprichwort) – die Zeit vergeht also subjektiv schneller, wenn wir im Flow sind. Dies spricht für das Sprichwort „Was man gern tut, ist schnell getan". Doch können wir auch sagen, dass die Zeit objektiv schneller vergeht, wenn wir etwas gerne machen?

Betrachtet man die Expertiseforschung, wird deutlich, dass Personen, die in einem Bereich trainiert sind (also Experten sind) relevante Informationen schneller und zuverlässiger erkennen und von irrelevanten Informationen unterscheiden können, schneller Entscheidungen fällen und schneller (valide) Hypothesen bilden können. Doch nicht jeder ist gleich ein Experte, nur weil er etwas gerne tut. Das heißt, wenn man etwas „gern tut", bedarf es dennoch viel **Übung**, um eine Tätigkeit schneller (bei gleichbleibender Leistung) ausführen zu können (Sachse 2006).

Schließlich wird deutlich, dass uns eine Aufgabe leichter fällt und schneller getan ist, wenn wir durch sammeln von Erfahrungen die Fertigkeiten und das Wissen dafür besitzen. Dies ist unabhängig davon, ob man die Aufgabe gerne ausführt oder nicht. Wenn wir eine Aufgabe außerdem gerne erledigen, kommt zusätzlich Flow ins Spiel.

24.4 Diskussion

„Etwas gern machen", vermittelt über viele Faktoren, kann sich positiv auf die Leistung, das Schwierigkeitsempfinden der gestellten Aufgabe und die Zeit auswirken. Wichtige Aspekte sind dabei die positivere Einstellung, die Zufriedenheit mit der eigenen Arbeit, das größere Interesse, das Gefühl der Kontrolle, die Bereitschaft, mehr zu leisten als gefordert, der Flow, die intrinsische Motivation und die positiven Emotionen, welche das Organisational Citizenship Behavior fördern.

Dennoch ist „etwas gerne machen" kein Garant für gute Leistungen. Sind Bedingungen wie Autonomie, Vielfalt, Feedback sowie Erwartungen bezüglich des Ergebnisses und Bedeutsamkeit nicht gegeben, kann dies zu schlechterer Leistung führen. Demnach kommt eine gute Aufgabenerfüllung nicht alleine durch Freude, Glück und Wohlbefinden zustande, obwohl dies eine bedeutende Rolle einnimmt. Hierin liegt auch eine Schwäche der Erklärungskraft der Lebensweisheiten, die ausschließlich „etwas gern machen" als Erklärung heranziehen.

Inwieweit dies durch die Psychologie ausgeglichen werden kann, wird im Folgenden erläutert.

24.4.1 Mehrwert der Psychologie

Es wurde deutlich, dass die Sprichwörter zutreffen können, wenn bestimmte Voraussetzungen wie eigene Fertigkeiten und ein förderlicher Kontext gegeben sind. Jedoch sind die Sprichwörter sehr allgemein gehalten. Dies führt dazu, dass man auch viele Gegenbelege finden kann. Dementsprechend können Sprichwörter nicht als Universallösung herangezogen werden. Die Realität ist komplizierter, als diese suggerieren. Grundsätzlich werden erst mithilfe der psychologischen Theorien und Konzepte die komplexen Zusammenhänge und Voraussetzungen deutlich, die dazu führen, dass ein Sprichwort in unserem Alltag zutreffen kann.

Da die Psychologie Erklärungen dafür liefert, warum wir bessere Leistung erbringen, wenn wir etwas gerne machen, wird es möglich, menschliches Verhalten zu verstehen (wenn aufgrund der Komplexität auch nicht vollständig). Dieses Verständnis ist notwendig, um z. B. Ansatzpunkte zur **Verbesserung der Leistung** finden zu können. Schließlich kann sich das gerne Machen beispielsweise in höherer Zufriedenheit, Motivation und Interesse äußern. Diese Aspekte werden wiederum durch eine Vielzahl von Dingen beeinflusst und können in der Praxis genutzt werden, um Leistung zu erhöhen.

Es wird somit deutlich, dass die Psychologie einen großen Vorteil gegenüber der Sprichwörter besitzt. Im Folgenden wird dargestellt, welche Implikationen sich daraus für die Praxis ergeben.

24.4.2 Implikationen für die Praxis

Eine gute Leistung kann nur erbracht werden, wenn eine Person für die Tätigkeit geeignet ist. Deshalb sollte in der Praxis darauf geachtet werden, dass die richtige Person für eine bestimmte Tätigkeit eingesetzt wird.

Dies kann mit einer guten **Personalauswahl** erreicht werden. Wenn man etwas gerne macht, kann sich das, wie bereits erläutert, positiv auf die Leistung auswirken, weshalb dieser Aspekt bereits bei der Auswahl geeigneter Personen berücksichtigt werden sollte. Dennoch sollte bei der Personalauswahl auch darauf geachtet werden, dass die Personen – neben der Freude an der Tätigkeit – auch über das passende Wissen und entsprechende Fertigkeiten verfügen, da ohne diese keine gute Leistung möglich ist (Campbell et al. 1993). Einer Person notwendiges Wissen und notwendige Fertigkeiten beizubringen, ist dabei schwerer, als eine Aufgabenkonstellation zu verändern. Somit wird erneut die Bedeutung der Passung zwischen Fertigkeiten und Anforderungen deutlich. Dennoch kann auch **Training** erwünschte Effekte erzielen oder auch die passende **Gestaltung von Arbeitsplätzen**, wenn z. B. bereits eine Person ausgewählt wurde oder neue Aufgaben anstehen (Schuler u. Kanning 2001).

Ein weiterer Aspekt ist, dass häufig Aufgaben erledigt werden müssen, die man sich nicht selbst aussuchen kann und die einem weniger Freude bereiten. Hierzu konnte in ▶ Abschn. 24.2.3 gezeigt werden, dass dennoch aufgrund extrinsischer Motivation (z. B. **Belohnung**) gute Leistung erbracht werden kann. Hier zeigte sich im Vergleich zur intrinsischen Motivation, dass dies nur bei langweiligen oder alltäglichen Aufgaben der Fall ist. Bei komplexen Aufgaben führte intrinsische Motivation zu besserer Leistung (Koestner u. Losier 2002). Dies verdeutlicht, dass es bei schwierigen Aufgaben sinnvoll und notwendig ist, dass die damit Betrauten intrinsisch motiviert sind. Dies kann man erreichen, indem z. B. Aufgabenvielfalt, -bedeutsamkeit, -ganzheitlichkeit, Autonomie und Feedback (vgl. Job-Characteristics-Modell, ▶ Abschn. 24.2.2) gegeben werden. Möglichkeiten hierzu bieten z. B. Job-Rotation, Job-Enlargement, Job-Enrichment und teilautonome Arbeitsgruppen (von Rosenstiel 2007).

> **Möglichkeiten zur Leistungssteigerung am Arbeitsplatz (von Rosenstiel 2007)**
>
> - Job-Rotation (Arbeitswechsel): Der Tätigkeitsspielraum wird erweitert durch einen Wechsel des Arbeitsplatzes.
> - Job-Enlargement (Arbeitserweiterung): Der Tätigkeitsspielraum wird erweitert durch eine quantitative Erweiterung der Aufgaben.
> - Job-Enrichment (Arbeitsbereicherung): Der Tätigkeits- und Handlungsspielraum wird erweitert, indem die bisherige Tätigkeit durch Aufgaben wie Planung und Endkontrolle ergänzt werden.
> - Teilautonome Arbeitsgruppen: Die Arbeitsgruppe plant und führt selbstständig alle zu bewältigenden Tätigkeiten zur Erreichung einer Aufgabe aus.

24.5 Fazit

Abschließend bleibt festzuhalten, dass die Sprichwörter unter gewissen Umständen ihre Richtigkeit besitzen: „Etwas gerne zu machen", kann zu besserer Leistung führen, unser Zeitempfinden beeinflussen und zur Wahrnehmung einer Aufgabe als einfach führen. Diese Vorteile haben Menschen überall auf der Welt und über Jahrhunderte hinweg erkannt, wie das Zitat von Aristoteles „Freud an der Arbeit lässt das Werk trefflich geraten" beweist.

Heutzutage findet „etwas gern tun" auch unter anderer Bezeichnung in unserer Arbeitswelt Einzug, und zwar in Form von Betrachtungen zu z. B. Arbeitszufriedenheit, Motivation und Arbeitsgestaltung. Dennoch ist Freude an der Arbeit allein nicht alles – auch wenn diese viel zu guter Leistung beisteuern kann.

Literaturverzeichnis

Atkinson, J. W. (1964). *An introduction to motivation*. Princeton, NJ: Van Nostrand.

Avey, J. B., Reichard, R. J., Luthans, F., & Mhatre, K. H. (2011). Meta-analysis of the impact of positive psychological capital on employee attitudes, behaviors, and performance. *Human Resource Development Quarterly* 22(2), 127–152.

Baard, P. P., Deci, E. L., & Ryan, R. M. (2004). The relation of intrinsic need satisfaction to performance and well-being in two work settings. *Journal of Applied Social Psychology* 34, 2045–2068.

Borman, W. C., & Motowidlo, S. J. (1993). Expanding the criterion domain to include elements of contextual performance. In N. Schmitt, & W. C. Borman (Eds.), *Personnel selection in organizations* (pp. 71–98). San Francisco: Jossey-Bass.

Campbell, J. P., McCloy, R. A., Oppler, S. H., & Sager, C. E. (1993). A theory of performance. In N. Schmitt, & W. C. Borman (Eds.), *Personnel selection in organizations* (pp. 35–70). San Francisco: Jossey-Bass.

Chen, P. Y., & Spector, P. E. (1992). Relationships of work stressors with aggression, withdrawal, theft and substance use: an exploratory study. *Journal of Occupational and Organizational Psychology* 65, 177–184.

Cooper-Hakim, A., & Viswesvaran, C. (2005). The construct of work commitment: Testing an integrative Framework. *Psychological Bulletin* 131, 241–259.

Csikszentmihalyi, M. (2010). *Das flow-Erlebnis. Jenseits von Angst und Langeweile: im Tun aufgehen*. 10. Aufl. Stuttgart: Klett-Cotta.

Deci, E. L., & Ryan, R. M. (2000). The "what" and "why" of goal pursuits: Human needs and the self-determination of behavior. *Psychological Inquiry* 11, 227–268.

Duden (2013). Gern, gerne. *Duden*. http://www.duden.de/rechtschreibung/gern. Zugegriffen: 5. März 2015.

Eysenck, M. W., Derakshan, N., Santos, R., & Calvo, M. G. (2007). Anxiety and cognitive performance: attentional control theory. *Emotion* 7(2), 336.

Gagné, M., & Deci, E. L. (2005). Self-determination theory and work motivation. *Journal of Organizational Behavior* 26, 331–362.

Gerrig, R. J., & Zimbardo, P. G. (2008). *Psychologie* (18. Aufl.). München: Pearson Studium.

Hackman, J. R., & Oldham, G. R. (1976). Motivation through the design of work: Test of a theory. *Organizational Behavior and Human Performance* 16(2), 250–279.

Humphrey, S. E., Nahrgang, J. D., & Morgeson, F. P. (2007). Integrating motivational, social, and contextual work design features: a meta-analytic summary and theoretical extension of the work design literature. *Journal of Applied Psychology* 92(5), 1332.

Judge, T. A., Thoresen, C. J., Bono, J. E., & Patton, G. K. (2001). The job satisfaction-job performance relationship: A qualitative and quantitative review. *Psychological Bulletin* 127, 376–407.

Keller, J., & Landhäußer, A. (2012). The flow model revisited. In S. Engeser (Ed.), *Advances in flow research* (pp. 51–64). New York: Springer.

Koestner, R., & Losier, G. F. (2002). Distinguishing three ways of being highly motivated: A closer look at introjection, identification, and intrinsic motivation. In E. L. Deci & R. M. Ryan (Eds.), *Handbook of self-determination research* (pp. 101–121). New York: University of Rochester Press.

Krapp, A., Schiefele, U., & Schreyer, I. (1993). Metaanalyse des Zusammenhangs von Interesse und schulischer Leistung. *Zeitschrift für Entwicklungspsychologie und pädagogische Psychologie* 10(2), 120–148.

Morgeson, F. P., & Campion, M. A. (2003). Work design. In W. C. Borman, D. R. Ilgen, & R. J. Klimoski (Eds.), *Handbook of psychology: Industrial and organizational psychology* (Vol. 12, pp. 423–452). Hoboken, NJ: Wiley.

Osnabrügge, G., Stahlberg, D., & Frey, D. (1985). Die Theorie der kognizierten Kontrolle. In D. Frey, & M. Irle (Hrsg.), *Theorien der Sozialpsychologie. Bd. III. Motivations- und Informationsverarbeitungstheorien* (S. 127–172). Bern: Huber.

Podsakoff, N. P., Whiting, S. W., Podsakoff, P. M., & Blume, B. D. (2009). Individual- and organizational-level consequences of organizational citizenship behaviors: A meta-analysis. *Journal of Applied Psychology* 94(1), 122.

von Rosenstiel, L. (2007). *Grundlagen der Organisationspsychologie*. Stuttgart: Schäffer-Poeschel.

Sachse, R. (2006). Psychotherapie-Ausbildung aus der Sicht der Expertise-Forschung. In R. Sachse, & P. Schlebusch (Hrsg.), *Perspektiven Klärungsorientierter Psychotherapie* (S. 306–324). Lengerich: Pabst.

Schuler, H., & Kanning, U. P. (2001) *Lehrbuch der Personalpsychologie*. Göttingen: Hogrefe.

Seligman, M. E. P. (1975). *Helplessness: On depression, development, and death*. San Francisco: Freeman.

Spector, P. E., & Fox, S. (2002). An emotion-centered model of voluntary work behavior: Some parallels between counterproductive work behavior and organizational citizenship behavior. *Human Resource Management Review* 12(2), 269–292.

Spector, P. E., & Jex, S. M. (1998). Development of four self-report measures of job stressors and strain: interpersonal conflict at work scale, organizational constraints scale, quantitative workload inventory, and physical symptoms inventory. *Journal of Occupational Health Psychology* 3, 356–367.

Vroom, V. H. (1964). *Work and motivation*. New York, NY: Wiley.

Eine Reise von tausend Meilen beginnt mit dem ersten Schritt

Felix Schwindl

© Springer-Verlag Berlin Heidelberg 2017
D. Frey (Hrsg.), *Psychologie der Sprichwörter*,
DOI 10.1007/978-3-662-50381-2_25

25.1 Einleitung

Sprichwörter und Lebensweisheiten gibt es rund um den Globus, in den verschiedensten Ländern und Regionen. Sie alle zeigen für den jeweiligen Kulturkreis in Form einer sinnbildlichen Darstellung, meist als Metaphern oder Vergleiche, spezielle Eigenheiten auf. Abhängig von der jeweiligen Kultur genießen Sprichwörter und Lebensweisheiten einen besonderen Stellenwert in dieser, was vor allem auf Redewendungen aus China zutrifft.

25.1.1 Herkunft und kultureller Stellenwert

Einerseits zeigt die Verwendung von Sprichwörtern in der chinesischen Sprache ein hohes Maß an Wortgewandtheit und geschichtlichem Wissen, andererseits umgeht man so eine persönliche Meinungsäußerung und verringert gleichzeitig das Risiko einer möglichen Konfrontation (Cheng 1976). Zusätzlich drückt man auf diese Art Traditionsbewusstsein aus und unterstreicht die Relevanz der eigenen Aussage, was sich sogar wissenschaftlich nachweisen lässt. So konnte Günthner (1991) im Rahmen einer Sprachanalyse von deutschen und chinesischen Muttersprachlern zeigen, dass chinesische Muttersprachler eine häufigere Verwendung von Sprichwörtern und Weisheiten in ihrem Sprachgebrauch zeigen, wenn sie Aussagen zu ihren sozialen Normen und Werten treffen. Dies steht in starkem Zusammenhang mit der kollektivistischen kulturellen Identität, welche durch die Einleitung „Wie wir Chinesen sagen ... " zusätzlich hervorgehoben wird.

Urheber der Sprichwörter sind oftmals bekannte Persönlichkeiten oder große Denker. So gehen in China zahlreiche Redewendungen auf den Philosophen Laozi zurück, der bereits im 6. Jahrhundert v. Chr. gelebt haben soll. Laozi gilt mit seiner Schrift, dem Dàodéjīng, als Begründer des Daoismus, welcher neben dem Buddhismus und dem Konfuzianismus zu einer der drei Hauptreligionen in China zählt. Der Daoismus und auch Laozi, als sein wichtigster Vertreter, haben noch immer weitreichende Einflüsse auf den chinesischen Alltag, ganz gleich ob in Kultur, Wirtschaft und Politik (Bauer u. van Ess 2001).

Umso spannender ist es nun, sich mit Lebensweisheiten des „alten Meisters", was eine mögliche Übersetzung für den Namen Laozi ist, auseinanderzusetzen und deren Bedeutung genauer unter die Lupe zu nehmen. Entsprechend soll das Sprichwort „Eine Reise von tausend Meilen beginnt mit dem ersten Schritt" analysiert werden, dessen Ursprung auf Laozi zurückgeführt wird. Berücksichtigt wird ebenfalls das Gegensprichwort „Tue nichts und alles ist getan", das in seiner Aussage kaum gegensätzlicher sein könnte.

25.1.2 Interpretation des Sprichworts

Der auch hierzulande weitverbreitete Ausspruch „Eine Reise von tausend Meilen beginnt mit dem ersten Schritt" fordert zu einer proaktiven Beschäftigung mit der Umwelt auf und soll die Motivation hervorrufen, sich unmittelbar mit seinen Aufgaben auseinanderzusetzen. Die Botschaft lautet ganz simpel: Je früher man Herausforderungen erkennt und sich mit ihnen beschäftigt, umso schneller und besser kann man sie bewältigen.

Im Gegensatz dazu steht das in der chinesischen Sprache geflügelte Wort „Tue nichts und alles ist getan", das ebenfalls auf Laozi zurückgeführt wird. Dieser Ausspruch rät zu einer eher passiven Haltung bzw. zeitlichen Verzögerung als Bewältigungsstrategie von Aufgaben und Herausforderungen. Die Quintessenz liegt hierbei darin, die Zukunft einfach auf sich zukommen zu lassen, da diese unweigerlich eintreten wird.

Die entscheidende Frage ist nun nicht, welche der beiden Aussagen korrekt und welche falsch ist – es geht vielmehr darum, in welcher Situation, unter welchen persönlichen Umständen oder in welcher Umgebung wir Menschen eher Proaktivität oder eher Passivität zeigen, und wie wir dieses Wissen für unseren Alltag nutzen können.

Um diesen Fragen auf den Grund zu gehen, sollen verschiedene Theorien und Phänomene aus der Psychologie herangezogen und erörtert werden. Im Anschluss werden auf Basis der Analyse Ableitungen für den Arbeits- und Führungskontext getroffen.

25.2 Befunde aus der Psychologie und mögliche Erklärungsansätze

Betrachten wir zunächst motivationale Aspekte, welche eine mögliche Erklärung für die unterschiedlichen Bewältigungsstrategien darstellen.

25.2.1 Theorie des regulatorischen Fokus

Der Psychologe Higgins (1997) teilt in seiner Theorie des regulatorischen Fokus Menschen in zwei Gruppen ein. Gemäß dieser Theorie unterscheiden wir uns hinsichtlich unserer Beweggründe, warum wir uns mit einer Aufgabe auseinandersetzen. Einerseits gibt es Menschen, die das Ziel verfolgen, Erfolg zu erleben, d. h., dem sog. **Promotionsfokus** („promotion focus") folgen; andererseits gibt es Menschen, die danach streben, Misserfolg zu vermeiden, und einen **Präventionsfokus** („prevention focus") aufweisen. Die erfolgreiche Bewältigung der Aufgabe ist in beiden Gruppen das übergeordnete Ziel. Auf Basis dieser Theorie konnte eine wissenschaftliche Studie zeigen (Freitas et al. 2002), dass Menschen, welche durch den Präventionsfokus motiviert werden, dazu tendieren, sich zu einem früheren Zeitpunkt mit Aufgaben zu beschäftigen als solche, deren Motivation durch den Promotionsfokus bedingt wird. Die Ursache hierfür sehen die Autoren darin, dass eine Aufgabe für Menschen mit Promotionsfokus nur eine von zahlreichen Möglichkeiten darstellt, um Bestätigung und Erfolg zu erhalten, während es bei Menschen mit Präventionsfokus bei jeder Aufgabe darum geht, Misserfolg zu vermeiden. Dadurch ist der individuell wahrgenommene Leistungsdruck im Präventionsfokus höher, was zu einer zeitnäheren und auch intensiveren Auseinandersetzung mit einer Aufgabe führt, entsprechend der Weisheit „Eine Reise von tausend Meilen beginnt mit dem ersten Schritt".

Eine weitere ebenfalls motivationale Ursache – unabhängig davon, ob man zur Gruppe Promotions- oder Präventionsfokus gehört – liegt in der **Aufgabe** selbst. So tendieren wir Menschen dazu, unangenehme Aufgaben eher mit zeitlicher Verzögerung anzugehen (Milgram et al. 1988), ebenso wie Aufgaben, die uns Schwierigkeiten bereiten oder mit hohen Kosten verbunden sind (Steel u. König 2006).

25.2.2 Core Self-Evaluations

Neben diesen Aspekten konnte gezeigt werden, dass noch weitere Persönlichkeitsunterschiede mit dafür verantwortlich sein können, auf welche Art und Weise wir uns mit Aufgaben befassen. Ein besonderes Konstrukt in diesem Kontext sind unsere grundlegenden **Selbsteinschätzungen**, im Englischen auch Core Self-Evaluations (CSE) genannt, welche für das Ausmaß verantwortlich sind, in dem wir Menschen ein grundlegend positives Selbstbild von uns und Vertrauen in unsere Fähigkeiten haben oder nicht („high vs. low CSE"; Judge et al. 1997).

Gerade in der Berufswelt haben die CSE viel Aufmerksamkeit erregt, da u. a. ein positiver Zusammenhang zwischen hohem CSE und **Arbeitszufriedenheit** bzw. **Arbeitsleistung** nachgewiesen wurde (Bono u. Judge 2003; Judge u. Bono 2001). Besonders ist hierbei die Tatsache zu erwähnen, dass die CSE im Arbeitskontext durch Kollegen und Mitarbeiter von außen, beispielsweise durch Lob und Wertschätzung, induziert und dadurch gesteigert werden können. Dadurch kann das Maß der individuellen Proaktivität angehoben werden. Dies trifft jedoch nur auf Menschen zu, die sich in ihrer sozialen Umgebung wohlfühlen und dadurch ein gefestigtes Selbstkonzept aufbauen können (Wu u. Parker 2012).

25.2.3 Lernen am Modell

Bei der Frage, wie wir Menschen an Aufgaben herangehen bzw. wie wir eine vitale Aufgabenauseinandersetzung in unserem Berufskontext fördern können, spielt neben dem Persönlichkeitsaspekt unser Umfeld eine enorm wichtige Rolle. An dieser Stelle soll die Theorie des Lernens am Modell nach Bandura aufgegriffen werden, die in der Psychologie oftmals herangezogen wird, wenn es um Einflüsse der sozialen Umwelt auf das individuelle Verhalten geht (Bandura u. Walters 1963).

Die Kernaussage ist simpel: Wir Menschen orientieren uns bezüglich unseres Verhaltens an relevanten Bezugspersonen und deren beobachtbarem Verhalten. Wenn wir zwar durch unser berufliches Umfeld das Gefühl von Wohlbefinden vermittelt bekommen, wir jedoch bei unseren Kollegen und Mitarbeitern kein **proaktives Verhalten** wahrnehmen, ist es dem Modelllernen zufolge nicht sehr wahrscheinlich, dass wir selbst proaktives Verhalten zeigen. Ein Verhalten gemäß der Weisheit „Tue nichts und alles ist getan" ist also unter diesen Umständen wahrscheinlicher. Umgekehrt kann ein beobachtbares proaktives Verhalten im Arbeitskontext bei uns selbst eine Tendenz zu der Handlungsweise getreu dem Sprichwort „Eine Reise von tausend Meilen beginnt mit dem ersten Schritt" hervorbringen.

25.2.4 Construal Level Theory

Nach dem Modell des sozialen Lernens soll nun ein weitaus modernerer Forschungsbereich vorgestellt werden, der sich mit Phänomenen im Zusammenhang mit der **Abstraktionsebenentheorie** beschäftigt, welche im Englischen als Construal Level Theory (CLT) bezeichnet wird (Trope u. Liberman 2003).

Diese sehr aktuelle Theorie setzt sich damit auseinander, wie **psychologische Distanzen** – also die raumzeitliche oder soziale Distanz zu einem Ereignis, beispielsweise ein Geburtstag nächste Woche oder der noch weit entfernte Jahresurlaub – unser Denken beeinflussen. So konnte die Forschung zur CLT zeigen, dass die psychologische Distanz entscheidet, ob wir Menschen eher konkret und „praktisch" oder eher abstrakt und „theoretisch" über etwas nachdenken (z. B. Stephan et al. 2010; Trope u. Liberman 2010). Etwas plakativer ausgedrückt bedeutet dies: Je „näher" wir einem Ereignis sind, desto konkreter denken wir darüber nach. Je „weiter entfernt" wir von einem Ereignis sind, desto abstrakter sind unsere Gedanken hierzu. Man spricht im Falle eines konkreten Gedankengangs von **niedriger Abstraktion** („low-level construals") und im Falle von abstrakten Gedanken von **hoher Abstraktion** („high-level construals"; Trope u. Liberman 2010).

In einer Studie konnten McCrea et al. (2008) zeigen, dass die **Formulierung in der Aufgabenstellung** zu einem unterschiedlichen Ausmaß an Abstraktion führt, obwohl die Aufgabenstellung – z. B. das Ausfüllen eines Fragebogens – stets dieselbe ist. Sofern die Versuchsteilnehmer konkret an die Aufgaben denken („Ich muss den Fragebogen ausfüllen"), befassen sie sich zu einem früheren Zeitpunkt damit als die Teilnehmer, welche eine vergleichsweise hohe mentale Abstraktion von der Aufgabe gebildet haben („Ich muss die Forschung unterstützen"). Jedoch führen die Autoren diesen im Widerspruch zu anderen Forschungsergebnissen stehenden Effekt darauf zurück, dass die Aufgabe in ihrer Studie nicht sehr unangenehm für die Teilnehmer ist.

So konnten Fujita et al. (2006) zeigen, dass auch abstrakte Gedankengänge zu einer frühzeitigen und erfolgreichen Aufgabenbewältigung befähigen. Entscheidend ist hierbei, dass es bei dieser Studie deutlich aufwendiger war, das Ziel zu erreichen, da es hierbei um das Abnehmen im Rahmen einer Diät ging.

Insgesamt scheint also neben dem Umstand der wahrgenommenen psychologischen Distanz einmal mehr die Ausprägung hinsichtlich Schwierigkeit und Beurteilung der Aufgabe – **einfach vs. schwierig** oder **angenehm vs. unangenehm** – mit entscheidend zu sein, welche Vorhersagen sich auf unser menschliches Verhalten treffen lassen.

25.3 Implikationen für die Praxis

Wenn die beiden Sprichwörter „Eine Reise von tausend Meilen beginnt mit dem ersten Schritt" und „Tue nichts und alles ist getan" auf den **Arbeits- und Führungskontext** bezogen werden, ist anhand der hier vorgestellten Ergebnisse eine Tendenz zur ersteren Weisheit vorhanden.

Eine Ursache ist beispielsweise das Sicherheitsmotiv (Maslow 1943), nach dem wir Menschen danach streben, Ungewissheit und Angst zu vermeiden und möglichst frühzeitig einen sicheren und geordneten Zustand unserer Umwelt zu erreichen. Daher sollen nun Ableitungen für die Praxis vorgestellt werden, wie das auf das Arbeitsumfeld besser passende Sprichwort „Eine Reise von tausend Meilen beginnt mit dem ersten Schritt" umgesetzt werden kann:

1. Die Führungskräfte sollten selbst mit gutem Beispiel vorangehen – getreu der sozialen Lerntheorie, da ihr Verhalten sich auf die Mitarbeiter auswirken kann und sich deren Verhalten untereinander verstärkt.
2. Die Führungskraft sollte für eine unterstützende Arbeitsatmosphäre sorgen, in der sich die Mitarbeiter wohlfühlen und durch positives Feedback oder persönliche Hilfe zu einer proaktiven Auseinandersetzung mit den Arbeitsanforderungen bewegt werden. Diese proaktive Arbeitseinstellung ist laut Frese und Fay (2001) ein zentraler Faktor für beruflichen Erfolg, die auch damit verbunden ist, sich besser mit den Unsicherheiten der modernen Arbeitswelt zu arrangieren und im Falle von Arbeitslosigkeit schneller einen neuen Job zu finden.
3. Die Art und Weise der Kommunikation scheint – unter Berücksichtigung der Construal Level Theory – eine wichtige Rolle zu spielen. Entscheidend ist es dabei, wie eine Aufgabe oder ein Ziel präsentiert wird, um entsprechend die Konstruktion von konkreten und abstrakten Gedankengängen anzustoßen. Berson et al. (2015) konnten zeigen, dass durch die Herstellung des „construal fit" – also der Passung zwischen psychologischer Distanz und dem verbundenen Abstraktionsgrad – die Motivation unter den Mitarbeitern gesteigert werden kann, nachdem die Führungskraft eine Ansprache gehalten hat. Die Motivation, sich mit Aufgaben auseinanderzusetzen, deren Erledigung in ferner Zukunft liegt, ist bei den Mitarbeitern höher, wenn die Führungskraft ihre Botschaft auf einem hohen Abstraktionsniveau formuliert und beispielsweise an die Werte des Unternehmens oder der Arbeitsgruppe appelliert. Bei zeitkritischen Aufgaben hingegen können die Mitarbeiter stärker durch Botschaften mit konkreten Inhalten, z. B. praktischen Handlungsanweisungen, motiviert werden. Folglich sollten Führungskräfte vermehrt darauf achten, wie sie vor ihren Mitarbeitern auftreten bzw. welche Ausdrucksweise sie wählen, wenn es darum geht, die Leistungsmotivation aufzubauen oder aufrechtzuhalten.
4. Es empfiehlt sich – in Bezug auf die Theorie des regulatorischen Fokus – eine Mischung aus beiden Herangehensweisen. Sicherlich ist es für eine Führungskraft einfacher und für die Motivation der Mitarbeiter generell besser, den Erfolg einer Aufgabe in Aussicht zu stellen und den Promotionsfokus in den Vordergrund zu rücken. Um zu gewährleisten, dass die Aufgabe innerhalb des vorgegebenen Zeitrahmens erledigt wird, könnte es jedoch hilfreich sein, die Mitarbeiter an ein mögliches Scheitern zu erinnern, um so den Präventionsfokus zu fördern und eine frühzeitige Aufgabenerledigung zu begünstigen.

25.4 Fazit

Abschließend lässt sich für den Arbeitskontext also festhalten, dass eine frühzeitig geplante und zeitige Umsetzung eines Vorhabens in die Tat, getreu der Weisheit „Eine Reise von tausend Meilen beginnt mit dem ersten Schritt", für eine erfolgreiche Zielerreichung wünschenswert ist.

Allerdings darf man nicht vergessen, dass sowohl die Art der Aufgabe, die damit verbundene Distanz und die Umgebung eine wichtige Rolle dabei spielen, ob eine frühzeitige Auseinandersetzung möglich und auch tatsächlich sinnvoller ist. Daher ist die Kernaussage der Weisheit „Tue nichts und alles ist getan" im Arbeitskontext ebenso relevant.

Man kann Laozi folglich nur gratulieren. Denn ganz egal, welche seiner beiden gegensätzlichen Aussagen man betrachtet – es scheinen beide ihre Gültigkeit zu besitzen.

Literaturverzeichnis

Bandura, A., & Walters, R. H. (1963). *Social learning and personality development*. New York: Holt, Rinehart & Winston.

Bauer, W., & van Ess, H. (2001). *Geschichte der chinesischen Philosophie: Konfuzianismus, Daoismus, Buddhismus*. München: C. H. Beck.

Berson, Y., Halevy, N., Shamir, B., & Erez, M. (2015). Leading from different psychological distances: A construal-level perspective on vision communication, goal setting, and follower motivation. *The Leadership Quarterly* 26(2), 143–155.

Bono, J. E., & Judge, T. A. (2003). Core self-evaluations: a review of the trait and its role in job satisfaction and job performance. *European Journal of Personality* 17(1), 5–18.

Cheng, Y. (1976). *Sprichwörtliche Redensarten im modernen Chinesisch*. Hamburg: Buske.

Freitas, A. L., Liberman, N., Salovey, P., & Higgins, E. T. (2002). When to begin? Regulatory focus and initiating goal pursuit. *Personality and Social Psychology Bulletin* 28(1), 121–130.

Frese, M., & Fay, D. (2001). Personal initiative: An active performance concept for work in the 21st century. In B. M. Staw, & R. I. Sutton (Eds.), *Research in organizational behavior* (Vol. 23, pp. 133–187). San Diego, CA, US: Elsevier Academic Press.

Fujita, K., Trope, Y., Liberman, N., & Levin-Sagi, M. (2006). Construal Levels and Self-Control. *Journal of Personality and Social Psychology* 90(3), 351–367.

Günthner, S. (1991). A language with taste: Uses of proverbial sayings in intercultural communication. *Text&Talk – An Interdisciplinary Journal of Language, Discourse & Communication Studies* 11(3), 399–418.

Higgins, E. T. (1997). Beyond pleasure and pain. *American Psychologist* 52(12), 1280–1300.

Judge, T. A., & Bono, J. E. (2001). Relationship of core self-evaluations traits – self-esteem, generalized self-efficacy, locus of control, and emotional stability – with job satisfaction and job performance: A meta-analysis. *Journal of Applied Psychology* 86(1), 80–92.

Judge, T. A., Locke, E. A., Durham, C. C., & Kluger, A. N. (1998). Dispositional effects on job and life satisfaction: The role of core evaluations. *Journal of Applied Psychology* 83(1), 17–34.

Maslow, A. H. (1943). A theory of human motivation. *Psychological Review* 50(4), 370–396.

McCrea, S. M., Liberman, N., Trope, Y., & Sherman, S. J. (2008). Construal level and procrastination. *Psychological Science* 19(12), 1308–1314.

Milgram, N. A., Sroloff, B., & Rosenbaum, M. (1988). The procrastination of everyday life. *Journal of Research in Personality* 22(2), 197–212.

Steel, P., & König, C. J. (2006). Integrating theories of motivation. *Academy of Management Review* 31(4), 889–913.

Stephan, E., Liberman, N., & Trope, Y. (2010). Politeness and psychological distance: A construal level perspective. *Journal of Personality and Social Psychology* 117(2), 440–463.

Trope, Y., & Liberman, N. (2003). Temporal construal theory of intertemporal judgment and decision. *Psychological Review* 110(3), 403–421.

Trope, Y., & Liberman, N. (2010). Construal-level theory of psychological distance. *Psychological Review* 117(2), 440–463.

Wu, C., & Parker, S. K. (2012). The role of attachment styles in shaping proactive behaviour: An intra-individual analysis. *Journal of Occupational and Organizational Psychology* 85(3), 523–530.

Wer schön ist, ist auch gut

Miriam Weber

© Springer-Verlag Berlin Heidelberg 2017
D. Frey (Hrsg.), *Psychologie der Sprichwörter*,
DOI 10.1007/978-3-662-50381-2_26

26.1 Einleitung: Schönheit und Attraktivität

Im antiken Griechenland glaubten die Menschen, dass eine enge Beziehung zwischen Schönheit und positiven Charaktereigenschaften besteht, kurz: „Wer schön ist, ist auch gut".

Diese Weisheit ist auch heute noch durch Sprichwörter lebendig, beispielsweise „In einem gesunden Körper wohnt ein gesunder Geist", „Der Körper ist nur die Form der Seele" und schließlich „Wer schön ist, ist auch gut". Andererseits gibt es im deutschen Sprachgut auch noch die Sprichwörter „Außen hui, innen pfui", „Der Schein trügt" und „Es ist nicht alles Gold, was glänzt", die nahelegen, dass eine solch enge Beziehung zwischen Körper und Geist nicht besteht oder zumindest nicht zwangsläufig bestehen muss.

„Schönheit liegt im Auge des Betrachters" ist im deutschen Sprachgebrauch ein ebenfalls geläufiges Sprichwort. Liegt diese tatsächlich ausschließlich im Auge des Betrachters? Wäre Attraktivität eine rein **subjektive Wahrnehmung**, gäbe es keine konsistenten Effekte gegenüber Attraktivität, die sich in Urteilen oder Handlungen niederschlagen würden. Forscher fanden jedoch heraus, dass sich Personen innerhalb und über Kulturen hinweg darin einig sind, wer attraktiv ist und wer nicht (Langlois et al. 2000).

Allerdings stellt sich dann immer noch die Frage, was eigentlich als attraktiv wahrgenommen wird. In der empirischen psychologischen Forschung wird davon ausgegangen, dass durchschnittliche Gesichter als attraktiv wahrgenommen werden (Langlois u. Roggman 1990). Darüber hinaus spielt die Symmetrie des Gesichts eine entscheidende Rolle dafür, ob eine Person als attraktiv wahrgenommen wird (Mealey et al. 1999). In Studien wurden dafür Bilder von verschiedenen Personen gesammelt und aus ihnen ein Durchschnitt zusammengestellt. Die Durchschnittlichkeit signalisiert vermutlich ein gutes Erbgut und eine damit einhergehende Gesundheit des Organismus (Rhodes et al. 2002). Eine andere mögliche Erklärung wäre, dass durchschnittliche Gesichter eher der eigenen mentalen Repräsentation eines Gesichts entsprechen, deshalb einfacher verarbeitet werden können und sich darin unsere Präferenz begründet (DeBruine et al. 2007). Neben der Durchschnittlichkeit scheinen jedoch auch noch andere Faktoren dazu beizutragen, ob wir eine Person als attraktiv betrachten oder nicht. Dazu gehören u. a. Makellosigkeit der Haut (Little u. Hancock 2002) sowie das Verhältnis vom Taillen- zum Hüftumfang (Swami u. Furnham 2008). Festhalten lässt sich also, dass **Attraktivität objektive Kriterien** aufweist, die messbar sind. Diese Kriterien sind entgegen einer weitverbreiteten Annahme auch nicht kulturabhängig (Langlois et al. 2000).

Würden wir jedoch tatsächlich von äußeren Merkmalen auf innere Eigenschaften schließen, hätte dies weitreichende Folgen für die Wahrnehmung und Einschätzung anderer Menschen und gravierende Folgen für jeden Lebensbereich. Im Folgenden wird deshalb der Frage nachgegangen, ob schön auch tatsächlich gut ist.

26.2 Empirische Befunde: Ist schön auch gut?

Können wir von den äußeren Merkmalen auf innere Eigenschaften schließen? Gibt es wissenschaftliche Belege dafür, dass sich attraktive Menschen durch gute Eigenschaften auszeichnen?

Die wichtigste Untersuchung zu dieser Frage stammt von Dion et al. (1972), die nachweisen konnten, dass attraktiven Personen positive Eigenschaften (z. B. Erfolg im Beruf, Glück in Partnerschaft und Ehe) und im Umkehrschluss unattraktiven Personen negative Eigenschaften zugeschrieben werden. Somit scheint wie im alten Griechenland ein Attraktivitätsstereotyp zu bestehen, der nach der Logik „Was schön ist, ist auch gut" funktioniert.

Eine mögliche Erklärung könnte im **„first impression error"** (Dougherty et al. 1994) zu finden sein. Er beschreibt die Tendenz, dass unser Gesamteindruck von anderen Personen entscheidend durch den ersten Eindruck geprägt wird. Darüber hinaus gibt es den sog. **Halo-Effekt** (Thorndike 1920), dem zufolge der Eindruck einer zentralen Eigenschaft (in diesem Fall Attraktivität) dazu führt, dass auch nicht beobachtbare Eigenschaften konsistent eingeschätzt werden.

26.2.1 Kindliche Entwicklung

Da wir Menschen von der Geburt an von anderen Menschen beurteilt werden und auch selber früh damit anfangen, andere zu beurteilen, stehen wir von Beginn an unter dem Einfluss des Attraktivitätsstereotyps. So konnte gezeigt werden, dass attraktive Kinder sowohl von vertrauten als auch von fremden Personen positiver beurteilt und behandelt werden als weniger attraktive Kinder. Sie werden eher als beliebt, kompetent und angepasst eingeschätzt (Langlois et al. 2000). Attraktivere Kinder erhalten mehr Aufmerksamkeit ihrer Eltern, werden eher in ihrer Kompetenz bestärkt und erleben weniger negative und mehr positive Interaktionen (Langlois et al. 2000).

Als mögliche Folge dieser wohlwollenden Einschätzung und Behandlung könnte ein **vorteilhafterer Bindungsstil** für attraktivere Kinder resultieren. Aktuelle Forschung deutet darauf hin, dass im Sinne der „self-fulfilling prophecy" (selbsterfüllende Prophezeiung) attraktivere Kinder positivere Entwicklungen durchlaufen. Der Mechanismus funktioniert dergestalt, dass Kinder eine positivere Behandlung durch ihre Umwelt wahrnehmen und daraus auf ihre eigenen Fähigkeiten schließen. Durch die **positive Verstärkung** wird entsprechend eine günstigere Entwicklung in Gang gesetzt. Attraktivere Kinder sind bei Spielkameraden beliebter, passen sich schneller an neue Umgebungen an und zeigen eine höhere Intelligenz als weniger attraktive Kinder (Langlois et al. 2000). Später im Leben sind sie außerdem erfolgreicher und werden als intelligenter eingeschätzt (Jackson et al. 1995).

26.2.2 Gesundheit und Partnerschaft

Auch auf physiologischer Ebene hängt Attraktivität mit positiven Korrelaten zusammen: Es konnte gezeigt werden, dass Attraktivität auch mit Gesundheit zusammenhängt, allerdings gilt dieser Effekt vor allem für Frauen (Weeden u. Sabini 2005).

Besonders stark hängen das **Taille-Hüft-Verhältnis** und das **Gewicht** mit der allgemeinen Gesundheit der Frauen zusammen (Weeden u. Sabini 2005). Es ist kein Zufall, dass es sich bei beiden Faktoren um solche handelt, die gut vorhersagen können, wie reproduktiv eine Frau ist. Männliche Attraktivität scheint demgegenüber nicht an Reproduktionsfähigkeit gekoppelt zu sein.

Die Befunde stehen im Einklang mit kulturübergreifenden Untersuchungen zur **Partnerwahl** von Buss (1989). Demnach ist es für Männer wichtig, eine fruchtbare Frau zu finden, da Frauen für die Reproduktion eine größere Bedeutung besitzen. Frauen suchen demgegenüber eher solche Männer, die geeignet sind für eine langfristige Familienplanung. Die dafür benötigten Eigenschaften sind weniger gut äußerlich beobachtbar, sodass für Männer Attraktivität bei Frauen eine höhere Bedeutung hat als umgekehrt. Allerdings gilt dieser Zusammenhang nur für eine langfristige Beziehungsplanung. Für eine kurzfristigere Planung ist für Frauen und Männer Attraktivität gleichermaßen von großer Bedeutung (Eastwick et al. 2011).

Bei der Partnerwahl spielt außerdem die **Matching-Hypothese** eine Rolle, der zufolge man diejenigen Personen bevorzugt, die ähnlich attraktiv sind wie man selber (Aron 1988). Allerdings sind Männer in Langzeitbeziehungen zufriedener, wenn sie eine attraktive Frau haben, der Effekt gilt allerdings nicht andersherum (Meltzer et al. 2014). Frauen sind in ihren Beziehungen zufriedener, wenn sie selbst attraktiv sind, was vermutlich darauf zurückzuführen ist, dass sie gesünder (Hume u. Montgomerie 2001) und resistenter gegenüber Stressoren sind (Burman u. Margolin 1992; Neff u. Karney 2004, 2007). Eine weitere Erklärung ist, dass attraktive Frauen von ihren Männern besser behandelt werden (McNulty et al. 2008).

26.2.3 Gleichgeschlechtliche Interaktionen

Attraktivität kann allerdings auch negative Auswirkungen haben, denn attraktive gleichgeschlechtliche Personen werden unter Umständen im sozialen Vergleich als selbstwertbedrohlich erlebt.

So stellten die Forscher Kenrick et al. (1993) fest, dass der Anblick von attraktiven gleichgeschlechtlichen Personen die Stimmung verschlechtert. Dieser Umstand führt dann zu Vermeidungstendenzen bei der Entstehung von Freundschaften (Krebs u. Adinolfi 1975). Somit wirkt sich physische Attraktivität in gegengeschlechtlichen Interaktionen positiv, in gleichgeschlechtlichen eher negativ aus (Agthe et al. 2011; Maner et al. 2007, 2009). Diese Effekte zeigen sich auch in Bewerbungssituationen.

Zurückgeführt wird die soziale Ablehnung bzw. Voreingenommenheit auf den sog. **Social-Comparison-Bias** (Garcia et al. 2010), bei dem man Personen abwertet, die einem auf relevanten Dimensionen überlegen sind und dadurch den eigenen Selbstwert bedrohen. Die Voreingenommenheit zeigt sich jedoch nicht bei sehr attraktiven Personen mit hohem Selbstwert und bei durchschnittlich bzw. weniger attraktiven Personen mit hohem Selbstwert, da in diesen Fällen keine starke Selbstwertbedrohung durch die attraktiven Bewerber auftritt und sie deshalb auch weniger Abwertungstendenzen erfahren (Buunk et al. 2007; Maner et al. 2009).

26.2.4 Akademischer und beruflicher Kontext

In einer Metaanalyse fanden Langlois et al. (2000) heraus, dass von den untersuchten Personen 68 % der attraktiven Erwachsenen **überdurchschnittlich erfolgreich** im Beruf waren, während es bei den weniger attraktiven Erwachsenen nur 32 % waren. Hintergrund dessen könnte sein, dass attraktiveren Personen eher Führungsqualitäten zugetraut werden (Judge et al. 2004). Außerdem werden ihnen höhere soziale Fähigkeiten zugeschrieben (Seibert et al. 2001). Damit einhergehend verdienen attraktivere Personen auch mehr (Harper 2000).

Speziell für Frauen ist Attraktivität im beruflichen Kontext – vor allem in Führungspositionen – allerdings nicht immer von Vorteil. Die Attraktivität der Frauen betont weibliche Genderstereotype, die im Kontrast zu ihren Führungsaufgaben stehen können, mit denen eher männliche Eigenschaften assoziiert sind. Es handelt sich dabei um den sog. **Beauty-is-beastly-Effekt**. Der Effekt gilt nur für Frauen und nur bei Berufen mit hohem Status (Heilman u. Saruwatari 1979; Heilman u. Stopeck 1985).

Der „Beauty-is-beastly"-Effekt tritt außerdem in Abhängigkeit vom **Führungsstil** auf. So zeigen Studien, dass er nur beim transformationalen, aber nicht beim transaktionalen Führungsstil gilt (Braun et al. 2012). Der **transaktionale Führungsstil** ist durch eine Austauschbeziehung zwischen Führungskraft und Mitarbeiter gekennzeichnet, d. h., dass die Führungskraft das Mitarbeiterverhalten durch bedingte Belohnung, also durch Zielvereinbarungen und Rückmeldungen, lenkt. **Transformationale Führung** setzt im Gegensatz dazu stärker als transaktionale Führung auf intrinsische Anreize und Emotionen (Kauffeld 2011). Attraktivität hat demnach beim transformationalen Führungsstil, der von Frauen gezeigt wird, negative Auswirkungen auf das Vertrauen und die Loyalität der Mitarbeiter. Der Grund scheint darin zu liegen, dass durch die Attraktivität ein Widerspruch wahrgenommen wird zwischen erwarteter Führung, die das Erreichen von Geschäftszielen verfolgt und eher mit männlichen Eigenschaften assoziiert ist, und der wahrgenommenen Sorge um die Gemeinschaft, die dem weiblichen Stereotyp zugeschrieben wird. Diese Diskrepanz scheint nur beim transformationalen Führungsstil zu bestehen, weil in diesem Fall auf einer persönlicheren und weniger aufgabenorientierten Ebene geführt wird (Heilman u. Stopeck 1985; Johnson et al. 2010). Bei Männern wirkt sich Attraktivität im Beruf nicht negativ aus.

Allerdings ist es keinesfalls so, dass vor allem Männer Frauen beruflich benachteiligen. Untersuchungen von Luxen und Van De Vijver (2006) haben ergeben, dass Personalchefinnen generell junge Frauen benachteiligen (im Vergleich zu jungen Männern). Dieses Phänomen wird **Queen-Bee-Syndrom** (Ellemers et al. 2004) genannt und beschreibt, dass Frauen öfter von Frauen in höheren Positionen benachteiligt werden, die zudem oft vergleichsweise älter sind. Durch diese Befunde wird der Attraktivitätsstereotyp jedoch nicht infrage gestellt, sondern nur differenziert.

Zusammenfassend ist der Attraktivitätsstereotyp in allen Lebensbereichen wirksam und führt dazu, dass Attraktivität fast immer von Vorteil ist.

26.3 Diskussion

Im vorherigen Abschnitt wurde herausgearbeitet, wie groß der Einfluss der Attraktivität eines Menschen auf seine **persönliche Entwicklung** ist. Schon bevor ein Mensch andere als attraktiv oder weniger attraktiv beurteilen kann, wird er selbst von anderen entsprechend seines Aussehens beurteilt und behandelt. Da der Mensch letztlich nur begrenzt Einfluss auf seine Attraktivität hat, entscheidet somit ein zufälliger Unterschied über seinen weiteren Lebensweg. Der zugrunde liegende Mechanismus besteht darin, dass das Umfeld zumeist positiver auf attraktive Menschen reagiert, da diese als beliebt und intelligent gelten, und der jeweilige Mensch dadurch positive Schlüsse über sich selbst zieht. Folglich entwickelt er sich gemäß diesen Erwartungen.

Wenn also Eltern, Kindergärtner, Lehrer und Professoren attraktive Schützlinge besser behandeln und bewerten, beschreiben diese auch eine positivere Entwicklung und gehen selbstbewusster in die Berufswelt. Im **beruflichen Kontext** wirkt sich Attraktivität für Männer durchweg zu ihrem Vorteil aus, für Frauen zum großen Teil – einmal abgesehen vom Beauty-is-beastly- und Queen-Bee-Effekt. Durch das positive Feedback durch die Umwelt sind attraktivere Menschen vermutlich auch zufriedener mit ihrem Leben und fühlen sich durch Misserfolge und Krankheitsfälle weniger stark bedroht. Spannend wäre in diesem Kontext noch die Frage, welche Rolle Kleidung und Auftreten bei der Wahrnehmung von Attraktivität spielen. Gilt das Sprichwort: „Kleider machen Leute"? Dies fand in der bisherigen Forschung noch wenig Berücksichtigung.

Durch z. B. Werbespots mit vermeintlich perfekten Menschen und einer **Idealisierung** von erfolgreichen und schönen Menschen erhält der Stereotyp noch mehr Kraft. Nichtsdestotrotz spielen im Leben neben Attraktivität auch Charisma, Persönlichkeit und Intelligenz eine große Rolle, sodass nicht die Attraktivität alleine über die persönliche Entwicklung entscheidet.

Es lässt sich schließen, dass dem Stereotyp eine gesamtgesellschaftliche Bedeutsamkeit zukommt. Da das Phänomen im Umkehrschluss zu einer systematischen Benachteiligung weniger attraktiver oder sehr attraktiver Personen in bestimmten Kontexten führen kann, stellt sich die wichtige Frage, welche Maßnahmen ergriffen werden können, um diesen Effekten entgegenzuwirken.

26.4 Implikationen für die Praxis

Eine entscheidende Rolle zur Reduzierung des Attraktivitätsstereotyps liegt in der Aufklärung von Fachkräften in **Bildungseinrichtungen** wie Kindergärten, Schulen und Universitäten, da hier der Grundstein für die spätere Entwicklung gelegt wird. Sehr wichtig wäre es außerdem, die Thematik auch in **Elternratgebern** und **Erziehungskursen** aufzunehmen, da Eltern hauptsächlich für die frühe Kindeserziehung verantwortlich sind. Die Fachkräfte in Bildungseinrichtungen sollten über den Stereotyp und seine Auswirkungen informiert werden und – wenn möglich – auch praktische Maßnahmen an die Hand bekommen. Denkbar wäre z. B. ein **soziales Kompetenztraining** in Kindergärten und Schulen für alle Kinder, um auch das Selbstbewusstsein von weniger attraktiven Kindern zu steigern. Bei diesen Kompetenztrainings sollte ein Schwerpunkt auf die Stärkung der eigenen Persönlichkeit gelegt werden. Im universitären Kontext könnte es dem Selbstbewusstsein der Studenten zuträglich sein, wenn im Rahmen von kleineren Seminaren am Ende eines Semesters Feedback von Mitstudenten und dem Dozenten zu Stärken und Schwächen eingeholt wird.

Um den Eintritt in die **Berufswelt** auch weniger attraktiven Personen zu erleichtern, wären anonyme Bewerbungen sinnvoll, bei denen man das biologische Geschlecht nicht angeben und kein Foto einreichen muss. Bei späteren Bewerbungsgesprächen sollten sich die Entscheidungsgremien dann möglichst heterogen zusammensetzen, da dies dazu führen, Voreingenommenheit in Bewertungssituationen zu vermindern.

Die große Macht der **Medien** könnte ausgenutzt werden, indem in der Werbung mehr „normale" Personen gezeigt werden, um das Ideal des perfekten, schönen Menschen nicht weiter zu fördern.

Schließlich kann jeder einzelne damit beginnen, andere nicht aufgrund ihres Äußeren zu verurteilen, sondern den Menschen dahinter zu sehen.

26.5 Fazit

Wie sich anhand der empirischen Befunde zur Attraktivität aufzeigen lässt, spiegelt das Sprichwort „Wer schön ist, ist auch gut" eine in der Gesellschaft weitverbreitete Ansicht wider. Attraktivität kommt in allen sozialen Interaktionen zum Tragen, nimmt Einfluss auf die kindliche Entwicklung und Erziehung und spielt ebenso im beruflichen Kontext eine große, manchmal entscheidende Rolle. Durch die Augenscheinlichkeit von Attraktivität kann sich ihr kaum ein Mensch entziehen – oder mit den Worten Montaignes gesprochen:

> I cannot say often enough how much I consider beauty a powerful and advantageous quality. Socrates called it 'A short tyranny,' and Plato, 'The privilege of nature.' We have no quality that surpasses it in credit. It holds the first place in human relations; it presents itself before the rest, seduces and prepossesses our judgment with great authority and a wondrous impression. (Michel de Montaigne, zitiert nach Coats 2004, S. 48)

Literaturverzeichnis

Agthe, M., Spörrle, M., & Maner, J. K. (2011). Does being attractive always help? Positive and negative effects of attractiveness on social decision making. *Personality and Social Psychology Bulletin* 37, 1042–1054.

Aron, A. (1988). The matching hypothesis reconsidered again: Comment on Kalick and Hamilton. *Journal of Personality and Social Psychology* 54, 441–446.

Braun, S., Peus, C., & Frey, D. (2012). Is beauty beastly? Gender-specific effects of leader attractiveness and leadership style on followers' trust and loyalty. *Zeitschrift für Psychologie* 220(2), 98–108.

Burman, B., & Margolin, G. (1992). Analysis of the association between marital relationships and health problems: An interactional perspective. *Psychological Bulletin* 112, 39–63.

Buss, D. M. (1989). Sex differences in human mate preferences: Evolutionary hypotheses tested in 37 cultures. *Behavioral and Brain Sciences* 12, 1–49.

Buunk, A. P., Massar, K., & Dijkstra, P. (2007). A social cognitive evolutionary approach to jealousy: The automatic evaluation of one's romantic rivals. In J. Forgas, M. Haselton, & W. Von Hippel (Eds.), *Evolution and the social mind: Evolutionary psychology and social cognition* (pp. 213–228). New York: Psychology Press.

Coats, Jr. W. J. (Hrsg.). (2004). *Montaigne's essais*. New York: Peter Lang.

DeBruine, L. M., Jones, B. C., Unger, L., Little, A. C., & Feinberg, D. R. (2007). Dissociating averageness and attractiveness: Attractive daces are not always average. *Journal of Experimental Psychology* 33, 1420–1430.

Dion, K. K., Berscheid, E., & Walster, E. (1972). What is beautiful is good. *Journal of Personality and Social Psychology* 24, 285–290.

Dougherty, T. W., Turban, D. B., & Callender, J. C. (1994). Confirming first impressions in the employment interview: A field study of interviewer behavior. *Journal of Applied Psychology* 79(5), 659–665.

Eastwick, P. W., Eagly, A. H., Finkel, E. J., & Johnson, S. E. (2011). Implicit and explicit preferences for physical attractiveness in a romantic partner: A double dissociation in predictive validity. *Journal of Personality and Social Psychology* 101, 993–1011.

Ellemers, N., Van den Heuvel, H., De Gilder, D., Maass, A., & Bonvini, A. (2004). The underrepresentation of women in science: Differential commitment or the Queenbee syndrome? *British Journal of Social Psychology* 43, 315–338.

Garcia, S. M., Song, H., & Tesser, A. (2010). Tainted recommendations: The social comparison bias. *Organizational Behavior and Human Decision Processes* 13, 97–101.

Harper, B. (2000). Beauty, stature and the labour market: A British cohort study. *Oxford Bulletin of Economics and Statistics* 62, 771–800.

Heilman, M. E., & Saruwatari, L. R. (1979). When beauty is beastly: The effects of appearance and sex on evaluations of job applicants for managerial and nonmanagerial jobs. *Organizational Behavior and Human Performance* 23, 360–372.

Heilman, M. E., & Stopeck, M. H. (1985). Being attractive, advantage or disadvantage? Performance-based evaluations and recommended personnel actions as a function of appearance, sex, and job type. *Organizational Behavior and Human Decision Processes* 35, 202–215.

Hume, D. K., & Montgomerie, R. (2001). Facial attractiveness signals different aspects of "quality" in women and men. *Evolution and Human Behavior* 22, 93–112.

Jackson, L. A., Hunter, J. E., & Hodge, C. N. (1995). Physical attractiveness and intellectual competence: A meta-analytic review. *Social Psychology Quarterly* 58, 108–122.

Johnson, S. K., Podratz, K. E., Dipboye, R. L., & Gibbons, E. (2010). Physical attractiveness biases in ratings of employment suitability: Tracking down the 'beauty is beastly' effect. *Journal of Social Psychology* 150, 301–318.

Judge, T. A., Colbert, A. E., & Ilies, R. (2004). Intelligence and leadership: A quantitative review and test of theoretical propositions. *Journal of Applied Psychology* 89, 542–552.

Kauffeld, S. (Hrsg.). (2011). *Arbeits-, Organisations-und Personalpsychologie*. Berlin, Heidelberg: Springer.

Kenrick, D. T., Montello, D. R., Gutierres, S. E., & Trost, M. R. (1993). Effects of physical attractiveness on affect and perceptual judgements: When social comparison overrides social reinforcement. *Personality and Social Psychology Bulletin* 19, 195–199.

Krebs, D., & Adinolfi, A. A. (1975). Physical attractiveness, social relations, and personality style. *Journal of Personality and Social Psychology* 31(2), 245–253.

Langlois, J., & Roggman, L. (1990). Attractive faces are only average. *Psychological Science* 1, 115–121.

Langlois, J. H., Kalakanis, L., Rubenstein, A. J., Larson, A., Hallam, M., & Smoot, M. (2000). Maxims or myths of beauty? A meta-analytic and theoretical review. *Psychological Bulletin* 126, 390–423.

Little, A. C., & Hancock, P. J. B. (2002). The role of masculinity and distinctiveness on the perception of attractiveness in human male faces. *British Journal of Psychology* 93, 451–464.

Luxen, M. F., & Van De Vijver, F. J. (2006). Facial attractiveness, sexual selection, and personnel selection: When evolved preferences matter. *Journal of Organizational Behavior* 27, 241–255.

Maner, J. K., Gaillot, M. T., Rouby, D. A., & Miller, S. L. (2007). Can't take my eyes off you: Attentional adhesion to mates and rivals. *Journal of Personality and Social Psychology* 93(3), 398–401.

Maner, J. K., Miller, S. L., Rouby, D. A., & Gailliot, M. T. (2009). Intrasexual vigilance: The implicit cognition of romantic rivalry. *Journal of Personality and Social Psychology* 9(1), 74–87.

McNulty, J. K., Neff, L. A., & Karney, B. R. (2008). Beyond initial attraction: Physical attractiveness in newlywed marriage. *Journal of Family Psychology* 22, 135–143.

Mealey, L., Bridgstock, R., & Townsend, G. C. (1999). Symmetry and perceived facial attractiveness: A monozygotic co-twin comparison. *Journal of Personality and Social Psychology* 76, 151–158.

Meltzer, A. L., McNulty, J. K., Jackson, G., & Karney, B. R. (2014). Sex differences in the implications of partner physical attractiveness for the trajectory of marital satisfaction. *Journal of Personality and Social Psychology* 106, 418–428.

Neff, L. A., & Karney, B. R. (2004). How does context affect intimate relationships? Linking external stress and cognitive processes within marriage. *Personality and Social Psychology Bulletin* 30, 134–148.

Neff, L. A., & Karney, B. R. (2007). Stress crossover in newlywed marriage: A longitudinal and dyadic perspective. *Journal of Marriage and Family* 69, 594–607.

Rhodes, G., Harwood, K., Yoshikawa, S., Nishitani, M., & McLean, I. (2002). The attractiveness of average faces: Cross-cultural evidence and possible biological basis. In G. Rhodes, & L. Zebrowitz (Eds.), *Facial attractiveness: Evolutionary, cognitive, and social perspectives* (pp. 35–58). Westport, CT: Ablex.

Seibert, S. E., Kraimer, M. L., & Liden, R. C. (2001). A social capital theory of success. *Academy of Management Journal* 44, 219–237.

Swami, V., & Furnham, A. (Eds.) (2008). *The psychology of physical attraction*. New York: Routledge.

Thorndike, E. L. (1920). A constant error in psychological rating. *Journal of Applied Psychology* 4, 25–29.

Weeden, J., & Sabini, J. (2005). Physical attractiveness and health in Western societies: A review. *Psychological Bulletin* 131(5), 635–653.

Nur unter Druck entstehen Diamanten – In der Ruhe liegt die Kraft

David Schnell

© Springer-Verlag Berlin Heidelberg 2017
D. Frey (Hrsg.), *Psychologie der Sprichwörter*,
DOI 10.1007/978-3-662-50381-2_27

27.1 Einleitung

Lebensweisheiten begegnen uns nicht nur im Alltag, sondern auch im Arbeitskontext wirtschaftlicher Unternehmen. Gerade in diesem Kontext lohnt es sich, ihren Wahrheitsgehalt zu prüfen.

Man stelle sich die Situation vor, in der ein Vorgesetzter der Überzeugung ist, dass seine Mitarbeiter ihre Bestleistung nur dann erbringen, wenn sie ausreichend angespornt werden. Sein Führungsstil ist geprägt von einem sehr straffen Zeitplan und autoritärem Verhalten. Als Rechtfertigung pflegt er den Gebrauch des Satzes „Nur unter Druck entstehen Diamanten". Gute Arbeitsergebnisse ließen sich demnach nur erzielen, wenn Druck als Antreiber dient.

Doch nicht jeder im Unternehmen wird diese Auffassung teilen, und einige Mitarbeiter dürften ihrem Chef den Ausspruch „In der Ruhe liegt die Kraft" entgegenbringen. Demnach sei Ruhe notwendig, um sich auf sein Vorhaben angemessen konzentrieren zu können.

Wer von beiden Interessensvertretern hat also Recht? Die Psychologie kann als wissenschaftliche Disziplin mit dem Ziel, menschliches Verhalten und Erleben zu beschreiben, zu erklären und vorherzusagen, Aufklärungsarbeit leisten.

27.2 Leistung im Arbeitskontext

Ausgehend von der geschilderten Situation stehen sich also zwei Lager gegenüber. Auf der einen Seite der Chef mit seiner Lebensweisheit „Nur unter Druck entstehen Diamanten" und auf der anderen Seite die Mitarbeiter mit der Lebensweisheit „In der Ruhe liegt die Kraft".

Im Folgenden werden beide Sprichwörter betrachtet und ihre Gültigkeit anhand von wissenschaftlichen Befunden überprüft. Im Anschluss an die Befunde sollen jeweils psychologische Theorien das Zustandekommen der Befunde erklären. Unter Druck im Arbeitskontext sollen hier Leistungs- und Zeitdruck verstanden werden.

27.2.1 Leistungssteigerung: Nur unter Druck entstehen Diamanten

Häufig stellt Effizienzsteigerung, also die Annäherung an eine optimale Kosten-Nutzen-Relation mit minimalen Kosten und maximalem Nutzen, ein erklärtes Ziel von Unternehmen dar. Mitarbeiter sollen demnach beste Leistung in kürzester Zeit vollbringen.

Eine Möglichkeit für Unternehmen, ihre Produktivität zu steigern, stellt die klassische **Zielsetzung** dar. Eine Studie in einer amerikanischen Faserholzgesellschaft kam zu dem Ergebnis, dass Holzfäller mit einer Zielvereinbarung im Vergleich zu Holzfällern ohne Zielvereinbarung deutlich produktiver waren (Latham u. Kinne 1974). Die Weyerhaeuser Company stellte zudem fest, dass die Zielsetzung von hohen, spezifischen Zielen zu hoher Leistung bei hoch komplexen Aufgaben führt (Latham et al. 1978). Ingenieure der Forschungs- und Entwicklungsabteilung, die Lob, öffentliche Anerkennung und monetäre Anreize erhielten, aber keine Ziele gesetzt bekamen, brachten keine bessere Leistung als Ingenieure einer Kontrollgruppe. Diejenigen in der

Gruppe mit hohem Leistungsziel erhöhten signifikant ihre Leistung – dabei galt: Je höher das gesteckte Ziel war, desto höhere Leistung wurde erbracht.

Ein weiterer Befund, der die Gültigkeit des Sprichworts unterstreicht, findet sich in der Studie von Andrews und Farris (1972). In einer fünfjährigen Untersuchung von Forschern eines NASA-Labors zeigte sich, dass hoher **Zeitdruck** mit überdurchschnittlicher Leistung assoziiert war. Sehr leistungsstarke Forscher wünschten sich sogar hohen Zeitdruck.

Wieso kommt es aus psychologischer Sicht durch Vereinbarung von Zielen zu erhöhter Effektivität? Die **Zielsetzungstheorie** („goal setting theory") besagt, dass Ziele Menschen motivieren, indem ein Spannungszustand erzeugt wird, der Handlung aktiviert (Locke 1968). Folgende vier Mechanismen liegen dem zugrunde:
1. Ein Ziel richtet die Aufmerksamkeit von Mitarbeitern auf zielrelevante Aufgaben.
2. Mitarbeiter passen ihren Aufwand an das Schwierigkeitslevel der Aufgabe an.
3. Sie halten ihren Aufwand so lange hoch, bis das Ziel erreicht ist.
4. Mitarbeiter entwickeln zudem neue Strategien, um die Ziele zu erreichen.

Wichtige Eigenschaften sind hierbei, dass die Ziele sowohl herausfordernd als auch spezifisch definiert sind. Zunächst scheint sich also zu zeigen, dass der autoritär führende Chef Recht behält mit seiner These „Nur unter Druck entstehen Diamanten".

27.2.2 Achtsamkeit: In der Ruhe liegt die Kraft

Schenkt man den Mitarbeitern Beachtung und betrachtet den Satz „In der Ruhe liegt die Kraft" näher, lässt sich feststellen, dass auch dieser Satz im Arbeitskontext Berechtigung findet.

Psychische Belastungen bei der Arbeit ergeben sich u. a. aus Zeitdruck, Störungen und Unterbrechungen des Arbeitsablaufs und Informationsüberflutung (BAuA 1998). Eine negative Folge von psychologischer Belastung ist **Stress**. Arbeitsbezogener Stress kann ernst zu nehmende Folgen hinsichtlich gesundheitlicher und sozioökonomischer Faktoren nach sich ziehen: psychopathologische (z. B. Schlafstörungen, Angst, Panikattacken) und somatische Erkrankungen (z. B. hoher Blutdruck, erhöhter Cholesterinspiegel), erhöhte Sterblichkeitsrate, reduzierte Produktivität, Absentismus, Präsentismus und Fluktuation (Cox u. Griffiths 2010; Manocha et al. 2011; Shonin et al. 2014; Wu et al. 2012). Psychische Belastungen, die – wie bereits erwähnt – u. a. durch Zeitdruck entstehen können, sollten also dringend reduziert werden.

Interessante Befunde, die das Sprichwort „In der Ruhe liegt die Kraft" zusätzlich bekräftigen, finden sich in aktueller Forschung zum Thema Achtsamkeit. Shonin et al. (2014) zeigen in ihrer Studie zu Achtsamkeit im Arbeitskontext, dass sich ein achtwöchiges **Meditations-Achtsamkeits-Training** (MAT) positiv auf arbeitsbezogenen Stress, Arbeitszufriedenheit, psychologischen Disstress und Arbeitgeberbewertungen der Arbeitsleitung auswirken kann. Die Teilnehmer des MAT erlernten neben Achtsamkeit zusätzlich Meditationstechniken, die in Workshops vermittelt wurden und darauf abzielten, u. a. Geduld, Klarheit in der Wahrnehmung und Großzügigkeit (z. B. hinsichtlich der eigenen Zeit und Energie) zu erzeugen. Zudem wurden die Teilnehmer dazu ermutigt, eine individuelle, dynamische Meditationsroutine in ihrem Alltag zu etablieren, anstatt diese lediglich auf wenige Momente des Tages zu beschränken.

Wie kann das Zustandekommen von Stress aus psychologischer Perspektive erklärt werden und wie wirkt Achtsamkeit der Stressentstehung möglicherweise entgegen? Zunächst sei erwähnt, dass Stress ein komplexes Thema darstellt und aus verschiedenen Perspektiven betrachtet werden kann. Im Folgenden soll vereinfacht das **transaktionale Stressmodell** von Lazarus (1974) vorgestellt werden.

Es besagt, dass **subjektive Bewertungsprozesse** entscheiden, ob Reize als stressvoll erlebt werden oder nicht. So kann ein und derselbe Reiz bei einer Person eine Panikattacke auslösen, jedoch für eine andere Person eine reizvolle Herausforderung darstellen. Ein typisches Beispiel findet sich bei der Betrachtung von für Menschen harmlosen Hausspinnen. Manche Personen suchen vor Entsetzen das Weite, während andere mit stoischer Ruhe und bloßen Händen das Tier an einen passenden Ort bugsieren.

Das Modell schlägt weiter vor, dass ein Reiz erst dann als Stressor, also als Auslöser für Stress, wahrgenommen wird, wenn man die Befürchtung hat, nicht über ausreichende **Ressourcen** zu verfügen, den Stressor bewältigen zu können. Um bei dem Beispiel der Hausspinne zu bleiben, verfügt die ruhige Person offensichtlich über Ressourcen, die sie im Glauben lässt, der Spinne stressfrei begegnen zu können. Als Ressource könnte beispielsweise das Wissen über die Harmlosigkeit der Hausspinne dienen. Personen mit einer Spinnenphobie hingegen bewerten die Hausspinne als nicht zu bewältigenden Stressor und empfinden bei deren Anblick Stress. Dabei ist es wichtig zu verstehen, dass diese Bewertungsprozesse sowohl bewusst als auch unbewusst ablaufen.

Im Hinblick auf den Arbeitskontext kann also in Abhängigkeit von subjektiven Bewertungsprozessen ein und dieselbe Situation für unterschiedliche Personen stressig oder neutral bzw. sogar positiv herausfordernd wirken. Für die einen bedeutet hoher Zeitdruck den nötigen Ansporn, während andere ihn als stressvoll erleben.

Weshalb sich gerade achtsamkeitsbasierte Interventionen positiv auf Stressbewältigung auswirken können, lässt sich anhand der erwähnten subjektiven Bewertungsprozesse erklären. Glomb et al. (2011) beschreiben **Achtsamkeit** in ihrer Arbeitsdefinition als Bewusstseinszustand, der durch empfangsbereite Aufmerksamkeit auf und Gewahrsein über aktuelle Geschehnisse und Erfahrungen **ohne** Bewertung, Beurteilung und kognitive Filter charakterisiert ist. Befindet man sich in einem achtsamen Zustand, bleibt eine Bewertung der Situation zunächst aus und folglich wird diese auch nicht als stressig bewertet.

Die Mechanismen, die bei der **Stressregulation** vermutet werden, bestehen u. a. aus zwei mentalen Prozessen:

Zum einen helfen achtsamkeitsbasierte Interventionen das **Selbst** von Geschehnissen, Erfahrungen, Gedanken und Emotionen zu entkoppeln. Das bedeutet, dass man Situationen **objektiver bewertet** und somit mögliche Angriffe auf das Selbst nicht an sich heranlässt. Beispielsweise könnte sich ein Angestellter ständig die Schuld an dem unbegründeten Unmut seines Vorgesetzten zuschreiben und somit in Selbstunsicherheit verfallen. Objektiv betrachtet könnte der Unmut jedoch auf andere Ursachen, z. B. private Probleme des Vorgesetzten, zurückzuführen sein. Durch achtsamkeitsbasierte Interventionen könnte der Mitarbeiter lernen, den Unmut des Vorgesetzten nicht auf sich selbst zu beziehen, sondern konstruktiver damit umzugehen.

Zum anderen helfen achtsamkeitsbasierte Interventionen **automatisierte mentale Prozesse**, in denen vergangene Erfahrungen, Schemata und kognitive Gewohnheiten das Denken einschränken, zu verringern. Dadurch lässt sich die **Selbstregulation** stärken und Personen können selbstbestimmt flexibler auf Situationen reagieren. Wenn also besagter Mitarbeiter früher aus Angst vor der schlechten Laune seines Vorgesetzten gute inhaltliche Vorschläge nur selten einbrachte, könnte er mit gestärkter Selbstregulation lernen, auf flexible Art und Weise sachlich zu argumentieren und somit seine Ideen besser einzubringen. Beiden Seiten wäre geholfen, da der Vorgesetzte nun qualitativ hochwertigere inhaltliche Vorschläge zur Verfügung gestellt bekommt und der Mitarbeiter gesteigerte Selbstwirksamkeit erfährt, was sich wiederum positiv auf dessen Selbstwert auswirken kann.

27.2.3 Synthese

Betrachtet man die bisherigen Erkenntnisse beider Sprichwörter, stehen sich deren Lager relativ widersprüchlich gegenüber. Auf der einen Seite konnte gezeigt werden, dass anspruchsvolle Ziele und Zeitdruck durchaus sinnvolle Mittel für Leistungssteigerung darstellen können. Auf der anderen Seite konnte eben dies zu Stress führen, was eine der Hauptursachen für Arbeitsausfälle und psychische Krankheiten mit immensen negativen ökonomischen Folgen zu sein scheint. Was ist nun Betroffenen zu raten?

Bereits 1908 fanden Yerkes und Dodson heraus, dass die kognitive Leistungsfähigkeit vom **allgemeinen nervösen Erregungsniveau** abhängt. Dieser Zusammenhang lässt sich als umgekehrte U-Form beschreiben. Das bedeutet, dass ein niedriges Erregungsniveau mit geringer Leistung einhergeht. Menschen fühlen sich demnach unterfordert – man spricht hier auch vom sog. **Bore-out** (Rothlin 2007). Steigt das Erregungsniveau jedoch an, so steigert sich die Leistung bis zu einem Spitzenwert, der bei mittlerem Erregungsniveau erreicht wird. Sobald das Erregungsniveau zusätzlich steigt, sinkt die Leistung wieder ab, da Überforderung und Versagensängste eintreten. Hält dieser Zustand dauerhaft an, kann es zum **Burn-out** mit erheblichen gesundheitlichen Schäden kommen (Maslach et al. 2001).

Neuere Befunde aus der Glücksforschung kommen von Csikszentmihalyi (1987), auf den der Begriff **Flow** zurückzuführen ist. Befindet man sich laut seiner Theorie im Flow, erlebt man einen Zustand von extrem fokussierter Konzentration, sodass man von seiner Tätigkeit vollständig absorbiert wird. Das Zeitgefühl sowie emotionale Probleme scheinen zu verfliegen, und man befindet sich auf der Höhe seiner Leistungsfähigkeit. Dieser Zustand wird vor allem dann erreicht, wenn wir uns Herausforderungen stellen, d. h. Aufgaben, die weder zu schwierig noch zu leicht und mithilfe unserer Fähigkeiten zu bewältigen sind.

27.3 Randbedingungen für Leistungserbringung

Man kann also feststellen, dass die Frage, wann nun welches Sprichwort zutrifft, nicht eindeutig beantwortet werden kann. Grund dafür sind zum einen die Unterschiede von Menschen und ihre variierenden Bewertungsprozesse, die auf individuellen Erfahrungen beruhen und zudem veränderbar sind. Auf der anderen Seite spielen noch viele weitere Faktoren eine erhebliche Rolle bei der Frage, wie Leistungserbringung im Arbeitskontext beeinflusst wird. Diese sollen im Folgenden vorgestellt werden.

27.3.1 Persönlichkeitsfaktor Selbstwirksamkeit

Wie so häufig, spielen interindividuelle Unterschiede bei der Erklärung von menschlichem Verhalten eine entscheidende Rolle. Jedes Individuum besitzt seine eigene Persönlichkeit mit verschieden ausgeprägten Eigenschaften, welche sich auch hinsichtlich des Stresserlebens unterscheiden können.

Beispielsweise bestimmt die Persönlichkeitseigenschaft der **Selbstwirksamkeitserwartung**, ob instrumentelle Handlungen initiiert werden, wie viel Aufwand betrieben wird und wie lange er aufrechterhalten wird, wenn Herausforderungen und Rückschläge zu bewältigen sind (Schwarzer u. Jerusalem 1995). Drei Aspekte werden dafür als Grund genannt:

1. Selbstwirksamkeit impliziert **internale Attribution**, d. h. Personen sehen sich als Ursache für Geschehnisse und ergeben sich beispielsweise nicht ihrem Schicksal.
2. Selbstwirksame Personen konzentrieren sich auf **zukünftiges Verhalten** und schwelgen nicht unnötig in destruktiven Erinnerungen.
3. Selbstwirksamkeit ist ein sehr **handlungsnahes Konstrukt**, d. h. Gedanken sind eng mit kritischem Verhalten verbunden und sagen somit tatsächliches Verhalten gut voraus. Das kann bedeuten, dass Gedanken nicht unnötig auf Hinderliches verschwendet werden, sondern nahe an der Aufgabenumsetzung haften bleiben.

Personen mit hohem Selbstwirksamkeitserleben entscheiden sich für herausfordernde Aufgaben, setzen sich höhere Ziele und verfolgen diese (Bandura 1997). Sobald eine Handlung begonnen wurde, zeigen hoch selbstwirksame Personen mehr Einsatz und halten länger durch.

Man könnte nun also als Führungskraft versuchen, seine Mitarbeiter in ihrer Selbstwirksamkeit einzuschätzen, um dann in gemeinsamer Absprache angemessene Ziele und Aufgaben zu vereinbaren. Als passendes Instrument sei auf den **Fragebogen zur allgemeinen Selbstwirksamkeit** von Schwarzer und Jerusalem (1999) verwiesen. Beispielfragen lauten (Schwarzer u. Jerusalem 1999, S. 13):

- „Wenn sich Widerstände auftun, finde ich Mittel und Wege, mich durchzusetzen."
- „Die Lösung schwieriger Probleme gelingt mir immer, wenn ich mich darum bemühe."
- „Es bereitet mir keine Schwierigkeiten, meine Absichten und Ziele zu verwirklichen."

27.3.2 Soziale Faktoren

Neben persönlichen Aspekten nehmen auch soziale Faktoren Einfluss auf Leistung. Abhängig vom Aufgabentyp kann die Anwesenheit anderer Leistung verbessern oder verschlechtern (Bond u. Titus 1983; Zajonc 1965).

Soziale Erleichterung, also eine Verbesserung individueller Leistung in Anwesenheit anderer, tritt eher bei einfachen, gut gelernten Aufgaben auf. **Soziale Hemmung**, also eine Verschlechterung individueller Leistung bei Anwesenheit anderer, geschieht eher bei relativ schwierigen, neuartigen Aufgaben. Die Psychologie bietet hier zwei Erklärungsmodelle an. Einerseits steigert sich der Erregungszustand einer Person, wenn andere anwesend sind, was das Auftreten von „dominanten Reaktionen" begünstigt. Bei bekannten Aufgaben ist diese vermutlich die funktionalste Reaktion, was zu einer Erhöhung der individuellen Leistung führt. Bei unbekannten Aufgaben ist die dominante Reaktion vermutlich nicht die funktionalste und verschlechtert somit die Leistung. Die zweite Erklärung des Phänomens geht mit einem **Aufmerksamkeitskonflikt** einher. Demnach lenken andere Personen ab, und es verbleibt nur eine begrenzte Aufmerksamkeit, die auf zentrale Aspekte fokussiert wird. Sollten zentrale Aspekte für die Bewältigung von Aufgaben förderlich sein, verbessert sich die Leistung, wohingegen sie sich bei günstigen peripheren Aspekten verschlechtert.

Doch auch unabhängig vom Aufgabentyp können Gruppen die Leistung von Individuen beeinflussen. Beispielsweise steigern fähigere Gruppenmitglieder ihre Leistung, wenn sie versuchen, eine erwartete geringe Leistung von weniger fähigen bzw. unmotivierten Mitgliedern auszugleichen – man spricht dann von **sozialer Kompensation** (Williams u. Karau 1991). Voraussetzung hierfür ist, dass das Gruppenergebnis für das leistungsstarke Individuum bedeutsam und dessen Einzelleistung nicht sichtbar ist. Doch auch leistungsschwächere Individuen können ihre Leistung steigern, wenn sie bemerken, dass sie ansonsten ihre Gruppe ausbremsen würden. Wichtig hierbei ist, dass der eigene Beitrag bedeutsam für das Gruppenergebnis ist – also „unverzichtbar" für die Zielerreichung.

Neben Leistungssteigerungen kann es in Gruppen jedoch auch zu Motivationsverlusten kommen. **Soziales Faulenzen** tritt auf, wenn der eigene Beitrag eines Individuums an der Gruppenleistung nicht identifizierbar bzw. bewertbar ist (Latane et al. 1979). **Trittbrettfahren** von Gruppenmitgliedern wird erkennbar, wenn die eigene Leistung eines Individuums nur geringen Einfluss auf das Gruppenergebnis zu haben scheint und somit wenig Anstrengung unternommen wird (Kerr u. Bruun 1983).

Auch das Leistungsgefälle zwischen Gruppenmitgliedern scheint eine Rolle bei der Leistungserbringung von Individuen zu spielen. Brown (2011) zeigte in ihrer Arbeit zum **„Superstar-Effekt"**, dass leistungsschwächere Individuen in Anwesenheit von sehr leistungsstarken Individuen demotiviert wurden und schlechtere Leistung zeigten als in deren Abwesenheit.

Im Arbeitskontext sind demnach auch bei der Teambesetzung und Aufgabengestaltung einige Faktoren zu berücksichtigen, und es ist sinnvoll, folgende Fragen in diese Überlegungen einzubeziehen: Werden sowohl individuelle Leistungen als auch Teamleistungen belohnt? Werden Individuen davon beeinträchtigt oder sogar angetrieben, wenn andere bei der Arbeit anwesend sind und spielen Leistungsgefälle dabei eventuell eine entscheidende Rolle? Sind Aufgaben unter den sozialen Bedingungen auf eine Art und Weise gestaltet, dass sie sich förderlich auf die Leistungserbringung von Individuen auswirken?

27.3.3 Psychologische Distanz

Aktuelle Forschung im Arbeitskontext (Sonnentag 2012) beschäftigt die Frage, inwiefern es für Menschen hilfreich ist, von ihrem Beruf in der Freizeit „psychologisch distanziert" zu sein. Tatsächlich erscheint es hinsichtlich einiger Faktoren günstig, nach der Arbeit abschalten zu können. Es zeigten sich in verschiedenen Studien positive Effekte auf psychologisches Wohlergehen (z. B. erhöhte Lebensqualität, weniger emotionale Erschöpfung, bessere Schlafqualität) und stressvolle arbeitsbezogene Situationen (z. B. Mobbing).

Bezüglich der Leistungsfähigkeit ist die wissenschaftliche Befundlage jedoch nicht eindeutig. Auf der einen Seite konnte in einer Studie ein linearer Zusammenhang zwischen psychologischer Distanz und Leistung festgestellt werden, wobei sich psychologische Distanz stets positiv auf die Arbeitsleistung auswirkte. Mitarbeiter gaben dabei an, sich nach einem von der Arbeit losgelösten Wochenende frischer zu fühlen (Binnewies et al. 2010). Andere

Studien wiederum schlagen einen umgekehrt U-förmigen Zusammenhang vor, der besagt, dass geringe und extreme psychologische Distanz zu Leistungsminderungen führt, wohingegen **mittlere psychologische Distanz** in hohen Leistungen resultiert. Als Begründung geben die Autoren an, dass extrem losgelöste Personen längere Zeit brauchen, sich wieder in die Arbeit hineinzudenken und dadurch Leistungseinbußen zustande kommen (Fritz et al. 2010).

Folgende Punkte können dabei helfen, sich leichter von seiner Arbeit loszulösen: Klare physische und mentale Grenzen zwischen Arbeits- und Freizeitbereich sowie das vollständige Erledigen von Aufgaben vor dem Verlassen des Arbeitsbereichs. Zudem ist es hilfreich, erholsame Tätigkeiten außerhalb der Arbeit zu verfolgen. Da hohe Arbeitsbelastung und Zeitdruck psychologische Distanz zu behindern scheinen, sollten sich Organisationen diesbezüglich hinterfragen. Außerdem könnten sie ihre Mitarbeiter ermutigen, sich außerhalb der Arbeitszeit nicht mit arbeitsrelevanten Inhalten zu beschäftigen. Die Erlaubnis, das Firmenhandy ausschalten zu dürfen sowie Arbeits-E-Mails nicht außerhalb der Arbeitszeit beantworten zu müssen, kann dazu beitragen, einer ständigen Erreichbarkeit entgegenzuwirken (Sonnentag 2012).

27.4 Fazit

Die Psychologie findet für beide Sprichwörter „Nur unter Druck entstehen Diamanten" und „In der Ruhe liegt die Kraft" wissenschaftliche Theorien und Befunde, die deren Wahrheitsgehalt unterstreichen. Die wichtigsten Erkenntnisse zusammengefasst:

1. Anspruchsvolle Ziele und ein gewisser Zeitdruck sind nötig, damit Organisationen den Zweck ihrer Existenz durch Leistungen ihrer Belegschaft aufrechterhalten können.
2. Alarmierende Befunde aus der Stressforschung legen nahe, dass arbeitsbezogener Stress schwerwiegende ökonomische und gesundheitliche Folgen nach sich ziehen kann.
3. Ergebnisse aus der Forschung zu Flow-Erlebnissen können Unternehmen helfen, einem optimalen Mittelweg zwischen Anforderungen und Fähigkeiten der Führungskräfte und Mitarbeiter näher zu kommen.
4. Die Selbstwirksamkeit einer Person, Gruppenaspekte und Loslösung von Arbeit außerhalb der Arbeitszeit stellen wichtige Faktoren dar, will man das Thema Leistung im Arbeitskontext umfassend begreifen.

Es liegt selbstverständlich in der Eigenverantwortung eines jeden Lesers, welche Schlüsse aus dem gewonnenen oder aufgefrischten Wissen gezogen werden. Doch vielleicht geht der ein oder andere Leser in sich, reflektiert seine eigene Arbeitssituation und überdenkt die Bedingungen, in denen er Leistung erbringt. Vielleicht befinden sich unter den Lesern auch Führungskräfte, die bei dieser Reflexion auch ihre Mitarbeiter berücksichtigen und sich in deren Situation versetzen. Die Hoffnung besteht, dass die daraus gewonnenen Erkenntnisse zu Handlungen anregen, die zu mehr Zufriedenheit im Arbeitsalltag führen – für Führungskräfte **und** Mitarbeiter.

Literaturverzeichnis

Andrews, F. M., & Farris, G. F. (1972). Time pressure and performance of scientists and engineers: A five-year panel study. *Organizational Behavior and Human Performance* 8(2), 185–200.

Bandura, A. (1997). *Self-efficacy: The exercise of control*. New York: Freeman.

Binnewies, C., Sonnentag, S., & Mojza, E. J. (2010). Recovery during the weekend and fluctuations in weekly job performance: A four-week longitudinal study examining intra-individual relationships. *Journal of Occupational and Organizational Psychology* 83, 419–441.

Bond, C. F., & Titus, L. J. (1983). Social facilitation: a meta-analysis of 241 studies. *Psychological Bulletin* 94(2), 265.

Brown, J. (2011). Quitters never win: The (adverse) incentive effects of competing with superstars. *Journal of Political Economy* 119(5), 982–1013.

Bundesanstalt für Arbeitsschutz und Arbeitsmedizin (BAuA). (Hrsg.). (1998). *Ratgeber zur Ermittlung gefährdungsbezogener Arbeitsschutzmaßnahmen im Betrieb*. Schriftenreihe der Bundesanstalt für Arbeitsschutz und Arbeitsmedizin. Dortmund, Berlin: Bundesanstalt für Arbeitsschutz und Arbeitsmedizin.

Cox, T., & Griffiths, A. (2010). Work-related stress: A theoretical perspective. In S. Leka, & J. Houdmont (Eds.), *A textbook of occupational health psychology* (pp. 31–56). Oxford: Wiley-Blackwell.

Csikszentmihalyi, M. (1987). *Das flow-Erlebnis: jenseits von Angst und Langeweile: im Tun aufgehen*. Stuttgart: Klett-Cotta.

Literaturverzeichnis

Fritz, C., Yankelevich, M., Zarubin, A., & Barger, P. (2010). Happy, healthy, and productive: The role of detachment from work during nonwork time. *Journal of Applied Psychology* 95, 977–983.

Glomb, T. M., Duffy, M. K., Bono, J. E., & Yang, T. (2011). Mindfulness at work. *Research in Personnel and Human Resources Management* 30, 115–157.

Kerr, N. L., & Bruun, S. E. (1983). Dispensability of member effort and group motivation losses: Free-rider effects. *Journal of Personality and Social Psychology* 44(1), 78.

Latane, B., Williams, K., & Harkins, S. (1979). Many hands make light the work: The causes and consequences of social loafing. *Journal of Personality and Social Psychology* 37(6), 822.

Latham, G. P., & Kinne, S. B. (1974). Improving job performance through training in goal setting. *Journal of Applied Psychology* 59, 187–191.

Latham, G. P., Mitchell, T. R., & Dossett, D. L. (1978). Importance of participative goal setting and anticipated rewards on goal difficulty and job performance. *Journal of Applied Psychology* 63, 163–171.

Locke, E. A. (1968). Toward a theory of task motivation and incentives. *Organizational Behavior and Human Performance* 3(2), 157–189.

Manocha, R., Black, D., Sarris, J., & Stough, C. (2011). A randomized, controlled trial of meditation for work stress, anxiety and depressed mood in full-time workers. *Evidence-Based Complementary and Alternative Medicine.* doi: 10.1155/2011/960583.

Maslach, C., Schaufeli, W. B., & Leiter, M. P. (2001). Job burnout. *Annual Review of Psychology* 52(1), 397–422.

Rothlin, P. (2007). *Diagnose Boreout: Warum Unterforderung im Job krank macht*. München: Redline.

Schwarzer, R., & Jerusalem, M. (1995). Generalized self-efficacy scale. In J. Weinman, S. Wright, & M. Johnston (Eds.), *Measures in health psychology: A user's portfolio. Causal and control beliefs* (pp. 35–37). Windsor, UK: NFER-NELSON.

Schwarzer, R., & Jerusalem, M. (Hrsg.). (1999). Skalen zur Erfassung von Lehrer- und Schülermerkmalen. Dokumentation der psychometrischen Verfahren im Rahmen der Wissenschaftlichen Begleitung des Modellversuchs Selbstwirksame Schulen. Berlin: Freie Universität Berlin.

Shonin, E., Van Gordon, W., Dunn, T. J., Singh, N. N., & Griffiths, M. D. (2014). Meditation Awareness Training (MAT) for work-related wellbeing and job performance: A randomised controlled trial. *International Journal of Mental Health and Addiction* 12(6), 806–823.

Sonnentag, S. (2012). Psychological detachment from work during leisure time the benefits of mentally disengaging from work. *Current Directions in Psychological Science* 21(2), 114–118.

Williams, K. D., & Karau, S. J. (1991). Social loafing and social compensation: the effects of expectations of co-worker performance. *Journal of Personality and Social Psychology* 61(4), 570.

Wu, T., Fox, D., Stokes, C., & Adam, C. (2012). Work-related stress and intention to quit in newly graduated nurses. *Nurse Education Today* 32, 669–674.

Yerkes, R. M., & Dodson, J. D. (1908). The relation of strength of stimulus to rapidity of habit-formation. *Journal of Comparative Neurology and Psychology* 18(5), 459–482.

Zajonc, R. B. (1965). *Social facilitation*. Michigan: Research Center for Group Dynamics, Institute for Social Research, University of Michigan.

Kommunikation

Kapitel 28 **Reden ist Silber, Schweigen ist Gold – 239**
Stefanie Benedikter

Kapitel 29 **Kindermund tut Wahrheit kund – 247**
Sebastian Müller

Kapitel 30 **Geteiltes Leid ist halbes Leid – 255**
Juliane Schünke

Reden ist Silber, Schweigen ist Gold

Stefanie Benedikter

© Springer-Verlag Berlin Heidelberg 2017
D. Frey (Hrsg.), *Psychologie der Sprichwörter*,
DOI 10.1007/978-3-662-50381-2_28

28.1 Einleitung

„Reden ist Silber, Schweigen ist Gold" – Diese häufig gebrauchte Redensart bringt zum Ausdruck, dass es nicht immer vorteilhaft ist, seine Meinung oder Gedanken zu äußern, sondern oftmals besser, gar nichts zu sagen und stattdessen zu schweigen. „Es ist besser, (über manche Dinge) nichts zu sagen" lautet die Erklärung im *Duden* (Scholze-Stubenrecht 2008, S. 616). Diese Interpretation legt aber bereits nahe, dass die Redewendung keineswegs Allgemeingültigkeit besitzt, sondern nur in manchen Situationen gilt. Diese Weisheit als generellen Lebensrat zu verinnerlichen, scheint daher nicht sinnvoll.

Für die Analyse von Sprichwörtern ist oftmals ein Blick auf ihre Herkunft lohnend. Der genaue Ursprung der Lebensweisheit ist in diesem Fall jedoch nicht bekannt, wahrscheinlich stammt sie aus dem Orient. In den Schriften vieler großer Religionsgemeinschaften finden sich ähnliche Aussagen. So heißt es im Talmud: „Ist ein Wort ein Sela wert, ist Schweigen zwei Sela wert". Eine lateinische Redewendung, die der heutigen Form sehr ähnelt, findet sich erstmals im 16. Jahrhundert. Übersetzt wird sie im Jahr 1792 von Johann Gottfried Herder: „Lerne schweigen, o Freund. Dem Silber gleichet die Rede, aber zu rechter Zeit Schweigen ist lauteres Gold" (Röhrich 2006, S. 1234).

Die Interpretation von Lebensweisheiten unterliegt stets gesellschaftlichen und kulturellen Einflüssen. Heutzutage scheint es so, als hätte diese alte Weisheit, dass Schweigen besser sei als Reden, nicht mehr denselben Stellenwert wie zu früheren Zeiten. So hat man mitunter den Eindruck, dass Eigenschaften wie Kommunikationsstärke, Dominanz, Bestimmtheit und eine allgemein stark nach außen gewandte Haltung heutzutage von vielen Menschen als positiver angesehen werden als Zurückhaltung und eine stille Wesensart. Diese Entwicklung wird teilweise kritisch gesehen. Problematisch dabei sei, dass diese „lauten" Eigenschaften heutzutage zu sehr eingefordert und damit die Talente stiller, introvertierter Menschen oftmals verkannt würden (Cain 2013).

Das Sprichwort „Reden ist Silber, Schweigen ist Gold" kann jedoch unabhängig von der Persönlichkeitseigenschaft Extraversion auch auf Verhalten in verschiedenen Kontexten angewendet werden. Die gegensätzlichen Verhaltensweisen Zurückhaltung und Proaktivität können in verschiedenen Situationen unterschiedlich angemessen sein.

Die wissenschaftlichen Betrachtung der Lebensweisheit steht unter der folgenden Leitfrage: In welchen Situationen trifft das Sprichwort zu und in welchen nicht; wann ist es also ratsam, zu schweigen, wann ist es durchaus angebracht, zu reden?

28.2 Wissenschaftliche Betrachtung

Die wissenschaftliche Betrachtung soll zweigeteilt erfolgen: In ▶ Abschn. 28.2.1 werden anhand von persönlichkeitspsychologischen Erkenntnissen Korrelate der Persönlichkeitseigenschaft Extraversion dargestellt. In ▶ Abschn. 28.2.2 wird aktuelle sozialpsychologische Forschung herangezogen, um die Auswirkungen von aktiver Kommunikation und allgemein proaktivem Verhalten zu veranschaulichen. Proaktivität umfasst dabei das Äußern von Vorschlägen, das Übernehmen von Verantwortung und die aktive Einflussnahme auf höher gestellte Personen bzw. Institutionen (Grant et al. 2011).

Für beide Perspektiven werden anschließend die Implikationen für die Praxis in den Bereichen Erziehung und Arbeit diskutiert.

28.2.1 Persönlichkeit: Introversion vs. Extraversion

Extraversion ist zusammen mit Neurotizismus, Offenheit für Erfahrungen, Verträglichkeit und Gewissenhaftigkeit eine der fünf weitgehend voneinander unabhängigen Persönlichkeitsdimensionen, mithilfe derer sich die Persönlichkeit eines Menschen beschreiben lässt. Diese sog. **Big Five** spiegeln einen Großteil der alltagspsychologisch repräsentierten Persönlichkeitseigenschaften wider und können jeweils weiter untergliedert werden.

So weist die Dimension **Extraversion** im Persönlichkeitsinventar NEO-PI-R die Facetten Herzlichkeit, Geselligkeit, Durchsetzungsfähigkeit, Aktivität, Erlebnishunger und Frohsinn auf (Asendorpf 2007). **Introversion** ist demnach als eine niedrige Ausprägung von Extraversion zu verstehen.

Persönlichkeitstheorie von Eysenck

Einen unverzichtbaren Beitrag in der Persönlichkeitsforschung lieferte Hans Eysenck (1967). Mit seiner **Arousal-Thorie** der Extraversion legte er den Grundstein für die empirische Neurowissenschaft der Persönlichkeit.

Die Theorie basiert auf der Vorstellung, dass die Ursache für Introversion und Extraversion in der Sensitivität des kortikalen Aktivierungssystems liegt. Demnach hat das **aufsteigende retikuläre Aktivierungssystem (ARAS)** des Gehirns, welches mit der kortikalen Funktion zusammenhängt, bei introvertierten Menschen niedrigere Antwortschwellen als jenes bei extravertierten Menschen (Eysenck 1967). In der Folge erleben Introvertierte bei gleicher sensorischer Stimulation, z. B. durch Lärm oder Koffein, ein höheres Arousal, also eine stärkere kortikale Erregung. Außerdem zeigen Introvertierte eine geringere Adaption bei kontinuierlicher Stimulation (Eysenck 1967). Bei sehr starker Reizeinwirkung jedoch greift die sog. **transmarginale Inhibition**. Diese kann als ein Schutzmechanismus verstanden werden, der den Körper vor zu hoher Aktivierung bewahrt. Demnach ist der Arousal-Anstieg unter hohen Stimulationseinwirkungen bei Introvertierten geringer als bei Extravertierten (Eysenck 1967).

In Zusammenhang mit dem **Yerkes-Dodson-Gesetz** (Yerkes u. Dodson 1908), das einen umgekehrten U-förmigen Zusammenhang zwischen Aktivierung und Leistung mit maximaler Leistungsfähigkeit bei mittlerer Aktivierung postuliert, sollten Introvertierte und Extravertierte demnach bei anderen Aufgabentypen und Umgebungsbedingungen erfolgreich sein: Während Introvertierte bei wenig Stimulation Höchstleistung erbringen, brauchen Extravertierte stärkere externe Reize (z. B. Campbell et al. 2011).

Allgemeine Korrelate von Introversion und Extraversion

Eysenck (1967) führte bereits eine Vielzahl von Studien durch, in denen er den Zusammenhang zwischen Extraversion und verschiedenen psychologischen Konstrukten untersuchte. In Übereinstimmung mit der Arousal-Theorie konnte er z. B. zeigen, dass Introvertierte im Gegensatz zu Extravertierten bei **Aufmerksamkeitstests** im Mittel länger konstant leistungsfähig bleiben, da sie eine geringere Adaption an den Aufgabenstimulus zeigen. Extravertierte erzielten außerdem durchschnittlich eine bessere Leistung in Gruppen-, Introvertierte dagegen in Einzelsettings. Daneben weisen Extravertierte eine geringere Schmerzsensitivität als Introvertierte auf.

Neuere Forschung beschäftigte sich eingehender mit den kognitiven Konsequenzen von Arousal-Unterschieden. Als Beispiel kann eine Studie von Corr et al. (1995) herangezogen werden, die aufzeigen konnten, dass **prozedurales Lernen** bei Introvertierten zu einem größeren Ausmaß erfolgt als bei Extravertierten. In ihrem Reaktionszeitexperiment, in dem das Auftauchen eines Zielreizes in einem Teil der Durchläufe einer bestimmten Regel folgte, schnitten Introvertierte im Mittel besser ab, sie lernten diese Regel also effektiver. Bei starkem sensorischem Stimulus, im Experiment herbeigeführt durch Koffein, zeigte sich jedoch ein umgekehrter Zusammenhang. Die Erklärung liegt vermutlich in der Überaktivierung der Introvertierten.

Lieberman (2000) untersuchte den Zusammenhang zwischen Extraversion und

Arbeitsgedächtnisleistungen mit dem Ergebnis, dass diese bei hochaktivierten Personen (Extravertierte) höher sind. Extravertierte zeigten demnach geringere Reaktionszeiten beim Vergleich von einem Zielobjekt und einer zuvor eingeprägten Objektreihe.

Befunde im Arbeitskontext

Eigenschaften, die typischerweise einer guten **Führungskraft** zugeschrieben werden, sind Aktivität, Durchsetzungskraft oder Lebhaftigkeit; alle davon sind Facetten der Persönlichkeitsdimension Extraversion. Tatsächlich zeigen Metaanalysen einen ausgeprägten Zusammenhang zwischen Extraversion und Aufstieg zur Führungskraft sowie Führungseffektivität. Über verschiedene Untersuchungsmethoden hinweg war Extraversion derjenige Big-Five-Faktor, der am konsistentesten mit Führung korrelierte (Judge et al. 2002). In einer anderen Metaanalyse konnten Bono und Judge (2004) bekräftigen, dass Extraversion der stärkste Prädiktor für **transformationale Führung** ist: Stark extravertierte Führungskräfte sind demnach im Mittel charismatischer und bieten mehr individuelle Berücksichtigung sowie intellektuelle Stimulation als weniger extravertierte. Diese Ergebnisse legen nahe, dass Extraversion die wichtigste Eigenschaft einer Führungskraft und der Schlüssel für effektive Führung sein dürfte.

Diese Forschung fokussiert jedoch stark auf der Wahrnehmung von Führung, nicht jedoch auf ihrer praktischen Konsequenz, d. h., der Leistung der geführten Mitarbeiter. Eine Feldstudie von Grant et al. (2011) deutet darauf hin, dass extravertiertes Verhalten der Führungskraft nur bedingt zu besserer Gruppenleistung führt. Die Studie, an der 57 Filialleiter und deren Mitarbeiter von Filialen eines Pizzalieferservices teilnahmen, erbrachte, dass der Zusammenhang zwischen Extraversion der Führungskraft und Gruppenerfolg, gemessen durch die mittlere Ertragskraft der Filiale, durch **Proaktivität der Mitarbeiter** vermittelt wird. Verhielten sich die Mitarbeiter wenig proaktiv, sondern eher passiv, hing extravertierte Führung mit hohem Filialprofit zusammen. Waren die Mitarbeiter jedoch stark proaktiv, sagte extravertierte Führung einen niedrigeren Filialprofit voraus. Umgekehrt führte das Zusammentreffen von introvertierten Führungskräften und proaktiven Mitarbeitern zu einer hohen Leistung.

Eine mögliche Erklärung dieser Ergebnisse könnte in der **Dominanz-Komplementaritäts-Theorie** liegen, wonach effektive Interaktionen dann entstehen, wenn die dominante, bestimmte Haltung der einen Seite auf die unterwürfige, passive Haltung einer anderen trifft. Gemeinsame Ziele, so die Idee, könnten in einer solchen Konstellation besser verfolgt werden, da sich beide Seiten ihrer Rolle bewusst sind: Während Status und Macht der dominanten Seite bekräftigt werden, erhält die unterwürfige Seite Unterstützung und Sicherheit. Die Handlungen beider Seiten können in der Folge effektiver koordiniert werden.

Stewart (1996) untersuchte die Arbeitsleistung im Zusammenhang mit der Persönlichkeitseigenschaft Extraversion unabhängig von Führungscharakteristika. In einer Studie mit Verkäufern, deren Aufgabe es war, Mitglieder für eine politische Organisation anzuwerben, konnte er zeigen, dass höhere Ausprägungen an Extraversion nur dann mit besserer Leistung einhergehen, wenn die jeweilige Leistungsdimension explizit belohnt wird. Wenn also neue Verkäufe belohnt wurden, zeigten Extravertierte in diesem Bereich höhere Leistung, aber nicht bei der Kundenbindung; wurde hingegen die Kundenbindung belohnt, zeigten sie diesbezüglich eine bessere Leistung. Zugrunde liegt dem Effekt die Persönlichkeitstheorie von Gray (1970), wonach Extravertierte aufgrund geringer Aktivität im sog. „behavioral activation system" des Gehirns aktiv nach **externen Belohnungen** streben.

- Trifft „Reden ist Silber, Schweigen ist Gold" aus persönlichkeitspsychologischer Perspektive zu?

Zusammenfassend lässt sich festhalten, dass Introvertierte laut der Arousal-Theorie im Vergleich zu Extrovertierten in anderen Umgebungen und bei Konfrontation mit anderen Aufgabentypen besonders leistungsfähig sind. Speziell im Arbeitskontext kommt es für den Arbeitserfolg einerseits auf externe Belohnungen, andererseits auf die Persönlichkeitskonstellationen des Teams an. Die Lebensweisheit „Reden ist Silber, Schweigen ist Gold" trifft aus persönlichkeitspsychologischer Perspektive also nicht immer zu: Manchmal bringt es Vorteile, nicht auf den Mund gefallen zu sein; in anderen Bereichen hingegen zahlt sich Schweigsamkeit bzw. eine ruhige

Wesensart aus – und die oft unterschätzten „stillen Wasser" können durchaus tief sein.

28.2.2 Verhalten: Zurückhaltung vs. aktive Kommunikation/ Proaktivität

Zur umfassenden und vor allem anwendungsbezogenen Betrachtung der Lebensweisheit ist neben der Untersuchung schweigsamer bzw. redseliger Persönlichkeitstypen auch die Betrachtung von zurückhaltendem bzw. proaktivem und kommunikativem Verhalten wichtig.

Mit dem Verhalten von Menschen in sozialer Interaktion und Gruppenprozessen beschäftigt sich die Sozialpsychologie. Da Verhalten im Gegensatz zu Persönlichkeitseigenschaften, die weitgehend stabil sind, situationsspezifisch gezeigt wird, kann es auch eher modifiziert werden. Um aus der Lebensweisheit „Reden ist Silber, Schweigen ist Gold" tatsächlich zu lernen und Ratschläge zu konkretem Handeln mitzunehmen, ist die anwendungsbezogene Forschung hilfreich. Sie gibt konkrete Hinweise auf die Konsequenzen bestimmter Verhaltensweisen.

Zivilcourage und öffentliche Meinungsäußerung

Dass Schweigen besser sei als Reden, wird unhaltbar, wenn es um die **Verletzung der Menschenwürde** geht. Viel eher ist in solchen Situationen Aktivität in Form von **Zivilcourage** gefragt. „Zivilcouragiertes Verhalten ist ein von Ablehnung begleitetes mutiges Verhalten, das dazu beiträgt, gesellschaftlich-ethische Normen ohne Rücksicht auf eigene soziale Kosten durchzusetzen" (Graupmann et al. 2011, S. 109). Zivilcourage unterscheidet sich von normalem Hilfeverhalten, welches auch zur Gruppe der prosozialen Verhaltensweisen gehört, u. a. dadurch, dass es in der Regel einen oder mehrere Täter gibt und bei zivilcouragiertem Verhalten mit sozialen Kosten wie Beschimpfung, Ausgrenzung oder Verletzung gerechnet werden muss.

Dass Zivilcourage und damit Reden unbedingt notwendig sind, um die Täter nicht zu unterstützen, zeigt die Forschung zur sog. **Schweigespirale**. Die Theorie hierzu, erstmals eingeführt von Noelle-Neumann (1974; zitiert nach Glynn et al. 1997), beschreibt, wie öffentliche Meinungsbildung passiert. Danach ist die Bereitschaft, die eigene Meinung zu artikulieren, höher unter der Annahme, diese werde von der Mehrheit geteilt. Auf der anderen Seite sind Personen, die sich mit ihrer Meinung in der Minderheit sehen, dem Druck ausgesetzt, entweder die vermeintliche Mehrheitsüberzeugung anzunehmen oder eben zu schweigen. Je mehr Leute demzufolge schweigen, desto eher wird eine Meinung, welche z. B. durch Medien oder Politik kommuniziert wird, als Mehrheitsmeinung angesehen (Glynn et al. 1997). Überträgt man dies auf Situationen, in denen die Menschenwürde verletzt wird, erscheint der Mechanismus fatal: Wenn der Täter bemerkt, dass niemand etwas sagt oder eingreift, dann wird er dies als Unterstützung der Mehrheit für sein Verhalten auslegen. In solchen Situationen ist also nicht Schweigen, sondern Reden Gold.

Folgt man dieser Argumentation, so erscheint das Recht auf **freie Meinungsäußerung**, das sich in der Möglichkeit von Kritik an Politik oder an einzelnen Meinungsführern widerspiegelt, essenziell. Indem z. B. öffentlich demonstriert werden kann, wird die Bereitschaft, die eigene Meinung zu äußern, bei vielen Menschen gestärkt. Zu reden, die eigene Stimme proaktiv einzusetzen, ist also einerseits wichtig, um sich selbst und seine Meinung anderen mitzuteilen, andererseits aber auch, um im Falle von Rechtsverletzungen einzugreifen.

Befunde im Arbeitskontext

Proaktivität im Arbeitskontext beschreibt aktive Bemühungen, bedeutungsvolle persönliche oder externe Veränderungen herbeizuführen. Das Konstrukt Proaktivität kann untergliedert werden in die Faktoren proaktive Persönlichkeit, persönliche Initiative, Verantwortungsübernahme und verbale Artikulierung. Aktiv die eigene Stimme zu erheben, also zu reden, ist demnach unbedingter Bestandteil von proaktivem Verhalten.

Die Ergebnisse der Metaanalyse von Thomas et al. (2010) zeigen einen Zusammenhang zwischen Proaktivität und Arbeitsleistung. Besonders ausgeprägt ist die Beziehung zwischen verbaler Artikulierung und **subjektiven Leistungskriterien**, z. B. der Bewertung vonseiten der Führungskraft. Außerdem hängen auch Arbeitseinstellungen mit Proaktivität zusammen. So gibt es eine signifikante Korrelation zwischen **Zufriedenheit** und proaktiver Persönlichkeit sowie verbaler Artikulierung. Ferner korreliert organisationales **Commitment** mit proaktiver Persönlichkeit, persönlicher Initiative und verbaler Artikulation. Reden scheint im Arbeitskontext also oft hilfreicher als Schweigen zu sein.

Mit den Auswirkungen von Proaktivität auf **Führungsebene** beschäftigten sich Crossley et al. (2013). Anhand von 50 Geschäftseinheiten einer großen amerikanischen Firma betrachteten sie die Beziehung zwischen proaktiven Verhaltensweisen von Managern und der Verkaufsleistung ihrer Einheiten. Die Ergebnisse der Studie legen nahe, dass die Proaktivität der Führungskraft mit höheren Leistungszielen einhergeht, die wiederum mit der Verkaufsleistung der Einheit zusammenhängen. Das Aufstellen **hoher Leistungsziele** für die Mitarbeiter wirkt demnach als Mediator. Der Studie zufolge sind also Führungskräfte, die das Reden dem Schweigen oftmals vorziehen, dem Erfolg eines Unternehmens dienlich. Jedoch können auch introvertierte, weniger proaktive Führungspersönlichkeiten zu hoher Leistung beitragen, nämlich dann, wenn ihre Mitarbeiter sehr proaktiv sind (▶ Abschn. 28.2.1).

Abgesehen von bestimmten proaktiven Verhaltensweisen ist „Reden" in einer Organisation insgesamt in vielerlei Hinsicht notwendig (vgl. z. B. Nerdinger 2014). Neben anderen Formen ist gerade die direkte **mündliche Kommunikation** unabdingbar für den Unternehmenserfolg. So sind Feedbackprozesse und Zielvereinbarungen, wie sie beispielsweise regelmäßig in Mitarbeitergesprächen erfolgen, wichtige Instrumente, um zum einen Klarheit über Erwartungen bezüglich der Aufgabenerfüllung zu erlangen, aber auch um die Motivation, Zufriedenheit und das Commitment zu stärken. Außerdem kann zusätzlich das direkte Bottom-up-Feedback von Mitarbeitern an die Führungskraft wertvolle Impulse liefern. Zeitnahe Kommunikation vonseiten der Führungskraft über aktuelle Ereignisse und Entwicklungen schafft zudem **Transparenz** und damit **Vertrauen**. Gerade in Zeiten der Unsicherheit ist dies wichtig. Auch bei entstandenen Fehlern oder aufgekommenen Konflikten ist Schweigen keine konstruktive Strategie, vielmehr sollten auch Meinungsverschiedenheiten möglichst zeitnah, aber dennoch bedacht besprochen werden.

- **Trifft „Reden ist Silber, Schweigen ist Gold" aus sozialpsychologischer Perspektive zu?**

„Es ist nicht genug, zu wissen, man muss es auch anwenden; es ist nicht genug, zu wollen, man muss es auch tun." Dieses Zitat von Goethe beschreibt gut, dass Proaktivität und Verantwortungsübernahme nötig sind, wenn Veränderungen geschehen sollen. Dass dazu oftmals verbale Kommunikation gebraucht wird, liegt auf der Hand. Die sozialpsychologischen Erkenntnisse stützen die Lebensweisheit „Reden ist Silber, Schweigen ist Gold" also nicht. „Von nichts kommt nichts" wäre hier eher zutreffend. Allerdings sind die Wortwahl und der Zeitpunkt oft entscheidend, um nicht mit dem Gesagten Einzelpersonen zu kränken oder Verwirrung zu stiften. Um wohlbedacht sprechen zu können, braucht man deshalb auch das Schweigen: „Erst wäg's, dann wag's. Erst denk's, dann sag's".

28.3 Implikationen für die Praxis

Ist das Sprichwort „Reden ist Silber, Schweigen ist Gold" also tatsächlich eine Weisheit, die als allgemeingültiger Ratschlag dienen sollte? Die psychologischen Befunde deuten nicht darauf hin; vielmehr ist das Zutreffen abhängig von Umweltbedingungen. Einige Vorschläge für die Anwendung der Erkenntnisse sollen genannt werden.

28.3.1 Erziehung

Für die Erziehung erscheint es wichtig, dass die Persönlichkeit von Kindern generell stärker berücksichtigt wird, sodass jedes Kind sein volles Potenzial entwickeln kann. Gruppenarbeit in der Schule ist nicht für jedes Kind das beste Mittel, um gute Leistung erbringen zu können (Cain 2013). Eher **introvertierte Schüler** sollten verstärkt die Möglichkeit erhalten, in einem für sie angenehmen, also ruhigen Kontext zu lernen. Lehrer brauchen dazu das Bewusstsein, dass nicht für jedes Kind das gleiche Maß an Stimulation optimal ist.

Was das Interaktionsverhalten angeht, so sollten Eltern ihren Kindern die Wichtigkeit von proaktivem und vor allem **prosozialem Verhalten** vermitteln. Jedoch ist es auch notwendig, dass Kinder lernen, in welchen Situationen Reden deplatziert ist und stattdessen lieber geschwiegen werden sollte. Dies erfordert neben dem Vorbildverhalten der Eltern allerdings auch viel Erfahrung. Auf der anderen Seite ist es für die Eltern selbst in manchen Situationen sinnvoll, nichts zu sagen – gerade im Umgang mit pubertierenden Kindern. Oft merkt das Kind nämlich von sich aus, dass es einen Fehler gemacht hat. Wenn dieser von den Eltern in Form von negativer Kritik angesprochen wird, kann dies z. B. Trotzreaktionen auslösen, während das Schweigen darüber positiv wertgeschätzt wird.

Sowohl für Kinder, als auch für Erwachsene wäre es empfehlenswert, an **Zivilcouragetrainings** teilzunehmen. Diese könnten z. B. in Schulen vermehrt angeboten werden. In den Trainings werden einerseits das Wissen, andererseits die nötigen Verhaltenskompetenzen vermittelt, damit in einer Notsituation adäquat gehandelt werden kann. Dies erhöht die Verantwortungsübernahme und damit die Bereitschaft, in einer Notsituation zu helfen (Graupmann et al. 2011). Zivilcourage zu fördern, ist auch das Ziel des Projekts „Schule gegen Rassismus – Schule für Courage" (http://www.schule-ohne-rassismus.org/startseite/), an dem sich bundesweit bereits über 2.000 Schulen beteiligen. Die Schüler wenden sich dabei aktiv gegen Diskriminierung, Gewalt und Mobbing und werden von Paten unterstützt. Das Projekt ist ein sehr überzeugendes Beispiel dafür, wie Kinder und Jugendliche lernen können, sich für Zivilcourage einzusetzen und in Notsituationen selbst couragiertes Verhalten zu zeigen.

28.3.2 Arbeitsplatz

Auch im Organisationskontext können die dargestellten Erkenntnisse dahingehend angewendet werden, dass die Aufgaben und das Arbeitsumfeld einzelner Mitarbeiter stärker entsprechend ihrer Persönlichkeit angepasst werden. So sollte bei der **Aufgabenverteilung** auf das Stimulationslevel der Tätigkeit geachtet werden, introvertierten Mitarbeitern sollten folglich eher Aufgaben mit geringerem Stimulationslevel übertragen werden. Auch sollte für Introvertierte ein **Arbeitsplatz** gegeben sein, an dem kein hoher Geräuschpegel herrscht; Großraumbüros wären eher für extravertierte Mitarbeiter zu empfehlen. Die Beachtung dieser Aspekte führt sowohl zu angenehmeren Arbeitsbedingungen für die Mitarbeiter als auch zu einer Optimierung der Arbeitsergebnisse.

Unabhängig von den Persönlichkeitstypen innerhalb einer Organisation erscheint es sinnvoll, generell die **Proaktivität** von Mitarbeitern zu **belohnen**, um auf diese Weise proaktives Verhalten zu verstärken. Dazu gehört auch, dass eher introvertierte Personen dazu ermuntert werden, Führungspositionen zu übernehmen.

Gerade für Organisationsmitglieder mit **Führungsverantwortung** ist es wichtig, ein Gespür dafür zu besitzen, wann das Sprichwort befolgt werden sollte und wann nicht. Auf Führungskräfte ist die Empfehlung an Eltern in ▶ Abschn. 28.3.1 übertragbar: Nicht immer müssen **Fehler** explizit erwähnt werden, gerade wenn ein Mitarbeiter bereits selbst erkannt hat, dass sein Verhalten nicht richtig war. Durch spontane, unbedachte Kritik wird man die Motivation und Leistung des Mitarbeiters wohl eher einschränken als fördern.

Führungspersonen müssen sich außerdem darüber bewusst sein, dass nicht nur ihr Reden Informationsgehalt hat, sondern daneben auch ihre **nonverbale Kommunikation** eine große Rolle spielt. Gestik und Mimik sind manchmal wirkungsvoller als das gesprochene Wort und können dieses möglicherweise in manchen Situationen überflüssig machen. Untersuchungen zeigen, dass der Gesichtsausdruck unter den nonverbalen Kommunikationskanälen die meisten Informationen liefert (Graham et al. 1991). Dieser Kanal kann besonders gut verwendet werden, um emotionale Zustände mitzuteilen. Führungskräfte müssen also nicht immer reden, denn auch nonverbal können sie einiges ausdrücken.

Wichtig ist jedoch auch die Einsicht, dass jedes Verhalten – und damit auch Schweigen – einen Mitteilungscharakter hat. „Man kann nicht nicht kommunizieren" lautet das bekannte Axiom von Watzlawick (2000, S. 53). **Verbale Kommunikation** ist vor allem dann notwendig, wenn ein Problem vorliegt. Relevante Kritik sollte hierbei möglichst zeitnah geäußert werden. Durch Aufrichtigkeit schafft man so einerseits Vertrauen, andererseits hat der Mitarbeiter auch nur so die Möglichkeit,

Verbesserungsvorschläge direkt umzusetzen. Aufrichtigkeit vonseiten der Führungskraft beinhaltet daneben auch, dass Kritik nicht hinter dem Rücken des Mitarbeiters geäußert wird; gegenüber Kollegen wäre hier Schweigen angemessen. Verbale Mitteilungen, sowohl positive als auch negative, werden vom Empfänger meist stärker gewichtet.

Die Kunst besteht also darin, für die jeweilige Botschaft den richtigen Kommunikationskanal zu wählen.

28.4 Fazit

„Reden ist Silber, Schweigen ist Gold" – in einigen Situationen ist die Lebensweisheit wahr: Wenn durch unüberlegtes Reden persönliche Beziehungen gefährdet oder Gerüchte angefeuert werden, ist es besser, nichts zu sagen. Auch haben introvertierte Menschen, in deren Natur es liegt, weniger zu reden, in manchen Bereichen Vorteile: So führen Introvertierte proaktive Teams effektiver, haben eine größere Aufmerksamkeitsspanne und ein besseres prozedurales Gedächtnis.

In einigen Situationen trifft die Lebensweisheit dagegen nicht zu: In Notsituationen, in denen die Menschenwürde verletzt wird, ist es wichtig, sich klar zu positionieren; hier wäre Schweigen fatal.

Proaktivität ist im Arbeitskontext überwiegend positiv zu betrachten und verbale Kommunikation unbedingt notwendig. Doch auch nonverbale Kommunikation liefert Informationen und ist teilweise verbalen Botschaften vorzuziehen. Im Organisationskontext zeigen Extravertierte bessere Leistung, wenn diese belohnt wird. Allgemein haben extravertierte Menschen ein besseres Arbeitsgedächtnis.

Schweigen bietet jedoch für viele Menschen abseits des Alltags auch eine meditative oder spirituelle Funktion, welche spezielle Schweigeseminare, z. B. in Klöstern, aufgreifen. Schweigen kann deshalb auch eine Quelle der Kraft sein, ganz unabhängig von Persönlichkeit oder gewohnten Verhaltensweisen.

Insgesamt lässt sich also wohl vor allem der Wahrheitsgehalt folgender Lebensweisheit bestätigen:

> Schweige, so viel du kannst, aber rede, so viel du musst.

Literaturverzeichnis

Asendorpf, J. B. (2007). *Psychologie der Persönlichkeit*. Berlin, Heidelberg: Springer.

Bono, J. E., & Judge, T. A. (2004). Personality and transformational and transactional leadership: a meta-analysis. *Journal of Applied Psychology* 89(5), 901.

Cain, S. (2013). *Quiet – the power of introverts in a world that can't stop talking*. New York: Broadway Books.

Campbell, A. M., Davalos, D. B., McCabe, D. P., & Troup, L. J. (2011). Executive functions and extraversion. *Personality and Individual Differences* 51(6), 720–725.

Corr, P. J., Pickering, A. D., & Gray, J. A. (1995). Sociability/impulsivity and caffeine-induced arousal: Critical flicker/fusion frequency and procedural learning. *Personality and Individual Differences* 18(6), 713–730.

Crossley, C. D., Cooper, C. D., & Wernsing, T. S. (2013). Making things happen through challenging goals: Leader proactivity, trust, and business-unit performance. *Journal of Applied Psychology* 98(3), 540.

Eysenck, H. J. (1967). *The Biological Basis of Personality*. Springfield, IL: Charles C Thomas.

Glynn, C. J., Hayes, A. F., & Shanahan, J. (1997). Perceived support for one's opinions and willingness to speak out: A meta-analysis of survey studies on the "spiral of silence". *The Public Opinion Quarterly* 61(3), 452–463.

Graham, G. H., Unruh, J., & Jennings, P. (1991). The impact of nonverbal communication in organizations: A survey of perceptions. *Journal of Business Communication* 28(1), 45–62.

Grant, A. M., Gino, F., & Hofmann, D. A. (2011). Reversing the extraverted leadership advantage: The role of employee proactivity. *Academy of Management Journal* 54(3), 528–550.

Graupmann, V., Osswald, S., Frey, D., Streicher, B., & Bierhoff, H. W. (2011). Positive Psychologie: Zivilcourage, soziale Verantwortung, Fairness, Optimismus, Vertrauen. In D. Frey, & H. W. Bierhoff (Hrsg.), *Sozialpsychologie – Interaktion und Gruppe*. Göttingen: Hogrefe.

Gray, J. A. (1970). The psychophysiological basis of introversion-extraversion. *Behaviour Research and Therapy* 8(3), 249–266.

Judge, T. A., Bono, J. E., Ilies, R., & Gerhardt, M. W. (2002). Personality and leadership: a qualitative and quantitative review. *Journal of Applied Psychology* 87(4), 765.

Lieberman, M. D. (2000). Introversion and working memory: Central executive differences. Personality and Individual Differences, 28(3), 479–486.

*Arbeits- und Organisationspsychologie*Nerdinger, F. W. (2014). Interaktion und Kommunikation. In F. W. Nerdinger, G. Blickle, & N. Schaper (Hrsg.), *Arbeits- und Organisationspsychologie* (pp. 55–70). Berlin, Heidelberg: Springer.

Röhrich, L. (2006). *Bd. 2 Lexikon der sprichwörtlichen Redensarten* (pp. 1234). Freiburg: Herder.

Scholze-Stubenrecht, W. (2008). Redewendungen – Wörterbuch der deutschen Idiomatik. In M. Wermke, K. Kunkel-Razum, & W. Scholze-Stubenrecht (Hrsg.), *Duden* (Vol. 11, pp. 616). Mannheim: Bibliographisches Institut & Brockhaus.

Stewart, G. L. (1996). Reward structure as a moderator of the relationship between extraversion and sales performance. *Journal of Applied Psychology* 81(6), 619.

Thomas, J. P., Whitman, D. S., & Viswesvaran, C. (2010). Employee proactivity in organizations: A comparative meta-analysis of emergent proactive constructs. *Journal of Occupational and Organizational Psychology* 83(2), 275–300.

Watzlawick, P., Beavin, J. H., & Jackson, D. D. (2000). *Menschliche Kommunikation* (10. Aufl.). Bern: Huber.

Yerkes, R. M., & Dodson, J. D. (1908). The relation of strength of stimulus to rapidity of habit-formation. *Journal of Comparative Neurology and Psychology* 18(5), 459–482.

Kindermund tut Wahrheit kund

Sebastian Müller

© Springer-Verlag Berlin Heidelberg 2017
D. Frey (Hrsg.), *Psychologie der Sprichwörter*,
DOI 10.1007/978-3-662-50381-2_29

29.1 Einleitung: Zeugenaussagen von Kindern vor Gericht

„Kindermund tut Wahrheit kund". Dem allseits bekannten Sprichwort zufolge sind Aussagen von Kindern wahr und nicht infrage zu stellen. Wie bereits in ▶ Kap. 11 behandelt wurde, lügen wir häufiger als gedacht. Unter einer Lüge versteht man die Kommunikation einer subjektiven Unwahrheit mit dem Ziel, im Gegenüber einen falschen Eindruck zu erwecken oder aufrechtzuerhalten (Schmid 2000). Dadurch möchte man sich Vorteile erschleichen, Wahrheiten nicht anerkennen oder den einfacheren Weg gehen.

Das Thema Lüge und Wahrheit umfasst jedoch noch einen weiteren Aspekt, denn Unwahrheiten können geglaubt und Wahrheiten als Lüge abgetan werden. Auch muss man zwischen willentlichem Lügen und unwissentlich getätigten Falschaussagen unterscheiden.

Das folgende Kapitel beschäftigt sich mit dem spezifischen Thema der Glaubwürdigkeit von Zeugenaussagen von Kindern vor Gericht und – ganz nach dem Motto von William Stern: „Die fehlerlose Erinnerung ist nicht die Regel, sondern die Ausnahme" – mit Prozessen, die zu unwissentlich falschen Aussagen führen können.

29.1.1 Stellenwert von Augenzeugenberichten

Neben dem zu Beginn bereits genannten Sprichwort gibt es noch weitere, die die Ehrlichkeit von kindlichen Aussagen betonen. Denn wie jeder weiß, sprechen Kinder und Betrunkene die Wahrheit; oder in einer Abwandlung, nur Kinder und Narren sagen die Wahrheit. Demzufolge würden Kinder also nicht willentlich lügen und auch keinen verzerrenden Gedächtniseinflüssen unterliegen, denn beides würde zu unwahren Aussagen führen.

Die Thematik ist nicht nur für Eltern relevant, sondern nimmt auch im gerichtlichen Kontext einen hohen Stellenwert ein. Noch vor nicht allzu langer Zeit gab es neben der Identifikation durch Augenzeugen wenige Möglichkeiten, einen Täter eindeutig zu ermitteln. Erst mit der Einführung von DNA-Tests, in Deutschland im Jahr 1988 (Peters u. Wagenmann 1999), konnte sich ein Verfahren zur sicheren Überführung eines Verdächtigen etablieren. Allerdings mussten aufgrund nachträglicher DNA-Untersuchungen auch viele fälschlich verhängte Urteile revidiert werden. Allein in Amerika wurden nach langen und aufwendigen Nachuntersuchungen über 200 Gefangene aus der Haft entlassen. Insgesamt verbrachten diese 2.475 Jahre (Gerbert 2007) unschuldig im Gefängnis.

29.1.2 Kinder als Opfer von Straftaten

Besonders wenn Kinder als Opfer betroffen sind, wird die Thematik von Wahrheit und Lüge brisant. In diesen Fällen geht es häufig um Gewalt oder Missbrauch, welche dramatische Folgen für die Entwicklung und das weitere Leben des Kindes haben. Auf der anderen Seite hat es auch gravierende Folgen für jemanden, dem fälschlicherweise Missbrauch vorgeworfen wird, denn diesen Vorwurf wird man nie wieder los. Wie bereits erwähnt, konnten durch die Einführung von DNA-Tests Fehlurteile revidiert werden. Das bedeutet, durch bessere Ermittlungsmethoden können Fehler vermieden werden, aber dennoch ist es nicht ausgeschlossen, dass Fehler entstehen.

Wenn Kinder zu Opfern werden, stellt das Alter ein Problem und mögliche Fehlerquelle da, denn junge Kinder sind noch nicht in der Lage, sich so präzise zu artikulieren, wie es bei solchen Fällen notwendig wäre. Trifft das oben genannte Sprichwort, dass Kinder nicht willentlich lügen können, jedoch zu, so könnten einfache kindliche Aussagen vor Gericht einen ganz anderen Stellenwert einnehmen. Das wäre, vergleichbar mit der Einführung der DNA Tests, ein enormer Erkenntnisgewinn und eine Verbesserung hin zur Vermeidung von Fehlern.

Um diese Frage zu klären, werden zunächst allgemeine Aspekte zur Glaubwürdigkeit von Kindern und kindlichen Aussagen untersucht, um anschließend im weiteren Verlauf des Kapitels zu erläutern, wie Erinnerungen zustande kommen und welche Einflüsse dabei eine Rolle spielen. Diese Zweiteilung ist notwendig, denn sowohl wissentlich getätigte Lügen als auch unwissentlich falsche Erinnerungen führen letztendlich zu Fehlurteilen von Gerichten.

29.2 Glaubwürdigkeit

Um zu überprüfen, ob die Aussagen von Kindern näher an der Wahrheit liegen als z. B. Aussagen von Erwachsenen, müssen andere Einflüsse auf unsere empfundene Wahrheitsbeurteilung berücksichtigt werden. In der Rechtsprechung geht es um das Urteil einer oder mehrerer Personen zu einem behandelten Sachverhalt.

29.2.1 Interpretation durch das Gericht

Laut einer Studie von McCauley und Parker (2001) haben die Art des Verbrechens und das Geschlecht der **richtenden Person** einen Einfluss auf die wahrgenommene Glaubwürdigkeit des Kindes.

Sind Kinder Opfer eines sexuellen Missbrauchs, wird ihre Aussage stärker gewichtet als z. B. nach einem Überfall. Zusätzlich empfinden Frauen Kinder als glaubwürdiger, wobei die Wahrnehmung des Wahrheitsgehalts der kindlichen Aussage wiederum einen Einfluss auf das Strafmaß hat. Lediglich das Alter der Betroffenen scheint keinen Einfluss zu haben; so war es in der beschriebenen Studie nicht relevant, ob das Kind 6 oder 13 Jahre alt war.

29.2.2 Fähigkeit zur Lüge

Neben der wahrgenommen Glaubwürdigkeit von Kindern gibt es zusätzlich Untersuchungen, die zeigen, dass Kinder erst lernen müssen, zu lügen. Nach den klassischen Studien von Piaget (1932) kennen Kinder bereits im Alter von 5–6 Jahren den Unterschied zwischen Wahrheit und Unwahrheit. Später wurde dieses Alter durch Studien von Bussey (1992) auf **4 Jahre** korrigiert. Weitere Untersuchungen zeigen, dass Kinder im Alter von 4 Jahren zudem verstehen, dass ihre Lügen zu falschen Annahmen bei anderen Personen führen können (Ruffman et al. 1993; Sodian et al. 1991). Auch wenn Kleinkinder bereits vor dem Alter von 4 Jahren lügen können, so ist die tatsächliche intentionale Lüge erst möglich, sobald die Absicht besteht, eine falsche Annahme in anderen zu erzeugen.

Für den weiteren Kontext wird das Alter, ab dem Kinder wissentlich und willentlich Lügen können, konsistent mit den Forschungsergebnissen auf ca. 4 Jahre festgelegt. Werden Kinder **unter 4 Jahren** vor Gericht befragt, so kann man davon ausgehen, dass diese keine falschen Anschuldigungen vorbringen, um willentlich einer anderen Person zu Schaden. Unter der Voraussetzung, dass das Kind nicht von einer anderen Person manipuliert wurde, kann man also eine intentionale Lüge zum eigenen Vorteil ausschließen.

29.2.3 Einfluss durch Erwachsene

Allerdings ist bei der Befragung von Kindern besondere Vorsicht geboten, da Erwachsene häufig als Autoritäten angesehen werden. Das bedeutet, selbst wenn das befragte Kind in der Lage ist, sich zu erinnern und die Wahrheit widerzugeben, kann durch die falsch durchgeführte **Befragung eines Erwachsenen** die Aussage des Kindes in eine bestimmte Richtung gelenkt werden. Nicht selten versuchen Erwachsene, Kindern bei ihren Antworten zu helfen, falls diese zögerlich oder unsicher ausfallen.

Meistens geschieht dies durch das Vorgeben von Antworten und Sätzen mit der Frage, ob das nicht so gewesen sei. Jedoch wird häufig nur eine mögliche Richtung, positiv oder negativ, angeboten. Diese Beeinflussung wird als **Suggestion** bezeichnet. Maßgebend für die suggestive Wirkung einer Frage sind ihre Formulierung, ihr Inhalt, die Person des Fragenden sowie die Veranlagung des Befragten. Dass ein Befragter eine Antwort gibt, die nicht dem entspricht, was er wirklich weiß, wird am ehesten dadurch erreicht, dass dichotome Fragen gestellt werden, die nur mit „Ja" **oder** „Nein" beantwortet werden können (Mönkemöller 1930).

Die Relevanz des Themas bezüglich des Sprichworts zeigt sich in einer Metaanalyse von Ceci und Bruck (1993), in der 83 % der untersuchten Studien zu dem Schluss kommen, dass **Vorschulkinder** im Gegensatz zu Jugendlichen und Erwachsenen insbesondere empfänglich für Suggestion sind. Zusätzlich versuchen Kinder konform hinsichtlich der Mimik und Gestik von Erwachsenen zu antworten, wodurch auch hier die Möglichkeit einer Suggestion entsteht oder verstärkt werden kann. Das bedeutet, selbst wenn das Kind keine falschen Aussagen trifft, um jemandem willentlich zu schaden, kann es sehr wohl möglich sein, dass es zu **Verzerrungen** aufgrund des Einflusses von Erwachsenen kommt.

Im Gegensatz zu dem Sprichwort „Kindermund tut Wahrheit kund" wurde deutlich, dass Kinder auch schon in sehr jungen Jahren in der Lage sind, willentlich zu lügen. Dabei stellt das Alter von ca. 4 Jahren die Grenze dar, ob die Lüge intentional ist oder nicht. Des Weiteren können wahre Aussagen durch Suggestion zu falschen verändert werden, und falsche Aussagen können in Abhängigkeit vom Geschlecht der befragenden Person und der Art der Straftat glaubwürdiger erscheinen. Es gibt also drei große Einflussbereiche auf die Glaubwürdigkeit der Aussage. Das Alter des Kindes, den Einfluss durch Erwachsene und die Interpretation des Gehörten durch das Gericht, wobei hier der Vorwurf der Straftat und das Geschlecht der richtenden Person einen Einfluss haben.

Im folgenden Teil des Kapitels geht es um Erinnerungen und Einflüsse auf diese. Denn wenn Erinnerungen falsch abgespeichert wurden oder beeinflusst sind, kann es auch ungewollt zu falschen Aussagen kommen.

29.3 Gedächtnisprozesse

Neben den bereits behandelten Einflüssen und Forschungsergebnissen zum Lügen gibt es noch die Möglichkeit, dass Aussagen aufgrund von falschen Erinnerungen oder der allgemeinen Funktionsweisen unseres Gedächtnisses beeinflusst werden.

Wie bereits ▶ Abschn. 29.2.2 besprochen können Kinder ab einem Alter von 4 Jahren intentional und bewusst lügen. Sollen Kinder zu einem bestimmten Vorfall die Wahrheit sagen, so muss, bevor die Entscheidung für oder gegen eine Lüge getroffen wird, erst eine Erinnerung vorhanden sein. Zum besseren Verständnis wie eine solche Erinnerung zustande kommt, wird zunächst die allgemeine Funktionsweise unseres Gedächtnisses erläutert, um anschließend zu klären, ab welchem Alter wirklichkeitskonforme Erinnerungen überhaupt möglich sind.

29.3.1 Entwicklung des Gedächtnisses

Das Gedächtnis ist ein System, dass Informationen, Sinneseindrücke und Erlebtes über die Zeit speichert und somit abrufbar macht. Alle uns erreichenden Einflüsse werden durch das **sensorische Gedächtnis** aufgenommen und stehen für eine sehr kurze Speicherdauer zur Verfügung (◘ Abb. 29.1). Relevante Informationen können dann durch das **Kurzzeit- bzw. Arbeitsgedächtnis** zu einer weiteren Verarbeitung aufrechterhalten werden. Allerdings sinkt die Anzahl an simultan aktiven Informationen auf ca. 5–9 ab.

Durch wiederholte Konfrontation mit einem Reiz oder der besonderen Aufmerksamkeitszuwendung können Informationen langfristig abgespeichert werden. Dies geschieht im **Langzeitgedächtnis**, welches sich in einen bewussten und einen unbewussten Teil aufgliedert (◘ Abb. 29.1):

- Der **unbewusste Teil** speichert Informationen, auf die wir in unserem Alltag zugreifen, ohne aktiv darüber nachzudenken. Dazu gehören perzeptuelle, prozedurale und nichtassoziative Anteile, in denen z. B. Priming (Aktivierung spezieller Assoziationen im Gedächtnis aufgrund von Vorerfahrungen) und Habituation (Nachlassen der Stärke einer reflexartigen Reaktion nach wiederholter Präsentation des Auslösers) erfolgen, sowie der Anteil, der für die Konditionierung verantwortlich ist. Da wir jedoch auf diese Informationen nicht willentlich zugreifen können, ist er für den weiteren Kontext (Zeugenaussagen von Kindern) nicht relevant.

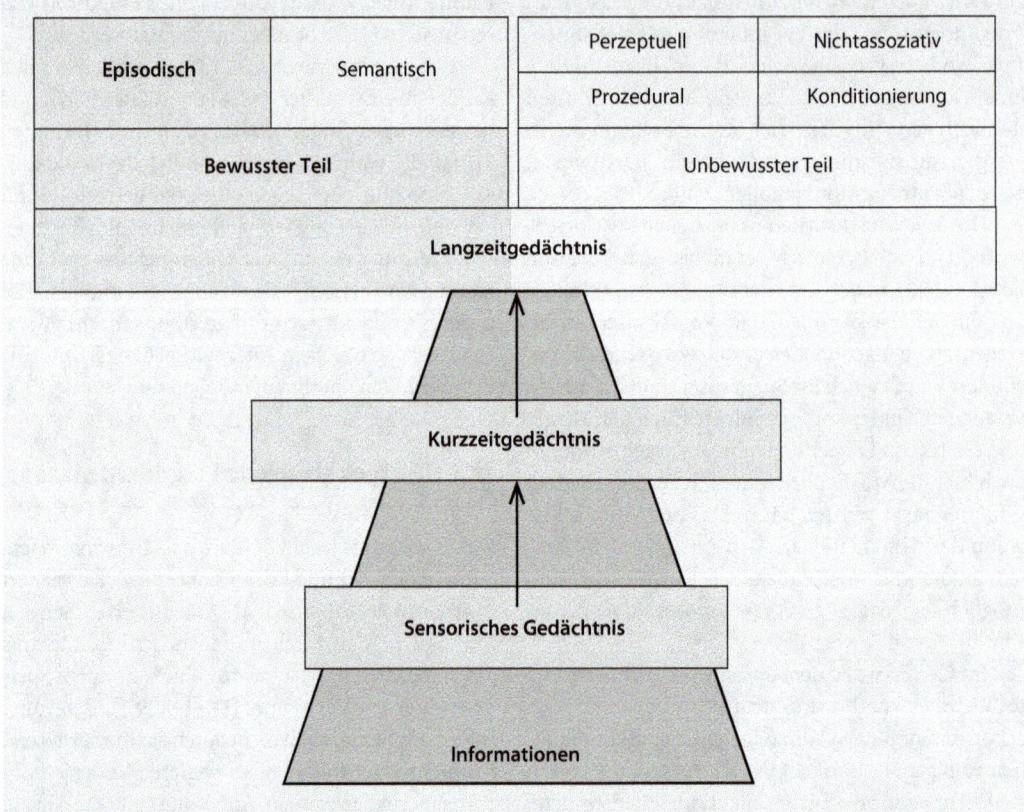

Abb. 29.1 Entwicklung des Gedächtnisses

- Der **bewusste Teil** des Gedächtnisses umfasst den semantischen und den episodischen Teil. Der semantische Bereich stellt die klassische Wissensstruktur dar, z. B. Vokabeln einer Fremdsprache, wohingegen der episodische Teil Erinnerungen an Geschehnisse und Erlebnisse abspeichert (Baddeley 1999).

Im weiteren Verlauf liegt der Fokus auf dem bewussten Teil des Gedächtnisses, da dieser für ein erfolgreiches Erinnern von Geschehnissen relevant und für Zeugenaussagen notwendig ist. Zudem müssen auch die vollständige Entwicklung sowie die einwandfreie Funktionsweise des Gedächtnisses sichergestellt sein.

Sowohl der sensorische Speicher als auch das Kurzzeitgedächtnis funktionieren schon sehr früh (Lickliter u. Bahrick 2000). Das **episodische Gedächtnis** hingegen entwickelt sich erst ab ca. dem 3. Lebensjahr und ist zu Beginn noch nicht sonderlich effektiv. Es kommt zu einem guten Wiedererkennen und zu einem schlechten freien Erinnern an Geschehnisse (Perlmutter et al. 1981). Erst im Alter von ca. 10 Jahren ist die Entwicklung des episodischen Gedächtnisses weitgehend abgeschlossen (Nelson u. Fivush 2004). Eine Studie von Odegard et al. (2009) unterstützt diese Befunde. Laut der Studie kam es bei 5- bis 6-Jährigen in 45 % und bei den 7- bis 12-Jährigen immerhin noch bei 20 % der Fälle zu mindestens einer falschen Erinnerung bezüglich beschriebener Erlebnisse.

Diese Befunde zeigen, dass es schon vor der Frage nach Lüge und Wahrheit Einflüsse auf die Qualität der Erinnerung gibt. Kombiniert man diese Ergebnisse mit den bereits gewonnen Erkenntnissen, entsteht eine ganz andere Sicht auf das Sprichwort. Bis zum Alter von 4 Jahren lügen Kinder nicht intentional, es kann jedoch zu falschen Erinnerungen aufgrund des noch nicht voll entwickelten episodischen

Gedächtnisses kommen. Ab einem Alter von ca. 10 Jahren ist das episodische Gedächtnis weit genug entwickelt, um falsche Erinnerungen zu vermeiden, jedoch sind Kinder ab dem Alter auch in der Lage intentional zu Lügen.

29.3.2 Verzerrende Einflüsse auf das Gedächtnis

Neben diesen der Entwicklung unseres Gedächtnisses zuzuschreibenden falschen Aussagen, gibt es weitere, ebenfalls durch das Gedächtnis hervorgerufene Einflüsse, die insbesondere Kinder, aber auch Jugendliche und Erwachsene betreffen können. Diese Fehler in der Erinnerung werden nicht als Lügen, sondern als **unwissentlich getätigte Falschaussage** bezeichnet. Im folgenden Abschnitt werden drei dieser Einflüsse näher vorgestellt. Dazu gehören das Einpflanzungsparadigma, das Falschinformationsparadigma sowie Heuristiken.

Einpflanzungsparadigma

Das sog. Einpflanzungsparadigma erklärt, wie nicht geschehene Ereignisse zu tatsächlichen Erinnerungen werden können (Lindsay et al. 2004).

Dabei konfrontiert die befragende Person, in diesem Fall ein Therapeut, den Befragten mit mehreren ähnlichen Erlebnissen, die alle aus der Kindheit der Person stammen und – bis auf eines – auch tatsächlich so passiert sind. Die **realen Erinnerungen** sind aufgrund der Zeitspanne nicht direkt in allen Einzelheiten und das **erfundene Ereignis** selbstverständlich gar nicht abrufbar, da dafür keine Erinnerung existieren kann. Im Gespräch unterstützt der Therapeut die Erinnerung an alle Ereignisse gleichermaßen und ermutigt die Person, in nächster Zeit intensiv über jedes einzelne Ereignis nachzudenken. Nach zwei Sitzungen und besonderer Aufmerksamkeit dem erfundenen Ereignis gegenüber hatten etwa zwei Drittel aller Probanden für sie real erscheinende Erinnerungen an die erfundene Situation.

Das Besondere an diesem Experiment sind die Parallelen zu Therapiemethoden, in denen verdrängte und somit nicht mehr aktiv abrufbare Erinnerungen durch den Therapeuten wieder in das Bewusstsein geholt werden. Dies tritt insbesondere dann auf, wenn Suggestion als Teil der Behandlung eingesetzt wird.

Aber auch im gerichtlichen Kontext kann es zum Einpflanzungsparadigma kommen. Insbesondere bei Kindern wird häufig betont, sie sollen sich vollständig erinnern und dürfen dabei nicht lügen. Somit macht das Kind den Eltern, der Polizei und dem Gericht gegenüber eine Aussage, während es versucht, sich in den Zeiträumen dazwischen möglichst genau zu erinnern. Sollte zusätzlich noch eine suggestive Hilfestellung erfolgen, sind alle Bedingungen des Einpflanzungsparadigmas erfüllt.

Falschinformationsparadigma

Ein weiteres in diesem Zusammenhang wichtiges Phänomen ist das Falschinformationsparadigma (Loftus et al. 1978). Hierbei wird erklärt, inwiefern verbale Informationen aus der Aussage des Befragenden die visuelle Erinnerung der befragten Person verändern können.

Im Rahmen eines Experiments betrachteten Versuchspersonen Bilder eines Autounfalls, über den sie später Zeugnis ablegen sollen (Loftus et al. 1978). In der anschließenden Befragung musste u. a. die Frage nach der Schwere des Unfalls durch die Tatsache, ob Glasscherben vorhanden waren, beurteilt werden. Je nachdem, ob die Frage nach dem Autounfall mit dem Wortlaut „die Autos berührten sich" bzw. „die Autos krachten ineinander" beschrieben wurden, kamen die Versuchspersonen zu dem Schluss, dass sie entweder keine Scherben oder Scherben am Unfallort gesehen haben. Die **Formulierung der Frage** an sich stellt also schon eine Form von Suggestion dar, die unsere Aussagen beeinflusst.

Ein weiteres Beispiel ist die von Wright et al. (2009) beschriebene Studie zum **Informationsaustausch der Zeugen** untereinander. Da zwischen dem Vorfall und der letztendlichen Zeugenaussage häufig einige Zeit vergeht, kommt es zwangsläufig zu Vergessen. Des Weiteren tauscht man Informationen aus, bespricht seine Erlebnisse mit anderen Personen bzw. mit anderen Zeugen und füllt so die entstandenen Lücken wieder auf.

Wie bereits in ▶ Abschn. 29.2 beschrieben, sind Kinder besonders anfällig für Suggestion. Hinzu kommt, dass Kinder, die Opfer einer Straftat wurden, häufig zur besseren Verarbeitung von

Erwachsenen unterstützt werden. Handelt es sich bei dieser Unterstützung nicht um eine speziell dafür geschulte Person, kann es auch unabsichtlich zu einer Beeinflussung kommen. Daraus ergibt sich, dass insbesondere Kinder anfällig für das Falschinformationsparadigma sind. Die Folge sind durch Erwachsene gefüllte oder veränderte Erinnerungen, welche vor Gericht von dem Kind als wahr empfundene Aussagen wiedergegeben werden.

Heuristiken

Unabhängig davon werden unsere Wahrnehmungen und Entscheidungen zusätzlich noch durch Heuristiken beeinflusst. Heuristiken sind kognitive „Abkürzungen", die bei der Reduzierung möglicher Antworten oder Problemlösungen nützlich sind, indem sie „Faustregeln" als Strategien anwenden (Gerrig u. Zimbardo 2004). Da es aufgrund begrenzter Kapazitäten in unserem Gehirn nicht möglich ist, alle Entscheidungen bewusst und unter vollständiger Berücksichtigung der beeinflussenden Faktoren zu treffen, benutzen wir mehr oder weniger gute kognitive Abkürzungen. Das bedeutet, dass aufgrund von Erfahrungen oder dem Beachten der wichtigsten Informationen automatisch Schlüsse gezogen werden.

Zum Beispiel nutzt die Heuristik der **Verfügbarkeit** den Wiedererkennungswert. Das heißt, durch den vermehrten Kontakt mit Informationen können diese besser abgerufen werden. Im Folgeschluss erkennen wir diese Informationen schneller wieder, und man kann durch die Geschwindigkeit des Abrufs direkt auf die persönliche Relevanz schließen.

Allerdings können solche automatisierten Prozesse auch zu Fehlurteilen führen. So gibt es z. B. die Heuristik der **besten Schätzung**, nach der man bei einer Gegenüberstellung die Person auswählt, die die größte Ähnlichkeit mit dem Täter hat. Das geschieht selbst dann, wenn die besagte Ähnlichkeit objektiv gesehen gering ausfällt (Wells u. Olson 2003).

Alles in allem sind Heuristiken sehr nützlich, um mit wenig Aufwand gute Entscheidungen treffen zu können; auch sind sie hilfreich, die umfangreichen Anforderungen im Alltag effektiv zu bewältigen. Geht es hingegen um die Wahrheitsfindung, muss besonders auf kognitive Vereinfachungen geachtet werden, da diese nicht immer akkurat sind.

29.4 Diskussion

Um zu überprüfen, ob das Sprichwort „Kindermund tut Wahrheit kund" wirklich zutrifft, wurden zu bewertende Aussagen zunächst in **Lügen** und unwissentlich getätigte **Falschaussagen** unterteilt. Für willentliches Lügen trifft das Sprichwort teilweise zu, da Kinder erst ab ca. dem 4. Lebensjahr in der Lage sind, zu verstehen, dass man mit der Unwahrheit aktiv falsche Erwartungen oder Annahmen in anderen Personen erzeugen kann. Somit gilt das Sprichwort für intentionales Lügen bis zum Alter von 4 Jahren.

Betrachtet man jedoch lediglich den **Wahrheitsgehalt von Aussagen**, so trifft das Sprichwort nicht zu. Kinder bis 4 Jahre haben ein noch nicht vollständig entwickeltes episodisches Gedächtnis, weshalb es zu unbeabsichtigten Falschaussagen kommen kann. Sobald das episodische Gedächtnis mit ca. 10 Jahren jedoch vollständig entwickelt ist, sind Kinder in der Lage, willentlich zu lügen. Hinzu kommt, dass Erwachsene und Kinder Einflüssen wie Heuristiken oder bestimmten verzerrenden Paradigmen unterliegen. Diese wirken insbesondere auf Kinder, da sie noch stärker durch Suggestion beeinflusst und durch das noch nicht vollständig entwickelte episodische Gedächtnis beeinträchtigt werden.

Betrachtet man das Sprichwort in der Anwendung des **gerichtlichen Kontexts**, wird die Relevanz der Problematik schnell klar. Häufig sind bei Verbrechen, bei denen Kinder die Opfer sind, wenige bis keine Zeugen anwesend. Die Aussage der Kinder ist also eines der wichtigsten Instrumente, um den Täter zu überführen. Wie in diesem Kapitel gezeigt, kann man – entgegen des Sprichworts – jedoch nicht von einer absoluten Wahrheit bei kindlichen Aussagen ausgehen. Damit müssen Kinder, genauso wie Erwachsene, befragt und der Wahrheitsgehalt ihrer Aussagen abgeschätzt werden.

Die Schwierigkeit entsteht hierbei in der **Beeinflussbarkeit von Kindern**. Neben der Gefahr, dass sich Erinnerungen während der Zeit bis zur Verhandlung durch Einflüsse wie dem Falschinformations- oder Einpflanzungsparadigma verändern, kann es auch durch Heuristiken oder Suggestion während der Verhandlung zu unwillentlichen Falschaussagen kommen. Dabei spielt das noch nicht vollständig entwickelte Gehirn, die Beeinflussbarkeit durch

Autoritäten wie Erwachsene und die Anfälligkeit durch Suggestion eine enorme Rolle.

Zudem kommen noch Einflüsse wie die belastende und beängstigende Situation vor Gericht hinzu. Dabei entstehen hohe emotionale Anspannungen, die ggf. zu Angst und widersprüchlichen Aussagen führen können. Zusätzlich stellt die mögliche Konfrontation mit dem Täter eine weitere Stressquelle dar, die – wenn möglich – vermieden werden sollte.

29.5 Fazit

In jedem Fall hat eine Verhandlung, in welcher ein Kind das Opfer ist, gravierende Konsequenzen für alle Beteiligten. Auf der einen Seite steht das Kind mit einem traumatischen Erlebnis, welches in vielen Fällen zu langfristigen Problemen führt und zusätzlich einem möglicherweise nicht verurteilten Täter, der weiter eine Gefahr für andere darstellt. Auf der anderen Seite steht ein unschuldig Verurteilter, der nicht nur zu Unrecht bestraft wird, sondern auch mit den negativen sozialen Folgen leben muss.

Aus diesem Grund kann nicht ausschließlich dem Sprichwort „Kindermund tut Wahrheit kund" gefolgt werden, sondern es muss sowohl die Betreuung als auch die Befragung von geschulten und erfahrenen Personen durchgeführt werden; ohne Druck oder Suggestion und unter Berücksichtigung des Entwicklungsstandes der Kinder. Dabei ist wichtig, dass die Betreuer und Befragenden sich nicht vorab schon ein Bild zu den Geschehnissen machen, denn:

> Niemand ist weiter von der Wahrheit entfernt als derjenige, der alle Antworten weiß. (Chinesische Weisheit)

Literaturverzeichnis

Baddeley, A. (1999). *Essentials of human memory*. Hove: Psychology Press.
Bussey, K. (1992). Lying and truthfulness: Children's definitions, standards, and evaluative reactions. *Child Development* 63, 129–137.
Ceci, S., & Bruck, M. (1993). Suggestibility of the child witness: a historical review and synthesis. *Psychological Bulletin* 113, 403–439.
Gerbert, F. (2007). 2475 verlorene Jahre. *Fokus online*. Artikel vom 10. September 2007. http://www.focus.de/kultur/leben/justizirrtuemer-2475-verlorene-jahre_aid_219822.html. Zugegriffen: 14. März 2016.
Gerrig, R., & Zimbardo, P. (2004). *Psychologie*. München: Pearson Studium.
Lickliter, R., & Bahrick, L. (2000). The development of infant intersensory perception: advantages of a comparative convergent-operations approach. *Psychological Bulletin* 126, 260–280.
Lindsay, D., Hagen, L., Read, J., Wade, K., & Garry, M. (2004). True photographs and false memories. *Psychological Science* 15, 149–154.
Loftus, E., Miller, D., & Burns, H. (1978). Semantic integration of verbal information into a visual memory. *Journal of Experimental Psychology Human Learning and Memory* 4, 19–31.
McCauley, M., & Parker, J. (2001). When will a child be believed? The impact of the victim's age and juror's gender on children's credibility and verdict in a sexual-abuse case. *Child Abuse & Neglect* 25, 523–539.
Mönkemöller, O. (1930). *Psychologie und Psychopathologie der Aussage*. Heidelberg: Carl Winters.
Nelson, K., & Fivush, R. (2004). The emergence of autobiographical memory: a social cultural developmental theory. *Psychological Bulletin* 111, 486–511.
Odegard, T., Cooper, C., Lampinen, J., Reyna, V., & Brainerd, C. (2009). Children's eyewitness memory for multiple real-life events. *Child Development* 80, 1877–1890.
Perlmutter, M., Sophian, C., Mitchell, D., & Cavanaugh, J. (1981). Semantic and contextual cuing of preschool children's recall. *Child Development* 52, 873–881.
Peters, L., & Wagenmann, U. (1999). Rasterverfahren und Todesurteile. http://www.gen-ethisches-netzwerk.de/alte_seite/gid/TEXTE/ARCHIV/PRESSEDIENST_GID133/CHRONOLOGIE.HTML. Zugegriffen: 14. März 2016.
Piaget, J. (1932). *The moral judgment of the child*. London: Routledge & Kegan Paul.
Ruffman, T., Olson, D., Ash, T., & Keenan, T. (1993). The abcs of deception: Do young children understand deception in the same way as adults? *Developmental Psychology* 29, 74–87.
Schmid, J. (2000). *Lügen im Alltag – Zustandekommen und Bewertung kommunikativer Täuschungen*. Münster: LitVerlag.
Sodian, B., Tayllor, C., Harris, P., & Perner, J. (1991). Early deception and the childs theory of mind: False trials and genuine markers. *Child Development* 62, 468–483.
Wells, G., & Olson, E. (2003). Eyewitness testimony. *Annual Review of Psychology* 54, 277–295.
Wright, D., Memon, A., Skagerberg, E., & Gabbert, F. (2009). When eyewitnesses talk. *Current Directions in Psychological Science* 18, 174–178.

Geteiltes Leid ist halbes Leid

Juliane Schünke

© Springer-Verlag Berlin Heidelberg 2017
D. Frey (Hrsg.), *Psychologie der Sprichwörter*,
DOI 10.1007/978-3-662-50381-2_30

30.1 Einleitung

Ein Szenarium: Zwei einander fremde Touristinnen stehen in Südeuropa unter einem Sonnenschirm und triefen vor Nässe, während über ihnen ein Platzregen seine volle Stärke entfaltet. Das Wasser fließt an ihren Füßen vorbei und der Himmel wird auch in einiger Entfernung noch nicht heller. Sie schauen sich nach einigen Minuten an und als eine von ihnen demonstrativ die Augen verdreht, überwindet auch die andere ihren Ärger und lacht. Die beiden beginnen zu reden, ärgern sich gemeinsam über das kalte Wetter, schimpfen über den Bach zwischen ihren Füßen und kommen bald zu Ausflugstipps in der Gegend. Durch die Interaktion der beiden Frauen wurde die Situation für beide erfreulicher, das Gegenüber konnte mitfühlen und eine Verbindung war hergestellt.

Es gibt viele verschiedene Situationen, die uns unangenehm sind und in denen wir leiden, körperlich wie seelisch. Wir ärgern uns über die vielen Menschen morgens in der U-Bahn, über den Chef, der einen vor anderen Kollegen kritisiert hat, oder über die Mutter, die sich beschwert, dass wir uns nie melden. Manchmal teilen wir unseren Ärger oder unsere Enttäuschung. Das kann in der aktuellen Situation mit fremden Menschen sein, beispielsweise am U-Bahnsteig. Die meisten Menschen treffen sich mit Freunden auf einen Kaffee oder ein Bier, manche laden auch die Freundin zum Abendessen ein. Oft werden dabei im Laufe des Gesprächs die eigenen Sorgen geteilt. Es wird über den versetzungsgefährdeten Sohn geredet oder über das Lampenfieber vor dem morgigen Vortrag.

Diese Situationen, in denen wir Leid teilen, unterscheiden sich darin, „mit wem" wir es teilen. Hieraus resultiert meist das, „was" wir teilen. So besprechen die wenigsten Menschen ihre Beziehungsprobleme mit wildfremden Menschen. Diese Unterscheidung wird auf den kommenden Seiten durch die Aufteilung in Abschnitte zum Leiden mit vertrauten und fremden Personen erläutert.

Das Leiden selbst ist laut *Duden* (2015) ein „tiefer seelischer Schmerz als Folge erfahrenen Unglücks". Dem kann noch das körperliche Leid hinzufügt werden, sei es durch eine körperliche Verletzung verursacht oder als psychosomatische Folgeerscheinung.

30.2 Aufrechterhalten der inneren Balance

Die Sehnsucht nach Zugehörigkeit („need to belong"; Baumeister u. Leary 1995) ist ein Grundbedürfnis des Menschen und Teil der Bedürfnispyramide nach Maslow (1943). Menschen bauen **soziale Beziehungen** unter den widrigsten Umständen auf und halten diese auch aufrecht, wenn es keinen pragmatischen oder materiellen Grund dafür geben mag. Der Aufbau solcher Beziehungen ruft positive Emotionen hervor. Menschen sind auch kognitiv stark mit Beziehungen beschäftigt, sei es mit dem Aufbau, laufenden Beziehungen oder dem potenziellen Ende einer Beziehung. Andersherum führt ein Mangel an Beziehungen zu negativen Konsequenzen, die die psychische und physische Gesundheit betreffen und bis hin zu Depressionen und anderen Krankheiten führen können. Dies bestätigt umso mehr, dass der Wunsch nach Zugehörigkeit ein menschliches Grundbedürfnis darstellt (Baumeister u. Leary 1995).

Der **Balancetheorie** von Fritz Heider (1958) folgend kann man geteiltes Leid folgendermaßen erklären: In einer Triade von beispielsweise zwei Personen und einem Objekt ist dann eine Balance hergestellt (d. h. die kognitive oder affektive Konsistenz), wenn zwischen den beiden Personen bzw. den Personen und dem Objekt nur positive Beziehungen bestehen. Die zweite Möglichkeit für eine Balance beinhaltet zwei negative Beziehungen und eine positive Beziehung. Innerhalb dieser zwei Möglichkeiten wären die Beziehungen affektiv oder kognitiv ausbalanciert. Hat aber eine Person A eine negative Beziehung zu Objekt X und Person B eine positive Beziehung zu Objekt X ist die Triade unbalanciert. Menschen haben das Bedürfnis, eine Balance in ihren Beziehungen herzustellen, da sie sich ansonsten unwohl fühlen. Deswegen wird Person A versuchen, z. B. eine gleichgesinnte Person C zu finden, um mit dieser eine neue und nun ausgeglichene Triade zu bilden. Dabei hätten Person A und C eine negative Beziehung zu Objekt X. Die Triade ist somit ausgeglichen und die kognitive Konsistenz wiederhergestellt.

Übertragen auf Leid kann man folgendes Beispiel heranziehen: Eine Person A erlebt eine negative Beziehung zu Objekt X, z. B. hat diese Person Flugangst. Es herrscht also ein Ungleichgewicht, da es nur eine negative Beziehung zwischen beiden gibt. Um dieses Ungleichgewicht wieder auszugleichen und die eigene Balance herzustellen, sucht sich Person A eine weitere Person B, die auch eine negative Beziehung zu Objekt X, also Flugangst, hat. Damit ist die Triade wieder ausbalanciert, denn beide Personen A und B haben negative Beziehungen zu Objekt X, der Flugangst. Person A konnte durch die Hinzunahme einer weiteren Person mit der gleichen negativen Einstellung das erlebte Unwohlsein umwandeln und die eigene affektive Balance wiederherstellen.

30.3 Leid mit nahestehenden Menschen teilen

Menschen leiten ihr Empfinden für ihren Selbstwert und für ihre soziale Zugehörigkeit von ihrer Zugehörigkeit zu den unterschiedlichsten Gruppen ab. Deswegen stellen Menschen vorteilhafte Vergleiche für ihre eigene Gruppe im Gegensatz zu anderen Gruppen an. So steht ihre eigene Gruppe aus ihrer Sicht in einem besseren Licht da und folglich auch sie selbst. Durch die Zugehörigkeit zu einer Gruppe bilden Menschen einen Teil ihrer **sozialen Identität**, die sich nach Tajfel (1974) in Situationen sozialer Veränderungen immer weiter entwickelt, beispielsweise – ganz banal – durch einen ausgefallenen Zug und die entsprechende Verspätung oder gar eine Scheidung.

Ein gutes Beispiel für das Teilen von Leid und die Zugehörigkeit zu Gruppen sind **Selbsthilfegruppen**, die mit der Zugehörigkeit eine soziale Identität und eine gemeinsam geteilte Realität schaffen. Hier können sich die Mitglieder gezielt über das Anliegen des Gruppenthemas austauschen und fühlen sich im Idealfall von der Gruppe aufgehoben und können ihr Leid teilen. Dies ist auch deswegen von Vorteil, da es bei sensiblen Themen wie Alkoholabhängigkeit schwierig sein kann, Menschen zu finden, denen man sein Leid offenbaren und mitteilen kann oder möchte. Hier kann auch in der Familie und im engsten Freundeskreis eine Überforderung seitens des Gesprächspartners stattfinden, sodass solche Selbsthilfegruppen eine Alternative dazu bieten können.

30.3.1 Emotionen unterdrücken oder neu bewerten

Interaktionen mit anderen Menschen – hierzu gehört auch der Aufbau von Beziehungen – ist ein potenzieller Auslöser verschiedenster Emotionen. In Beziehungen ist es manchmal nötig, seine Emotionen auf unterschiedliche Art zu regulieren, z. B. um Freundschaften aufzubauen oder zu erhalten. Ob dabei Emotionen langfristig neu bewertet oder unterdrückt werden, macht einen bedeutenden Unterschied für interpersonelle Beziehungen (Gross u. John 2003). Eine Neubewertung meint hier, Situationen, die beispielsweise belastend und schwierig sind, auch anders beurteilen zu können. So kann z. B. ein Jobinterview als Chance gesehen werden oder als eine beängstigende Hürde.

Die beiden Forscher Gross und John (2003) konnten zeigen, dass die **Neubewertung von Emotionen** positiv mit dem Teilen von negativen und positiven Emotionen verbunden ist. Und die beiden Forscher machen eine interessante Unterscheidung: Man kann seine Emotionen mit einem Partner teilen, ihm diese mitteilen, ohne seine Emotionen direkt auf den Partner zu lenken. Andersherum kann man seine Emotionen durch sein Verhalten ausdrücken, ohne sie wirklich sozial zu teilen. Beispielsweise kann man seinem Partner aus dem Weg gehen, weil man sich von ihm verletzt fühlt, ihm dies aber nicht mitteilt.

Diese Unterscheidung ist für Gross und John (2003) wichtig, denn das **Teilen von negativen Emotionen** ist ein wichtiges Element des sozialen Erfolgs derjenigen, die ihre Emotionen neu bewerten. Allerdings gilt das nur für die emotionale Teilhabe eines Partners, bei der keine Übertragung der eigenen Emotionen auf den Partner erfolgt, diese aber verbal zum Ausdruck gebracht werden. Diese Personen hatten nach Gross und John (2003) engere Beziehungen und wurden auch in ihrem Freundes- und Bekanntenkreis eher gemocht als diejenigen, die ihre Emotionen unterdrückten. Diese Personen wiederum teilten ihre negativen und positiven Emotionen seltener mit anderen und berichteten erheblich öfter von vermeidendem Verhalten in engen Beziehungen. Sie fühlten sich unwohl mit der Nähe und dem Austausch in diesen Beziehungen.

Menschen, die für gewöhnlich ihre Emotionen neu bewerteten und teilten, zeigten weniger Symptome für Depressionen, außerdem war diese Regulierungsstrategie für Emotionen verbunden mit höherer Lebenszufriedenheit, größerem Optimismus und einem besseren Selbstwertgefühl. Auch im Bereich des Wohlbefindens wiesen sie höhere Werte für Selbstakzeptanz, persönliches Wachstum und einen besseren Umgang mit äußeren Bedingungen auf (Gross u. John 2003).

Diese Eigenschaften sind wünschenswert und beruhen darauf, dass man seine emotionalen Erlebnisse, positive wie negative, überdenkt, neu bewerten kann und diese mit Menschen in seinem Freundeskreis oder seiner Familie teilt.

30.3.2 Emotionen vertrauter Menschen wahrnehmen

In einer Studie der Stanford Universität (Jordan et al. 2011) untersuchten Forscher ein Phänomen, das sie „**emotional pluralistic ignorance**" nennen: Ihre Studienteilnehmer sollten die positiven und negativen Emotionen von nahen Freunden oder Partnern im Vergleich zu ihren eigenen Emotionen einschätzen. Dazu ließen die Forscher sie ein Semester lang ein Tagebuch über ihre Emotionen führen. Zum Ende des Semesters sollten sie einschätzen, wie die von ihnen benannten Freunde oder Partner bestimmte Emotionen über das Semester erlebt hatten.

Jordan et al. (2011) konnten zeigen, dass Menschen in ihrem Urteilsvermögen über das Seelenleben anderer systematisch voreingenommen sind. Sie unterschätzten das **Ausmaß negativer Emotionen** wie Eifersucht, Angst oder Einsamkeit der Freunde bzw. Partner in der Häufigkeit ihres Auftretens. Eine Erklärung dafür wäre, dass gerade Menschen, die alleine sind, vermehrt negative und weniger positive Emotionen erleben (Diener et al. 1984). Entsprechend dem, was wir erleben, können wir es auch im Zusammensein mit anderen Menschen berichten. So ist die Wahrscheinlichkeit geringer, die eigenen Sorgen und Ängste zu teilen, wenn wir mit anderen Menschen zusammen sind.

Den gegenteiligen Fehler machten die Studienteilnehmer bei der **Einschätzung der positiven Emotionen**: Die Studienteilnehmer überschätzten, wie oft ihre Freunde und Partner schöne Dinge taten, beispielsweise Freunde treffen oder zu Partys zu gehen (Jordan et al. 2011). Sie nahmen an, dass andere mehr Spaß haben, als sie in Wirklichkeit hatten, und weniger Ärger, Enttäuschung oder Zurückweisung erlebten, als dies wirklich der Fall war. Und dies hat folgenden Grund: Die Studienteilnehmer gaben an, dass sie selbst 40 % ihrer negativen Emotionen vor Beobachtern gezielt verbargen. Zusätzlich ist es so, dass Menschen ihre negativen Emotionen eher als positive Emotionen unterdrücken (Gross et al. 2006; Jordan et al. 2011.). Dies könnten zwei Erklärungsansätze sein, warum die Studienteilnehmer einen Überschuss an positiven Emotionen bei ihren Freunden und Partnern zu beobachten glaubten.

Hinzu kommen die Folgen: Diejenigen Studienteilnehmer, die annahmen, dass negative emotionale Erfahrungen in ihrem Bekannten- und Freundeskreis selten sind, zeigten in verschiedenen Tests eine größere Einsamkeit, grübelten mehr über ihre persönlichen Probleme und waren weniger zufrieden mit ihrem Leben. Teilnehmer, die dachten, dass positive Emotionen in ihrem Bekannten- und Freundeskreis üblich waren, berichteten von einer geringeren Lebenszufriedenheit (Jordan et al. 2011).

30.4 Leid mit fremden Menschen teilen

In den folgenden Abschnitten soll es um das Leid gehen, das mit fremden Menschen meist situativ geteilt wird. Es unterscheidet sich zu den vorangegangenen Inhalten durch die Vertrautheit mit dem Interaktionspartner und durch die zufällige Begegnung in einer sozialen Situation.

Es soll vorausgeschickt werden, dass Menschen den Anteil derer überschätzen, denen es in unangenehmen Situationen ähnlich geht wie ihnen (McFarland u. Miller 1990). Das kann das Teilen von Leid hemmen. Die Autoren legen diesen Ergebnissen den **„false consensus effect"** (McFarland u. Miller 1990) zugrunde. Dieser besagt, dass Menschen im Allgemeinen die Übereinstimmung eigener Einstellungen und Verhaltensweisen mit denen anderer Menschen überschätzen (Cherry 2014). Hierbei war es so, dass die Teilnehmer der Studie dachten, andere Menschen würden einer unangenehmen Situation, der sie selbst ausweichen würden, nicht ausweichen, weil ihr Unbehagen nicht so groß sei wie ihr eigenes (McFarland u. Miller 1990).

30.4.1 Unterdrücken von Emotionen in einer Interaktion

Ein Forscherteam aus den USA und Deutschland untersuchte, welche sozialen Folgen es für Menschen hat, wenn sie ihre Emotionen verdrängen (Butler et al. 2003). Was verdrängt wird, kann auch nicht mitgeteilt werden. Hier ist es spannend, was in sozialen Situationen passiert, in denen negative Emotionen nicht geteilt werden. **Verdrängung** ist hier ein Weg, diejenigen Emotionen zu regulieren, die auf ein expressives Verhalten ausgerichtet sind. Das Teilen von Emotionen hat auch eine sozial-kommunikative Funktion, beispielsweise Trauer, die sich durch Niedergeschlagenheit und Weinen ausdrückt.

In der ersten experimentellen Studie von Butler et al. (2003) sollten sich jeweils zwei, einander unbekannte weibliche Teilnehmerinnen gemeinsam einen Film über die Bombardierung Hiroshimas anschauen und danach ihre Reaktionen diskutieren. Vortests für diese Studie hatten gezeigt, dass dieser Film ein hohes Level an negativen Emotionen wie Wut, Traurigkeit oder Abscheu hervorrief.

Ein Teil der Studienteilnehmerinnen sahen das Leid in dem Film und hatten später die Chance, dieses auch mitzuteilen. In einigen Paaren wurde zufällig und ohne das Wissen ihres Gegenübers eine der beiden Teilnehmerinnen beauftragt, ihren emotionalen Ausdruck in der Interaktion nach dem Film zu unterdrücken. Die Konsequenz war, dass die Interaktion mit denjenigen, die ihre Emotionen unterdrückten, deutlich belastender für die jeweils andere Teilnehmerin war als die Interaktion mit einer Partnerin, deren Reaktion natürlich erfolgte und die ihre Emotionen nicht unterdrücken sollte. Das **Stresslevel** der Teilnehmerinnen wurde anhand des Blutdrucks gemessen. Dieser wurde bei der einen höher, wenn die jeweils andere Partnerin ihre emotionale Reaktion unterdrückte. Einflussfaktoren, z. B. die Redezeit dieser Teilnehmerin, änderten nichts an ihrem deutlich erhöhten Blutdruck. Aber die Unterdrückung der Emotionen hatte auch Folgen für die Teilnehmerin selbst: Es lenkte sie vom Gespräch weg und verringerte ihre Empfänglichkeit bzw. ihr Entgegenkommen.

30.4.2 Folgen des Unterdrückens von Emotionen

Es scheint also, dass insbesondere die Unterdrückung des Emotionsausdrucks, z. B. negativer Emotionen, zerstörerisch für die Kommunikation ist.

Butler et al. (2003) konnten in ihrer Studie zeigen, dass die Frauen, die mit den regulierenden Teilnehmerinnen kommunizieren sollten, eine weniger große Übereinstimmung, vielleicht als Sympathie zu bezeichnen, mit diesen fühlten. Sie berichteten außerdem, dass sie eine **geringe Motivation für den Aufbau einer Freundschaft** zu den Frauen verspürten, die ihre Emotionen unterdrückten. Das Potenzial für den Aufbau einer Freundschaft war hier deutlich geringer. Ein Vorhersagewert für die Motivation zum Aufbau einer Freundschaft war, in welchem Ausmaß die Frauen ihre Empfänglichkeit und ihre starken negativen Emotionen zum Film zum Ausdruck brachten. Das Unterdrücken von negativen Emotionen und das Unterlassen des Mitteilens wirken sich sowohl auf die Gesundheit als auch die soziale Beziehung nachteilig aus. Dies gilt für beide an der Interaktion Beteiligten.

Vertrautheit bzw. Intimität sind abhängig vom interaktiven Prozess zwischen den Beteiligten, welcher emotionale Selbstoffenbarung und Empfänglichkeit mit einschließt. Weil diese Eigenschaften im Interaktionsprozess fehlen, kann hier **keine Nähe** aufgebaut werden. Und welcher Mensch möchte schon ernsthaft ohne Beziehungen, seien es Freundschaften oder Partnerschaften, leben wollen? Um diese aufbauen zu können, ist es somit erforderlich, auch seine negativen Emotionen mitzuteilen. Etwas Ähnliches konnten auch Forscher über Ehen herausfinden: Ein **konfliktvermeidendes Verhalten** in Ehen ist assoziiert mit einer geringeren Zufriedenheit in der Ehe, und zwar bei beiden Partnern (Gottman u. Levenson 1988).

Abschließend kann festgehalten werden, dass das Unterdrücken und Nicht-Mitteilen von Emotionen – dazu gehört auch Leid – seltener zu einer Beziehung führt bzw. diese nicht glücklich ist. Allerdings benötigen wir soziale Beziehungen, um unser Bedürfnis nach Zugehörigkeit (Baumeister u. Leary 1995) zu stillen. Die Art, wie wir unsere emotionalen Reaktionen regulieren, hat also einen bedeutenden Einfluss auf unsere psychische und physische Gesundheit.

30.4.3 Exkurs: Psychotherapie

Auch für die Psychotherapie hat das Unterdrücken von negativen Emotionen Relevanz. Da übermäßig starke, negative Emotionen viele psychologische Erkrankungen wie Depressionen oder Ängste bestimmen, deuten die Befunde auf die Möglichkeit hin, dass die Unterdrückung des Ausdrucks negativer Emotionen eine führende Rolle im psychopathologischen Befinden spielt (Butler et al. 2003). Wenn negative Emotionen unterdrückt werden, gewollt oder ungewollt, kann das zu einer Erkrankung beitragen. An dieser Stelle können Betroffene die Hilfe von Psychologen, Psychiatern und weiteren Professionen in Anspruch nehmen und dort ihr Leid (mit-)teilen.

30.5 Diskussion

Es existiert auch die Argumentationslinie, dass es für ein harmonisches soziales Verhältnis und den Umgang miteinander vorteilhaft sein kann, in sozialen Beziehungen seine Emotionen zu unterdrücken. Damit zeige man **Selbstbeherrschung** und agiere in Gesellschaft zivilisiert (Elias 1978).

Die in diesem Kapitel dargelegten negativen Auswirkungen der Unterdrückung von Emotionen könnten daneben auf die beschränkenden Umstände zurückzuführen sein, die den experimentellen Bedingungen der Studie innewohnen (Butler et al. 2003). So wurden z. B. nur Gespräche initiiert und untersucht, bei denen die Gesprächspartner gemeinsam ein negatives Ereignis erlebten. Aber genau das passiert tagtäglich, z. B. wenn die S-Bahn ausfällt und sich alle darüber beschweren. Genau das schafft wiederum den Nährboden für den **Aufbau sozialer Verbundenheit** und Unterstützung unter den Beteiligten. Genau in solchen Zusammenhängen ist es höchst kontraproduktiv und abträglich für die Personen selbst sowie für den Aufbau von sozialen Beziehungen, wenn negative Emotionen unterdrückt werden.

So kommt es letztlich auf den Einzelnen an, ob er es für angemessen hält, sein Leid zu teilen, was er als Leid empfindet, ob er die Beziehung zu dem Zuhörenden als stabil betrachtet und derjenige vertrauenswürdig genug erscheint, auf das Thema eingehen zu können. Denn manche Themen, z. B. Alkoholsucht, sind heikel, da das Risiko einer gesellschaftlichen Verurteilung immer noch hoch ist und nicht jeder das Leid dabei sehen und annehmen kann. Dabei können **Selbsthilfegruppen** für Betroffene ideale Ansprechpartner sein.

Die Art der Konsequenz, wenn man Leid unterdrückt, kann davon abhängen, ob dies nur manchmal und/oder situativ geschieht und ob danach die ursächlichen Probleme diskutiert werden. Geschieht das nicht, sind die ausgeführten negativen physischen und psychischen Konsequenzen nicht auszuschließen.

30.6 Fazit

Man kann aus den in diesem Kapitel aufgezeigten Studienergebnissen gegenteilige und bedingt wünschenswerte Konsequenzen ziehen: Wenn keine Beziehungen zu Personen in einer Situation aufgebaut werden sollen und man negative Emotionen kurzzeitig unterbrechen will, beispielsweise in einem eskalierenden Streit, kann es durchaus nützlich sein, seine negativen Emotionen und sein Leid zurückzuhalten und nicht zu teilen.

Unter der Bedingung, dass wir soziale Beziehungen aufbauen und aufrechterhalten wollen, ist es für uns und auch für unser Gegenüber von gesundheitlichem Vorteil, unsere Emotionen wahrzunehmen, neu bewerten zu können und mitzuteilen. Dazu gehört auch Leid, einhergehend mit der Erkenntnis „Geteiltes Leid ist halbes Leid".

Literaturverzeichnis

Baumeister, R. F., & Leary, M. R. (1995). The need to belong: desire for interpersonal attachments as a fundamental human motivation. *Psychological Bulletin* 117, 497–529.

Butler, E. A., Egloff, B., Wilhelm, F. H., Smith, N. C., Erickson, E. A., Gross, J. J. (2003). The social consequences of expressive suppression. *Emotion* 3, 48-67.

Cherry, K. (2014). What is the false consensus effect? Why we think that other people are just like us. http://psychology.about.com/od/cognitivepsychology/fl/What-Is-the-False-Consensus-Effect.htm. Zugegriffen: 14. März 2016.

Elias, N. (1978). *The civilizing process: The history of manners.* New York: Urizon Books.

Diener, E., Larsen, R. J., & Emmons, R. A. (1984). Person × situation interactions: Choice of situations and congruence response models. *Journal of Personality and Social Psychology* 47, 580–592.

Duden. (2015). Leid, das. http://www.duden.de/rechtschreibung/Leid#Bedeutung1. Zugegriffen: 02. Oktober 2015.

Gottman, J. M., & Levenson, R. W. (1998). The social psychophysiology of marriage. In P. Noller, & M. A. Fitzpatrick (Eds.). *Perspectives on marital interaction* (pp. 182–200). Clevedon, UK: Multilingual Matters.

Gross, J. J., & John, O. P. (2003). Individual differences in two emotion regulation processes: implications for affect, relationships, and well-being. *Journal of Personality and Social Psychology* 85, 348–362.

Gross, J. J., Richards, J. M., & John, O. P. (2006). Emotion regulation in everyday life. In D. K. Snyder, J. Simpson, & J. N. Hughes (Eds.), *Emotion regulation in couples and families: Pathways to dysfunction and health* (pp. 13–35). Washington, DC: American Psychological Association.

Heider, F. (1958). *The psychology of interpersonal relations.* New Jersey: Lawrence Erlbaum.

Jordan, A. H., Jordan, Monin, B., Dweck, C. S., Lovett, B. J., John, O. P., & Gross, J. J. (2011). Misery has more company than people think: Underestimating the prevalence of others' negative emotions. *Personality and Social Psychology* 37, 120–135.

McFarland, C., & Miller, D. T. (1990). Judgments of self-other similarity: Just like other people, only more so. *Personality and Social Psychology Bulletin* 16, 475–484.

Maslow, A. H. (1943). A theory of human motivation. *Psychological Review* 50, 370–396.

Tajfel, H. (1974). Social identity and intergroup behaviour. *Social Science Information* 13, 65–93.

Abschließende Bemerkungen

Kapitel 31   Bewusst kommunizieren: Zum Einfluss von Sprichwörtern auf das Erleben und Verhalten – 263
Martin Fladerer und Dieter Frey

Kapitel 32   Ausgewählte Lebensweisheiten als Handlungsanweisungen für ein positives Leben – 269
Christina Franze und Dieter Frey

Kapitel 33   Großmütterliche Weisheit vs. wissenschaftliche Weisheit: Die Wahrheit ist ein Plural – 275
Dieter Frey und Julia Albrecht

Bewusst kommunizieren: Zum Einfluss von Sprichwörtern auf das Erleben und Verhalten

Martin Fladerer und Dieter Frey

© Springer-Verlag Berlin Heidelberg 2017
D. Frey (Hrsg.), *Psychologie der Sprichwörter*,
DOI 10.1007/978-3-662-50381-2_31

31.1 Einleitung

Sprichwörter haben eine Funktion in der zwischenmenschlichen Kommunikation: In einprägsamer Form vermitteln sie kulturell geprägte Verhaltensnormen (Frey u. Schmalzried 2013). Die Beobachtung, dass es zu jedem Sprichwort auch ein entgegengesetztes Sprichwort gibt, war der Ausgangspunkt für die sozialpsychologische Untersuchung der Sprichwörter auf ihre Gültigkeit und Anwendungsbereiche in diesem Buch. In den vorangegangenen Kapiteln wurden die Gegensatzpaare dargestellt und erläutert. Egal welches Paar wir betrachten, z. B. „Gegensätze ziehen sich an" und „Gleich und gleich gesellt sich gern" (▶ Kap. 4) oder „Jeder ist seines Glückes Schmied" und „Es kommt, wie es kommt" (▶ Kap. 16) das Fazit lautet immer wieder: „Es kommt darauf an." Ein Satz, der oft mit einem Lächeln abgetan wird, allerdings im Sinne der Differenzierung einen großen Dienst leistet.

Wir verstehen die Psychologie als Aufklärungswissenschaft: Die Aufgabe der Psychologie ist es, Menschen über Sachverhalte aufzuklären, die ihnen bisher noch nicht bekannt waren und ihnen einen Rahmen für Phänomene ihres Alltags zu geben. Gleichzeitig ist die Psychologie für uns eine Wissenschaft der Handlungs- und Lebensorientierung, die zur Gestaltung eines zufriedenen, sinnerfüllten und selbstbestimmten Lebens beitragen soll (vgl. Seligman u. Csikszentmihalyi 2014). In vielen Fällen erfüllen Sprichwörter wichtige positive psychologische Funktion: Sie spenden Trost, geben Ratschläge und regen zum Nachdenken an (▶ Kap. 2). Sie helfen den Menschen, die Welt zu erklären, zu verstehen und zu beeinflussen (vgl. Frey u. Jonas 2002).

Neben dieser positiven Seite von Sprichwörtern gibt es auch eine negative, dunkle: Hierfür möchten wir sensibilisieren. Dunkle Sprichwörter schränken Personen in ihrem Denk- und Verhaltensrepertoire ein oder führen zu Passivität und Resignation. Diese Sprichwörter tragen dazu bei, dass die wahrgenommene Beeinflussbarkeit der Umwelt verringert wird und Potenziale nicht abgerufen oder entwickelt werden, z. B. „Was Hänschen nicht lernt, lernt Hans nimmermehr" (▶ Kap. 23). Sprichwörter können auch dazu beitragen, dass Menschen in Schubladen gesteckt (stereotypisiert) werden, z. B. „Der Apfel fällt nicht weit vom Stamm" (▶ Kap. 6).

Ziel dieses Beitrags ist die Schaffung eines Senderbewusstseins gegenüber dem Empfänger, d. h. einem Bewusstsein, wann, wie und wem gegenüber ich Sprichwörter verwende. Wir gehen zunächst auf Sender-Empfänger-Modelle der Kommunikation ein: Es werden die Rollen und Ebenen der Kommunikation beschrieben und Faktoren für die Stärke des Einflusses des Senders thematisiert. Anschließend werden Anregungen für eine bewusste Kommunikation gegeben.

31.2 Sender-Empfänger-Modelle der Kommunikation

In der Kommunikation werden mit sprachlichen und nichtsprachlichen Mitteln Botschaften zwischen einem Sender und einem oder mehreren Empfängern ausgetauscht. In einem Dialog nimmt eine Person im Wechsel die Rolle des Senders und Empfängers ein. Die Botschaft des Senders wird für die Übermittlung an den Empfänger in Sprache und

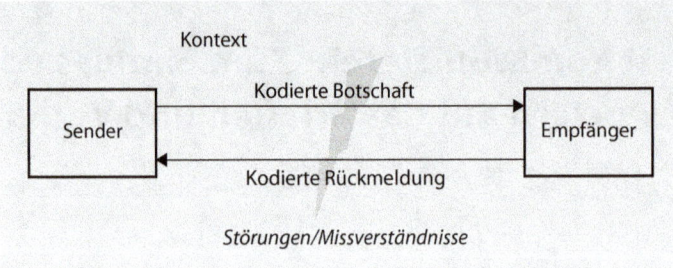

□ Abb. 31.1   Vereinfachte schematische Darstellung der Kommunikation

Verhalten kodiert. Aufseiten des Empfängers wird das empfangene Signal dekodiert, und der Empfänger schickt eine Rückmeldung (und wird dadurch zum Sender). Zentral ist, dass die gesendete und empfangene Nachricht nicht übereinstimmen müssen (Shannon u. Weaver 1962). Der Austauschprozess kann sowohl physischen, z. B. Lärm in der Umgebung, als auch psychischen Störungen, z. B. Erwartungen und kognitive Verzerrungen (Crisand u. Crisand 2007), unterliegen. Der Kommunikationsprozess wird in □ Abb. 31.1 dargestellt.

31.2.1 Anatomie einer Botschaft

Die Kommunikationstheorie von Friedemann Schulz von Thun (2011) geht spezifisch auf die Problematik der Kodierung und Dekodierung von Botschaften ein. Nach Schulz von Thun hat jede Botschaft vier Ebenen, auf denen der Sender kodiert und der Empfänger dekodiert. Der Sender spricht also mit vier Schnäbeln und der Empfänger hört mit vier Ohren. Dies kann zu Missverständnissen und einem Scheitern der Kommunikation führen.

Die vier Ebenen einer Botschaft sind die Sachebene, Beziehungsebene, Selbstoffenbarungsebene und die Appellebene. Alle vier Ebenen der Botschaft werden übermittelt, was jedoch oft nicht bewusst geschieht. Je nach Kontext können verschiedene Ebenen in den Vordergrund treten. Auf der **Sachebene** geht es um den inhaltlichen Standpunkt. Es gelten die Kriterien der Wahrheit, Relevanz und Hinlänglichkeit, d. h., im Vordergrund steht, ob die Argumentation korrekt, passend und stark genug ist. Auf der **Beziehungsebene** wird u. a. durch die Formulierung das Verhältnis von Sender zu Empfänger ausgedrückt, z. B. Zuneigung oder Ablehnung. Die **Selbstoffenbarungsebene** umfasst zwei Aspekte: Zum einen die Selbstdarstellung, zum anderen die Selbstenthüllung. Die Selbstdarstellung ist der bewusste Teil der Selbstoffenbarung, z. B. Betonung der eigenen Kompetenz („prahlen") oder Teilen von persönlichen Ansichten. Die Selbstenthüllung beschreibt unbewusste Aspekte, die über die eigene Person preisgegeben werden. Auf der **Appellebene** wird oft unterschwellig der eigentliche Zweck der Botschaft vermittelt: Es wird versucht, Einfluss auf den Gesprächspartner zu nehmen.

Im Folgenden erläutern wir die vier Ebenen an einem beispielhaften Sprichwort. Hierfür nehmen wir die Rolle des Empfängers ein. Wir weisen vorab darauf hin, dass eine mögliche Interpretation der Nachricht auf Empfängerseite beschrieben wird, andere sind möglich. Auch möchten wir betonen, dass die intendierte (kodierte) Botschaft des Senders von der empfangenen (dekodierten) Botschaft abweichen kann. Um dem Beispiel einen Rahmen zu geben, schildern wir knapp einen Kontext: Ein sportliches Kind hat eine neue Disziplin in der Leichtathletik, z. B. Weitsprung, ausprobiert. Nach dem Training erklärt es, dass es nicht weiter in Laufdisziplinen konkurrieren will, sondern ab sofort nur noch Weitsprung trainieren möchte. Der Trainer kommentiert die Schilderung u. a. mit dem Sprichwort „Schuster, bleib bei deinen Leisten". Das Kind hört auf den vier Ohren folgende Botschaften:

- **Sachebene:** Bleib bei dem, was du kannst.
- **Beziehungsebene:** Du kannst es nicht.
- **Selbstoffenbarungsebene:** Ich traue mir auch nicht zu, neue Dinge zu lernen.
- **Appellebene:** Probiere in Zukunft keine neuen Sportarten mehr aus.

31.2 · Sender-Empfänger-Modelle der Kommunikation

In der Folge kann sich beim Kind, dem Empfänger, durch die Assoziation von Ausprobieren von etwas Neuem und der Rückmeldung des Trainers die Überzeugung bilden, keine neuen Dinge mehr auszuprobieren. Die **Selbstwirksamkeitserwartung** (Bandura 1997) wird verringert und kann auf andere Bereiche, z. B. Schulfächer oder andere Hobbys, übertragen werden. Geringe Selbstwirksamkeitserwartungen sind einer schlechteren Gesundheit und geringeren Leistungsfähigkeit assoziiert (Aronson et al. 2011). Im Kopf des Empfängers entstehen künstliche Mauern, die den Entwicklungsspielraum eingrenzen. Besonders Personen in Vertrauensrollen wie Großeltern, Eltern oder Lehrer haben einen Einfluss auf Kinder. Auch später haben Personen, denen eine besondere Kompetenz zugeschrieben wird, z. B. Professoren, oder die eine Machtposition innehaben, z. B. Führungskräfte, einen starken Einfluss auf ihr Gegenüber. Vor allem die Glaubwürdigkeit dieser Sender spielt dabei eine Rolle.

31.2.2 Glaubwürdigkeit des Senders

Die wahrgenommene Glaubwürdigkeit eines Senders ist ein zentraler Indikator für die **Stärke ihres Einflusses** auf ihr Gegenüber (Hovland et al. 1953). Weitere relevante Merkmale sind die wahrgenommene Attraktivität, Sympathie und Ähnlichkeit zum Empfänger (Simons et al. 1970). Ein Sender ist glaubwürdig, wenn ihm die Fähigkeit und Motivation zugeschrieben wird, wahrheitsgetreu zu kommunizieren. Zwei Dimensionen sind für die wahrgenommene Glaubwürdigkeit relevant: Kompetenz und Vertrauenswürdigkeit (Giffin 1967). Glaubwürdige Sender haben – mit wenigen Ausnahmen – einen größeren Einfluss auf die Wahrnehmung der Umwelt des Empfängers (z. B. auf Einstellungen und Verhalten) als weniger glaubwürdige Sender (Pornpitakpan 2004).

Auch im Sinne der sozial-kognitiven Theorie von Bandura (1997) treten glaubwürdige Sender als **Lernmodelle** auf, von denen Personen Denk- und Verhaltensweisen übernehmen. Eltern, Lehrer und Führungskräfte sind besonders starke Lernmodelle, da sie oft auch Vorbilder sind. Die Übernahme von Erklärungsmodellen zeigt sich z. B. bei der Attribution von Erfolgen und Misserfolgen. Kinder sind sehr sensitiv für die Wahrnehmung und Interpretation der sozialen Umwelt durch ihre Eltern. Sie lernen von ihren Eltern Überzeugungen, wieso Ereignisse passiert sind, wie sie es sind und wer dafür verantwortlich ist (Seligman 2006; ausführliche Erläuterung von Attributionsstilen in ▶ Kap. 16). Auch die Kritik von Eltern und Lehrern sind hoch relevante Quellen für sich bildende Denk- und Verhaltensmustern (Seligman 2006).

31.2.3 Weitere Einflussfaktoren

Weitere Faktoren sind für die Kommunikation von Bedeutung: der Empfänger, die Häufigkeit der Wiederholung sowie die Reaktion des Umfelds. Verschiedene Variablen des Empfängers sind für die Stärke des Senders auf den Empfänger wichtig. Hervorzuheben ist hier das **Vorwissen**. Ein Empfänger mit einem geringen Erfahrungsschatz ist eher beeinflussbar, da er keine widersprechenden Erfahrungen oder relevantes Wissen hat (Ratneshwar u. Chaiken 1991). Dies betrifft vor allem Kinder mit einer geringen Lebenserfahrung. Erwachsenen Personen sind eher in der Lage, der eigenen Erfahrung widersprechende Aussage abzulehnen. Zudem sind Empfänger, die nach sozialer Akzeptanz streben, anfälliger für Aussagen positiv bewerteter Sender (DeBono u. Harnish 1988).

Studien zeigen, dass die bloße **Wiederholung** einer Botschaft dazu beiträgt, dass sie eher angenommen wird (Arkes et al. 1991). Die Prägnanz und Einfachheit von Sprichwörtern verleitet, diese häufig anzuwenden, wodurch sie einen stärkeren Einfluss ausüben. Mit jeder Wiederholung wird die Zugänglichkeit der gebildeten Überzeugung aufseiten des Empfängers höher, dadurch wird die Überzeugung auch in anderen Situationen zugänglicher und wirkt sich in der Folge stärker auf das Erleben und Verhalten aus. Je häufiger die Großeltern in ihrer Vorbildfunktion ihre Überzeugung kundtun, dass „Es kommt, wie es kommt", desto stärker wird diese Überzeugung auch bei ihrem Enkel.

Eine weitere Rolle spielt die **Reaktion des Umfelds** auf die Botschaft. Wenn weitere Personen anwesend sind und die Botschaft unterstützen, wird ihre Wirkung verstärkt (Wood u. Kallgren 1988). Unterstützen weitere Personen die Aussage des Senders, im Arbeitskontext z. B. Kolleginnen und

Kollegen, hat die Botschaft eine stärkere Auswirkung auf den Empfänger.

Als Sender in der Kommunikation nehmen wir Einfluss auf den Empfänger unserer Botschaft. Sprichwörter haben oft eine starke **Appellebene**: Implizit oder explizit wird eine Verhaltensnorm vermittelt. Beispiele wären, nichts Neues zu probieren oder sich seinem Schicksal zu ergeben. Vor allem Botschaften glaubwürdiger Sender wirken sich auf das kognitive und emotionale System sowie das Verhalten des Empfängers aus.

Durch eine bewusste Kommunikation kann der Sender vermeiden, einen negativen Einfluss – im Sinne einer Einschränkung – des Denk- und Verhaltensrepertoires seines Gegenübers zu nehmen. Dafür sollte er sich bewusst machen, was er wem gegenüber in welcher Konstellation kommuniziert.

31.3 Bewusste Kommunikation

Es gibt verschiedene Möglichkeiten, um bewusster zu kommunizieren – im Allgemeinen wie im spezifischen Kontext der Sprichwörter. Im Folgenden werden drei Ansatzpunkte erläutert. Diese sind die Situationsreflexion, Selbstklärung, und strukturierte Kommunikation.

31.3.1 Situationsreflexion

Durch Situationsreflexion macht sich der Sender bewusst, mit wem er über welches Thema in welcher Konstellation spricht. Dies kann die Reflexion von Macht- und Wissensverhältnissen zwischen den Gesprächspartnern beinhalten. Der Sender kann dann empfängeradäquat kommunizieren und seine Effektivität erhöhen, wenn Störungen und Missverständnisse vermieden werden. Auch kann er so vermeiden, negativen Einfluss auf andere zu nehmen, und sie im Gegenteil zu Kreativität und Aktivität motivieren.

31.3.2 Selbstklärung

Mithilfe der Kommunikationsebenen von Schulz von Thun (2011) kann eine Selbstklärung bezüglich eines bevorstehenden Gesprächs durchgeführt werden.

Zunächst sollte das Ziel des Gesprächs reflektiert werden, z. B. einen Konflikt zu lösen. Anschließend kann das Anliegen auf allen vier Ebenen betrachtet werden. Hierbei helfen Leitfragen:
- Sachebene: **Was** habe ich meinem Gegenüber zu sagen? Was ist mein **inhaltlicher Standpunkt**?
- Beziehungsebene: Wie sehe ich meinen **Gegenüber**? Welche **Bedürfnisse und Interessen** könnte ich bei meinem Gegenüber bedrohen?
- Selbstoffenbarungsebene: Was will **ich** meinem Gegenüber sagen und **von mir zeigen**? **Wie erlebe ich** die Situation?
- Appellebene: Was will ich bei meinem Gegenüber **erreichen**? Welche **Wünsche und Forderungen** habe ich?

Die Vorbereitung auf das Gespräch kann bei einer klaren Kommunikation helfen.

31.3.3 Strukturierte Kommunikation

Die strukturierte Kommunikation fokussiert darauf, Störungen und Missverständnisse zu vermeiden. Durch eine möglichst klare Kodierung der Botschaften auf allen vier Ebenen der Kommunikationstheorie von Schulz von Thun (2011) wird der Gegenüber bei der Interpretation geleitet und die Chance erhöht, dass die intendierte mit der empfangenen Botschaft übereinstimmt. Hierfür ist es wichtig, möglichst alle Ebenen der Kommunikation in einer Botschaft anzusprechen. Besonders effektiv ist die strukturierte Kommunikation, wenn zuvor eine **Selbstklärung** auf allen vier Ebenen stattgefunden hat.

Für die strukturierte Kommunikation hat sich folgenden **Reihenfolge** der Ansprache der Kommunikationsebenen bewährt (vgl. Schulz von Thun 2011): Zunächst wird die Beziehungsebene angesprochen, z. B.: „Als mein Enkel bist du mir sehr wichtig." Dann die Selbstoffenbarungsebene: „Ich möchte dir Erfahrungen aus meinem Leben mit auf den Weg geben." Dann die Sachebene: „Ich habe die Erfahrung gemacht, dass es besser ist, wenn ‚der Schuster bei seinen Leisten bleibt'." Je präziser kommuniziert, desto verständlicher wird die Botschaft. Es könnte ergänzt werden: „Jeder von uns hat bestimmte Talente und Potenziale. Diese können wir finden und pflegen." Zum Abschluss folgt der Appell: „Ich wünsche mir, dass du deine Talente bald entdeckst".

Die strukturierte Kommunikation kann auch in Feedbacksituationen, Konfliktgesprächen und Mitarbeitergesprächen nützlich sein.

31.4 Fazit

Sprichwörter reduzieren die Komplexität unserer sozialen Umwelt. Viele Sprichwörter sind positiv und regen den Empfänger zur Aktivität und Weiterentwicklung an. Es gibt allerdings auch eine Auswahl an negativen, dunklen Sprichwörtern. Negativ verstehen wir als die Reduzierung von möglichen Denk- und Verhaltensspielräumen. Vor allem glaubwürdige Sender wie die Großeltern haben einen starken Einfluss auf den Empfänger ihrer Botschaft. Durch Kommentare wie „Schuster, bleib bei deinen Leisten" oder „Nur unter Druck entstehen Diamanten" (▶ Kap. 27) bilden sich kognitive Schemata und Überzeugungen, die auch in anderen Situationen aktiviert werden. Menschen werden hierdurch blockiert und ihre Entwicklung nachhaltig eingeschränkt: Es erscheinen Hürden, wo objektiv keine sind.

Wir als Sender sollten uns unserer Rolle bewusst sein und prüfen, ob die Verwendung eines Sprichworts tatsächlich angebracht ist. Wir können auch auf die eingeschränkte Gültigkeit verweisen. Gleichzeitig haben wir als Empfänger die Möglichkeit, Sprichwörtern zu widersprechen und ihre Situationsabhängigkeit hervorzuheben. Hierzu sind zum einen Selbstbewusstsein, und zum anderen Hintergrundwissen, wie es in diesem Buch vermittelt wurde, notwendig. Wir leben in einer sozialen Gemeinschaft und unser Verhalten wirkt sich auf andere aus – im Schlechten wie im Guten. Mit einer bewussten Kommunikation von Sprichwörtern können wir dazu beitragen, anderen Menschen Entwicklungsräume zu eröffnen oder sie zur Weiterentwicklung zu motivieren. Die Reflexion unserer Gewohnheiten, z. B. in unserer Sprache, kann auch zur Entwicklung unseres Selbst beitragen. Wie schon ein altes chinesisches Sprichwort besagt (für Einschränkungen siehe Theorie des überlegten Handelns, Fishbein u. Ajzen 1975):

> Achte auf deine Gedanken! Sie sind der Anfang deiner Taten.

Literaturverzeichnis

Arkes, H. R., Boehm, L. E., & Xu, G. (1991) Determinants of judged validity. *Journal of Experimental Social Psychology* 27, 576–605.

Aronson, E., Wilson, T. D., & Akert, R. M. (2011). *Sozialpsychologie*. München: Pearson Studium.

Bandura, A. (1997). *Self-efficacy: The exercise of control*. New York, NY: Freeman

Crisand, E., & Crisand, M. (2007). *Psychologie der Gesprächsführung*. Frankfurt am Main: Verlag Recht und Wirtschaft.

DeBono, K. G., & Harnish, R. J. (1988). Source expertise, source attractiveness, and the processing of persuasive information: A functional approach. *Journal of Personality and Social Psychology* 55, 541–546.

Fishbein, M., & Ajzen, I. (1975). *Belief, attitude, intention, and behavior: An introduction to theory and research*. Reading: Addison-Wesley.

Frey, D., & Jonas, E. (2002). Die Theorie der kognizierten Kontrolle. In D. Frey & M. Irle (Hrsg.), *Theorien der Sozialpsychologie. Band III. Motivations- und Informationsverarbeitungstheorien* (S. 13–50). Bern: Huber.

Frey, D., & Schmalzried, L. K. (2013). *Philosophie der Führung: Gute Führung lernen von Kant, Aristoteles, Popper & Co.* Berlin, Heidelberg: Springer.

Giffin, K. I. (1967). The contribution of studies of source credibility to a theory of interpersonal trust in the communication process. *Psychological Bulletin* 68, 104–120.

Hovland, C. I., Janis, I. L., & Kelley, H. H. (1963). *Communication and persuasion*. New Haven: Yale University Press.

Pornpitakpan, C. (2004). The persuasiveness of source credibility: A critical review of five decades' evidence. *Journal of Applied Social Psychology* 34, 243–281.

Ratneshwar, S., & Chaiken, S. (1991). Comprehension's role in persuasion: The case of its moderating effect on the persuasive impact of source cues. *Journal of Consumer Research* 18, 52–62.

Seligman, M. E. P. (2006). *Learned optimism: How to change your mind and your life*. New York: Random House.

Seligman, M. E. P., & Csikszentmihalyi, M. (2014). Positive psychology: An introduction. In M. Csikszentmihalyi (Hrsg.), *Flow and the Foundations of Positive Psychology: The Collected Works of Mihaly Csikszentmihalyi* (S. 279–298). Dordrecht: Springer.

Shannon, C., & Weaver, W. (1962). *The mathematical theory of communication*. Urbana: University of Illinois Press.

Simons, H. W., Berkowitz, N. N., & Moyer, R. J. (1970). Similarity, credibility, and attitude change: A review and a theory. *Psychological Bulletin* 73, 1–16.

Schulz von Thun, F. (2011). *Miteinander Reden: 1. Störungen und Klärungen*. Reinbek bei Hamburg: Rowohlt.

Wood, W., & Kallgren, C. A. (1988). Communicator attributes and persuasion: Recipients' access to attitude-relevant information in memory. *Personality and Social Psychology Bulletin* 14, 172–182.

Ausgewählte Lebensweisheiten als Handlungsanweisungen für ein positives Leben

Christina Franze und Dieter Frey

© Springer-Verlag Berlin Heidelberg 2017
D. Frey (Hrsg.), *Psychologie der Sprichwörter*,
DOI 10.1007/978-3-662-50381-2_32

32.1 Einleitung

Tagtäglich treffen unzählige Eindrücke und Nachrichten auf jeden Einzelnen von uns. Sie werden teils unbewusst und teils bewusst verarbeitet. So different wie die Informationen auch sind, genauso verschieden werden sie von Menschen interpretiert und bewertet. Eine Person wird eine Nachricht unreflektiert wieder vergessen, weil sie ihr nicht wichtig erscheint, eine andere wird sehr lange nachdenken und eventuell Bekannte oder Verwandte um Rat fragen, bevor sie eine Entscheidung trifft und ein bestimmtes Verhalten zeigt. Manchmal helfen aber auch Lebensweisheiten, die durch den Volksmund oder die eigene Großmutter weitergegeben wurden, komplexe Sachverhalte zu vereinfachen.

Anhand verschiedener Lebensweisheiten oder Sprichwörter wird in diesem Kapitel aufgezeigt, dass der Empfänger eines Sprichworts aufgrund seines emotional-kognitiven Systems selbst entscheidet, wie er das jeweilige Sprichwort interpretiert, d. h. im positiven oder negativen Sinne auslegt. Dabei geht es darum,

a. wie man die eigenen Wahrnehmungs-Erwartungs-Hypothesen entlarven kann (Hypothesentheorie der sozialen Wahrnehmung),
b. warum man schlechte Nachrichten nicht als stabil, internal und global attribuieren sollte (Theorie der erlernten Hilflosigkeit),
c. warum man die Bedeutung von anderen Personen als hilfreiche Ressourcen in stressigen Zeiten kennen sollte (transaktionales Stressmodell und die Rolle von Ressourcen),
d. warum man den eigenen Fähigkeiten, gewisse Handlungen ausführen zu können, vertrauen sollte, um ein gewünschtes Ziel zu erreichen (Selbstwirksamkeit).

Diese genannten Aspekte werden jeweils aus dem Blickwinkel der positiven Psychologie betrachtet, die betont, wie man Menschen dazu befähigt, bestimmte positive Zustände zu erreichen oder negative Zustände zu minimieren.

Im Folgenden werden ausgewählte Sprichwörter zunächst allgemein interpretiert sowie unter Einbezug von zentralen psychologischen Theorien diskutiert. Darüber hinaus wird dargestellt, wie durch die jeweilige subjektive Interpretation des Empfängers dieser sein eigenes Wohlbefinden steigern kann.

32.2 Interpretation und Diskussion ausgewählter Lebensweisheiten

32.2.1 Du verhörst dich, weil du mich verhörst und nicht hörst: Hypothesentheorie der sozialen Wahrnehmung

Die Lebensweisheit sagt aus, dass eine Person nur das hört, was sie hören möchte. Sie hört ihrem Gegenüber zwar zu, aber sie will ihn nicht richtig verstehen. An das Gespräch geht sie voreingenommen heran und kann sich nicht auf das Gehörte einlassen. Zudem kann es sein, dass sie die andere Person verhört, weil sie eine bestimmte Information von ihr in Erfahrung bringen möchte. Man hört deshalb etwas anderes als das, was der Gesprächspartner gesagt hat, weil man nicht genau zuhört und vielleicht nicht auf die eigentliche Botschaft achtet. Dadurch wird die eigene Wahrnehmung getrübt.

Die Hypothesentheorie der sozialen Wahrnehmung verdeutlicht dies. Dieser Theorie zufolge beginnt jeder Wahrnehmungsvorgang mit einer Hypothese. Die zentrale Idee dabei ist, dass wir **Wahrnehmungs-Erwartungs-Hypothesen** („Brillen", Weltbilder, Menschenbilder) aus früheren Kognitionen und Eindrücken haben. Diese sagen uns, nach welchen Objekten wir Ausschau halten sollen. Bis zu einem gewissen Grad entscheidet die Hypothese, was wahrgenommen wird. Man kann dabei nur eine (Monopolhypothese) oder mehrere Hypothesen haben. Je stärker eine Hypothese ist, desto größer ist die Wahrscheinlichkeit, dass sie aktiviert wird (Lilli u. Frey 2009).

Die Lebensweisheit „Du verhörst dich, weil du mich verhörst und nicht hörst" lässt sich folgendermaßen mit der Theorie in Einklang bringen: Je stärker ich der Meinung bin, dass mein Gegenüber mir etwas Schlechtes an den Kopf werfen wird (Monopolhypothese), desto eher nehme ich solche Signale wahr, die wiederum meine Hypothese bestätigen. Dies wird auch als **selbsterfüllende Prophezeiung** bezeichnet. Wie oben angesprochen, kann es auch um eine Situation gehen, in der ich von jemandem eine bestimmte Information erhalten möchte. Dabei kann meine Monopolhypothese sein, dass eine Person über gewisse Informationen verfügt. Ich verhöre meinen Gegenüber, da ich alle Anzeichen, die meine Hypothese zu bestätigen scheinen, besonders deutlich wahrnehme und andere Informationen vernachlässige.

Wenn eine Person nun hingegen gar keine Hypothesen über andere Menschen mitbringt, dann wird sie offen auf sie zugehen und sie nicht verhören können, weil alle Eindrücke ungefiltert aufgenommen werden. Dies findet man beispielsweise in Situationen, in denen eine Person genau weiß, dass ihr Gegenüber sie anlügt und so lange nachfragt, während sie Unwahres ausblendet, bis die Wahrheit ans Licht gekommen ist. Somit **ver**hört sich die Person nicht, da sie die Worte des anderen nicht zu interpretieren versucht, sondern nur auf dessen wahre bzw. unwahre Aussagen achtet. Ferner sollte man beachten, dass es bei der Lebensweisheit um gesprochene Worte geht, die jemand hört.

Allerdings können gleichwohl z. B. auch die Mimik und Gestik verhört, falsch interpretiert oder entgegen der intendierten Aussage aufgenommen werden.

- **Wie lässt sich das Sprichwort zum eigenen positiven Vorteil nutzen?**

Wir alle sind weder als Optimisten noch als Pessimisten auf die Welt gekommen. Gewisse Veranlagungen scheinen es den einen leichter zu machen, positiv zu denken, während die anderen sich darum bemühen müssen. Doch jeder Mensch ist für seine Gedanken selbst verantwortlich und kann selbst entscheiden, wie er seine Umwelt beurteilt. „Du verhörst dich, weil du mich verhörst und nicht hörst" würde der Optimist sagen, der eigentlich nichts im Schilde führt, sondern nur durch die pessimistischen Gedanken seines Gegenübers verhört wird. Deswegen sollte jeder, der als Optimist durch die Welt gehen will, versuchen, das Positive in anderen Personen zu sehen, und mit optimistischen Wahrnehmungs-Erwartungs-Hypothesen in seine Gespräche einzutreten.

32.2.2 Zwei hören die gleiche Sinfonie, doch das gleiche nie: Hypothesentheorie der sozialen Wahrnehmung

Allgemein interpretiert verdeutlicht die Lebensweisheit, dass es keine objektive Realität gibt. Es kann sein, dass zwei Menschen zwar das Gleiche hören, aber auf ganz verschiedene Dinge aufgrund ihrer Erwartungshypothese achten. Man denke an einen Dialog unter Lebenspartnern, bei dem der eine ungehalten über den anderen ist und daher nur auf feindselige Anspielungen achtet, obwohl eventuell auch positive Bemerkungen im Gespräch fallen.

Bezogen auf die Lebensweisheit „Zwei hören die gleiche Sinfonie, doch das gleiche nie" bedeutet die bereits bei der vorherigen Lebensweisheit angesprochene Hypothesentheorie der sozialen Wahrnehmung also, dass ein und dieselbe Aussage von zwei Personen, die objektiv gesehen „die gleiche Sinfonie" hörten, subjektiv von beiden aufgrund der Erwartungen unterschiedlich wahrgenommen und interpretiert werden kann. Dies lässt sich u. a. dadurch erklären, dass unsere Wahrnehmung höchst individuell ist, da unser Bewusstsein aus den von außen ankommenden Informationen seine eigene Realität

32.2 · Interpretation und Diskussion ausgewählter Lebensweisheiten

erzeugt. Weiterhin entscheidend sind dabei persönliche Vorerlebnisse oder Erfahrungen, individuelle Veranlagungen oder das Geschlecht.

Zwei hören die gleiche Sinfonie und jeder bewertet sie anders: Dass ein und dieselbe Situation unterschiedliche emotionale Reaktionen bei Personen hervorrufen kann, je nachdem wie sie bewertet werden, konnten die Forscher Siemer et al. (2007) in ihrer Studie nachweisen. Es kann – neben der Intensität der Emotion – sogar ihre Qualität durch eine Neubewertung verändert werden. Weiterhin wird in der Literatur berichtet, dass man die Intensität einer emotionalen Reaktion beeinflussen kann, wenn man die Bewertung einer Situation verändert (Siemer et al. 2007). Demnach hängt es zu einem großen Teil davon ab, wie eine Person eine Situation kognitiv beurteilt, denn daraus resultiert dann eine Emotion, die von ihr gesteuert werden kann.

Es ist deswegen von Vorteil, in jeder Situation das Positive zu sehen. Dies wird bei der nächsten Lebensweisheit ebenfalls wichtig sein. Berücksichtigt man die positive Psychologie, kann man in gewissem Umfang steuern, was man hören will.

- **Warum ist es sinnvoll und trägt positiv zum Leben bei, wenn man Dinge optimistisch hört bzw. sieht?**

Conversano et al. (2010) geben in ihrem Artikel einen Überblick über das Konzept **Optimismus**, die Tendenz positive Dinge in der Zukunft zu erwarten und positive Folgen für das eigene Leben herbeizuführen. Optimisten können demnach besser Probleme vermeiden und besser mit stressreichen Situationen umgehen als Pessimisten. Außerdem führen sie einen gesünderen Lebensstil mit regulärer physischer Aktivität, was zu einer geringeren Anfälligkeit für kardiovaskuläre Erkrankungen führt.

32.2.3 Niemand außer dir kann dich glücklich oder unglücklich machen: Attributionstheorie, Theorie der gelernten Hilflosigkeit und der kognizierten Kontrolle

Es hängt von der subjektiven Sicht ab, wie man eine Situation bewertet und was man aus ihr macht. Dabei sollte man dem Sprichwort zufolge nach seinem eigenen Herzen handeln und sich nicht von anderen beeinflussen lassen. Die Ratschläge anderer sind meist gut gemeint, doch jeder weiß selbst am besten, was ihn wirklich glücklich macht. Insofern kann man sich selbst nur glücklich machen, indem man Verantwortung für sein Leben und sein Handeln übernimmt.

Man stelle sich folgendes Beispiel vor: Zwei Studenten haben eine schlechte Note in einer Klausur zurückbekommen. Student 1 denkt sich: „Die Klausur war recht schwer. Der Dozent wollte sicherlich testen, ob wir auch im Buch immer mitgelesen haben. Wenn ich einfach konsequenter lerne, wird's beim nächsten Mal klappen." Student 2 denkt sich: „Ich hab's ja schon vor dem Studium gewusst, dass das einfach zu schwer für mich werden wird." – Welcher der beiden Studenten wird bei der nächsten Klausur besser abschneiden?

Student 2 wird wahrscheinlich auch bei den weiteren Klausuren schlecht abschneiden, da er ein negatives Ereignis (die schlechte Note in der Klausur) **stabil, internal und global** interpretiert. Eine Attribution, die man einem stabilen Faktor zuschreibt, z. B. der Intelligenz, wird sich über die Zeit nicht verändern. Geht man davon aus, dass das negative Ereignis durch eine internale Ursache ausgelöst wurde, dann glaubt man z. B., dass mangelnde Anstrengung und unzureichende eigene Fähigkeiten der Auslöser waren. Erklärt man ein negatives Ereignis global, dann geht man davon aus, dass nicht nur in bestimmten Situationen ein solches Ereignis stattfindet, sondern in vielen verschiedenen Situationen. Laut der Theorie der gelernten Hilflosigkeit führen Attribuierungen, die stabiler, internaler und globaler Art sind, zu Depressionen, verminderter Anstrengung und Hoffnungslosigkeit (Aronson et al. 2010).

Ein wichtiges Unterscheidungsmerkmal zwischen Optimisten und Pessimisten ist die Art und Weise, welche Gründe sie für wichtige Ereignisse finden. Ein stabiler, internaler und globaler Attributionsstil kann bei Pessimisten zu erlernter Hilflosigkeit führen. Optimisten attribuieren auch stabil, internal und global, aber nur bei Erfolgssituationen. Misserfolge attribuieren sie dagegen **variabel** („Das negative Ereignis wird sich nicht wiederholen"), **external** („Ich bin nicht dafür verantwortlich") und **spezifisch** („Das Ereignis wird andere Bereiche meines Lebens nicht beeinflussen"; Conversano et al. 2010). Dies hilft ihnen, ihren Selbstwert zu stärken (Steinebach et al. 2012). Conversano et al. (2010) konnten in ihrer Studie, in der sie Zusammenhänge zwischen dispositionalem Optimismus und Depressionen bei Opfern von Naturkatastrophen untersuchten, zeigen, dass Pessimisten im Vergleich zu Optimisten weniger Hoffnung für die Zukunft und ein höheres Risiko für depressive und Angststörungen aufwiesen.

- **Was kann man aus der positiven Psychologie ableiten?**

Bezogen auf die Lebensweisheit „Niemand außer dir kann dich glücklich oder unglücklich machen" lässt dies den Schluss zu, dass bestimmte Attribuierungsstile (stabil, intern und global) dazu führen, negative Erlebnisse entweder als Chance oder Niederlage zu sehen. Während eine Person also die glücklichen Umstände wahrnimmt, macht sich die andere selbst unglücklich, weil sie denkt, dass nur sie selbst immer und in allen Situationen für bestimmte Ereignisse verantwortlich ist. Die positive Psychologie betont also: Ich kann mich selbst glücklich oder unglücklich machen.

32.2.4 Wenn du gut hinhörst, wird immer irgendwo ein Vogel singen: transaktionales Stressmodell und die Rolle von Ressourcen

Die Lebensweisheit betont, dass man auch in aussichtslosen Lagen darauf vertrauen kann, dass sich am Ende immer alles zum Guten wendet, also irgendwo doch ein Vögelchen singt. Sie beinhaltet eine optimistische Lebenseinstellung und stellt einen Ausdruck der Hoffnung dar. Es gibt immer eine Möglichkeit oder eine positive Alternative, egal wie verzwickt die Situation scheint. Es lohnt sich somit, sich auf Lösungen zu konzentrieren. Anders ausgedrückt: Wer aufmerksam ist, findet immer, was er braucht.

Das transaktionale Stressmodell und die Rolle von Ressourcen bieten sich zur Erklärung des Sprichworts an: Stress wird definiert als „ein subjektiv intensiv unangenehmer Spannungszustand, der aus der Befürchtung entsteht, dass eine stark aversive, subjektiv zeitlich nahe, subjektiv lang andauernde Situation sehr wahrscheinlich nicht vollständig kontrollierbar ist, deren Vermeidung aber subjektiv wichtig erscheint" (Schaper 2011, S. 477).

Ob eine Situation von einer Person als Stress auslösend betrachtet wird, hängt von zwei Bewertungsschritten ab: Die Person beurteilt, ob Umweltbedingungen vorliegen, die sie als bedrohlich empfindet („primary appraisal"). Wenn das der Fall ist, denkt sie im nächsten Schritt über mögliche Ressourcen nach, die sie nutzen kann, um die Anforderungen zu bewältigen („secondary appraisal"). Diese liegen entweder in der Person selbst (z. B. Persönlichkeitseigenschaften) oder in ihrer Umwelt (z. B. soziale Unterstützung). Im Anschluss daran wird die Situation erneut eingeschätzt, um zu prüfen, ob die Person den Anforderungen nun gewachsen ist (Schaper 2011).

Für viele Personen mag es leicht sein, bei einer schweren Krankheit oder in größter Not um Hilfe zu bitten, weil sie über ein großes soziales Netz verfügen und auch den Mut haben, nach Unterstützung zu fragen. Demgegenüber stehen Menschen, die einsam und ohne soziale Kontakte sind – für sie ist es viel schwieriger, „einen Vogel singen zu hören". Denn einen Vogel kann man nur singen hören, wenn er wirklich singt, aber nicht, indem man gut hinhört. Auch wenn nun Hilfe in Reichweite ist, denken wohl manche, dass sie schwierige Umstände alleine bewältigen müssten und es ein Zeichen von Schwäche wäre, um Hilfe zu bitten. Bezwingt man allerdings diesen Gedanken, können mithilfe der sozialen Unterstützung oft schneller effektive Lösungen gefunden werden, und es gelingt, den subjektiv erlebten Stress nachhaltig zu reduzieren.

Es lohnt sich also, ein soziales Netz aufzubauen. Bezogen auf die Lebensweisheit „Wenn du gut hinhörst, wird immer irgendwo ein Vogel singen" bedeutet das, in jeder noch so ungünstigen Lage auf soziale Unterstützung vertrauen zu können, die nicht nur gegen Stress hilft, sondern auch das Gefühl vermittelt, „dass man geliebt und gemocht wird, angesehen ist und wertgeschätzt wird" (Jonas u. Lebherz 2007, S. 580).

„Wenn du gut hinhörst, wird immer irgendwo ein Vogel singen" … oder der Partner, der Nachbar oder die Kollegen. In einer Studie von Haslam et al. (2005), die sich mit sozialer Unterstützung und der Wahrnehmung von Stress beschäftigte, wurden Barkeeper und Bombenentschärfer gegenübergestellt. Während Erstere den Umgang mit Bomben als stressreicher empfanden als ihren Job an der Bar, empfand die 2. Gruppe das Gegenteil. Die soziale Identifikation mit

32.2 · Interpretation und Diskussion ausgewählter Lebensweisheiten

einer relevanten Gruppe (Arbeitskollegen) war mit reduziertem Stress und höherer Zufriedenheit assoziiert. In diesem Zusammenhang spielte die soziale Unterstützung eine wichtige Rolle (Haslam et al. 2005).

■ **Wie kann die Führungskraft positiv auf das Leben ihrer Mitarbeiter einwirken?**

Die Führungskraft spielt im Arbeitsumfeld ebenfalls eine besondere Rolle, da sie auf eine Balance zwischen Berufs- und Privatleben bei ihren Mitarbeitern achten kann. Dabei geht es um den Aspekt der Lebenszufriedenheit, ein wichtiges Thema der positiven Psychologie (Steinebach et al. 2012). Sie schafft dies durch Empathie und das Etablieren einer Feedbackkultur, in der sich die Mitarbeiter wohlfühlen und ihre Probleme offen anbringen können. Neben der Unterstützung durch Kollegen und die Führungskraft im Berufsleben, ist der Rückhalt durch den Partner oder die Familie wichtig, um das private und berufliche Leben auszubalancieren (Cheung u. Halpern 2010).

32.2.5 Jeder ist seines Glückes Schmied: Konzept der Selbstwirksamkeit

Die Lebensweisheit macht klar, dass jeder für sein Glück selbst verantwortlich ist und jeder selbst sehen muss, wo er bleibt. Man kann sich nicht herausreden, wenn man eine Sache nicht geschafft hat, weil jeder für sein Tun und Handeln selbst verantwortlich ist. Jeder hat sein Glück selbst in der Hand. Glück ist etwas, das man aktiv erreichen kann.

Das Konzept der Selbstwirksamkeit veranschaulicht dies: Dieses Konstrukt beschreibt den Glauben an die eigene Fähigkeit, gewisse Handlungen mit dem Ziel ausführen zu können, ein erwünschtes Ergebnis zu erzielen. Hierbei geht es darum, gezielte Verhaltensweisen zu entwickeln, die einen dazu veranlassen, das zu erreichen, was man sich vornimmt. Betrachtet man z. B. das Thema Gewichtsreduktion, gelingt es einer Person nur dann, abzunehmen, wenn sie das erforderliche Verhalten an den Tag legt (weniger Süßes essen, regelmäßige Mahlzeiten einnehmen etc.). Hat eine Person allerdings eine geringe Selbstwirksamkeit und ist nicht der Meinung, die erforderlichen Verhaltensweisen für eine Gewichtsreduktion umsetzen zu können, dann wird ihr dies wahrscheinlich auch nicht gelingen (Aronson et al. 2010).

Die Lebensweisheit „Jeder ist seines Glückes Schmied" kann also als Aufforderung verstanden werden, das eigene Glück selbst in die Hand zu nehmen. Es reicht dabei nicht, sich nur kognitiv auf eine Sache einzustellen. Vielmehr muss konkret eine Änderung der Verhaltensweisen stattfinden, damit die gewünschte Veränderung eintreten kann. Dies lässt sich mit dem Beruf des Schmieds vergleichen, der seine Materialien und Arbeitsstoffe wirklich in die Hand nehmen muss, um deren Form zu verändern.

Bezüglich des Konstrukts der Selbstwirksamkeit hat Bandura (1997) vier Quellen identifiziert, die sowohl im Arbeits- als auch im Privatleben ihre Anwendung finden:

1. Vergangene Leistung: Mitarbeiter, die in der Vergangenheit berufsbezogene Aufgaben erfolgreich erledigt haben, sind zuversichtlicher, dies auch in der Zukunft zu tun. Die Führungskraft kann dies z. B. durch herausfordernde Zielsetzungen fördern.
2. Indirekte Erfahrungen: Wenn man sieht, wie ein Kollege eine Aufgabe erfolgreich erfüllt, steigert dies die eigene Selbstwirksamkeit.
3. Verbale Überredung: Eine Person kann davon überzeugt werden, dass sie die Fähigkeit besitzt, eine bestimmte Aufgabe zu meistern.
4. Emotionale Hinweise: Erwartet eine Person, an einer Aufgabe zu scheitern, wird sie voraussichtlich gewisse physiologische Symptome wie Herzklopfen oder Kopfschmerzen wahrnehmen (Lunenburg 2011).

Wird man sich dieser Quellen bewusst bzw. versucht man sie aktiv als Führungskraft zu beeinflussen, kann eine Steigerung der Selbstwirksamkeit erreicht werden. Laut Lunenburg (2011) beeinflusst diese wiederum beispielsweise das Maß an Anstrengung eines Mitarbeiters und die Ausdauer beim Erlernen schwieriger Aufgaben.

■ **Wie kann man Schmied seines eigenen Glückes sein?**

Zahlreiche Leute nehmen sich zu Beginn eines jeden Jahres neue Vorsätze vor: „Endlich mit dem Rauchen aufhören", „Weniger Schokolade essen" oder „Wieder mehr Sport treiben". Häufig reicht die Intention zu körperlicher Aktivität alleine aber nicht aus, um länger dabeizubleiben. Ferner bedarf es hoher willentlicher Kompetenzen, um eine Intention in ein Verhalten umzusetzen. Resultate sind neben einer besseren Stimmung ein gesteigertes Wohlbefinden und sogar eine höhere Selbstwirksamkeit (Steinebach et al. 2012). Überforderung und Frustration durch unrealistische und unangemessene Zielsetzungen können dabei durch die eigene Definition von Glück und eine Anpassung an die individuelle Leistungsfähigkeit vermieden werden.

32.3 Fazit

Sprichwörter sollen sehr oft Orientierung vermitteln, Ermunterung oder Trost. Insofern steckt hinter vielen Sprichwörtern ein Aspekt, der sich durch die positive Psychologie verankern lässt. Die positive Psychologie fragt im Gegensatz zur traditionellen Psychologie danach, wie man Menschen dazu bringen kann, bestimmte positive Zustände zu erreichen oder eher negative Zustände in positive umzuwandeln. Das heißt, sie zeigt Lösungsvorschläge auf, wie man Wohlbefinden, Hoffnung sowie verantwortliches und zivilcouragiertes Verhalten erreichen kann. Sprichwörter können dazu oft einen wichtigen Beitrag leisten, indem sie Menschen einen Weg weisen: „Die Hoffnung ist die Säule, welche die Welt trägt", „Geteiltes Leid ist halbes Leid". Dahinter stecken Aspekte, die etwas mit positiver Psychologie zu tun haben. Sie fordern den Menschen dazu auf, in bestimmter Weise zu handeln, einen positiven Zustand einzunehmen und aktiv zu werden.

Sprichwörter dienen aber nicht nur dazu, Handlungsanleitungen zu geben, sondern haben zudem oft die Funktion einer sich selbst erfüllenden Prophezeiung. Das bedeutet, dass die Lebensweisheit das Verhalten beeinflussen kann: Man verhält sich letztendlich so, dass das erwartete Ergebnis eintritt. Allein die Aussage: „Not macht erfinderisch" kann bewirken, dass Menschen möglicherweise unbewusst beginnen, nach Lösungen zu suchen, während sie vorher wie gelähmt waren. Insofern haben Sprichwörter immer auch das Potenzial, Handlungen zu initiieren.

Sicherlich beinhalten viele Sprichwörter auch eine Appellfunktion: „Handle", „Sei Schmied deines eigenen Glückes", „Kontrolliere deine eigene Situation", „Mache dich glücklich", „Höre die Vögel singen", „Sei aktiv", „Mach das Beste aus der Situation". Sie spenden dadurch Mut und legen den Grundstein für ein positives Leben, wenn sie von den Menschen zu ihrem individuellen, positiven Vorteil genutzt werden.

Literaturverzeichnis

Aronson. E, Wilson T. D., & Akert, R. M. (2010). *Sozialpsychologie*. München: Pearson Studium.

Bandura, A. (1997). *Self-efficacy: The exercise of control*. New York, NY: W. H. Freeman.

Cheung, F. M., & Halpern, D. F. (2010). Women at the top: Powerful leaders define success as work + family in a culture of gender. *American Psychologist* 65(3), 182–193.

Conversano, C., Rotondo, A., Lensi, E., Vista, O. D., Arpone, F., & Reda, M. A. (2010). Optimism and its impact on mental and physical well-being. *Clinical Practice & Epidemiology in Mental Health* 6, 25–29.

Haslam, S., O'Brien, A., Jetten, J., Vormedal, K., & Penna, S. (2005). Taking the strain: Social identity, social support and the experience of stress. *British Journal of Social Psychology* 44, 355–370.

Jonas, K., & Lebherz, C. (2007). Angewandte Sozialpsychologie. In K. Jonas, W. Stroebe, & M. Hewstone (Hrsg.), *Sozialpsychologie* (5. Aufl., S. 533–584). Berlin, Heidelberg: Springer.

Lilli, W., & Frey. D. (2009). Die Hypothesentheorie der sozialen Wahrnehmung. In D. Frey, & M. Irle (Hrsg.), *Theorien der Sozialpsychologie, Bd. 1: Kognitive Theorien* (S. 49–78.) Bern: Huber.

Lunenburg, F. (2011) Self-efficacy in the workplace: Implications for motivation and performance. *International Journal of Management, Business, and Administration* 14(1), 1–6.

Schaper, N. (2011). Wirkungen der Arbeit. In F. Nerdinger, G. Blickle, & N. Schaper (Hrsg.), *Arbeits- und Organisationspsychologie* (S. 475–495). Berlin, Heidelberg: Springer.

Siemer, M., Gross, J., & Mauss, I. (2007). Same situation – different emotions: How appraisals shape our emotions. *Emotion* 7(3), 592–600.

Steinebach, C., Jungo, D., & Zihlmann, R. (Hrsg.). (2012). *Positive Psychologie in der Praxis. Anwendung in Psychotherapie, Beratung und Coaching*. Weinheim: Beltz.

Großmütterliche Weisheit vs. wissenschaftliche Weisheit: Die Wahrheit ist ein Plural

Dieter Frey und Julia Albrecht

© Springer-Verlag Berlin Heidelberg 2017
D. Frey (Hrsg.), *Psychologie der Sprichwörter*,
DOI 10.1007/978-3-662-50381-2_33

33.1 Was war die Kernidee des aktuellen Projekts?

» Sprichwörter sind Vorratskammern der Weisheit. (Sprichwort aus Persien)

Beherbergt die Psychologie, die Erfahrungswissenschaft, mehr Wissen als das Sprichwort als althergebrachte, komprimierte Lebenserfahrung, als „großmütterliche" Weisheit? Gibt es empirische Evidenz für die Aussagen und Handlungsempfehlungen, die Sprichwörter liefern?

Das Buch hat an exemplarischen Beispielen von mehr als 30 Sprichwörtern gezeigt, dass die Sprichwörter sehr viele psychologisch-wissenschaftliche Erkenntnisse beinhalten, und es kein Zufall ist, dass Sprichwörter ein Spiegel der **Erfahrung von Generationen** von Menschen darstellen. Gleichzeitig wurde deutlich, dass die Wissenschaft oft gar nicht so viel erklärungskräftiger ist als das Sprichwort selbst. Die Großmutter kann sich auf eine lange Tradition von Erfahrungen berufen und die sog. exakte Wissenschaft tut sich teilweise schwer, genau zu beweisen, warum und unter welchen Bedingungen ein Sprichwort zutrifft oder nicht. Und oftmals ist die Wahrheit ein Plural – beide können recht, manchmal aber auch unrecht haben.

Natürlich bleibt es eine weitere Herausforderung des Faches Psychologie, sich mit Sprichwörtern zu beschäftigen, um zu eruieren, unter welchen Bedingungen ein Sprichwort jeweils zutrifft – und wann das Gegenteil zutrifft. Die Autoren haben hier eine Vielzahl von inspirierenden Forschungen berichtet.

Dabei ist es in der Tat schwierig, die **Gültigkeitsbereiche** von zwei sehr klugen Sprichwörtern differenziert abzugrenzen: Geht es beispielsweise um eine Situation, in der Menschenwürde verletzt wird, stellt sich die Frage, wann „Reden ist Silber, Schweigen ist Gold" und wann dagegen „Positioniere Dich und zeige Zivilcourage" (kein Sprichwort im engeren Sinne, sondern eine ethisch-moralische Maxime) zum verhaltensleitenden Motto werden sollte. Das heißt: Oft hält man sich zurück und schweigt – wenn es z. B. zu gefährlich ist oder weil man sich nicht traut. Dabei ist – z. B. bei der Verletzung von Menschenwürde – konkretes Handeln, ein Sich-Bemerkbar-Machen, ein lautes Schreien wichtiger, zielführender, wertschätzender als Schweigen. Welches dieser Sprichwörter in einer Situation gilt und damit mitunter verhaltensleitend ist, hängt in diesem Fall von vielen Faktoren ab: Wie schwerwiegend ist die Situation? Was kann ich durch „Reden" erreichen? Wie gefährlich ist die Situation für mich? Welche Ressourcen habe ich?

33.2 Was lernen wir aus dem Projekt? Wie können wir Sprichwörter verwenden?

Sprichwörter sind **kontextabhängig** und nicht allgemeingültig, die bewusste Gegenüberstellung von Sprichwörtern zeigt jedoch die jeweiligen Gültigkeitsbereiche und lehrt uns, differenziert zu denken. Fast jedes Sprichwort hat auch seinen „wahren Kern". Wie können wir diese Erkenntnis nutzen?

Im 17. Jahrhundert wurden die Sprichwörter häufig zu didaktisch-erzieherischen Zwecken verwendet, da damit die Lebenserfahrung vieler Generationen auf volksnahe Weise dargestellt wurde. Dies wurde bereits in ▶ Kap. 2 erwähnt. Unseres Erachtens eignen sich die Sprichwörter auch heute noch – mehr als bisher geschehen – sowohl für Erziehung als auch für Führung sowie die Lebensgestaltung, weil sie in der Lage sind, bestimmte Dinge auf den Punkt zu bringen! Schon ein bosnisches Sprichwort sagt: „Sprichwörter im Gespräch – Fackeln in der Dunkelheit".

Wir hoffen, dass durch die Vielzahl der Sprichwortanalysen gezeigt werden konnte, dass nahezu jedes Sprichwort **Werte und moralische Vorstellungen** vermittelt. Dabei haben die Sprichwörter zur Moralvermittlung durchaus Vorteile:

- Sie sind syntaktisch und sprachlich einfach.
- Sie sind leicht erinner- und damit wiederholbar.
- Sie sind selten direkt wertend, eher Denk- oder Erklärungsanstöße.
- Sie verdichten eine Vielzahl von Einstellungen, Verhaltensweisen und Erfahrungen.
- Sie haben in ihrem Ursprung und in ihrer Anwendung direkten Bezug zu unserer Kultur.
- Sie behandeln Themen der sozialen Interaktion, vermitteln Ratschläge für Interaktion und damit (kulturell verankerte) Werte.

Dabei stellt sich die Frage, inwiefern Sprichwörter systematisch verwendet werden können und inwiefern sie eine Funktion in Bildung, Erziehung und Beruf übernehmen könnten. Ein Blick in die Historie deutscher Sprichwörter hat bereits gezeigt, dass diese früher hauptsächlich didaktisch-erzieherisch und damit zur Vermittlung von Werten genutzt wurden. Auch heute bieten sich Sprichwörter in ihrer Funktion als generationsübergreifende und wertevermittelnde Weisheiten für erzieherische Zwecke an.

Beispielsweise könnte im **Religions- oder Ethikunterricht** mithilfe der goldenen Regel „Was du nicht willst, das man dir tu', das füg' auch keinem andern zu" ein Sinnbild für ein „gutes" Miteinander in Empathie, Rücksicht und Fairness geschaffen werden. Dem Sprichwort kommt dabei eine Verdichtungsfunktion zu: Es ist den Kindern bekannt und leicht erinnerbar und fasst die im Unterricht behandelten Verhaltensoptionen und -grundsätze in einen Merkspruch, in eine Art übergeordnete Regel zusammen.

Eine weitere praktische Anwendungsmöglichkeit liegt in der Funktion von Sprichwörtern als **kulturelle Metaphern**. Dies kann für kulturelle Sensibilisierung genutzt werden. Anhand einiger gesammelter, z. B. „typisch deutscher" Sprichwörter kann ein sprachnaher, konkreter und anschaulicher Zugang zu kulturellen Werten geschaffen werden. „Wer den Pfennig nicht ehrt, ist des Talers nicht Wert" spiegelt beispielsweise deutsche Sparsamkeit und „Lieber den Spatz in der Hand als die Taube auf dem Dach" vermittelt Bescheidenheit. Auf Basis der für eine Kultur typischen Sprichwörter und der zugrunde liegenden Werte können Mitglieder unterschiedlicher Kulturen z. B. in Workshops einen Diskurs über die Aktualität dieser Werte und die Verwendungsmöglichkeiten des Sprichworts beginnen und sich gegenseitig nicht nur sprachlich bereichern, sondern gleichzeitig einen kulturellen Einblick bieten oder kulturelle Gemeinsamkeiten feststellen.

Tägliches Leben, Bildung, Erziehung, Arbeitsleben, internationale Zusammenarbeit – Sprichwörter passen in nahezu jedem Kontext, können Erklärungen und Prognosen für unterschiedlichste Situationen abgeben. Sicherlich mag manchmal eine Person als oberlehrerhaft gelten, wenn sie permanent Sprichwörter nennt und damit suggeriert, sie habe schon im Vorfeld alles gewusst. Aber der dosierte Einsatz solcher Sprichwörter (und man muss diese ja nicht immer explizit nennen) hilft schon sehr oft, das Leben zu strukturieren.

33.3 Welchen Nutzen hat der psychologische Blick auf Sprichwörter?

Wir glauben, dass Sprichwörter mehr als bisher sowohl im Kindergarten und in der Schule als auch in anderen Settings eine gute Grundlage bieten, eine Horizonterweiterung im Urteilen und Denken und Verhalten von Menschen hervorzurufen, weil sie sich oftmals mit bestimmten Regelmäßigkeiten und Gesetzmäßigkeiten auseinandersetzen. Gleichzeitig helfen gerade auch die Gegenstücke von Sprichwörtern, dass Menschen differenziert denken und lernen können. Sie können sich mit ihrer Hilfe von sog. Monopolhypothesen verabschieden, wie sie in der Hypothesentheorie der sozialen Wahrnehmung formuliert sind.

Wer die zahlreichen Forschungsbefunde zu den Sprichwörtern reflektiert, kommt zu dem Schluss, dass die Bedeutung von Sprichwörtern und Lebensweisheiten für Erziehung, Führung und Lebensgestaltung hoch einzuschätzen ist.

Wir wünschen Ihnen, dass dieses Buch Ihnen Anregungen vermitteln konnte, Ihre Episoden im Leben unter der Berücksichtigung von Sprichwörtern aus einem etwas anderen Blickwinkel zu betrachten, sich Gegebenheiten zu erklären und vielleicht auch besser vorhersagen zu können, wie sich Dinge (vermutlich) entwickeln werden. Dies kann manchmal auch mit Humor transportiert werden.

> Ein Sprichwort ist ein Weisheitskristall, das am Boden des Schmelztiegels menschlicher Erfahrung zurückbleibt. (Wilhelm Grimm)

Serviceteil

Stichwortverzeichnis – 280

© Springer-Verlag Berlin Heidelberg 2017
D. Frey (Hrsg.), *Psychologie der Sprichwörter*,
DOI 10.1007/978-3-662-50381-2

Stichwortverzeichnis

A

Abstraktion 219
Abstraktionsebenentheorie 219
Achtsamkeit 109–110, 113, 121, 137, 144, 149, 231
Adoptionsstudie 41
Affektheuristik 185
Ähnlichkeit 26, 71
Alte Liebe rostet nicht 69
Altersbildung 206
Andersartigkeit 44
Anerkennung, soziale 54
Angst 19–20, 44, 84, 259
Ankerheuristik 103, 185
Anlage 40
Anlagetheorie 39
Anspruchsniveau 63
Appellebene 264, 266
Arbeit, die Freude macht, ist schon zur Hälfte fertig 214
Arbeit, sinnerfüllte 59
Arbeitsethik, calvinistische 55, 125
Arbeitsgruppe 173
Arbeitsklima, produktives 20
Arbeitskontext 81, 114, 220, 229, 241
Arbeitsleistung 84, 125, 209, 218
Arbeitsplatzgestaltung 215, 244
Arbeitsplatzsicherung 64
Arbeitszufriedenheit 210, 212, 218
Arousal-Thorie 240
Atemtechnik 113
Attraktivität 71, 223
Attraktivitätsstereotyp 224
Attribution 75, 232, 265, 271
Attributionsstil 76, 135, 271
Attributionstheorie 271
Aufgabe 218
Aufgabendefinition 169
Aufgabenklassifikation 168
Aufgabentyp 174
– additiver 168
– disjunktiver 168
Aufgabenverteilung 244
Aufgabenwahl 213
Aufgabenzufriedenheit 84
Aufmerksamkeitskonflikt 233
Aufmerksamkeitstest 240
Aufschub
– dysfunktionaler 118
– funktionaler 119
– strategischer 119
Augenblick, ewiger 107
Augenzeugenbericht 247
Ausgleich 37
Austauschprozess 36
Austauschtheorie, soziale 72
Autonomie 6, 82

B

Balance
– innere 255
– zwischen Beruf und Freizeit 59
Balancetheorie 255
Beauty-is-beastly-Effekt 225
Bedrohung 106
Bedürfnis, primäres 54
Bedürfnispyramide von Maslow 54, 59, 141, 255
Belohnung 138, 155, 215, 241
Belohnungsaufschub 158
Berufswahl 45
Bescheidenheit 55
Beschleunigung 102
Beteiligung 85
Bewertungserwartung 175
Beziehung, soziale 149, 255
Beziehungsebene 264
Beziehungsmobilität 29
Bildung 56
Bildungseinrichtung 226
Bindung, langfristige 28, 72
Bindungsstil 74, 224
Bootlegging 105
Bore-out 231
Botschaft 264
Bounded Rationality 187
Burn-out 121, 127, 232

C

Chancengleichheit 40, 45
Chronotyp 120
Commitment 73, 210, 243
Construal Level Theory 219
Controlled Cognitive Engagement 95
Core Self-Evaluation 218
Counterproductive Work Behavior 211

D

Dankbarkeit 43
Deindividuation 195
Demand-Control-Modell 83
Denkanstoß 5
Denken
– divergentes 203
– gegenwartsbezogenes 111
– positives 145, 148
– zukunftsbezogenes 111
Depersonalisierung 18
Depression 84, 118, 135, 143, 211, 255, 259, 271
Deprivationsstudie 41
Der frühe Vogel fängt den Wurm 119
Diskontierung, zeitliche 155
Diskriminierung 44, 205
Diskriminierungsleistung, taktile 200
Diskussion, kritische 170
Dissonanz, kognitive 60, 92, 186
Distanz, psychologische 219, 233
Distinktheit, optimale 22, 27
Dominanz 27
Dominanz-Komplementaritäts-Theorie 241
Dreiecksmodell der Liebe 69
Dringlichkeit 105
Du verhörst dich, weil du mich verhörst und nicht hörst 269

E

Easterlin-Paradoxon 59, 63
Effizienz 101
Egoismus, positiver 37
Egotismus 29
Ehe 75
Eigeninteresse 33
Eile mit Weile 125
Einkommenserhöhung 126
Einpflanzungsparadigma 251
Einstellungsänderung 149
Eintrittswahrscheinlichkeit 156
Einzigartigkeit 21–22
Elternratgeber 226
Embodiment 143
Emotion
– negative 257
– positive 257
– unterdrückte 258
emotional pluralistic ignorance 257
Endowment-Effekt 157
Entscheidung 102, 154, 181
– defensive 188
– komplexe 187
Entscheidungsfindung 181

Stichwortverzeichnis

Entscheidungshilfe 5
Entschleunigung 102
Entspannung 121
Entwicklung
– kindliche 42, 199, 224, 249
– persönliche 9, 226
Entwicklungsprozess 199
Equity-Theorie 73
Erfahrung 39, 202, 213, 275
– stellvertretende 205
Erfahrungswert 186
Erfolg 10, 93, 135, 225
Erholung 106
Erinnerung
– falsche 248, 250
– reale 251
Erleichterung, soziale 174, 194, 233
Erregungsniveau 231
Erst die Arbeit, dann das Vergnügen 119
Erwartungshaltung 149
Erwartungs-Nutzen-Theorie 183
Erziehung 114, 138, 243
Erziehungskurs 226
Es kommt, wie es kommt 133
Ethik 37
– nikomachische 141
Ethikunterricht 276
Exklusivität 20
Expertise 186, 193, 203, 214
Extraversion 28, 43, 240

F

Facial Acting Coding Systems 95
Fairness 37
Falschaussage, unwissentlich getätigte 251–252
Falschinformationsparadigma 251
false consus effect 258
fatal attraction 29
Faulenzen, soziales 118, 167, 177, 191, 233
Feedback 138
Fehlattribution 71
Finanzentscheidung 193
first impression error 224
Fleiß 55
Flow 214, 232
Flow-Theorie 128
Fokus, regulatorischer 218
Förderung 46
Fortpflanzung 27
Fragebogen zur allgemeinen Selbstwirksamkeit 232
Freundschaft 17, 54, 258
Führung 114

– autokratische 176
– autoritäre 176
– demokratische 176
– destruktive 127
– geteilte 176
– partizipative 85, 170
– transaktionale 225
– transformationale 225, 241
– tyrannische 128
– unterstützend-disloyale 128

G

Gedächtnis
– episodisches 250
– sensorisches 249
Gedächtnisleistung 241
Gedächtnisprozess 249
Gefangenendilemma 34
Gegensätze ziehen sich an 27
Gegenwartsorientierung 109–110
Gegenwartswahrnehmung 111
Gehirnentwicklung 199
Geld 51
Geld ist nicht alles, aber ohne Geld ist alles nichts 52
Geld macht einsam 62
Geld verdirbt den Charakter 62
Geldsegen 60
Geldverlust 60
Geldwirtschaft 59
Geltungslüge 90
Genauigkeit 125
Generelle Prokrastinations-Skala 118
Geragogik 206
Gerechtigkeit 37, 43, 45
Gericht 247–248
Geschenkaustauschspiel 37
Gesichtsverarbeitung, visuelle 200
Gesprächsführung 103
Gesundheit 56, 61, 135, 224
Gewalt, häusliche 73
Gewinn 104, 155–156
Gewissenhaftigkeit 28, 43
Gewöhnungseffekt 63, 126
Gezwungen trägt der Esel Säcke, ledig tät er keinen Schritt 213
Gimpel-Effekt 177
Glaubwürdigkeit 94, 248, 265
Glaubwürdigkeitsverlust 94
Gleitzeitvereinbarung 120
Glück 10, 61, 133, 135, 141
Glücksempfinden 60, 146
Glücksforschung 142
Glückskorrelat 59, 142
Glückslevel 63
Glückstagebuch 148

Groupthink 19, 167, 176, 195
Gruppe, soziale 18
Gruppenbrainstorming 175
Gruppendenken 19, 167, 176, 195
Gruppengröße 174, 192
Gruppenidentität 20
Gruppenleistung 166, 169, 178
Gruppennorm 19, 168, 195
Gruppenzusammensetzung 174
Gültigkeit 8, 10
Gültigkeitsbereich 12, 275

H

Habitus 39
Halo-Effekt 93, 224
Hard-to-get-Effekt 71
Hemmung, soziale 175, 194, 233
Herausforderung 106, 134
Herdenverhalten 193
Heterogenität 169, 174
Heuristik 1, 92, 185, 252
Hidden-Profile-Theorie 167, 175, 193
High-Performance-Zyklus 134
Hilflosigkeit, gelernte 83, 134, 271
Hinweisreiz 167
Hinwendung zum Sein 56
Hochleistungszyklus 134
Homo
– oeconomicus 34, 154
– reciprocans 36
Homogamie, soziale 25
humanitäre Hilfe 56
Humor 7
Hygienefaktor 126
Hypothesentheorie der sozialen Wahrnehmung 94, 185, 269–270

I

Idealisierung 226
Identität, soziale 18, 194, 256
I-knew-it-all-along-Effekt 1
Impftheorie 6
Impression-Management-Theorie 90
Impulsivität 158
Individualisierung 22
Individualität 20
Informationsaustausch 170
Informationsverarbeitung 202
Inhibition, transmarginale 240
Innovation 105
Integrated-Work-Design-Framework 212
Intelligenz 10, 43, 93, 201
– allgemeine 43

– fluide 201
– kristalline 201
– soziale 90
Intelligenzquotient 42–43
Intentionsbildung 183
Interaktion 9, 103
Interdependenz 175
Interesse 211
Intimität 74
Introversion 240

J

Je mehr er [der Mensch] nach Glück jagt, umso mehr verjagt er es auch schon 144
Jeder ist seines Glückes Schmied 273
Job-Characteristics-Modell 83, 212

K

Kanalisierung 42
Kano-Modell 126, 128
Kategorisierung, propositionale 183
Kennenlernphase 26
Kindheit 199
Köhler-Effekt 178, 194
Kommunikation 9, 75, 170, 220, 242–243, 263
– bewusste 266
– nonverbale 244
– strukturierte 266
– verbale 244
Kommunikationsproblem 75
Kompensation, soziale 167, 178, 233
Kompetenzgefühl 1
Kompetenztraining, soziales 226
Komplementaritätsansatz 27
Konfliktpotenzial 75
Konformismus 19
Konformität 168
Konsumentscheidung 21
Konsumentverhalten 64
Kontextfaktor 212
Kontrolle 61, 81, 211
– kognizierte 6, 82, 186, 271
Kontrollmangel 106
Kontrollverlust 134
Kontrollwahrnehmung 84
Kooperation 35–36, 104
Kooperationswille 35
Koordinationsverlust 177
Körpergröße 42
Korruption 166
Kreativität 104
Kultur 6, 159, 169
Kundenzufriedenheit 126
Kurzzeit-/Arbeitsgedächtnis 249

L

Lachen 145
Lachyoga 143
Langzeitgedächtnis 249
Langzeitpotenzierung 145
Lebensführung, besonnene 102
Lebensstil, authentischer 22
Lebensweisheit 4
Lebenszeit 107
Lebenszufriedenheit 56, 125, 141, 273
Leiden 255
Leistung 10, 104, 134, 209, 229
Leistungsbereitschaft 209
Leistungsfähigkeit, kognitive 120, 122, 201
Leistungsmotivation 169, 202, 213
Leistungssteigerung 194, 215, 229
Lernen 9, 202, 248
– prozedurales 240
Lernfähigkeit 201–202
Liebe 61, 69
Liebe ist vergänglich 76
Lokalisation, akustische 200
Lüge 89, 247–248, 252
– antisoziale 91
– prosoziale 90
Lügendetektion 95
Lügenhinweis, falscher 93

M

Macht 51, 61, 82, 159
Matching-Hypothese 71, 224
Meditation 113, 144, 149
Meditations-Achtsamkeits-Training 230
Mere-Exposure-Effekt 71
Metapher, kulturelle 276
Micro Expression Training Tool 95
Mikropause 113
Minderwertigkeitsgefühl 53
Mindfulness-Based Stress Reduction 114
Minnesota-Studie 41
Mitarbeiterführung 85
Mitarbeitermitbestimmung 85
Modelllernen 9, 219, 265
moralische Vorstellung 276
Morningness-Eveningness Questionnaire 120
Motivation 154, 210, 212
Motivationstheorie 119
Motivationsverlust 177
Motivator 126
Munich Chronotype Questionnaire 120

N

Nähe, physische 72
neuronale Plastizität 145
Neurotizismus 28, 43, 74
Niemand außer dir kann dich glücklich oder unglücklich machen 271
Norm, soziale 3, 217
Nullrisiko 156

O

Offenheit für Neues 28, 43, 104
Ohne Ausnahme jeder möchte eine Ausnahme sein 20
Ohnmacht 82
Optimismus 149, 271
Optimizing 187
Organisationskultur 170
Organisationspsychologie 83
Organizational Citizenship Behavior 211

P

Paradox des subjektiven Wohlbefindens 204
Partnerschaft 25, 70
– glückliche 76
Partnervermittlung 71
Partnerwahl 27, 70, 224
Personalauswahl 215
Personalentwicklungsmaßnahme 205
Persönlichkeit 10
Persönlichkeitsdimension 28, 104, 240–241
Persönlichkeitseigenschaft 43, 118
Persönlichkeitsfaktor 74
Persönlichkeitsinventar NEO-PI-R 240
Persönlichkeitsstörung 91
Persönlichkeitstheorie 240
Pet-Project 105
Pinocchio-Effekt 96
positive Psychologie 64, 133, 136, 142, 269
Präventionsfokus 218
Primat des eigenen Interesses 33
Priming 12
2-6-2-Prinzip 193
Problemlösestrategie 204

Projekt, soziales 56
Prokrastination 117, 121
– aktive 119
– passive 118
Promotionsfokus 218
Prophezeiung, selbsterfüllende 12, 147, 224, 270
Prospect Theory 156, 184
Prozessgewinn 178
Prozessverlust 177
Prüfungsangst 118
Psychologie 9
Psychopathie 91
Psychotherapie 259

Q

Quality-of-Life-Test 142
Queen-Bee-Syndrom 225

R

Rationalität 187
Reaktanztheorie 83
Reaktionsspielraum 42
Recht auf freie Meinungsäußerung 242
Redewendung 4
Referenzpunkt 184
Reframing 149
Regeneration 106–107
Reichtum 51
Reizverarbeitung, auditive 200
Rekognitionsheuristik 92
Religion 55, 217
Religionsunterricht 276
Religiosität 59, 136, 142
Reorganisation, funktionelle 200
Repräsentativitätsheuristik 185
Reproduktion 44
Ressource 106, 231
Reziprozität 37, 71
– negative 94
Reziprozitätsnorm 36
Rhythmus, zirkadianer 120
Risikopersönlichkeit 158
Risikovermeidung 103
Rosinenübung 114
Ruhepause 125

S

Sachebene 264
Salienz 13, 21
Satisficing 187
Schätzung, beste 252
Schicksal 143
Schnelligkeit 102
Schönheit 223
Schweigespirale 242
Sehvermögen 200
Selbst, ideales 26
Selbstbeherrschung 259
Selbstbestimmung 82
Selbsteinschätzung 218
Selbsterhöhungstheorie 26
Selbsthilfegruppe 256
Selbstkategorisierungstheorie 18
Selbstklärung 266
Selbstkontrolle 158, 176
Selbstkonzept 18
Selbstlüge 92
Selbstoffenbarung 74
Selbstoffenbarungsebene 264
Selbstregulation 231
Selbstständigkeit 45
Selbstverifizierungstheorie 26
Selbstverwirklichung 54, 141
Selbstwert 1, 53, 194
Selbstwerterhöhung 5, 146
Selbstwirksamkeit 134–135, 145, 158, 202, 205, 232, 273
Selbstwirksamkeitserwartung 136, 145, 232, 265
Sender-Empfänger-Modell 263
Sensitivität, abnehmende 184
Sentenz 4
Set-Point-Theorie des Glücks 63
Sexualpartner 27
Sicherheit 54, 61
Sicherheitseffekt 156
Sicherheitsmotiv 220
Similarity-Attraction-Effekt 25
Sinnhaftigkeit 52
Situationsreflexion 266
Social-Comparison-Bias 225
Sozialdarwinismus 34
sozial-kognitive Theorie 134, 145, 265
Sozialpsychologie 82
Sozialverhalten 62
Sparverhalten 204
Spiegelneuron 143
Sport 136
Spracherwerb 200
Sprachwahrnehmung 200
Sprichwort 3
Stanford-Prison-Experiment 195
Status 54, 63
Status-quo-Bias 158
Statussymbol 54
Stress 159, 230

Stresserleben, subjektives 106
Stresslevel 258
Stressmodell, transaktionales 230, 272
Stressor-Detachment-Modell 121
Stressregulation 231
Studium 52
Suggestion 248
Sunk-Cost-Effekt 73
Superstar-Effekt 233
· System
– impulsives 182
– reflektives 183

T

Team, dyadisches 166
Teamfähigkeit 169
Temporal-Motivation-Theorie 119
Time Urgency 105
Time-and-Outcome-Valuation 155
Time-Mind-Theorie 110
Tit for Tat 35
Toleranz 46
Training 202, 205, 215
Transparenz 243
Trittbrettfahren 167, 177, 192, 233
Trotteleffekt 192
Truth-Effekt 92
Tue nichts und alles ist getan 218
Typ-A-Persönlichkeitsfaktor 105

U

Überwachungsleistung 166
Übung 114, 145, 183, 214
Ultimatumspiel 37
Umdeutung, kognitive 149
Umstrukturierung, kognitive 167
Umwelt 40
Umweltfaktor 177
Universalität 8
Unsicherheit 44, 154
Unsicherheitsvermeidung 6
Unterstützung
– finanzielle 52
– partnerschaftliche 77
– soziale 104
Urteilen 102

V

Valenz-Instrumentalitäts-Erwartungs-Theorie 212
Verantwortung 85
Verantwortungsdiffusion 167

Verbunden werden auch die Schwachen mächtig 193
Verbundenheit, soziale 259
Verdrängung 258
Vereinbarkeit von Beruf und Familie 64
Verfügbarkeitsheuristik 185, 252
Vergleich, sozialer 53, 63, 146
Vergleichslevel 73
Verhalten
- konfliktvermeidendes 259
- kriminelles 42
- myopisches 154
- proaktives 219, 241
- prosoziales 43, 60, 243
- zivilcouragiertes 169
Verhaltensempfehlung 3
Verhaltensnorm 263
Verhaltenstendenz 42
Verhaltensvorhersage 26
Verhandlung 104
Verletzung der Menschenwürde 242
Verliebtheit 28
Verlustaversion 157, 184
Verschulden 53
Verstärkung, positive 224
Verträglichkeit 28, 43, 74
Vertrauen 35, 243
Verwandtschaftsstudie 41
Verzerrung, kognitive 183, 249
Vier-Augen-Prinzip 165, 168
Vorbild 45
Vorteil 36
Vorurteil 28
Vorwissen 203, 265

W

Wahrheit 8, 12, 275
Wahrheitsgehalt 3, 252
Wahrnehmung
- positive 72
- selektive 72
- soziale 9
Wahrnehmungs-Erwartungs-Hypothese 270
Wahrnehmungsverzerrung 184
Wahrscheinlichkeit 156
Weisheit 203
Wenn du gut hinhörst, wird immer irgendwo ein Vogel singen 272
Wer nicht wagt, der nicht gewinnt 154
Wert-Erwartungs-Theorie 154
Wertewandel 11
Wertfreiheit 113
Wertschätzung 54
Wertvermittlung 3, 276

Wettbewerb 102, 178
Wiederholung 265
Wirtschaft 138
Wissen
- deklaratives 210
- prozedurales 210
Wo Geld ist, da ist der Teufel; wo keins ist, da ist er zweimal 62
Wohlbefinden, subjektives 141–142

Y

Yerkes-Dodson-Gesetz 128, 240

Z

Zeit 62, 101, 154
Zeitdruck 102, 230
Zeitmanagement 107, 121
Zeitperspektive 110
- balancierte 110–111
- gegenwartsbezogene 110–111
- vergangenheitsbezogene 110
- zukunftsgerichtete 110, 112, 158
Zeitreise, mentale 110
Zeugenaussage 247
Zielsetzungstheorie 230
Zivilcourage 242
Zivilcouragetraining 244
Zufall 71
Zufriedenheit 10, 75, 126, 243
Zufriedenheitswirtschaft 59
Zugehörigkeit 17, 54, 70, 194, 255
Zukunft 109
Zum Lernen ist man nie zu alt 199
Zusammenarbeit, konfliktarme 127
Zwang 211, 213
Zwei hören die gleiche Sinfonie, doch das gleiche nie 270
Zwei-Faktoren-Theorie 126, 211
Zwei-Prozess-Ansatz 182
Zwillingsstudie 41

GPSR Compliance

The European Union's (EU) General Product Safety Regulation (GPSR) is a set of rules that requires consumer products to be safe and our obligations to ensure this.

If you have any concerns about our products, you can contact us on

ProductSafety@springernature.com

In case Publisher is established outside the EU, the EU authorized representative is:

Springer Nature Customer Service Center GmbH
Europaplatz 3
69115 Heidelberg, Germany

www.ingramcontent.com/pod-product-compliance
Lightning Source LLC
LaVergne TN
LVHW080305260326
834688LV00039B/1139